Hans von Herwarth · Von Adenauer zu Brandt

INHALT

Einleitung 9

Neuanfang in Bayern 1945 bis 1949 13

In der Bayerischen Staatskanzlei 13
Erfahrungen mit der amerikanischen Militärregierung 19
Die Zukunft Deutschlands und Bayerns 24
Der bayerisch-österreichische »Grenzkonflikt« und die »Hühnerfutter«-Affäre 31
Entnazifizierung 33
Regionalismus und bayerische Mentalität 37
Besucher aus dem Ausland 43
Die gesamtdeutsche Ministerpräsidentenkonferenz in München 45
Sorge um die Kriegsgefangenen und Flüchtlinge 52
Moral Re-armament und Caux-sur-Montreux 59
Reise in die Vereinigten Staaten 65
Frankfurter Dokumente und Parlamentarischer Rat 73

Chef des Protokolls in Bonn 1949 bis 1955 75

Die Gründung der Bundesrepublik 75
Diener zweier Herren 83
Protokoll und Status 86
Theodor Heuss – Bürgerpräsident und *homme de lettres* 92
Die Anfänge des Auswärtigen Amtes 108
Ausländische Staatsgäste in Bonn 113
Mit Adenauer auf Auslandsreisen 120
Europäische Integration und Deutschlandpolitik 124
Reisen nach Paris, Rom und London 135

Die europäischen Organisationen 149
Mit Adenauer in den USA, in Griechenland und der Türkei 151
Adenauers Persönlichkeit – Autorität und Fürsorge 161

Botschafter in London 1955 bis 1961 166

Vor der Abreise 167
Akkreditierung 170
Deutsche und Briten 172
Besuche in Großbritannien vor 1955 176
Die politische Situation 1955 179
Die Last der Vergangenheit 184
Deutsch-britische Wirtschaftsbeziehungen 188
Die Botschaft in London 193
Verbindungen und Freundschaften 199
Deutsch-Englische Gesellschaft und Wilton Park 214
Die Suez-Krise 217
Die britische Deutschland- und Berlin-Politik 219
Adenauer und Heuss in London 226
Parteien- und Pressekontakte 237
Als Botschafter auf Reisen 241
Kurt Hahn und die United World Colleges 245
Kulturelle Beziehungen 249
Abschied von Großbritannien 252

Staatssekretär unter Bundespräsident Lübke 1961 bis 1965 254

Der Verlegenheitskandidat 254
Lübkes Verbundenheit mit Berlin 258
Common sense und Naturliebe 263
Mit Lübke auf Auslandsreisen 264
Der Besuch de Gaulles in Bonn 272
Wilhelmine Lübke 276
Lübkes zweite Amtsperiode – Mein Abschied als Staatssekretär 279

Botschafter in Rom 1965 bis 1969 285

Villa Wolkonsky und Villa Almone 285
Alte Freunde aus Moskau, Bonn und London 290
Weitere alte Diplomatenfreunde 296
Mitarbeiter der Botschaft 301
Die Vergabe der Olympischen Spiele an München 316
Auszeichnungen und Orden 320
Besucher aus der Bundesrepublik 325
Die Parteien 333
Deutsch-italienische Wirtschaftsbeziehungen 337
Die deutsche Hilfe bei der Flutkatastrophe in Florenz und Venedig 341
Für die Rettung Venedigs 348
Deutsche Kulturinstitutionen in Italien 354
Villa Massimo 359
Deutsche und Italiener 366

Die Reformkommission des Auswärtigen Dienstes 1969 bis 1971 372

Präsident des Goethe-Instituts 1971 bis 1977 382
Unilever 392

Ausklang 395

Personenregister 399

Meiner Frau und meinen Freunden

EINLEITUNG

Der Titel dieses Buches hätte auch lauten können: »Vom Wert der Freundschaft in der Diplomatie«. Erinnerungen, die den Zeitraum von 1945 bis heute umfassen, sprechen natürlich über die großen politischen Entscheidungen und Auseinandersetzungen der Nachkriegszeit, in Deutschland wie in Europa. Aber das vorliegende Buch erhebt nicht den Anspruch eines Geschichtswerkes. Es ging mir nicht darum, den Verlauf der Geschichte der Bundesrepublik, der europäischen Integration oder der atlantischen Partnerschaft noch einmal nachzuzeichnen. Das können die Historiker ohnehin besser. Ich habe viele der entscheidenden politischen Ereignisse, die das Gesicht der Bundesrepublik und Westeuropas prägten, aus nächster Nähe miterlebt – als Chef des Protokolls, als Staatssekretär, als Botschafter. Davon ist im folgenden ausführlich die Rede, doch das Anliegen meiner Aufzeichnungen geht tiefer. Ich will nicht nur über mein Leben in der Diplomatie sprechen, ich möchte den guten treuen Freunden, ohne die mein Leben nicht so glücklich verlaufen wäre, danken, indem ich vor allem von ihnen spreche. Es war mir beschieden, einen ereignisreichen, vielfältigen, interessanten Berufsweg zu gehen. Ich hätte es nicht geschafft ohne die Hilfe so vieler Freunde, die sich gerade in schwierigen Situationen bewährten. Zudem hatte ich das Glück, hervorragende Lehrmeister in der Schule der Diplomatie zu haben. Bei dem Essen, das Bundespräsident von Weizsäcker zu meinem 80. Geburtstag ausrichtete, gab ich diesen Lehrern die Ehre, die ihnen gebührt. Die Feier fand im alten Kabinettssaal des Palais Schaumburg statt, wo ich so oft an Sitzungen des Kabinetts teilgenommen hatte. In meiner Erwiderung auf die Rede des Bundespräsidenten nannte ich als Vorbilder in Haltung und Charakter Ernst von Simson, Staatssekretär im Auswärtigen Amt in der Zeit der Weimarer Republik; Staatssekretär Ernst von Weizsäcker, unter dessen Schutz sich der Widerstand gegen Hitler im Auswärtigen Amt organisierte – aufgrund seiner Weisung wurde ich selbst während der Sudetenkrise 1938 im diplomatischen Widerstand tätig; schließlich Friedrich Werner Graf von der Schulenburg, Botschafter in Moskau und mein Vorgesetzter während meiner ersten Schritte auf der diplomatischen Bühne, hingerichtet nach dem 20. Juli 1944. Meine Erfolge in der diplomatischen Laufbahn verdanke ich zuallererst ihnen.

Wenn ich auf meinen Weg zurückblicke, fällt mir auf, daß es in der Diplomatie eine verhältnismäßig kleine Zahl von Menschen ist, die einander über Jahrzehnte hinweg immer wieder begegnen und als Entscheidungsgehilfen der Staatsmänner wirken. Gemeinsam steigen sie in der Hierarchie auf. Ihr Einfluß tritt nicht immer offen zutage, sie stehen meist im Hintergrund. Dieses Netz von Freundschaften zwischen Angehörigen verschiedener Nationen begann für mich während meiner Zeit an der Deutschen Botschaft Moskau. Es überstand glücklicherweise die Schrecken von Diktatur und Krieg und hat wesentlich zur Festigung des Friedens und zum Hineinwachsen Deutschlands in die Gemeinschaft der freien Völker beigetragen.

Das Menschliche ist, nach meiner Erfahrung, noch mehr als in anderen Berufen ein entscheidendes Element der Diplomatie. Nur wenn man sich in den persönlichen Beziehungen versteht, kann man miteinander Politik machen und die Auffassung des anderen überhaupt erst begreifen. Diplomatie ist die Kunst der Menschenbehandlung, ihr Werkstoff ist der lebendige Mensch, sicherlich der wertvollste, aber zugleich der empfindlichste Werkstoff. Ein Bildhauer, der in Stein oder Holz arbeitet, kann, wenn er einen Fehler begeht oder mit seinem Werk nicht zufrieden ist, die Arbeit an einem neuen Material von vorn beginnen. Wenn man aber einen Menschen verletzt, so bleiben Wunden zurück, und es kann lange dauern, bis sie heilen. Freundschaften in der internationalen Politik helfen bei der Suche nach Wegen der Zusammenarbeit, sie tragen dazu bei, daß das Verständnis für die Geschichte, Kultur und Psychologie der Nationen wachsen kann. Ich hatte das Glück, mein Leben lang im Rahmen eines solchen Kreises von Freunden zu wirken. Viele von ihnen tauchen bereits in meinem ersten Buch »Zwischen Hitler und Stalin« auf; der Leser wird sie in diesem Band wiederfinden. Ich möchte ihnen mit meinen Erinnerungen ein Denkmal setzen.

Ich hätte dieses Buch nicht ohne die Hilfe einer Vielzahl von Mitarbeitern fertigstellen können, denen ich zu Dank verpflichtet bin. Dr. Jürgen Baumgarten, München, hat auf der Grundlage meiner Aufzeichnungen, Vortragsmanuskripte und Akten die Kapitel »Neuanfang in Bayern«, »Chef des Protokolls in Bonn« und »Staatssekretär unter Bundespräsident Lübke« überarbeitet. Eckart Conze von der Stiftung Wissenschaft und Politik in Ebenhausen hat diese Aufgabe für das Kapitel »Botschafter in London« übernommen. Beiden bin ich dankbar dafür, daß sie die Fülle des Materials geordnet und in lesbare Form gebracht haben. Mein Dank gilt auch Frau Dr. Sabine Vollmar-Libal, seit 1988 Gesandte an der Deutschen Botschaft Rom, die zu meiner Zeit dort meine persönliche Referentin war. Sie half mir bei dem Kapitel »Botschafter in Rom«. Frau Dr. Margarete Bitter hat mit ihren Unterlagen zur Abfassung des Abschnittes »Sorge um die Kriegsgefangenen und Flüchtlinge« im Kapitel »Neuanfang in Bayern« beigetragen. Botschafter a. D. Dr. Ulrich Sahm, Dr. Bernhard Wittek und Helmut Barth haben meine Ausführungen zur WEU, zum Goethe-Institut und zu Unilever geprüft. Frau Dr. Anneliese Poppinga von der Stiftung Konrad-Adenauer-Haus und Frau Dr. Maria Keipert, Politisches Archiv des Auswärtigen Amtes Bonn, haben wichtige Dokumente zur Stalin-Note von 1952 und zu den Genfer Konferenzen von 1955 herausgesucht. Studiendirektor Peter Lübben hat mir Material über die United World Colleges zur Verfügung gestellt. Frau Lore Kordt hat das Konzept des Abschnittes über die Kriegsgefangenen geschrieben. Nicht unerwähnt bleiben soll Saziver Akpınar, eine türkische Realschülerin, die viele Seiten des Manuskripts mit der Maschine geschrieben hat.

Wie der erste Band meiner Erinnerungen, so konnte auch dieser zweite nur mit Hilfe des einzigartigen Gedächtnisses meiner Frau Elisabeth entstehen. Sie hat zudem sämtliche persönlichen Unterlagen einschließlich der Terminkalender aufbewahrt, die sich für die Abfassung des Textes als unerläßlich erwiesen.

Schloß Küps, Oberfranken, im Juni 1990

NEUANFANG IN BAYERN
1945 bis 1949

In der Bayerischen Staatskanzlei

Mein Schutzengel hatte mich durch Diktatur und Krieg sicher geleitet. Unversehrt war ich bei Kriegsende nach Österreich gelangt, und auch die Rache der Nationalsozialisten nach dem 20. Juli 1944 hatte mich nicht getroffen, im Unterschied zu so vielen meiner Freunde und Bekannten. Der Gedanke, daß sie das schwere Opfer auf sich genommen hatten, während ich mit Glück und Zufall überlebt hatte, sollte mich noch lange quälen.

Wie kam ich in den Dienst der bayerischen Regierung? Nach der Kapitulation Deutschlands waren die Reichsministerien aufgelöst, und als Beamter pflegte man in jenes Land zurückzukehren, in dem man vor Eintritt in den Reichsdienst tätig gewesen war. Ich hatte vor dem Eintreten in das Auswärtige Amt (1927) nach dem juristischen Examen als Referendar im Münchener Justizdienst angefangen. Außerdem kannte ich einige der maßgebenden Persönlichkeiten in Bayern recht gut, so den Staatsminister Anton Pfeiffer und seinen Bruder Peter, der als Leiter der Konsulatsabteilung mein Chef in Moskau gewesen war. Ich hatte im Sommer 1945 von Österreich aus, von Kitzbühel, wo meine Frau Elisabeth wohnte, Bayern mehrmals besucht, um mir ein Bild der Lage zu verschaffen. Diese ersten Ausflüge nach München und die dort geknüpften Kontakte waren wohl der Grund dafür, daß ich im Herbst 1945 in die Bayerische Staatskanzlei berufen wurde.

Der Ruf dorthin erreichte mich in Wiesbaden, wo ich bei einer historischen Kommission der amerikanischen Militärverwaltung arbeitete und unter anderem ein Memorandum über die Ukraine verfaßte. Daß es mich nach Wiesbaden verschlagen hatte, verdanke ich einem jener nicht seltenen Zufälle in meinem Leben, die sich so nachhaltig auswirkten. In Salzburg hatte mich gleich nach Kriegsende mein Freund Charles Thayer wiedergefunden, auch er ein

»Moskowiter«, Angehöriger der amerikanischen Botschaft zu meiner Zeit, in den dreißiger Jahren. In Moskau hatte das diplomatische Korps, das ja damals nicht allzu viele Personen umfaßt hatte, eine große Familie gebildet. Man kannte einander, unterstützte sich gegenseitig und unternahm gemeinsame Ausflüge. Die Datscha der Amerikaner war ein beliebter Treffpunkt für uns gewesen. Außer Charly Thayer gehörten unter Botschafter Davies Chip Bohlen und George F. Kennan der amerikanischen Vertretung an; auch diese beiden sollte ich bald wiedersehen.

Charly Thayer überholte mich in Salzburg mit dem Jeep, stürzte auf mich zu und umarmte mich, was mir bei aller Freude einen Schmerzensschrei entlockte, denn ich litt gerade in diesen Tagen an einem fürchterlichen Hexenschuß und ging ganz krumm. Charly fungierte jetzt als Chef des OSS, des Office of Strategic Services, für Österreich. Er half mir aus meiner unsicheren Lage heraus, indem er dafür sorgte, daß ich im Spätsommer 1945 der historischen Forschungsgruppe in Wiesbaden zugeteilt wurde. Meine Verwunderung war groß, als ich dort zwei deutsche »Moskauer« traf, nämlich meinen ersten Botschafter in der Sowjetunion, Herbert von Dirksen, sowie Unterstaatssekretär Andor Hencke. Während ich als freier Mann herumlief, waren Dirksen und Hencke noch Gefangene unter Hausarrest. Mit Herrn von Dirksen sollte ich an der Staatskanzlei wieder Kontakt haben, als er für die amerikanische Militärregierung eine Denkschrift über Schlesien ausarbeitete. Dem Memorandum war ein Atlas beigegeben, dessen Karten, ebenso wie die Denkschrift selbst, die jahrhundertealte Verwurzelung der Schlesier mit ihrer Heimat belegten. Dirksen wollte damit Argumente gegen die Austreibung der deutschen Bevölkerung aus Schlesien zusammentragen; über die Anerkennung der Oder-Neiße-Grenze hatten die Westalliierten zu diesem Zeitpunkt keine bindenden Zusagen gegeben.

Ich hatte eigentlich beschlossen, in die Vereinigten Staaten auszuwandern und mein Glück an einer amerikanischen Universität zu versuchen, vielleicht Geschichtsprofessor zu werden. Denn meine Stimmung war, nach allem, was mir über die Abmachungen von Jalta und Potsdam zu Ohren kam, zutiefst pessimistisch. Ich fürchtete, daß der Morgenthau-Plan, der die Entindustrialisierung und Niederhaltung Deutschlands vorsah, tatsächlich verwirklicht werden würde. Wir mußten damit rechnen, daß unser Land zerstückelt und einzelne

Teile unter fremde Hoheit kommen würden: Schleswig-Holstein geht wieder an Dänemark, dachte ich mir. Das Herzogtum Luxemburg wird, wie früher, bis vor die Tore Kölns ausgeweitet. Das linke Rheinufer und die Saar fallen an die Franzosen. Was gab es da noch für Hoffnungen? Überdies mußten die Amerikaner vertragsgemäß Thüringen und Sachsen räumen und diese Gebiete der Roten Armee überlassen.

Captain Peter Harnden, mit dem ich in Wiesbaden Bekanntschaft gemacht hatte, wollte mir helfen, in den USA Fuß zu fassen. Er sprach hervorragend Deutsch und war wohl deshalb zur historischen Kommission abgestellt worden. Vor dem Kriege hatte er in München Architektur studiert und bei Professor Anton Pfeiffer, dem Bruder meines Moskauer Kollegen, gewohnt. Als Harnden und ich eines Abends wieder einmal meine Pläne erörterten, wurde mir ein Schreiben aus der Bayerischen Staatskanzlei ausgehändigt: Ich sollte in München anfangen. Der Brief war von eben jenem Anton Pfeiffer unterzeichnet, der mittlerweile als Staatsminister und Chef der Bayerischen Staatskanzlei amtierte. Er fragte mich im Auftrage des Ministerpräsidenten Wilhelm Hoegner (SPD), ob ich bereit sei, in der Staatskanzlei mitzuarbeiten. Meine Neigung, dieser Aufforderung Folge zu leisten, war nicht allzu groß, durchkreuzte sie doch meine Planungen. Ich dachte, für mich seien die Würfel schon gefallen – für Amerika. Doch ein paar Stunden später erhielt auch Harnden eine Nachricht, ein Telegramm: Die Demobilisierung ist aufgehoben, Sie werden an das amerikanische Generalkonsulat nach München versetzt. »Johnny, jetzt fährst du auch nicht mehr nach Amerika«, war Peters spontane Reaktion, »jetzt bleiben wir hier und bauen gemeinsam München und Bayern wieder auf.« So blieb ich also im Lande und wanderte nicht aus.

Als ich mich in München bei Hoegner vorstellte, sagte ich ihm, ich wisse gar nicht, welche Tätigkeit ich in der Staatskanzlei ausüben solle. Ich dankte dem Ministerpräsidenten für die Berufung, doch sein Arbeitsminister Rosshaupter habe gerade einen Erlaß herausgegeben, der aktiven und Reserveoffizieren das Studium untersagte und vorschrieb, sie nur mit einfachen Arbeiten zu beschäftigen. Als Amtsgehilfe wollte ich aber eigentlich nicht arbeiten. Da winkte Hoegner ab und erwiderte: »Ach, dieser Rosshaupter! Was hat er da bloß für eine Verordnung erlassen!« Damit war die Sache erledigt.

Nachher legte er mich aber doch herein, indem er mich fragte: »Verstehen Sie etwas von Waffen?« – »Natürlich, Herr Ministerpräsident, ich war ja Offizier, außerdem bin ich auf dem Lande groß geworden und oft auf die Jagd gegangen.« – »Dann werden Sie auch Chef des Waffenamtes!« Das war nun eine sehr unangenehme Aufgabe, denn sämtliche Waffen, ebenso Munition, die in Bayern an Polizei, Forstbeamte usw. ausgegeben wurden, erhielt zuerst das Waffenamt zugeteilt, welches sie dann weitergeben mußte. Das Waffenamt war verantwortlich für die Art und Weise der Verwendung jeder einzelnen Waffe, und vor allem mußte über jeden Schuß, der abgegeben worden war, ein Bericht angefertigt werden. Das einzig Vorteilhafte an dieser Geschichte lag darin, daß man beim Waffenamt Benzin zugeteilt bekam. Es war zum Reinigen der Waffen gedacht, doch konnte ich einiges davon abzweigen, um meinen alten DKW wieder in Betrieb zu nehmen, den ich von meinem Freund Wilhelm Reissmüller, Verleger in Ingolstadt, bekommen hatte. Reissmüller hatte zwei Autos besessen, aber mir eines geschenkt mit den Worten: »Die Amerikaner werden mir wahrscheinlich sowieso beide abnehmen, da kannst du wenigstens den DKW haben.« Als Gegengabe schenkte ich Reissmüller meinen zweiten Pelzmantel, der ihm aber schon bald gestohlen wurde. Der alte Wagen, der nicht schneller als 60 km/h fuhr, hat mir gute Dienste geleistet, ich konnte nun leicht nach Kitzbühel hinausfahren. Eines Samstags, als ich aus der Staatskanzlei kam – es wurde ja damals auch am Samstag gearbeitet –, war der DKW verschwunden. Wie sich nachher herausstellte, hatte ihn ein Amerikaner gestohlen. Da er aber Vorderradantrieb hatte mit einer sehr eigentümlichen Schaltung, hatte der Dieb keine rechte Freude daran gehabt. Er war nicht weit gekommen und hatte den Wagen dann stehenlassen.

Bei anderen Gelegenheiten nahm mich Peter Harnden nach Kitzbühel mit, seine Braut, die emigrierte russische Prinzessin Missi Wassiltschikow, mit der er sich in Wiesbaden verlobt hatte, war dort untergekommen. Peter besaß ein Steyr Cabriolet, mit dem wir, vor allem im Winter, drei Stunden für die Strecke brauchten. Die Autobahnbrücke über das Mangfalltal war gesprengt, und man mußte auf einer Behelfsstraße steil hinunter ins Tal und auf der anderen Seite wieder hinauf. Das Auto hatte keine Heizung, und so erwärmten wir uns während der Fahrt mit einer Flasche Grappa.

Meine Frau war wegen ihrer Fremdsprachenkenntnisse – Englisch, Französisch, Russisch und andere slawische Sprachen – bei der Passierscheinstelle in Kitzbühel beschäftigt. Sie war zu dieser Zeit, wie schon während des Krieges, die Alleinerzieherin und Alleinernährerin unserer Tochter Alexandra. Wir hatten unsere alte Wohnung dort behalten; es galt als eine große Ausnahme, daß sie als Deutsche in Österreich bleiben durfte. Die meisten wurden rigoros ausgewiesen und durften nur einen Zentner Gepäck mitnehmen. Ohne meine Ausweispapiere, die mir die Amerikaner ausgestellt hatten, hätte ich die Grenze gar nicht überschreiten können.

Es kam dann noch zu einem Zwischenfall, was meine Anstellung in der Staatskanzlei betraf. Die Bayernpartei interpellierte dagegen, daß Hoegner einen Preußen wie mich berufen habe. Hoegner entgegnete, er hätte gerade von der Bayernpartei erwartet, daß sie die bayerische Geschichte besser kenne, und führte aus, daß die Herwarths eine alte Familie aus Augsburg seien, daß es den Zweig der Grafen Herwarth-Hohenburg gab, die Freiherren von Herwarth-Possenhofen und von Herwarth-Planegg, und daß ihre Grabmäler in Freising, Ulm und natürlich in Augsburg zu finden seien. Damit war der Angriff der Bayernpartei gegen mich abgewehrt.

Wir fingen sehr bescheiden an. Die Bayerische Staatskanzlei, in der ich bis 1949 arbeitete, befand sich in dem Gebäude der früheren Preußischen Gesandtschaft in der Prinzregentenstraße neben der Schack-Galerie – dort ist sie übrigens bis heute untergebracht. Sie übernahm Teile des angrenzenden Gebäudes, in dem das Innenministerium untergebracht war, und später das gesamte Gebäude. Das Haus war beschädigt, die Heizung funktionierte anfangs nicht richtig. Ich konnte mich glücklich preisen, mein Arbeitszimmer befand sich im Parterre, das früher in prächtigen Räumen vornehme Gäste beherbergt hatte; daher gab es sogar eine Badestube. Als dann die Heizung wieder lief, konnte ich Freunde und Bekannte einladen, morgens früh bei mir ein Bad zu nehmen – ein unerhörter Luxus in den allerersten Nachkriegsjahren.

Die Staatskanzlei war eine kleine Behörde, wir waren kaum ein Dutzend höhere Beamte, alles war sehr einfach. Ich wohnte damals in der Leopoldstraße, die schlimm ausgebombt war, in einem Hinterhaus. Auch hier hatte ich Glück: Meine Vermieterin war die frühere Köchin meiner Schwiegermutter, die rührend für mich sorgte. Sie besaß zwei Zimmer mit Küche; die Küche enthielt auch die Waschgelegenheit. Geheizt wurde mein Zimmer, indem man eine Luke öffnete, die zur Küche führte. Manchmal erwärmten also Küchendämpfe meine Stube. Es war bezeichnend für die Wohnungsnot, daß der Münchener Bürgermeister Scharnagl zunächst in einem Zimmer im Krankenhaus rechts der Isar wohnte.

Die Arbeitsteilung in einer personell so schwach ausgestatteten Behörde wie der Staatskanzlei war verständlicherweise nicht so streng, wie das heute der Fall ist. Ministerialrat Leusser war zuständig für Verfassungsfragen, Oberregierungsrat von Elmenau für den Länderrat der amerikanischen Zone, Levin Freiherr von Gumppenberg war der persönliche Referent des Ministerpräsidenten, und Dr. Pfisters Referat war die Kultur. Ich selbst war zuständig für die Verbindung zur amerikanischen Militärregierung, die ihren Sitz an der Tegernseer Landstraße hatte, ebenso für kulturelle Beziehungen zum Ausland, für die Wiedereingliederung der Kriegsgefangenen, fürs Protokoll, für die Rückkehr Lindaus, das in der französischen Zone lag, zu Bayern, und schließlich leitete ich eine Arbeitsgruppe, die sich mit dem Thema »Vorbereitung eines Friedensvertrages« befaßte. Von diesen Aufgaben wird noch im einzelnen die Rede sein. Die Arbeitsbedingungen in Ruinen und Trümmern ließen jedenfalls unser Talent zur Improvisation gedeihen.

Den Wiederaufbau des zerstörten München betrachtete die Bayerische Staatsregierung als eine ihrer vordringlichen Aufgaben. Angesichts der zahlreichen, ebenfalls dringlichen, anderen Aufgaben, vor allem auf sozial- und wirtschaftspolitischem Gebiet, mußten bei der Stadterneuerung Prioritäten gesetzt werden. Mir ist erinnerlich, daß wir zum Beispiel die Hotelbesitzer baten, untereinander einen Vorschlag auszuarbeiten, in welcher Reihenfolge die zerbombten Hotels wiederaufgebaut werden sollten, denn wir wollten nicht von uns aus eine willkürliche Entscheidung treffen. Das einzige unzerstörte Hotel, das »Vier Jahreszeiten«, hatten die Amerikaner beschlagnahmt. Als erste Herberge wurde der »Bayerische Hof« wiederhergestellt, nur der Spiegelsaal und einige Zimmer hatten die Bombenangriffe überstanden. Mit der Eigentümerfamilie Volkardt führten wir dort in der Folgezeit die wenigen gesellschaftlichen Veranstaltungen der Staatskanzlei durch, etwa ein Buffet für die maßgeblichen Mitglieder der Militärregierung. Die Empfänge wurden mit Rücksicht auf die schlechte Versorgung der Bevölkerung immer sehr bescheiden ausgerichtet. Ein großer Empfang fand einmal im Haus der Kunst statt, aber auch da gab es so gut wie nichts zu essen; nur einige Flaschen Steinwein aus Würzburg waren freigegeben worden, sie reichten für ein Glas pro Besucher. Die Gäste konnten sich dafür an den Bildern aus der Pinakothek delektieren.

Über die Wiederherstellung der repräsentativen Gebäude und Straßenzüge der alten Residenzstadt München gab es Meinungsverschiedenheiten. Sollten die nach italienischen Vorbildern errichteten Bauten der Ludwigstraße oder die neogotischen der Maximilianstraße rekonstruiert werden, wo es sich doch »nur« um Nachbildungen von Architekturstilen handelte? Glücklicherweise entschieden sich die Regierung und die Stadt für die Wiederherstellung des alten Zustandes. Auch der Verein für den Wiederaufbau der fast völlig zerstörten Residenz, den Tino Walz, ein Schweizer Architekt in München, ins Leben rief, setzte sich die Wiederherstellung des alten Stadtbildes zum Ziel. Das städtebauliche Ensemble, soweit es heute in München wieder zu sehen ist, verdankt sich diesen frühen Entscheidungen und Initiativen.

Erfahrungen mit der amerikanischen Militärregierung

Die Zusammenarbeit mit der amerikanischen Militärregierung verlief erstaunlich reibungslos, eine glückliche Fügung, die den Wiederaufbau sehr erleichterte. Schon bald begann – immer vorausgesetzt natürlich, daß die Sieger das entscheidende Wort hatten – eine Kooperation, die man partnerschaftlich nennen kann, wenngleich es diesen Begriff wohl damals noch nicht gab. Selbstverständlich gab es Streitpunkte der verschiedensten Art, besonders bei Maßnahmen im Rahmen der Entnazifizierung, wenn die Besatzungsbehörden Personalentscheidungen trafen oder Beschlagnahmungen verfügten, die unserer Ansicht nach ungerechtfertigt waren. Doch waren die Amerikaner immer bereit, unsere Gründe anzuhören und sich umstimmen zu lassen, wenn wir in einem Härtefall wirklich überzeugende Argumente vorbringen konnten. Ich will hier – über die Entnazifizierung spreche ich noch ausführlicher – nur eine Begebenheit erwähnen, die mit meiner Familie im weiteren Sinne zusammenhing.

Eines Tages kam ein Major Spelz, ein Luxemburger, zu mir und führte Beschwerde darüber, daß die Amerikaner das zum Schloß Hohenburg gehörende Land, im Besitz der Großherzogin von Luxemburg unter die Bodenreform fallen lassen wollten. Das machte mich hellhörig, denn die Hohenburg bei Lenggries war ein früherer Herwarthscher Besitz, der den Grafen von Herwarth-Hohenburg gehört hatte. Ein Herwarth-Hohenburg war seinerzeit Kanzler unter Kurfürst Maximilian von Bayern. Ich hielt es für ungerecht, daß der Großherzogin von Luxemburg, die im KZ gesessen hatte, nun auch noch ein Teil ihres Besitzes genommen werden sollte. Es gelang mir dann tatsächlich, nachdem Major Spelz es vergeblich versucht hatte, bei den Amerikanern durchzusetzen, daß die Hohenburg nicht unter die Bodenreform fiel.

Die Grundvoraussetzung für eine erfolgreiche Zusammenarbeit mit der amerikanischen Militärregierung war sicherlich, daß die deutsche Seite klug genug war, den Rahmen der politischen Möglichkeiten, wie sie durch das Besatzungsstatut vorgegeben waren, nicht zu überschreiten. In dieser Hinsicht ist Bayern mit den beiden Ministerpräsidenten Wilhelm Hoegner und Hans Ehard – der allererste, Fritz Schäffer, war gleich wieder abgesetzt worden – außerordentlich gut gefahren. Der Jurist Ehard, einer der Gründer der CSU, war geradezu ein Mann des Ausgleichs, ruhig, ohne sich zu erregen; und auch der Sozialdemokrat Hoegner wahrte kluges Augenmaß. Auf diese Weise konnte den bayerischen Interessen am besten Geltung verschafft werden. Hoegner und Ehard waren übrigens gut befreundet, ihre Zusammenarbeit war harmonisch, wie überhaupt die Gegensätze zwischen den Parteien in dieser Zeit weniger scharf in Erscheinung traten. Die Politiker kannten sich auf Landesebene gut. Ein solches Klima war dem Wiederaufbau natürlich besonders nützlich.

In München hatten wir zudem den Vorteil, daß Robert Murphy, General Eisenhowers politischer Berater für Deutschland, vor dem Krieg Konsul in der Stadt gewesen war. Murphy sorgte dafür, daß das Generalkonsulat immer mit einflußreichen und starken Persönlichkeiten besetzt wurde, die nötigenfalls eingreifen konnten, wenn nach Auffassung des State Department die Militärregierung eine Maßnahme traf, die vielleicht nicht gründlich durchdacht war. Als Vermittler im Falle von Schwierigkeiten erwies sich der Journalist Hans Wallenberg außerordentlich hilfreich. Er war als amerikanischer

Staatsbürger zurückgekommen und leitete in München die von den Amerikanern herausgegebene »Neue Zeitung«. Von Anfang an bemühte er sich, mit Vertretern der deutschen Medien und mit den Beamten der Verwaltungen ein Vertrauensverhältnis herzustellen. In seiner Wohnung wurden bei gutem Essen und auch einem Glas Alkohol in aller Offenheit Probleme diskutiert und geklärt. Ebenso diente die Wohnung von Peter Harnden, der am US-Generalkonsulat arbeitete, und seiner Frau Missi Wassiltschikow als anregende Begegnungsstätte zwischen Amerikanern und Deutschen.

1947 wurde Peter Harnden, das muß ich hier einflechten, nach Berlin versetzt. Ich verlor durch diesen Wechsel zwar meinen engen Kontakt mit einem guten Freund, andererseits verdanke ich ihm eine Fahrt in die alte Hauptstadt. Nach einem seiner Urlaube in München nahm er mich im Auto nach Berlin mit. Wir trafen erst abends an der Grenze in Helmstedt ein, es war Winter und bereits dunkel. Der sowjetische Wachtposten erklärte, daß Deutsche nach Einbruch der Dunkelheit nicht durch die sowjetische Zone fahren dürften. Er war leicht angetrunken und entdeckte zu meinem Glück nicht, daß auf meinem Personalausweis als letzter Aufenthaltsort Moskau angegeben war. Peter begann mit dem Soldaten gestikulierend zu verhandeln und bot ihm als Gegenleistung für meine Durchfahrt Zigaretten an. In diesem Augenblick kam ein sowjetischer Offizier, der ebenfalls sichtbar angeheitert war. Ich bekam einen großen Schreck. Um seinem Angebot Nachdruck zu verleihen, holte Peter eine Stange Zigaretten hervor, behielt sie aber in der Hand. Sie stellten eine Ersatzwährung dar und hatten hohen Wert, deshalb raunte ich meinem Freund zu, zwei oder drei Päckchen würden auch genügen. Schließlich wurde man handelseinig.

In Berlin erlebte ich eine interessante und aufregende Zeit. Harnden nahm mich zu politischen Versammlungen mit. Der Sozialdemokrat Franz Neumann machte als wortgewaltiger Volkstribun einen tiefen Eindruck auf mich. Dieser Aufenthalt in Berlin war auch der Beginn meiner Bekanntschaft mit Willy Brandt. Peter Harnden kannte die Deutschen vielleicht besser als sie sich selbst und erkannte deutlicher als wir unsere Schwächen und Stärken. Er war nicht nur an Politik, sondern auch an Kunst interessiert. Über ihn lernte ich in Berlin den Architekten Hans Scharoun kennen, der später die Philharmonie baute. Als gelernter Architekt wollte Harnden besonders über das Bauhaus alles erfahren (es gelang mir später, ihm mit Hilfe von Erich Pfeiffer-Belli, einem Mitarbeiter der »Süddeutschen Zeitung«, die Veröffentlichungen des Bauhauses zu besorgen).

Das Leben der Menschen in Berlin war hart, nur wenige Stunden am Tag gab es elektrischen Strom, und es konnte nur notdürftig geheizt werden. Die Haltung der Bevölkerung fand ich bewundernswürdig. Nach den Erfahrungen auf der Hinfahrt nahm ich für den Rückweg einen amerikanischen Militärzug nach Frankfurt und saß bei Überschreiten der Zonengrenze, in einen amerikanischen Militärmantel gehüllt, still und gespannt in meiner Ecke im Abteil. Ich passierte die Demarkationslinie anstandslos.

Die amerikanischen Besatzungsoffiziere waren natürlich sehr unterschiedlich in Charakter und Typ. Manche zeigten sich uninteressiert an ihrer Aufgabe und vorwiegend darauf bedacht, wie früher manche Kolonialbeamte, ein angenehmes Leben zu führen. Einige wenige waren voller Ressentiments, die Mehrzahl aber fühlte sich verantwortlich für Bayern und Deutschland und versuchte sich auf die Verhältnisse im Land einzustellen. General Muller, der Chef der Militärverwaltung in Bayern – er war deutscher Abstammung, sprach aber nicht mehr Deutsch –, sorgte persönlich dafür, daß in den Offizierskasinos und Mannschaftsräumen keine Verschwendung betrieben wurde. Oft wurden in den Speisesälen Brot, Butter, Marmelade und Aufschnitt, die auf den Tellern liegengeblieben waren, in die Mülltonne geworfen. Muller ordnete an, daß jeder Offizier und Soldat sich nur soviel vom Buffet nehmen solle, wie er wirklich essen könne, damit nichts vergeudet würde. Um halb neun stand er übrigens mit der Uhr in der Hand vor dem Casino, das sich im Haus der Kunst befand, und wenn einer seiner Leute zu dieser Zeit das Casino betreten wollte, verwehrte er es ihm mit den Worten: »Es ist besser, Sie gehen gleich zum Dienst!«

Mit der gleichen preußischen Strenge, die Muller seinen Untergebenen gegenüber walten ließ, griff er manchmal in das Leben der deutschen Bevölkerung ein. Es gab einen Zwischenfall mit einem Herrn von Gwinner, dem Sohn des Direktors der Deutschen Bank. Er war schwerhörig und bemerkte folglich in seinem Auto nicht, daß hinter ihm der Wagen des Generals hupte und ihn überholen wollte. Muller ließ Gwinner sofort verhaften, und ich mußte dann bei der Militärregierung vorstellig werden, um ihn freizubekommen.

Zu Anfang galt die Vorschrift der Non-Fraternisation, doch jeder, der diese schwere Zeit miterlebt hat, erinnert sich, wie das Verbot durchbrochen wurde. Es kam nicht selten vor, daß Soldaten Lebensmittel, vor allem Brot, von den Lastwagen unter die Menschen auf der Straße warfen. Nach Aufhebung des Fraternisierungsverbots bemühten sich die Besatzungsoffiziere, auf die deutschen Gewohnheiten einzugehen. Sie wurden aufgefordert, ihren deutschen Gesprächspartnern bei der Begrüßung und beim Abschied die Hand zu geben und ihnen auch Zigaretten anzubieten. Jetzt durften wir auch Platz nehmen, während wir zuerst unsere Gespräche im Stehen geführt hatten. Es fiel den Amerikanern nicht leicht, sich an das Handgeben zu gewöhnen. Oft vergaßen sie es, ihrer Gewohnheit entsprechend, und kamen dann nach der Verabschiedung hinterhergelaufen, um den Händedruck nachzuholen.

Umgekehrt nahmen wir manche Verhaltensweisen »unserer« Besatzer an. Ich erinnere mich an eine Sitzung des Länderrates in Stuttgart, zu der Vertreter Thüringens eingeladen waren. Im Länderrat waren Abgesandte der vier Länder der amerikanischen Besatzungszone vertreten, der Rat wurde von der Militärregierung konsultiert. Im Juni 1946 nahm der thüringische Ministerpräsident Paul an einer Sitzung teil, das war damals noch möglich. Die Gäste bemerkten, daß wir schon völlig amerikanisiert seien. Wir steckten die Hände in die Hosentaschen, rauchten amerikanische Zigaretten und benahmen uns außerordentlich lässig. Mir wiederum fiel auf, daß ein Polizeioffizier dem Ministerpräsidenten Paul zackig mit Hackenzusammenschlagen Meldung erstattete. Wir lernten von den Amerikanern auch den Umgang mit der Presse und den Rundfunkreportern. Der deutsche Beamte hatte vor 1933 eine gewisse Scheu vor den Medien. Jetzt konnten wir beobachten, wie General Clay Fragen der Pressevertreter freimütig beantwortete, aber auch bestimmte Dinge, die er nicht in der Öffentlichkeit diskutiert haben wollte, mit dem berühmten »No comment« auf sich beruhen ließ.

Es war erfreulich zu sehen, wie die Vertreter der Besatzungsbehörden sich mit dem besiegten Deutschland, mit dem, was davon übriggeblieben war, identifizierten und sagten: Das ist nun unser Staat, den müssen wir mit aufbauen. Diese Erfahrung bewegte mich stark, diese Haltung der Sieger war sicherlich etwas Neues und Einmaliges. Nach 1870 und 1918 hatte es eine tiefe Kluft zwischen der Besatzungsmacht und der besetzten Bevölkerung gegeben. In Deutschland konnte sich nach 1945 ein positives Verhältnis entwickeln, und es war nur folgerichtig, wenn später, nachdem die Bundesrepublik ihre – wenngleich vorerst bedingte – Souveränität erlangt hatte und es wieder einen deutschen Verdienstorden gab, amerikanische Offiziere und Beamte damit ausgezeichnet wurden, in Anerkennung ihres Beitrags zum Wiederaufbau. General Clay bekam das Großkreuz des Verdienstordens der Bundesrepublik Deutschland, und in Berlin wurde eine Straße nach ihm benannt. Das sind deutliche Zeichen dafür, daß aus den Siegern wirklich Freunde geworden waren. Eine prägnante Formulierung von Theodor Heuss, die diese außergewöhnliche Entwicklung auf den Begriff brachte, ist mir im Gedächtnis geblieben. Nach seiner Wahl zum Bundespräsidenten 1949 fragten ihn amerikanische Journalisten, ob er die Situation Deutschlands mit einem Schlagwort, in einem Satz zusammenfassen könne. »Es ist etwas Erstaunliches passiert«, antwortete Heuss. »Bis zum 8. Mai 1945 hat das amerikanische Volk Steuern bezahlt, um den Nationalsozialismus zu vernichten, und seit dem 8. Mai zahlen die Amerikaner ihre Steuern, um Deutschland wiederaufzubauen.«

Die Zukunft Deutschlands und Bayerns

Mit Außenpolitik hatten wir in der Staatskanzlei aufgrund des Besatzungsstatuts zunächst nichts zu tun. Es gab kein Deutsches Reich mehr. Es ist vielleicht Deutschlands Unglück gewesen, daß wir keine Regierung hatten, im Unterschied zu Österreich, wo gleich nach der Kapitulation die Provisorische Regierung Renner gebildet und schon am 25. November 1945 Wahlen abgehalten wurden. Die österreichische Regierung bildete eine Klammer zwischen den vier von den Alliierten besetzten Zonen. Das war ein großer Vorteil, den wir in Deutschland nicht hatten, obwohl noch im Mai 1945 Engländer und Amerikaner mit der Regierung Dönitz verhandelten. Auch nach der Kapitulation bestand ja eine deutsche Regierung, die nach Schleswig-Holstein, das zur britischen Zone gehörte, ausgewichen war. Hitler hatte Admiral Dönitz zu seinem Nachfolger bestimmt, bevor er sich umbrachte, und ihm in seinem Testament sogar noch das Kabinett vorgeschrieben. Die Alliierten forderten Dönitz auf, seine

Regierung umzubilden und ein Kabinett aus akzeptablen Leuten zu präsentieren. Dönitz hat das nicht verstanden und nur ein oder zwei Minister ausgewechselt, die anderen aber behalten. Letztlich war es ohnehin vergeblich, diese letzte Reichsregierung wurde, schon weil die Sowjets darauf bestanden, von den Briten aufgelöst und gefangengesetzt.

Für mich stand bald fest, daß die vier deutschen Besatzungszonen nicht zusammenkommen würden. Ich hatte lange genug in der Sowjetunion gelebt und die Denkweise der kommunistischen Führung kennengelernt, und so war mir klar, daß die Sowjetunion die von ihr kontrollierten Gebiete niemals freiwillig einem westlich orientierten Deutschland übergeben würde. Die Ostzone mußte das Schicksal der übrigen Satellitenstaaten teilen. Nur im Falle, daß sich die Sowjetunion grundlegend wandle, war für mich die Unabhängigkeit und Freiheit der Ostzone vorstellbar.

Aus diesen Gründen nahm ich die Rede des amerikanischen Außenministers James Byrnes in Stuttgart mit Skepsis auf. Byrnes sprach am 6. September 1946 vor den deutschen Beamten der Länder in der amerikanischen Zone über Deutschlands Zukunft. Auch ich gehörte zu den Eingeladenen. Byrnes hielt eine sympathische Rede, er flößte uns Mut ein, die schlimmste Zeit sei nun überstanden, wir sollten mit Zuversicht nach vorne schauen, es werde sicherlich wieder zu einer Verbindung der vier Zonen kommen. Auch für die Ostgebiete, die unter polnischer Verwaltung standen, machte er uns Hoffnung, indem er erklärte, die USA hätten sich nicht verpflichtet, auf einer Friedenskonferenz deren Abtretung an Polen zu unterstützen. Byrnes sprach nicht von Ministerien, aber von gesamtdeutschen Ämtern. Sein Berater Charles Bohlen, mit dem ich seit unserer gemeinsamen Moskauer Zeit eng befreundet war, sagte mir: »Wir wollen ein deutsches Konsularamt eröffnen, als Vorläufer eines neuen Auswärtigen Amtes. Aus jeder Besatzungszone wird ein leitender Beamter kommen, du bist vorgeschlagen als Vertreter der amerikanischen Zone.« Ich glaubte nicht daran. »Du bist doch ebensolange in Moskau gewesen wie ich, Chip«, entgegnete ich, »und du mußt dir doch darüber im klaren sein, daß die alliierte Politik Deutschland geteilt hat und daß ein neuer Staat nicht in der Form zusammenkommen kann, wie ihr euch das vorstellt. Die sowjetische Zone wird doch nach völlig anderen Gesichtspunkten verwaltet und aufgebaut als die

Westzonen. Da ist auf absehbare Zeit nichts zu machen.« –»Wahrscheinlich hast du recht«, gab er zu. Charles Bohlen stammte übrigens aus der Familie Krupp von Bohlen und Halbach; das war für ihn einer der Gründe, weshalb er eine Verwendung als Diplomat in Deutschland ablehnte. Chip sprach gut Deutsch, aber er vermied es, sich mit unserer Lage und unseren Problemen näher zu befassen, und kannte sich folglich mit innerdeutschen Vorgängen nicht so gut aus. Im Rahmen seiner diplomatischen Karriere mußte er sich allerdings immer wieder mit den außenpolitischen Aspekten der Deutschlandfrage beschäftigen.

Wir haben uns dann in der Staatskanzlei doch ein bißchen mit Außenpolitik beschäftigt. Ich richtete eine Gesprächsrunde ein, die sich mit dem Schicksal Deutschlands und Bayerns, vor allem mit Fragen eines künftigen Friedensvertrages, befaßte. Zu diesem Arbeitskreis gehörten Staatsrat Wilhelm Niklas, später Landwirtschaftsminister, Ministerialdirektor Hartmann, der später Staatssekretär im Finanzministerium wurde, sowie der spätere Ministerialdirektor Bock aus dem Kultusministerium. Auch Journalisten von der »Süddeutschen Zeitung« waren dabei, Horst von Rom und Heinz Holldack. Im Jahre 1948 bekam ich die Übersetzung eines Artikels aus der »Prawda« vom 12. August jenes Jahres auf den Schreibtisch, in dem die Staatskanzlei als »Sammelpunkt derjenigen Kreise, die sich in Westdeutschland mit ›Außenpolitik‹ beschäftigen«, bezeichnet wurde. »In den Räumen der Staatskanzlei ist sozusagen das frühere Auswärtige Amt ›en miniature‹ untergebracht.« Über meine Frau hieß es, es sei »bekannt«, daß sie Agentin der französischen Geheimpolizei sei, und von mir werde das »auch nicht bestritten«.

Gesprächskreise gab es natürlich in verschiedener Zusammensetzung und Ausrichtung auch außerhalb der Staatskanzlei. Ich nahm zum Beispiel an dem Kreis bei Rechtsanwalt Fritz Berthold teil, wo es neben politischen Diskussionen auch kulturelle Darbietungen gab. Dorthin konnte ich meine ausländischen Besucher führen und sie mit einem »bayerischen Abend« unterhalten. Der Weiss Ferdl trat dort auf mit seinen Liedern oder der Volksmusiker Kiem Pauli. Ich verkehrte auch bei Konsul Wilhelm Schmidhuber, bei dem sich neben Vertretern aller politischen Lager auch amerikanische und französische Offiziere trafen. Ich hegte gegenüber Schmidhuber gewisse Bedenken, weil mir seine Gedanken über Bayerns Zukunft eher separatistisch erschienen. Zum Freundeskreis von Dieter Sattler, dem Enkel des Bildhauers Adolf von Hildebrand, ging ich gerne, weil dort über Kultur und kulturpolitische Fragen gesprochen wurde und weil Sattler ein so interessanter Gastgeber war, eine barocke Figur und eine Künstlernatur. Sattler war Konvertit und deshalb ein besonders eifriger Katholik. Dies hinderte ihn nicht, in seinen Anschauungen vor allem über Kunst liberal zu sein. Er hatte eine gute Stimme und amüsierte seine Gäste mit Gesang und der Fähigkeit, berühmte Schauspieler wie Max Pallenberg, Alexander Moissi oder Ernst Deutsch nachzuahmen. Bei Sattler traf ich Emil Preetorius, den Zeichner, Bühnenbildner und Sammler asiatischer Kunst, Franz Josef Schöningh, Herausgeber der »Süddeutschen Zeitung«, den Religionsphilosophen Romano Guardini, den Physiker Walther Gerlach und meinen alten Studienfreund Max von Brück, der später, während meiner Zeit als Botschafter in Rom, Korrespondent beim Fernsehen war.

Große Bedeutung maß ich den Urteilen Herbert von Dirksens und Friedrich von Prittwitz' über die politische Lage bei. Mit ihnen hielt ich ständigen Kontakt. Botschafter von Prittwitz und Gaffron, der 1933 aus Protest gegen Hitlers Machtübernahme von seinem Posten als Missionschef in Washington zurückgetreten war, genoß bei der amerikanischen Militärregierung hohes Ansehen. Er war jetzt Landtagsabgeordneter der CSU; in der Partei übte er einen ausgleichenden Einfluß aus und war ein Gegengewicht zum extrem bayerischen Flügel. 1948 begründete er die Gesellschaft für Auslandskunde, die sich seither als eine wichtige Stätte der Begegnung mit hervorragenden Vertretern des Auslandes bewährt hat. Von Prittwitz war vor dem Ersten Weltkrieg gleichzeitig mit dem Bruder meiner Mutter, Helmut von Tiedemann, in den Auswärtigen Dienst eingetreten. Er wurde während des Krieges in die Reichskanzlei unter Bethmann Hollweg abgeordnet und diente dann als persönlicher Adjutant des letzten kaiserlichen Reichskanzlers Prinz Max von Baden. In diesen Kriegsjahren kam er oft in die Berliner Wohnung meiner Eltern zu Besuch. Ich war damals zwischen zwölf und vierzehn Jahren alt und hörte seinen Schilderungen über die militärische Lage gebannt zu. Ich glaubte natürlich an einen Sieg Deutschlands. Allmählich dämmerte mir die Wahrheit. Mein Onkel Tiedemann und Friedrich von Prittwitz haben mir die Augen geöffnet; vor allem der letztere hat mich gelehrt, daß gute Politik nur mit Augenmaß zu betreiben ist. Daher waren auch seine Analysen der Situation Deutschlands nach 1945 für mich von großer Bedeutung und halfen mir, eine Orientierung zu finden.

Es gab damals eine Vielzahl von Ideen und Vorstellungen über territoriale Neugliederungen im Süden Deutschlands, aus denen nichts geworden ist, die aber ernsthaft erwogen wurden. Meine Befürchtungen gingen dahin, daß die Alliierten ein Strafgericht über Deutschland halten und versuchen würden, es zu zerteilen. Nachdem 1918 mit Österreich-Ungarn das Bollwerk gegen das Vordringen Rußlands zerschlagen worden war, würde sich dies jetzt mit der Auflösung des Deutschen Reiches wiederholen. Deshalb hielt ich die Errichtung eines »Walls gegen den Osten«, bestehend aus Österreich und den süddeutschen Staaten, für geboten. Bald erkannte ich, daß meine Befürchtungen unbegründet waren, und ließ von diesem Gedankenspiel ab. Aus dieser Zeit stammt auch eine Denkschrift, in der ich eine Rückgliederung Südtirols an Österreich befürwortete und die ich den Amerikanern einreichte. Das Problem Südtirol ging Bayern zwar nicht direkt etwas an, denn es handelte sich um eine österreichische Forderung auf Revision des Vertrages von St.-Germain, aber bei Besuchen in Südtirol hatte ich mich immer darüber geärgert, daß die Ortsnamen italianisiert waren, auf den Ämtern und bei der Eisenbahn nur Italienisch gesprochen und mit der Ansiedlung von Italienern versucht wurde, die deutsche Bevölkerung zurückzudrängen.

Es gab auch gewisse Tendenzen eines schwäbischen Separatismus, von München aus gesehen, also den Gedanken, in einem kommenden Deutschland ein eigenständiges Land Schwaben zu errichten. Es gab zahlreiche Vorstellungen, die im Rückblick sonderbar erscheinen mögen, die aber in den ersten Nachkriegsjahren nicht von vornherein illusorisch waren. Denn nach 1945 nahmen die Besatzungsmächte selbst eine Reihe von Eingriffen in die traditionelle Länderordnung vor und bildeten neue Länder. In der amerikanischen Zone wurden zum Beispiel Nordbaden und Nordwürttemberg zu Württemberg-Baden zusammengeschlossen, und aus Kurhessen, Nassau und dem ehemaligen Volksstaat Hessen entstand ein neues Land Hessen. Was Bayern betrifft, so zeigten die Franken, anders als die Schwaben, kaum einen Willen zur Selbständigkeit. Ihr Unwille darüber, daß sie »nur Steuern zahlten und nichts aus München zurückbekamen«, wie oft geschimpft wurde, blieb auf die Stammtische beschränkt.

Die schwäbischen und fränkischen Autonomiebestrebungen wurden dann bei den Verhandlungen um die bayerische Verfassung durchaus ernst genommen, als in Erwägung gezogen wurde, den Bezirken Franken und Schwaben eine größere verwaltungsrechtliche Eigenständigkeit zu gewähren. Die Stimmungen gegen das Übergewicht Münchens wurden auch berücksichtigt mit der Einrichtung der Bezirkstage, die eine gewisse Dezentralisierung bedeutete. Zwar herrschte die allgemeine Meinung in Deutschland wie im Ausland, daß nicht Bayern, sondern Preußen der am meisten zentralistische und hierarchisch aufgebaute Staat im Deutschen Reich sei. In Wirklichkeit war Bayern, nach den Reformen des Grafen Montgelas Anfang des 19. Jahrhunderts, in außerordentlichem Maße ein zentralistischer Staat, in dem der Kommunalverwaltung bei weitem nicht die Bedeutung zukam wie in Preußen. Das wirkte sich bis in meine Zeit aus: Wenn wir von der Staatskanzlei irgendwo in die Provinz fuhren, wenn wir mit den Kommunen sprachen, wurden unsere Worte sogleich als Weisung aufgefaßt. Man könnte es so auf den Begriff bringen: Die Struktur Bayerns war nach oben hin föderalistisch, nach unten zentralistisch. Insofern war der Einfluß der Zentrale in München auf den Aufbau in Bayern äußerst stark, viel stärker wohl als in den anderen deutschen Ländern. Einseitigkeiten blieben dabei nicht aus, zum Beispiel wurde die Hauptstadt München, da nicht alle Trümmer überall auf einmal beseitigt werden konnten, bevorzugt wiederaufgebaut, während die anderen Städte etwas zurückstehen mußten.

Mir wurde in der Staatskanzlei auch die Frage vorgelegt: Was geschieht mit der Pfalz, und was passiert mit Lindau? Die früher zu Bayern gehörende Pfalz lag jetzt in der französischen Zone. Ministerpräsident Hoegner hatte schon im Herbst 1945 bei den Franzosen wegen der Zukunft der Pfalz vorgefühlt. Staatsminister Anton Pfeiffer, dessen Familie aus Speyer stammte, setzte sich natürlicherweise für eine Rückgliederung der Pfalz an Bayern ein, und ich begleitete ihn in dieser Sache auf einer Reise nach Ludwigshafen und Speyer. Doch ich hielt unser Anliegen für chancenlos, es gab keine geographische Verbindung, keine Landbrücke zwischen Bayern und der

Pfalz. Ich bearbeitete diese Frage dann auch nicht in der Staatskanzlei. Philipp Freiherr von Brand nahm sich des Problems an, aber ohne Erfolg. Die Pfalz kam im August 1946 zum neugeschaffenen Land Rheinland-Pfalz.

Im Fall von Lindau, das verwaltungsmäßig zu Südwürttemberg-Hohenzollern geschlagen worden war, weil es ebenfalls in der französisch besetzten Zone lag, hatten wir dagegen Erfolg. Mir kam zugute, daß mir der französische Botschafter bei der Militärregierung in Baden-Baden und Berater von General Koenig, Tarbé de Saint Hardouin, von früher her bekannt war. Ihm gegenüber setzte ich mich bei einem Treffen in Bad Schachen für die Rückgliederung Lindaus ein. Ich konnte dabei das französische Interesse an Bayern ausnutzen. Frankreich hatte sich schon nach dem Ersten Weltkrieg stark um Bayern bemüht. Es gehörte zum politischen Denken der Franzosen, daß man mit Bayern französische Politik machen könne und daß Bayern das Tor sei, um Einfluß auf Deutschland insgesamt auszuüben. Das ist eine Tradition, die sich weit in die Vergangenheit zurückverfolgen läßt, bis Napoleon und noch weiter zurück bis zum Spanischen Erbfolgekrieg.

So war es auch nach 1945. Die Franzosen fingen sofort an, in Bayern gute Kulturpolitik zu betreiben, und so konnte ich dem Botschafter sagen: »Wenn Sie sich mit Bayern gut stellen wollen, dann müssen Sie dafür sorgen, daß Lindau zu Bayern zurückkommt.« Die Bevölkerung der Stadt war übrigens pro-bayerisch eingestellt, was nicht selbstverständlich war. Man hätte annehmen können, daß sie mehr zu Württemberg tendiert hätte, denn Lindau war erst 1805 an Bayern gekommen, es hatte vorher dem Fürsten von Bretzenheim und für kurze Zeit zu Österreich gehört. Doch der Oberbürgermeister Frisch war gut bayerisch gesinnt, der Landrat Bernklau und Kreispräsident Zwiesler waren es nicht weniger, so daß die spätere Eingliederung Lindaus in den Freistaat Bayern keine Schwierigkeiten machte. Der Kreispräsident herrschte wie ein kleiner Souverän. Es gab da keine Volksvertretung, er entschied eigenständig, natürlich unter französischer Oberherrschaft, und konnte mit deren Zustimmung eine Alleinregierung führen – eine seltene verfassungsrechtliche Konstruktion. Im Landratsamt traf ich übrigens einen weiteren Bekannten aus Moskauer Zeiten, den früheren Konsulatssekretär Kopp, der jetzt bei Bernklau arbeitete.

Der bayerisch-österreichische »Grenzkonflikt« und die »Hühnerfutter«-Affäre

Große Aufregung gab es um einen Zwischenfall, der mir heute nur noch amüsant erscheint. Der Landeshauptmann von Salzburg, Josef Rehrl, hatte den Plan gefaßt, das Berchtesgadener Land und den Rupertiwinkel – das ist das Gebiet nördlich von Bad Reichenhall – an Salzburg anzuschließen. Er wußte dafür historische Argumente anzuführen, denn das Gebiet von Berchtesgaden war eine gefürstete Probstei, die nach ihrer Säkularisierung 1803 dem Kurfürstentum Salzburg einverleibt wurde, mit dem zusammen sie 1810 an Bayern fiel und dort verblieb, auch nachdem Salzburg nach dem Ende der Napoleonischen Kriege seine Eigenständigkeit wiedererlangte und dann endgültig mit Österreich vereinigt wurde. Der Rupertiwinkel war bis zur Napoleon-Zeit immer ein Teil von Salzburg gewesen. Nach der Aufhebung der kurzen Vereinigung Salzburgs mit Bayern verblieb das Gebiet bei Bayern. Der frühere Salzburger Nationalrat und nachmalige österreichische Außenminister Tončić-Sorinj berichtete viel später, daß ihm der Landeshauptmann Karten gezeigt habe, auf denen schon die Einmarschwege der Salzburger eingezeichnet waren. Er riet Rehrl dringend ab: Die amerikanische Militärregierung würde diesen Schritt keinesfalls dulden, die Regierung in Wien ebensowenig, und es sei mit entschlossenem Widerstand Bayerns zu rechnen. Jedenfalls wurde uns der Plan bekannt; darauf hielt Wilhelm Hoegner im Rundfunk eine kriegerische Rede und drohte jedem Bayern, der mit den Österreichern kollaborieren würde, schwere Strafen wegen Hochverrats an. Wenn die Österreicher wirklich kämen, würden wir ihnen mit Dreschflegeln und Sensen entgegentreten, wie 1705! Das war eine Anspielung auf den Aufstand der Bauern aus dem bayerischen Oberland gegen die kaiserlichen Truppen, als der Schlachtruf gegolten hatte: »Lieber bayerisch sterben als kaiserlich verderben«. Hoegner, der Sozialdemokrat, war ein glühender Patriot, der gerne eine Krawattennadel mit dem bayerischen Löwen und der Königskrone trug. Seine martialische Rede hatte zur Folge, daß wir sofort zu den Besatzungsbehörden zitiert und dort abgekanzelt wurden: Wir sollten gefälligst nicht so kriegerische Töne anschlagen! Die scharfe Reaktion Hoegners erkläre ich mir auch damit, daß er ohnehin gewisse Vorbehalte gegen Österreich hatte und auch den von manchen Bayern gehegten Plan einer süddeutschen Konföderation mit Österreich ablehnte. Unser Nachbarland wurde von vielen beneidet, weil es keine Flüchtlinge aufnehmen und keine Reparationen zahlen mußte. Das wird für manche ein Grund gewesen sein, sich für eine Föderation mit Österreich einzusetzen; dies hätte aber bedeutet, sich aus der gesamtdeutschen Verantwortung zu stehlen.

Im Auftrag der Staatskanzlei reiste Rechtsanwalt Berthold nach Wien, um festzustellen, ob der Vorstoß des Salzburger Landeshauptmanns mit stillschweigender Billigung der Bundesregierung erfolgt sei. Vom österreichischen Außenminister Gruber wurde der Verleger Fritz Molden, damals sein Mitarbeiter, nach München geschickt, um klarzustellen, daß Rehrl auf eigene Faust gehandelt hatte.

Abgesehen von diesem »Viel Lärm um nichts« beschränkte sich unsere »Außenpolitik« auf Verhandlungen mit Tirol über die Einfuhr von Vieh und andere naheliegende, alltägliche Fragen. Die Versorgung mit Rindfleisch war angesichts der Nahrungsmittelnot ein dringliches Anliegen. So fuhren, ohne daß wir eine Genehmigung der Amerikaner hatten, Staatssekretär Pfeiffer und ich nach Innsbruck, wo wir mit General Lattre de Tassigny über Erleichterungen im Handel zwischen Bayern und Tirol verhandelten.

Wir kümmerten uns gleichfalls um die deutschen Kultureinrichtungen in Rom, um das Archäologische und das Historische Institut sowie die Bibliotheca Hertziana und die Villa Massimo, die Künstlern für ein Jahr jeweils als Wohnort diente, um dort ihre Studien fortzuführen. Alle diese Einrichtungen, wie auch das von Anton Dohrn gegründete Tiefseeforschungsinstitut in Neapel, waren beschlagnahmt worden. Zusammen mit Professor Klauser, einem Archäologen aus Bonn, und dem Historiker Professor Bethgen aus München versuchte ich unsere Ansprüche auf diese Institutionen, die doch deutsches Eigentum waren, anzumelden.

Deutsche und amerikanische Kunsthistoriker bemühten sich um eine Katalogisierung aller von den Nationalsozialisten geraubten oder unter Druck verkauften Kunstgegenstände, vor allem Gemälde. Diese waren in einem »Collecting Point« in einem der »Führerbauten« gesammelt und gelagert worden, und man versuchte nun, die früheren Eigentümer festzustellen und ausfindig zu machen, um ihnen die Objekte zurückzugeben. Von deutschen Fachleuten waren

Konrad Roethel, der spätere Leiter des Lenbachhauses, und der nachmalige Direktor der Bibliotheca Hertziana in Rom, Wolfgang Lotz, beteiligt.

Trotz der wirtschaftlichen Not wurden schon 1947/48 in Privathäusern und Ateliers Faschingsfeste gefeiert. Studenten machten die Musik, es gelang irgendwie, Wein und andere Alkoholika zu besorgen. Zu essen gab es fast nichts, als Delikatesse manchmal geröstete Kartoffeln, die mich an meine Jugend erinnerten, als bei der Ernte Kartoffeln im Feuer gebacken wurden. Die Musiker spielten umsonst und teilten mit den Gästen die Freude am Feiern, den Alkohol und die gerösteten Kartoffeln. Auf einem dieser Feste, genannt Griechischer Olymp, erschienen die Gäste als Götter verkleidet, und es waren auch zwei echte griechische Prinzessinnen dabei, die Gemahlin des Prinzen Paul von Jugoslawien und Gräfin Törring, beide Schwestern der Herzogin Marina von Kent. An einem anderen Abend, im Hause des Chirurgen Professor Emil Frey, das nicht beschlagnahmt worden war, befand sich unter den Gästen der Direktor für Wirtschaft der Bizone, Johannes Semler. Mitten im Trubel erklärte er, daß er keine Lust mehr habe, weiterhin den Erfüllungsgehilfen der Alliierten zu spielen. Er werde mit einem Eklat zurücktreten. Wir hielten das für einen Faschingsscherz, doch er machte seine Ankündigung wahr: In einer öffentlichen Rede bezeichnete er die amerikanischen Lebensmittellieferungen als »Hühnerfutter« und provozierte damit seine Entlassung. Seine erste Frau, die Kabarettistin Ursula Herking, wurde auf andere Weise berühmt. Sie sang als Parodie auf das dem preußischen König Friedrich Wilhelm III. gewidmete Lied »Ich bin ein Preuße, kennt ihr meine Farben?« den Text in der Variante »Ich bin ein Preuße, keiner will mich haben«. Die Flüchtlinge waren begeistert, und die bayerischen Zuhörer wurden nachdenklich gestimmt.

Entnazifizierung

Es versteht sich von selbst, daß wir überaus viel mit der Entnazifizierung zu tun hatten, die schwierige Probleme aufwarf. Die Amerikaner waren sehr strikt und stellten nur Personen ein, die eine völlig reine Weste vorweisen konnten. Diese Strenge führte zu vielen Härtefällen. Einer davon war der Fall eines bekannten Chirurgen, der nicht als Arzt zugelassen worden war und statt dessen als Straßenkehrer beschäftigt wurde. Ich ging zur Militärregierung und versuchte klarzumachen, was für ein Widersinn darin lag. Wir hatten nicht genug Chirurgen, wir brauchten diesen Professor, und ich setzte mich dafür ein, ihm wieder eine Arbeitserlaubnis als Arzt zu geben. Man könnte ihm ja weiterhin das Gehalt eines Straßenkehrers auszahlen, schlug ich vor. In der Tat wurde zunächst so verfahren. Der Professor mußte einige Zeit warten, ehe er mehr Geld erhielt.

Da ich unbelastet war, suchten mich viele Menschen auf, um sich einen »Persilschein« ausstellen zu lassen. So nannte man die Bescheinigung, mit der jemandem bestätigt wurde, daß er, auch wenn er der NSDAP angehört hatte, doch ein anständiger Mensch war und mit dem Nationalsozialismus im Grunde nichts zu tun gehabt hatte. Diese Bestätigung, um die ich so oft gebeten wurde, zu geben war nicht immer möglich. Wer Dinge getan hatte, die er nicht hätte tun dürfen, für den konnte ich keinen Persilschein ausstellen. Grundsätzlich mußte jeder einzelne Fall für sich betrachtet und geprüft werden, pauschale Urteile waren zu vermeiden. Auch ich mußte dies erst lernen. Ich erinnere mich, daß ich im Anfang einmal einen SS-Mann nicht empfangen wollte, der auf die Staatskanzlei gekommen war. Ich stand so stark unter dem Eindruck der Verbrechen des Nationalsozialismus, daß ich mit Angehörigen der SS überhaupt nichts zu tun haben wollte. Ich erzählte einer Bekannten, die bei der »Neuen Zeitung« unter Hans Wallenberg arbeitete, daß ich den Besucher abgewiesen hätte. Lore Wolf protestierte gegen meine Haltung: »Das ist doch Sippenhaft! Du weißt nichts über diesen Mann, kennst nicht seine Vergangenheit, weißt nicht, was er getan hat. Du mußt ihn zumindest anhören, ehe du ein Urteil abgibst.«

Der erste Minister für Entnazifizierung war übrigens ein Kommunist, Heinrich Schmitt. Ich kam mit ihm gut aus, er zeigte sich Argumenten zugänglich, und ich habe ihm einige Fälle vorgetragen, bei denen es um Persönlichkeiten ging, die zum Widerstand gehört hatten, aber Offiziere oder Parteimitglied gewesen waren. Sie erhielten von Schmitt sofort eine Entlastungsbescheinigung und konnten wieder eine Arbeit aufnehmen. Unter anderem erreichte ich, daß Friedrich von Teuchert, der während des Krieges unter General von Stülpnagel, dem Militärbefehlshaber in Frankreich, in Paris arbeitete und wie dieser aktives Mitglied der Opposition war, trotz seiner Parteizugehörigkeit wieder als Beamter eingestellt wurde. Auch meinem Freund Wilhelm Reissmüller konnte ich helfen. Er hatte bis 1945 in Ingolstadt eine Druckerei und einen Verlag besessen, der eine lokale Zeitung herausgab. Beide waren von den Amerikanern beschlagnahmt worden, und bei der Zuteilung von Lizenzen wurde Reissmüller nicht berücksichtigt, weil er »Parteigenosse« (PG) gewesen war. Ich konnte die Besatzungsbehörden davon überzeugen, daß er trotz seiner Parteimitgliedschaft dem militärischen Widerstand angehört hatte und durch mich in den Kreis um Graf Stauffenberg eingeführt worden war – ich habe darüber im ersten Buch meiner Erinnerungen berichtet. Dennoch dauerte es lange, bis Reissmüller seinen Verlag zurückerhielt.

Man mußte im übrigen gar nicht PG gewesen sein, um mit der Besatzungsmacht Schwierigkeiten zu bekommen. Auch dafür will ich ein Beispiel aus meinem Bekanntenkreis nennen. Der schon erwähnte Philipp von Brand war ebensowenig wie der erste bayerische Ministerpräsident nach 1945, Fritz Schäffer, Mitglied der NSDAP gewesen. Brand diente Schäffer als persönlicher Referent. Beide fanden ihre Namen auf einer Bekanntmachung an einer Litfaßsäule unter den Entlassenen. Schäffer sagte den amerikanischen Militärbehörden nicht zu, er war ihnen nicht kooperationsbereit genug und zog sich mit seiner Auffassung, auch ehemalige PGs einzustellen, weil er anders die Verwaltung nicht aufrechterhalten könne, ihren Unwillen zu. Brand hatte aus »rassischen« Gründen aus dem alten Auswärtigen Amt ausscheiden müssen. Es dauerte geraume Zeit, ehe er wieder in der Staatskanzlei beschäftigt werden konnte. Er wurde dort mein Nachfolger für Fragen des Protokolls.

Ich bekam auch zwei meiner befreundeten Diplomaten frei, Alexander Prinz zu Solms und Ernst-Günther Mohr, den späteren Protokollchef und Botschafter der Bundesrepublik in Buenos Aires. Sie waren verhaftet worden, ihre Ehefrauen baten mich, zu intervenieren. Es gelang mir schließlich, sie wieder auf freien Fuß setzen zu lassen, weil ich gute Argumente anführen konnte. Beide waren nur nominell Mitglieder der Partei gewesen. Unsere Tragik lag ja darin, daß wir 1945 nicht die Kraft hatten, von uns aus jene, die wirklich Verbrechen begangen hatten, zur Rechenschaft zu ziehen. Als das Internationale Tribunal in Nürnberg vorbereitet wurde, gab es auf bayerischer Seite die Auffassung, daß eigentlich die Deutschen das Verfahren selber übernehmen müßten. Nachträglich betrachtet, sollten wir aber wohl froh sein, daß uns das erspart blieb.

Nach dem Urteilsspruch gegen die Hauptkriegsverbrecher in Nürnberg ordnete die Militärregierung an, daß Ministerpräsident Hoegner der Exekution der Verurteilten beizuwohnen hatte. Er war einer der wenigen Deutschen, die der Hinrichtung als Zeugen zuschauen mußten. Das war in der Nacht zum 16. Oktober 1946. Hoegner, der 1933 vor den Nationalsozialisten in die Schweiz hatte fliehen müssen, war gleichwohl menschlich tief erschüttert durch dieses Erlebnis. Wenn er auch nie darüber sprach, war ihm anzumerken, wie schwer er verarbeitete, was er hatte sehen müssen.

In den Nürnberger Nachfolgeprozessen, die von den Vereinigten Staaten allein durchgeführt wurden, stand Ende 1947 auch mein ehemaliger Chef, der Staatssekretär des Auswärtigen Amtes, vor dem Militärgericht. Ernst von Weizsäcker sollte wegen »krimineller Teilnahme an einem Aggressionskrieg« abgeurteilt werden, zudem wollte ihm die Anklage nachweisen, daß er mit der Deportation von Juden in Konzentrationslager als Teil der »Endlösung« zu tun gehabt hatte. Ich lehnte diesen Prozeß ab, weil er gegen einen Mann angestrengt wurde, der sich immer bemüht hatte, den Krieg zu verhindern. Unter seinem Schutz war ich seit 1938 im diplomatischen Widerstand tätig geworden. Als Staatssekretär und danach als Botschafter beim Vatikan hatte Weizsäcker nicht nur versucht, mäßigend auf die nationalsozialistische Politik einzuwirken, sondern auch Verbindungen mit den Alliierten anzuknüpfen. Anläßlich einer Reise 1948 nach Lindau suchte ich Frau von Weizsäcker und ihre Tochter Adelheid, Gräfin Eulenburg, auf ihrem Gut oberhalb Lindaus auf. Wir waren überzeugt von Staatssekretär von Weizsäckers Unschuld und erwarteten seinen Freispruch. Das Militärgericht war sich auch nicht einig, wie sein Fall zu bewerten sei. Schließlich wurde er doch zu sieben Jahren Haft verurteilt, die in der Revision auf fünf Jahre herabgesetzt wurden. Am 13. Oktober 1950 wurde er vorzeitig entlassen. Bundespräsident Heuss und Bundeskanzler Adenauer hatten sich beim amerikanischen Hochkommissar McCloy mit Erfolg für seine Freilassung eingesetzt. Auch ich konnte Gert Whitman, einen Mitarbeiter von McCloy, in mehreren Gesprächen davon überzeugen, daß Weizsäcker zu Unrecht verurteilt worden war.

An der Beerdigung von Staatssekretär Freiherrn von Weizsäcker auf dem Friedhof der Solitüde bei Stuttgart nahm ich im August 1951 als Chef des Protokolls im Auftrag von Heuss und Adenauer teil.

Durch Wilhelm Hoegner kam ich in Kontakt mit Robert Kempner, der als deutscher Emigrant einer der amerikanischen Ankläger in den Nürnberger Prozessen war. Hoegner hatte ein Schreiben Kempners erhalten, in dem dieser vorschlug, unbelastete preußische Juristen einzustellen. Hoegner hielt nichts davon und mochte auch nicht selbst antworten. So dankte ich Kempner für seine Anregung, gab aber zu verstehen, daß wir in Bayern über genügend unbelastete bayerische Juristen verfügten. Ich unterschrieb mit »Hans von Herwarth, Gesandtschaftsrat«. Kempner, der vor 1933 im preußischen Innenministerium tätig gewesen war und eine Aversion gegen das Auswärtige Amt und seine Angehörigen hegte, schrieb an Hoegner, wie ich dazu käme, mit diesem Titel zu unterzeichnen. Hoegner überließ mir wiederum die Antwort. Ich verwies auf meine Tätigkeit an der Deutschen Botschaft Moskau vor dem Kriege. Ich war zunächst in der Bayerischen Staatskanzlei als Angestellter eingestellt worden und unterschrieb deshalb mit meinem letzten Dienstgrad; die Übernahme als bayerischer Beamter brauchte ihre Zeit.

Regionalismus und bayerische Mentalität

Die Episode zwischen Hoegner und Kempner ist vielleicht bezeichnend für das regionalistische Denken, das damals in Bayern weit verbreitet war. Hoegner mit seiner bayerischen Krawattennadel – er ließ, nebenbei bemerkt, auch immer dem Kronprinzen Rupprecht den Vortritt bei Gesellschaften – war im Grunde ein königlich-bayerischer Sozialdemokrat und überzeugter Föderalist, was manchmal zu Reibereien mit dem Parteivorsitzenden Kurt Schumacher und der Zentrale der SPD führte. In der CSU gab es zwei Strömungen. Die eine wurde von dem Parteivorsitzenden Josef Müller geführt, einem Franken, dem berühmten »Ochsensepp«. Er sah Bayerns Zukunft eingebunden in den späteren deutschen Staatsverband. Dagegen trat der Flügel um Kultusminister Alois Hundhammer für ein möglichst unabhängiges Bayern ein. In der beratenden Landesversammlung, die die bayerische Verfassung erörterte, kamen diese Differenzen auch darin zum Ausdruck, daß der regionalistische Flügel das Amt eines Staatspräsidenten einführen wollte, um Bayerns Selbständigkeit zu unterstreichen. In dieser Frage waren sich die Vertreter dieser Strömung über die Parteigrenze hinweg mit Hoegner einig, während Josef Müller dagegen auftrat. Der Antrag über die Einrichtung des Staatspräsidentenamts wurde nur mit knapper Mehrheit abgelehnt, was ein Licht auf die zu dieser Zeit herrschende Stimmung wirft.

Die Kontroverse über das Ausmaß bayerischer Eigenständigkeit lähmte die CSU so sehr, daß weder Müller noch Hundhammer es schafften, sich nach der Landtagswahl 1946 zum Ministerpräsidenten wählen zu lassen. Josef Müller, der »Reichstreue«, hielt ständige Verbindung mit der sowjetischen Militäradministration in Berlin-Karlshorst, um sich für die deutsche Einheit zu verwenden. Sein Gesprächspartner dort war Oberst Tulpanow; die sowjetische Seite propagierte ja damals die Einheit Deutschlands sehr stark. Diese Kontakte waren wohl einer der Gründe, warum Müller nicht gewählt wurde. Die konstituierende Sitzung des Landtages in der Münchener Universität gestaltete sich außerordentlich dramatisch, schließlich wurde der zwischen den Flügeln der CSU vermittelnde Hans Ehard zum Ministerpräsidenten und Nachfolger Hoegners gewählt. Er war der erste bayerische Regierungschef nach dem Krieg, der von einem gewählten Landtag ernannt wurde. Ebenso wie der »Ochsensepp«, der im Konzentrationslager Dachau gesessen hatte, war Ehard eine untadelige Persönlichkeit. 1923/24 hatte er als Staatsanwalt die Untersuchungen gegen Hitler nach dem Putschversuch vor der Feldherrenhalle geführt und im Prozeß die Anklage gegen ihn vertreten. Von Ehard gingen mehr Wärme und Ausstrahlungskraft aus als von seinem Vorgänger, der als unermüdlicher Arbeiter und aufgrund seiner Charakterstärke den Respekt aller Seiten gewonnen hatte. Ehard sprach auch die Einladung zur gesamtdeutschen Ministerpräsidentenkonferenz im Juni 1947 aus, wovon ich noch berichten werde.

Mit Kultusminister Hundhammer besuchte ich Anfang Dezember 1948 Paris, als dort Gemälde aus der Alten Pinakothek in einer groß aufgezogenen Ausstellung im Petit Palais gezeigt wurden. Zur bayerischen Delegation gehörten außer Hundhammer und mir der Direktor des Wittelsbacher Ausgleichsfonds, die Direktoren des Bayerischen Nationalmuseums und des Germanischen Nationalmuseums Nürnberg sowie der Präsident der Akademie der schönen Künste.

Wir fuhren mit dem Schlafwagen, es war das erste Mal nach dem Krieg, daß ich wieder die Bequemlichkeit eines internationalen *wagon-lit* genoß. Die Ausstellung hing mit der Kulturpolitik der Franzosen und mit der besonderen Rolle zusammen, die sie Bayern zumaßen, wie ich schon geschildert habe. So hatten sie gleich nach Kriegsende einen Generalkonsul für Bayern ernannt, der den Titel Gesandter führte. Der Gesandte Jousset bemühte sich um gute Beziehungen und half uns sehr; nicht anders verhielt es sich mit Oberst Sorbac von der französischen Militärmission. Eine besondere Erscheinung war Marie-Thérése von Wassermann, die Ehefrau eines guten Freundes, Georg von Wassermann, die jetzt den Rang eines Hauptmanns bekleidete, während ihr Mann englische Uniform trug und in der britischen Zone tätig war. So hatte ich also einen weiblichen Hauptmann als angenehme Gesprächspartnerin.

In Paris empfing man uns sehr freundlich und zuvorkommend. Außenminister Robert Schuman und Kulturminister Delbos gaben uns ein Essen im Quai d'Orsay, dem Sitz des französischen Außenministers. Anwesend war auch der Generalsekretär des Quai d'Orsay, Chauvel, der später mein Kollege als Botschafter in London war. Wir waren mit wenig Geld nach Paris gekommen, wohnten aber im vornehmen Hôtel Bristol. Auf meinem Zimmer fand ich einen Blumenstrauß und ein Kuvert mit französischen Francs vor. Der Absender war ein Bekannter von mir aus der Zeit in Moskau vor dem Krieg, Baron de Juniac, der noch nach Kriegsausbruch eine Zeitlang als Konsul in München geblieben war, bevor er in den Widerstand ging. Er schenkte mir die Summe, damit ich mich in Paris frei bewegen konnte und nicht aus Geldmangel ans Hotel gebunden wäre. Ich war überwältigt von soviel Freundlichkeit; auch während meiner Reise in die Vereinigten Staaten 1948 staunte ich über die großzügige und herzliche Aufnahme, die uns »kleinen Lichtern« aus der Staatskanzlei zuteil wurde. Niemand ließ uns fühlen, daß wir besiegt waren. Vielmehr wurden wir empfangen, als ob es sich um den Staatsbesuch eines befreundeten Landes handele.

Eine große Freude bedeutete es für mich, Chip Bohlen wiederzusehen, der sich zu dieser Zeit an der amerikanischen Botschaft in Paris aufhielt. Das Gespräch mit ihm war äußerst interessant. Als profunder Kenner der Sowjetunion vertrat er die Auffassung, daß in der Berlin-Frage mit einem Nachgeben der Sowjets zu rechnen sei.

Die Luftbrücke habe die Blockade durchbrochen, Stalin habe in Berlin eine Niederlage erlitten. Dann brachte er einen Gedanken vor, dem ich damals wie heute großes Gewicht beimesse: Es sei eine Eigenart der sowjetischen Politik, immer dann einzulenken, wenn eine bestimmte Linie oder Taktik, die monatelang mit großem propagandistischen Aufwand verfolgt worden sei, nicht zum Erfolg führe. Standhaftigkeit gegenüber einem sowjetischen Vorstoß könne daher durchaus die Führung in Moskau zum Nachgeben veranlassen.

Mit Hundhammer, dem Leiter unserer bayerischen Delegation, gingen wir am Tage nach der Ausstellungseröffnung zum Leiter der politischen Abteilung des Quai d'Orsay, Couve de Murville, dem späteren langjährigen Außenminister und Ministerpräsidenten. Ich fungierte als Dolmetscher. Couve de Murville fragte: »Herr Minister, wie stellen Sie sich die weitere Entwicklung vor, was erwarten Sie von der Zukunft?« Hundhammer antwortete: »Ich habe große Sorgen, ich bin überzeugt davon, daß ein weiterer Vorstoß der Russen kommen wird und wir überrollt werden. Aber Bayern wird von der roten Flut nicht überrannt werden.« Ich übersetzte das brav, de Murville war sehr erstaunt und fragte mich beim Hinausgehen, was der Herr Doktor Hundhammer damit gemeint habe. Ich versuchte also herauszubekommen, was hinter dieser Prognose steckte, und es ergab sich, daß Hundhammer, wie viele Katholiken, an die Therese von Konnersreuth glaubte und seinen Ausblick in die Zukunft von ihr hatte. Das war alles, er trug es aber mit solcher Überzeugung vor, daß Murville zuerst vermutete, dahinter stecke irgendeine große strategische Überlegung, aufgrund deren die Sowjets ausgerechnet Bayern verschonen würden.

Es war auch bei anderen Gelegenheiten nicht ganz leicht, Ausländern die bayerische Mentalität und Lebensart zu erklären. So hatten wir große Schwierigkeiten, bei den Besatzungsbehörden eine Aufhebung der Verordnung zu erreichen, die das Bierbrauen untersagte. Die Amerikaner konnten einfach nicht verstehen, daß der bayerische Arbeiter oder Handwerker zur Brotzeit, schon am Vormittag, eine Maß Bier oder wenigstens eine Flasche trinkt. Erst nach längerer Zeit konnten wir uns durchsetzen.

Um ausländischen Gästen die Verhältnisse in Bayern begreiflich zu machen, gewöhnte ich mir an, die Lage mit einer kleinen Geschichte klarzumachen:

»Stellen Sie sich vor, wir gehen ins Hofbräuhaus, und da sitzen am Nebentisch der Hoegner und der Ehard, der Anton Pfeiffer ist dabei, der Hundhammer, der Baumgartner (Bayernpartei) und vor allem der Dehler (FDP). Sie sind gerade in einer hitzigen Auseinandersetzung und erheben schon den Maßkrug, um ihn dem Gegner auf den Kopf zu schlagen. Doch in dem Augenblick, als wir hereinkommen, stürzen sie sich alle gemeinsam auf uns. Das ist bayerische Politik.« Es ist wirklich etwas daran: Gegen einen Dritten, Außenstehenden sind sich auch die ärgsten Feinde sofort einig. Ich erinnere mich noch an den großen Zwischenfall im Landtag, als sich Hoegner und Dehler beinahe gewatscht hätten und nur mit Gewalt daran gehindert werden konnten. Es herrscht in Bayern ein anderer Ton, den man kennen muß, um sich darauf einzustellen. Daraus resultieren auch manche Verständigungsschwierigkeiten mit Norddeutschen, nicht wegen des Dialekts, sondern wegen der unterschiedlichen Mentalität. Deshalb hatte auch Franz Josef Strauß, als er in Bonn anfing, große Probleme. Auch mir gegenüber benutzte er am Telefon manchmal furchtbare Ausdrücke und wurde so laut, daß meine Kollegen es mithörten. Sie waren ganz konsterniert und meinten: »Das können Sie sich doch nicht gefallen lassen, das ist doch unmöglich, daß ist eine Beleidigung.« Doch ich beruhigte sie: »Nein, das ist nicht beleidigend gemeint; wir kennen uns und verstehen uns schon, und irgendwie ist es auch ein Ausdruck des Vertrauens, wenn er so direkt wird und mich anbrüllt.«

Manchmal war es mir allerdings zuviel, wenn das bayerische Gefühl so überschäumte. Ich war ja in Berlin geboren und hatte auch andere Gegenden schätzengelernt. So war es mir nicht angenehm, mit anzuhören, zu welchen Behauptungen sich Ministerpräsident Ehard einmal verstieg, als er bei der amerikanischen Militärregierung besondere Zugeständnisse für Bayern erlangen wollte. Er behauptete, Bayern habe schon 1870 nicht an Preußens Seite am Krieg gegen Frankreich teilnehmen wollen und sich nur durch Bismarcks Bestechungsgelder aus dem Welfenfonds dazu bewegen lassen. (Das Überraschende war aber doch, wie schnell und eindeutig sich die süddeutschen Staaten 1870 Preußen anschlossen, obwohl es nur vier Jahre vorher noch den Krieg zwischen Preußen und Österreich/Bayern gegeben hatte, bei dem übrigens mein Großvater und der meiner Frau auf verschiedenen Seiten standen; der preußische war von Schrapnellkugeln getroffen und trug die bayerische Kugel bis zu seinem Tod im Bein.) Dann ging Ehard weiter zu der Behauptung, auch 1914 hätte Bayern nicht so recht mitmachen wollen; und schließlich erklärte er, daß Bayern auch vom Nationalsozialismus nur wenig erfaßt worden sei – trotz München als »Hauptstadt der Bewegung« und Nürnberg als »Stadt der Reichsparteitage«.

Solche Behauptungen lassen sich vielleicht mit der Mißstimmung erklären, die sich nach dem Krieg ausbreitete, weil es Bayern so viel schlechter erging als Österreich. Obwohl so viele Österreicher gleichfalls fleißig »Heil Hitler!« gerufen und den »Anschluß« mit überwältigender Mehrheit bejubelt hatten, wurde ihr Land als Opfer der Nationalsozialisten behandelt. Unter den Bayern entstand ein Neidgefühl, weil sie sich als die »verhinderten Österreicher« sahen, Demontagen erleiden, Reparationen zahlen und Flüchtlinge aufnehmen mußten. Doch letzten Endes, wenn es wirklich darauf ankam, waren die Bayern »reichstreu«, und sie setzten sich später immer für Berlin ein, wenn es in Gefahr war. In Bonn spielten sie eine wichtige Rolle und stellten kompetente Minister, obwohl sie 1949 das Grundgesetz abgelehnt hatten, weil es nach ihrer Auffassung nicht föderalistisch genug war.

Auch Ludwig Erhard begann seine Karriere in Bayern, und zwar als Wirtschaftsminister im Kabinett Hoegner. Damals war er noch parteilos; erst 1949 führte ihn Adenauer zur CDU. Als Ehard Ministerpräsident wurde, löste er Erhard von seinem Posten ab. Er war ein großer Theoretiker der sozialen Marktwirtschaft, aber als Leiter des Ministeriums nicht gut geeignet. Es waren auch Unregelmäßigkeiten in seiner Behörde vorgekommen, von denen er wahrscheinlich gar nichts wußte; es kam zur Bildung eines parlamentarischen Untersuchungsausschusses. Die CSU hielt seine Eignung zum Minister für »gleich Null«. Erhard wurde durch den Sozialdemokraten Rudolf Zorn ersetzt. Kurz darauf kam er in die Staatskanzlei. Ich wollte gerade zu einem Termin beim Ministerpräsidenten gehen, als meine Sekretärin, der gute Geist meines Büros, zu mir herüberkam: »Der Minister Erhard ist da. Er ist ganz aufgelöst und den Tränen nahe.« Ich erwiderte: »Fräulein Vollmeier, ich kann ihn nicht empfangen, ich muß zum Ministerpräsidenten.« – »Doch, Sie müssen ihn unbedingt empfangen! Das geht nicht anders. Der Mann ist so unglücklich.« Also tat ich es und versuchte Erhard zu trösten, indem ich sagte, wir würden schon wieder eine Professur für ihn finden. Als er ging, hatte ich das Gefühl, ich hätte ein gutes Werk getan und dieser Mann hätte keinerlei politische Zukunft mehr. Das war ein großer Irrtum, denn Erhard wurde nach Frankfurt in die Bizonenverwaltung gerufen und 1948 zum neuen Direktor der Abteilung für Wirtschaft gewählt, nachdem sein Vorgänger Semler die Amerikaner mit seiner »Hühnerfutter«-Äußerung verärgert hatte. Die Währungsreform und das »Wirtschaftswunder« waren weitgehend sein Werk und sein bleibendes Verdienst. Ich habe später mit ihm über seine Hilflosigkeit auf der Staatskanzlei natürlich nie mehr gesprochen, aber ich glaube, er hatte es nicht vergessen, denn er begegnete mir immer besonders freundlich.

Besucher aus dem Ausland

Ausländische Besucher, die sich über die Verhältnisse in Deutschland unterrichten wollten, kamen bei ihrem Gang in die Staatskanzlei meist zuerst zu mir. Es zählte zu meinen Aufgaben, sie mit der Situation in Bayern bekannt zu machen. Zu diesen Besuchern gehörten Harry Kern, der mich in seiner Eigenschaft als Reporter für »Newsweek« regelmäßig aufsuchte, Dorothy Thompson, die bekannte amerikanische Journalistin, und Henry Andrews mit seiner Frau Rebecca West, der englischen Schriftstellerin. Da sie sich besondern für die Haltung der Sowjetunion gegenüber Deutschland interessierten, fuhr ich mit ihnen nach Oberwössen zu General Köstring hinaus, dem großen Kenner Rußlands, über den ich im ersten Band meiner Erinnerungen ausführlich erzählt habe. Köstring war vor dem Ersten Weltkrieg in Rußland geboren worden und dort zur Schule gegangen; er beherrschte Russisch wie Deutsch. Nach dem Krieg 1914/18 war er deutscher Militärattaché in Moskau und während des Zweiten Weltkrieges General der Freiwilligenverbände, das heißt zuständig für die sowjetischen Freiwilligen in der deutschen Wehrmacht. Ich hatte unter seinem Kommando an der Ostfront, im Kaukasus und der Ukraine, gedient und mit ihm das Ende des Krieges in Österreich erlebt.

1948 besuchte Alexander Böker die Staatskanzlei, er hatte in Oxford als Rhodes-Stipendiat studiert und war nach Amerika ausgewandert. Als Sekretär des früheren Reichskanzlers Brüning war Böker während des Krieges und danach ein hervorragender Anwalt für Deutschland. Unermüdlich sorgte er für Information und Aufklärung; die Broschüre »Land of the Dead«, die über die Not in Nachkriegsdeutschland berichtete und um Sympathie unter der amerikanischen Bevölkerung warb, ging mit auf seine Anregung zurück. Die Schrift erzielte in der Öffentlichkeit der Vereinigten Staaten eine ähnliche Wirkung wie Victor Gollancz' Buch »In Darkest Germany« in der englischen. Beide wiesen auf die humanitäre Seite der Deutschland-Problematik hin, setzten sich für Hilfeleistungen zugunsten des besiegten Landes ein und versuchten das Feindbild zu überwinden. Böker hielt in unserem »Arbeitskreis Friedensvertrag« in der Staatskanzlei einen Vortrag, der uns Aufschluß über die Stimmung unter den Amerikanern gab. Anschließend besuchte er das Friedensbüro in Stuttgart.

Das Deutsche Büro für Friedensfragen, zusammengesetzt aus Vertretern der vier Länder der amerikanischen Zone, sollte sich mit Problemen eines künftigen Friedensvertrages beschäftigen; es kann als ein Vorläufer des Auswärtigen Amtes gelten. Erster Leiter des Büros war Fritz Eberhard, sein Nachfolger wurde Peter Pfeiffer. Es hatte Anstöße zur Gründung eines bizonalen Friedensbüros gegeben, die von Bayern und Niedersachsen ausgegangen waren. In Düsseldorf und Frankfurt fanden Verhandlungen zwischen Vertretern der Länder der amerikanischen und der britischen Zone statt, an denen ich teilnahm. Die Gründung eines bizonalen Büros scheiterte aber an der Forderung der Vertreter der britischen Zone, daß die Parteien bestimmenden Einfluß auf die Arbeit erhalten sollten. Wie auch bei der Ministerpräsidentenkonferenz in München 1947 stellte sich der SPD-Vorsitzende Schumacher auf den Standpunkt, daß für gesamtdeutsche Fragen in erster Linie die Parteien zuständig seien, und nicht die Ministerpräsidenten.

Überraschend tauchte im Frühjahr 1949 Charles Lindbergh bei meiner Frau in Kitzbühel auf. Er betrat die Wohnung, verbeugte sich und nannte seinen Namen. »Sind Sie der berühmte Lindbergh?« fragte meine Frau. »1928 habe ich mit meinen Freundinnen Ihre Flugroute von Amerika nach Paris verfolgt und mit Fähnchen abgesteckt.« Verlegen lächelnd, bejahte er die Frage. Er sei aber nicht als amerikanischer Offizier gekommen, sondern als Zivilist. Nach dem ersten Fliegereinsatz habe er es nicht mehr über sich bringen zu können, Bomben abzuwerfen. Die kleinen Wölkchen auf der Erde hätten aus großer Höhe harmlos ausgesehen, aber den Gedanken, daß unschuldige Menschen, Frauen und Kinder, seinetwegen eines grausamen Todes sterben mußten, habe er nicht ertragen können. Er hatte deshalb um eine andere Verwendung gebeten und sie auch erhalten. Im Auftrag seiner Regierung sollte Lindbergh jetzt einen Überblick über die angerichteten Schäden gewinnen und sie gegen die Kosten der Bombeneinsätze abwägen.

Lindbergh besuchte dann mich in München und wohnte bei mir. Er war ein angenehmer Gast, der große Rücksicht auf meine beengten Wohnverhältnisse nahm. Jeden Morgen räumte er nicht nur sein Bett auf, sondern verstaute auch seine Sachen im Koffer, um das Wohnzimmer freizumachen. Wie meine Frau war auch ich von seiner Bescheidenheit und Herzensgüte tief beeindruckt. Lindbergh zeigte im Gespräch viel Mitgefühl und Verständnis für die Lage der deutschen Bevölkerung.

Die gesamtdeutsche Ministerpräsidentenkonferenz in München

Die Idee zur Veranstaltung einer Konferenz sämtlicher Ministerpräsidenten der deutschen Länder, einschließlich der Vertreter aus der sowjetisch besetzten Zone, stammte von meinem Kollegen in der Staatskanzlei, Gebhard Seelos, einem Angehörigen des alten Auswärtigen Amtes. Ministerpräsident Ehard ging auf seinen Vorschlag ein und sprach die Einladung aus, doch der Anstoß kam von Seelos, woran ich hier erinnern möchte, denn es war eine seiner besten Initiativen, und dies sollte nicht in Vergessenheit geraten.

Seelos' Anregung hatte eine Vorgeschichte. Die Ministerpräsidenten der amerikanischen und der britischen Zone hatten schon 1946 Überlegungen angestellt, wie eine engere Zusammenarbeit zu erreichen sei. Das Potsdamer Abkommen sah die Einrichtung von deutschen Zentralverwaltungen vor, wogegen sich allerdings die französische Besatzungsmacht sträubte. Zur Überwindung der wirtschaftlichen Vierteilung Deutschlands und zur Bekämpfung von Not und Elend schien ein Überzonenrat als Institution der Zusammenarbeit dringend erforderlich. Die amerikanische Besatzungspolitik stand solchen Bestrebungen nicht ablehnend gegenüber, ich habe schon erwähnt, daß der thüringische Ministerpräsident Paul im Juni 1946 zu einer Sitzung des Länderrates der US-Zone hinzugezogen wurde. Die Amerikaner unterstützten auch die Einladung, die der Bremer Senatspräsident Kaisen zu einer Konferenz am 4. und 5. Oktober desselben Jahres aussprach. Kaisen lud die Regierungschefs der Länder aller vier Zonen nach Bremen ein. Die Vertreter der französischen Zone kamen nicht, die Besatzungsmacht war nicht gewillt, Schritte in Richtung auf eine Vereinheitlichung Deutschlands zu unterstützen. Die Ministerpräsidenten der sowjetischen Zone nahmen ebenfalls nicht teil. Das war ein schlechtes Vorzeichen für künftige Bestrebungen, zu einer Zusammenarbeit über die Zonengrenzen hinweg zu gelangen. Die Bremer Entschließung, verfaßt von den Regierungschefs der amerikanischen und der britischen Zone, schlug die Errichtung eines Länderrates vor, der von einem Volksrat, gebildet aus Abgeordneten aller Landtage, parlamentarisch kontrolliert werden sollte. Den Ministerpräsidenten sollte also ein größeres Gewicht zukommen als den Parteien. Die Länder wurden als Grundlage für den Aufbau einer politischen Vertretung betrachtet.

Ungeachtet der vorauszusehenden Schwierigkeiten wollte Ehard einen neuen Versuch unternehmen. Seelos dachte nicht so sehr an eine gesamtdeutsche Vertretung, ihm ging es mehr um die Herausstellung des föderalistischen Prinzips für den Neuaufbau Deutschlands, das mit einer Zusammenkunft der Ministerpräsidenten auch vor der Öffentlichkeit deutlich gemacht werden sollte. Hans Ehard legte in seinem Einladungsschreiben die Betonung auf die inhaltlichen Fragen und unterstrich, daß es darum gehen müsse, ein »weiteres Abgleiten des deutschen Volkes in wirtschaftliches und politisches Chaos zu verhindern«. Die Tagung, die er für den 6. bis 8. Juni 1947 einberief, sollte einen Weg finden für eine »Zusammenarbeit aller Länder Deutschlands im Sinne wirtschaftlicher Einheit und künftiger politischer Zusammenfassung«. Seelos ging dann auf eine Reise durch die drei Westzonen, um die Meinungen der Ministerpräsidenten einzuholen.

Während seiner Erkundigungen und bei den folgenden Vorbesprechungen für die Konferenz traten zwei Probleme zutage. Zum einen wurde klar, daß die Franzosen den Ministerpräsidenten ihrer Zone eine Teilnahme untersagen würden, sofern das Thema der politischen Einheit auf der Tagesordnung stehen sollte. Zum anderen wandten sich die sozialdemokratischen Ministerpräsidenten unter dem Einfluß des Parteivorsitzenden Schumacher gegen jede Aufwertung der SED. Die fünf Länder der Ostzone – dieselben, die heute, nach dem Sturz des SED-Regimes, wiedergegründet werden – hatten gleich im Sommer 1945 Ministerpräsidenten oder zumindest Verwaltungspräsidenten erhalten, die von der Sowjetischen Militäradministration bestätigt waren; sie gehörten nicht der KPD an, die sich gemäß ihrer antifaschistisch-demokratischen Taktik – so hieß das in ihrem Jargon – zurückhielt und erst einmal Sozialdemokraten, Parteilose oder Liberale in die Spitzenpositionen ließ. Es hatte im Oktober 1946 gleichzeitige Wahlen in den Ländern der Ostzone gegeben, bei denen die SED trotz aller Bevorteilung seitens der Besatzungsmacht nicht die absolute Mehrheit erlangen konnte. Aber die Ministerpräsidenten Paul (Thüringen), Höcker (Mecklenburg) und Steinhoff (Brandenburg) waren im Zuge der Zwangsvereinigung von SPD und KPD zum Übertritt in die SED gedrängt worden und standen unter der kommunistischen Parteidisziplin. Schumacher wollte unter allen Umständen Schritte vermeiden, die als eine Anerkennung des Zwangszusammenschlusses hätten ausgelegt werden können. Eigentlich wollte sich Schumacher überhaupt nicht mit der SED an einen Tisch setzen, nachdem seine Partei in der Ostzone verboten war und sozialdemokratische Gegner der Vereinigung mit den Kommunisten verfolgt wurden. Der SED unterstellte er – zu Recht – das Ziel, Westdeutschland für die Sowjetunion erobern zu wollen. Die Ministerpräsidenten der Ostzone hielt Schumacher für nicht legitimiert, im Namen der Bevölkerung zu sprechen. Darüber hinaus vertrat er ohnehin einen anderen Standpunkt hinsichtlich des Neuaufbaus: Über die deutsche Einheit und eine Verfassung für das zukünftige Deutschland sollten die Parteien entscheiden und nicht die Ministerpräsidenten. Schumacher trat nachdrücklich für eine zentralistische anstelle einer föderativen Lösung beim staatlichen Aufbau ein.

Es wurde Ehard aufgrund der Informationen, die er erhielt, bewußt, daß die Gefahr der Konfrontation bestand, wenn die Errichtung eines zentralen Verwaltungsorgans und die Einheit Deutschlands auf der Konferenz zur Sprache kommen würden. Um nicht ein Bild deutscher Zerrissenheit zu geben, was gegenüber der deutschen

Öffentlichkeit und den Alliierten nur schädlich sein konnte, mußte die Tagesordnung beschränkt werden. Angesichts der Haltung der Franzosen und der Weigerung der SPD-Ministerpräsidenten, mit den Vertretern der Ostzone über den politischen Neuaufbau Deutschlands zu verhandeln, einigte man sich in den Vorbesprechungen auf westdeutscher Seite darauf, die Konferenz auf die Probleme der wirtschaftlichen Not, der Ernährung sowie der Flüchtlinge und Kriegsgefangenen zu beschränken. Irgendwelche Weisungen von seiten der amerikanischen Militärregierung, politische Fragen auszuklammern, gab es nicht. Dies ist oft vermutet worden, aber ich kann versichern, daß es weder von General Clay noch von General Muller in München eine derartige Richtlinie gab. Als Verbindungsmann in der Staatskanzlei zu den amerikanischen Stellen hätte ich dies erfahren müssen. Ausschlaggebend waren vielmehr die Einwände von französischer Seite und die Ablehnung der SPD.

Ehard traf sich zu Vorbesprechungen auch mit dem sächsischen Ministerpräsidenten Friedrichs. Ich begleitete ihn zu diesem Treffen, das am 23. Mai stattfand, nach Hof. Es zeichneten sich hier schon die Schwierigkeiten ab, die später zum Scheitern der Konferenz führen sollten. Friedrichs erklärte, es müßten die Parteien und Gewerkschaften hinzugezogen werden, die Konferenz solle in Berlin stattfinden, und das Ziel müsse darin bestehen, eine deutsche Zentralverwaltung und schließlich eine gesamtdeutsche Regierung zu bilden. Wir kannten nicht den Hintergrund dieser Forderungen. Es hatte in der SED Diskussionen darüber gegeben, ob die Ministerpräsidenten der sowjetischen Zone Ehards Einladung folgen sollten oder nicht. Ulbricht war dagegen gewesen, aber die Ministerpräsidenten hatten sich durchgesetzt. Es gelang Ulbricht jedoch, sie vom Zentralsekretariat der SED darauf verpflichten zu lassen, bei Beginn der Konferenz als ersten Punkt der Tagesordnung das Thema »Bildung einer deutschen Zentralverwaltung durch Verständigung der demokratischen deutschen Parteien und Gewerkschaften zur Schaffung eines deutschen Einheitsstaates« zu beantragen. Im Falle einer Ablehnung sollten sie die Tagung verlassen. Es gelang Ehard in Hof erst einmal, einen Konflikt zu vermeiden und die Ministerpräsidenten der Ostzone zur Teilnahme zu bewegen. Aber auch ohne die internen Vorgänge dort zu kennen, ließen sich schon die Probleme absehen.

Mir fiel die Aufgabe zu, die technischen und organisatorischen

Vorkehrungen für die Begegnung zu treffen. Wir wünschten, daß sie zu einem Erfolg werden würde, und erhofften, daß von München ein Zeichen des Willens der Deutschen zur Einheit ausgehe. Dieses Zeichen wäre allein durch die Tatsache gegeben worden, daß eine Konferenz sämtlicher Regierungschefs der deutschen Länder zusammentrat und erfolgreich ihre Tagesordnung bewältigte. Die Themen Flüchtlingselend und wirtschaftliche Not, die es zu lindern galt, waren, für sich genommen, bedeutsam genug. Wenn hier gemeinsame praktische Schritte hätten beschlossen werden können, so wäre die Konferenz ein Erfolg gewesen und hätte den Siegermächten ein Signal gegeben. Die Deutschen mußten beweisen, daß sie in der Lage waren, ihre Interessen mit einer Stimme zu vertreten und sich nicht durch den Gegensatz zwischen Ost und West, der sich bereits deutlich abzeichnete, teilen zu lassen.

Die Vorbereitungen für dieses Treffen wurden mit größter Sorgfalt getroffen. Was die technischen Voraussetzungen betraf, besorgte ich mir einen früheren Mitarbeiter des Auswärtigen Amtes, der inzwischen bei der Post untergekommen war, um die Fernsprechleitungen für die Delegationen und vor allem für die Journalisten aufzubauen. Ich sicherte mir auch die Dienste von Erica Pappritz, die früher im Protokoll gearbeitet hatte. Einige Mitarbeiter vom Friedensbüro in Stuttgart kamen hinzu.

Das wichtigste war die inhaltliche Vorbereitung für eine Reihe von Kommissionen, die die Wirtschaftsfragen ausführlich erörtern sollten. Wir suchten als Berichterstatter Experten, die besonders sachkundig waren und eine leitende Stellung innehatten. Denn es ist eine alte Erfahrung, die sich auch hier wieder bestätigte: Die Arbeit und der Bericht eines Ausschusses sind jeweils so gut wie der Berichterstatter; auf ihn kommt es entscheidend an, mehr als auf die einzelnen Kommissionsmitglieder – sie mögen mir verzeihen. Dieselbe Erfahrung sollte ich Ende der sechziger Jahre wieder machen, als Willy Brandt die Reformkommission für den Auswärtigen Dienst einsetzte. Ihre Empfehlungen waren deshalb so gut, weil wir zwei hervorragende Generalsekretäre hatten, die über große Kompetenz verfügten und die Arbeit in die richtige Richtung lenken konnten. Für die Münchener Konferenz gewann ich Professor Carlo Schmid, der zu dieser Zeit Staatsrat in Württemberg-Hohenzollern, also in der französischen Zone, war, als Sekretär des Verfassungsausschusses. Staatsrat Hartmann aus dem bayerischen Finanzministerium sah ich als Sekretär des Finanzausschusses vor und Staatssekretär Jaenicke als Sekretär der Kommission für Flüchtlingsfragen. Staatsrat Wilhelm Niklas, der spätere Bundesminister für Ernährung und Landwirtschaft, stand für Landwirtschaftsfragen zur Verfügung. An der Konferenz nahm auch mein späterer Chef Heinrich Lübke, damals Landwirtschaftsminister in Nordrhein-Westfalen, teil. Es war unser erstes Zusammentreffen.

Es erschien uns als kein gutes Vorzeichen, daß die östliche Seite zu den Vorbesprechungen am 4. und 5. Juni keinen Vertreter entsandte. Sie hätten hier auf die Festlegung der Tagesordnung Einfluß nehmen können. Als nächstes überraschte uns, daß die fünf Ministerpräsidenten der sowjetischen Zone allein und ohne Mitarbeiter kamen, während wir mit einem Stab von Fachleuten in das Treffen gingen. Anscheinend waren sie auf eine Arbeitskonferenz nicht eingestellt. Vorerst jedoch gab es einen ermutigenden Auftakt. Die Begegnung begann mit einem Abendessen im Bayerischen Hof, Ehard hielt eine freundliche Begrüßungsrede, auf die Rudolf Paul antwortete. Alle waren gerührt, und ich hatte das Gefühl, jeder Anwesende sei mit den besten Absichten gekommen, der Bedeutung des Tages und seiner Verantwortung bewußt.

Doch als die erste Sitzung eröffnet war, brachen die Gegensätze auf. Ministerpräsident Höcker stellte sogleich den Antrag, auf den Ulbricht die ostdeutsche Delegation verpflichtet hatte. Er wirkte ernüchternd sowohl auf diejenigen Regierungschefs, die föderalistisch eingestellt waren, als auch natürlich auf die sozialdemokratischen Teilnehmer. Es ging dann eine lange Zeit hin und her, ob ein Kompromiß möglich sei, der es den Vertretern der Ostzone erlauben würde, zu einem bestimmten Zeitpunkt der Konferenz ihre Auffassung von der künftigen Gestalt Deutschlands zur Sprache zu bringen. Vor allem Ministerpräsident Maier und Bürgermeister Kaisen aus der amerikanischen Zone bemühten sich um eine Regelung, die für beide Seiten annehmbar gewesen wäre. Auch Ehard betonte immer wieder, daß die Ministerpräsidenten der sowjetischen Zone doch bei jedem einzelnen Sachgebiet darauf hinweisen könnten, daß eine Lösung nur möglich sei, wenn eine deutsche Zentralverwaltung eingerichtet würde. Aber als gesonderten Tagesordnungspunkt und als demonstrative Bekundung wollte keiner der westdeutschen Vertreter das Thema zulassen. Es kam Schärfe in die Debatte, als der Ministerpräsident Schleswig-Holsteins, Lüdemann, die demokratische Legitimation der SED-Ministerpräsidenten in Zweifel zog. Das war die Stimme Schumachers, die da sprach. Schließlich zogen sich die fünf Ostdeutschen zur Beratung zurück; Ehard ging ihnen nach einer Weile hinterher, aber man konnte sich nicht einigen.

Von heute aus betrachtet, erscheint es merkwürdig, daß die Konferenz nicht in der Lage war, einen Weg zu finden, der beiden Seiten ermöglicht hätte, ihr Gesicht zu wahren. Aber die Anwesenden waren nicht frei in ihren Handlungen, die Position der jeweiligen Besatzungsmacht hinderte sie daran, aufeinander zuzugehen, obwohl sie sich redlich bemühten. Am ungezwungensten waren noch die Teilnehmer aus der amerikanischen Zone. Die sozialdemokratischen Ministerpräsidenten waren von Schumacher »vergattert« worden, vor dem sie großen Respekt hatten. Carlo Schmid und Wilhelm Boden aus der französischen Zone mußten vorsichtig sein, denn wenn es zu einer Erörterung der deutschen Einheit gekommen wäre, hätten sie damit rechnen müssen, keine Genehmigung für ein Folgetreffen zu erhalten. Die französische Besatzungsmacht beobachtete Vorbereitung und Ablauf der Konferenz sehr genau und ließ Carlo Schmid noch während der Sitzungen eine Warnung zukommen. Die ostdeutschen Ministerpräsidenten, obwohl zu einem gewissen Entgegenkommen bereit, durften den Auftrag, den ihnen die SED erteilt hatte, nicht unberücksichtigt lassen. Es war eine Tragödie: Nur zwei Jahre nach Kriegsende sprachen die Repräsentanten der deutschen Politik schon nicht mehr dieselbe Sprache.

Ich war entsetzt, als nach den letzten Auseinandersetzungen die fünf Ostdeutschen den Saal ohne Verabschiedung verließen. Staatssekretär Wandersleb aus Nordrhein-Westfalen und ich geleiteten sie die Treppe hinunter und redeten ihnen beschwörend zu, es doch noch einmal zu versuchen. Höcker aus Mecklenburg und Kurt Fischer aus Sachsen, der anstelle von Ministerpräsident Friedrichs gekommen war, reisten noch in der Nacht vom 5. auf den 6. Juni ab. Paul, Steinhoff und Hübener blieben noch in ihrem Hotel, dem Schottenhaml, am Bahnhof. Dort suchten Kaisen und der stellvertretende Berliner Bürgermeister Ferdinand Friedensburg sie am nächsten Vormittag auf, um einen letzten Vermittlungsversuch zu unternehmen. Paul verlangte eine irgendwie geartete Geste des Entgegenkommens, aber die Rumpfkonferenz, die inzwischen schon mit der Behandlung der vorgesehenen Tagesordnung begonnen hatte, verweigerte jedes Zugeständnis. Auch Wandersleb, der mit Hübener gut bekannt war – Hübener gehörte der Liberal-Demokratischen Partei an –, konnte nichts ausrichten.

So blieb das Signal aus, das wir alle von dieser ersten gesamtdeutschen Ministerpräsidentenkonferenz erhofften. Die Konferenz scheiterte, bevor sie richtig begonnen hatte. Der Streit um die Tagesordnung war nur ein Ausdruck der Gegensätze in der Politik – Gegensätze, die zu diesem Zeitpunkt schon nicht mehr überbrückt werden konnten. Es gab keinen Versuch mehr, ein vergleichbares Treffen zu organisieren. Der kalte Krieg ließ es nicht zu. Und in den Westzonen verlagerte sich das Gewicht bei der Gestaltung des Staates und der Ausarbeitung der Verfassung auf die Parteien. Der Parlamentarische Rat wurde der Ort, in dem über das Gesicht der Bundesrepublik entschieden wurde.

Sorge um die Kriegsgefangenen und Flüchtlinge

Zu meinen Aufgabengebieten in der Staatskanzlei gehörte nicht zuletzt die Betreuung der Kriegsgefangenen. Dieses Referat wurde seit März 1946 von Frau Margarete Bitter – oder, wie es damals noch hieß: Fräulein Bitter – geleitet. Ihre segensreiche Tätigkeit verdient es, hier ausführlicher gewürdigt zu werden. Frau Bitter hatte 1930 in München das juristische Examen bestanden und war dann bis zum Kriegsausbruch in Kairo, ihrem Geburtsort, bei den Gemischten Gerichtshöfen zugelassen. Die Verhandlungssprache dort war Französisch. Im Kriege arbeitete Frau Bitter aufgrund ihrer Sprachkenntnisse in der Chiffrierabteilung des Auswärtigen Amtes. Dessen Personalchef Hans Schroeder, der sie aus seiner Tätigkeit in Kairo kannte, hatte sie eingestellt. Dies bedeutete für mich eine gute Empfehlung, denn ich schätzte Schroeder wegen seiner großen Menschenkenntnis. Er war einer der besten Leiter der Personalabteilung des Amtes im Dritten Reich. So gut er konnte, wehrte er das Eindringen von Parteileuten ab und stellte sich schützend vor die alten Beamten. Da Frau Bitter nicht der NSDAP angehört hatte, stand ihrer umgehenden Wiedereinstellung nichts im Wege. Frauen als

Beamte im höheren Dienst stellten damals eine Ausnahme dar. Doch dank ihres scharfen, juristisch geschulten Verstandes und ihrer Herzensgüte setzte sie sich in der skeptischen Männerwelt durch, wenngleich sie es nicht leicht hatte, Vorurteile auszuräumen. Da ich von ihren Kenntnissen und ihrer Leistung bald überzeugt war, ließ ich ihr freie Hand, ebenso wie meine Vorgesetzten im diplomatischen und militärischen Dienst mich selbständig hatten arbeiten lassen.

Frau Bitter vertrat die Bayerische Staatsregierung beim Länderrat in Stuttgart in den Ausschüssen für Kriegsgefangene, Suchdienst und Auswanderung. Auf ihre Initiative bildete sich im Februar 1947 in München eine Landesarbeitsgemeinschaft für Kriegsgefangene, um die unzähligen Stellen, die sich mit dem Schicksal der Gefangenen und Vermißten befaßten, zu koordinieren. Sekretär der Arbeitsgemeinschaft wurde Hans-Gottfried von Watzdorf, ein ehemaliger aktiver Offizier, der von Hanna Kiep vom Bayerischen Roten Kreuz, der Witwe des nach dem 20. Juli 1944 hingerichteten Generalkonsuls Kiep, empfohlen worden war. Nach einiger Zeit kam ein zweiter Sekretär hinzu, Raimund Hergt, ebenfalls aktiver Offizier, der später in den diplomatischen Dienst übernommen wurde. In Bad Boll fand im Mai 1947 eine Konferenz von Frauenverbänden aller vier Zonen statt, die einen von Margarete Bitter entworfenen Appell an die alliierten Mächte richtete, die Kriegsgefangenen ihren Familien zurückzugeben.

Verhandlungen mit dem Alliierten Kontrollrat in Berlin oder mit ausländischen Regierungen waren uns nicht gestattet. Einziger Adressat für alle Eingaben war die amerikanische Militärregierung. Die Amerikaner hatten bereits 1947 den größten Teil ihrer Kriegsgefangenen entlassen, aber über eine halbe Million waren allein an Frankreich überstellt. 1947 schlossen die Vereinigten Staaten und Frankreich ein Abkommen, wonach deutsche Kriegsgefangene entlassen werden und für eine bestimmte Zeit freiwillige Arbeit verrichten konnten. Die französische Regierung sagte zu, jeden Monat 20 000 Kriegsgefangene nach Deutschland zu entlassen. Etwas über 100 000 Kriegsgefangene schlossen einen Arbeitsvertrag ab. Eine Zweigstelle des Internationalen Roten Kreuzes in Paris nahm sich ihrer an. In Frankreich schwebten noch etwa 2000 Verfahren gegen Kriegsgefangene wegen Kriegsverbrechen. Den Angeklagten mußten Anwälte zur Verfügung gestellt werden. Frau Bitter vertrat den

Standpunkt, daß französische Anwälte geeigneter seien als deutsche, schon allein wegen der Sprache. Als besonders erfolgreich erwiesen sich interessanterweise Anwälte, die der Résistance angehört hatten. Sie wurden anfangs aus Mitteln bezahlt, die vom Weltkirchenrat, von Nuntius Roncalli in Paris, dem späteren Papst Johannes XXIII., und Senator Taft aus Ohio zur Verfügung gestellt wurden. 1948 wurde dann in Stuttgart bei der Württembergisch-Badischen Regierung eine Rechtsschutzstelle errichtet.

Im April 1947 traf ich mich mit dem Delegierten des Internationalen Roten Kreuzes für Frankreich, Monsieur Courvoisier. Er berichtete, daß etwa 300000 Kriegsgefangene bei Bauern oder an anderen Arbeitsstellen untergebracht seien. Ihr Zustand sei im allgemeinen zufriedenstellend. 250000 befänden sich noch in Lagern. Ihnen müsse im Winter vor allem durch warme Kleidung geholfen werden.

In Zürich hatte Dr. Kindt Kiefer, der 1935 aus dem Saargebiet ausgewandert war, die Christliche Nothilfe gegründet, die vor allem in den süddeutschen Raum Lebensmittel und sogenannte Liebesgaben versandte. Auf Bitte von Courvoisier sagte er Hilfe zu. Kindt Kiefer hatte mich schon 1946 nach Zürich eingeladen, um notwendige Hilfsmaßnahmen zu besprechen. Ich fuhr mit meinem alten DKW bis zur Schweizer Grenze, wo ich in St. Margarethen Franken und Benzin erhielt. Ende August 1947 und 1948 war ich wieder in der Schweiz. Da in diesen Jahren nur wenige Deutsche ins Ausland reisen durften, nutzte ich die Gelegenheit, Journalisten aufzusuchen, für die ich mir Empfehlungen hatte geben lassen. Mein alter Kollege Peter Pfeiffer hatte mir ein Einführungsschreiben an Karl von Schumacher, den Herausgeber der »Weltwoche«, gegeben, Erich Kordt eines an Lilly Abegg, langjährige Korrespondentin in Japan für die »Frankfurter Zeitung«. So hatte ich die Möglichkeit, über die Zustände in Deutschland zu berichten, also ein wenig Öffentlichkeitsarbeit zu leisten, wie man heute sagt. Auch die Redaktion der »Neuen Zürcher Zeitung« suchte ich auf.

In Zürich wohnte ich bei Schweizer Freunden und besuchte auch den amerikanischen Generalkonsul Sam Woods, den ich in Berlin kennengelernt hatte. Woods ließ sich ausführlich über die Zustände in Bayern berichten, für das er seit langem eine stille Liebe hegte. Er hoffte, Generalkonsul in München zu werden, und kurze Zeit später wurde er es tatsächlich. Für die bayerische Königsfamilie empfand er große Hochachtung wegen ihrer ablehnenden Haltung gegenüber dem Nationalsozialismus. Aus Sympathie für die Wittelsbacher ermöglichte er einigen Mitgliedern der Familie schon frühzeitig Auslandsaufenthalte.

Die größte Sorge bereitete die Lage der Kriegsgefangenen in der Sowjetunion. Auf Veranlassung Bayerns richtete der Länderrat an die amerikanische Militärregierung die Bitte, bei der Sowjetunion besondere Schritte für ihre baldige Freilassung zu unternehmen. Ferner wurde gebeten, die Anzahl und die Namen der Kriegsgefangenen mitzuteilen und einen regelmäßigen Briefwechsel mit ihnen zu ermöglichen. Professor Erich Kaufmann und Dr. Erich Kordt erwiesen sich für mein Referat als wertvolle Berater in Fragen des Völkerrechts und des Besatzungsstatuts. Kaufmann war bis 1933 Völkerrechtsberater des Auswärtigen Amtes gewesen und hatte die Reichsregierung vor internationalen Gerichten vertreten. Er mußte nach Holland emigrieren. Er hegte nur den einen Wunsch, nach langer, zwangsweiser Trennung von seinem Vaterland an dessen demokratischem Wiederaufbau mitzuarbeiten. So benutzte er die erste Gelegenheit, mit seiner Frau in Güterzügen, Lastkraftwagen und jedem nur verfügbaren Transportmittel auf abenteuerliche Weise so schnell wie möglich heimzukehren. Er war ein großer Patriot und unermüdlicher Streiter für das Recht. Er wurde eines der ersten Mitglieder des von Bundespräsident Heuss wiederbelebten Ordens Pour le Mérite und dessen Ordenskanzler. Nach 1949 nahm er seine Tätigkeit als Völkerrechtsberater beim Auswärtigen Amt wieder auf.

Mein alter Freund und Kollege Erich Kordt, eine führende Persönlichkeit im Widerstand des Auswärtigen Amtes unter Staatssekretär Ernst von Weizsäcker, war aufgrund seiner den Amerikanern bekannten Haltung im Dritten Reich aus China, wo er 1945 als Gesandter auf Posten war, nach Deutschland zurückgeflogen worden. Er nahm als sachverständiger Beobachter an den Kriegsverbrecherprozessen in Nürnberg teil. 1947 habilitierte er sich an der Universität München für Völker- und Staatsrecht.

Kaufmann und Kordt kamen oft in die Staatskanzlei. Frau Bitter spendierte Nescafé und ich Zigaretten aus CARE-Paketen zur Belebung unserer Gespräche. Die beiden fertigten 1946 ein Gutachten über die rechtliche Stellung des Kriegsgefangenen aus. Darin kam zum Ausdruck, daß die Kriegsgefangenschaft weder Rache noch

Strafe, sondern lediglich Sicherungshaft sei. Das einzige Ziel dieser Haft bestehe darin, die Gefangenen an der weiteren Teilnahme an Kampfhandlungen zu hindern. Diese Rechtfertigung der Freiheitsbeschränkung sei auch die Grundlage des Abkommens über die Behandlung der Kriegsgefangenen vom 27. Juli 1929. Die Nichtfreilassung der deutschen Kriegsgefangenen wurde von alliierter Seite zunächst damit begründet, daß nach Artikel 75 der Genfer Konvention die Heimführung in jedem Fall nach dem Friedensschluß erfolgen müsse. Da ein Friedensvertrag bisher nicht geschlossen sei, bestehe auch keine Verpflichtung zur Freilassung der Gefangenen. Deutschland besaß aber keine Regierung, die höchste Gewalt wurde von den Alliierten ausgeübt. Daß es zu keinem Friedensschluß kam, war nicht die Schuld des deutschen Volkes, soviel andere Schuld wir auch immer auf uns geladen hatten. Die Alliierten konnten sich nicht einmal über die Grundlagen eines Friedens einigen. Die Direktive 18 des Alliierten Kontrollrates vom 31. Januar 1946 sprach davon, daß die Kriegsgefangenen entlassen würden, wobei die Nachfrage nach deutschen Arbeitskräften seitens der alliierten Nationen Berücksichtigung finden sollte. So traten die Vereinigten Staaten aus wirtschaftlichen Gründen über eine halbe Million Kriegsgefangene vor allem an Frankreich ab.

Da die Nationalsozialisten Kriegsgefangene und Zivilisten als Zwangsarbeiter mißbraucht hatten, war unsere Argumentation zwar völkerrechtlich unangreifbar, stand aber moralisch auf schwachen Füßen. Immerhin hatte der amerikanische Hauptankläger in Nürnberg, Jackson, erklärt: »Wir haben einen hohen Standard des Verhaltens gegenüber anderen Nationen als Grundlage für die Verurteilung der Deutschen vertreten. Nach diesem Standard wird unser eigenes Verhalten gerichtet werden.« Diese Worte waren wohl für die amerikanische Regierung ein Grund, das erwähnte Abkommen mit der französischen Regierung über die deutschen Kriegsgefangenen zu schließen.

Dem Bayerischen Roten Kreuz war bereits im Herbst 1945 die Einrichtung eines Suchdienstes übertragen worden. Durch die Vertreibung der Deutschen aus dem Osten und die Evakuierung von Familien wegen der Bombenangriffe waren große Teile der Bevölkerung auseinandergerissen worden. Abertausende von Wehrmachtsangehörigen galten als vermißt. Kriegsgefangene kehrten zurück und wußten nicht, wo sich ihre Familien befanden. Aufgabe der Staatsregierung war es, die Suche zu koordinieren und finanziell zu unterstützen. Da auch in den anderen deutschen Ländern gleiche Organisationen bestanden, bildete sich im Herbst 1948 beim Länderrat in Stuttgart eine Kommission für die Neugestaltung des Suchdienstes. In Hamburg war für die britische Zone eine Suchdienstzentrale entstanden, die danach strebte, sich die anderen Suchdienste, vor allem den bayerischen, einzuverleiben. Der Gedanke *einer* Suchdienstzentrale für ganz Deutschland war an sich einleuchtend. Hamburg und München arbeiteten aber nach verschiedenen Prinzipien, die sich infolge der wenig durchlässigen Zonengrenzen entwickelt hatten. Eine Zusammenlegung hätte sich vor allem in Hinsicht auf den anhaltenden Rückstrom von Kriegsgefangenen und Aussiedlern hindernd auf die Arbeit ausgewirkt. Frau Bitters energischem Eingreifen war es zu verdanken, daß der bayerische Suchdienst, der damals fünfhundert Mitarbeiter zählte, erhalten blieb. Daß diese Entscheidung richtig war, beweist die Tatsache, daß beide Suchdienstzentralen bis zum heutigen Tage bestehen.

Aus dem Aufgabengebiet meines Referats ergab sich eine enge Zusammenarbeit mit dem Staatskommissar und späteren Staatssekretär für das Flüchtlingswesen, Wolfgang Jaenicke. Er trat seinen Posten im Dezember 1945 an. Er war Oberbürgermeister von Elbing gewesen und jüngster preußischer Regierungspräsident in Breslau und Potsdam. Aus Protest gegen den Nationalsozialismus hatte er seinen Rücktritt erklärt. Von 1933 bis 1935 wirkte er im Auftrag des Völkerbundes in China, um beim Aufbau einer effektiven Verwaltung zu helfen. Ministerpräsident Hoegner gebührt das Verdienst, diesen überzeugten Demokraten und hervorragenden Kenner der Staatsverwaltung trotz seiner preußischen Vergangenheit berufen zu haben. Jaenickes Aufgabe war eine der schwersten nach 1945. Über anderthalb Millionen Flüchtlinge, vor allem aus dem Sudetenland, strömten nach Bayern. Zehntausende von Flüchtlingen aus dem Osten Deutschlands waren meist schon vorher eingetroffen.

Jaenicke mußte zunächst einen Stab von Mitarbeitern zusammenstellen. Die Flüchtlingsverwaltung, die er aufbaute, war stärker besetzt als die Ministerien. Aufgrund des Flüchtlingsnotstandes verfügte er über fast diktatorische Vollmachten, machte davon jedoch, wie ich mich immer wieder überzeugen konnte, nur behutsam Gebrauch. Seine demokratische Grundhaltung und seine Erfahrungen mit der Selbstverwaltung als Bürgermeister von Elbing ließen ihn auf die Selbständigkeit seiner Mitarbeiter vertrauen. Durch sein vorbildliches Auftreten und seine hingebungsvolle Arbeit gelang es ihm, die neue Völkerwanderung in einigermaßen geordnete Bahnen zu lenken. Jaenicke konnte frei sprechen und erzielte damit große Wirkungen. Die Zusammenarbeit mit ihm war ein reine Freude. Seine gewinnende Persönlichkeit eroberte die Herzen seiner Mitarbeiter und der Flüchtlinge, mit denen er zusammentraf.

Als die Sowjetunion 1945 nach Absprache mit den westlichen Siegermächten die Aussiedlung der Deutschen aus dem Osten begann und binnen kürzester Zeit rücksichtslos durchführte, fürchtete ich wie viele andere, diese Maßnahme bedeute das endgültige Todesurteil für Deutschland. Entgegen allen Erwartungen trugen die Flüchtlinge jedoch entscheidend zu der an ein Wunder grenzenden Wiedergeburt bei. Daß dies gelang, war auch ein Verdienst von Staatssekretär Jaenicke.

Die Sorge um die Kriegsgefangenen und Flüchtlinge führte bald zu einer Zusammenarbeit mit Elisabeth Freifrau von Guttenberg. Die Familie Guttenberg, verwandt mit den Stauffenbergs, stand von Anfang an im Gegensatz zum Nationalsozialismus. Elisabeth Guttenbergs Schwager Karl-Ludwig, mit dem meine Frau und ich befreundet waren, wurde am Ende des Krieges von den Nationalsozialisten ermordet. Baronin Guttenberg, zutiefst gläubig, fühlte sich nach den leidvollen Erlebnissen im Dritten Reich verpflichtet, bei der Sorge für die Opfer des Krieges mitzuhelfen. Als Landesvorsitzende der Caritas-Kommission der Katholischen Frauenverbände in Bayern arbeitete sie eng mit der Staatskanzlei zusammen. Sie hatte die seltene Gabe, das Mitgefühl der Menschen für die Not der Flüchtlinge zu wecken. Ihre eindringlichen Bitten, die sie in beschwörender Form hervorbrachte, wobei sie manchmal die Tränen nicht unterdrücken konnte, öffneten die Herzen und ließen die Quellen der Hilfe fließen. Schon im Jahre 1947 konnte sie in die Vereinigten Staaten reisen. Bei ihrem ersten Aufenthalt, der mehrere Wochen dauerte, und späteren zahlreichen Besuchen bestätigte sich ihr geniales Talent beim Sammeln von Hilfsgütern und Geldspenden. Sie war, wie manche der führenden Persönlichkeiten Bayerns, beeindruckt und geprägt von den Begegnungen mit Therese von Konnersreuth.

Im Laufe des Jahres 1947 suchten uns einige Amerikaner in der Staatskanzlei auf, die sich als Vertreter des Moral Re-armament vorstellten und uns fragten, ob wir an ihren Zielen interessiert seien. Ich war sehr zurückhaltend, weil ich befürchtete, wir sollten wieder Soldat spielen für irgendeine Sache, und davon hatte ich ein für allemal genug. Doch sie beruhigten mich: »Sie verstehen das falsch, es hat mit Krieg überhaupt nichts zu tun, die Betonung liegt auf dem Wort ›moralisch‹. Wir wollen eine moralische Neubegründung der Welt, eine geistige Grundlage für die Demokratie, und wir wollen die Völker nach dem Krieg wieder zusammenführen und versöhnen.« Das hörte sich recht gut an, und meine Zurückhaltung schwand. Wir erfuhren dann mehr über die Ziele der »Moralischen Aufrüstung« und erkannten bald, über welch ausgezeichnete Verbindungen zu hochgestellten Persönlichkeiten in Politik und Wirtschaft sie verfügten. Zu den ersten Vertretern des Moral Re-armament, die ich kennenlernte, gehörten Ken Twitchell, John McCook Roots und Eugene von Teuber, der schon lange vor dem Krieg in die Staaten ausgewandert war; er stammte aus Österreich. Später schloß ich gute Bekanntschaft auch mit Morris Martin. Sie luden mich als Vertreter der Staatskanzlei und andere Repräsentanten des öffentlichen Lebens ein, an einer Tagung in Caux, in der französischen Schweiz, teilzunehmen, wo sie ein Konferenzzentrum unterhielten. Wie sollten wir in die Schweiz gelangen, wir dürften ja nicht frei reisen, gaben wir zu bedenken. Darüber brauchten wir uns keine Sorgen zu machen, die Pässe würde man uns besorgen, erhielten wir zur Antwort. Wir staunten nicht schlecht.

Das Moral Re-armament (MRA) war ein internationales Netzwerk, das Ende der dreißiger Jahre von Frank Buchman, einem amerikanischen Theologen, gegründet worden war, der schon vorher die Oxford Group ins Leben gerufen hatte. Er blieb über Jahrzehnte dort die maßgebende Persönlichkeit. Seine Ziele waren die geistige Wiedergeburt der Menschen und die friedliche Verbesserung der Welt, beides religiös begründet, aber durchaus auf praktische Politik ausgerichtet. »Wandlung« und »Führung durch Gott« – *change and guidance* – waren die Leitmotive, die Buchman zeit seines Lebens propagierte. Er war davon überzeugt, daß der Wandel in der Gesellschaft zum Besseren nur über den Wandel in der Haltung jedes einzelnen Menschen zu erreichen sei. Ehrlichkeit, Reinheit, Selbstlosigkeit und Vertrauenswürdigkeit bezeichnete Buchman als die Voraussetzungen, um bei anderen Vertrauen zu gewinnen. Um anderen zuzuhören und sie zu verstehen, hielt er das Hineinhorchen in die eigene Person für notwendig, die Bereitschaft, sich selbst zu prüfen und zu berichtigen. Die moralischen Grundsätze mußten absolut sein (die »Vier Absoluten«) und ihre Stütze in Gottes Geboten finden, wenn die Beziehungen innerhalb einer Gesellschaft wie auch die internationalen Beziehungen eine friedliche und harmonische Richtung nehmen sollten. Das MRA trat ein für partnerschaftliches und einvernehmliches Zusammenwirken von Arbeitgebern und Arbeitnehmern und hatte auch sonst ganz modern klingende Vorstellungen wie Gleichberechtigung in der Familie oder Teamwork. »Es gewinnt die Fußballmannschaft, die am besten zusammenspielt«, war einer seiner Leitsätze, den ich mir gemerkt habe. Man verstand es überhaupt, einprägsam und bildlich zu formulieren. Sicherlich war manches vereinfacht und auch pathetisch, aber es machte auf uns großen Eindruck. Vor allem das Streben nach Versöhnung – *forgiveness* – und Kooperation der eben noch verfeindeten Nationen und das Plädoyer für die Abwendung von Haß und Rachegedanken gab uns Deutschen das Gefühl, als gleichberechtigte Partner aufgenommen zu werden. Es versteht sich, daß das MRA aus seiner Grundhaltung heraus von Anfang an den Morgenthau-Plan bekämpft hatte.

Ich fuhr im Sommer 1947 tatsächlich mit einer Gruppe von Deutschen nach Caux. Ebenso sicher, wie die Vertreter des MRA ihren Weg zu uns gefunden hatten, indem sie sich von amerikanischen Kongreßabgeordneten an General Clay empfehlen ließen, der sie wiederum mit uns zusammenbrachte, ebenso sicher besorgten sie uns die Reiseerlaubnis. Es war ein gewaltiges Erlebnis, aus den Trümmern Deutschlands in die reiche Schweiz zu fahren, zumal auf ein so prächtiges Hotel-Schloß wie das in Caux-sur-Montreux, hoch über dem Genfer See im Kanton Vaud gelegen. Reiche Schweizer Familien hatten mit ihren Spenden den Kauf des riesigen Hotelkomplexes ermöglicht, der nun als Konferenzzentrum diente und mit seinem Luxus und seinen grandiosen Ausblicken auf den Genfer See, das Rhônetal und die Berge unsere Augen blendete. Tausend Menschen konnten hier gleichzeitig untergebracht werden. Wir waren eingeladen – und hätten ja auch gar nicht bezahlen können. Der Gemeinschaftsgedanke kam übrigens auch darin zum Ausdruck, daß Arbeiten wie Gemüseputzen, Abwaschen und Servieren von allen Gästen reihum verrichtet wurden.

Schon der Empfang war überwältigend. Als ich mich bei der Rezeption meldete, kam ein sehr zuvorkommender Engländer, David Lancaster, und trug mir meinen Koffer die Treppe hinauf. »Wer sind denn Sie?« wollte ich wissen. »Ich bin Major der britischen Besatzungsarmee«, antwortete er. Ich wollte Haltung annehmen, weil ich nur Rittmeister war, doch er ließ es nicht zu. Das schien mir eine erstaunliche Welt, in der einem der Höhere im Rang, der noch dazu der Seite der Sieger angehörte, das Gepäck aufs Zimmer schleppte. Seine offene Art war typisch für die Vorurteilslosigkeit, die in Caux im Umgang miteinander herrschte.

1947 waren etwa 150 Teilnehmer aus Deutschland in Caux, ein Jahr danach waren es 500 Deutsche, die mit Angehörigen aller möglichen Staaten, Völker und Religionen zusammentrafen. Wenngleich das religiöse Fundament des MRA zutiefst christlich war, gehörten doch auch Buddhisten, Muslime und Juden dazu. Da die Vereinigung, wie erwähnt, das Ziel verfolgte, die Deutschen in die internationale Gemeinschaft zurückzuführen, wurden in erster Linie Vertreter des gerade wiedergeborenen öffentlichen Lebens und Repräsentanten der neuen politischen Institutionen eingeladen. Die MRA-Leute versprachen sich davon die Beeinflussung der neuen deutschen Führungsschicht in Politik, Wirtschaft und Kultur im Geiste der Idee von den vereinten Nationen und der »inspirierten Demokratie«. Die meisten deutschen Persönlichkeiten, die den Wiederaufbau des westlichen Deutschland prägten, sind in Caux gewesen oder hatten auf andere Weise Verbindung mit dem MRA. Von den führenden Politikern der Westzonen waren in Caux zum Beispiel Reinhold Maier, Ministerpräsident von Württemberg-Baden; Karl Arnold, Ministerpräsident von Nordrhein-Westfalen; Heinrich Lübke, sein Landwirtschaftsminister; Gustav Heinemann, damals Oberbürgermeister von Essen; Erich Rossmann, der Generaldirektor des Länderrates; Hans Lukaschek, im ersten Kabinett Adenauer Vertriebenenminister; und aus Bayern neben mir Landtagspräsident Michael Horlacher, Gewerkschaftsführer Gustav Schiefer sowie Wilhelm Hoegner.

Die einflußreichste Stellung von allen deutschen Teilnehmern erreichte Konrad Adenauer, der, wenngleich er in seinen Erinnerungen nicht davon spricht, durchaus die brückenbildende Tätigkeit des MRA anerkannte, vor allem für die deutsch-französische Verständigung. Sein großer Partner in Frankreich, Robert Schuman, der gleichfalls an einer Tagung in Caux teilnahm, würdigte ebenfalls die Verdienste des MRA bei der Aussöhnung der beiden sogenannten Erbfeinde Deutschland und Frankreich. So wie ich Adenauer dann kennenlernte, als ich Protokollchef in Bonn war, kann ich mir gut vorstellen, daß der Leitsatz von der »Führung durch Gott« seinem Denken und seiner inneren Haltung sehr nahelag. Mehrmals hörte ich den Bundeskanzler in schwierigen Situationen sagen: »Wenn ich nicht mehr weiß, was ich tun soll, gehe ich in die Kirche und bete zu Gott: Erleuchte mich.«

Es gab in Caux 1947 eine bewegende Szene, in deren Mittelpunkt die französische Sozialistin Irène Laure stand. Madame Laure hatte in der Résistance gearbeitet, einer ihrer Söhne war von der Gestapo verhaftet und gefoltert worden. Nach dem Krieg wurde sie Parlamentsabgeordnete für die Sozialistische Partei und war mit Léon Blum und Gaston Deferre gut bekannt. Ihr Mann stand noch weiter links und gehörte der KPF an. In Caux brachen der Haß und die Bitterkeit von Madame Laure gegen die Deutschen auf, sie wollte abreisen. Buchman hielt sie zurück, indem er geltend machte, daß man die Deutschen nicht vom neuen Europa ausschließen könne, und brachte sie mit Frau von Trott zu Solz zusammen, deren Mann am Widerstand gegen Hitler teilgenommen hatte. Adam von Trott war nach dem 20. Juli 1944 hingerichtet worden. Diese Begegnung brach die inneren Vorbehalte von Irène Laure.

Kennzeichnend für die Art der Begegnungen, die dem MRA am Herzen lag, war die zwischen Hans Böckler, dem Vorsitzenden des Gewerkschaftsbundes der britischen Zone, mit dem Präsidenten des französischen Arbeitgeberverbandes, Georges Villiers. Gegnerschaften aufgrund von Nation oder Klasse sollte es nicht mehr geben, natürlich auch nicht aufgrund von Rasse und Religion. »Nicht wer recht hat, sondern was richtig ist« – diese Devise prägte sich mir ebenso ein wie die vom Football Team mit dem besten Mannschaftsgeist.

Obwohl mir die sogenannte Stille Stunde, die täglich abgehalten wurde und in der man sein Gewissen erforschen sollte, nicht behagte und ebensowenig, daß man öffentlich seine Fehler bekennen sollte, hinterließ mein Aufenthalt in Caux bei mir nachhaltige Eindrücke, und ich glaube, es gab kaum jemanden, der unbeeinflußt zurückgefahren wäre. Wenn die Bewegung heute fast vergessen ist und wenn die Teilnehmer der Kolloquien in Caux in späteren Jahren nicht mehr davon redeten, so erkläre ich mir das damit, daß ihnen der religiös-moralische Grundton des MRA und der Bekehrungseifer ein bißchen zuviel erschienen für die Tagespolitik. Zudem war Buchmans Gruppe bei der katholischen Kirche umstritten, und es wurde erzählt, daß die Oxford Group in den dreißiger Jahren Sympathien für totalitäre Regime gehabt hätte, wie zum Beispiel für Mussolinis »Neues Italien«. Auf der anderen Seite war die »Oxfordgruppenbewegung«, wie die Gestapo sie nannte, unter dem Nationalsozialismus in Deutschland verfolgt, und es wurde ein langer Bericht des Reichssicherheitshauptamtes angefertigt, der auf ihre Gefährlichkeit hinwies, weil die Oxford Group dem Hakenkreuz das Kreuz Christi entgegenstellte und den Geist der westlichen Demokratie zur Unterhöhlung des nationalsozialistischen Staates einführe.

Schon in Caux hatten wir den Plan gefaßt, die Grundgedanken und Ziele des Moral Re-armament in einer leicht verständlichen Broschüre zusammenzufassen und unter die Leute zu bringen. Eine Autorengruppe hatte sich gebildet, der Werner Friedmann und Franz Josef Schöningh von der »Süddeutschen Zeitung«, Rudolf Pechel von der »Deutschen Rundschau«, Erwin Stein, der Unterrichtsminister von Hessen, und ich angehörten. Nach München zurückgekehrt, brachten wir den Text zu Ende. Wir verfaßten die Geschichte von einem Hans Schneider, der unzufrieden ist mit der Situation im Nachkriegsdeutschland, aber anfangs nichts anderes zu sagen weiß als: »Es muß alles anders werden!« Schließlich befolgt er dann die Maxime des MRA »Beginne bei dir selbst« und fängt an, sich selber zu ändern. Es gab aufrüttelnde und emphatische Zwischentexte über die »inspirierte Demokratie«, ein neues Deutschland, eine neue Welt und die Idee des Teamwork. Sogar Zeichnungen fügten wir ein, um den Text aufzulockern. Die Illustrationen stammten von Ernst Maria Lang, dem Karikaturisten der »Süddeutschen«. Die größte Schwierigkeit bestand darin, aus den rationierten Papierbeständen ein Kontingent für den Druck zu bekommen. Nach langem Hin und Her erhielten wir eine Spende von einigen Tonnen

Papier aus Schweden, und »Es muß alles anders werden« wurde in einer hohen Auflage gedruckt. Kurz vor Weihnachten war die Broschüre fertig. Oberbürgermeister Scharnagl machte in seiner Neujahrsansprache auf sie aufmerksam und empfahl sie den Münchenern zur Lektüre.

Zur Aufklärungsarbeit des MRA gehörten auch zwei Theaterstücke oder Revuen, die in den Vereinigten Staaten uraufgeführt, dann in verschiedenen Ländern gezeigt wurden und 1948 in der britischen und amerikanischen Zone gastierten. Das eine Stück hieß »The Forgotten Factor«, es war eine Dramatisierung des Gedankens vom Teamwork in der Industrie; die Idee der Sozialpartnerschaft zwischen Arbeitern und Eigentümern einer Fabrik setzt sich nach einem Streik schließlich durch. Das MRA war mit diesem Stück ins englische Kohlenrevier gegangen und führte es in Deutschland vornehmlich im Ruhrgebiet auf, weil man erwartete, daß das Thema dort auf besonders fruchtbaren Boden fallen würde. Bei der ersten Aufführung in Essen hatten Gustav Heinemann und Karl Arnold gesprochen.

Das andere Theaterstück hieß »The Good Road«, es war ein Musical, das die Ziele der moralischen Neuorientierung am Beispiel von Szenen aus dem Leben in der Familie oder der Arbeit in der Industrie propagierte. Beide Revuen wurden auch in München gezeigt, das war schon nach der Währungsreform, im Oktober 1948. Ministerpräsident Ehard sprach zur Begrüßung der amerikanischen Schauspielertruppe. Sie spielte in englischer Sprache, doch es gab deutsche Zusammenfassungen des Inhalts, die verteilt wurden. Ich habe beide Aufführungen gesehen.

Zum Schluß erwähne ich noch eine ergreifende Begebenheit, die mein Vetter Hans Christoph von Herwarth mit Hilfe des MRA in Italien erlebte. Er hatte in Caux eine Marchesa Bosurgi aus einer adligen Gutsbesitzerfamilie kennengelernt, die in einem Palazzo in der Nähe von Messina lebte. Er erzählte ihr, daß sein Bruder als Leutnant in der Nähe dieser Stadt gefallen sei. Wo er begraben liege, wäre nicht bekannt. Die Familie lud meinen Vetter nach Sizilien ein, um dort selbst nach dem Grab zu forschen. Während seines Besuches im Jahr 1950 traf Hans Christoph einen Bauern, der ihm berichtete, sie hätten 1943 einen jungen Deutschen in der Gegend begraben. Den Siegelring hatte der Bauer aufbewahrt. Als die Bauersfamilie den Ring meinem Vetter zeigte, war es der seines gefallenen Bruders, mit der Eule als Wappentier.

Reise in die Vereinigten Staaten

Die Reise nach Amerika kam für mich völlig überraschend. Es hatte zwar sozusagen ein Vorzeichen gegeben, indem meine Frau geträumt hatte, daß ich über den Großen Teich fliegen würde, aber als am 12. März 1948 ein Offizier der amerikanischen Militärregierung bei mir erschien, um mir mitzuteilen, daß ich in drei Tagen über Stockholm und London in die Vereinigten Staaten reisen solle, fiel ich aus allen Wolken. »Kann ich vorher noch einmal zu meiner Familie nach Kitzbühel?« fragte ich. »Ich muß mir noch ein paar Sachen holen.« »Ja, aber beeilen Sie sich«, antwortete er, »morgen gehen Sie schon aufs Generalkonsulat und bekommen Ihren Paß und alles Nötige. Die Reise ist von General Clay angeordnet worden, es nehmen eine Reihe von Politikern der Bizone teil; die Durchführung der Reise liegt in den Händen des Moral Re-armament.«

Schon 1947 hatte die amerikanische Militärregierung damit begonnen, im Zeichen der Re-education Deutsche in die Vereinigten Staaten zu schicken. Ich war Vorsitzender eines Ausschusses, der die Personen auswählte, die in den Genuß einer solchen Reise kommen sollten. Die Sitzungen fanden im US-Generalkonsulat statt, die Zusammensetzung der Kommission war möglichst breit gefächert, um Unparteilichkeit zu gewährleisten. Dem MRA seinerseits lag, wie beschrieben, daran, politisches Personal des neuen demokratischen Lebens in Westdeutschland mit Politikern und anderen einflußreichen Leuten in den Staaten zusammenzubringen; in meinem Fall ging es ihnen auch darum, mich als Fulltimer für ihr Netzwerk zu gewinnen. Die internationalen Beziehungen des MRA funktionierten außerordentlich gut. In Stockholm wohnte ich bei einer Familie, die der Vereinigung angehörte; in London war ich Gast in einem Haus im vornehmen Westend, das ebenfalls dem MRA gehörte. Ich nutzte die Gelegenheit, das Foreign Office aufzusuchen. Dort wurde ich von dem Leiter des Deutschland-Referats, Gilchrist, und seiner Stellvertreterin Grace Rolleston empfangen. Sie war die erste weibliche Diplomatin, der ich je begegnete – auch dies ein Zeichen einer

Entwicklung, die wir in Deutschland nicht mitgemacht hatten. Ich gab Auskunft über die Verhältnisse in der amerikanischen Zone, und Gilchrist fertigte eine längere Aufzeichnung darüber an, die ich in Kopie vor kurzem aus England geschickt bekam – vierzig Jahre nach der Begebenheit.

Zu meiner großen Freude sah ich auch meine alten Kollegen aus Moskauer Tagen, William Hayter und Noël Charles, wieder. Hayter war inzwischen Assistant Undersecretary im Foreign Office geworden (später ging er als Botschafter seines Landes noch einmal nach Moskau). Als ich mich anmeldete, meinte seine Sekretärin, Hayter würde wohl keine Zeit für mich haben. Ich bat sie, meinen Namen zu nennen, und sogleich kam er selbst ins Vorzimmer, um mich zu begrüßen: Ich käme wie gerufen. Durch einen Zufall hatte er soeben den Bericht auf den Schreibtisch bekommen, den mein damaliger Botschafter Graf von der Schulenburg über ihn für das Auswärtige Amt angefertigt hatte, als Hayter von Moskau abberufen und nach Shanghai versetzt worden war. Der Bericht hatte sich unter den beschlagnahmten Akten des AA befunden, die die Engländer in Whaddon Hall gelagert hatten. Schulenburg hatte meinen Freund als einen vielversprechenden jungen Diplomaten geschildert, und Hayters Karriere sollte diese Charakterisierung bestätigen.

Die anderen deutschen Teilnehmer dieser Reise traf ich erst in Amerika, es waren Gustav Heinemann, Erich Kordt, Michael Horlacher und Dieter Sattler, Staatssekretär im Kultusministerium. Zufällig traf ich auch Eugen Gerstenmaier auf dem Flughafen von New York. Er kam für zwei Monate in die Vereinigten Staaten, um für das von ihm gegründete Hilfswerk der Evangelischen Kirchen Deutschlands zu werben. Mit dem Aufbau des Hilfswerks hat Gerstenmaier eine Leistung vollbracht, die meines Erachtens zu wenig gewürdigt worden ist. Zunächst sah seine Hilfsorganisation ihre Aufgabe darin, Kirchen und Gemeindehäuser wiederaufzubauen. Bald trat aber die allgemeine Nothilfe wie Flüchtlingsunterstützung, Kinderspeisung, Beschaffung von Nahrungsmitteln und Medikamenten in den Vordergrund. Gerstenmaier kam auf die Idee, den ausländischen Spendern vorzuschlagen, anstelle der Übersendung von Hilfsgütern die dafür gesammelten Devisen dem Hilfswerk zur Verfügung zu stellen. Mit diesen Devisen kaufte es Rohstoffe im Ausland ein und ließ sie in Deutschland verarbeiten. Auf diese Weise wurden Güter des täglichen Bedarfs hergestellt und deutschen Arbeitern Beschäftigung gegeben. Die Gerstenmaiersche »Veredelungswirtschaft« hat beträchtlich zur Linderung der Not in Deutschland beigetragen.

Ich fuhr mit Gerstenmaier in den frühen Morgenstunden nach New York hinein. Amerika erschien uns wie ein Wunderland. Dieser Reichtum! Dieser Luxus! Wir staunten über Wolkenkratzer, Supermärkte und Autogeschäfte, über das pulsierende Leben in den Straßen, den gewaltigen Verkehr. Plötzlich rief Gerstenmaier, nachdem wir unzähligen Autos von unbekannten Ausmaßen begegnet waren: »Da, der erste Fußgänger!« Die Macht, der Reichtum und die Modernität Amerikas waren augenfällig. Andererseits fiel uns auf, wie die Straßen mit Papier und anderem Abfall und Unrat übersät waren. Später sollte ich auch unbekannte Verhaltensweisen kennenlernen, indem ich Männer sah, die ihrer Frau im Haushalt halfen, das Geschirr spülten und die Einkäufe erledigten.

In New York wohnte ich im Gästehaus der Harvard University, das auf mich einen überwältigenden Eindruck machte: Zimmer mit Bad und eigener Toilette, ein gut geführtes Restaurant, Bibliothek, Leseraum mit in- und ausländischen Zeitungen, Schwimmbad, Sauna und Sporthalle. Es war wie im Märchenland. Als ich bei der Ankunft mit dem Zug von Washington in der Central Station eintraf, schien mir das Wunder vollkommen, als sich die Türen automatisch öffneten und schlossen. Ich konnte mich nicht enthalten, mehrmals hindurchzugehen. In Kalifornien trauten wir unseren Augen nicht, als wir Orangenplantagen sahen, in denen Petroleumöfen standen. Der Rauch, den sie verbreiteten, sollte die Bäume und die Früchte gegen Rauhreif schützen. In Los Angeles ging niemand zu Fuß außer uns Besuchern, alle fuhren mit dem Auto.

Die Freundlichkeit der Bevölkerung uns gegenüber war bewegend. In Los Angeles machte mir ein Optiker eine neue Brille umsonst, und als ich in einem Kaufhaus in San Francisco nach einem neuen Anzug schaute – mit meinem alten konnte ich mich nicht mehr sehen lassen –, ereignete sich folgendes: Dem Verkäufer, der bemerkte, daß ich aus Deutschland kam, fiel auf, daß ich bei allem, was er mir vorführte, immer nur fragte: »Haben Sie nicht etwas Billigeres? Dieser Anzug ist mir zu teuer.« – »Einen Augenblick, warten Sie mal«, sagte er und verschwand. Es dauerte vielleicht zehn Minuten, ich wurde schon unruhig, da kam er zurück: »Ich habe mit meinen

Kollegen gesprochen, wir haben eine Sammlung für Sie gemacht, hier, bitte sehr.« Er gab mir, ich weiß nicht mehr wieviel, Dollar: »Damit können Sie sich einen anständigen Anzug und noch einiges mehr kaufen.« Ich traf auf Menschen, die regelmäßig CARE-Pakete schickten, darunter eine Bankangestellte, die *zehn* Pakete im Monat nach Deutschland sandte. »Ich bin Katholikin, und den Leuten bei euch geht es doch schlecht«, sagte sie mir zur Erklärung. Ich konnte ihr, als kleine Gegenleistung, die Briefe übersetzen, mit denen ihr die Empfänger dankten und die sie nicht lesen konnte. So erfuhr sie über die Gedanken und Gefühle der von ihr Beschenkten. Das war in der Bank of America, als ich auf den Präsidenten dieses bedeutenden Geldinstituts wartete, der mich zu einer Unterredung eingeladen hatte.

Unsere Reisegruppe hatte unzählige Begegnungen mit einflußreichen Persönlichkeiten aus Politik und Wirtschaft. Da es noch keine diplomatische Vertretung gab, traten wir wie Botschafter Deutschlands auf. Es verging kaum ein Tag in diesen drei Monaten, an dem wir nicht in Gesprächen und Interviews über die Lage zu Hause Auskunft gaben und um Verständnis und Vertrauen warben. Zugleich statteten wir unseren Dank über die Hilfe ab, die uns die Amerikaner so großzügig zuteil werden ließen. Der spätere Bundespräsident Heinemann war hervorragend als Anwalt für Deutschland, wenn er in seiner zurückhaltenden und bescheidenen Weise, doch nicht weniger eindrucksvoll, die Verhältnisse in unserem Lande schilderte. Ob unsere Gesprächspartner auch Michael Horlacher so gut verstanden haben, weiß ich nicht. Er sprach nicht viel Englisch, aber fließend Bayerisch und war die ganze Zeit über strahlender Laune, weil es Alkohol in unlimitierten Mengen gab. Seine Erklärungen fielen dann recht lustig aus.

Zunächst fehlte mir die Übung, in freier Rede im Frage- und Antwortspiel der Journalisten und Gesprächspartner mitzuhalten, aber gegen Ende unseres Aufenthaltes war es so selbstverständlich geworden, daß mir an einem Tag ohne Interview etwas fehlte und ich unzufrieden war. Meine Ausführungen waren sicherlich auch von einem der Grundsätze des MRA beeinflußt, nämlich die eigenen Fehler und Unterlassungen zu erkennen. So erklärte ich, daß die wirklich Schuldigen an den Verbrechen zur Rechenschaft gezogen werden müßten. Für die Machtübernahme des Nationalsozialismus und die folgenden Untaten trügen aber auch jene Mitverantwortung, die sich nicht rechtzeitig widersetzt hätten. Die Zersplitterung der Mittelparteien nannte ich als einen der Gründe für den Aufstieg der Nazis. Alle Parteien, die 1933 für das Ermächtigungsgesetz gestimmt hätten, müßten sich Vorwürfe als Wegbereiter Hitlers machen.

Ich nutzte, wann immer sich die Gelegenheit ergab, diese Interviews auch dazu, um im Namen meiner Landsleute für die Hilfe der amerikanischen Bevölkerung zu danken. Einmal, im Gespräch mit einem Reporter der »Los Angeles Times«, ging das furchtbar daneben. Während ich über die CARE-Pakete sprechen wollte, fragte mich der Zeitungsmann hartnäckig, ob Hitler wirklich tot sei. Ich antwortete, das sei sicher, er habe in der Reichskanzlei Selbstmord begangen. Woher ich das so genau wisse? Mir fiel als »Beweis« nichts Besseres ein als zu erwidern, daß ich bei Kriegsende Rittmeister im Generalstab des Heeres gewesen sei. Am nächsten Morgen erschien die »Los Angeles Times« mit der Balkenüberschrift: GERMAN EX-GENERAL STAFF CAPTAIN SAYS HITLER IS DEAD. Ich habe nie wieder eine so große Überschrift erhalten, aber auch keine, die so von meinem Anliegen wegführte, das ich eigentlich in der Zeitung hatte ausdrücken wollen.

Während meiner Zeit in New York waren mir Christopher Emmet, einer der Autoren von »Land of the Dead«, und seine Organisation »Common Cause« sowie Klaus Dohrn, der für »Time-Life« und »Fortune« arbeitete, eine große Hilfe, mich zurechtzufinden. Sie vermittelten mir viele Bekanntschaften. Dohrn war ein entfernter Verwandter von Dieter Sattler, er war vor den Nationalsozialisten zunächst nach Österreich und dann in die Vereinigten Staaten geflogen. Er führte einen großen Teil seiner Besprechungen per Telefon, was mein Erstaunen erregte, weil ich so etwas noch nicht erlebt hatte. Er meinte lachend, noch auf seinem Grab würde eine Telefonzelle stehen. In New York wurden gerade berühmte Gemälde aus dem Kaiser-Friedrich-Museum in Berlin ausgestellt, die, ähnlich wie die Bilder aus der Münchener Pinakothek in Paris, mit Erfolg für Deutschland warben. In der Ausstellung stand ich plötzlich meiner alten Freundin Anni von Wassermann gegenüber, deren Vater das Privatbankhaus gleichen Namens in Berlin geführt hatte. Sie war eine begabte Bildhauerin und ein »Original«, ebenso perfekt Bayerisch wie Berlinerisch sprechend. Wir waren zunächst etwas verwirrt über diese unerwartete Begegnung. Anni wußte ja nicht, wie ich mich nach ihrer Emigration gegenüber dem Nationalsozialismus verhalten hatte. Doch bald war die Brücke geschlagen, wozu wohl beitrug, daß ich ihr Grüße von ihrem Bruder Georg und ihrer Schwägerin Marie-Thérèse bestellte, die, wie ich schon erzählt habe, als französischer bzw. englischer Hauptmann in Deutschland Dienst taten.

In New York sah ich auch Charly Thayer wieder, der inzwischen Direktor der »Voice of America« war. Ich mußte ihm und seinem Mitarbeiter Nicolaus Nabokov ausführlich über die Zustände zu Hause erzählen. Sie verwerteten meine Informationen dann in ihren für Deutschland bestimmten Sendungen. Ein weiterer Kollege aus Moskau, Loy Henderson, der jetzt im State Department die Nahostabteilung leitete, brachte mich mit dem bekannten Journalisten Walter Lippmann zusammen, der gegenüber Deutschland recht kritisch und abwartend eingestellt war. Ich bemühte mich, ihn zu überzeugen, daß wir aus unserer Vergangenheit gelernt hätten.

Aufgrund der guten Beziehungen unserer Gastgeber vom MRA wurde unsere Gruppe von vielen bedeutenden Senatoren und Kongreßmännern, von hochgestellten Offizieren und sogar von Außenminister George Marshall und dem Direktor des European Recovery Program, Hoffman, empfangen. Wir unmaßgeblichen Besucher aus München und Essen erhielten von den allerhöchsten Politikern der Vereinigten Staaten Einladungen zum Gespräch. Wir fühlten uns geehrt und sahen darin ein Zeichen der Verbundenheit Amerikas mit dem Wiederaufbau und dem demokratischen Neubeginn in Westdeutschland. Von den Abgeordneten, mit denen ich sprach, möchte ich den Speaker des Repräsentantenhauses, Martin, und Congressman Case erwähnen, der als Vorsitzender eines Ausschusses des Repräsentantenhauses Deutschland besucht hatte. Mit Präsident Trumans Berater Admiral Leahy führte ich ebenfalls eine Unterredung.

Unvergeßlich ist mir das Zusammentreffen mit General Wedemeyer. Er hatte mich zu sich gebeten. Ich wußte nicht, warum ein so hoher Offizier des Generalstabs der US-Streitkräfte den kleinen Regierungsdirektor aus der Bayerischen Staatskanzlei sprechen wollte. Der Grund stellte sich heraus, als ich General Wedemeyer in dem riesigen fünfeckigen Komplex des amerikanischen Verteidigungsministeriums aufsuchte. Er hatte vor dem Kriege zusammen mit Graf Stauffenberg einen Generalstabslehrgang in Berlin absolviert und hatte sich mit ihm angefreundet. Nun wollte er alles über Stauffenberg als Kopf des militärischen Widerstandes gegen Hitler wissen. Wedemeyers Haltung gegenüber dem besiegten Deutschland war von christlicher Vergebung gekennzeichnet. Diese Haltung der Nächstenliebe habe ich während meines Aufenthaltes in Amerika oft angetroffen, sie war von der Härte des *struggle for life* nicht verdrängt worden. Vielleicht wirkte immer noch der Pioniergeist aus den Anfängen der amerikanischen Gesellschaft nach, als die Menschen auf gegenseitige Hilfe angewiesen waren. Jeder von uns erinnert sich noch an die Hilfe der Quäker für die notleidende deutsche Bevölkerung. Wedemeyer hatte übrigens in einer entscheidenden Frage der alliierten Kriegführung eine abweichende Meinung vertreten, was ich hier doch erwähnen möchte, weil es der Entwicklung nach 1945 vielleicht einen anderen Verlauf hätte geben können: Wedemeyer war dafür eingetreten, die amerikanische Landung an der Kanalküste schon 1943 einzuleiten. Er glaubte, daß damit der Krieg schneller hätte beendet werden können, was wiederum verhindert hätte, daß die Rote Armee so weit nach Westen vorstoßen und ihren Einflußbereich so stark ausdehnen konnte. Die osteuropäischen Staaten wären dann nicht so leicht zu Satelliten der Sowjetunion geworden. Auch Präsident Roosevelts Bestehen auf der bedingungslosen Kapitulation des Deutschen Reiches hielt er für einen Fehler. Er war der Auffassung, daß diese Forderung die deutsche Bevölkerung um Hitler scharen werde, statt sie von ihm abzubringen, und den Deutschen nur die Wahl ließ, bis zum bitteren Ende weiterzukämpfen. Diese kritischen Standpunkte wiederholte er auch mir gegenüber.

Meine alte Freundschaft zu George Kennan und Charles Bohlen, die an der US-Botschaft in Moskau tätig gewesen waren, während ich als Legationssekretär an der deutschen Vertretung arbeitete (1931–1939), führte während meines Aufenthaltes in Washington zu einem dramatischen Erlebnis. Zur Zeit der kommunistischen Machtübernahme in der Tschechoslowakei versammelten sich in Bohlens Haus George Kennan, damals Leiter des Planungsstabes im State Department, und weitere amerikanische Experten zusammen mit den Generalen Norstad und Gruenther, den allerhöchsten Stabsoffizieren in der Planungs- und Operationsabteilung des Pentagon. Sie diskutierten in voller Offenheit, trotz meiner Gegenwart, welche

Möglichkeiten es gäbe, auf den Umsturz in Prag zu reagieren, und ob ein Eingreifen von seiten der Vereinigten Staaten erfolgen könne. Ich wurde Ohrenzeuge geheimer Überlegungen, die ich gar nicht hätte hören dürfen. Daß dies in meiner Anwesenheit geschah, zeigt, wie die alte, verschworene Gemeinschaft aus den Jahren in Rußland immer noch Bestand hatte und das gegenseitige Vertrauen unerschüttert war. Unser »Lobe-Klub«, wie wir unseren Freundeskreis damals scherzhaft genannt hatten, die »Society for Mutual Glorification«, in die man nur auf Empfehlung eines der Mitglieder aufgenommen wurde, hatte den Krieg und die Gegnerschaft Deutschlands und der USA unbeschadet überstanden. Die persönlichen Freundschaften waren geblieben.

Mit einigen Bekannten vom MRA besuchte ich auch zwei riesige Veranstaltungen, deren Organisation und Ablauf mich faszinierten. Die eine war eine gewaltige Kundgebung in Los Angeles in der Hollywood Bowl zu Ehren Frank Buchmans, des Begründers und geistigen Führers von MRA, der seinen 70. Geburtstag feierte. Aus diesem Anlaß erhielt er auch ein Telegramm aus Deutschland, das die Unterschriften sämtlicher Ministerpräsidenten der Länder in den Westzonen trug. Die andere Großveranstaltung war die Convention der Republikaner in Philadelphia, auf der sich verschiedene Bewerber um die Nominierung als Präsidentschaftskandidat der Partei zur Wahl stellten. Der Konvent mit seiner bunten Ausstattung und den Musik- und Show-Einlagen machte auf mich anfangs den Eindruck eines Oktoberfestes oder einer Karnevalssitzung, doch bald wurde ich in den Bann des *campaigning* und der amerikanischen Politikvorstellungen gezogen. Ich besuchte auch die Bewerber in ihren Quartieren, wo sie mit Spezialitäten aus ihrer jeweiligen Heimat warben; im kalifornischen Hauptquartier gab es natürlich frisch gepreßten Orangensaft. Mein Favorit war Senator Arthur Vandenberg von Michigan, der Vorsitzende des Auswärtigen Ausschusses des Senats und ein Anhänger der Containment-Politik gegenüber der Sowjetunion. Schließlich ging Thomas Dewey, der Gouverneur des Staates New York, als Sieger aus der Nominierung hervor. Mrs. Steelman, die Ehefrau eines engen Mitarbeiters von Präsident Truman, bei der ich kurz vor meiner Abreise eingeladen war, versicherte mir aber, daß Truman wiedergewählt werden würde. Dies wäre nicht nur für Amerika gut, sondern ebenso für Deutschland und die Welt, denn

Truman habe die Gefahr des Kommunismus klar erkannt und sei entschlossen, ihr entgegenzutreten.

Am Tage der Währungsreform in den Westzonen, am 21. Juni 1948, kehrte ich aus den Vereinigten Staaten zurück nach München, wo ich gerade noch rechtzeitig kam, um mir die berühmten vierzig D-Mark einzutauschen. Ende Juli erlitt ich, als Nachwirkung der Anstrengungen dieser dreimonatigen Reise, einen Kreislaufzusammenbruch. Wochenlang war ich nicht arbeitsfähig. Die Staatskanzlei zeigte sich großzügig und wartete geduldig, bis ich mich wieder gesund zum Dienst meldete.

Frankfurter Dokumente und Parlamentarischer Rat

Bereits in Amerika hatte ich von dem Londoner Deutschland-Kommuniqué der drei westlichen Alliierten und der Benelux-Staaten Kenntnis erhalten. Am 1. Juli 1948 überreichten die drei Militärgouverneure den Ministerpräsidenten der Länder der amerikanischen, britischen und französischen Zone die sogenannten Frankfurter Dokumente. Dokument I enthielt den Auftrag, eine Verfassung auszuarbeiten. Auf einer Tagung im Hotel Rittersturz in der Nähe von Koblenz einigten sich die Ministerpräsidenten auf einen Gegenvorschlag. Sie sprachen sich gegen eine Verfassung aus, die den drei Westzonen den Charakter eines endgültigen Staates verliehen hätte, und wollten alles vermeiden, um von ihrer Seite aus die Teilung Deutschlands zu vertiefen. Anstelle der Verfassunggebenden Versammlung schlugen sie einen Parlamentarischen Rat vor, der ein Grundgesetz erarbeiten sollte. Mit der Institution des Parlamentarischen Rates und dem Begriff Grundgesetz anstelle von Verfassung sollte der Status der künftigen Bundesrepublik als Provisorium unterstrichen und der Anspruch auf die Einheit zum Ausdruck gebracht werden. Ministerpräsident Ehard und die bayerische Staatsregierung hatten den Auftrag der Militärgouverneure positiver aufgenommen als die anderen Länderregierungen, da das Frankfurter Dokument einen föderalistischen Aufbau empfahl, der die Stellung der einzelnen Länder stärken sollte. In ihrer Antwort erklärten die Ministerpräsidenten, daß der Parlamentarische Rat sich aus Delegierten zusammensetzen solle, die von den einzelnen Landtagen zu wählen waren. Ein weiterer Grund für die positive Einstellung Bayerns lag darin, daß die Militärgouverneure sich an die Ministerpräsidenten und nicht an die Parteien gewandt und damit die Rolle der ersteren aufgewertet hatten. Bayern setzte in den Besprechungen durch, daß in dem zu erarbeitenden Grundgesetz einer zweiten Kammer, als Ländervertretung, eine gleichberechtigte Stellung neben dem Parlament eingeräumt wurde. Ministerpräsident Ehard schwebte ein Bundesrat mit den Befugnissen der Bismarckschen Verfassung vor.

Die Antwort der Ministerpräsidenten fand nicht die Billigung der Militärgouverneure, da sie sich nicht an deren Auftrag, der als eine Anordnung oder ein Befehl zu verstehen war, gehalten hatten. Am 21. und 22. Juli folgte ein weiteres Treffen der Länderregierungschefs auf Jagdschloß Niederwald bei Rüdesheim, um einen Kompromiß zu finden. Die Sitzungen fanden bei herrlichem Wetter an historischer Stätte in der Nähe des Niederwalddenkmals statt. Der Ort schien mir gut gewählt, denn die weithin sichtbare Germania des Denkmals erinnerte an die Proklamation des Deutschen Kaiserreichs im Jahre 1871 und mahnte die versammelten Ministerpräsidenten eindringlich an ihre Pflicht zur deutschen Einheit. In den Pausen spazierte ich durch den wunderschönen Laubwald und genoß den Blick auf das Rheintal. Die Antwort der Ministerpräsidenten, in einem »Aide-Mémoire« festgehalten, wurde den Militärgouverneuren am 26. Juli überreicht. In verbindlicher Form zwar, aber in der Sache bestimmt, hielten sie an dem Provisorium Parlamentarischer Rat und Grundgesetz fest. Die Gouverneure nahmen das Aide-Mémoire zunächst nicht eben freundlich auf. Ehard, der als ehemaliger Gerichtspräsident die Kunst der Vermittlung beherrschte, rettete die Situation. So kam es dann in der Tat zur Konstituierung des Parlamentarischen Rates in Bonn mit 65 Abgeordneten, die von den elf westdeutschen Landtagen entsandt worden waren. Zum Präsidenten wurde Konrad Adenauer gewählt, der Vorsitzende der CDU der britischen Zone. Am 8. Mai 1949 billigte der Parlamentarische Rat das Grundgesetz und setzte den Termin für die Wahl zum ersten deutschen Bundestag am 14. August fest. Damit wurde der Weg frei für die Gründung der Bundesrepublik Deutschland.

CHEF DES PROTOKOLLS IN BONN
1949 bis 1955

Die Gründung der Bundesrepublik

Im Sommer 1949 verbrachten meine Frau und ich unseren Urlaub in der Schweiz; wir hatten dort Verwandte, die uns einluden, bei ihnen zu wohnen; wir hatten ja keine Devisen. Dort erreichte mich ein Telegramm aus der Staatskanzlei: Ich sollte sofort nach München zurückkehren, von dort nach Bonn fahren und im Auftrage der Ministerpräsidenten der Länder die Wahl der Bundesregierung und des Bundespräsidenten vorbereiten. Ich muß bekennen, ich hatte keine große Lust; es war so schön am Genfer See, und ich hielt diese Aufgabe für eher langweilig. Doch meine Frau stimmte mich um: »Die Bundesrepublik wird nur einmal gegründet, da solltest du doch dabei sein. Ich an deiner Stelle würde hinfahren.« Also machte ich mich am nächsten Morgen mit dem alten DKW, der bergauf nur Schrittempo fuhr, auf den Rückweg. Erst am folgenden Morgen erreichte ich München, wo mir ein Mercedes mit Chauffeur zur Verfügung gestellt wurde. Ich durfte mir einige Mitarbeiter aussuchen. Meine Wahl fiel auf Oberregierungsrat Hans Schwarzmann und auf Erica Pappritz, die mir schon bei der Münchener Ministerpräsidenten-Konferenz geholfen hatte. Eine Sekretärin konnte ich ebenfalls mitnehmen. Nach wenigen Stunden schon fuhren wir nach Bonn.

In München war mir mitgeteilt worden, daß aus jedem Bundesland ein höherer Beamter mit Sekretärin und Schreibmaschine kommen würde, um unserem Stab zu helfen. Sie kamen aber nicht, die hochgelobte deutsche Organisation funktionierte damals noch nicht so reibungslos. Nur der Vertreter Nordrhein-Westfalens war da, Karl-Hildebrand von Gumppenberg, ein Urbayer, dessen Bruder Levin Referent von Ministerpräsident Ehard war; er hatte tatsächlich eine Sekretärin nebst Schreibmaschine mitgebracht. Ich mußte mir also aus dem Nichts einen Arbeitsstab zusammenstellen. Deshalb setzte ich mich mit dem Büro für Friedensfragen in Stuttgart in Verbindung, der Vorläuferinstitution des Auswärtigen Amtes, das Unterlagen für einen Friedensvertrag auszuarbeiten hatte – ich sprach schon darüber. Ich bat meine Freunde Ernst-Günther Mohr und Hasso von Etzdorf, von Stuttgart nach Bonn zu kommen. Ebenso setzte ich mich mit Erich Kordt in München in Verbindung, sein Bruder Theo wohnte ohnehin in Bonn. Aus Düsseldorf kam mein alter Moskauer Kollege Gebhardt von Walther herüber. Ich brauchte ihre Hilfe, denn es mußte viel organisiert und es mußten wahrscheinlich auch Reden geschrieben werden. In Bonn selbst suchte ich mir Sachverständige für die verschiedensten Gebiete zusammen, einen Fachmann für Fernsprechverbindungen, einen für Eisenbahn und Verkehr, und so weiter. Ich überlegte, wer so etwas wohl am besten organisieren könnte, und wählte vorzugsweise ehemalige Generalstabsoffiziere oder OI – Ordonnanzoffizier I – aus, denen ich das am ehesten zutraute. Als hilfreich bei der Suche erwies sich Major i. G. Rolf Pauls, der schon Adenauers Referent im Parlamentarischen Rat gewesen war. Pauls sollte später als erster deutscher Botschafter nach Israel gehen, danach nach Washington, nach China und zur NATO. Es war eine richtige Wahl, wie sich herausstellte: Die von mir Gerufenen leisteten gute und effektive Arbeit.

Daß wir unsere Arbeit in Bonn und nicht woanders aufnahmen, war nicht selbstverständlich. Die Entscheidung fiel zwischen Frankfurt und Bonn nur knapp zugunsten der rheinischen Stadt, nämlich mit 33 zu 29 Stimmen der Abgeordneten im Parlamentarischen Rat. Es wird oft gesagt, die Wahl wäre auf Bonn gefallen, weil Adenauer Rheinländer war und in Rhöndorf wohnte. Das mag einer der Gründe gewesen sein, wie sicherlich auch Adenauers Vorbehalte gegenüber der bizonalen Verwaltung in Frankfurt eine Rolle spielten; er hielt die Verflechtung zwischen den Direktoren der Bizone und der amerikanischen Militärregierung für zu eng. Aber meiner Ansicht nach war beides nicht entscheidend. Frankfurt hatte gute Chancen gehabt, es war bereits Sitz wichtiger Vorlaufbehörden der späteren Bundesrepublik, vor allem des Wirtschaftsrates mit seinen von den Landtagen delegierten Abgeordneten und den fünf Direktoren für die wichtigsten Wirtschafts- und Verwaltungszweige. Auch die amerikanische Militärregierung hatte bekanntlich ihr Hauptquartier in der Mainmetropole. Aber die Stadt Frankfurt hatte sich um die

Vertreter im Wirtschaftsrat wohl nicht genügend gekümmert, während die Abgeordneten des Parlamentarischen Rates in Bonn von den nordrhein-westfälischen Behörden umhegt und gepflegt wurden. Staatssekretär Wandersleb sorgte dafür, daß die Parlamentarier ordentliche Wohnungen bekamen und auf ihren Zimmern immer ein gutes Fläschchen Wein vorfanden, und es wurden auch Anstrengungen unternommen, um die Kleinstadt Bonn attraktiver zu machen; in dieser Hinsicht waren die Bonner recht geschickt. Darüber hinaus war der Oberbürgermeister von Frankfurt, Kolb, ein gebürtiger Bonner, und es wurde behauptet, er hätte mit Rücksicht auf seine Vaterstadt keine Werbung für Frankfurt betrieben. Zudem hatte sich Frankfurt, als eine Kommission aus Bonn kam, um zu untersuchen, wo man die einzelnen Ämter und Ministerien unterbringen könnte, als nicht besonders günstig erwiesen. Staatsminister Anton Pfeiffer, der sich ebenfalls, in meiner Begleitung, in Frankfurt umgesehen hatte, kam zu demselben Ergebnis. Es stellte sich nämlich heraus, daß die Behörden weit voneinander entfernt liegen würden. Das Wirtschaftsministerium wäre zum Beispiel in Hoechst angesiedelt worden, und der Bundespräsident hätte seinen Sitz im Schloß von Bad Homburg vor der Höhe nehmen sollen. Zudem war die Innenstadt von Frankfurt furchtbar zerstört. Dagegen hatte zwar Bonn unter Luftangriffen gelitten, aber Bad Godesberg war intakt geblieben und bot somit bessere Voraussetzungen.

Was die Voten der Parteien angeht, so wurde in der Frage der Hauptstadt sozusagen mit verkehrten Fronten gekämpft. Man hätte annehmen müssen, daß die CDU und vor allem die CSU für Frankfurt stimmen würden, denn sie hatten zu der Zeit mit Berlin nicht viel im Sinn, und die alte Kaiserstadt hätte eigentlich eine dauerhaftere Lösung symbolisieren können als Bonn, das von Anfang an den Stempel des Provisoriums trug. Andererseits hätte man annehmen müssen, daß die SPD für Bonn eingetreten wäre, denn die Sozialdemokraten hielten stark an Berlin als Hauptstadt und Symbol der Einheit fest. Sie hätten also das Provisorium Bonn wählen müssen, um deutlich zu machen, daß sie kein Hindernis vor Berlin als künftiger Hauptstadt errichten wollten. Der SPD-Vorsitzende Kurt Schumacher griff damals Adenauer heftig an und warf ihm vor, die Einheit Deutschlands zugunsten des westlichen Teils aufzugeben. Ich hatte Schumacher früher einmal auf einer Sitzung des Länderrates der amerikanischen Zone erlebt, an der er als Vertreter der britischen Zone teilnahm. Dort beeindruckte mich ein Redner durch eine betont patriotische Rede, die mit großem Pathos von Deutschland handelte. Ich kannte ihn nicht und fragte meinen Nachbarn – es war Theodor Heuss, Kultusminister von Württemberg-Baden –, wer denn dieser Mann sei, der mich an einen Vertreter der alten Rechten erinnerte. Schmunzelnd klärte Heuss mich auf, daß dies der Vorsitzende der Sozialdemokratischen Partei der britischen Zone sei.

Der Bundestag bestätigte dann im November 1949 die Entscheidung des Parlamentarischen Rates, indem er Bonn zum Sitz der Regierungsorgane der Bundesrepublik bestimmte.

Unser Protokollstab wußte nicht, wer erster Kanzler der Bundesrepublik werden würde, wenngleich ich davon ausging, daß die Wahl auf Konrad Adenauer fallen werde. Für das Amt des Bundespräsidenten war Heuss in aller Munde, doch die CSU hatte Bedenken: Heuss war ihr nicht kirchlich genug, und es gefiel ihr auch nicht, daß sie einen Freidemokraten zum Staatsoberhaupt wählen sollte. Adenauer setzte dagegen: »Der Heuss hat aber eine sehr fromme Frau, dat jenüjt!« Das Ehepaar Heuss war übrigens von Albert Schweitzer getraut worden und eng befreundet mit Bischof Dibelius und Helmut Gollwitzer. Heuss war ein engagierter Protestant, und die Kritik der CSU war nicht berechtigt. Um die Vorbehalte der CSU zu zerstreuen, lud ich über einen Mitarbeiter meiner Arbeitsgruppe, den späteren Botschafter Schwarzmann, den Fürsten Fugger-Glött aus Kirchheim zusammen mit dem Ehepaar Heuss zu einem Essen. Fugger-Glött war CSU-Abgeordneter und verfügte in seiner Partei über einigen Einfluß. Ich wollte ihm die Gelegenheit geben, Theodor Heuss und seine Frau Elly Knapp zu »beriechen«. Sie unterhielten sich prächtig, und zum Abschied sagte mir Fugger: »Die CSU wird Heuss wählen, darauf kannst du dich verlassen. Der ist ja großartig, und seine Frau ist noch besser.« Also hatte sich die Einladung gelohnt, die ich, wenn ich mich recht erinnere, aus eigener Tasche bezahlte, denn wir hatten zu diesem Zeitpunkt noch keine Finanzmittel.

Ich war froh, daß wir zumindest wußten, wer Bundespräsident werden würde, und entsprechend unsere Vorbereitungen treffen konnten. Heuss brauchte zunächst einen Cut, Adenauer hatte noch einen aus seiner Zeit als Oberbürgermeister von Köln. Wir bestellten einen Schneider und ließen Heuss einen Cut anmessen. »Aber doch nicht so lang!« meinte er. Er wollte einen ganz kurzen Schwalbenschwanz haben. »Doch, der muß lang sein«, widersprach ich, »sonst sieht es so aus, als ob Sie den noch von der Konfirmation oder der Eheschließung her hätten.« Heuss hatte durchaus einen Sinn für würdige Kleidung. Er erwähnte oft, wie August Bebel dafür gesorgt hatte, daß die sozialdemokratischen Abgeordneten im Gehrock zu den Sitzungen des Reichtages erschienen.

Nun ging es darum, in Absprache mit den Besatzungsmächten die protokollarische Gestaltung der Konstituierung der Bundesrepublik festzulegen. Zu diesem Zweck arbeitete ich mit den vorausgeschickten Beauftragten der drei Hohen Kommissare zusammen; ich war gewissermaßen der erste Bundesbeamte, bevor es die Bundesregierung überhaupt gab. Der amerikanische Vertreter war Charly Thayer, mit dem ich seit Moskauer Tagen ein Herz und eine Seele war. Der Engländer John Killick hatte in Freiburg studiert und sprach viel korrekter Deutsch als die meisten Deutschen; er war außerordentlich hilfreich. Als ich 1955 Botschafter in London wurde, leitete Killick das Deutschland-Referat im Foreign Office; später ging er dann als Botschafter in die Sowjetunion und zur NATO. Mit dem französischen Vertreter Claude Cheysson, dem nachmaligen Außenminister und EG-Kommissar, war es anfangs etwas schwierig, aber im Laufe der Arbeit faßten wir Vertrauen zueinander und wurden enge Freunde. Wir haben sozusagen unter uns beraten, wie wir die Bundesrepublik Deutschland aus der Taufe heben.

Das Protokoll ist zwar keine Hauptsache in der internationalen Politik, aber auch keine Nebensache, es ist immer ein Ausdruck der Beziehungen zwischen Staaten und bedarf beiderseitiger Festlegungen bzw. internationaler Verabredungen. Protokollarische Vorgänge sind ein Zeichen der Souveränität von Staaten, sie bezeichnen den Status ihrer Repräsentanten und symbolisieren Hoheitsakte nach innen wie nach außen. Im Jahre 1949 hatten Protokollfragen eine besondere Bedeutung deswegen, weil unser Staat, auch wenn er jetzt gegründet werden sollte, nicht souverän sein würde. Die westlichen Außenminister hatten auf ihrer Deutschlandkonferenz in Washington zwar die Militärregierung als solche beendet, indem die Oberbefehlshaber der Streitkräfte nur noch die militärischen Aufgaben wahrnehmen sollten und die politischen Kontrollbefugnisse in die Hände der Hohen Kommissare übergingen; doch auch dieses neue Statut behielt den Siegermächten die oberste Gewalt und letzte Entscheidung vor. Ich wollte in diesem Rahmen den Status der Bundesrepublik so weit wie möglich aufwerten und sagte meinen Gesprächspartnern immer wieder: »Eines Tages wird unser Staat wieder souverän sein, daran solltet ihr heute schon denken; deshalb dürft ihr jetzt nicht zu deutlich in Erscheinung treten lassen, daß die Hohen Kommissare das letzte Wort haben.«

Es war aber keineswegs ausgemacht, daß wir mit unserer Auffassung durchkommen würden, denn die Hohen Kommissare zeigten sich ihrerseits auf Wahrung ihrer Rechte bedacht. Das zeigte sich bei der Eröffnung von Bundestag und Bundesrat, die sich beide am 7. September in Bonn konstituierten, um 11 Uhr der Bundesrat, um 16 Uhr der Bundestag. Aus diesem Anlaß sollten die Kommissare eintreffen, um an den Eröffnungssitzungen teilzunehmen. Turnusmäßiger Vorsitzender der Hohen Kommissare war François-Poncet, der großen Wert auf protokollarische Korrektheit legte. Er bat mich, sie am Schluß der konstituierenden Sitzung vor dem Gedränge zu verschonen und ihre Wagen bereitzustellen, damit sie gleich abfahren könnten. Ich beauftragte den Grafen Carmer dafür zu sorgen, daß alles wie gewünscht klappte. Als wir das Gebäude verließen, stand der Wagen von Sir Brian Robertson bereit, ebenfalls das Auto von John McCloy, nur der Wagen des französischen Hochkommissars fehlte. François-Poncet regte sich furchtbar auf: »Komplett unfähig seid ihr, könnt nicht mal drei Autos vorfahren lassen!« Ich kannte ihn ja sehr gut – meine Eltern waren mit ihm befreundet, als er in den ersten Jahren des Dritten Reiches Botschafter in Berlin war; und ich hatte ihn in Paris, während der Reise mit Kultusminister Hundhammer, wiedergesehen. So brüllte er mich noch besonders an. Ich meinerseits schrie Carmer an: »Ein Skandal! Schämen Sie sich nicht?« Carmer erwiderte mannhaft: »Verzeihung, Euer Exzellenz, dort steht Ihr Wagen ohne Fahrer. Ihr Adjutant steht mit gezogener Pistole daneben, um den Chauffeur zu erschießen. Der ist nämlich weggegangen, um ein Bier zu trinken ...« Da mußte auch François-Poncet lachen.

Ich hatte bei allen drei Hochkommissaren angefragt, wann sie eintreffen würden, um sie zu begrüßen. McCloy ließ mir mitteilen, er käme mit einem Sonderzug und wüßte nicht genau, wann er eintreffen werde. Ich möge mich nicht um ihn bemühen. Doch in McCloys Stab befand sich der Journalist Lochner, Jr., ein im übrigen sehr netter Mann, der sich gegenüber Karl Arnold, dem Ministerpräsidenten von Nordrhein-Westfalen, beklagte, daß die Deutschen offensichtlich schon wieder so arrogant geworden seien, daß sie es nicht für nötig hielten, den amerikanischen Hohen Kommissar zu begrüßen. Daraufhin bekam ich ein Telegramm von Arnold, in dem er mich für abgesetzt erklärte und mir die Leitung des Arbeitsstabes Protokoll entzog. Ich kümmerte mich aber nicht darum, denn erstens war ich vom bayerischen Ministerpräsidenten nach Bonn gesandt worden, und zwar als Vertreter sämtlicher Ministerpräsidenten, zweitens befanden wir uns gerade in diesem Augenblick in der entscheidenden Phase der Staatsgründung. Ich bat einen guten Freund in der amerikanischen Delegation, James Riddleberger, die Wogen der Aufregung zu glätten und klarzustellen, daß McCloy gar nicht verlangt hatte, am Bahnhof abgeholt zu werden. Die Angelegenheit wurde dann bereinigt, Lochner, Jr. entschuldigte sich, und wir wurden in der Folge gute Freunde. Mit Arnold sprach ich nicht mehr über diese Sache; es gab mit ihm später eine enge Zusammenarbeit. Er legte stets Wert darauf, daß meine Frau und ich ausländische Staatsgäste begleiteten, wenn diese im Rahmen ihres Besuchsprogramms auch Düsseldorf aufsuchten. Er wollte sich für solche Gelegenheiten unserer Unterstützung in Protokollfragen versichern.

Heuss wurde drei Tage vor Adenauer gewählt, am 12. September. Nach seiner Wahl passierte etwas Merkwürdiges: Die Sozialdemokraten standen nicht auf, um den Bundespräsidenten zu ehren. Das war ein Verstoß gegen die Gepflogenheiten. Was wie ein Affront aussah, hatte seinen Grund wahrscheinlich darin, daß Kurt Schumacher, der schwer geschädigt aus dem Konzentrationslager zurückgekehrt war, nicht von seinem Platz hochkam und deshalb alle SPD-Abgeordneten sitzenblieben, weil ihr Fraktionsvorsitzender nicht aufgestanden war. Schumacher schickte dann sogleich ein herzliches Telegramm zu Heuss' Amtssitz auf der Viktorshöhe und gratulierte ihm. Um von seiten des Bundespräsidenten zu demonstrieren, daß es keine Verstimmung zwischen ihm und den Sozialdemokraten gab, verabredeten wir für den Empfang, den Heuss in der Godesberger Redoute gab, eine Geste der Versöhnung. Während alle übrigen Gratulanten auf ihn zugehen würden, sollte Heuss Schumacher als einzigem zur Begrüßung entgegengehen. So wurde es auch gemacht. Als Schumacher, gestützt auf Annemarie Renger, den Saal betrat, machte Heuss ein paar Schritte auf ihn zu, begrüßte ihn schon an der Tür und legte ihm die Hand auf die Schulter. Damit war sichtbar der Friede zwischen Präsident und Sozialdemokratie geschlossen.

Bei den Antrittsbesuchen von Heuss und Adenauer bei den Hohen Kommissaren versuchte ich, zusammen mit dem Chef des Bundespräsidialamtes, Manfred Klaiber, und mit Herbert Blankenhorn vom Bundeskanzleramt, eine möglichst deutliche Gleichstellung unserer Repräsentanten zu erreichen. Die Hohen Kommissare hatten zunächst verlangt, daß Heuss wie auch Adenauer auf den Petersberg, den Sitz der Alliierten Hohen Kommissare, kämen. Wir wollten dagegen erreichen, daß sich der Bundespräsident und der Bundeskanzler mit den Kommissaren auf neutralem Boden trafen. Aber nur beim Antrittsbesuch von Heuss hatten wir Erfolg. Adenauer mußte mit einigen Ministern auf den Petersberg gehen. Daß er sich, um die Gleichrangigkeit zu unterstreichen, dort ebenfalls auf den roten Teppich gestellt hätte, den er eigentlich nicht hätte betreten dürfen, ist allerdings eine Legende. Man liest es so in seinen Erinnerungen – se non è vero, è ben trovato.

Im Falle von Heuss hatten wir erreicht, daß er einen Empfang in der Redoute gab, zu dem die Vertreter des deutschen öffentlichen Lebens, der Parteien, Gewerkschaften und der Kirchen geladen waren. Die Begrüßung der Hohen Kommissare war in diesen Empfang integriert – Heuss mußte nicht auf den Petersberg, die Kommissare mußten nicht zu Heuss' Amtssitz kommen. Die Redoute war französischer Club, die Franzosen stellten sie dann als Club für deutsche Polkitiker und auch für Empfänge und Gesellschaften der Bundesregierung und des Bundespräsidenten zur Verfügung. François-Poncet war dafür, die Begegnung in kleinem Rahmen zu halten; jeder Kommissar sollte nur seinen Vertreter und noch einen Beamten mitbringen. Die Amerikaner hatten einen anderen Standpunkt, sie waren schaulustig und sagten, sie wollten zu zwanzig Personen kommen, denn keiner wollte sich dieses Fest entgehen lassen und die Gründung der Bundesrepublik versäumen. Man einigte sich dann darauf, daß jede Siegermacht zehn oder zwölf Mitarbeiter schicken würde. Weiter sagte François-Poncet: »Wenn wir schon die Konzession machen, uns auf neutralem Boden zu treffen, dann soll das

Zusammentreffen dort so ablaufen, daß ich als turnusmäßiger Vorsitzender zuerst meine Rede halte und der Bundespräsident darauf erwidert. Sodann wird der Bundespräsident drei Schritte auf mich zukommen, und dann werde ich drei Schritte ihm entgegengehen.« Aber Klaiber und ich instruierten Heuss anders: »Sie bleiben eisern stehen, denn François-Poncet ist ein altgedienter Botschafter, der hat schon viele Beglaubigungsschreiben überreicht und wird automatisch nach Ihrer Rede auf Sie zukommen.« François-Poncet fiel auch tatsächlich darauf herein. Hinterher beschwerte er sich: »Das war ja unglaublich! Wir hatten doch verabredet, daß der Bundespräsident auf mich zugeht!« Ich erwiderte: »Das war ja gar nicht möglich, weil Sie sich sofort auf Heuss stürzten, kaum daß er seine Ansprache beendet hatte.« François-Poncet machte eine vielsagende Geste, er wußte Bescheid, was da gespielt wurde. Daß ich mir erlauben konnte, so mit dem Vertreter der französischen Besatzungsmacht zu sprechen, verdankte ich der erwähnten Freundschaft meiner Eltern mit François-Poncet, die des öfteren in der französischen Botschaft am Pariser Platz in Berlin im Familienkreise eingeladen waren. Meine Mutter erzählte mir folgende Begebenheit: Einmal wurde sie von Madame François-Poncet ins Kinderzimmer geleitet, dort saß der jüngste Sohn auf dem Nachttopf und rief ihr zur Begrüßung entgegen: »Die Saar bleibt deutsch! Die Saar bleibt deutsch!«

Diener zweier Herren

Mit der Wahl des Bundeskanzlers und des Bundespräsidenten war meine Aufgabe in Bonn im Grunde beendet. Nur um den Gründungsakt der Bundesrepublik vorzubereiten, hatten mich die Ministerpräsidenten nach Bonn entsandt. Heuss übernahm mich jedoch als stellvertretenden Chef des Bundespräsidialamtes. Ich hatte zumindest einige Bücher von Heuss gelesen, darunter die große Biographie über seinen geistigen Ziehvater Friedrich Naumann, und es erleichterte mir den Zugang zu ihm, daß ich mit seinem Lebensweg und seinem Werk in den Grundzügen vertraut war. Nachdem Adenauer erster Kanzler der Bundesrepublik geworden war, wurde ich zusätzlich Protokollchef im Bundeskanzleramt, weil es ein Auswärtiges Amt noch nicht gab. Ich diente also zwei Herren und stand auf dem Etat sowohl des Kanzler- als auch des Präsidialamtes. Adenauer empfand das zu Anfang als nicht angenehm, obendrein war ich schon vor ihm dagewesen, und zudem mußte ich ihm manchmal sagen: Ich kann leider nicht um, sagen wir, elf Uhr kommen, da bin ich nämlich beim Bundespräsidenten. Ein bißchen konnte ich diese Doppelstellung in schwierigen Situationen auch ausnutzen, indem ich mich mit Verpflichtungen beim jeweils anderen Dienstherrn herausredete.

Ich merkte, daß Adenauer zu Beginn kein rechtes Vertrauen zu mir hatte, und das machte wiederum mich nervös, so daß eine etwas gespannte Atmosphäre entstand. Mit Frau Pappritz, meiner Stellvertreterin, kam er gleich zu Anfang viel besser zurecht. Ich entsinne mich noch, wie er einmal vor mir ging, wohl nicht darauf achtend, daß ich ihn hören konnte, und zu einem Begleiter sagte: »Ich weiß gar nicht, warum die Bayern mir einen Sozialdemokraten ins Haus geschickt haben!« Das ärgerte mich, und ich faßte mir ein Herz und sprach ihn an: »Herr Bundeskanzler, ich bin nicht Mitglied der Sozialdemokratischen Partei, aber ebensowenig der CSU, denn ich glaube, ein Beamter sollte keiner Partei angehören, sondern seine Unabhängigkeit wahren. Im übrigen bin ich noch bayerischer Ministerialrat und gehe gerne zurück nach München.« Adenauer hörte sich das wortlos an. Man hat ihn oft als autoritär bezeichnet.Mein Eindruck ist ein anderer: Er hörte sich Widerspruch durchaus an – allerdings mochte er nicht zu viele Zeugen dabei haben – und ließ ihn gelten, sofern er berechtigt war. Nun, später gewöhnte ich mich an ihn und er sich an mich, und wir kamen gut miteinander aus.

Bevor übrigens Frau Pappritz stellvertretende Chefin des Protokolls wurde, war für kurze Zeit mein alter Freund Ernst-Günther Mohr mein Vertreter gewesen. Er wurde mir dann von Blankenhorn abgeworben ins Bundeskanzleramt. »Ein so guter Mann ist doch viel zu schade fürs Protokoll, der muß wichtigere Aufgaben erhalten.« – »Na, hör mal«, entgegnete ich, »was denkst du denn vom Protokoll?!« – »Es genügt doch, wenn der Chef dort ein guter Mann ist«, zog er sich aus der Affäre. Mohrs Wechsel war die Chance für Erica Pappritz, die ich zum einen auswählte, weil sie eine Frau war, um ein Zeichen zu setzen in dieser von Männern geprägten Diplomatenwelt; zum anderen, weil sie sich bis ins letzte Detail mit Fragen des Protokolls und der Etikette überhaupt auskannte; und schließlich, weil sie sich gut mit Adenauer verstand.

Mit Theodor Heuss war die Zusammenarbeit von Anfang an leichter. Ich wohnte bei ihm auf der Viktorshöhe, wo sich heute die sowjetische Botschaft befindet, und hatte jederzeit direkten Zugang zu ihm. Heuss lud mich schon am ersten Abend mit den Worten ein: »Kommen Sie doch zu mir herauf, Sie wohnen doch so schlecht im Hotel« – was stimmte, und so folgte ich gerne seinem Angebot. Das Gebäude war ein ehemaliges Eisenbahner-Erholungsheim; das Personal, verwirrt über den hohen Chef, den es jetzt bekommen hatte, servierte alles durcheinander. Zuweilen klopfte Heuss noch zu später Stunde an meine Tür und fragte: »Schlafen Sie schon?« Er setzte sich zu mir, und wir besprachen noch diese oder jene Frage, wobei er am liebsten ein Glas Wein trank, weil es sich dann besser diskutieren lasse. Er ließ es sich nicht nehmen, selber in den Keller zu gehen, um die Flasche zu holen.

Wir Mitarbeiter des Bundespräsidialamtes arbeiteten dicht an dicht mit Heuss, der im obersten Geschoß eine Drei-Zimmer-Wohnung hatte, mehr nicht. Ich hatte ein Arbeits- und ein Schlafzimmer, Klaiber auch. Als später mehr Beamte eingestellt wurden, mußten wir zusammenrücken, und ich schlief dann in meinem Büroraum. Heuss', Klaibers und mein Arbeitszimmer lagen nebeneinander im ersten Stockwerk, über den Balkon konnten wir einander besuchen und guckten durchs Fenster, ehe wir eintraten. Es war wie in einem Familienbetrieb. Heuss lebte außerordentlich einfach, liebte allerdings seinen württembergischen Wein und konnte das Zigarrenrauchen nicht lassen. Einmal war ich bei ihm zum Vortrag oben in seiner Wohnung – das kam durchaus vor, daß auch in seinen Privaträumen dienstliche Besprechungen stattfanden –, und der Aschenbecher war voll. Damit seine Frau nicht merkte, wieviel er geraucht hatte, ging er ins Badezimmer und schüttete die Asche ins Klo. Ich meinte: »Herr Bundespräsident, lassen Sie mich das doch machen«, aber er erwiderte: »Nein, Sie sollen nicht zu meinem Komplizen werden im Kampf mit meiner Frau um das Rauchen.«

Seine Frau Elly Heuss-Knapp nannte er die »Gärtnerin meines Lebens«. Sie war die Tochter des Straßburger Nationalökonomen Georg Knapp, der durch seine Geldtheorie bekannt geworden ist, und Enkelin des berühmten Chemikers Justus von Liebig. Heuss verbrachte mit ihr Jahrzehnte einer glücklichen Ehe. Elly Knapp war ihm ein starker moralischer Halt; sie hatte ihn auch finanziell über

Wasser gehalten, als er unter den Nationalsozialisten Publikationsverbot erhielt, indem sie mit Werbetexten das nötige Geld verdiente. Ihr Tod im Jahre 1952 war für Heuss ein schwerer Schlag, von dem er sich im inneren Kern seines Wesens nie mehr ganz erholte. Kurz vor dem Tode von Frau Heuss war vorgesehen worden, mich als Botschafter nach Athen zu senden. Ich entsprach aber der Bitte des Bundespräsidenten, in diesen Schicksalsstunden seines Lebens bei ihm zu bleiben, und verzichtete auf den Posten in Griechenland.

Elly Heuss-Knapp begründete, was besondere Erwähnung und Anerkennung verdient, im übrigen eine Tradition, die seither von allen nachfolgenden Präsidentenehefrauen fortgeführt worden ist. Im Jahre 1950 rief sie das Müttergenesungswerk ins Leben und richtete eine Reihe von Erholungsheimen im Rahmen dieser Institution ein, um Müttern, die durch Kindererziehung, Beruf oder beides zusammen erschöpft waren, einige Wochen der Ruhe und Entspannung zu bieten. In der Folgezeit haben sich die Frauen der Bundespräsidenten jeweils einer besonderen gemeinnützigen oder karitativen Tätigkeit angenommen, die sie ehrenamtlich zum Wohle Hilfsbedürftiger oder Benachteiligter ausüben.

Protokoll und Status

Es war außerordentlich schwierig, die protokollarischen Regelungen des neuen Staates festzulegen. Wir hatten keinerlei Akten aus der Zeit vor 1933 zur Verfügung, sie waren in Archiven über Deutschland verstreut beziehungsweise beschlagnahmt und teilweise ins Ausland geschafft worden. Wir mußten Menschen um Rat fragen, die von früher her noch Material in Händen hatten, und uns an bewährten Vorbildern orientieren. Zu diesem Zweck ging ich jeweils eine Woche in die Lehre beim englischen Protokoll in London, beim französischen in Paris und beim italienischen in Rom, wo ich erfuhr, was ich wissen mußte. Wir konnten damit die Formen ausarbeiten, in denen die Bundesrepublik ihre diplomatischen Beziehungen aufnahm und die Symbole ihrer Staatlichkeit entwickelte.

Der Arbeitsstab Protokoll mußte dabei Entscheidungen treffen, die für die Zukunft richtungweisend wurden. So fuhr der Bundespräsident nach seiner Wahl im offenen Auto zum Rathaus der Stadt

Bonn und hielt von der Freitreppe eine Ansprache an die Bevölkerung. Da er nicht direkt vom Volk, sondern von der Bundesversammlung gewählt wurde, sollte durch diese Ansprache eine sichtbare Verbindung zur Bevölkerung hergestellt werden. Ebenso gab der Bundespräsident in Schloß Brühl, in der Nähe von Bonn, einen großen Empfang für die Mitglieder der Bundesversammlung sowie für Vertreter der Öffentlichkeit. Es herrschte schönes Wetter, und so konnten die über tausend Gäste auf die Terrasse des Schlosses hinaustreten. Im Inneren war zunächst nur das Erdgeschoß wiederhergestellt, nachdem Brühl durch Artilleriebeschuß stark beschädigt worden war. Schloß Brühl war dem Bundespräsidenten von der Landesregierung Nordrhein-Westfalens für Repräsentationszwecke zur Verfügung gestellt worden. Im Laufe der Jahre seit 1949 hat die Landesregierung beträchtliche Summen zur vollständigen Wiederherstellung und für die stilgerechte Möblierung aufgewandt. So ist das Schloß heute nicht nur ein würdiger Ort der Repräsentation, sondern zugleich ein Museum. Die Ansprache vom Rathaus und der Empfang eines neugewählten Bundespräsidenten sind inzwischen zur Tradition geworden.

Des weiteren hatten wir die protokollarische Rangfolge der Repräsentanten der politischen Körperschaften, wie sie das Grundgesetz vorsieht, zu bestimmen. Es wurde die Reihenfolge Bundespräsident – Bundeskanzler – Bundestagspräsident – Bundesratspräsident festgelegt. Im Unterschied zu den Regelungen in Italien oder Frankreich erhielt der Kanzler, aufgrund der starken Machtfülle, die ihm die Verfassung zuspricht, den Vorrang vor dem Parlamentspräsidenten. Eugen Gerstenmaier, der Nachfolger des früh verstorbenen Hermann Ehlers im Amt des Bundestagspräsidenten, wollte die Rangfolge gerne vertauschen, willigte aber schließlich ein, es dabei zu belassen, solange Adenauer als Kanzler amtierte. Dem Protokoll wird bisweilen vorgeworfen, es lege den Menschen Fesseln an und beschränke sie in ihrer Bewegungsfreiheit. Ich hielt immer dagegen, daß das Protokoll eine Hilfswissenschaft ist, die dienende Funktion hat. Der Sinn des Protokolls liegt in Wirklichkeit darin, den Menschen das Leben und ihre Arbeit zu erleichtern. Protokollarische Vorschriften und Bräuche haben sich in Jahrhunderten entwickelt und bewährt. Sie verändern sich nur langsam, indem sie sich dem jeweiligen Zeitgeist und den technischen Entwicklungen anpassen.

Die Regeln wurden und werden im Einvernehmen der Mitglieder der Staatengemeinschaft festgelegt. Gewohnheitsrecht spielt eine Rolle, von Zeit zu Zeit werden jedoch auf internationalen Konferenzen neue Regelungen verabredet. Diese historisch gewachsenen protokollarischen Festlegungen bildeten für uns 1949 beim Neubeginn die Grundlage. Verschiedentlich wurde mir, vor allem in der Presse, vorgeworfen, wir seien zu restaurativ vorgegangen, anstatt überholte Formen abzuschaffen. Die Kritiker vergaßen, daß Änderungen nur international beschlossen werden können. So wurde bei Einführung der Wehrpflicht beanstandet, daß bei Staatsbesuchen und der Überreichung von Beglaubigungsschreiben von Botschaftern militärische Ehrenformationen aufziehen. Das war von uns allein nicht zu ändern. Vielleicht ergibt sich heute, angesichts der veränderten politischen Lage, die Möglichkeit, im Rahmen der KSZE-Konferenz gemeinsam die Abschaffung des militärischen Zeremoniells zu beschließen.

Der Chef des Protokolls fungiert als eine Art von Regisseur, der den Ablauf des Besuchsprogramms festzulegen hat, wobei er damit rechnen muß, daß seine Staatsschauspieler von den Regieanweisungen abweichen. Das erfordert Anpassungsfähigkeit und Flexibilität. Hierin sind die Italiener Meister. Ich persönlich hatte zu meiner Zeit keinerlei Schwierigkeiten, schon deshalb, weil ich die Rückendekkung von Heuss und Adenauer hatte. Wertvolle Unterstützung erhielt ich auch von Carlo Schmid, der allein aufgrund seiner profunden historischen Kenntnisse die Bedeutung des Protokolls zu würdigen wußte. Bei dem Ruf nach Veränderungen und zeitgemäßen Formen des Protokolls vergesse man nicht, daß Politiker und Öffentlichkeit gleichermaßen einen Anspruch darauf haben, daß sich die nationale und internationale Politik in würdigen Formen vollzieht.

Vom Sinn des Protokolls sprach ich auch an der Ausbildungsstätte der jungen Attachés in Speyer, die ich regelmäßig besuchte. Sie wurde von Peter Pfeiffer, meinem alten Chef aus Moskauer Tagen, geleitet, dessen Familie aus Speyer stammte. Die Verwaltungsakademie hatte Räume zur Verfügung gestellt. Ich hielt jeweils zwei Vorlesungen von etwa einer Stunde Dauer; abends diskutierten wir bei einem Glas Wein. Diese Vortragstätigkeit bedeutete für mich eine angenehme Abwechslung und bereitete mir viel Freude. Zur Vorbereitung studierte ich die Geschichte des Protokolls und schaffte mir eine einschlägige Bibliothek an. Ich mußte auch über die Technik des Protokolls sprechen, über Vorrechte der ausländischen Vertreter, Tischordnungen, Empfänge usw. Um mit diesem etwas trockenen Stoff meine Zuhörer nicht zu ermüden, flocht ich geschichtliche Begebenheiten und Anekdoten ein. Manche davon hatte ich von François-Poncet erfahren. Doch den Schwerpunkt meiner Vorträge legte ich auf das Berufsethos und die menschliche Seite der Diplomatie. Grundlegende Voraussetzung für die erfolgreiche Tätigkeit eines Auslandsbeamten ist, Vertrauen zu erwecken und selber Vertrauen zu genießen. Der Ausspruch eines britischen Diplomaten, die Aufgabe eines Botschafters bestehe darin, im Interesse seines Landes zu lügen, ist grundfalsch. Bismarck hat die Gegenposition prägnant auf den Begriff gebracht: »Ich schwindle nicht beim Kartenspiel, und ich schwindle ebensowenig im politischen Spiel. Ich betrachte es als die erste Pflicht und als das oberste Interesse eines Diplomaten, Vertrauen für seine Worte zu gewinnen; sonst beraubt er sich selbst seines wichtigsten Aktionsmittels.« Ich erinnerte meine Zuhörer an die Worte meines alten Botschafters Graf von der Schulenburg: »Der Mensch ist ein Geschöpf Gottes. Wer es verletzt, verletzt auch den Herrgott, der es geschaffen hat.« Ein Grundsatz, den jeder Diplomat beherzigen sollte, denn mehr noch als in anderen Berufen ist die Diplomatie die Kunst der Menschenbehandlung und ihr Werkstoff der lebendige Mensch.

Zu den Aufgaben des Protokolls in Bonn gehörte auch, den ausländischen Missionschefs und Diplomaten das Leben in der provisorischen Hauptstadt so angenehm wie möglich zu gestalten und Bonn attraktiv zu machen. Es war damals nur ein kleiner Kreis von ausländischen Vertretungen in Bonn anwesend, wenn man von den drei Besatzungsmächten absieht, anfänglich nicht mehr als zwei Dutzend Staaten. Ihre Botschafter überreichten, da die alliierte Oberhoheit bis zum Deutschlandvertrag von 1952 fortbestand, ihre Beglaubigungsschreiben nicht dem Bundespräsidenten, sondern den Hohen Kommissaren. Übrigens mußten die ersten Missionschefs, da sie es mit einer Militärregierung zu tun hatten, einen militärischen Rang haben und bei der Übergabe ihrer Beglaubigung Uniform tragen. Auch Zivilisten, wie der luxemburgische Gesandte, erhielten für diese Gelegenheit einen Offiziersrang zugeteilt und wurden in die entsprechende Uniform gesteckt.

Die Vertreter von Österreich und Israel hatten nicht den Status von Botschaftern oder Gesandten, sie rangierten also hinter den anderen Diplomaten. Wir gaben uns aber, angesichts der besonderen Bedeutung dieser beiden Staaten für die deutsche Politik, alle Mühe, sie weit über ihrem protokollarischen Rang zu bevorzugen und sie mit spezieller Aufmerksamkeit zu behandeln. Der Österreicher Josef Schöner und der Israeli Felix Shinnar, der aus Stuttgart stammte, waren tüchtige und sympathische Persönlichkeiten. Shinnar war frei von Ressentiments gegenüber Deutschland. Wir wurden Freunde, geeint in dem Bestreben, zu der schweren Aufgabe der Versöhnung beizutragen. Zu Weihnachten und anderen Festtagen schenkte er uns Apfelsinen und Grapefruit. Shinnar war auch anwesend bei der Unterzeichnung des Vertrages zwischen Israel und der Bundesrepublik in Luxemburg am 10. Februar 1952. Davon spreche ich noch. Josef Schöner begegnete ich wieder, als er Generalsekretär des österreichischen Außenministeriums war. Später wurde er Nachfolger des Prinzen Schwarzenberg als Botschafter Österreichs in London.

Ich setzte mich gegenüber den drei Mächten auch in der Frage der diplomatischen Vertretungen dafür ein, den Status der Bundesrepublik, soweit es das Besatzungsrecht zuließ, aufzuwerten. Mit dem alliierten Protokollchef, Gesandten Bill Schott, arbeitete ich dafür eine Übergangsregelung aus. Es war im Grunde eine Konzession an die Bundesrepublik, die Schott, ein zugänglicher und kooperativer Mann, bei den Hohen Kommissaren durchsetzte. Die Regelung sah vor, daß ich als Vertreter der Bundesregierung immer eingeladen wurde, wenn ein Botschafter oder Gesandter bei der Hohen Kommission sein Beglaubigungsschreiben übergab. Danach fand ein Essen statt in kleinem Kreise, bei dem ich ebenfalls anwesend war. Erst dann fuhren die Botschafter, begleitet vom alliierten Protokollchef und mir, zum Bundespräsidenten und machten auch ihm ihre Aufwartung.

Es ist vielleicht interessant zu erwähnen, daß es die Verbindungsstellen der drei alliierten Kommissionen waren, die uns Neuankömmlinge in Bonn zuerst miteinander bekannt machten. Die Beamten, die an den Rhein berufen wurden, kannten sich anfänglich kaum und kamen erst auf Parties der Amerikaner, Franzosen oder Engländer in näheren gegenseitigen Kontakt. Ein besonders gastfreundliches Haus führten Bill Schott und seine Frau. Ich machte viele neue

Bekanntschaften im Hause von Calhoun Ancrum und seiner Frau Misch, mit richtigem Namen Xenia, einer geborenen Großfürstin von Rußland. Ich wohnte dort fast ein Jahr lang, nachdem ich meine Wohnung auf der Viktorshöhe hatte aufgeben müssen, weil dort zusätzliche Büroräume gebraucht wurden. Ancrum entfaltete als Mitglied der amerikanischen Hohen Kommission eine rege Gastlichkeit. Ich traf in seinem Hause auch eine Reihe wichtiger Vertreter der Opposition, so zum Beispiel Kurt Schumacher und Fritz Erler von der SPD. Es gelang mir und meiner Frau dann 1952, eine Wohnung in der Schedestraße zu finden. Sie lag sehr günstig in nur geringer Entfernung von den verschiedenen Dienststellen, mit denen ich in Bonn zu tun hatte.

Auch in der Bundeshauptstadt machte ich wieder die schönste Erfahrung, daß sich die meisten alliierten Offiziere und Beamten in erstaunlichem Maße für Deutschland verantwortlich fühlten und es sogar als ihr zweites Vaterland anzusehen begannen. Diese positive Haltung hatte ich schon in München erlebt. Sie kamen dabei zuweilen in einen regelrechten Gewissenskonflikt zwischen den Weisungen ihrer Regierungen und ihren Gefühlen gegenüber der Bundesrepublik und der deutschen Bevölkerung. Ich weiß noch, wie erstaunt ich war, als der britische Kommissar für Nordrhein-Westfalen, Alec Bishop, mit Nachdruck die Position seiner Regierung verteidigte, als ich ihm wegen der Demontagen Vorhaltungen machte, die gerade von den Briten im Ruhrgebiet und in den Häfen vorgenommen wurden. Erst viel später, als ich Botschafter in London war, konnte ich ihn fragen, wieso er damals diese Demontagen befürwortet habe. Er antwortete: »Sie tun mir Unrecht. Ich habe seinerzeit einen Bericht nach dem anderen an meine Regierung geschickt, daß es Unsinn sei, die Maschinen zu demontieren, und daß es den Briten für den Wiederaufbau nicht helfen würde. Das konnte ich allerdings Ihnen gegenüber nicht zu erkennen geben, denn ich hatte den Standpunkt der britischen Regierung zu vertreten.« Im Grunde hatte er recht, man muß die Auffassung der eigenen Regierung nach außen vertreten, auch wenn man persönlich anders denkt. Wenn man glaubt, das nicht mehr mit dem eigenen Gewissen vereinbaren zu können, muß man die Konsequenzen ziehen und zurücktreten.

Von den Mitarbeitern im Stab von McCloy arbeitete ich besonders eng mit Gert Whitman zusammen, dem Sohn des früheren preußischen Staatssekretärs Weismann. Er war für uns eine große Hilfe, weil er immer bereit war, unsere Anliegen gegenüber McCloy zu vertreten. Whitman gehörte zu jenen Emigranten, die trotz allem keinerlei Ressentiments gegenüber Deutschland und den Deutschen hegten, und konnte auf diese Weise eine Brücke nach beiden Seiten schlagen. Für McCloy erwies es sich als außerordentlich schwierig, eine Entscheidung über die vorzeitige Freilassung von verurteilten Kriegsverbrechern zu treffen. Er rang mit seinem Gewissen und betrachtete jeden einzelnen Fall sehr genau. Whitman, der als Emigrant natürlich nicht dazu neigte, sich für Personen einzusetzen, die seine Fürsprache nicht verdienten, beriet McCloy gewissenhaft bei diesen schweren Problemen der Begnadigung. Er vermittelte ihm auch die Argumente von deutscher Seite, die für eine vorzeitige Entlassung Ernst von Weizsäckers sprachen, für den sich eine Vielzahl von deutschen und ausländischen Stimmen von Gewicht erhob. McCloy verfügte unter dem Eindruck dieser Argumente im Oktober 1950 die Freilassung meines alten Chefs.

Über Ancrum kam ich auch mit McCloys Stellvertreter General Hayes zusammen, mit dem sich eine enge Verbindung ergab. Das gleiche gilt für Bernhard Guffler, den ich aus den Jahren 1940/41 kannte, als er in der Botschaft der Vereinigten Staaten in Berlin arbeitete. Auf meiner Reise in die USA im Jahre 1948 hatte ich ihn wiedergetroffen und viel in seinem Hause verkehrt. Die Freundschaft mit Joe Slater, die sich in diesen Anfangsjahren in Bonn entwickelte, führte mich mehr als zwei Jahrzehnte später wiederum nach Amerika. Slater leitete in Colorado das Aspen Institute und lud mich zu einer Tagung ein, die im Sommer 1974 stattfand. Er brachte mich dort mit dem Historiker Fred Starr zusammen, der mich bewog, meine Erinnerungen über die Jahre vor 1945 niederzuschreiben.

Theodor Heuss – Bürgerpräsident und *homme de lettres*

Die Wahl von Theodor Heuss zum ersten Staatsoberhaupt war ein Glücksfall für die Festigung der Demokratie. Er war die ideale Besetzung für dieses Amt in jenen entscheidenden Jahren, in denen das Gesicht der Bundesrepublik geprägt wurde. Heuss' Persönlichkeit hatte maßgeblichen Anteil daran, ein Gefühl der Verbundenheit der

Bevölkerung mit dem neuen Staatswesen wachsen zu lassen. Heuss war ein unabhängiger Geist, hoch gebildet, ein Repräsentant der alten deutschen Bildungsschicht, aber zugleich volksverbunden und bescheiden. Er konnte mit den einfachen Leuten reden und gewann im Laufe der Jahre eine so beträchtliche Popularität, daß er 1954 in Berlin ohne Gegenkandidat für weitere fünf Jahre in seinem Amt bestätigt wurde. Diese zweite Amtsperiode erlebte ich nur noch kurze Zeit aus unmittelbarer Nähe mit, da ich im Mai 1955 als Botschafter nach London ging.

Heuss verband eine freisinnige demokratische Grundhaltung und Bürgernähe mit einem ausgesprochenen Gefühl für die Notwendigkeit, den Staat würdig zu repräsentieren und seine Symbole zu entwickeln. »Die Deutschen müssen ihren Staat wieder lieben lernen«, sagte er 1949 in Heidelberg. Wir mußten auch in dieser Hinsicht neu anfangen, weil bestimmte Formen staatlicher Repräsentation durch den Nationalsozialismus mißbraucht und diskreditiert worden waren. Darauf konnte man nicht zurückgreifen, die Bevölkerung war verständlicherweise empfindlich gegenüber dem Übermaß und dem Pomp, mit dem die Nazis das Deutsche Reich gefeiert hatten – die Massenveranstaltungen und Aufmärsche, die Fackelzüge und Staatsfeiertage hatten Abneigung und Überdruß hervorgerufen. Wir bedurften einfacher, bescheidener Formen als Zeichen für die wiedergewonnene Staatlichkeit. Wir konnten genausowenig an Formen der Repräsentation des Kaiserreiches anknüpfen, und auch die Traditionen der Weimarer Republik waren für die Bedürfnisse der Bundesrepublik nur in beschränktem Maße brauchbar. Nach meiner Meinung hatte die Republik von Weimar nicht den Mut gehabt, nach außen aufzutreten und sich selber zu repräsentieren. Es gab keine Orden, keine Staatsbesuche, mit Ausnahme des Herrschers von Afghanistan, der erst zehn Jahre nach Ende des Ersten Weltkrieges Deutschland besuchte und eher als exotische Sensation aufgefaßt wurde. Es war sozusagen eine graue Republik, und einen der Gründe ihres Scheiterns sehe ich darin, daß sie sich dem Volk nicht vermitteln konnte, daß keine Identität der Deutschen mit dem Staat und kein Gefühl der Verbundenheit hergestellt werden konnte, jedenfalls nicht bei der überwiegenden Mehrheit der Bevölkerung. Sicherlich waren andere Faktoren gewichtiger, wie die Wirtschaftskrise und die Zersplitterung der Parteien, die Radikalisierung der Extreme und die

Schwäche der demokratischen Mitte, aber ich meine, daß diese fehlende Akzeptanz des Weimarer Staates, der abfällig das »System« genannt wurde, als eine der Ursachen seines Untergangs nicht vergessen werden darf.

Heuss empfand es als eine Einschränkung seiner Befugnisse, daß er keinerlei Einfluß auf die Ernennung der Offiziere hatte und nach Gründung der Bundeswehr nicht den Oberbefehl über die Streitkräfte erhielt. Obwohl er selbst wegen eines Unfalls, bei dem er sich als junger Student einen Arm verletzte, nicht gedient hatte, war er dem Militär freundlich gesinnt und hatte sich schon im Parlamentarischen Rat dafür eingesetzt, die allgemeine Wehrpflicht einzuführen, weil er es für eine Pflicht jedes Deutschen hielt, das Vaterland zu verteidigen. Deshalb sah er es nicht gerne, daß er zwar seine Unterschrift unter die Ernennungsurkunden der Offiziere setzen durfte, aber gemäß dem Grundgesetz der Oberbefehl über die Bundeswehr in Friedenszeiten beim Verteidigungsminister, im Kriegsfall beim Bundeskanzler lag. Er fühlte sich aufgrund dieser Regelung wie ein »Notar« des Verteidigungsministeriums und besuchte später nur selten Einheiten der Bundeswehr, weil er im Grunde seines Herzens diese Einschränkung nicht verschmerzen konnte.

Heuss hatte sein Amt auf zwei Ebenen zu versehen: Er hatte sowohl die Hoheit der Bundesrepublik als eigenständiger Staat zu repräsentieren als auch das Ziel eines geeinten Deutschland zu vertreten, denn nach dem Grundgesetz ist die Bundesrepublik nur ein Teil Deutschlands, eigentlich ein Provisorium für die Übergangszeit bis zur Wiedervereinigung. Deshalb begründete Heuss die Tradition, daß sich der Bundespräsident so oft wie möglich in Berlin aufhält. Zuerst wohnte er in einem Gästehaus des Senats, später stellte das Land Berlin das Schloß Bellevue als Wohnort des Bundespräsidenten in der Stadt zur Verfügung. Bei seinem ersten Besuch folgte Heuss einer Einladung des Regierenden Bürgermeisters Ernst Reuter, schon bald nach seinem Amtsantritt die geteilte Stadt zu besuchen. Reuter schlug vor, Heuss solle mit dem Auto nach Berlin fahren, um das Recht auf freie Benutzung der Transitwege zu unterstreichen. Klaiber und ich machten den Einwand, daß der Transit auf dem Landwege zwei Risiken berge, die es zu vermeiden gelte: Entweder konnte es geschehen, daß der Bundespräsident an der Demarkationslinie zurückgewiesen und ihm die Durchfahrt verweigert wurde, oder es war denkbar, daß er von Ulbricht oder Pieck empfangen wurde, was gleichfalls unerwünscht war, weil eine solche Begegnung nach Anerkennung der DDR hätte aussehen können, die jedermann damals nur die »SBZ« (Sowjetische Besatzungszone) nannte. Adenauer hatte im Bundestag erklärt, daß die Bundesrepublik beziehungsweise Bundestag und Bundesregierung allein befugt seien, für das deutsche Volk zu sprechen. Also nahm Heuss das Flugzeug, und diese Regelung ist bis heute beibehalten worden. Da es noch keine Lufthansa gab – und auch nach ihrer Wiedergründung hatte sie nicht das Recht, Berlin anzufliegen –, flog der Bundespräsident mit einer Militärmaschine der Westmächte. Als Heuss in Berlin-Tempelhof landete, empfing ihn Ernst Reuter – es war strahlendes Wetter – mit den Worten: »Herr Bundespräsident, ich melde Hohenzollern-Wetter!« Ich staunte, wie sehr ein Sozialdemokrat wie Reuter an der Tradition hing. Es gab einen bewegenden Augenblick, als Heuss in Anwesenheit der drei alliierten Stadtkommandanten im Abgeordnetenhaus von West-Berlin begrüßt wurde. Reuter wandte sich an sie mit den Worten: »Ich begrüße *unsere* Generäle!« Das war eine treffende Formulierung, denn die westlichen Truppen hatten in der Tat den Schutz Berlins übernommen. Der französische Stadtkommandant hatte, wie Heuss im Gespräch erfuhr, als Kriegsgefangener aufgrund irgendeines Vorkommnisses den Unwillen der Nationalsozialisten erregt und war in ein Konzentrationslager gebracht worden. Und dieser Offizier sagte: »Herr Bundespräsident, Sie können sich darauf verlassen, daß meine Truppe und ich Berlin verteidigen werden, trotz allem, was früher geschehen ist.«

Ebenso wie Berlin besuchte Heuss auch die einzelnen Bundesländer. Es ging zum einen darum, diese Länder und ihre Regierungen kennenzulernen und sich mit den Problemen vertraut zu machen, die mit der Neugründung von Ländern seitens der Besatzungsmächte nach 1945 zusammenhingen. Einige Länder wie Nordrhein-Westfalen, Rheinland-Pfalz, Niedersachsen, Baden-Württemberg hatte es vor 1945 ja nicht gegeben; da waren zum Teil Grenzen gezogen und Gebiete in einer Weise zusammengefügt oder getrennt worden, die den geschichtlichen Entwicklungen nicht entsprach und auch nicht mit den traditionellen Wirtschaftsräumen und Verwaltungseinheiten übereinstimmte. Zum anderen waren die Besuche des Bundespräsidenten in den Ländern Zeichen dafür, daß das föderative Element des Staatsaufbaus, wie ihn das Grundgesetz festgelegt hatte, anerkannt und gestärkt werden sollte.

Zur Wiederbelebung eines Gefühls der Verbundenheit mit dem Staat gehörte auch die Einführung des Verdienstordens der Bundesrepublik Deutschland im September 1951 durch Heuss, der die Auffassung vertrat, daß ein Staat die Möglichkeit haben müsse, verdienten Mitbürgern und Ausländern ein Zeichen der Anerkennung und des Dankes zu verleihen. Der Chef des Bundespräsidialamtes, Manfred Klaiber, war die treibende Kraft bei der Stiftung des Bundesverdienstordens; Heuss nahm seine Idee auf, obwohl ihm bewußt war, daß dieser Schritt im Jahre 1951 ein Wagnis bedeutete. Vor 1918 waren Orden in erster Linie an Beamte und Offiziere entsprechend ihrem Dienstgrad verliehen worden, so sprach man von »erdienten« Orden. In Abkehr von dieser Praxis sollte die neue Auszeichnung für individuelle besondere Verdienste verliehen werden, nicht nur an die politische und militärische Elite, sondern an jeden Mann und jede Frau, die außergewöhnliche Leistungen erbracht hatten. So wurde der erste Verdienstorden einem einfachen Arbeiter, Franz Brandel, überreicht, der bei einem Grubenunglück mehrere Bergleute unter Einsatz des eigenen Lebens gerettet hatte. Das war zugleich ein Ausdruck der Hoffnung darauf, daß nunmehr eine lange Epoche des Friedens eintreten würde, denn während man früher Orden oft dafür bekommen hatte, daß man sich im Kriege auszeichnete, wurde hier ein Zeichen gesetzt, daß jemand geehrt wurde, der Leben bewahrt hatte. Doch die Schatten der Vergangenheit sind lang: Noch über Jahre hinweg bestand eine gewisse Scheu, Orden in der Öffentlichkeit zu tragen, ganz im Gegensatz zu Staaten wie England und Frankreich, wo eine ungebrochene Tradition besteht. Eine Ausnahme bildete der Bayerische Verdienstorden, dessen weißblaue Rosette mit Stolz zur Schau getragen wird.

Heuss gab Klaiber und mir den Auftrag, festzustellen, ob noch Träger des Ordens Pour le Mérite am Leben waren. Er wollte auch diesen alten preußischen Orden wieder ins Leben rufen, allerdings nicht den für militärische Leistungen, der von Friedrich dem Großen gestiftet worden war, sondern nur die Friedensklasse des Pour le Mérite für Wissenschaften und Künste, der auf Friedrich Wilhelm IV. zurückgeht. Die Friedensklasse war eine freie Vereinigung von Gelehrten und Künstlern; die Ritter wählten ihre neuen Mitglieder –

die Gesamtzahl war eng begrenzt – selbst hinzu. Auch ausländische Mitglieder konnten hinzugewählt werden. Wir machten schließlich noch drei Träger des Pour le Mérite ausfindig, es waren der Dirigent Wilhelm Furtwängler, der Orientalist Professor Enno Littmann und General von Kuhl; letzterer war zugleich Ritter der militärischen Klasse. Der Bundespräsident lud die alten Ritter zu einer Sitzung ein, fünfzehn neue Mitglieder wurden kooptiert; Heuss gab zu verstehen, daß er nicht zur Wahl stünde – eine weise Selbstbescheidung, obwohl ein *homme de lettres* wie er die Auszeichnung sicher verdient gehabt hätte. Erster Ordenskanzler wurde der Völkerrechtler Erich Kaufmann, der uns in der Bayerischen Staatskanzlei mit Gutachten zur Frage der Kriegsgefangenen beraten hatte. Heute genießt der Orden Pour le Mérite auf der ganzen Welt hohes Ansehen. Ich hatte die Freude, daß mein alter Freund aus Moskauer Zeiten, der amerikanische Diplomat und Geschichtsprofessor George F. Kennan, diese Auszeichnung verliehen bekam. Dreimal hatte ich selbst die Gelegenheit, die Insignien des Ordens an neu hinzugewählte ausländische Mitglieder zu übergeben: in London an den Professor für deutsche Geschichte, Gooch, sodann einem bedeutenden Chirurgen, Professor Dale, und in Italien dem berühmten Bildhauer Marino Marini. Auch ich fühlte mich ausgezeichnet, als deutscher Botschafter diesen Persönlichkeiten gegenüberzustehen.

Weniger glücklich verlief der Versuch, eine neue Nationalhymne zu schaffen. Heuss hielt das Deutschlandlied mit seiner ersten Strophe für nicht mehr zeitgemäß. Er bat den Lyriker und Übersetzer klassischer Dichtung, Rudolf Alexander Schröder, einen neuen Text zu verfassen, und Hermann Reuter, die Melodie zu komponieren. Mir erschien der Text gelungen, die Musik weniger. Aber auch Widerstand regte sich. Es wurde auf den leidigen Flaggenstreit zwischen Schwarz-Weiß-Rot und Schwarz-Rot-Gold der Weimarer Zeit hingewiesen. Bundeskanzler Adenauer verhinderte eine neuerliche Spaltung der öffentlichen Meinung. Nach einem Briefwechsel mit Heuss gab er bekannt, daß von nun an bei offiziellen Anlässen die dritte Strophe des Deutschlandliedes gesungen werde.

Fast vergessen ist heute eine andere Initiative, die ebenfalls auf Bundespräsident Heuss zurückgeht: die Dankesspende des deutschen Volkes. Schon zwei oder drei Jahre nach Kriegsende war von verschiedenen Seiten gefordert worden, ein sichtbares Zeichen zur

Verfügung zu haben, um für die Hilfe zu danken, die dem zerstörten und notleidenden Deutschland aus dem Ausland zuteil geworden war. Im Deutschen Städtetag kam sodann die Idee auf, Werke zeitgenössischer deutscher Künstler als symbolische Gabe zu schenken. Im September 1951 wurde die Stiftungsurkunde unterzeichnet, Heuss übernahm den Vorsitz im Vorstand, als Kunstkenner war er die geeignete Persönlichkeit für diese Aufgabe. Neun Museumsdirektoren gehörten der Jury an, welche die zu vergebenden Werke allein nach ihrer Qualität aussuchen sollte; eine Unterstützung notleidender Künstler war nicht beabsichtigt.

Die Sitzungen des Vorstandes und der Jury fanden fast ausnahmslos in der Villa Hammerschmidt, dem Sitz des Bundespräsidenten, statt. Ich nahm oft daran teil, nicht weil dies zu meiner Zuständigkeit gehörte, sondern aus Neugierde und Interesse; vor allem aber fühlte ich mich aus Dankbarkeit zur Mitarbeit verpflichtet, weil meine Frau und ich etwa 250 Pakete aus den Vereinigten Staaten, England, Schweden und der Schweiz erhalten und diese an uns bekannte Familien in Not weitergeleitet hatten. Auf die Teilnahme an diesen Sitzungen gingen freundschaftliche Beziehungen zu einigen Museumsdirektoren wie Leopold Reidemeister, Kurt Martin, Alfred Hentzen, Eberhard Hanfstaengl und Ludwig Grote zurück, Verbindungen, die sich in meiner späteren Botschaftertätigkeit als hilfreich erweisen sollten.

Von der Jury wurden Ölgemälde, Aquarelle, Graphiken, Plastiken und Leuchter an etwa 120 Künstler in Auftrag gegeben, darunter an Berühmtheiten wie Otto Dix, Emil Nolde, Max Pechstein, Hans Purrmann, Karl Schmidt-Rottluff, Gerhard Marcks, Ewald Mataré, Käthe Kollwitz, Wilhelm Lehmbruck und Ernst Barlach. Fast 1900 Werke wurden für 1,5 Millionen Mark erworben, die aus Tausenden von Spenden, auch aus der DDR, aufgebracht worden waren; die Künstler begnügten sich für den guten Zweck mit bescheidenden Honoraren.

Im Jahre 1954 wurden die Dankesgaben in 28 Staaten an karitative und kirchliche Organisationen versandt, die sich mit Hilfsmaßnahmen besonders hervorgetan hatten. Insgesamt waren neben beträchtlichen Geldmitteln ungefähr fünfzig Millionen Pakete nach Deutschland geschickt worden, die geholfen hatten, die materielle Not zu lindern, aber vor allem moralische Kraft gegeben und uns von dem

Gefühl befreit hatten, auf ewig verdammt zu sein. Einige Personen wurden besonders geehrt, so Herbert Hoover, dem Heuss in Bonn eine Silberschale von Mataré überreichte. Die gleiche Gabe erhielten Odal Nansen und der englische Verleger Victor Gollancz, der mit seinem erschütternden Buch »In Darkest Germany« in Großbritannien eine Welle von Sympathie und Spenden ausgelöst hatte. Ich glaube, er war der erste Ausländer, der die Dankesgabe des deutschen Volkes empfing. Gollancz und Heuss verstanden sich gut, und nach den Feierlichkeiten erzählten sie sich schon bald jüdische Witze, in der Art: Kommt ein Jude zu Gollancz und beschwert sich über den Antisemitismus bei der BBC. »Ttthey dddid nnot ttttake mme bebecause II am aaa jjjew.«

Eine Tradition, an die wir anknüpfen konnten, allerdings mit anderer Ausrichtung, war die Kieler Woche. Kiel hatte im Krieg und durch die folgenden Demontagen der Hafenanlagen sowie durch den Verlust des Hinterlandes, das jetzt zur sowjetischen Zone gehörte, schwer gelitten. Es war natürlicherweise das Bestreben des Kieler Oberbürgermeisters Gayk und des Ministerpräsidenten von Schleswig-Holstein, Diekmann, die Stadt wiederzubeleben. Sicherlich konnte die Kieler Woche nicht so fortgeführt werden, wie sie im Kaiserreich und auch noch in der Weimarer Republik veranstaltet worden war. Damals war sie ein exklusives Ereignis für vermögende Segler gewesen, an der nur die »Oberen Zehntausend« teilnahmen. Die Regatten gingen zu jener Zeit übrigens die gesamte Ostseeküste entlang, bis Königsberg, und dauerten länger als nur eine Woche. Diese Strecke war durch die politische Teilung ohnehin nicht mehr zugänglich, vor allem aber gebot die Situation der Bundesrepublik eine Demokratisierung und Öffnung der Kieler Woche. Sie wurde wiederbelebt als eine kulturelle Veranstaltung, natürlich nach wie vor mit den traditionellen Regatten, aber sie diente jetzt auch der Begegnung und dem kulturellen Austausch mit den skandinavischen Staaten. Heuss nahm regelmäßig an der Kieler Woche teil, hielt zu ihrer Eröffnung eine Ansprache vom Balkon des Rathauses und segelte auch mit. Weil der Bundespräsident nach Kiel ging, ging auch das diplomatische Korps dorthin, und die Kieler Woche erhielt auf diese Weise einen halboffiziellen Charakter, indem sich unser Staatsoberhaupt mit den diplomatischen Vertretern traf.

Bei einer dieser Regatten passierte mir das Mißgeschick, daß ich vom Deck in die Kajüte hinunterstürzte, weil jemand das Kajütendach hinter mir weggezogen hatte, ohne daß ich es bemerkt hatte. Ich lehnte mich beim Wendemanöver zurück und fiel die Treppe hinunter. Der jugoslawische Botschafter Ivekovič verhütete das Schlimmste und fing meinen Sturz ab, sonst hätte ich mir das Genick brechen können. Ich hatte mir den Hinterkopf aufgeschlagen, und Ivekovič kümmerte sich rührend um mich. Als alter Partisan hatte er Erfahrung in solchen Dingen, riet mir auch gleich, meine Jacke auszuziehen, weil Blutflecken sich nicht mehr herauswaschen lassen.

Bei dem Interesse des Bundespräsidenten an geistigen und kulturellen Entwicklungen verstand es sich, daß er mit seiner Teilnahme vor allem das wissenschaftliche und künstlerische Leben zu fördern bestrebt war. So besuchte er regelmäßig die Mitgliederversammlungen der Max-Planck-Gesellschaft und die Wiedereröffnungen oder Neugründungen von Universitäten, er ging zu den großen Kunstausstellungen und sah sich die Aufführungen der Ruhrfestspiele oder der Festspiele in Bad Hersfeld an. Die Teilnahme an den Ruhrfestspielen, die schon 1947 in Recklinghausen ins Leben gerufen wurden, sollte auch zum Ausdruck bringen, daß sich der Bundespräsident der Zielsetzung verbunden fühlte, die verschiedenen Zweige der Kunst der arbeitenden Bevölkerung zu vermitteln und die Arbeiter an Theater und Kunstausstellungen heranzuführen. Nur nach Bayreuth ging er nicht, er hatte wenig Sinn für Wagners Musik und hielt seine Anwesenheit bei den Bayreuther Festspielen für unpassend nach allem, was im Dritten Reich an Mißbrauch mit Richard Wagner getrieben worden war.

Heuss und seine Begleitung fuhren zu solchen Veranstaltungen anfänglich übrigens nicht mit einem Sonderzug. Er legte, bescheiden wie er war, auch keinen besonderen Wert darauf, sondern begnügte sich damit, daß an den planmäßigen D-Zug ein Salonwagen angehängt wurde. Zuerst standen auch gar keine Sonderzüge zur Verfügung; die Befehlszüge, mit denen die Größen des Dritten Reichs gereist waren, hatten die Siegermächte beschlagnahmt. Erst später wurden wieder Sonderzüge eingerichtet, die neben dem größeren Komfort auch gute Arbeitsmöglichkeiten während der Fahrt boten. Diese Sonderzüge vorzubereiten und auszustatten und damit an eine Tradition anzuknüpfen, die früher im Deutschen Reich perfekt funktioniert hatte, gehörte mit zu den Aufgaben des Protokolls.

Weniger gerne nahm Heuss an einer anderen Veranstaltung teil, deren Tradition wir wiederbelebten, und zwar die Diplomatenjagd. Wie gesagt, versuchten wir, es den Angehörigen des diplomatischen Korps in Bonn und in der Bundesrepublik so angenehm und interessant wie möglich zu machen – sie erhielten in dieser Hinsicht Privilegien, die weiter gingen als in anderen Staaten, was auch hinsichtlich großzügiger Ein- und Ausfuhrgenehmigungen für Waren galt. Eine der Attraktionen für die Vertreter der ausländischen Missionen sollte die Diplomatenjagd sein, die es auch früher immer gegeben hatte, schon zu Kaisers Zeiten und zuletzt im Dritten Reich, wo Hermann Göring durch seine bombastischen Attitüden als »Reichsjägermeister« diesen Brauch in Verruf gebracht hatte. Heuss, der Bürgerpräsident, hatte wenig Sinn für Jagden. »Mir tun die armen Tierchen leid, die da geschossen werden«, pflegte er zu sagen. Zudem wollte er nicht als erster ein gesellschaftliches Ereignis neubegründen, das den Geruch des Exklusiven hatte und möglicherweise Angriffe in der Presse hervorrufen würde. So trat das Bundespräsidialamt an den Ministerpräsidenten von Niedersachsen heran, Hinrich Wilhelm Kopf, genannt der Rote Welfe, der als passionierter Jäger bekannt war. Wir baten ihn, ob er nicht eine Jagd für das diplomatische Korps geben könne. Er willigte ein und gab die erste Diplomatenjagd in Springe am Deister. Damit war das Eis gebrochen und diese Gepflogenheit wieder eingeführt. Zu den folgenden Jagden ging dann auch der Bundespräsident, wobei er kräftig in die Hände klatschte, angeblich um sie zu wärmen, oder sonst irgendwie laut war, um die »armen Tierchen« zu warnen. In der Folgezeit stellte dann das Land Nordrhein-Westfalen eine kleine Jagd in Oelde, eine Niederjagd, zur Verfügung, zu der die Diplomaten eingeladen wurden.

In einem Land, in dem es Millionen von Flüchtlingen gab, die eingegliedert werden mußten, und in dem in weiten Kreisen der Bevölkerung noch große Not herrschte, achteten wir darauf, diplomatische Empfänge und andere Festlichkeiten in bescheidenem Rahmen zu halten. Das entsprach sowohl der Haltung Adenauers wie der des Bundespräsidenten. Bei Diners gab es Suppe, einen oder zwei Gänge und eine Nachspeise, mehr nicht. Wir hatten die Speisekarten aus den Zeiten der Reichspräsidenten Ebert und Hindenburg aufgefunden, deren Amtszeiten auch nicht immer üppige Jahre gewesen waren. Da hatte es sechs, acht, sogar zehn Gänge gegeben, mit

Austern, Hummer und Kaviar. Solchen Luxus vermieden wir in Bonn bewußt, nicht einmal ein Tafelservice stand zur Verfügung. Kein Silber und kein Stück Porzellan aus dem Reichspräsidentenpalais, keinerlei Einrichtungsgegenstände aus den alten Ministerien hatten wir in Bonn. All diese Dinge waren in Berlin verlorengegangen. Bei der ersten Haushaltsberatung mußte ich den Etat des Bundespräsidialamtes im Haushaltsausschuß des Bundestages vertreten, weil Manfred Klaiber erkrankt war. Ich brachte vor, daß der Bundespräsident doch zumindest eigene silberne Bestecke und Porzellan haben müsse, statt einer geliehenen Garnitur aus einem Restaurant. Mein Verlangen stieß auf Widerstand, nicht etwa auf seiten der SPD, sondern bei der CDU. Der frühere Oberdirektor des Frankfurter Wirtschaftsrates, Hermann Pünder, sprach sich zu meinem größten Erstaunen dagegen aus. Ich appellierte dann an den Vorsitzenden des Haushaltsausschusses, Schöttle, einen Württemberger, indem ich ihm vorhielt: »Sie können doch Ihren Bundespräsidenten, auch wenn die Schwaben außerordentlich sparsam sind, nicht so sitzenlassen. Er muß doch ein anständiges Silberbesteck haben!« Schließlich wurde die Angelegenheit zu unserer Zufriedenheit geregelt. Auch solche Kleinigkeiten gehörten zu den Anfängen des Protokolls in Bonn.

Ein ungezwungenes geselliges Beisammensein liebte Heuss viel mehr als offizielle Empfänge und Festlichkeiten. Er diskutierte gerne in kleinerem Kreis, und wenn ein guter Tropfen getrunken wurde, konnte es schon einmal spät werden. Das traf aber ebenso auf Gesellschaften zu, die mit seinen Amtspflichten in Zusammenhang standen, und wir wiesen ihn deshalb vorsichtig darauf hin: »Herr Bundespräsident, eigentlich müßten Sie gegen elf oder halb zwölf aufbrechen, denn es darf ja kein Gast vor Ihnen gehen; die anderen müssen so lange bleiben, wie das Staatsoberhaupt bleibt. Sie zwingen die Gäste, länger aufzubleiben, als sie vielleicht wollen.« – »Oh, das möchte ich nicht, daß die sich meinetwegen wachhalten«, meinte er, und bei der nächsten Gelegenheit verkündete er: »So, der Bundespräsident geht, der Heuss bleibt hocke!«

Für uns Mitarbeiter des Bundespräsidialamtes war Heuss neben seinen menschlichen Qualitäten auch insofern ein angenehmer Chef, als er seine Reden selbst schrieb. Er zeigte uns dann den Text und wollte wissen, wie wir ihn fanden. Manchmal war er selber noch unzufrieden, weil die Pointen fehlten, um die Aufmerksamkeit des Publikums zu fesseln. Dann gingen wir auf die Suche nach Pointen und Einfällen, das war aber auch alles, was wir zu seinen Reden beisteuerten. Hätte er damals schon so viele Ansprachen halten müssen, wie es heute Gepflogenheit ist, dann hätte sicherlich auch ein Geist wie Heuss einen Redenschreiber gebraucht.

Was diese Reden anging, war Heuss nicht frei von Eitelkeit, und er war sich dessen bewußt. »In der Hinsicht bin ich kokett«, pflegte er zu sagen – das war das Wort, mit dem er sich selbst charakterisierte. Und er konnte sehr barsch reagieren, wenn sich jemand erkühnte, irgend etwas zu sagen, während er seine Rede hielt. Das nannte er eine Unverschämtheit und verbat es sich. Inhaltlich waren seine Reden hervorragend, genau das, was wir brauchten nach den bombastischen und verlogenen Reden der Nationalsozialisten. Richtungweisend und berühmt wurden seine Reden zum Tag der Brüderlichkeit und zum 20. Juli. Daß manche seinen schwäbischen Dialekt nur schwer verstanden, ist oft bemängelt worden, und es trifft auch zu. Dennoch wirkte er mit seinen Reden außerordentlich positiv in einer Zeit, in der die Fundamente der westdeutschen Demokratie gelegt werden mußten. Er führte wieder Würde, Ehrlichkeit und kulturelles Niveau in die politische Rede ein, prägte einen demokratischen Stil und bemühte sich um einen echten Dialog zwischen Staat und Bevölkerung.

Heuss benötigte nicht nur keinen Redenschreiber, er unterstützte vielmehr noch uns Mitarbeiter bei unserer Arbeit, indem er uns mit seiner Bildung, seinem hervorragenden Gedächtnis und seinen Büchern half, schwierige Fragen zu beantworten, für die wir selber die Lösung nicht finden konnten, weil uns die Vorkenntnisse fehlten. Wenn er die Antwort nicht aus dem Stand geben konnte – was selten der Fall war –, ging er während der Mittagspause in seine Bibliothek und schlug in den Büchern nach. Er war für uns ein großer Lehrmeister, der andererseits bereit war, von seinen Mitarbeitern gewisse Ratschläge anzunehmen, was die organisatorische Seite seiner Amtsführung betraf. Zu meinem Vater sagte er einmal, als dieser ihm in München vorgestellt wurde: »Ich lehre Ihren Sohn vieles, aber ich lerne auch viel von ihm.« Das bezog sich zum Beispiel darauf, daß er mit technischen Dingen nicht gut Bescheid wußte und sich etwa beim Telefonieren so verhielt, wie es in Anekdoten von früher karikiert wird: Er sprach so laut, als müsse er die Entfernung mit seiner Stimme überbrücken. Wir nahmen dies zum Anlaß, Heuss zu raten, als Bundespräsident seine Würde auch darin zu wahren, daß er mehr Abstand vom Telefon hielt und auch nicht für jeden am Apparat zu sprechen war. Für uns Beamte im Präsidialamt hatte diese Distanz gegenüber der direkten Kommunikation per Telefon einen zusätzlichen Vorteil: Wenn die Kontakte schriftlich gepflegt wurden, waren wir besser über die Aktivitäten des Bundespräsidenten unterrichtet. Als Staatssekretär bei seinem Nachfolger Heinrich Lübke hatte ich später oft das Problem, daß ich nicht wußte, was er telefonisch veranlaßt hatte. Lübke regelte vieles über Telefon, ohne daß Aufzeichnungen darüber geführt wurden, und es gab dann manchmal Schwierigkeiten aufgrund mangelnden Informationsaustausches. Ebenso sorgten wir dafür, daß Heuss bei der Annahme von Einladungen Vorsicht und Zurückhaltung walten ließ und daß er auf die Bedeutung des Kreises der Einladenden achtete, um nicht einen Präzedenzfall zu schaffen. Zudem achteten wir darauf, daß er niemals alleine ging, sondern nur in Begleitung entweder von Manfred Klaiber oder mir oder seinem persönlichen Referenten Hans Bott, um eventuelle Unannehmlichkeiten von ihm fernzuhalten. Ich werde noch erzählen, welche Auswirkungen es hatte, als ich Bundespräsident Lübke gegen Ende seiner ersten Amtsperiode alleine nach Bad Kissingen zur Kur reisen ließ, ohne ihm einen Referenten zur Seite zu stellen.

Mit Adenauer hatte Heuss zunächst ein gutes Verhältnis. Sein Stolz auf seine selbstverfaßten Reden führte dazu, daß er dem Bundeskanzler die Texte seiner Ansprachen vorher zukommen ließ. Adenauer machte dazu keinerlei Bemerkungen und ließ die Manuskripte ohne Korrektur. Damit wurde eher unbewußt eine Verfassungspraxis geschaffen, die bis heute gültig ist, daß nämlich der Bundespräsident seine Reden frei und unabhängig hält und eigenständige Meinungen vorbringt. Es wäre auch denkbar gewesen, daß sich eine Gepflogenheit entwickelt hätte, gemäß der das Staatsoberhaupt in seinen Äußerungen zurückhaltend sein müßte und nur in Absprache mit der Regierung gegenüber der Öffentlichkeit Stellung nehmen würde. So ist es etwa in England, wo die Königin bei der Eröffnung des Parlaments die Regierungserklärung verliest und sich bei allen Erklärungen politischen Inhalts eng mit der Regierung abstimmt. In der Bundesrepublik bildete sich mit Heuss also eine andere Tradition heraus, nach der der Bundespräsident ohne Absprache mit dem Kanzler und kraft eigenen Urteils seine Reden hält, was ihm gegenüber der Regierung einen eigenen politischen Spielraum gibt, wie die Amtszeit Richard von Weizsäckers zeigt.

In der ersten Geschäftsordnung der Bundesregierung war festgelegt, daß die Information des Bundespräsidenten durch den Bundeskanzler erfolgt, also nicht durch die Minister. Diese Regelung ist aber von Anfang an durchbrochen worden, und Adenauer hat nicht auf dieses Vorrecht gepocht. Da der Bundespräsident nicht an den Kabinettssitzungen teilnimmt, muß sein Ohr – sozusagen – durch den Chef des Bundespräsidialamtes vertreten werden, der bei den Sitzungen des Kabinetts anwesend ist und seinem Chef darüber berichtet. Dieser ist auch berechtigt, zu gewissen Vorhaben des Kabinetts Stellung zu nehmen, wenn der Bundespräsident dies für notwendig hält. Wenn Klaiber verhindert war, vertrat ich ihn in der Ministerrunde, und so habe ich an manchen Sitzungen des Kabinetts Adenauer teilgenommen. Dies war auch noch nach meiner Rückkehr aus London der Fall, als ich Staatssekretär bei Bundespräsident Lübke war und Adenauer immer noch als Kanzler amtierte (1961–1963). Im Dienste von Heuss wie von Lübke hielt ich es in der Regel so, daß ich Wünsche und Anregungen des Bundespräsidenten lieber außerhalb der Kabinettssitzungen vorbrachte, denn wenn bei solchen Gesprächen unter vier Augen einmal eine Ablehnung erfolgte, so stand sie zumindest nicht so ostentativ im Sitzungsprotokoll. Im Unterschied zu den Ministerien ist übrigens der Staatssekretär im Bundespräsidialamt der Vorgesetzte aller Beamten dieses Amtes und auch der Disziplinarvorsitzende, nicht der Bundespräsident – eine weise Regelung, um das Staatsoberhaupt nicht zu eng mit dem Personal zu verbinden und ihn nicht für dessen Fehler verantwortlich zu machen.

Die Tatsache, daß Heuss ein Gelehrtenpräsident war und ein Vertreter der klassischen deutschen Bildungsschicht, ein Intellektueller, der sich mit dem Wort auszudrücken verstand, führte auf der anderen Seite zu einem Wesenszug, der Gegenstand von Gesprächen zwischen mir und Manfred Klaiber wurde. Heuss war nach unserem Eindruck nicht besonders entscheidungsfreudig, er war weniger interessiert am eigentlichen politischen Handeln als vielmehr an der Analyse und Beschreibung des Handelns. Er war Publizist, hatte

Politische Wissenschaft gelehrt und schien uns mehr geneigt, die Geschichte zu erforschen und zu beschreiben als zu »machen«. Klaiber meinte einmal zu mir: »Wenn wirklich eine Notlage oder eine ernste Situation eintreten sollte, dann weiß ich nicht, ob der Bundespräsident wirklich entscheiden wird. Dann kann man nur hoffen, daß er auf unseren Rat hören wird.« Glücklicherweise ist es nie zu einer solchen kritischen Situation gekommen. Diese Entscheidungsschwäche wurde mehr als ausgeglichen durch Heuss' Begabung, Geschichte zu erklären, die deutsche Vergangenheit und Gegenwart nüchtern zu interpretieren und sie in den historischen Zusammenhang einzuordnen – eine Voraussetzung, um Wege zu weisen und Perspektiven aufzuzeigen, in welche Richtung Deutschland gehen sollte. Gerade dies brauchten die Deutschen nach dem Zusammenbruch für den Neubeginn.

Heuss war übrigens nicht nur ein gelehrter Schriftsteller und hervorragender Redner, er war auch ein begabter Zeichner. Als solchen hatte ich ihn schon im Länderrat der amerikanischen Zone kennengelernt, wo er während der Sitzungen der Ländervertreter treffende Skizzen und Karikaturen der Delegierten auf seinem Block festhielt. Auf seinen Reisen und Fahrten, bei denen ich ihn begleitete, fertigte er immer sehr hübsche Zeichnungen der Stätten an, die er besucht hatte. Meiner Frau schenkte er einige Skizzen von Orten, die ihr besonders lieb waren, Wasserburg und Maria Laach. Vielleicht gehört dieses Beobachten und Festhalten von Situationen und Menschen mit dem Zeichenstift zu dem Charakterzug, den ich soeben geschildert habe, nämlich mehr zu beschreiben als zu agieren.

Als Kenner von Kunst, Literatur und Malerei war es ganz in Heuss' Sinne, daß er als ersten deutschen Missionschef in Paris Wilhelm Hausenstein ernennen konnte, den Adenauer vorgeschlagen hatte. Professor Hausenstein war ein bedeutender Kunsthistoriker, aber mehr bewandert auf dem Gebiet der klassischen Malerei und nicht so stark interessiert an avantgardistischer Kunst. Deswegen erhielt Heuss einen Brief des abstrakten Malers Willi Baumeister, der an der Kunstakademie in Stuttgart lehrte, mit dem Tenor: Wie können Sie denn Herrn Hausenstein nach Paris schicken, der gar nichts von moderner Kunst versteht! Der Bundespräsident verfaßte die Antwort selber, das tat er in solchen Fällen am liebsten persönlich, denn da konnte er ironisch und pointierter formulieren, als seine Mitarbeiter das gewagt hätten; und er wiederholte seine Antwort, als Baumeister ihn auf einer Ausstellung im Haus der Kunst in München erneut darauf ansprach: »Wissen Sie, ich habe Professor Hausenstein nicht deswegen nach Paris gesandt, weil er ein großer Kenner der alten oder der neuen Kunst, sondern weil er ein großer Kenner Frankreichs ist.«

Nur wenn er es im Interesse der Repräsentation der Bundesrepublik für geboten hielt, versuchte Heuss, auf die Besetzung unserer diplomatischen Vertretungen im Ausland Einfluß zu nehmen. Adenauer hatte ja die Angewohnheit, ihm unbequeme Personen ins Ausland abzuschieben, um die Probleme mit ihnen loszuwerden. Einer von diesen Unbequemen war der CDU-Abgeordnete Holzapfel, der sich nach Adenauers Meinung den Kopf zuviel über Außenpolitik zerbrach und ihm mit seinen Denkschriften lästig geworden war. Also beschloß er, ihn als Missionschef in die Schweiz zu schikken. Er kam mit diesem Vorschlag zu Heuss, der Holzapfel ernennen mußte. Heuss war gar nicht angetan von der Idee. »Muß denn das unbedingt sein?« fragte er. »Es muß sein«, erwiderte Adenauer, »ich muß den Holzapfel hier loswerden, der macht mir zu viele Schwierigkeiten.«

Ich wurde dann beauftragt, den Schweizer Gesandten Huber in Kenntnis zu setzen, den wir übrigens Huber Magnifico nannten, weil er in einer prächtigen Einrichtung lebte und wie ein Renaissance-Fürst auftrat, aber nicht anmaßend, sondern in angenehmer Weise. Ich meldete mich an, er ahnte wohl schon, worum es ging, bewirtete mich fürstlich mit Kaviar, Gänseleber und Champagner, und wir unterhielten uns angeregt über alles mögliche, nur nicht über den Grund meines Besuches. Schließlich mußte ich zur Sache kommen. Doch er ließ mich nicht ausreden: »Ich weiß schon, worum es sich handelt, können Sie Ihr Vorhaben nicht doch aufschieben und feststellen, ob es sich nicht vielleicht vermeiden läßt?« Ich trug Heuss vor, er sprach noch einmal mit Adenauer, aber es nützte nichts. So mußte ich wieder zu Huber Magnifico und ihm sagen: »Herr Gesandter, es tut mir furchtbar leid, aber dieser Kelch wird nicht an Ihnen vorübergehen.« – »Nun, dann können wir nichts machen, die Schweiz kann ihn natürlich nicht ablehnen und ihm das Agrément verweigern.«

Es gab noch zwei andere Politiker, die ins Ausland abgeschoben wurden – hinweggelobt, wie man so sagt. Der eine war Herr Mühlenfeld von der Deutschen Partei, er wurde zum Botschafter in den Niederlanden ernannt; der andere war Gebhard Seelos, den ich im Zusammenhang mit der Münchener Ministerpräsidentenkonferenz schon erwähnte. Seelos war inzwischen zur Bauernpartei übergewechselt, er wurde an das Generalkonsulat in Istanbul abgeschoben. Was die Schönheit des Ambiente betraf, so blieb ihm das Glück auch bei seinen nachfolgenden Posten treu: Athen, Lissabon, Rio de Janeiro.

Auch für meinen persönlichen Lebensweg war Heuss' Einflußnahme von Bedeutung. Auf Heinrich Lübkes Frage, wen er zum Staatssekretär ernennen solle, schlug Heuss mich vor und empfahl mich Lübke mit dem Hinweis, daß ich bereits Erfahrungen im Bundespräsidialamt gesammelt hätte. So arbeitete ich nach dem Ende meiner Zeit als deutscher Botschafter in London zum zweitenmal im Bundespräsidialamt, von 1961 bis 1965.

Die Anfänge des Auswärtigen Amtes

Im Frühjahr und Sommer 1949 begannen Überlegungen, in welcher Organisationsform die auswärtigen Beziehungen der zukünftigen Bundesrepublik wahrgenommen werden könnten. Organisationspläne wurden vom Büro für Friedensfragen in Stuttgart, von der Hauptabteilung für außenwirtschaftliche Fragen des Vereinigten Wirtschaftsgebietes unter Leitung von Maltzans sowie von einem Ausschuß der Ministerpräsidentenkonferenz entworfen. Die britische Militärregierung regte im Frühjahr die Einrichtung einer Verbindungsstelle zwischen der Alliierten Hohen Kommission und der künftigen deutschen Regierung an. Mit der Leitung wurde Herbert Blankenhorn beauftragt. Auch Hermann Pünder, Oberdirektor der Frankfurter Wirtschaftsverwaltung, veranlaßte seine Mitarbeiter, einen Organisationsplan zu entwickeln. In Frankfurt wurde im Juni 1949 die Dienststelle für den Berater des Marshall-Plans unter Otto Schniewind eingerichtet. Im Auftrage Pünders war ich im Mai 1949 nach Paris gefahren, um am Rande einer Sitzung der vier alliierten Außenminister mit amerikanischen und französischen Diplomaten über die Erlaubnis zu verhandeln, daß Deutschland wieder synthetischen Treibstoff herstellen durfte. Daher kannte ich seine Ambitionen auf die Leitung eines Bundesamtes für auswärtige Angelegenheiten. Auch gegenüber der Presse gab er sein Interesse zu erkennen. Pünder und seine Mitarbeiter Krautwig, Martini und Schniewind hatten mich wissen lassen, daß ich als Abteilungsleiter für ein solches Amt vorgesehen sei. Da der Ausgang der Wahlen zum Bundestag ungewiß war und sich nicht absehen ließ, zu welcher Koalition es kommen würde, sprach man davon, daß Adenauer das Amt des Bundespräsidenten anstrebe und Blankenhorn in diesem Falle als Chef des Bundespräsidialamtes berufen würde.

Auch der bayerische Staatsminister Anton Pfeiffer machte sich gewisse Hoffnungen auf die Leitung der auswärtigen Angelegenheiten. Die vorgelegten Organisationspläne unterschieden sich im Grunde nur in einem Punkt. Entweder wurde ein eigenständiges Bundesamt für Auswärtiges vorgeschlagen oder ein im Bundeskanzleramt selbständiger Staatssekretär für Außenpolitik. Der dritte Vorschlag befürwortete eine in das Kanzleramt eingegliederte Dienststelle für auswärtige Angelegenheiten. Pfeiffers Aussichten stiegen, als er nach Konstituierung der Bundesregierung von Adenauer beauftragt wurde, einen abschließenden Plan für ein Bundesamt für auswärtige Angelegenheiten auszuarbeiten. Pfeiffer bildete einen Arbeitsstab aus Angehörigen des alten AA und legte das Ergebnis bereits nach kurzer Zeit vor. Adenauer nahm die Ausarbeitung entgegen, ließ aber Pfeiffer keinerlei Antwort zugehen. Damit war dessen Traum von der Leitung des Amtes zu Ende.

Auch Pünder kam nicht zum Zuge, seine Berufung scheiterte rein formell daran, daß Adenauer die Verbindungsstelle zur Alliierten Hohen Kommission, den Arbeitsstab Protokoll und das neugeschaffene Organisationsbüro für die konsularisch-wirtschaftlichen Vertretungen im Ausland unter Wilhelm Haas ins Kanzleramt eingliederte. Die Dienststelle für auswärtige Angelegenheiten, die die bestehenden Abteilungen zusammenfaßte, entstand erst im Sommer 1950. Am 15. März 1951 erfolgte die Ernennung Professor Hallsteins zum Staatssekretär, den am gleichen Tage geschaffenen Posten des Außenministers übernahm Adenauer selbst. Aber auch andere Gründe spielten eine Rolle, daß Pünders Wünsche nicht in Erfüllung gingen. Das Verhältnis zwischen ihm und Adenauer war kühl. Nach Adenauers Absetzung als Oberbürgermeister von Köln hatte Pünder diese

Stellung eingenommen. Zudem hatte es Reibungen zwischen beiden gegeben, als Pünder an der Spitze des Vereinigten Wirtschaftsgebietes stand. Adenauer vertrat, darin mit Kurt Schumacher einig, den Standpunkt, daß die Gestaltung der künftigen Bundesrepublik Aufgabe der Parteien und nicht der Frankfurter Verwaltung sei. Für den Posten des Staatssekretärs im Bundeskanzleramt wollte er übrigens zunächst den CSU-Abgeordneten Hanns Seidel gewinnen. Seidel lehnte jedoch ab und blieb in Bayern, wo er es bis zum Ministerpräsidenten brachte. Mein Kollege aus den Jahren in der Bayerischen Staatskanzlei, Johannes von Elmenau, der seit 1948 unter Pünder in Frankfurt arbeitete, wurde ins Bundeskanzleramt übernommen. Auch ihm gefiel es in Bonn nicht so recht, und er kehrte nach kurzer Zeit auf eigenen Wunsch nach Bayern zurück.

1952 war der Bankier Hermann Josef Abs als Außenminister im Gespräch, der die Bundesrepublik auf der Londoner Konferenz zur Regelung der Auslandsschulden hervorragend vertrat. Ich traf mich mit Abs in München und erklärte ihm den Aufbau der Dienststellen, die sich im Kanzleramt mit Außenpolitik beschäftigten. Wir sprachen auch über personelle Fragen. Aber es wurde nichts daraus. Wir vermuteten damals, daß der Grund für die Ablehnung eine Meinungsverschiedenheit in der Frage der Wiedergutmachungszahlungen für Israel beziehungsweise die Juden war. Abs befürwortete eine finanzielle Entschädigung für Einzelpersonen oder deren Nachkommen und weniger eine pauschale Zahlung an den Staat Israel. Überdies wollte Adenauer zu diesem Zeitpunkt letztlich niemand anderen mit der Leitung der Außenpolitik betrauen, die er als so entscheidend wichtig für die Bundesrepublik ansah, daß er sie lieber in eigener Verantwortung betrieb.

Viele Jahre später schlug Bundespräsident Lübke den berühmten Bankier erneut als Außenminister vor, und zu einem anderen Zeitpunkt befürwortete er Abs als Nachfolger Adenauers als Bundeskanzler. Adenauer wandte gegenüber Lübke ein, Abs sei förderndes Mitglied der SS gewesen, dies sei ein Hinderungsgrund. Mir schien diese Behauptung unwahrscheinlich zu sein, allein deshalb, weil Abs schon 1945 die britische Regierung in Finanzfragen beriet. Ich setzte mich, als Lübkes Staatssekretär, mit Abs in Verbindung und erhielt die erwartete Antwort: Er sei nicht förderndes SS-Mitglied gewesen.

Ende 1948 setzten die ersten Angriffe gegen die Angehörigen des alten Auswärtigen Amtes ein. Sie richteten sich gegen diejenigen Beamten, die in den Länderregierungen und in Frankfurt beim Wirtschaftsrat tätig waren. Im »Neuen Vorwärts« erschien ein Artikel gegen »Die alten Diplomaten ohne Legitimation«. Der SPD-Abgeordnete Gerhard Lütkens, Sekretär des außenpolitischen Ausschusses seiner Partei, sprach im Februar 1950 von einer »Gruppe diplomatischer Amtsjäger«. Lütkens war 1933 aus dem Auswärtigen Amt ausgeschieden und emigriert. Ihren Höhepunkt erreichten die Angriffe mit einer Artikelserie in der »Frankfurter Rundschau« unter dem Titel: »Ihr naht euch wieder, schwankende Gestalten«. Wir nahmen an, daß Robert Kempner, der amerikanische Ankläger im Nürnberger Wilhelmstraßen-Prozeß, Material für diese Angriffe geliefert hatte. Kempner war ein unversöhnlicher Gegner der alten Diplomaten.

Im Oktober 1951 setzte der Bundestag einen Untersuchungsausschuß zur Klärung dieser Vorwürfe ein. Ferner wurde der Oberlandesgerichtspräsident Schetter vom Bundeskanzler mit der Untersuchung der erhobenen Vorwürfe beauftragt. Der Untersuchungsausschuß schloß seine Arbeiten im Juni 1952 ab. Auch ich gehörte zu dem Kreis der angegriffenen Diplomaten. Sowohl der Ausschuß als auch Gerichtspräsident Schetter kamen in meinem Falle, aber auch hinsichtlich der meisten meiner Kollegen, zu dem Schluß, daß keinerlei Bedenken gegen uns bestünden. Erst bei der Debatte des Berichts im Bundestag stellte sich der Bundeskanzler in der Öffentlichkeit schützend vor seine Beamten. Wir haben bedauert, daß er dies nicht von Anfang an getan hatte. Adenauers langes Schweigen läßt sich vermutlich auf zwei Gründe zurückführen. Seine Aufmerksamkeit galt in erster Linie der Abwehr der gegen seinen Staatssekretär Globke gerichteten Angriffe. Globke hatte 1935 einen Kommentar zu den Nürnberger Rassegesetzen der Nationalsozialisten geschrieben. Ferner war für Adenauers Einstellung zu den Angehörigen des früheren auswärtigen Dienstes möglicherweise auch ein früherer Zusammenstoß mit Geheimrat von Friedberg bestimmend. Friedberg, mein alter Chef im Auswärtigen Amt, erzählte mir von einer Auseinandersetzung, die er mit Adenauer in der Zeit der Weimarer Republik geführt hatte. Adenauer war damals Oberbürgermeister von Köln, Friedberg Leiter der Abteilung Besetzte Gebiete und Saargebiet im Auswärtigen Amt. In dieser Eigenschaft wies er Adenauers

Bestrebungen, die Rheinlande aus Preußen auszugliedern, mit Schärfe zurück. Friedberg stammte aus dem preußischen Innenministerium und war ein überzeugter Anhänger des preußischen Staatsgedankens. Adenauer verließ die Unterredung tief gekränkt.

Die Verdächtigungen gegen die alten Beamten des auswärtigen Dienstes verletzten uns tief. Wir erwarteten, daß umgehend eine Gegendarstellung veröffentlicht wurde, was aber nicht geschah. Das alte Auswärtige Amt war dasjenige Ministerium gewesen, das den zähesten Widerstand gegen die Gleichschaltung seitens der Nationalsozialisten geleistet hatte. Dementsprechend hatten seine Angehörigen auch am meisten unter dem Terror der Nazis gelitten. Elf Beamte wurden hingerichtet, darunter Botschafter Graf von der Schulenburg, mein Vorgesetzter in Moskau, Ulrich von Hassell, Adam von Trott zu Solz, Albrecht von Bernstorff, Eduard Brücklmeier, Herbert Mumm von Schwarzenstein. Für die drei letztgenannten Opfer, die der deutschen Botschaft in London angehört hatten, weihte ich später eine Gedenktafel ein, als ich selbst die Bundesrepublik in Großbritannien vertrat. Etwa ein Dutzend Beamte erhielten Zuchthausstrafen, und über achtzig wurden aus politischen oder »rassischen« Gründen entlassen. Viele hatten dem Widerstand angehört. Wir verlangten keine besondere Anerkennung oder Belohnung, wir empfanden es aber als empörend, daß wir als Nazis verdächtigt wurden. Es war sicher ein Fehler, daß das Auswärtige Amt vornehme Zurückhaltung übte. Man hätte darauf hinweisen können, daß alle Beamten, die den Dienst hatten verlassen müssen, in das neue Amt zurückkehrten, mit Ausnahme derjenigen, die die Altersgrenze überschritten hatten. Personalchef Haas, der selber wegen einer »nichtarischen« Frau entlassen worden war – und ebenso sein »nichtarischer« Stellvertreter Schwarz –, legte einen strengen Maßstab bei der Prüfung der Unbedenklichkeit an. Dabei war für ihn die Tatsache der Parteizugehörigkeit allein nicht ausschlaggebend. Ich möchte hier daran erinnern, was der ehemalige Reichskanzler Heinrich Brüning dem damaligen Staatssekretär des AA, Bernhard von Bülow, geantwortet hatte, als dieser ihn um Rat fragte, wie sich die Beamten gegenüber dem Verlangen nach Eintritt in die NSDAP verhalten sollten. Sie sollten es tun, hatte Brüning gemeint, denn es sei besser, wenn verantwortungsbewußte Personen im diplomatischen Dienst verblieben, als wenn sie durch überzeugte Nationalsozialisten ersetzt würden. Die Angehörigen der Deutschen Botschaft Moskau folgten dem Rat. Nur mir, der ich auf meine »nichtarische« Großmutter verweisen konnte, blieb der Eintritt in die Partei erspart. Mit diesem Hinweis gelang es mir auch, in Memel, wohin ich 1938 an das dortige Generalkonsulat abgeordnet worden war, einen Ehrenrang in der SS zu vermeiden. Hätte ich eine »rassisch einwandfreie« Familie gehabt, wäre mir – gerade wegen meiner Tätigkeit im Widerstand – nichts anderes übriggeblieben, als ihn anzunehmen, wenn ich mich nicht verdächtig machen wollte.

Ausländische Staatsgäste in Bonn

Während zur Zeit der Weimarer Republik nur wenige ausländische Staatsoberhäupter, Regierungschefs oder Außenminister Berlin besucht hatten, entwickelten sich die Dinge in Bonn ganz anders. Es ist bemerkenswert, daß sich die Folgen des Ersten Weltkrieges in den diplomatischen Beziehungen viel länger bemerkbar machten als die Auswirkungen des Zweiten Weltkrieges. In Bonn konnten wir gleich nach der Gründung der Bundesrepublik zahlreiche Staatsgäste empfangen, als ersten den amerikanischen Außenminister Dean Acheson, dessen Besuch noch in sehr bescheidenem Rahmen stattfand. Dann kam Robert Schuman, er traf mit dem Sonderzug aus Paris ein. Damals gab es nicht einmal genügend Scheinwerfer auf dem Bahnhof, der Bahnsteig wurde von Fackeln erhellt, welche die Journalisten hochhielten, um Aufnahmen machen zu können. Es blieb nicht aus, daß Schumans Hut im Gedränge Feuer fing und ihm ein neuer besorgt werden mußte. Der französische Außenminister wohnte damals noch auf Schloß Ernich, der Residenz des französischen Hohen Kommissars, außerhalb von Bonn. Schuman hatte in Bonn studiert, er wollte deshalb auch seine alte Universität wiedersehen. Wir fanden sogar einen ehemaligen Kommilitonen und brachten ihn mit dem Außenminister zusammen, doch die Begegnung wurde kein Erfolg, da keiner der beiden sich noch auf den Studienkollegen besinnen konnte. Schumans Besuch diente der Vorbereitung der Europäischen Gemeinschaft für Kohle und Stahl und war der erste Schritt zur deutsch-französischen Zusammenarbeit.

Schuman habe ich als eine außergewöhnlich liebenswürdige und gebildete Persönlichkeit in Erinnerung, er sprach fließend Deutsch und hatte im Ersten Weltkrieg – er war Lothringer – als deutscher Soldat gedient. Ich hatte die Gelegenheit, ihn wie auch die anderen Staatsgäste auf den verschiedenen Fahrten zu Empfängen und Besichtigungen näher kennenzulernen. Ich mußte für solche Unterhaltungen im Zug oder im Auto stets genau vorbereitet sein und Bescheid wissen über möglichst alle Themen von der großen Politik bis zur Lokalgeschichte der Weinorte an Rhein oder Mosel, die wir besichtigten. Wußte ich etwas nicht, so konnte ich die Zeit nutzen, in der die Gäste Gespräche mit anderen deutschen Vertretern führten, um mich zu informieren. Wie Adenauer war Schuman ein praktizierender Katholik und ging in Remagen in die Messe. Begleitet wurde er während dieses Besuches von dem Protokollchef Dumaine, bei dem ich in Paris »in die Lehre gegangen« war, um Erfahrungen in Fragen des Protokolls zu sammeln. Natürlich waren auch die Mitglieder der französischen Hohen Kommission zugegen, mit denen ich in diesen Jahren stets eng zusammenarbeitete: der stellvertretende Hochkommissar Bérard, der in den sechziger Jahren gleichzeitig mit mir Botschafter in Rom war, sowie Claude Cheysson, Alain Peyrefitte und Guiringaud, der später Botschafter Frankreichs bei den Vereinten Nationen wurde und mich zu sich einlud, als ich 1981 in New York den ersten Band meiner Erinnerungen vorstellte, die zuerst auf Englisch erschienen waren. Sein freundschaftliches Entgegenkommen habe ich in besonders guter Erinnerung.

Anfang Januar 1951 hatte General Eisenhower, der Oberkommandierende der NATO, darum gebeten, mit führenden deutschen Politikern zusammenzutreffen, da ihm die Frage der Wiederbewaffnung der Bundesrepublik besonders wichtig war. Etwa vierzig bis fünfzig Personen wurden von Hochkommissar McCloy in seine Villa in Bad Homburg vor der Höhe eingeladen. Die erste Reaktion von deutscher Seite war Verwunderung. Warum kam Eisenhower nicht nach Bonn? Am 22. Januar 1951 fuhren wir am frühen Nachmittag mit einem von den Amerikanern gestellten Sonderzug mit Speisewagen nach Frankfurt, wo amerikanische Autos zur Fahrt nach Bad Homburg bereitstanden. Unter den Teilnehmern befanden sich Vizekanzler Franz Blücher, Theodor Blank, der das Amt für Fragen der Wiederbewaffnung leitete, und die Generäle Speidel und Heusinger. Einige Tage vor dem Treffen hatte ein Mitglied der amerikanischen

Hohen Kommission – mein Freund Charly Thayer – Eisenhower ein Buch über Feldmarschall Rommel zu lesen gegeben, »The Desert Fox« von Brigadegeneral Desmond Young. Eisenhower wurde durch die Lektüre stark beeindruckt, um so mehr, als er ohnehin, wie viele ausländische Offiziere, Hochachtung für Rommel empfand. Dies trug wohl dazu bei, daß Eisenhower, der keine großen Sympathien für die Deutschen hegte, für die Begegnung mit uns gut eingestimmt war. Vor dem Treffen hatte er von der Hohen Kommission eine Liste der deutschen Teilnehmer erbeten, in der vermerkt war, wer von uns als Soldat oder Offizier im Zweiten Weltkrieg gekämpft hatte. Die deutschen Teilnehmer wurden ihm einzeln vorgestellt, bevor er sich mit einigen Ausgewählten in einen besonderen Raum zurückzog. Mit jedem der Kriegsteilnehmer, so auch mit mir, begann er die Unterhaltung mit folgenden Worten: »Wie ich erfahren habe, dienten Sie in der deutschen Wehrmacht. Nach 1945 ist Ihnen eine harte Behandlung widerfahren. Ich hoffe, Sie können dies vergessen und werden es mir nicht nachtragen. Denn von nun an werden wir zusammenstehen und Verbündete sein. Ich glaube, das ist eine gute Sache.« Wir waren tief beeindruckt von diesen großherzigen und staatsmännischen Worten. Ich nehme an, daß er durch eine Passage aus dem Vorwort zu Youngs Buch dazu bewogen wurde. Feldmarschall Sir Claude Auchinleck schrieb dort: »Ein General wird einen tapferen, fähigen und anständigen Gegner achten und den geschlagenen Feind so behandeln, wie er selbst behandelt werden möchte, wenn er der Besiegte und nicht der Sieger ist.« Eisenhower unterhielt sich längere Zeit mit General Speidel, der bei der Landung an der französischen Kanalküste Chef des Generalstabes von Rommel gewesen war. Auf der Rückfahrt nach Bonn, als wir im Speisewagen zusammensaßen, herrschte eine gehobene Stimmung. Eisenhower hatte auch diese Schlacht gewonnen – er hatte uns gewonnen.

In einem Rahmen, der protokollarisch schon erprobt war, fand im September 1952 der Besuch des italienischen Ministerpräsidenten Alcide de Gasperi statt. Es war der Gegenbesuch zu Adenauers Visite in Rom im Vorjahr, über die ich an anderer Stelle erzählen werde. Das Ehepaar de Gasperi und die italienische Delegation waren, da in Bonn die Hotels erst wieder aufgebaut werden mußten, im Hotel Excelsior in Köln untergebracht. Bonn hatte ohnehin vor dem Krieg kaum große, repräsentative Hotels gehabt. Es wurde dann mit Finanzmitteln des Bundes der »Königshof« wiederhergestellt, und bei dieser Restauration wurden auch Zimmerfluchten eingebaut, die sich für die Unterbringung von Staatsgästen eigneten. Der italienische Chef des Protokolls, Baron Scammacca, bei dem ich gleichfalls eine Woche lang als Anfänger im Protokoll in die Lehre gegangen war, rettete mich vor einer Peinlichkeit. Er warnte mich, daß de Gasperi in der vorgesehenen Suite nicht wohnen könnte, da es in den Räumen fürchterlich nach frischer Farbe rieche. Die Hotelverwaltung hatte, nachdem ich die Zimmer angesehen hatte, noch schnell die Fenster streichen lassen! Es mußte in aller Eile Ersatz in anderen Räumen des »Excelsior« gefunden werden. Die ursprünglich vorgesehenen schönen Salons, die Ausblick auf den Kölner Dom boten, konnte de Gasperi nur für den Empfang seiner Gäste nutzen, schlafen konnte er bei dem Geruch nicht darin.

Wir machten anläßlich des Besuchs der Italiener auch eine andere Erfahrung hinsichtlich des Besuchsprogramms. Während wir anfangs ein Programm festgelegt hatten, das unseren Vorstellungen von dem entsprach, was den Gästen gefallen müßte, lernten wir nun, daß es viel richtiger ist, auf die Wünsche, die die Gäste selbst äußern, einzugehen und das Besichtigungsprogramm entsprechend zu gestalten, wenn nötig auch abzuändern. Wir unternahmen auch einen Ausflug an die Mosel, wo in Beilstein, einem kleinen mittelalterlichen Ort, in einem Gasthaus, das als Familienbetrieb geführt wurde, ein Essen vorgesehen war. Auch den Wein zog die Wirtsfamilie selbst. Auf der Fahrt wurde uns eine ungewöhnliche Begrüßung zuteil. Wir waren etwas verspätet; als wir in Cochem über die Mosel fuhren, standen dort eine Menge Kinder und schrien: »Hurra, die Arschlöcher sind da!« Adenauer und de Gasperi, der ausgezeichnet Deutsch konnte, wollten sich schieflachen. Der Aufenthalt in dem Gasthof gestaltete sich sehr gemütlich, aber die Weine waren viel zu schwer. Der Wirt hatte nicht bedacht, daß wir noch andere Termine auf dem Programm dieses Tages hatten. Wir wurden alle ziemlich schläfrig und mußten uns erst einmal ausruhen.

De Gasperi, einer der großen Europäer der ersten Stunde, war vor und im Ersten Weltkrieg Abgeordneter im Österreichischen Reichsrat gewesen. Die Provinz Trient, aus der er stammte, gehörte bis 1920 zum österreichischen Südtirol. Seine hervorragenden deutschen Sprachkenntnisse stammten aus dieser Zeit. Der Faschismus unter

Mussolini hatte ihm drei Jahre Gefängnis eingebracht und eine Zeit des Exils im Vatikan. Unter der deutschen Besetzung Italiens war de Gasperi im Widerstand aktiv und wurde nach der Befreiung einer der Mitbegründer der Democrazia Cristiana. 1946 schloß er mit dem österreichischen Außenminister Gruber das weitsichtige Abkommen über die Autonomie Südtirols.

Karl Gruber kam im Mai 1953 nach Bonn. Ich empfing ihn schon in Kufstein und stieg zu ihm in den Sonderzug. Es war ein heißer Tag, und wir hatten einen gewaltigen Verbrauch an Orangen. Auf jeder Station, wo der Zug hielt, bestellten wir uns neue Apfelsinen, um Saft zu pressen. Um uns zu erfrischen, beschlossen wir, unplanmäßig am Chiemsee zu halten, um zu baden. Mit einem Sonderzug konnte man sich solche Extras leisten und hinterher sogar die Verspätung wieder einholen. Auf der zweiten Reise Konrad Adenauers in die Vereinigten Staaten, im Oktober 1954, sollten wir Gruber wiederbegegnen. Er war inzwischen zum österreichischen Botschafter in Washington ernannt worden. Auf dieser zweiten Amerika-Reise erwiderte der Bundeskanzler auch den Besuch des kanadischen Premierministers St.-Laurent, den wir im Februar 1954 in der Bundeshauptstadt empfangen konnten.

Im Laufe des Jahres 1954 kamen neben St.-Laurent noch drei weitere Ministerpräsidenten, ein Staatsoberhaupt und ein ehemaliger Regierungschef nach Bonn. Es handelte sich um den griechischen Ministerpräsidenten Papagos, den türkischen Regierungschef Menderes, den japanischen Ministerpräsidenten Shigeru Yoshida, Kaiser Haile Selassie von Äthiopien und den Ex-Präsidenten der Vereinigten Staaten Herbert Hoover.

Um die Besuche von Marschall Papagos und Adnan Menderes gut vorzubereiten, hatten mich Botschafter Haas in Ankara und Botschafter Theo Kordt in Athen gebeten, zu ihnen zu fliegen. Wir wollten uns alle Mühe geben, den herzlichen Empfang zu erwidern, der Adenauer im März 1954 in Griechenland und der Türkei zuteil geworden war. Die telephonischen Verbindungen erwiesen sich als unzureichend für solche Vorbesprechungen, zudem schien es geboten, gemeinsam mit der griechischen bzw. türkischen Seite die Besuchsprogramme festzulegen. Während übrigens Adenauer beide Länder direkt nacheinander besucht hatte, lagen zwischen Papagos' Reise nach Bonn (Ende Mai/Anfang Juni) und der von Menderes

(Oktober) einige Monate. Theo Kordt empfing mich auf dem Flughafen in Athen mit der Mitteilung, daß mich Marschall Papagos leider erst in acht Tagen empfangen könne. Ich empfand es keineswegs als bedauerlich, sondern genoß im Gegenteil auf diese Weise einen schönen Urlaub in Griechenland, bevor die Arbeit dann begann. Ich hatte das unwahrscheinliche Glück, daß mir dasselbe in Istanbul passierte – die türkische Regierung nahm damals im Sommer ihren Sitz am Bosporus. Botschafter Haas ließ mich wissen, daß Menderes erst in zehn Tagen Zeit für mich haben werde. So leistete ich mir auch in der Türkei eine interessante Besichtigungstour zu den großen Stätten der Vergangenheit. Aus der türkischen Delegation, die dann nach Bonn kam, ist mir noch besonders Herr Nuri Birgi in Erinnerung, der zu meiner Zeit als Botschafter in London mein Kollege war und sein Land auf der Zypern-Konferenz vertrat.

Alexander Papagos wurde begleitet von seinem Außenminister Stephanopoulos und dem Diplomaten Sosides. Auch diese beiden traf ich in London bei der Zypern-Konferenz wieder. Es wurde eine Fahrt auf dem Rhein unternommen mit einer Weinprobe, wobei Adenauer alte Weine der besten Sorten hatte aussuchen lassen. Stephanopoulos, der vom Peloponnes stammte und selber Weingutsbesitzer war, zeigte sich an den deutschen Weinen sehr interessiert und fragte mich, was diese Spitzensorten in Deutschland kosten würden. Ich nannte ihm den Preis für eine Trockenbeerenauslese; Stephanopoulos geriet ins Staunen. »Bei uns haben wir Sonne«, erwiderte er, »da können wir das für zwei Mark fünfzig machen.« Die griechische Delegation wohnte auf dem Petersberg, damals noch ein privates Hotel, das aber für offizielle Besuche wie diesen und die folgenden genutzt werden konnte. Unsere griechischen Gäste statteten auch München einen Besuch ab, wo Marschall Papagos am Grab König Ottos von Griechenland, einem Wittelsbacher und Bruder Ludwigs II., einen Kranz niederlegte. Wir hatten unsererseits Geschenke ausgesucht, die zu dieser Verbindung zwischen Griechenland und Bayern paßten. Es waren kolorierte Stiche, die den Einzug König Ottos in Nauplion darstellten, sowie andere Motive, die an die Zeit der Wittelsbacher in Griechenland erinnerten. Wie andere ausländische Besucher zeigten sich auch die Griechen stark daran interessiert, deutsche Industriebetriebe kennenzulernen. In diesen Fällen kamen uns stets sehr hilfsbereit die Firmen Krupp, Gute Hoffnungshütte, DEMAG und Phoenix Rheinstahl entgegen, deren Direktoren die Staatsgäste durch ihre Werke führten.

Kaiser Haile Selassie ist mir vor allem wegen seiner menschlich großartigen Züge, die er während seines Staatsbesuches an den Tag legte, im Gedächtnis geblieben. Er hatte durch seinen Flügeladjutanten, Oberst Makonnen Denneke, erfahren, daß meine Tochter Alexandra am 8. November Geburtstag hatte. Er bedauerte meine Frau, daß wir an diesem Tage Dienst tun müßten, statt mit unserer Tochter feiern zu können, und ließ Alexandra zu sich kommen. Er empfing sie persönlich und überreichte ihr ein goldenes Kreuz als Geschenk. In Düsseldorf beeindruckte er mich während seines Aufenthaltes im Hotel Breidenbacher Hof mit einer rührenden Geste der Menschlichkeit. Aus dem Fenster blickend, hatte er unten auf der Straße eine blinde Frau entdeckt, geführt von einem Blindenhund, die Zeitungen verkaufte. Er ließ die Zeitungsfrau heraufkommen, kaufte ihr sämtliche Blätter ab und händigte ihr dann fünf Goldstücke aus. Er wollte nicht einfach ein Almosen geben, deshalb kaufte er die Zeitungen, die er gar nicht lesen konnte. Die äthiopische Delegation sprach gut Italienisch; bei einer Gelegenheit half meine Frau, die das Italienische beherrscht, als Dolmetscherin bei einem Gespräch zwischen Adenauer und Haile Selassies Begleitung aus. Der Kaiser, der uns allen durch sein würdiges Auftreten Eindruck machte, interessierte sich außerordentlich für die industrielle Entwicklung in Deutschland und zeigte sich gut unterrichtet. Bemerkenswerterweise sprach er durchaus nicht nur negativ über die Besetzung seines Landes durch das faschistische Italien. Obwohl er durch die Italiener vertrieben worden war und mehrere Jahre lang im englischen Exil hatte verbringen müssen, erkannte er doch die Leistungen der Italiener bei der Entwicklung seines Landes an, zum Beispiel den Straßenbau oder die Errichtung von Fabrikanlagen. Trotz dieser abgewogenen Haltung geschah es, daß wir in Hamburg einen Programmpunkt ändern mußten. Haile Selassie lehnte es ab, einen Kranz an Ernst Barlachs Denkmal für die Gefallenen niederzulegen. Er nannte uns keine Begründung für seine Weigerung, aber wir gaben seinem Wunsch natürlich statt.

Der letzte Staatsbesuch, den ich protokollarisch zu betreuen hatte, bevor ich auf den Botschafterposten in London wechselte, war der des Schahs von Persien und der Kaiserin Soraya. Sie wurden von der

Bevölkerung besonders herzlich begrüßt, weil die Meinung weit verbreitet war, die Kaiserin sei deutscher Abstammung. Das traf nur zum Teil zu. Soraya war die Tochter einer Deutsch-Lettin und eines Persers, Esfendiari, der als Botschafter des Iran in Bonn auf Posten war. Soraya war eine schöne und liebenswürdige Frau, aber den repräsentativen Anforderungen einer Kaiserin kaum gewachsen. Sie verhielt sich schüchtern und auch nicht sehr wortgewandt, so daß sich manchmal eine Verlegenheit ergab, wenn ihr ein Geschenk oder Blumen überreicht wurden. Dem Schah war stark daran gelegen, die Meinungen seiner Gesprächspartner ungeschminkt zu erfahren und neue Standpunkte kennenzulernen. Einmal wünschte er sich von mir ein Essen im kleinen Kreis mit wenigen, nur deutschen Teilnehmern. Meinen Vorschlag, einige iranische Herren dazuzuladen, lehnte er ab: »Die Mitglieder meiner Delegation und das Botschaftspersonal wagen mir nicht zu widersprechen. Mit Ihnen kann ich eine wirkliche Unterhaltung führen, und ich bitte Sie schon jetzt, daß mir die deutschen Herren offen ihre Meinung sagen.« Es wurden während des fast zweiwöchigen Besuchsprogramms verschiedene Fahrten durch die Bundesrepublik unternommen. Einmal, als wir mit der Eisenbahn unterwegs waren, fuhr der Schah auf der Lokomotive mit, für die er sich sehr interessierte. Auf dem Wege nach München stiegen wir unterwegs in Rüdesheim aus, wo der Schah den Fürsten Metternich treffen wollte, mit dem er in der Schweiz eine Privatschule besucht hatte. Auch zu diesem Essen nahm er nur meine Frau und mich auf das Schloß Johannesberg mit, nicht jedoch seine Begleiter. Der Schah hatte seine deutschen Sprachkenntnisse noch nicht ganz vergessen.

Mit Adenauer auf Auslandsreisen

Ich begleitete Konrad Adenauer auf allen seinen wichtigen Reisen zu Anfang der fünfziger Jahre, mit denen er erstmals nach dem Krieg als Regierungschef die führenden westlichen Staaten besuchte. So fuhr ich mit dem Bundeskanzler im April 1951 nach Paris zum Treffen mit den Außenministern Frankreichs, Italiens und der Benelux-Staaten zur Unterzeichnung des Vertrags über die Europäische Gemeinschaft für Kohle und Stahl; im Juni desselben Jahres gehörte ich der deutschen Delegation an, die Adenauers ersten Staatsbesuch in Rom begleitete; und im Dezember 1951 war ich dabei, als der Bundeskanzler in London Premierminister Churchill und Außenminister Eden traf. Einen Höhepunkt bedeutete die Reise in die Vereinigten Staaten zu den Besprechungen Adenauers mit Präsident Eisenhower und Außenminister Dulles, die im April 1953 stattfand. In meiner Eigenschaft als Chef des Protokolls war ich bei diesen Staatsbesuchen im Ausland gewissermaßen der Generalsekretär der deutschen Delegation und hatte dafür zu sorgen, daß das Programm reibungslos ablief und alle Delegationsmitglieder ihre Aufgaben erfüllten. Vor Beginn der Reise oblag es mir, darauf zu achten, daß die Delegation personell nicht zu stark wurde, denn es gab ein Sprichwort, das da lautete: »Deutsch sein heißt zahlreich sein«. Damals wollte verständlicherweise jeder ins Ausland reisen, was so lange nicht möglich gewesen war. Erst im Laufe der Zeit sprach es sich herum, daß Auslandsreisen in offizieller politischer Mission kein reines Vergnügen sind und man von den Ländern, deren Regierungschefs oder Staatspräsidenten der Besuch gilt, im Grunde wenig zu sehen bekommt, sondern rund um die Uhr arbeiten muß.

Spätestens während dieser Auslandsreisen entwickelte sich das persönliche Verhältnis zwischen dem Bundeskanzler und mir zum Guten, was sich natürlich auch auf das dienstliche Arbeitsverhältnis günstig auswirkte. Ich glaube, ich gewann sein Vertrauen und auch seine Zuneigung, als er merkte, daß ich mich bemühte, die Anstrengungen dieser Reisen für ihn so gering wie möglich zu halten. Trotz der physischen Leistungskraft, die alle bewunderten, die mit dem schon Fünfundsiebzigjährigen – das war sein Alter zur Zeit der Besuche in Paris, Rom und London – zusammenarbeiteten, war es sicherlich geboten, auf Adenauers möglichste Bequemlichkeit zu achten und ihm die äußeren Umstände während der Reisen zu erleichtern. Er wußte es zu schätzen, daß ich mich für ihn einsetzte und auch Arbeiten übernahm, deren Verrichtung er von mir gar nicht erwartete. Dabei ging es um Kleinigkeiten, die leicht zu erledigen waren, sobald man auf sie aufmerksam geworden war. In Paris kam er mit den Bettdecken nicht zurecht, und ich sorgte dafür, daß er andere bekam. Dann beschwerte er sich über den Kaffee, da haben wir ihm selber Kaffee gekocht. »Wie kommen Sie dazu?« fragte Adenauer. Ich antwortete: »Herr Bundeskanzler, es ist doch selbstverständlich, daß Sie gut schlafen müssen und einen anständigen Kaffee zu trinken bekommen; dafür sind wir schließlich da. Es ist doch unsere Pflicht und Schuldigkeit, Ihnen den Aufenthalt zu erleichtern. Und außerdem trinke auch ich morgens gerne einen guten Kaffee« – ich dachte: Man soll ihn auch nicht allzusehr verwöhnen ... Da lachte er dann.

Ein Jahr vor dieser Serie von Reisen nach Frankreich, Italien und Großbritannien hatte es einen traurigen Anlaß zu einer Auslandsreise gegeben, die ich im Namen von Bundespräsident Heuss alleine antrat. Am 25. Oktober 1950 war König Gustav V. von Schweden gestorben, der mit Prinzessin Viktoria von Baden, einer Enkelin Kaiser Wilhelms I., verheiratet gewesen war. Ich fuhr deshalb allein, weil die Alliierte Hohe Kommission darauf bestanden hatte, keine hochstehende politische Persönlichkeit zu entsenden, weder den Bundespräsidenten noch einen Minister. So beschloß Heuss, mich als seinen Vertreter zu entsenden, um der Dankbarkeit der Deutschen gegenüber diesem hochherzigen Freund Deutschlands sichtbaren Ausdruck zu geben. Schweden hatte vor allem nach dem Ersten Weltkrieg, in dem es, wie auch im Zweiten, neutral geblieben war, deutschen Kindern selbstlose Hilfe geleistet, indem es für Schulspeisungen sorgte und Tausende von Kindern in die Ferien einlud. Der Nationalsozialismus und der Zweite Weltkrieg belasteten die Beziehungen zwischen beiden Staaten. Dennoch wurden auch nach 1945 wieder Kinder, vornehmlich aus Berlin, von schwedischen Familien eingeladen.

Ein prächtiger Kranz wurde angefertigt, die Schleife in Berlin gestickt. Er sollte sein Ziel nie erreichen, weil er nicht durch die Ladeluke des Flugzeugs paßte, was sich hinterher als glückliche Fügung erwies, denn in Schweden sind nur kleinere Kränze üblich. Mein alter Freund aus Moskau, Bartolomeo Migone, der in den dreißiger Jahren der italienischen Botschaft in der Sowjetunion angehört hatte, lud mich ein, in Stockholm in seiner Residenz zu wohnen. Wieder einmal bewährte sich eine alte, vor dem Kriege geschlossene Freundschaft. Migone, wohlvertraut mit dem höfischen Zeremoniell, erklärte mir in allen Einzelheiten, wie der Empfang ablaufen würde, den König Gustav VI. und seine Gemahlin am Vortage der Trauerfeierlichkeiten gaben. Die Majestäten stünden am anderen Ende des etwas dreißig Meter langen Saales. Ich müsse gemessenen

Schrittes auf sie zugehen und drei Verbeugungen machen, die erste am Eingang, die zweite in der Mitte des Saales und die letzte etwa einen Meter vor dem Königspaar. Beim Hinausgehen dürfte ich ihnen nicht den Rücken zukehren, sondern müßte den Saal rückwärts verlassen und mich dabei wiederum dreimal verbeugen. Migone übte diesen Ablauf in einem großen Raum seiner Residenz mit mir ein.

Am 9. November begannen die Trauerfeierlichkeiten in der Kapelle des Schlosses, wo der verstorbene König aufgebahrt lag. In feierlicher Prozession bewegte sich der Trauerzug zur nahegelegenen Ridderholmskirche, der Begräbnisstätte der schwedischen Könige. Die Glocken aller Kirchen läuteten. An den Straßenrändern bildeten Formationen der drei Waffengattungen mit ihren Musikkorps Spalier. Die bunten Uniformen des Militärs, die Fahnen und die mittelalterlichen Trachten der Leibgarde und Hofbeamten boten mir ein Bild, das mich an die deutsche Kaiserzeit erinnerte, die ich als Kind erlebt hatte. Als Anfänger im Protokoll war ich voller Bewunderung über den würdigen Ablauf des Begräbnisses und tief beeindruckt von der Anteilnahme der Bevölkerung.

Im Anschluß an den Trauergottesdienst fand ein Essen im königlichen Schloß statt. Beim Blick auf die Tischordnung stellte ich mit einer gewissen Beklemmung fest, daß neben mir der Vertreter des Jüdischen Weltkongresses, Hillel Storch, sitzen sollte. Würde er mich als Tischnachbarn akzeptieren? Zu meiner Erleichterung begrüßte mich Storch freundlich. Es entwickelte sich ein Gespräch, in dem ich erfuhr, daß er an den makabren Verhandlungen beteiligt gewesen war, die gegen Ende des Krieges zwischen Beauftragten Himmlers und Vertretern jüdischer Organisationen geführt worden waren. Dabei war es um die Lieferung von Lastwagen für militärische Zwecke im Austausch gegen ungarische Juden gegangen, die deportiert werden sollten und dem Tode geweiht waren. Storch legte großen Wert darauf, unsere Unterhaltung fortzusetzen, und lud mich in seine Wohnung ein. Ich war froh darüber, daß nach allem, was geschehen war, doch ein Gespräch zwischen einem Deutschen und einem Juden möglich war.

Diese Teilnahme am Begräbnis König Gustavs V. war die erste Gelegenheit, fünf Jahre nach dem Ende des Nationalsozialismus, bei der ich in offizieller Mission mit Vertretern der Siegermächte auf ausländischem Boden zusammenkam.

Es ist oft gegen Adenauer eingewendet worden, er habe sich nur für die Außenpolitik interessiert und die Innenpolitik vernachlässigt. Ich teile diese Auffassung nicht. Der Wiederaufbau der Städte, die Eingliederung der Flüchtlinge in das soziale Leben, die Ankurbelung der Wirtschaft, diese Leistungen wären mit Sicherheit nicht erreicht worden unter einem Kanzler, der sich nicht um die innere Politik gekümmert hätte. Der Wiederaufbau der Bundesrepublik war für Adenauer selbstverständlich das vorrangige Ziel, er traf sich in diesem Sinne nicht nur mit den Bankiers Abs und Pferdmenges und dem Präsidenten des Bundesverbandes der deutschen Industrie, Fritz Berg, sondern auch mit den Führern der Gewerkschaften, vor allem mit Hans Böckler, und anderen Verbänden, die für die Ausgestaltung des gesellschaftspolitischen Lebens maßgeblich waren.

Gleichwohl trifft es zu, daß Adenauer von der Außenpolitik fasziniert war. Darin glich er der überwiegenden Mehrzahl der Politiker, die glauben – nach meiner Meinung irrigerweise –, daß die Außenpolitik auch in den Augen der Bevölkerung, das heißt der Wähler, Vorrang habe. Aber Adenauer hatte eine besondere Veranlassung, der Außenpolitik Priorität zu geben: Die Situation der Bundesrepublik unter dem Besatzungsstatut führte dazu, daß die großen Probleme, die geregelt werden mußten, wie das Ruhrstatut, die Saarfrage, der Marshall-Plan, die Reparationsleistungen und Demontagen, gar nicht gelöst werden konnten, ohne mit den Siegermächten zu verhandeln. Gerade weil die Bundesrepublik in den ersten Jahren nicht souverän war, schloß jede Regelung innerer Angelegenheiten immer auch eine außenpolitische Komponente ein; und gerade weil die Besatzungsmächte in Deutschland hineinregierten – durch die Beschlüsse ihrer Außenministerkonferenzen und die Hohen Kommissare –, war unser Land enger mit den westlichen Alliierten und den Nachbarstaaten verbunden als jemals zuvor in der Vergangenheit. Es konnte ohne regelmäßige Konsultationen mit den Westalliierten gar nicht vorangehen, und Adenauers Leistung lag darin, aus der anfänglichen Position des Unterlegenen und des Befehlsempfängers zu einer Position zu gelangen, in der die Sieger und die europäischen Nachbarn mit der Bundesrepublik als einem immer mehr gleichberechtigten und geachteten Partner verhandeln mußten.

Die andere große Leistung Konrad Adenauers sehe ich darin, daß er seine Politik auf die europäische Integration orientierte. Auch dabei half ihm wieder die Tatsache, daß Deutschland ein besetzter und nicht-souveräner Staat war und daß im Grundgesetz die Möglichkeit vorgesehen war, Hoheitsrechte an supranationale Gemeinschaften abzugeben. Adenauer konnte dafür plädieren, die Regelung der Kohle- und Stahlproduktion – das Ruhrstatut – gleich in die Hände einer europäischen Behörde zu legen. Diese war dann die Europäische Gemeinschaft für Kohle und Stahl, die Montanunion, deren Vertrag im April 1951 in Paris unterzeichnet wurde. Adenauer traf sich in seinem Gedanken einer europäischen Integration mit der Konzeption des französischen Außenministers Robert Schuman, der klar zu erkennen gab, daß die eigentliche Bedeutung der Kohle- und Stahlgemeinschaft nicht so sehr im Wirtschaftlichen als vielmehr im Politischen zu sehen war: durch die europäische Zusammenarbeit, deren Anfang hier gemacht wurde, sollten die Konflikte und Kriege zwischen europäischen Staaten ein für allemal beendet werden, die den Kontinent beinahe ruiniert hatten. Vor allem sollte die Konfrontation zwischen Deutschland und Frankreich überwunden und durch dauerhafte Kooperation ersetzt werden.

Es fiel Adenauer nicht schwer, nationale Souveränitätsrechte abzugeben und diese Befugnisse einer europäischen Behörde zu übertragen. Denn er hielt das Prinzip des Nationalstaats für überholt und sah die Wiedererlangung der vollen staatlichen Hoheit der Bundesrepublik im Zusammenhang mit dem Voranschreiten der europäischen Integration. In diesem Sinne war er auch eine treibende Kraft bei der Planung der Europäischen Verteidigungsgemeinschaft und empfand tiefe Enttäuschung, als das französische Parlament die Ratifizierung verweigerte. Die Tatsache, daß diese wachsende Integration Europas vorerst auf den westlichen Teil des Kontinents beschränkt blieb und daß nur die Bundesrepublik, nicht das ganze Deutschland, daraus Nutzen zog, nahm Adenauer bewußt in Kauf. Als Pragmatiker wußte er, daß der Ostteil Deutschlands, der sich unter der Kontrolle der Sowjetunion befand, nicht mit einbezogen werden konnte, solange sich nicht das sowjetische System grundsätzlich änderte. Er war bereit, mit dem zu beginnen, was machbar war, und ertrug unbeirrbar die scharfe Kritik seitens der sozialdemokratischen Opposition, er habe die Einheit Deutschlands aufgegeben. So wie ich den Bundeskanzler kennengelernt habe, kann ich mit Sicherheit sagen, daß die Teilung für ihn etwas vollkommen Unnatürliches war, etwas, das er – wie seine ganze Generation – nicht hinnehmen konnte, und daß er die Einheit beziehungsweise die Wiedervereinigung niemals aus den Augen verloren hat. Schon deshalb nicht, weil er viel zu sehr Machtpolitiker war, um auf das halbe Deutschland zu verzichten; aber vor allem deswegen nicht, weil er die Sowjetunion für eine zwar gefährliche, aber im Kern schwache Macht hielt, deren Endgültigkeit er bezweifelte. Er hielt das politische und wirtschaftliche System des Kommunismus für unnatürlich und der menschlichen Wesensart widersprechend und glaubte nicht an seinen dauerhaften Bestand. Das war natürlich eine über den Tag hinausreichende, langfristige Konzeption, deren Richtigkeit damals nicht unmittelbar bewiesen werden konnte, aber sein politischer Instinkt sagte ihm, daß eine Zeit kommen müsse, in der die Sowjetunion aufgrund innerer Schwäche bereit sein würde, über die Deutschlandfrage zu verhandeln. Solange eine solche Änderung der sowjetischen Haltung nicht eintrat, gab es für Adenauer nur die Option für den Westen. Das war seine Grundentscheidung: für die Freiheit, gegen die Unfreiheit, für die Eingliederung der Bundesrepublik in Westeuropa, gegen jede Form der Neutralität, auch gegen ein neutralisiertes Gesamtdeutschland. Für diese Grundentscheidung war meiner Meinung nach nicht so sehr bestimmend, daß Adenauer Vorbehalte gegen jene Gebiete Deutschlands hatte, die einmal Preußen gewesen waren; auch nicht, daß er als Rheinländer einer Orientierung nach Westen, in Richtung Frankreich den Vorrang gab. Das sind eher nachrangige Faktoren. Für ausschlaggebend halte ich Adenauers Schlußfolgerung aus der deutschen Geschichte nach Bismarck, daß nämlich jede Schaukelpolitik vermieden werden müsse, damit Deutschland nie mehr in eine Position zwischen zwei Fronten gerate. »Die Deutschen verstehen nichts von Außenpolitik, hörte ich ihn oft sagen. Sie haben eine fatale Begabung, dabei das Falsche zu tun.« Deshalb fällte er die klare Entscheidung für den Westen, dem er Deutschland – und sich selbst – ohnehin aufgrund von Tradition, Kultur und Wertorientierungen zugehörig fühlte.

Es ist im Rahmen dieser Betrachtung erwähnenswert, daß die Männer der ersten Stunde der europäischen Einigung in ihrer Mehrzahl wie Adenauer geographisch-kulturell aus dem alten historischen

Zwischenreich Lotharingien stammten, das weder Deutschland noch Frankreich war: der Franzose Robert Schuman, der Luxemburger Joseph Bech, die Belgier Paul-Henri Spaak und van Zeeland. Diese Persönlichkeiten fühlten sich als Europäer und dachten positiver über eine supranationale Zusammenarbeit, als es zu ihrer Zeit bei dezidierten West- oder Osteuropäern der Fall war, die noch stärker im nationalstaatlichen Denken befangen waren, von England ganz zu schweigen. Der Wille, in Freiheit zu leben, bestimmte Adenauers politisches Handeln. Christliche Werte spielten ebenfalls eine entscheidende Rolle, er war ein gläubiger, überzeugter Katholik, aber unabhängig von Einflüssen der katholischen Kirche, wie sein distanziertes Verhältnis zu Kardinal Frings zeigte.

Dieser grundsätzliche politische Kurs Adenauers wurde in einer Zeit, als es um die Weichenstellung für die Zukunft der Bundesrepublik und Deutschlands ging, von vielen nicht verstanden. Kurt Schumacher sah in der Politik des Bundeskanzlers nur immer die Aufgabe von Souveränitätsrechten und das Verspielen der Einheit. Eine große Kontroverse gab es um die berühmte Note Stalins vom März 1952, in der die Sowjetunion eine Wiedervereinigung Deutschlands vorschlug, unter der Bedingung, daß es sich dann um einen neutralen, bündnisfreien Staat handeln würde. Das wurde nicht nur von den Sozialdemokraten als eine Chance angesehen, zu einem Friedensvertrag und einer Lösung der Deutschlandfrage zu kommen. Und auch noch in viel späteren Jahren kam unter Historikern und Publizisten immer wieder die Diskussion darüber auf, ob es sich um eine verpaßte Gelegenheit gehandelt habe, indem Adenauer die Initiative Stalins ungeprüft ließ und den Westmächten eine Ablehnung empfahl. Die Note war nicht an die Bundesregierung, sondern an die drei westlichen Alliierten gerichtet. Abgesehen davon, daß das Problem freier Wahlen nicht geklärt war und von der östlichen Seite darunter etwas anderes verstanden wurde als im Westen, erblickte Adenauer in der Stalin-Note keineswegs ein Angebot, das aufgegriffen werden konnte. Er verstand den sowjetischen Vorstoß – instinktiv, möchte ich sagen – als ein Störmanöver, mit dem die westeuropäische Integration verhindert werden sollte. Der Zeitpunkt, zu dem die Stalin-Note veröffentlicht wurde, schien ihm bewußt gewählt worden zu sein, um die bevorstehende Unterzeichnung des Deutschland- und des EVG-Vertrages zu verhindern oder jedenfalls zu verzögern.

Beide Abkommen wurden Ende Mai 1952 unterschrieben, die sowjetische Intervention erfolgte am 10. März und am 9. April. Ein neutrales Gesamtdeutschland war für Adenauer keine Chance, sondern barg die Gefahr, den unstabilen Schwebezustand zwischen Ost und West zu zementieren und den sowjetischen Einfluß noch weiter nach Westen, von der Elbe bis an den Rhein, vorzuschieben. Ein nichtintegriertes Westeuropa hielt er für schwach und gegenüber sowjetischem Druck für erpreßbar; das galt in verstärktem Maße für ein isoliertes, mit dem Westen unverbundenes Deutschland.

Ein weiterer Gesichtspunkt kam hinzu: Adenauer wollte den mühsamen Prozeß der Gewinnung von Vertrauen bei den Westmächten nicht gefährden. Er war davon überzeugt, dieses Vertrauen nur durch eine konsequente und niemals schwankende Anbindung der Bundesrepublik an den freien Westen wiedererringen zu können. Ein Eingehen auf die Stalin-Note hätte den Eindruck erwecken können, daß die Bundesrepublik sich erneut »zwischen zwei Stühle« setzen wolle, mit anderen Worten, daß sie sich auf Kosten der drei Westmächte mit der Sowjetunion zu arrangieren bereit wäre. Das war es gerade, was der Bundeskanzler am meisten fürchtete: durch eine unabhängige Politik, eine »Schaukelpolitik« zwischen den Blökken, die Chance zur Wiederaufnahme der Bundesrepublik in die Staatengemeinschaft der westlichen Welt zu verspielen. Diesem Ziel hatten ja seine Reisen des Jahres 1951 gegolten, diesem Ziel diente ebenso die Reise in die Vereinigten Staaten im Jahr 1953.

Ich hielt damals die Haltung Adenauers für hundertprozentig richtig, und dies galt auch für fast alle anderen Angehörigen des Bundeskanzleramtes wie des Auswärtigen Amtes, mit ganz wenigen Ausnahmen vielleicht. Auch ich war überzeugt, daß wir eine klare Orientierung verfolgen mußten. Man kann diese Stalin-Note nicht als ein isoliertes Ereignis betrachten und nur ihren Wortlaut studieren, um dann zu behaupten, die schnelle Zurückweisung habe uns um die Chance gebracht, einen Friedensvertrag für Deutschland und die Wiedervereinigung zu erreichen. Wer dies behauptet, läßt außer acht, in welchem politischen Rahmen die Bundesrepublik damals ihre Handlungen bestimmen mußte; und er läßt vor allem unberücksichtigt, was die Sowjetunion damals für uns bedeutete. Das war nicht die Sowjetunion Gorbatschows, es war das Imperium Stalins, das sich seit 1940 die drei unabhängigen Staaten des Baltikums, das nördliche Ostpreußen und den östlichen Teil Polens angeeignet hatte und eine expansionistische Politik zur Ausdehnung seiner Einflußsphäre verfolgte, wobei die Staaten Osteuropas in Satelliten verwandelt wurden. Was dabei geschehen war, mußte uns abschrecken. Die freien Wahlen, die in den Abkommen von Jalta und Potsdam für Polen, die Tschechoslowakei, Ungarn verabredet worden waren, hatten nicht stattgefunden; die Wahlen, die es dort gegeben hatte, waren manipuliert und hatten unter dem Druck der Roten Armee und der sowjetischen Politkommissare gestanden. In Prag hatte es den kommunistischen Umsturz vom Februar 1948 gegeben. Das waren warnende Beispiele, die uns mißtrauisch machen mußten gegenüber dem Angebot freier Wahlen für Deutschland.

Die Befürchtungen wurden verstärkt, als die Kommission der Vereinten Nationen, die die Möglichkeit freier Wahlen in beiden Teilen Deutschlands untersuchen sollte, keine Einreisegenehmigung für die Ostzone erhielt. Ich erinnere mich deshalb so gut, weil ich die Kommissionsmitglieder in Bonn zu betreuen hatte. In Bonn hatten sie sich bereits überzeugt, daß die Voraussetzungen geschaffen waren, unter anderem aufgrund eines Wahlgesetzes für eine verfassunggebende Nationalversammlung, das der Bundestag einen Monat vor Stalins erster Note beschlossen hatte. Der UN-Kommission gehörten drei Brasilianer, zwei Inder, drei Niederländer und ein Isländer an. Am 17. März hatten sie eine Unterredung mit dem Bundeskanzler, dann wurde ihnen die Einreise in die DDR verwehrt – ich habe die Enttäuschung auf ihren Gesichtern selber gesehen.

Es gab noch weitere Geschehnisse, die jedem Deutschen die wahre Natur des Stalinismus vor Augen geführt hatten, nämlich die Vertreibung der Deutschen aus den Ostgebieten, und vor allem die brutale Art und Weise, mit der sie vor sich gegangen war; sodann die Eindrücke von der sowjetischen Besatzung in der Ostzone; schließlich die Tatsache, daß so viele Kriegsgefangene in Rußland zurückgehalten wurden und wir von den Rückkehrern erschreckende Erzählungen hörten. Schon in der Bayerischen Staatskanzlei hatte ich mir von vielen ehemaligen Kriegsgefangenen über ihre Erlebnisse berichten lassen; sie hatten mir immer wieder gesagt: »Wir wurden zwar schlecht behandelt, aber auch nicht schlechter als die sowjetischen Häftlinge in den Arbeitslagern.« Das war ein schlagendes Argument gegen das kommunistische System.

Adenauer selbst stand übrigens, was die wenigsten wissen, stark unter dem Einfluß des Rußlandbildes zweier Männer, die ich hier in Erinnerung rufen möchte: Robert Ingrim und Wilhelm Starlinger. Ingrim, eigentlich Franz Klein, ein Österreicher, war nach dem »Anschluß« ausgewandert und amerikanischer Staatsbürger geworden. Meine Frau hatte ihn 1946/47 zufällig während einer Eisenbahnfahrt von Innsbruck nach Kitzbühel kennengelernt. Er besuchte uns des öfteren in Bonn, und wir unterhielten uns besonders über die Verhältnisse in der Sowjetunion. Ingrim, der für die »Salzburger Nachrichten« und andere Zeitungen schrieb, erlangte über Ministerialdirektor Rust Zugang zu Adenauer, der seine große Kenntnis über das sowjetische System zu schätzen wußte. Ingrim war ein weitsichtiger und tiefschauender Analytiker, dessen Artikel und Bücher sich noch heute zu lesen lohnen. Wilhelm Starlinger, ein Arzt, hatte neun Jahre in sowjetischen Kriegsgefangenenlagern verbracht und dort als Mediziner zu helfen versucht. Sein Buch »Grenzen der Sowjetmacht« beeindruckte den Bundeskanzler außerordentlich; Starlinger besuchte Adenauer dann auch in Bonn und berichtete ihm persönlich über die Sowjetunion. (Ebenso interessierte sich Adenauer für Starlingers zweites Buch »Hinter Rußland China«, in dem der Aufstieg Chinas zu einer Großmacht und der Konflikt mit der Sowjetunion vorausgesagt wurde. Starlinger stellte die These auf, daß infolge dieses Konflikts mit den »Gelben« die Russen als »Weiße« wieder näher an Europa heranrücken würden.)

Ich will mit alldem sagen, daß wir damals immun waren gegenüber Angeboten und Einflüssen, die aus der Sowjetunion kamen. Wenn diese von Wahlen und Demokratie redete, hatten solche Worte eine andere Bedeutung als bei uns. Der Osten und der Westen redeten aneinander vorbei, sogar wenn sie dieselben Worte gebrauchten – die Systeme waren unvereinbar. Ich bin oft gefragt worden, ob ich Adenauer nicht von meiner Zeit in Rußland, von meinen Erfahrungen mit der sowjetischen Politik und der Mentalität der Bolschewiki berichtet hätte. Ich war immerhin acht Jahre an der deutschen Botschaft in Moskau tätig gewesen und hatte die meiste Zeit als Offizier im Zweiten Weltkrieg an der Ostfront verbracht. Aber ich habe ihm nicht über Rußland erzählt – er fragte mich nicht danach, und er hatte meinen Bericht auch gar nicht nötig. Adenauers Urteil über Stalin und das sowjetische System war zwar nicht durch eigene

Anschauung geprägt, aber es war richtig. Seine christliche und gesellschaftlich-kulturelle Wertorientierung brachten ihn von allein zu einer richtigen Einschätzung der Sowjetunion.

Es darf schließlich auch nicht vergessen werden, wie vergleichsweise schwach der Westen nach dem Zweiten Weltkrieg auf militärischem Gebiet war. Während die Sowjetunion den hohen Stand ihrer Rüstung und der Einsatzbereitschaft ihrer Divisionen beibehalten hatte, waren die Vereinigten Staaten demobilisiert und England und Frankreich wirtschaftlich erschöpft. Ich habe bei der Erzählung über meine Reise in die Vereinigten Staaten 1948 schon davon berichtet, wie ich Zeuge der denkwürdigen Besprechung zwischen George F. Kennan und den Generalen Gruenther und Norstad im Hause meines Freundes Chip Bohlen wurde. Es ging um die möglichen Reaktionen der USA auf die Machtergreifung der Kommunisten in der Tschechoslowakei. Was können wir tun? fragten sich die Amerikaner, und es stellte sich heraus, daß sie im Grunde gar nichts tun konnten, es sei denn, die Atombombe einzusetzen. Die Vereinigten Staaten hatten ja zu dieser Zeit noch das Atomwaffenmonopol, aber es nützte ihnen nichts, da diese Waffe wegen ihrer grauenhaften Wirkung und der dann endgültigen Zerstörung Europas natürlich nicht eingesetzt werden konnte. In der konventionellen Rüstung waren sie eindeutig unterlegen und hatten zudem den Großteil ihrer Truppen in die Heimat zurückgeführt und ausgemustert. Die USA konnten gar nichts machen, sie mußten die Verwandlung der osteuropäischen Staaten in Satelliten der Sowjetunion hinnehmen.

Aus dieser Erfahrung entsprang dann das Konzept des »Containment«, der Eindämmung oder Begrenzung der Sowjetunion, das eine Idee meines Freundes George Kennan war, den ich seit meiner Zeit als Legationssekretär an der Deutschen Botschaft Moskau kannte. Ich hielt diese Konzeption für ebenso richtig wie Adenauers Orientierung auf die westeuropäische Integration. Das »Roll-back« des amerikanischen Außenministers John Foster Dulles erschien mir dagegen wenig realistisch, das war eher betont kämpferische Rhetorik gegen den Zuwachs an Einfluß und Machtsphäre, den Stalin seit 1940 erreicht hatte. Aber wirklich den Machtbereich Rußlands »zurückzurollen« hätte Krieg bedeutet. Die verantwortlichen amerikanischen Politiker wußten dies sehr wohl und hüteten sich vor einem tatsächlichen »Roll-back«-Versuch.

Es gab 1952 keine Erfahrungen mit einer Entspannungspolitik, es gab nur Erfahrungen mit der Konfrontation zwischen Ost und West – das war für Adenauer wie für uns alle der beherrschende Gegensatz. Und wir hatten Erfahrungen mit der tatsächlichen, tagtäglichen Unterdrückungspolitik des Stalinismus. Das alles muß ein Betrachter, der von heute aus zurückblickt, wissen, wenn er sich das Urteil zutrauen will, es habe sich bei Stalins Note vom März 1952 um eine verpaßte Gelegenheit der westlichen Politik gehandelt. Theodor Eschenburg, der als Staatsrat in Württemberg-Hohenzollern und als Verfassungstheoretiker eine bedeutende Rolle spielte, hat einmal gesagt: Um grundsätzliche politische Entscheidungen verstehen und beurteilen zu können, müsse man »das Atmosphärische« der Situation kennen, in der eine solche Entscheidung jeweils gefällt werden muß. Ich hoffe, daß ich die Atmosphäre jenes Augenblicks überzeugend genug dargelegt habe, um begreiflich zu machen, warum ich damals, wie wir alle im Kanzleramt, die Ablehnung Konrad Adenauers aus vollem Herzen unterstützte.

Auch heute noch, und erst recht heute, wenn ich die Veränderungen betrachte, die seit Gorbatschows Amtsführung im Ostblock vor sich gehen, sage ich, daß Adenauer vollkommen recht hatte, auf eine Neutralisierung Deutschlands nicht einzugehen. Heute wie damals bin ich davon überzeugt, daß es Stalin um nichts anderes ging, als durch ein neutrales Deutschland sein Glacis, seine Sicherheitszone auszuweiten und den Prozeß der europäischen Integration zu zerstören, bevor er richtig begonnen hatte. Mich überzeugt auch der Vergleich mit dem österreichischen Staatsvertrag von 1955 nicht, der zum Abzug der Besatzungstruppen und zu einem freien Österreich führte. Deutschland war nicht in derselben Situation wie Österreich, weil allein schon die Größe, die Bevölkerungszahl und die wirtschaftliche Stärke Deutschlands sich nicht einfach hätten »neutralisieren« lassen. Es gehört meines Erachtens zu den tiefsten Einsichten Adenauers, daß er um die Rolle wußte, die Deutschland, und auch die Bundesrepublik für sich genommen, aufgrund seiner Wirtschaftsmacht in Nachkriegseuropa spielen würde. Er wußte, daß es zu groß und potentiell zu stark war, als daß es ungebunden zwischen den Blöcken hätte »frei schweben« können. Er wußte schließlich auch, daß das Mißtrauen der Westmächte und der Nachbarstaaten gegenüber Deutschland und der deutschen Politik nur wenige Jahre nach dem von Hitler entfesselten noch nicht verschwunden war. Wie hätte das auch möglich sein können nach den Schrecken, mit denen die Nationalsozialisten nicht nur Polen, die Tschechoslowakei und Rußland, sondern auch Belgien, Holland, Frankreich und zum Schluß auch Italien überzogen hatten? Dieses Mißtrauen gegenüber der Bundesrepublik konnte nach Adenauers Überzeugung nur durch konsequente Einbindung in ein westliches Bündnis und in die verschiedenen europäischen Institutionen, die seit 1951 entstanden, allmählich verringert und schließlich beseitigt werden.

Dies war die prinzipielle Linie, alles andere in diesem Zusammenhang halte ich für nebensächlich und für rein geschichtswissenschaftliche Betrachtung im nachhinein, zum Beispiel die immer erneut aufgeworfene Frage, ob es nicht besser gewesen wäre, das Angebot Stalins auszuloten und auf seine Ernsthaftigkeit zu überprüfen. Theoretisch gesehen, wäre das sicherlich besser gewesen; die Unvereinbarkeit der Gegensätze zwischen den Blöcken, so wie sie damals einander gegenüberstanden, wäre bei einem solchen Test wahrscheinlich sogar noch deutlicher geworden, und die Notwendigkeit, sich kompromißlos für den Westen zu entscheiden, wäre dann vielleicht auch für die Kritiker Adenauers besser zu erkennen gewesen. Doch das »Atmosphärische« stand dem entgegen, und wie klug es war, daß Adenauer jeden Verdacht eines neuen »Rapallo« vermeiden wollte, davon konnte ich mich in einem Gespräch mit Charly Thayer und Joe Alsop, dem amerikanischen Kolumnisten, überzeugen. Die Begegnung, an der auch Erich Kordt teilnahm, fand im Hause von Thayer statt. Die Unterhaltung kreiste um die Befürchtung, die beide amerikanischen Freunde äußerten, daß die Bundesrepublik einen neuen Rapallo-Vertrag mit der Sowjetunion anstreben könnte. Auf die Frage von Kordt, ob sie wüßten, was denn eigentlich der Vertrag von Rapallo im Jahre 1922 beinhaltet habe, konnten sie nichts Konkretes antworten. Wir erklärten ihnen die Bedeutung dieses Abkommens, das den gegenseitigen Verzicht auf Forderungen aus der Zeit des Krieges zwischen Deutschland und dem Russischen Reich sowie die Wiederaufnahme der diplomatischen Beziehungen festgelegt hatte. Doch der Argwohn unserer Gesprächspartner, der sich auf die deutsch-sowjetische Zusammenarbeit in den zwanziger Jahren bezog, vor allem auf die Verbindung zwischen der Reichswehr und der Roten Armee, ließ sich nicht leicht zerstreuen.

Wie weitsichtig es war, daß Adenauer jeden Anschein eines Arrangements mit der Sowjetunion auf Kosten der Westmächte vermeiden wollte, kann man heute erst recht ermessen. Das Mißtrauen des Westens gegenüber einem deutschen Sonderweg ist ja nie völlig verschwunden, es ist latent vorhanden geblieben und kommt immer dann von neuem an die Oberfläche, wenn der Eindruck entsteht, ob zu Recht oder zu Unrecht, daß ein Ausgleich mit dem Osten zu Lasten der Westbindung der Bundesrepublik gehen könnte. Wir erleben es gegenwärtig noch einmal bei der Diskussion um die endlich wieder möglich gewordene Vereinigung der beiden Teile Deutschlands, in der von den Nachbarstaaten eindringlich betont wird, daß die Wiedervereinigung die verstärkte Einbindung in Europa und die NATO-Mitgliedschaft auch eines vereinigten Deutschland voraussetze.

Die Tatsache, daß die Vereinigung jetzt möglich geworden ist, bewerte ich als einen späten Triumph für Adenauers Konzeption, die langfristig angelegt war und darauf rechnete, daß der Kommunismus eines Tages in die Krise geraten werde und daß mit einer gewandelten Sowjetunion dann über die deutsche Fragc gesprochen werden könne. Adenauer wußte, daß es ohne die Zustimmung Rußlands niemals eine Wiedervereinigung geben konnte, und er machte sich keine Illusionen, daß mit der Sowjetunion zu Stalins und Chruschtschows Lebzeiten ein wirklich freies und demokratisches Deutschland zu erreichen sei. Aber er rechnete darauf, daß es nicht zu einer Anpassung des Westens an das kommunistische System kommen würde, sondern daß sich irgendwann in der Zukunft die sogenannten sozialistischen Staaten dem westlichen System annähern müßten, weil sie anders nicht würden weiterexistieren können. Genau dies bewahrheitet sich in der Gegenwart. Was in der Zwischenzeit oft genug als »Scheitern der Adenauerschen Deutschlandpolitik« hingestellt worden ist, erweist heute seine Richtigkeit, nämlich eine über den Tag hinausgehende Orientierung und genügend Willensstärke, um so lange zu warten, bis die Sowjetunion sich die Konfrontation und Abgrenzung gegenüber dem Westen aus inneren Gründen nicht mehr leisten konnte.

Ich sagte in den Diskussionen jener Zeit gegenüber deutschen wie ausländischen Gesprächspartnern: »Die Zeit arbeitet für uns, und nicht für die Sowjetunion.« Schon in Moskau hatte unser Freundeskreis die Prognose aufgestellt, daß das kommunistische System nicht länger als hundert Jahre, gerechnet ab 1917, Bestand haben werde, weil es der wirtschaftlichen Vernunft und der menschlichen Natur widersprach. Nur was den Zeitraum betrifft, wurden wir vom Verlauf der geschichtlichen Entwicklung korrigiert, in der Sache nicht.

Reisen nach Paris, Rom und London

Mit den Reisen des Jahres 1951 begann für Konrad Adenauer die diplomatische Arbeit im Ausland. Er fuhr als Bundeskanzler und als Außenminister in einer Person. Zu seinen Begleitern gehörten der Völkerrechtsprofessor Walter Hallstein in seiner Eigenschaft als Staatssekretär des Auswärtigen Amtes und Herbert Blankenhorn. Letzterer war 1948 von Adenauer zum Generalsekretär der CDU in der britischen Zone gemacht worden. Im Bundeskanzleramt hatte er nach Gründung der Bundesrepublik die Leitung des Verbindungsstabes zur Alliierten Hohen Kommission innegehabt. Ich war auf diesen Reisen als Chef des Protokolls dabei. Hallstein wie Blankenhorn gehörten zu den engsten Beratern des Bundeskanzlers, sie wirkten maßgeblich an der Gestaltung der deutschen Außenpolitik mit. Adenauer machte sich manchmal das Vergnügen, wenn man abends zusammensaß, Hallstein und Blankenhorn in einer Diskussion um irgendeine Frage der politischen Konzeption gegeneinander aufzubringen, und mit Erfolg: Die beiden gerieten sich prächtig in die Haare und stritten sich wie Terrier um einen Knochen. Eines Tages wurde das Blankenhorn doch zu langweilig, und er fragte: »Herr Bundeskanzler, warum machen Sie das eigentlich nicht mal mit dem Herwarth?« – »Das kann ich Ihnen leicht sagen«, bekam er zur Antwort, »der Herwarth macht das einfach nicht mit.«

Die erste Auslandsreise führte nach Paris, wo der Vertrag über die Europäische Gemeinschaft für Kohle und Stahl unterzeichnet werden sollte. Die feierliche Zeremonie der Unterzeichnung fand am 18. April 1951 statt, unsere Delegation war aber schon am 11. zu den abschließenden Verhandlungen in Paris eingetroffen, und es blieb ein wenig freie Zeit, um die Stadt zu besichtigen. Für Adenauer war es das erste Mal, daß er die französische Hauptstadt kennenlernte. Er hatte in seinem langen Leben bis dahin überhaupt nur wenige Reisen ins Ausland unternommen, einmal war er zur Zeit der Weimarer Republik in London gewesen und hatte auch die Schweiz besucht. Aber die großen Metropolen der europäischen Kultur kannte er nicht, und so war der Aufenthalt in Paris neben dem politischen Erfolg, den die Vereinbarung über die Montanunion nicht zuletzt für ihn bedeutete, zugleich ein eindrucksvolles persönliches Erlebnis. Der französische Hochkommissar in Bonn, André François-Poncet, war mitgeflogen und zeigte Adenauer die Sehenswürdigkeiten in Paris und Versailles, und der deutsche Generalkonsul Hausenstein, der schon erwähnte Kunsthistoriker, erwies sich als kenntnisreicher Führer durch Schlösser und Kathedralen. Der Bundeskanzler genoß all die neuen Eindrücke und die Spaziergänge durch die Stadt, seine Aufnahmefähigkeit und sein Interesse waren unerschöpflich. Wenn es die Zeit erlaubt hätte, wäre er unermüdlich auf weitere Erkundungstouren gegangen. Nur die strenge Festlegung von Uhrzeit und Ablauf der Besichtigungen störte ihn, er fühlte sich eingeengt und mochte es nicht, daß über seinen Kopf entschieden und über ihn verfügt wurde.

Bei jeder Auslandsreise wollte sich Adenauer in den ersten Stunden gegen die strenge Festlegung des Programms auflehnen. Er sah aber ebenso regelmäßig jedesmal nach kurzer Zeit ein, daß auf andere Weise eine Bewältigung der dicht aufeinanderfolgenden Unterredungen, Empfänge, Pressekonferenzen und Besuche gar nicht möglich war. Auf einer späteren Reise nach Paris versuchte eine Nichte, die ihn bei der Gelegenheit begleitete, den Bundeskanzler aus seiner Abhängigkeit von mir, das heißt vom Terminplan, zu befreien. Adenauer wollte mit ihr auf eigene Faust die Sainte-Chapelle und den Louvre besichtigen. Ohne mich zu verständigen, hatte er direkt die französischen Sicherheitsbeamten gebeten, ihn dorthin zu eskortieren. Der Sicherheitsbeauftragte kam zu mir, um darauf hinzuweisen, daß dies ein sinnloses Unterfangen sei, da beide Stätten montags geschlossen hätten. Ich erwiderte: »Wenn es der Wunsch des Bundeskanzlers ist, so lassen Sie ihn ruhig fahren.« Adenauer kam dann unverrichteter Dinge zurück und meinte, in Zukunft werde er keine selbständigen Unternehmungen mehr starten. Ich gestand ihm nicht, daß ich Bescheid gewußt hatte.

Um keinen falschen Eindruck zu erwecken: Der allergrößte Teil der Zeit des ersten Paris-Besuches verging mit harter Arbeit und langen Sitzungen, um eine endgültige Einigung über noch offen gebliebene Detailfragen der Montanunion zu erzielen. Briefe und Botschaften gingen zwischen Adenauer und dem französischen Außenminister Schuman, dem geistigen Vater des Vertrages, hin und her. Bei einer Gelegenheit wählte der Bundeskanzler den ungewöhnlichen Weg, mich selbst als Boten ins französische Außenamt am Quai d'Orsay zu schicken, um einen Brief an Schuman persönlich zu überbringen. Hallstein protestierte: »Das geht doch nicht! Da schikken wir einen jungen Beamten der Botschaft.« – »Nein, der Herwarth soll rübergehen. Haben Sie nicht bemerkt« – es entging ihm ja nichts –, »als wir das erste Mal im Quai d'Orsay waren, wie der Herr im Frack mit seiner großen Kette Sie gar nicht gesehen hat, Herr Hallstein, und mich auch nicht. Der einzige, den er begrüßt hat, war Herr von Herwarth; also muß der jetzt rübergehen.« Daß dieser Amtsdiener mit Frack und Kette, der jedem Besucher die Tür zum Büro des Außenministers öffnet – eine feststehende Einrichtung –, mich in der Tat als einzigen begrüßt hatte, lag daran, daß er mich von meinen früheren Aufenthalten in Paris her kannte, zum Beispiel als ich mit Kultusminister Hundhammer zur Eröffnung der Pinakothek-Ausstellung gekommen war.

Adenauer hatte es eilig, weil er vor Unterzeichnung des Montan-Vertrages, die für den 18. März nachmittags vorgesehen war, unbedingt eine Antwort Schumans zur Saar-Frage erhalten wollte. Dieses Thema hatte schon während der Verhandlungen über den Beitritt der Bundesrepublik zum Europarat eine Rolle gespielt. Adenauer stellte in seinem Brief fest, daß eine endgültige Regelung der Saar-Frage erst in einem Friedensvertrag erfolgen könne. Dies war auch die Position der Amerikaner, die ich auf Bitten des Bundeskanzlers eruiert hatte. Mir kam dabei zugute, daß Chip Bohlen als Gesandter an der Botschaft der Vereinigten Staaten in Paris arbeitete. Da Chip unter großem Zeitdruck stand, gelang es mir mit Mühe, ihn abends, als er sich gerade umzog, zu erreichen und von ihm die Antwort zu erhalten, die Adenauers Bestrebungen entgegenkam.

Ich nahm mir also ein Taxi, es war bereits der Vormittag des 18. März, kam auch richtig zu dem würdigen Türsteher und sagte: »Ich habe hier einen Brief vom Bundeskanzler für Seine Exzellenz. Könnte ich das Schreiben bitte dem Kabinettschef von Monsieur Schuman übergeben?« Zu meiner Überraschung entgegnete der Türhüter: »Kommen Sie doch gleich mit. Ich muß ohnehin hinein und dem Außenminister Akten vorlegen.« Schuman las den Brief und sagte nur: »Warten Sie bitte, ich will gleich die Antwort schreiben.« Ich nahm den Weg zurück zu Fuß, um das Panorama von der Seine-Brücke zu genießen – wir waren im Hotel Crillon an der Place de la Concorde untergebracht –, und händigte Adenauer die handschriftliche Antwort aus. Er sagte nur: »Na, sehen Sie, Herr Hallstein!« Schumans Brief bestätigte die Auslegung des Bundeskanzlers, daß der Beitritt der Bundesrepublik zur Montanunion nicht als Anerkennung des zwischen Frankreich und dem Saargebiet abgeschlossenen Saarstatuts verstanden werden dürfe.

Wir berieten dann auch das Auftreten des Bundeskanzlers im Kreise der fünf anderen Außenminister. Die Verhandlungen über den Schumanplan waren ja die erste Gelegenheit nach dem Krieg, bei der ein deutscher Regierungschef und Außenminister wieder gleichberechtigt vertreten war. Belgien war durch van Zeeland repräsentiert, Italien durch Graf Sforza, die Niederlande durch Dirk Stikker, den späteren NATO-Generalsekretär, und Luxemburg durch Joseph Bech, der heute zu Unrecht fast vergessen ist, obwohl er eine ganz bedeutende Rolle bei der Gestaltung Europas gespielt hat – kraft seiner Persönlichkeit, trotz der Kleinheit seines Landes. Hallstein und Blankenhorn meinten, Adenauer müsse zur Einführung eine große Rede halten. Ich hielt dagegen, daß es vorteilhafter wäre und besser wirken würde, wenn der Bundeskanzler sich zurückhalten und nur einige Worte über den historischen Augenblick sagen würde, den diese Teilnahme der Bundesrepublik an internationalen Verhandlungen bedeute. »Ach, was, der Bundeskanzler wird eine großartige Rede halten, das ist doch eine gute Gelegenheit«, wendeten seine Berater ein. »Ich bezweifle nicht, daß er eine fabelhafte Rede halten kann, aber ich frage mich, ob das der Augenblick für große Ausführungen ist.« Da sagte Adenauer: »Der Herwarth hat ganz recht. Ich werde nur kurz sprechen.«

Adenauer ging während der ersten Sitzung, die am 12. April nachmittags stattfand, äußerst geschickt vor. Er antwortete auf die Begrüßungsansprachen der anderen Außenminister nicht nur so kurz, wie wir es verabredet hatten, er hielt sich insgesamt taktvoll zurück und griff erst später in die Diskussionen ein. Selbst dann begann er vorsichtig: »Ich bin hier ja der jüngste Außenminister . . .« (nämlich nach Dienstjahren, er hatte erst einen Monat zuvor in der Bundesregierung das Außenministerium übernommen), kokettierte er mit seinen fünfundsiebzig Jahren und bemühte sich, die Erfahrungen seiner Kollegen zu respektieren, indem er sozusagen von einer unteren Ebene begann: »Ich war früher Oberbürgermeister von Köln, und da hatte ich einmal, natürlich in kleinerem Maßstab, mit einem Problem zu tun, das eine gewisse Ähnlichkeit hat mit der Frage, die uns jetzt vorliegt...« Er ließ den anderen Außenministern also der Form nach den Vortritt, und die Anerkennung, die er auf diese Weise gewann, konnte er dann nutzen, als es um die Vertretung deutscher Standpunkte ging, die er im Montanvertrag festgeschrieben sehen wollte.

Die nächste Auslandsreise, acht Wochen später, führte den Bundeskanzler nach Rom, wo Gespräche mit dem italienischen Ministerpräsidenten Alcide de Gasperi und Außenminister Carlo Graf Sforza vorgesehen waren. Auch eine Audienz bei Papst Pius XII. stand auf dem Programm.

Adenauer und de Gasperi dachten und handelten in voller Übereinstimmung und hatten viele gemeinsame Züge. Ich halte sie für die bedeutendsten Staatsmänner ihrer Zeit. Beide waren auch die unbestrittenen Führer ihrer Parteien, die klassenübergreifend waren und deren Wählerpotential sich nicht auf die Katholiken beschränkte. De Gasperi, Ministerpräsident von 1945 bis 1953, wurde das Regieren dadurch erleichtert, daß es noch keine *correnti* (Strömungen beziehungsweise Flügel) innerhalb der Democrazia Cristiana gab. Er war der einzige Ministerpräsident Italiens, der von seiner Richtlinienkompetenz vollen Gebrauch machte. Auch darin ähnelte er dem deutschen Bundeskanzler. Ebenso in folgendem: Obwohl beide gläubige Katholiken waren, wehrten sie sich gegen den Einfluß der Kirche auf die Politik. De Gasperi wandte sich aus verschiedenen Anlässen gegen Einmischungen und Forderungen Papst Pius' XII. Anders als Adenauer hatte der italienische Ministerpräsident mit Graf Sforza einen eigenständigen Außenminister, doch ist es unzweifelhaft, daß es de Gasperi war, der die Außenpolitik gestaltete und bestimmte. Vertraut mit zwei Staaten, mit Österreich-Ungarn und Italien gleichermaßen, und damit aufgewachsen in zwei Kulturen, dachte der italienische Ministerpräsident wie Adenauer europäisch. Im Unterschied allerdings zu Adenauer gingen fast alle führenden Kräfte der

DC, die später die Ministerpräsidenten stellten, aus seiner Lehre hervor, wenngleich keiner den Meister erreichte.

Rom bedeutete für Adenauer, der die Ewige Stadt zum ersten Mal sah, ein ebenso eindrucksvolles Erlebnis wie Paris. Neun Tage hielt sich die deutsche Delegation in Italien auf, vom 14. bis 23. Juni, so daß im Besuchsprogramm genügend Raum blieb, um die Sehenswürdigkeiten Roms und seiner Umgebung zu genießen. Der Kanzler war voller Interesse und Entdeckerfreude und vielleicht noch agiler als gewöhnlich. Diesmal begleitete ihn seine Tochter Lotte, und ich erinnere mich an unseren Besuch der Villa d'Este in Tivoli, bei der auch die Tochter de Gasperis zugegen war. Die beiden jungen Damen verstanden sich gut. Der berühmte Park der Villa d'Este mit ihren Kaskaden war ein angenehmer Aufenthaltsort, denn es wurde schon sehr warm in diesen römischen Junitagen. Adenauer wollte auch mit der Bevölkerung in Kontakt kommen und erklärte zum Schrecken der italienischen Sicherheitsbeamten, am nächsten Tag würde er gerne über den Markt gehen und sich mit den Marktfrauen unterhalten. »Das geht leider nicht«, sagten die Beamten. »Warum nicht?« – »Zu gefährlich. Das sind alles Kommunisten!« – »Ach, dat is mir janz ejal. Als ich Oberbürgermeister von Köln war, habe ich das auch gemacht und habe mich mit den Marktfrauen sehr gut verstanden.« Er bestand auf diesem Ausflug und ließ erst einmal Bonbons und andere Kleinigkeiten für die Kinder einkaufen, um sie zu verteilen. Es wurde ein großer Erfolg, er unterhielt sich glänzend mit den Verkäuferinnen, sie waren begeistert von dem deutschen Bundeskanzler.

Noch bei einer anderen Gelegenheit brachte er die italienischen Gastgeber in Verlegenheit, aber sie lösten das Problem mit bewundernswerter Improvisationsgabe. Für einen Abend war ein Essen draußen in Ostia am Meer vorgesehen, aber an diesem Tag war es besonders heiß gewesen, und Adenauer meinte plötzlich zu dem italienischen Protokollchef, Baron Scammacca: »Wäre es nicht besser, wir würden in die Berge hinauffahren? Da ist es sicher viel frischer.« Das war kurz vor dem Termin, an dem das Diner stattfinden sollte. Ich wandte ein: »Herr Bundeskanzler, es ist doch alles schon vorbereitet, ein Essen für vierzig Personen!« Aber Baron Scammacca stellte sich sofort auf Adenauers Wunsch ein: »Sie haben natürlich vollkommen recht. Wir fahren in die Berge.« Er bewies mir hier wieder, wie entscheidend für einen Protokollchef die Fähigkeit ist, auf die Menschen und ihre Bedürfnisse einzugehen. Ich weiß nicht, wer die Speisen in Ostia gegessen hat, wir fuhren jedenfalls in die Albaner Berge, nach Rocca di Papa. Dort aßen wir ganz ausgezeichnet in einer Osteria unter einer Pergola zu Abend und genossen die kühle, frische Luft. Adenauer ging durch die Straßen, sprach mit den Kindern, und auch hier gab es wieder große Begeisterung.

Auf dem Rückweg, es war inzwischen nach Mitternacht, wollte er den Weg über die Via Appia nehmen, um die antiken Grabmäler zu sehen, wozu sich bisher keine Gelegenheit ergeben hatte. Er war unermüdlich. Wir hatten schon einigen Wein getrunken, redeten Blankenhorn nur noch mit »corno lustro« an und waren in so beschwingter Laune, daß wir unbedingt auf die Tumuli hinaufklettern mußten, und zwar nicht nur wir Jüngeren, auch Adenauer ließ es sich nicht nehmen, einen der grasüberwachsenen Grabhügel zu erklimmen. Mittlerweile war es etwa drei Uhr morgens, da schlug der Kabinettschef des Außenministers, Baron Scola-Camerini, vor, wir sollten doch noch zu ihm nach Hause kommen und einen Kaffee trinken – er wohnte ganz in der Nähe der Via Appia Antica. Adenauer fand das eine gute Idee. Die Kinder von Scola-Camerini wurden geweckt und ihm vorgestellt. Dann fiel dem Bundeskanzler ein, daß er eine Abgeordnete der Democrazia Cristiana noch nicht gesehen hatte, die er unbedingt treffen wollte. Die Dame wurde also von Scola-Camerini aus dem Bett geklingelt und zu Adenauer ins Grand Hotel bestellt. Dann war der Morgen da, und das vorgesehene Programm des Staatsbesuchs lief ab. Ich erzähle diese Episode nur, um anschaulich zu machen, was »der Alte« so alles verkraftete.

Im Anschluß an die politischen Gespräche mit der italienischen Regierung fand der Besuch bei Papst Pius XII. statt. Ich hatte die Begegnung mit Kardinalstaatssekretär Montini, dem späteren Papst Paul VI., vorbereitet und dabei auch den Austausch der Orden besprochen, was zu jedem Staatsbesuch gehört. Ich erklärte dem Bundeskanzler und seiner Tochter die Zeremonie, die sie im Vatikan erwarten würde. Beim Eintritt in das Gemach des Papstes sei es für Katholiken üblich, dreimal das Knie zu beugen. Adenauer meinte: »Das muß ich als Bundeskanzler doch nicht machen«, aber ich wies ihn darauf hin, daß nur Staatsoberhäupter von dieser Geste ausgenommen seien. Im übrigen würde der Papst ihn sicherlich schon beim

Ansatz zur ersten Kniebeuge, mit Rücksicht auf sein Alter, daran hindern. »Wieso, glauben Sie, ich kann das nicht mehr?« Lotte Adenauer wollte sich zuerst weigern, die *ginoflessione* zu machen, und erklärte, sie werde dem Papst auch nicht den Ring küssen – bei Kardinal Frings in Köln tat sie es übrigens wirklich nicht, die anderen Angehörigen der Familie desgleichen. Es kostete mich viel Überredungskunst, sie von ihrer Haltung abzubringen und ihr begreiflich zu machen, daß sie anders nicht zur Audienz mitgehen könnte. Ihre Hoffnung, daß ich bei der Audienz nicht dabeisein würde und sie also nicht beobachten könnte, mußte ich leider zerstören. Zunächst sollten nämlich alle Begleiter des Bundeskanzlers vom Papst empfangen werden.

Nach dem Empfang für die deutsche Delegation zog sich Pius XII. mit Adenauer und seiner Tochter zu einer Privataudienz zurück. Mich hatte Pacellis Persönlichkeit schon beeindruckt, als er noch Nuntius und Doyen des diplomatischen Korps in Berlin war. Bei den Neujahrsempfängen des Reichspräsidenten von Hindenburg tat ich Dienst und hatte Gelegenheit, ihn aus der Nähe zu beobachten. Seine Ansprache hielt er in geschliffener Form in fehlerfreiem Deutsch. Dieses Mal sprach er als Papst persönlich zu mir, und wieder stand ich unter dem Eindruck seiner überragenden Persönlichkeit. Ich mußte an meine Frau denken, die mir eines der größten Erlebnisse ihrer Kindheit erzählt hatte. 1922 – sie war zehn Jahre alt – nahm Pacelli, damals noch Nuntius in München, an der Fronleichnamsprozession in Bamberg teil. Mit ihren Eltern beobachtete sie die Feierlichkeiten von einem Fensterplatz der Neuen Residenz gegenüber dem Dom. Die Prozession kam aus dem Dom und bewegte sich dicht an der Residenz vorbei. Sie ergriff die Hand ihres Vaters und fragte ihn ganz aufgeregt, ob die Gestalt an der Spitze des Zuges ein Mensch dieser Welt sei oder ein höheres Wesen. Der edle Kopf, die vornehme Gestalt und der ernste, innige Ausdruck seines Gesichtes verschlugen ihr den Atem. Als ich jetzt vor dem Papst stand, konnte ich die damaligen Empfindungen meiner Frau nachfühlen und gut verstehen. Seine erhabene Erscheinung schlug auch mich in den Bann.

Es folgte eine Besichtigung der Peterskirche und der Ausgrabungen unter dem Petersdom, die von Prälat Kaas, dem führenden Zentrumspolitiker der Weimarer Republik, geleitet wurde. Adenauer traf auch mit Pater Leiber, dem Beichtvater des Papstes, zusammen. Wir konnten sodann die Vatikanischen Museen, die Sixtinische Kapelle und die von Raffael ausgemalten Stanzen sehen, ebenso die päpstliche Sommerresidenz Castelgandolfo, wo wir vom Ehepaar de Gasperi geführt wurden und Einlaß in die sonst gesperrten Gärten erhielten. Der Bundeskanzler war überhaupt ein großer Kunstliebhaber und -kenner und nutzte den Aufenthalt in Rom dazu, soviel wie möglich aus der großen Vergangenheit der Stadt kennenzulernen: das Forum, die Villa Hadriana, die Kirchen, die Kapitolinischen Museen, die Katakomben an der Via Appia.

Die italienische Seite gab sich außerordentliche Mühe, den Besuch festlich zu gestalten. Die Empfänge fanden in den prächtigsten römischen Palästen statt, in der Villa Madama, der Villa Farnesina und im Palazzo Barberini. Angesichts dieser Pracht wurde uns die ganze Armut Bonns bewußt. Ich erinnere mich noch besonders an einen Besuch bei der Fürstin Pallavicini in ihrem wunderbaren Palast gegenüber dem Quirinal, wo sie Adenauer durch ihre Gemäldegalerie führte. Die Ausgestaltung des Besuchsprogramms ließ die Absicht der italienischen Regierung erkennen, trotz der Schatten der Vergangenheit mit der neuen deutschen Demokratie zusammenzuarbeiten und das gemeinsame Ziel der europäischen Integration voranzubringen.

Einen tiefen Eindruck machte auf uns der Besuch beim Großmeister des Malteser Ritterordens in der Via Condotti. Der Orden hatte eine, allerdings eingeschränkte, Souveränität, und der Großmeister, obwohl italienischer Staatsangehöriger, wurde als Staatsoberhaupt anerkannt. Damals war es der Fürst Chigi-Albani. In Deutschland war aufgrund eines Gutachtens, das der Völkerrechtler Professor Kaufmann ausgearbeitet hatte, die Souveränität des Malteserordens anerkannt worden, und der Orden verfügte über eine diplomatische Vertretung in der Bundesrepublik, allerdings nicht mit den gleichen Rechten wie die Vertretungen von Staaten. Das ergab nach 1945 den Vorteil, daß wir in der Bayerischen Staatskanzlei eine große Zahl von ungarischen Flüchtlingen mit Malteser-Pässen nach Amerika hatten bringen können.

Die Fülle der Veranstaltungen und Besichtigungen hatte mich vollkommen erschöpft, und ich war froh, daß ich auf meine abschließenden Verpflichtungen in Rom verweisen konnte, als der Kanzler mit dem Auto zur Rückfahrt in Richtung Bad Reichenhall aufbrechen wollte. Während ich noch dafür sorgte, daß die Dankgeschenke und -briefe an ihre Empfänger verteilt wurden, die Rosen, die Photographien mit Widmung, die Zigarettenetuis – jeweils nach Rang abgestuft –, fuhr Adenauer mit einer anderen Begleitung nach Deutschland zurück. In Reichenhall sollte eine Parteiversammlung der CSU stattfinden, und dort wollte er zu den Delegierten sprechen. Er konnte nicht genug Sehenswürdigkeiten besuchen und nahm den Weg über Spoleto nach Assisi, wo er die weltberühmte Doppelkirche des hl. Franziskus bewunderte. In Perugia schaute er kurz den Hauptplatz an und übernachtete in Florenz, wo er am nächsten Morgen im Eiltempo vom Baptisterium bis zu den Uffizien all das Großartige besichtigte, was man in Florenz gesehen haben muß. An diesem Abend schaffte es seine Wagenkolonne noch bis Sirmione am Gardasee. Am 23. Juni ging es über den Brenner nach Innsbruck, wo Adenauer den Tiroler Landeshauptmann sprach und noch schnell in die Hofkirche hineinschaute, um nachmittags in Bad Reichenhall einzutreffen, wo er sich sogleich in die deutsche Politik stürzte. Ich weiß nicht, wie ich, der dreißig Jahre jünger war als der Kanzler, diese Fahrt überstanden hätte.

Die letzte Auslandsreise des Jahres 1951 unternahm Adenauer im Dezember, um in London Winston Churchill zu treffen, der kurz zuvor wieder ins Amt des Premierministers gelangt war. Der Besuch dauerte fünf Tage, das Besichtigungsprogramm war dementsprechend weniger ausgedehnt als in Paris und Rom, dennoch konnten wir die wichtigsten Sehenswürdigkeiten Londons in Augenschein nehmen und auch eine Fahrt nach Oxford machen, wo wir von Rüdiger von Pachelbel durch die Universität geführt wurden. Er studierte in diesen Jahren in Oxford. In meiner Zeit als Botschafter in London gehörte er zu meinen Mitarbeitern. Bei den politischen Gesprächen – eine Durchschrift der Aufzeichnungen darüber befindet sich in meinem Besitz – ging es Adenauer vor allem darum, die Situation Deutschlands unter dem Druck der Sowjetunion sowie sein Konzept der europäischen Integration darzulegen. Großbritannien stand ja zu diesem Zeitpunkt noch außerhalb Europas, es war am Schuman-Plan und an den Vorbereitungen beteiligt. Englands Orientierung war nicht vorrangig auf den Kontinent gerichtet, es hatte Interessen überall auf der Welt, besaß noch Kolonien und war dem Commonwealth verpflichtet. Bezeichnend für das Verständnis von der Rolle Großbritanniens war Churchills Antwort auf Adenauers Schilderung der sowjetischen Versuche, Deutschland von der Integration in das neue Europa fernzuhalten. Wie es seine Gewohnheit war, stellte er die Lage als außergewöhnlich ernst und »noch nie so schlecht wie jetzt« dar; Stalin versuche die Bundesrepublik mit Hilfe der KPD zu unterminieren, der erhebliche Geldmittel zum Zweck der Destabilisierung zuflössen. »Sie können beruhigt sein«, erwiderte der Premierminister, »Großbritannien wird immer *an der Seite Europas* stehen.« – »Herr Premierminister, da bin ich ein wenig enttäuscht, England ist *ein Teil Europas*«, erwiderte der Bundeskanzler. Zu dieser Zeit war es ihm darum zu tun, England möglichst eng mit den Staaten auf dem Kontinent zu verbinden, wenngleich das Zusammengehen Deutschlands mit Frankreich für ihn sicherlich immer das Kernstück seines außenpolitischen Konzepts blieb. »Mit Europa, aber nicht in Europa« – das war damals noch die britische Position. »Wir gehen mit, ohne dasselbe zu sein«, formulierte es Außenminister Eden. Englands Denken war im Hinblick auf Europa immer noch vom Gedanken des Gleichgewichts der Kräfte, der *balance of power*, geprägt. So entgegnete Churchill, und das war wiederum bezeichnend, auf Adenauers Ausführung über die deutsch-französische Zusammenarbeit: »Deutschland ist stärker als Frankreich. England muß das Gleichgewicht herstellen. Auf diese Weise wird Großbritannien zur Stabilität auf dem Kontinent beitragen.« Im übrigen unterstützte der Premierminister aus vollem Herzen die deutsch-französische Verständigung und entwickelte sogar eine Vision: Ein französisches und ein deutsches Infanterieregiment – »denn die Infanterie ist die Königin der Waffen«, wie er sich ausdrückte – stehen sich gegenüber. Der deutsche Regimentskommandeur bittet den französischen Oberst, die Front des deutschen Regiments abzuschreiten. Dazu spielt die deutsche Musikkapelle die Marseillaise. Danach bittet der französische Kommandeur den deutschen, die Front des französischen Regiments abzuschreiten. Dazu spielt die französische Kapelle – »ja, was ist Ihre Nationalhymne? Die Wacht am Rhein«. Das war einerseits unfreiwillig komisch, andererseits gar nicht so unzutreffend, denn die französischen Besatzungstruppen standen ja tatsächlich am Rhein und hielten die Wacht – diesmal zum Schutz Deutschlands. Churchills Vision, die uns im Jahre 1951 äußerst kühn erschien, nachdem Deutschland zum zweiten Mal in diesem Jahrhundert einen Krieg gegen Frankreich verloren hatte, sollte sich ein Jahrzehnt später tatsächlich bewahrheiten. Das war beim Besuch Adenauers in Frankreich 1962 in Reims, als in Mourmelon eine deutsche neben einer französischen Division stand und Staatspräsident de Gaulle mit Adenauer gemeinsam die Front abfuhr. Danach gingen sie in die Kathedrale von Reims zum berühmt gewordenen gemeinsamen Gottesdienst – das Symbol der Aussöhnung zwischen beiden Ländern.

Adenauer erhielt bei dieser Unterredung in Downing Street No. 10 am 4. Dezember 1951 eine Zusicherung, an der ihm außerordentlich gelegen war. Churchill und Eden betonten mehrmals, daß England bei einem möglichen Ausgleich mit der Sowjetunion nicht auf Kosten Deutschlands handeln werde, sondern nur im Einverständnis mit der Bundesrepublik. »Wir werden euch nicht verraten«, versicherte Churchill. »Wir werden die Bundesrepublik nicht preisgeben, um Frieden mit Rußland zu erlangen«, ergänzte Anthony Eden. Nur ein einiger, starker Westen könne die Sowjetunion vielleicht zu einem Einlenken in der Frage der Wiedervereinigung bewegen. »Die Sowjets fürchten unsere Freundschaft mehr als unsere Feindschaft«, meinte Churchill. »Der Kontakt mit uns würde ihren Zusammenbruch herbeiführen. Die Berührung der Bevölkerung mit dem Westen würde das Ende des Systems herbeiführen.« Auch dies war eine Einschätzung, die die deutsche Delegation stark beeindruckte. Dann nahm sich Churchill eine Zigarre und sagte, während er sie anzündete: »Übrigens, die letzte Zigarre, die ich von einem Deutschen bekommen habe, die hat mir Kaiser Wilhelm II. gegeben.« Adenauer gab mir unauffällig einen Fußtritt, um mich daran zu erinnern, daß wir von einem deutschen Zigarrenfabrikanten eine spezielle Anfertigung für Churchill bekommen hatten. Die Kiste, die wir im Hotel gelassen hatten, wurde geholt und dem Premierminister überreicht, der sie mit Kennermiene begutachtete.

Am Rande des Staatsbesuches in England passierte etwas, das mich wieder einmal in meiner Auffassung von der Bedeutung persönlicher Beziehungen in der Politik bestärkte. Adenauer erhielt Besuch von zwei Botschaftern, die später beide Generalsekretär der NATO wurden: Es waren der holländische Botschafter Stikker und der italienische Botschafter Brosio. Sie hatten, ebenso wie die anderen Missionschefs in London, eigentlich keine besondere Veranlassung, den deutschen Bundeskanzler aufzusuchen, dennoch machten sie ihm ihre Aufwartung im Hotel Claridge's, aus Höflichkeit und Achtung. Adenauer hat ihnen diese Geste nie vergessen, und bis zu seinem Tode hat ihn eine enge Freundschaft vor allem mit Stikker verbunden. Wenn er in Schwierigkeiten steckte und nicht wußte, was er tun sollte, beriet er sich mit ihm.

In späteren Jahren, vor allem nachdem de Gaulle 1958 Staatspräsident geworden war, zeigte sich mit größerer Klarheit, wie sehr doch Konrad Adenauer einer europäischen Einigung mit Deutschland und Frankreich im Zentrum den Vorrang gab. Da stand er stark im Banne de Gaulles und trug dessen Politik mit, England vorerst aus der EWG herauszuhalten, um die geplante politische Union nicht zu gefährden. Daß er sogleich nach dem Scheitern der Brüsseler Verhandlungen über den Eintritt Großbritanniens im Januar 1963 den sogenannten Elysée-Vertrag über die deutsch-französische Zusammenarbeit mit de Gaulle in Paris unterzeichnete, trug ihm harte Kritik ein. Da war Adenauer auch schon sehr alt, und vielleicht erkannte er nicht mehr die Notwendigkeit einer Ausweitung der Europäischen Gemeinschaft, sondern sah darin, jedenfalls zum damaligen Zeitpunkt, eher eine Gefährdung seines Lebenswerkes, nämlich der Überwindung des alten Gegensatzes zwischen Deutschland und Frankreich. In Wahrheit wäre es die Krönung seines politischen Wirkens gewesen, de Gaulle davon zu überzeugen, daß ohne England eine Europäische Union Stückwerk bleiben mußte.

Es ist schwer zu erklären, warum ihm England letztlich nicht in dem gleichen Maße »lag« wie Frankreich. Die britische Mentalität stand ihm ferner als die französische. Nach meinem Eindruck irritierte ihn die in sich ruhende Selbstsicherheit der englischen politischen Klasse. Solche Vorlieben oder Abneigungen haben durchaus ihre Auswirkungen auf die Politik. Als ich Botschafter in London war, gab es des öfteren Meinungsverschiedenheiten zwischen Adenauer und mir, wenn ich die englische Position schilderte. Einmal sagte er: »Sie sind überhaupt kein deutscher Botschafter, Sie sind ein englischer Botschafter.« Ich entgegnete: »Wenn es wirklich so wäre, Herr Bundeskanzler, dann wäre das eine alte Herwarthsche Tradition. Ein Herwarth war unter William und Mary englischer Gesandter bei den Eidgenossen. Aber im übrigen versuche ich nur, Ihnen die Lage und die Standpunkte der britischen Politik so darzulegen, wie sie objektiv sind.« Ich vertrat auch persönlich den Standpunkt, und ebenso mein Nachfolger als deutscher Botschafter in London, Hasso von Etzdorf, daß Europa nicht noch einmal geteilt werden dürfe. Nachdem schon die Trennlinie zwischen West und Ost den Kontinent durchschnitt, durfte es im freien Teil Europas nicht eine zweite Grenze geben, die Großbritannien von der Mitwirkung am europäischen Einigungsprozeß ausschloß. »Ich handele genau nach der Devise, die Sie Churchill seinerzeit dargelegt haben: England steht nicht an der Seite Europas, es ist ein Teil Europas.« Da guckte er mich ganz irritiert an und sagte: »Sie werden noch einmal ins Fegefeuer kommen, wenn Sie mir immer widersprechen.« Ich wandte ein, daß ich protestantisch sei. »Jetzt habe ich aber doch das letzte Wort«, versetzte Adenauer. »Ihre Tochter ist katholisch, die wird Sie vor Ihrem Tode noch zum rechten Glauben bekehren.«

Dabei war Adenauer zu Anfang äußerst reserviert gegenüber de Gaulle gewesen. Als diesem 1958 von der französischen Nationalversammlung die Regierung übertragen wurde und als er 1959 mit starken Vollmachten Präsident der Fünften Republik wurde, sah Adenauer in de Gaulle nur einen konservativen General, von dem für die Zukunft nicht viel zu erhoffen sei. Es war ironischerweise der britische Premierminister Macmillan, der den Bundeskanzler davon zu überzeugen versuchte und ihn regelrecht drängte, den neuen Präsidenten Frankreichs aufzusuchen. Adenauer verspürte wenig Neigung dazu. »Sie müssen als erster gehen, Sie müssen ihn aufsuchen, selbst wenn de Gaulle viel später ins Amt gelangt ist als Sie«, beschwor Macmillan den Kanzler. »Vergessen Sie nicht: Entscheidend ist, daß Sie sich mit Frankreich verständigen; und vergessen Sie auch nicht, daß Deutschland den Krieg verloren hat. Deshalb müssen Sie als erster auf de Gaulle zugehen.« Jahre später, als de Gaulle und Adenauer ihre enge Partnerschaft eingegangen waren, die sich zuungunsten Englands auszuwirken begann, meinte Macmillan zu Adenauer lächelnd: »Ich bedauere, Herr Bundeskanzler, daß Sie meinen damaligen Rat etwas zu weitgehend befolgt haben.«

Am 8. September 1952 fand die erste Sitzung des Ministerrates der Europäischen Gemeinschaft für Kohle und Stahl in Luxemburg statt. Die Vorbereitungen lagen bei mir, es war, was das Protokoll betrifft, eine schwierige Aufgabe. Nach dem französischen Alphabet führte die Bundesrepublik den Vorsitz, und wir waren also, gemeinsam mit den Luxemburgern, verantwortlich für die protokollarische Seite der Eröffnungssitzung. Es durfte niemand bevorzugt oder benachteiligt werden. Zu dem Essen, das der Bundeskanzler im Hotel Brasseur gab, waren die luxemburgische Regierung und von den Mitgliedstaaten die Außenminister und die Wirtschaftsminister geladen, ebenso die Mitglieder der Hohen Behörde der Montanunion, des ersten Regierungsorgans, das supranationale Befugnisse innehatte; schließlich noch die bei der luxemburgischen Regierung akkreditierten Gesandten. Mit meinem Mitarbeiter Axel Herbst, einem besonders begabten jungen Diplomaten, überlegte ich, wie das Problem zu lösen wäre. Die Vertreter der anderen Delegationen sprachen schon untereinander davon, daß die Deutschen die Fragen der Rangordnung und der Plazierung wohl nicht bewältigen würden. Wir kamen auf den Gedanken, runde Tische aufstellen zu lassen, diese wurden nicht numeriert und mit Blumen in verschiedenen Farben geschmückt. An jeden dieser Tische setzten wir je einen Vertreter der Hohen Behörde, der luxemburgischen Regierung, einen Außen- und einen Wirtschaftsminister. Bei einem runden Tisch läßt sich ja nicht sagen, wer oben sitzt. Die ausländischen Delegierten fanden keinen Grund zur Beschwerde. Manche hatten sich wohl schon gefreut, daß sie uns aufs Kreuz legen könnten.

Am gleichen Ort und zur selben Zeit fand auch die Unterzeichnung des deutsch-israelischen Wiedergutmachungsabkommens statt. Dafür war, wie oft in der Geschichte, mit Bedacht ein neutraler Ort gewählt worden. Israel war vertreten durch Außenminister Mosche Scharett. Um jede Unannehmlichkeit beim Eintritt in den Saal, in dem die Unterschriften geleistet werden sollten, zu vermeiden, hatten wir einen Saal mit zwei Eingängen im Stadthaus gefunden. Adenauer und Scharett konnten also gleichzeitig hereinkommen.

Anschließend fuhren wir nach Straßburg zu einer Sitzung des Europarates. Seit August 1950 war die Bundesrepublik assoziiertes

Mitglied dieser überstaatlichen Organisation, seit Mai 1951 Vollmitglied. Ich begleitete Adenauer auf allen seinen Reisen nach Straßburg, wenn er in seiner Eigenschaft als Außenminister am Ministerkomitee des Europarates teilnahm. Wir wohnten dort immer im Maison Rouge an der Place Kléber, einem alten Hotel, das ich aus meiner Jugend kannte. Damals war das Elsaß deutsch gewesen, und das Hotel führte den Namen Rotes Haus. Es gab in den frühen fünfziger Jahren noch nicht viele Unterkunfts- und Tagungsmöglichkeiten in Straßburg. Die Stadt war auf die internationalen Behörden und die Vielzahl der Beamten und Diplomaten noch nicht eingestellt. Beim ersten Mal hatten wir deswegen in Baden-Baden im Hotel Brenner übernachtet und dann die Grenze überschritten. Adenauer hielt sich gerne in Straßburg auf, er liebte diese alte und schöne Stadt sehr. Er pflegte in Straßburg in die Messe zu gehen. Von den Franzosen wurde er besonders zuvorkommend behandelt. Der Bürgermeister lud ihn ein, ebenso der Kommandierende General, der in einem schönen alten Palais residierte. Den Bundeskanzler dorthin zu begleiten machte mir besondere Freude, weil in diesem Palais vor dem Ersten Weltkrieg ein Onkel von mir, Anton von Herwarth, als Kommandierender General residiert hatte. Ebenso kannte ich noch aus meiner Jugend das beste Restaurant der Stadt, »Valentin«, in das mich meine Eltern vor dem ersten großen Krieg des öfteren geführt hatten. Mein Vater hatte in Baden einen Besitz gehabt, in Oberkirch, von dort aus waren wir, ohne eine Grenze überschreiten zu müssen, nach Straßburg gefahren. Die Einrichtung des »Valentin« war noch genauso geblieben, wie ich sie in Erinnerung hatte, mit Plüsch und alten Lampen. Damals hatten im »Valentin« die deutschen Offiziere und Beamten verkehrt, jetzt taten es die französischen.

Beim Beitritt der Bundesrepublik als Vollmitglied im Mai 1951 war auch der Vertreter des Saargebietes, Johannes Hoffmann, anwesend. Das Saarland war assoziiertes Mitglied des Europarates, wurde aber von der Bundesrepublik selbstverständlich nicht als eigenständiger Staat anerkannt. Im Gegenteil hatte Adenauer die Wirtschafts- und Währungsunion des Saargebietes mit Frankreich im Bundestag als schleichende Annexion bezeichnet und Rechtsverwahrung gegen die zwölf Konventionen von 1950 eingelegt. Dementsprechend nahm die deutsche Delegation von Ministerpräsident Hoffmann offiziell keinerlei Notiz, nicht einmal eine gegenseitige Begrüßung fand statt.

Ich versuchte, die unerfreuliche Atmosphäre etwas aufzulockern, indem ich auf ein Mitglied von Hoffmanns Delegation zuging, den ich als Offizier im Krieg kennengelernt hatte. »Die Sache ist doch zu dumm, lassen Sie uns ein Glas Wein zusammen trinken«, schlug ich ihm vor. Er willigte ein. Damit schlug ich die erste Brücke auf der menschlichen Ebene zwischen beiden Delegationen.

Ich rechnete damit, daß das Saargebiet eines Tages wieder zu Deutschland kommen werde. Die Saarfrage war mir aus der Anfangszeit meiner diplomatischen Tätigkeit vertraut, als ich unter Staatssekretär Ernst von Simson in Paris im Auswärtigen Dienst angefangen hatte. Simson leitete 1929/30 eine Kommission, die mit Frankreich über eine vorzeitige Rückgliederung des Saarlandes verhandelte. Die Verhandlungen blieben ohne Ergebnis. Ich wußte auch, daß Hoffmann nach dem Ersten Weltkrieg zu jenen gehört hatte, die für die Rückkehr der Saar nach Deutschland eingetreten waren, und daß er sich nach Hitlers Machtergreifung für den Status quo ausgesprochen hatte, um das Land nicht unter die nationalsozialistische Diktatur fallen zu lassen. Er mußte dann nach Frankreich auswandern. Lorscheider – so hieß der Kriegskamerad, mit dem ich den Kontakt angeknüpft hatte – wurde nach der Rückkehr des Saarlandes zur Bundesrepublik 1955 wieder deutscher Beamter.

Mit Adenauer in den USA, in Griechenland und der Türkei

Den Höhepunkt der frühen Staatsbesuche Konrad Adenauers bildete zweifellos die Reise in die Vereinigten Staaten im April 1953, der sich ein Besuch beim kanadischen Premierminister St.-Laurent anschloß. Mit insgesamt drei Wochen Dauer war es ein außergewöhnlich umfangreiches und vielseitiges Programm. Allein die Tatsache, daß der Kanzler der Bundesrepublik von der Regierung des mächtigsten der westlichen Siegerstaaten eingeladen war, konnte als Zeichen des gewachsenen Vertrauens gelten. Vor Adenauer war überhaupt noch kein deutscher Regierungschef in den USA gewesen. Es war dem Bundeskanzler daran gelegen, seine unbedingte prowestliche Haltung auch in Amerika zu verdeutlichen. Damals war die Europäische Verteidigungsgemeinschaft EVG stark im Gespräch; ebenso die instabile Lage in der Sowjetunion nach Stalins Tod.

Neben den Unterredungen mit der amerikanischen Regierung, mit dem Präsidenten und dem Außenminister an der Spitze, wollte Adenauer seine Standpunkte zur Einbindung der Bundesrepublik in die Europäische Gemeinschaft, zur Zukunft Deutschlands und zum Verhältnis zwischen Ost und West vor möglichst vielen einflußreichen Gremien erläutern. Zu maßgeblichen Kreisen der Wirtschaft, der Medien und des Geisteslebens zu sprechen hatte in den Vereinigten Staaten schon damals eine hervorragende Bedeutung. Wir bereiteten deshalb den Besuch von deutscher Seite aufs sorgfältigste vor und arrangierten zahlreiche Begegnungen mit Presseklubs, Ansprachen in den führenden Universitäten des Landes und Einladungen von Persönlichkeiten, deren Stimme in der amerikanischen Öffentlichkeit Gewicht besaß.

Als Chef des Protokolls lag die Festlegung des Programms in meiner Verantwortung. Zunächst versuchte ich, mit dem deutschen Geschäftsträger in Washington, Heinz Krekeler, telephonisch Verbindung aufzunehmen, um über den Ablauf zu sprechen. Das gelang jedoch nicht, die Telephonleitungen funktionierten damals über den Atlantik noch nicht so gut. Krekeler bat mich, angesichts der Bedeutung dieser Reise selbst nach Amerika zu kommen, damit wir den Besuch in allen Einzelheiten vorbereiten könnten. Ich flog also mit meiner Sekretärin Ruth Larraß nach New York, sie mit einer regelmäßigen Passagiermaschine, während ich ein amerikanisches Militärflugzeug benutzen konnte. Es war, nach der vom Moral Re-armament organisierten Reise im Jahr 1948, mein zweiter Besuch in Amerika. In New York suchte ich sogleich John McCloy auf, den ehemaligen Hohen Kommissar der USA in Bonn. Nach Unterzeichnung der Deutschland-Verträge war er 1952 in seine Heimat zurückgekehrt. Sein Nachfolger war James Conant, der dann Adenauer bei dessen Ankunft mit der »United States« am Pier begrüßte. McCloy war inzwischen Präsident der Chase National Bank. Die Größe und Ausstattung des Gebäudes beeindruckten mich tief. McCloy erwies sich als äußerst hilfreich, indem er mir die Themen nannte, die die amerikanische Öffentlichkeit in Hinsicht auf Deutschland interessierten, und empfahl, daß Adenauer in seinen Reden darauf eingehe. Ebenso gab er gute Ratschläge für die Führung der Gespräche zwischen dem Bundeskanzler und Präsident Eisenhower. Wir wohnten im Hotel Waldorf Astoria und nahmen auch die Suite in Augenschein, die für Adenauer bestimmt war. Ich bat meine Sekretärin, beim deutschen Generalkonsul in New York, Riesser, anzurufen, um mit ihm ein Treffen zu verabreden. Frau Larraß legte sich auf das Bett, nahm den Hörer und begann zu telephonieren. Ich war müde und abgespannt vom Flug und wies sie nicht gerade höflich zurecht: »Was fällt Ihnen ein, sich in das Bett des Bundeskanzlers zu legen!« – »Der liegt ja gar nicht drin«, gab sie zurück. Wir lachten beide, und die Situation war bereinigt.

Ich flog weiter nach Washington, wo ich mich rasch mit Heinz Krekeler anfreundete, der, ein ausgezeichneter Vertreter Deutschlands in Amerika, überall im Lande herumreiste und in Vorträgen über die Verhältnisse bei uns informierte. Für die Vorbereitung des Staatsbesuchs kam mir auch zugute, daß Brewster Morris, früher Mitarbeiter der Alliierten Hohen Kommission in Bonn, jetzt im State Department arbeitete und meine Aufgabe sehr erleichterte.

Am 1. April schiffte sich Adenauer mit seiner Begleitung – Staatssekretär Hallstein, seinem persönlichen Referenten Kilb, seiner Tochter Lotte und mir – in Le Havre auf dem Dampfer »United States« ein. Das Wetter war schon in Le Havre sehr schlecht, und während der Überfahrt gerieten wir in heftige Stürme und hohen Seegang. Die »United States« war auf Schnelligkeit gebaut, außerordentlich lang und schmal; das führte dazu, daß sie bei hohem Seegang sich nicht nur nach den Seiten neigte, sondern auch vom Bug zum Heck schlingerte. Das Schiff war im Krieg als Truppentransporter umgebaut worden, die Kabinen waren also sehr geräumig, weil sie zwanzig Mann Platz geboten hatten. Meine Kabine kam mir vor wie ein Empfangssaal, eigentlich wunderbar, aber ich hatte nichts, woran ich mich festhalten konnte, um darin umherzugehen. Es wurden dann Seile gespannt, womit das Gehen schon leichter fiel. Ich hielt mich auch beim Rasieren daran fest, um mir nicht das Gesicht zu zerschneiden. Die beiden Sekretärinnen fielen wegen Seekrankheit aus. Adenauer litt nicht unter dem Wellengang, er arbeitete konzentriert an seinen Reden. Wir fanden glücklicherweise einen deutschen Steward, der Schreibmaschine schreiben konnte; er half uns, die Reden des Bundeskanzlers zu tippen. Ich versuchte, die Journalisten bei Laune zu halten und sie mit Informationen zu versorgen – viel gab es nicht zu berichten –, und sorgte auch dafür, daß sie von Bord der »United States« schon kabeln konnten.

Bei der Ankunft in New York am 6. April wurde die erste Pressekonferenz noch auf dem Schiff abgehalten. Pressesprecher Felix von Eckardt hatte sich übrigens geweigert, auf der »United States« mitzufahren. Da er ein Feinschmecker war, hatte er es erreicht, mit der luxuriösen »France« vorauszufahren, wo er die französische Küche genießen konnte. Zur Pressekonferenz kam er rechtzeitig an Bord unseres Schiffes. Daß nicht gewartet wurde, bis der Kanzler an Land gegangen war, zeigt schon, wie knapp das Besuchsprogramm kalkuliert war und wie dicht gedrängt die Veranstaltungen in den nächsten zehn Tagen aufeinanderfolgen sollten. Trotzdem schaffte er es, gleich am ersten Tag einen Abstecher ins Metropolitan Museum zu machen, traf dann den ehemaligen Präsidenten Herbert Hoover und anschließend McCloy, dessen Frau, eine geborene Zinßer, entfernt mit Adenauers zweiter Frau, der verstorbenen Gussie, verwandt war. McCloy wiederholte seine Empfehlungen, wie sich der Bundeskanzler bei den Gesprächen mit Präsident Eisenhower verhalten sollte, gab zum Teil neue Ratschläge und Präzisierungen, desgleichen für die Reden, die zu halten waren. Das führte dazu, daß die Manuskripte umgeschrieben werden mußten. Alexander Böker und andere hatten viel Mühe damit. Böker war über die Dienststelle für auswärtige Angelegenheiten ins Bundeskanzleramt gekommen und dort Mitarbeiter Blankenhorns geworden. So gehörte er jetzt ebenfalls der deutschen Delegation an. Blankenhorn selbst war übrigens nicht dabei.

Am nächsten Tag brachte uns ein Flugzeug der amerikanischen Regierung in die Hauptstadt Washington, wo wir von Vizepräsident Nixon, Außenminister Dulles, Finanzminister Humphrey und Verteidigungsminister Wilson empfangen wurden. Die deutsche Delegation war im Blair House untergebracht, dem Gästehaus der Regierung, gegenüber dem Weißen Haus. Hallstein stellte seine Schuhe vor die Tür, in der guten alten deutschen Erwartung, daß sie geputzt werden würden. Am nächsten Morgen fand er sie nicht mehr vor. Sie waren vom Personal für alte Schuhe gehalten und weggeworfen worden. Ich mußte ihm mit einem Paar von mir aushelfen, Felix von Eckardt hatte eine Story für die Presseleute, und Hallstein bemühte sich, in meinen ihm viel zu großen Schuhen möglichst würdevoll aufzutreten. Denn an diesem Mittag fand der erste Besuch bei Eisenhower statt. Der Präsident war erst seit Januar im Amt und hatte zur

Unterstützung des Gesprächs verschiedene Notizzettel bei sich: die einen für seine Fragen, die anderen als Antworten auf mögliche Fragen Adenauers. Auch während der Unterredung steckten ihm seine Berater noch Zettel zu, um ihn mit Argumentationen zu versorgen. Das zeigte, daß der ehemalige Oberkommandierende der NATO noch nicht so ganz mit allen politischen Problemen vertraut war.

Am folgenden Tage machte Adenauer seine Reverenz bei den Nationalheiligtümern der Amerikaner. Wir fuhren nach Mount Vernon hinaus, zum Grabe des ersten Präsidenten George Washington. Danach wurde ein Kranz niedergelegt am Grabmal des Unbekannten Soldaten auf dem Heldenfriedhof Arlington. Es folgte ein Besuch des Capitols und beider Häuser des Parlaments. Vizepräsident Nixon machte auf uns einen außergewöhnlich guten Eindruck, indem er uns mit großer Kenntnis und Klarheit die Befugnisse und die Arbeitsweise des Senats erklärte. Über das Repräsentantenhaus informierte uns der Speaker Joseph Martin, der mir schon von meinem Aufenthalt im Jahre 1948 bekannt war, als mich die Freunde vom Moral Rearmament mit ihm zusammengebracht hatten.

Die Reise wurde fortgesetzt mit einem Besuch San Franciscos. Unterwegs gerieten wir vor Denver in einen schweren Schneesturm. Dort mußten wir zwischenlanden, um aufzutanken. Der Anflug auf die Landebahn war schwierig, der Pilot schaffte es erst beim dritten Versuch, so stark waren die Turbulenzen. Adenauer hatte nichts bemerkt. Während alle anderen kreidebleich in ihren Sitzen hockten, schlief er ruhig weiter. Als er hinterher von der kritischen Situation erfuhr, meinte er: »Warum sollte ich mich beunruhigen? Der liebe Gott hat meine Lebensuhr eingestellt.« Adenauer war begeistert von der Schönheit San Franciscos. »Wenn ich nicht mehr Bundeskanzler bin, möchte ich gerne Generalkonsul in dieser Stadt werden.« Der amtierende Generalkonsul Stahlberg wußte nicht recht, ob dies Scherz oder Ernst war, und zeigte sich etwas beunruhigt über seine eigene Zukunft.

Die nächste Station war Chicago, wo sich ein Kriegskamerad von mir meldete, ein georgischer Hauptmann, der in der Wehrmacht Dienst getan hatte. Er wohnte weit weg von Chicago, wollte mich aber gerne wiedersehen und auch dem Bundeskanzler vorgestellt werden. Adenauer empfing ihn auch tatsächlich zwischen den anderen Verpflichtungen im Hotel Bismarck, wo wir wohnten. Es war für mich ein bewegender Augenblick. Adenauer legte, wie auf allen seinen Auslandsreisen, auch in den Vereinigten Staaten Wert darauf, mit der jeweiligen deutschen Kolonie und deutschen Einrichtungen bekannt zu werden. So aßen wir zu Abend im Germania-Club, wo es noch ein Glasfenster mit Kaiserkrone gab, das Wilhelm II. gestiftet hatte. Im Gespräch machten mir einige Herren Vorwürfe, daß wir Deutsche das Oberhaupt des Reiches so schnöde im Stich gelassen hätten. Ich erwiderte: »Das können Sie doch eigentlich nicht guten Gewissens vertreten. Der Hitler war ein schwerer Verbrecher, und es ist schlimm genug, daß die Mehrheit bis zum Schluß zu ihm gestanden hat.« – »Nein, nein, den meinen wir nicht«, riefen sie, »wir meinen Kaiser Wilhelm II.« Wir hörten auch Männerchöre und »Liederkränze«, bei denen der deutsche Einfluß unverkennbar war.

Beim Besuch der Universität von Chicago wurden dem Bundeskanzler auch Fritz Caspari und Otto von Simson vorgestellt. Beide hatten Deutschland nach Hitlers Machtergreifung verlassen, Caspari lehrte nun als Professor für Geschichte, Simson als Professor für Kunstgeschichte in Chicago. Ich feierte mit Otto ein fröhliches Wiedersehen. Er war der Sohn Ernst von Simsons, bei dem ich in Paris meine diplomatische Laufbahn begonnen hatte. Ich drang bei Adenauer darauf, wir müßten beide Herren unbedingt für den deutschen auswärtigen Dienst gewinnen. Der Bundeskanzler, der einen sehr positiven Eindruck von beiden Gelehrten gewonnen hatte, stimmte mir zu. Ich sagte, es sei aber auf jeden Fall sicherzustellen, daß diese erfahrenen Männer nicht etwa vom Auswärtigen Amt wie Anfänger auf den Attachélehrgang in Speyer geschickt würden. Sie müßten vielmehr ihrem Rang entsprechend direkt eingestellt werden. Adenauer bat mich, dafür zu sorgen, daß dies so geschehe. Caspari wie Simson kamen tatsächlich einige Zeit später nach Deutschland, Otto von Simson in die Amerika-Abteilung, Caspari wurde Referent für England, wo er sich als ausgezeichneter Koordinator erwies. Während meiner Zeit in London gehörte er als Botschaftsrat zur deutschen Botschaft. Der Rückflug nach New York war auf 7 Uhr früh am 15. April festgesetzt. Das hieß, um 6 Uhr mußten alle Koffer fertig gepackt sein. Diesmal hatte Walter Hallstein weder Schuhe noch Strümpfe, die er aus Versehen mit eingepackt hatte. Mit Strümpfen konnte ich ihm aushelfen, mit Schuhen nicht mehr. Er bekam aber ein Paar von den amerikanischen Sicherheitsbeamten. In New York machte Adenauer einen Besuch bei Mr. Sulzberger, dem einflußreichen Herausgeber der »New York Times«, der eine wichtige Rolle für die Meinungsbildung der amerikanischen Öffentlichkeit spielte, selbstverständlich auch für die öffentliche Meinung über Deutschland und die deutsche Politik.

Am letzten Tag vor der Weiterreise nach Ottawa zelebrierte Kardinal Spellman, das Oberhaupt der katholischen Kirche in den USA, eine Messe für Adenauer in seiner Privatkapelle. Das hatte der Vizekonsul Deutz arrangiert, der mit seiner Frau ebenfalls an der Messe teilnahm. Sie waren beide Katholiken. Obwohl ich nicht katholisch war, war auch ich in meiner Eigenschaft als Chef des Protokolls zugegen; von der übrigen Delegation niemand. Es schloß sich ein Frühstück an, das Gelegenheit bot, diesen großen amerikanischen Kirchenfürsten auch privat kennenzulernen. Adenauer sah auch Dr. Nahum Goldmann wieder, den Vorsitzenden des Jüdischen Weltkongresses, mit dem er in London die Verhandlungen über die Wiedergutmachung für Israel geführt hatte. Vor dem Abflug von Boston nach Kanada besichtigten wir noch ausführlich die Harvard University. Als Führer diente uns wiederum Rüdiger von Pachelbel, der uns schon die Universität von Oxford gezeigt hatte, als Adenauer Ende 1951 Großbritannien besuchte. Nach seinem Studium in Oxford hielt er sich nun an dieser renommierten Hochschule auf.

Für den Aufenthalt in Ottawa waren nur zwei Tage vorgesehen, bei denen Adenauer mit der politischen Führung unter Premierminister St.-Laurent zusammentraf, der im Jahr darauf einen Gegenbesuch in Bonn machte. Während der Bundeskanzler über Boston in die Bundesrepublik zurückkehrte, konnte ich meinen Aufenthalt noch um einige Tage verlängern und die Gelegenheit nutzen, meinen Mitarbeiter aus der Bayerischen Staatskanzlei, Christian Halter, der jetzt Konsul in Toronto war, zu besuchen. Es war eine schöne Fahrt dorthin, die ich mit dem Auto unternahm. Ich fand die Zeit, von Toronto aus auch die Niagara-Fälle zu sehen. Auch wenn man noch so viele Bilder und Berichte darüber kennt: An diesen donnernden, dampfenden Wassermassen zu stehen ist ein einmaliges Erlebnis.

Die Besuche Adenauers in Griechenland und der Türkei im Sommer 1954 wurden von den Gastgebern besonders liebevoll gestaltet. Im Falle der Türkei, die mit dem Deutschen Reich im Ersten Weltkrieg verbündet gewesen war, konnte das nicht verwundern. Die Türkei hatte auch im Zweiten Weltkrieg, was hervorgehoben zu werden verdient, nicht die Deutsche Botschaft in Ankara beschlagnahmt und sie nach 1945 mitsamt der ganzen Einrichtung wieder übergeben. Das gleiche galt für das Generalkonsulat in Istanbul, die frühere kaiserlich-deutsche Botschaft, sowie für die Sommerresidenz in Terapia, die der Sultan Kaiser Wilhelm II. geschenkt hatte. Daß die Griechen den Bundeskanzler nicht weniger herzlich empfingen, obwohl das Land unter der deutschen Besetzung schwer hatte leiden müssen, sollte als eine Geste der Versöhnung verstanden werden. Die traditionellen Verbindungen zwischen Griechenland und Deutschland erleichterten die Wiederbegründung der Freundschaft. Die Gattin König Pauls, Friederike, war eine Tochter des Herzogs von Braunschweig und Enkelin Wilhelms II., König Paul hatte in der kaiserlichen deutschen Marine gedient. Als beim Essen im königlichen Palast in Athen die Rede auf die deutsche Vergangenheit kam, hörte ich ungewohnte Worte von Adenauer. Königin Friederike äußerte sich sehr kritisch über Preußen, der Bundeskanzler, der sicherlich für das preußische System nicht viel übrig hatte, widersprach ihr und entgegnete, daß man auch die großen Leistungen und historischen Verdienste dieses Staates anerkennen müsse.

Wunderbar war das Besichtigungsprogramm der antiken Stätten. Das klassische Griechenland rief Adenauers Begeisterung hervor. Besonders schön fand ich eine Rundfahrt durch die Inselwelt der Ägäis, für die uns das Königspaar eigens ein Schiff zur Verfügung gestellt hatte, die »Agamemnon«. Den Höhepunkt bildete der Besuch der Insel Santorin, wo wir in der Bucht des Hauptortes ankerten. Adenauer ritt auf einem Esel den Weg zur Höhe des Steilufers hinauf, ich ging zu Fuß hinterher und hielt mich zuweilen, wenn ich nicht mehr mitkam, am Schwanz des Esels fest. Eine besondere Attraktion war die Besichtigung der Ausgrabungen, die Hiller von Gaertringen vor fast hundert Jahren geleitet hatte. Auf einer eigens angelegten Straße fuhren wir hinauf zu dem antiken Grabungsgebiet; mir erstarrte jedesmal das Blut in den Adern, wenn die Armeefahrzeuge, die für unseren Transport extra auf die Insel gebracht worden waren, in den engen Serpentinen zurücksetzen mußten, um die Kurve nehmen zu können. Glücklicherweise konnten wir den Rückweg per Boot zurücklegen.

Von Griechenland flogen wir direkt in die Türkei, und zwar mit kleinen Maschinen der türkischen Regierung, auf die die deutsche Delegation verteilt werden mußte. Das Gepäck, mit Ausnahme der Koffer des Bundeskanzlers, paßte nicht mit hinein. Die Flugzeuge kehrten noch einmal zurück, um es zu holen. So konnte nur Walter Hallstein im Smoking am Empfang der türkischen Regierung in Ankara teilnehmen, wir anderen verließen während des Essens, als uns das Eintreffen des Gepäcks gemeldet wurde, zwischendurch den Saal, um uns gleichfalls angemessen umzuziehen. Mich beeindruckten besonders die vergoldeten Teller, die noch aus der Sultanszeit stammten. Deutscher Botschafter in der Türkei war zu dieser Zeit Wilhelm Haas, der frühere Personalchef des Auswärtigen Amtes. Seine Frau verstand sich außerordentlich gut mit Adenauer und wußte ihn zu nehmen, während Haas als Personalchef manchmal Differenzen mit dem Kanzler gehabt hatte. Ich kann hier nicht das ganze Besichtigungsprogramm erzählen, nur eine amüsante Begebenheit will ich erwähnen. Die türkischen Gastgeber zeigten uns die Offiziersschule in Ankara, deren Absolventen uns sportliche und gymnastische Vorführungen boten. Am Schluß der Übungen errichteten sie eine hohe menschliche Pyramide, der Obermann schwenkte mit dem einen Arm die deutsche, mit dem anderen die türkische Flagge und brachte dazu ein Hoch auf Adenauer aus, indem er rief: »Bundeskanzler Adenauer, Sieg Heil! Sieg Heil! Sieg Heil!«

Ende Oktober, Anfang November 1954 war ich Mitglied der deutschen Delegation bei einer zweiten Reise Adenauers in die Vereinigten Staaten. Diesmal wurde auf dem Hinweg in Island Station gemacht. Adenauers Sohn Max, Oberstadtdirektor in Köln, hatte seinem Vater von den Schönheiten der Insel geschwärmt und ihn neugierig gemacht, Island kennenzulernen. Der Flug fand bei strahlendem Himmel über blauem Meer statt, so daß wir schon dachten, Richtung Italien zu fliegen. Auf Island sahen wir die alte Kultstätte Thingvellir und machten einen Ausflug ins Inselinnere, um die Geysire anzuschauen. Auf dem Weiterflug nach Amerika hatten wir einen Zwischenaufenthalt auf der Luftwaffenbasis Ernest Harmon Airbase in Neufundland. Die Basis und die benachbarte Siedlung Stephensville, wo vieles noch unfertig und im Bau begriffen war, erinnerten uns an die Siedlungen der amerikanischen Pionierzeit, als neue Ortschaften in vorher unberührtem Land gegründet wurden.

In die Gespräche zwischen Adenauer und Präsident Eisenhower sowie Außenminister Dulles platzte in den späten Abendstunden des 28. Oktober 1954 die Nachricht vom plötzlichen Tod des Bundestagspräsidenten Hermann Ehlers. Adenauer zeigte in seiner ersten Reaktion wenig Neigung, seinen Besuch abzukürzen, um bei der Beerdigung dabeizusein. Hallstein und ich überzeugten ihn, daß er unbedingt an den Trauerfeierlichkeiten für den dritten Mann im Staat teilnehmen müsse. Eine andere Haltung würde von der Öffentlichkeit nicht verstanden werden. Mein Rat wirkte sich, was mich persönlich betraf, insofern ungünstig aus, als ein vorgesehener Besuch des Bundeskanzlers beim Generalsekretär der Vereinten Nationen, Dag Hammarskjöld, ausfiel. Adenauer hatte mich ihm als möglichen zukünftigen Beobachter der Bundesrepublik bei der UNO vorstellen wollen. Das war nun aus Zeitmangel nicht mehr möglich. Als ich vorschlug, noch in New York zu bleiben und mich von Hallstein bei Hammarskjöld vorstellen zu lassen, lehnte Adenauer ab: »Nein, Sie haben mir geraten, nach Deutschland zurückzufliegen, jetzt kommen Sie auch mit.« Damit war meine Kandidatur erledigt.

Der Heimflug nahm den Weg über die Bermudas und die Azoren, wo unsere Maschine auftanken mußte. Dazu benutzten wir den amerikanischen Luftwaffenstützpunkt Lajes. Der Zeitplan geriet durcheinander, als uns gemeldet wurde, daß wir wegen schlechten Wetters nicht in Hamburg und auch nicht auf anderen deutschen Flughäfen landen könnten. So blieb nur der Flughafen Orly bei Paris. Während für den Bundeskanzler ein Feldbett zur Übernachtung aufgestellt wurde, telefonierte ich die ganze Nacht hindurch nach Bonn und Bremen. Die Beerdigung war für den 3. November um 10.30 Uhr in Oldenburg angesetzt. Wir schafften es, trotz Wind und Wetter eine Stunde vorher in Bremen zu landen. Es ging dann in gefährlichem Tempo über regennasse Landstraßen mit dem Auto nach Oldenburg, wo Adenauer gerade noch rechtzeitig für seine Ansprache in der Lambertikirche ankam.

Im Sonderzug nach Bonn wurde dann zwischen Adenauer und seinen Beratern, unter denen sich Gerstenmaier, Kiesinger, Brentano, Globke und Blankenhorn befanden, darüber gesprochen, wer die Nachfolge von Hermann Ehlers antreten solle. Man einigte sich darauf, daß Eugen Gerstenmaier neuer Bundestagspräsident werden und Kurt Georg Kiesinger an seiner Stelle den Vorsitz im Auswärtigen Ausschuß des Bundestages übernehmen würde. Kiesinger war schon als Botschafter in London im Gespräch gewesen. Da er nun doch im Parlament in Bonn blieb, wurde der Weg nach England frei für mich. So rasch hintereinander zerschlug sich für meinen weiteren Berufsweg also die eine und eröffnete sich eine neue Möglichkeit.

Adenauers Persönlichkeit – Autorität und Fürsorge

Mein Bericht über meine erste Zeit in Bonn wäre nicht vollständig ohne einige Worte über Adenauers politischen Führungsstil und sein Verhältnis zu seinen Mitarbeitern. Adenauer wurde und wird von der Öffentlichkeit in mancher Hinsicht nicht richtig gesehen, er galt als autoritär und kalt, berechnend und verschlagen. Ich habe ihn anders erlebt. Natürlich war er ein Machtpolitiker, ein Pragmatiker des Machterhalts für seine Person und seine Regierung; und in außenpolitischen Angelegenheiten war er der berühmte »schlaue Fuchs« in den kaum zu zählenden Verhandlungen, die er mit den Siegermächten und den anderen europäischen Staaten zu führen hatte. Niemand wird wohl bestreiten, daß sich hier seine taktischen Fähigkeiten und seine Zähigkeit günstig für die Wahrung deutscher Interessen auswirkten. Was die Innenpolitik betrifft, war Adenauer selbstverständlich im Kabinett die stärkste Persönlichkeit, aber ich meine, seine Autorität war natürlich und nicht angemaßt. Er war ohne Zweifel die beherrschende Figur der deutschen Politik aufgrund seiner Erfahrungen, seines klaren Urteils, seiner Weitsicht und nicht zuletzt wegen seiner unglaublichen geistigen und physischen Leistungsfähigkeit. Er nutzte die starke Stellung, die das Grundgesetz dem Bundeskanzler verleiht, voll aus, die Richtlinienkompetenz kam seinem Naturell sicherlich entgegen. Adenauer war zutiefst überzeugt von der Richtigkeit seiner Politik und schöpfte seinen Handlungsspielraum bis an die Grenzen aus, um sie durchzusetzen. Er war ein Kanzler, der wirklich regierte und die Meinungsverschiedenheiten im Kabinett aufgrund seiner Stellung letztlich selbst entschied. Es ist bekannt, daß er die Grenzen manchmal überschritt, das Kabinett regelrecht überfuhr und an den Ministern vorbei entschied. Folgenreich wurde der Konflikt mit Gustav Heinemann in der Frage der Wiederbewaffnung, als Adenauer von der Alliierten Hohen Kommission die Verstärkung der Besatzungstruppen und die Aufstellung einer europäischen Verteidigungsarmee mit Beteiligung deutscher Kontingente forderte. Das geschah unter dem Eindruck des Koreakrieges. Heinemann, der nach zwei Kriegen eine deutsche Wiederbewaffnung ablehnte, trat aus Protest gegen Adenauers Sicherheitsmemorandum als Innenminister zurück. Adenauer hatte mit der Denkschrift ja eigenmächtig den Alliierten einen deutschen Verteidigungsbeitrag angeboten! Heinemann wollte diesen einsamen Beschluß nicht mittragen und wandte sich in der Folge völlig von der CDU ab. Seine ganze weitere Karriere wurde von diesem Konflikt geprägt, Heinemann gründete die Gesamtdeutsche Volkspartei und trat nach deren Scheitern in die SPD ein. Er fühlte sich, mit Recht, zutiefst verletzt; dieser Konflikt hinterließ dauerhafte Spuren in seiner Persönlichkeit.

Im allgemeinen jedoch erkannte Adenauer die Rahmenbedingungen seines Handelns sehr deutlich. Wenn seine Berater – Blankenhorn, Hallstein, von Maltzan, Felix von Eckardt oder ich – ihm mit Vorschlägen kamen, wies er sie zuweilen mit den stets gleichen Worten zurück: »Sie haben vollkommen recht, aber dafür kriege ich keine Mehrheit.« Er wußte genau, daß er gegen das Parlament nicht regieren konnte, auch nicht gegen die Stimmung in seiner eigenen Partei, und daß er die Koalition nicht allzusehr strapazieren durfte. Eher schon war er bereit, über Stimmungen in der Bevölkerung hinwegzugehen, die er für kurzsichtig oder schwankend hielt. Daß er von dem Urteilsvermögen der Deutschen in außenpolitischen Fragen nichts hielt, habe ich schon erwähnt. Also setzte er mit dem Recht der besseren Einsicht die Westintegration der Bundesrepublik einschließlich eines deutschen Wehrbeitrags durch, und zwar zu einer Zeit, als starke Strömungen in der Bevölkerung der Wiedervereinigung und einer Neutralität Deutschlands den Vorrang geben wollten. »Ich hadere mit meinem Herrgott«, hörte ich ihn manchmal sagen. »Er hat die Klugheit der Menschen begrenzt, aber leider nicht ihre Dummheit.« Eine gewisse Reserve gegenüber der Volksmeinung war bei Adenauer nicht zu erkennen; er hielt manche Stimmungen für unbegründet oder nur im jeweiligen Tag begründet, während er eine langfristige Konzeption verfolgte; und er fürchtete vor allem das Schwanken zwischen Extremen, heute »Ohne mich« und morgen Nationalismus. Da vertraute er lieber seinem eigenen Urteil.

Dieser Mann, dem man einen patriarchalischen Führungsstil vorwerfen könnte, hatte auf der anderen Seite ein großes Herz und war eine zutiefst humane Persönlichkeit – ich sehe auch keinen Widerspruch zwischen beiden Eigenschaften. Adenauer war ein idealer Vorgesetzter, und er tat enorm viel für seine Mitarbeiter. Zum Beispiel legte er immer besonderen Wert darauf, daß seine beiden Sekretärinnen auf Auslandsreisen zu interessanten Veranstaltungen und Ausflügen mitgenommen wurden. Als er 1963 das Amt des Bundeskanzlers abgab, sorgte er dafür, daß beide die Möglichkeit erhielten, sich in einem Kursus für den gehobenen Beamtendienst weiterzubilden. »Die werden sonst an die Wand gedrückt, wenn ich nicht mehr da bin«, sagte er zu meiner Frau. Er kümmerte sich um uns, wenn es uns einmal schlechtging, und versuchte zu helfen. Selbst auf Kleinigkeiten, mit denen er seinen Kopf weiß Gott nicht hätte belasten müssen, achtete er. Auch dafür möge ein Beispiel genügen. Meiner Frau, mit der sich Adenauer gut verstand und deren Hilfe er zu schätzen wußte, war auf einer Gesellschaft Johannisbeersaft über ihr Kleid geschüttet worden. Es war natürlich verdorben; Adenauer fragte mehrmals nach, ob sie für den Verlust entschädigt worden sei, und sorgte schließlich dafür, daß sie tatsächlich das Kleid ersetzt bekam.

Die Grundvoraussetzung, die Adenauer von seinen Mitarbeitern verlangte und mit Recht verlangen durfte, war Loyalität und fachkundige Arbeit. War dies gegeben, so war er ihnen sehr zugeneigt, wie er auch an seiner Familie, den zahlreichen Kindern und Enkeln hing, nachdem ihm auch seine zweite Frau, Auguste Zinßer, gestorben war. Ihnen schrieb er regelmäßig Postkarten von seinen Reisen und ließ für sie Geschenke besorgen: »Dat muß aber unjefähr alles dieselbe Preislage sein, sonst kriege ich Ärger.«

Loyalität vorausgesetzt, war Adenauer durchaus abweichenden Meinungen zugänglich und hörte sich Widerspruch an, wenn er in angemessener Form vorgetragen wurde. Jemand, der am besten mit ihm umgehen konnte, war Felix von Eckardt, der Chef des Presse- und Informationsamtes der Bundesregierung, ein gelernter Journalist, der den Bremer »Weser-Kurier« geleitet hatte, bevor er 1952 ins Bundeskanzleramt kam. Eckardt hatte eine besondere Gabe, den alten Herrn mit Witz und Schlagfertigkeit zu beeinflussen. Ebenso übte Ministerialdirektor Rust, der spätere Staatssekretär im Verteidigungsministerium, der zunächst für Wirtschaftsfragen im Kanzleramt zuständig war, großen Einfluß auf Adenauer aus. Rust war eine selbständige Persönlichkeit, der entschieden seine Meinung vertrat und sich auch vor direkter Gegenrede nicht scheute, wenn es sich nicht vermeiden ließ. Er brachte es fertig zu sagen: »Herr Bundeskanzler, dies oder das können Sie einfach nicht machen!« Adenauer gab dann tatsächlich nach.

Im übrigen haben wir immer vermieden, Adenauer am Montag zu begegnen. Dafür hatten wir unsere guten Gründe. Am Samstag und Sonntag hatte er sich zu Hause nämlich alles mögliche überlegt und Dinge notiert, die er erledigen lassen wollte. Dann bekam man am Montag oft schwierige Aufträge zugeteilt, und es war mühsam, ihn davon abzubringen. Also ging man erst dienstags zu ihm zum Vortrag, in der Hoffnung, daß ihm seine Gedanken vom Wochenende dann schon nicht mehr so dringlich erscheinen würden.

Adenauer sorgte 1955, als er eine »Wachablösung« im Kanzleramt – so nannte er es – für an der Zeit hielt, auch dafür, daß seine engeren Berater wichtige Posten im Ausland erhielten. Felix von Eckardt wurde zum ständigen Beobachter der Bundesrepublik bei den Vereinten Nationen ernannt; Vollrath von Maltzan löste Professor Hausenstein als Botschafter in Paris ab; Herbert Blankenhorn wurde ständiger Vertreter bei der NATO. Nur Walter Hallstein blieb in Bonn, als Adenauer das Auswärtige Amt an Heinrich von Brentano abgab. Ich selbst wurde zum Botschafter in London ernannt. Ich hätte gern noch weiter unter Adenauer gearbeitet, aber er wollte ein Revirement. Meine Frau hatte dem Bundeskanzler, als er sie fragte, in welche Stadt sie am liebsten ziehen würde, geantwortet: »Ich bin hitze- und kältefest, ich könnte es fast überall aushalten. Aber ich habe eine Tochter von dreizehn Jahren. Die sollte in einem Land aufwachsen, dessen Sprache sie später gut gebrauchen kann, Englisch, Französisch oder Spanisch wäre am besten.« Adenauer erwiderte: »Ich habe an London gedacht, aber sagen Sie es Ihrem Mann noch nicht.« So mußte sie ihr Wissen einige Tage lang für sich behalten, ehe ich die Nachricht offiziell erfuhr.

Es galt nun, einen Nachfolger als Chef des Protokolls zu finden. Ich schlug Ernst-Günther Mohr vor, der in der Anfangszeit als mein Stellvertreter fungiert hatte. Ich hielt ihn und seine Frau für hervorragend geeignet. Das Ehepaar Mohr war zunächst wenig entzückt, nach Bonn zurückzukehren, denn beide fühlten sich in Venezuela wohl, wo Mohr als Botschafter auf Posten war. Ich tröstete sie mit der Aussicht, daß das Protokoll ein gutes Sprungbrett für die weitere Karriere sein könne. Dies bewahrheitete sich auch. Mohr erhielt nach seiner Zeit als Chef des Protokolls erneut eine Aufgabe im Ausland: Er wurde Botschafter in Argentinien. Beim Besuch von Bundespräsident Lübke in Südamerika 1965 trug das Ehepaar Mohr wesentlich zu einem guten Verlauf der Reise bei.

Am 6. April gab Bundespräsident Heuss für meinen Kollegen Maltzan und mich sowie für unsere Frauen ein Abschiedsessen. Außer den Mitarbeitern des Bundespräsidialamtes, an der Spitze das Ehepaar Klaiber, durften Maltzan und ich je drei befreundete Ehepaare für die Einladung vorschlagen. Meine erste Wahl waren Wilhelm Reissmüller und seine Frau Elin. Heuss hielt eine freie Rede, humorvoll gewürzt mit Anekdoten aus unserer gemeinsamen Arbeit, aber auch mit einem leichten Ton der Trauer, daß unsere Wege sich nun trennten.

Am 22. April gab uns das Diplomatische Komitee einen Abschiedsempfang mit lustigen Kabarettvorstellungen in der Redoute. Das Komitee war eine lose Vereinigung der zugeteilten Diplomaten. Ich hatte es ins Leben gerufen, um auch den jüngeren Diplomaten – und nicht nur den Missionschefs – durch Veranstaltungen und Ausflüge etwas zu bieten und das Leben in Bonn abwechslungsreicher zu gestalten.

Am 28. April flog ich inoffiziell nach London, um mir eine vorläufige Unterkunft zu suchen. Am 12. Mai war ich wieder zurück in Bonn. Am 15. Mai reiste ich dann offiziell per Eisenbahn und Schiff nach London ab, da das britische Protokoll vorschrieb, daß neuernannte Botschafter nicht auf dem Flugplatz, sondern an der Victoria Station zur offiziellen Begrüßung durch den Vize-Marschall des diplomatischen Korps einzutreffen hatten. Der Bahnhofsvorsteher nahm ebenfalls in Cut und Zylinder teil. Meine Frau, die noch tagelang vollauf mit Haushaltsauflösung, Umzugskisten und zahlreichen Formalitäten beschäftigt war, konnte nicht mitreisen. Sie fuhr im Zug bis Köln mit, um bei meiner offiziellen Verabschiedung auf dem Bahnsteig dabeizusein. Erst kurz vor dem Termin, an dem ich mein Beglaubigungsschreiben überreichen sollte, traf sie in London ein.

BOTSCHAFTER IN LONDON 1955 BIS 1961

1955 konnte die Bundesrepublik Deutschland erstmals einen Botschafter in das Vereinigte Königreich von Großbritannien und Nordirland entsenden. Solange der westdeutsche Staat noch nicht souverän war, wurde er durch einen Geschäftsträger vertreten. Bis zum Mai 1955 vertrat Hans Schlange-Schöningen die Bundesregierung in England, zunächst als Generalkonsul, später dann als Leiter der diplomatischen Vertretung im Range eines Botschafters. Zwar waren sich Bonn, Washington, London und Paris schon seit 1952 darüber einig, daß das Besatzungsstatut abgelöst werden müsse, und hatten im Deutschlandvertrag entsprechende Schritte in die Wege geleitet. Doch der Deutschlandvertrag von 1952 war unauflöslich an den Vertrag über die Europäische Verteidigungsgemeinschaft (EVG) gekoppelt und konnte daher, obwohl er in der Bundesrepublik zusammen mit dem EVG-Vertrag schon 1953 ratifiziert worden war, erst in Kraft treten, wenn die Parlamente Frankreichs, Großbritanniens, Italiens und der Benelux-Staaten ebenfalls der EVG zugestimmt hatten. Das französische Veto vom 30. August 1954 verhinderte aufgrund des Junktims nicht nur die Realisierung der EVG, sondern auch das Inkrafttreten des Deutschlandvertrages. Aus dieser Sackgasse fand Außenminister Eden auf der Neunerkonferenz in London im September 1954 den Ausweg durch den genialen Gedanken, daß die Bundesrepublik Deutschland Mitglied der NATO werden und daß der Brüsseler Pakt (England, Frankreich und die Benelux-Staaten) durch den Eintritt der Bundesrepublik und Italiens zur Westeuropäischen Union erweitert werden sollte. Ich war sowohl bei dieser historischen Konferenz wie bei der darauffolgenden Pariser Konferenz vom Oktober 1954, auf der die Beschlüsse der Londoner Konferenz bestätigt wurden, anwesend.

Die Pariser Verträge traten am 5. Mai 1955 in Kraft. Die Alliierte

Hohe Kommission löste sich auf, und von nun an konnte die Bundesrepublik nach Washington, Paris und London Botschafter entsenden. Schlange-Schöningen hatte wohl gehofft, selbst als Botschafter in London zu bleiben. Die Entscheidung fiel jedoch auf mich. Adenauer hatte seine Vorbehalte gegen ein Verbleiben Schlange-Schöningens, der im übrigen das Pensionsalter bereits überschritten hatte.

Nachdem im Dezember 1954 das Bundeskabinett meiner Ernennung zugestimmt hatte, mußte das Agrément der britischen Regierung eingeholt werden. In London stellte man fest, daß ich kein Mitglied der NSDAP gewesen war und das Hitler-Regime in keiner Weise politisch gestützt hatte. Meine Stellung in der Wehrmacht hätte ich dazu benützt, so hieß es in einem Dossier über mich, in Rußland Übergriffe des Militärs auf Zivilisten zu verhindern. Sir Ivone Kirkpatrick, Staatssekretär im Foreign Office, befürwortete meine Entsendung mit Nachdruck: »Es gibt keinen Grund, warum ich seiner Bestellung widersprechen sollte. Man sollte Herwarth weit weniger mißtrauen als vielen Deutschen.« Auch Hochkommissar Sir Frederick Hoyer-Millar sprach sich für meine Ernennung aus: Mit mir sei gut auszukommen, ich spräche gut Englisch, und London sei für meine Frau und mich genau der richtige Ort.

Als ich im Frühjahr 1955 den Weg über den Kanal antrat, machte mir bei aller Freude doch das Bewußtsein zu schaffen, daß es mir an der nötigen Erfahrung fehlte. Mein letzter Auslandsposten war der des Privatsekretärs von Botschafter Graf von der Schulenburg in Moskau gewesen. Doch das war lange her. Ein wenig tröstete mich der Gedanke, daß dieser Botschafter einer der hervorragenden Vertreter der deutschen Diplomatie gewesen war und daß ich viel bei ihm gelernt hatte. Ich wollte versuchen, die Erfahrungen zu nutzen, die er mir vermittelt hatte.

Vor der Abreise

Vor meiner Abreise nach London machte ich noch einige der üblichen Besuche, die ein Botschafter vor Antritt seines Postens absolviert, in erster Linie bei den Ministerien, die mit Großbritannien zu tun hatten. Im Bundestag verabschiedete ich mich vom Bundestagspräsidenten Gerstenmaier und den Fraktionsvorsitzenden sowie einigen mir näher bekannten Abgeordneten. Eingehend unterhielt ich mich mit dem SPD-Vorsitzenden Erich Ollenhauer, der im Dritten Reich nach England ausgewandert war. Er konnte mir wichtige Hinweise und Empfehlungen mit auf den Weg geben. Das Vorstandsmitglied des Deutschen Gewerkschaftsbundes, Ludwig Rosenberg, lud mich zum Mittagessen ein, an dem auch unser beider Frauen teilnahmen. Die Rosenbergs hatten mehr als zehn Jahre als Emigranten in London gelebt. Wir sprachen eingehend über die Strukturen und Verhaltensweisen der englischen Gewerkschaften. Während in Deutschland in einem Betrieb nur eine Gewerkschaft tätig ist, sind in Großbritannien die Arbeiter und Angestellten eines Betriebes entsprechend ihrer Beschäftigung in verschiedenen Gewerkschaften organisiert. Dies kann zur Folge haben, daß eine kleine Gewerkschaft von nur wenigen Mitgliedern durch einen Streik die Arbeit im ganzen Betrieb stillegen kann, auch gegen den Willen der anderen Gewerkschaften. Rosenberg empfahl mir, mit dem Dachverband TUC in London Verbindung aufzunehmen, und gab mir eine Empfehlung an Vic Feather, einen der Sekretäre des TUC.

Ich hielt es für angebracht, auch die deutschen Verwandten des englischen Königshauses aufzusuchen. Drei Schwestern von Prinz Philip, dem Gemahl der Königin Elisabeth, waren in Deutschland verheiratet, Fürstin Hohenlohe-Langenburg, die Markgräfin von Baden und Prinzessin Sophie von Hannover. Sie waren griechische Prinzessinnen. Als erstes fuhr ich nach Salem, dem Schloß der Markgrafen von Baden. Die Markgräfin von Baden, die die Schule in Salem, die damals von Kurt Hahn geleitet wurde, für ihren Bruder ausgesucht hatte, beschloß, ihn nach der Machtübernahme der Nationalsozialisten in die Obhut seines Onkels Mountbatten nach England zu schicken. Einer der Gründe war, daß der junge Philip, damals zwölf Jahre alt, bei nationalsozialistischen Veranstaltungen stets lachen mußte. Auch Kurt Hahn mußte Salem verlassen; er gründete in Gordonston eine Schule, die der in Salem ähnelte und die Prinz Philip nach seiner Übersiedlung nach England besuchte. Welch weise Entscheidung der Markgräfin! Wäre Prinz Philip in Deutschland geblieben, wäre die Heirat mit Königin Elisabeth wohl kaum zustande gekommen. In Salem traf ich auch Prinzessin Sophie von Hannover, deren Mann Leiter der Schule war. Vorher hatte ich Fürst und Fürstin Hohenlohe-Langenburg auf ihrem Schloß aufgesucht; ihr

Sohn hatte auf meine Bitte hin den Kronprinzen von Japan auf seiner Deutschlandreise begleitet.

In München traf ich Gräfin Törring, eine Schwester der Herzogin Marina von Kent, beide ebenfalls griechische Prinzessinnen. Der Besuch bei Prinz Ludwig und Prinzessin Margrit von Hessen im Schloß Wolfsgarten bei Darmstadt bildete den Abschluß der Verwandtentournee. In Schloß Wolfsgarten war ich öfters zu Besuch gewesen, Prinzessin Margrit war Engländerin, und Prinz Ludwig war mit dem englischen und russischen Herrscherhaus gleichermaßen verwandt. Wolfsgarten bildete damals wie heute einen Mittelpunkt kulturellen Lebens. Die deutschen Verwandten des englischen Königshauses kamen häufiger nach England und wohnten meistens im Buckingham Palace oder in anderen königlichen Residenzen. Bei der Hochzeit von Prinzessin Elisabeth mit Prinz Philip 1947 konnten die deutschen Verwandten zum Leidwesen des damaligen Königs George V. noch nicht eingeladen werden. 1952 hatten sich die Zeiten geändert, die deutschen Verwandten nahmen an der Krönung Elisabeths teil. Es war trotzdem ein Gebot des Taktes und der Klugheit, die deutschen Fürstlichkeiten nicht zu größeren Veranstaltungen in die Botschaft einzuladen, um die Familienverbindung des Königshauses mit Deutschland nicht zu sehr in Erscheinung treten zu lassen. So blieb es bei Besuchen und Essen in der Botschaft im kleinsten Kreise. Nur die Tochter des Markgrafen von Baden, die als Krankenschwester unter dem Namen Nurse Baden im St. George's Hospital arbeitete, verbrachte manchmal das Wochenende bei uns, um sich auszuruhen, was im Buckingham Palace nicht so gut möglich gewesen wäre.

Als ich mich in Leutstetten vom bayerischen Kronprinzen Rupprecht verabschiedete, fragte er mich, welcher seiner Eigenschaften mein Besuch gelte – seiner Eigenschaft als Prätendent auf den bayerischen oder seiner Eigenschaft als Prätendent auf den englischen Thron? Kronprinz Rupprecht war Nachkomme der Stuarts; lächelnd erlaubte er mir, die Frage nicht zu beantworten. Als er wenig später starb – ich war inzwischen Botschafter in London –, kam mein Diener angestürzt und berichtete, daß lauter Herren, zum Teil in schottischer Tracht, sich in ein Kondolenzbuch für den Kronprinzen eintragen wollten. Ich legte schnell ein Buch aus und benachrichtigte sofort das Foreign Office, daß dieses Vorgehen nicht gegen die Königin und auch nicht gegen die Regierung gerichtet sei. Am 11. August 1955 wurde ein feierlicher Trauergottesdienst in der Church of the Assumption im Zentrum von London abgehalten, der früheren Kapelle der Bayerischen Gesandtschaft, die es bis 1870 in London gegeben hatte. Der Trauergottesdienst gestaltete sich sehr eindrucksvoll. Ich saß, als »Vertreter Bayerns«, allein auf der linken Seite des Kirchenschiffs, auf der rechten Seite saßen die schottischen Adeligen, für die das Haus Stuart noch immer etwas bedeutete.

Akkreditierung

Am 26. Mai 1955 übergab ich mein Beglaubigungsschreiben Ihrer Majestät, Königin Elisabeth II., im Buckingham Palace. Es war ein sehr bewegender Augenblick, durch das alte Zeremoniell feierlich gestaltet. Ich wurde in einer Kutsche abgeholt, was mir als altem Rittmeister natürlich gehörige Freude machte. Obwohl ich als Protokollchef in Bonn etwa 150 Botschafter erlebt hatte, die Bundespräsident Heuss Beglaubigungsschreiben überreichten, klopfte mein Herz doch ein wenig, als ich vor der Königin stand. Während der Zeremonie dachte ich daran, daß ich nur zehn Jahre zuvor Offizier einer geschlagenen Armee gewesen war. Hätte mir jemand im Mai 1945 gesagt, daß ich in zehn Jahren deutscher Botschafter in London sein und der Queen mein Beglaubigungsschreiben überreichen würde, hätte ich ihn für verrückt erklärt. Jetzt, im Buckingham Palace, wurde mir bewußt, was das deutsche Wunder war: Wir waren wieder in die Familie der freien Völker aufgenommen worden, wenn wir uns auch erst noch das Vertrauen, das wir in den Jahren zwischen 1933 und 1945 verloren hatten, wiedererwerben mußten. Diese Wiedergewinnung des Vertrauens war die Hauptaufgabe aller Auslandsvertretungen der jungen Bundesrepublik.

Bei der Überreichung des Beglaubigungsschreibens ist nur der Staatssekretär des Foreign Office dabei, in meinem Falle Sir Ivone Kirkpatrick. Ich überreichte das Schreiben und überbrachte die Grüße des Bundespräsidenten. Danach begann die Queen eine Unterhaltung. Sie war offenbar unterrichtet worden, daß ich auf dem Land groß geworden war und etwas von Pferden verstünde. Deshalb unterhielten wir uns am Schluß des Empfangs über Pferde. Die

Königin fragte mich, ob ich eigentlich ihren Schwager, den Prinzen Georg von Hannover, kenne. Ich bejahte, denn wir waren beide Kavallerie-Offiziere gewesen. Doch schnell fügte ich hinzu: »Verzeihung, Majestät, leider auf der falschen Seite.« Die Queen lachte, und auch Kirkpatrick grinste im Hintergrund.

Die Königin war übrigens nicht, wie oft behauptet wird, nur an Pferden interessiert. Sie nahm regen Anteil an den politischen Ereignissen im In- und Ausland. Als am Ende des Staatsbesuchs von Heuss im Buckingham Palace das Abschiedsessen im kleinsten Kreis stattfand, saß die Queen Heuss gegenüber, und ich saß neben ihr. Damals fragte sie mich eingehend nach den deutschen Universitäten und dem deutschen Hochschulsystem. Ich war erstaunt über ihre außerordentlichen Kenntnisse. Einige ihrer Fragen konnte ich erst beantworten, nachdem ich mich sachkundig gemacht hatte.

Ganz unbewußt habe ich mich schon gleich zu Anfang meiner Zeit auf der Insel beliebt gemacht. Als wir mit der Kutsche nach der Übergabe des Beglaubigungsschreibens wieder an der Botschaft anlangten, begleitet vom Marschall des diplomatischen Korps, lud ich die Kutscher und die Begleiter, die hinten auf dem Wagen mitfuhren, ein, bei mir ein Glas Sekt zu trinken. Den Pferden gab ich Zucker. Das ist ein alter Reiterbrauch und war von mir in keiner Weise als Show inszeniert worden. Dennoch bedeutete es meinen ersten Erfolg in England. Noch kein Botschafter hatte das vorher getan.

Zu meiner Zeit war es noch üblich, sämtlichen anderen Botschaftern einen persönlichen Besuch abzustatten, der dann erwidert wurde. Das gleiche galt für die Ehefrauen. Die positive Seite dieser zeitaufwendigen Tradition lag darin, daß man viel Wissenswertes über die verschiedenen Länder der Kollegen erfuhr, aber auch ihre Einschätzung der britischen Politik kennenlernte. Meist begannen unsere Unterhaltungen mit der Frage, wo ich vor London Missionschef gewesen sei. Meine Gesprächspartner waren immer erstaunt, wenn sie erfuhren, daß mein letzter Posten der eines zweiten Sekretärs in Moskau gewesen sei. Ich fügte aber hinzu, daß ich acht Jahre lang unter drei bedeutenden Botschaftern als persönlicher Sekretär gedient und sehr viel von diesen gelernt hätte.

Deutsche und Briten

Die Verständigung zwischen Großbritannien und Deutschland gestaltete sich nicht einfach. Sie war wahrscheinlich schwieriger als zwischen Völkern, die weit voneinander entfernt sind, und wohl auch schwerer als die Verständigung mit manchem Nachbarn, mit dem wir zusammen auf dem Kontinent leben. Ich fragte mich immer wieder nach den Gründen. In den fünfziger Jahren gab es auf deutscher Seite noch viele Vorurteile gegenüber den Briten, die zum Teil noch aus der Zeit von vor 1914 stammten. Vergegenwärtigt man sich die Situation von 1914, so werden alte Schlagworte wieder lebendig wie das von der Einkreisungspolitik Großbritanniens, verknüpft mit dem Namen Edward VII., und der berühmte Begriff der »Balance of Power«, wonach Großbritannien sich immer gegen die stärkste Kontinentalmacht wandte. Und gerade letzteres ist so falsch ja nicht. Denn dies war die Politik Englands im 18. und vor allem im 19. Jahrhundert gewesen. Die deutsche Kriegspropaganda von 1914 warf den Briten vor, sie hätten den Kampf aus Handelsneid begonnen, Großbritannien sei eine Krämernation, die den Aufstieg Deutschlands in der Welt immer mit scheelen Augen betrachtet hätte. Ein deutscher Dichter jüdischen Glaubens namens Lissauer schrieb seinerzeit das furchtbare Gedicht »Gott strafe England«, das die geistige Haltung vieler Deutscher ausdrückte. Hinzu kam, daß viele Deutsche während des Ersten Weltkriegs unter dem Eindruck standen, Großbritannien führe den Krieg gegen Frauen und Kinder, indem es die Blockade gegen das Reich durchführte. Alle diese Dinge beeinflußten uns natürlich, denn dies waren unsere Jugenderlebnisse und -erinnerungen und das, was wir in der Schule lernten. Zum Teil wurden daraus Vorurteile, die wir nur schwer ablegen konnten, und es fiel uns nicht leicht, uns in ein neues Geschichtsbild hineinzudenken.

Auf der anderen Seite hatten auch die Engländer von uns Deutschen festgefügte Vorstellungen, zum Teil falsche, zum Teil aber auch richtige. Die schrecklichen zwölf Jahre zwischen 1933 und 1945 fügten den deutsch-britischen Beziehungen einen Schaden zu, der auf lange Zeit und zum Teil bis heute noch nicht völlig behoben werden konnte. Meiner Meinung nach hat kein anderes Volk so intensiv verfolgt, was in Deutschland in diesen dunkelsten Jahren unserer Geschichte geschehen ist. Zum einen deshalb, weil die Engländer sich uns Deutschen doch in vieler Weise verbunden und verwandt fühlen. Gerade darum haben sie es nicht verstanden, daß ihre »Verwandten« in den Jahren der Diktatur so schreckliche Untaten begingen. Hinzu kommt zum anderen, daß die Briten um 1933 den Nationalsozialismus nicht entschieden genug abgelehnt hatten. Zum Teil sahen sie in Hitler eine ähnliche Gestalt wie Mussolini. Dieser hatte den Italienern – so sah es wenigstens in den Augen vieler ausländischer Beobachter aus – Ordnung gebracht, und Italien war ein blühendes Land, seit er die Macht übernommen hatte. Viele Briten glaubten, daß Hitler einen ähnlichen Weg gehen würde. Sie haben Hitler unterschätzt und nicht glauben können, daß er und sein System zu solch teuflischen Verbrechen in der Lage sein könnten. Dies erklärt auch, warum die Briten, als es im Jahre 1960 in Deutschland zu einzelnen antisemitischen Ausschreitungen kam, sehr schnell hellhörig wurden und so heftig reagierten, daß wir an der Botschaft den Eindruck hatten, das Pendel schlage zu weit aus. Im Unterbewußtsein erinnerten sie sich wohl daran, daß sie die Entwicklung vor und nach 1933 falsch eingeschätzt hatten und die Ausschreitungen, die sich damals in Deutschland ereigneten, nicht in ihrer wirklichen Bedeutung erkannt hatten. Nun sagten sie sich: Das soll uns nicht noch einmal passieren. Wir wollen nicht noch einmal überrumpelt werden, wir wollen nicht ein zweites Mal zulassen, daß in Deutschland etwas Ähnliches geschieht wie in den Jahren von 1933 bis 1945. Diese Haltung erklärt auch, gerade in den fünfziger und sechziger Jahren, ein gewisses Mißtrauen hinsichtlich der demokratischen Entwicklung in der Bundesrepublik. Immer wieder wurde ich mit der Frage konfrontiert: Was tut ihr, um euch mit eurer Vergangenheit auseinanderzusetzen? Erzählt ihr den Kindern, was sich unter Hitler ereignet hat? Neigt ihr nicht dazu, leicht zu vergessen? Tut ihr auch genug, um die Vergangenheit zu überwinden? Oft wurde ich gefragt: Sind nicht die alten Kräfte, die Deutschland ins Unglück geführt haben, wieder an der Macht? Verhindern diese Kräfte nicht das Heranwachsen einer neuen Generation, die andere, vernünftigere Auffassungen hat?

Wiederholt wurde auch die Frage gestellt: Werden die Deutschen nicht denselben außenpolitischen Fehler machen, den sie früher schon einmal gemacht haben: sich aus Unzufriedenheit mit dem

Westen nach Osten zu wenden? Man erinnerte sich an Rapallo, doch auch die Erinnerungen an die Konvention von Tauroggen wurden wieder wach. So falsch diese Vergleiche sein mögen, haben sie doch immer wieder in Großbritannien Befürchtungen hervorgerufen, daß Deutschland sich eines Tages vom Lager des Westens lossagen und versuchen könnte, im Verein mit der Sowjetunion seine politischen Ziele durchzusetzen. Auch wenn diese Fragen uns Deutschen zuweilen unverständlich erscheinen, müssen wir Geduld haben und immer wieder erklären, wie die Dinge in Deutschland wirklich sind. Es ist niemals ausreichend, daß zwei Regierungen den Entschluß fassen, ihre beiden Staaten einander anzunähern. Es war und ist erforderlich, daß die Menschen beider Länder sich verstehen lernen und damit die eigentliche Basis für eine echte Verständigung zwischen den Völkern schaffen. Wenn Regierungen auf höchster Ebene Verträge unterzeichnen und beschließen, daß Staaten in der Wirtschafts-, Kultur- und Außenpolitik gemeinsame Wege gehen sollen, dann ist das so, als ob man auf das Fundament eines Hauses das Dach setzt und dort einen Mast errichtet, an dem eine Fahne flattert: deutsch-britische Verständigung. Es kommt aber darauf an, das Haus auf solide Grundmauern zu stellen und es wirklich gut auszustatten, und das ist in erster Linie die Aufgabe der einzelnen Menschen. In Großbritannien ist dies besonders wichtig, denn Großbritannien ist ein Land des Personalkredits, nicht des Sachkredits. Selbst heute wird es noch immer so sein, daß die Briten sich den einzelnen Deutschen ansehen und dann sagen: Das ist ein anständiger Mensch, dem können wir vertrauen, mit dem können wir den Weg gemeinsam gehen. So gesehen ist auch heute jeder, der mit Briten zusammenkommt, ein Botschafter des guten Willens.

Selbstverständlich wurde das deutsch-britische Verhältnis durch die zwei Weltkriege belastet. Wenn man sich vor Augen hält, daß die Briten, nachdem sie in diesem Jahrhundert zwei Kriege gegen uns geführt hatten, in der Folgezeit im Rahmen der NATO gegebenenfalls einen dritten Krieg für uns geführt hätten, wird einem das ganze Ausmaß des Wandels deutlich. Dabei hat Berlin eine große Rolle gespielt. Die Engländer haben nicht nur mit Worten, sondern mit Taten sehr viel getan, um Berlin zu verteidigen. Sie leisteten einen erheblichen Beitrag zur Luftbrücke. Britische Offiziere, Unteroffiziere und Mannschaften ließen ihr Leben, um Berlin die Freiheit zu sichern. Das war 1948/49, drei Jahre nach einem Krieg, der auf Leben und Tod geführt wurde. Die Berliner brachten den Briten zum ersten Mal zu Bewußtsein, daß auch Deutsche bereit sind, für die Freiheit ihr Leben einzusetzen und Opfer zu bringen. Die Chancen eines Erfolgs der Luftbrücke betrugen allenfalls fünfzig Prozent, doch die Berliner faßten damals den Entschluß, lieber die größten Opfer für die Freiheit auf sich zu nehmen, als sich dem Druck zu beugen. Das hat zweifellos auf die Briten einen großen Eindruck gemacht. Die Berliner öffneten die Türen, durch die Deutschland in die Familie der freien Völker zurückkehren konnte. Das war die psychologisch-moralische Bedeutung des Kampfes um Berlin 1948/49.

Auch die Erklärungen, die die Briten während der zweiten Berlin-Krise 1958 bis 1961 abgaben, waren unzweideutig. Sie erfolgten vielleicht nicht mit so großen Worten wie bei den anderen Verbündeten, aber die Engländer neigen zum Understatement. Sie »stapeln tief«, während andere Völker, auch wir Deutschen, gelegentlich zur Übertreibung neigen. Das englische Understatement wird oft mißverstanden. Ich habe viele Deutsche, die nach Großbritannien kamen, gewarnt. Viele Mißverständnisse, auch im politischen Bereich, wurden dadurch hervorgerufen, daß wir Deutschen das Understatement für bare Münze genommen haben.

Auch die Briten hatten Grund, über ihr Verhalten zwischen den beiden Weltkriegen nachzudenken. Die Zugeständnisse, die sie Hitler gemacht haben, hätten sie besser der Weimarer Republik gemacht. Man denke nur an das Flottenabkommen zwischen Großbritannien und Deutschland von 1935. Der Titel eines Buches von Robert Ingrim über dieses Abkommen, »Hitlers glücklichster Tag«, enthält ein Körnchen Wahrheit. Das Flottenabkommen war ein unverdientes Geschenk an die Nationalsozialisten. 1938/39 versuchten die Briten bis zuletzt, durch ihre Politik des Appeasement den Krieg zu vermeiden. Nach der Besetzung des Rheinlands 1936 schlugen die Franzosen den Briten vor, in die entmilitarisierte Zone einzumarschieren, um die deutschen Truppen in ihre Schranken zu weisen. Die Regierung in London lehnte dies ab, nachdem die Parlamentsabgeordneten in ihren Wahlkreisen feststellen mußten, daß die Bevölkerung nicht bereit war, für die Räumung des linken Rheinufers ins Feld zu ziehen. Auch beim »Anschluß« Österreichs im März 1938 ließ England Hitler gewähren, ganz zu schweigen von der Sudetenkrise und dem Münchener Abkommen im September 1938. Die Briten haben zweifellos aus diesen Erfahrungen gelernt. All dies gehörte jedoch zu dem geistigen Hintergrund, vor dem nach 1945 die Beziehungen zwischen beiden Ländern neu entwickelt werden mußten, und zu der historischen Situation, in der ich im Mai 1955 als Botschafter am Hof von St. James akkreditiert wurde.

Besuche in Großbritannien vor 1955

Zu einer Zeit, als ich noch nicht im Traum daran dachte, deutscher Botschafter in London zu werden, hatte ich an dem Begräbnis König Georges VI., des Vaters von Königin Elisabeth, teilgenommen. Ich gehörte der Delegation Adenauers an, der die Gelegenheit zu Besprechungen mit Premierminister Winston Churchill in London nutzte. Die Feier war sehr eindrucksvoll: Der König lag aufgebahrt auf einem großen Katafalk in der Westminster Hall. An den vier Ecken des Katafalks standen Offiziere in Trauerhaltung, die Hände auf ihre Degen gestützt. Mir fiel das gar nicht so auf, aber Adenauer, dem nie etwas entging, meinte: »Es ist doch großartig, daß die Ehrenwache nicht mit gezogenem Degen oder strammsteht, sondern mit geneigtem Kopf. Das ist eine viel angemessenere Haltung.«

Nach der Zeremonie wurden die ausländischen Missionen im Buckingham Palace von der Thronfolgerin empfangen. Bei dem Empfang der Trauergäste unterhielt sich Prinz Philip in deutscher Sprache mit dem Bundeskanzler, die Königin in englisch mit mir. Sie sprach davon, wie sehr sie die vielen Beileidsbekundungen aus Deutschland gerührt hätten. Abgesehen vom Commonwealth habe sie aus keinem Land so viele Briefe erhalten. Später stattete Adenauer der Witwe des Königs und Prinzessin Margaret, seiner zweiten Tochter, einen Besuch zum Tee ab. Ich begleitete ihn dabei, denn bei privaten Anlässen dieser Art ließ sich der Bundeskanzler meistens von mir dolmetschen. Die Teestunde zu viert im Marlborough House verlief sehr familiär. Die Königinmutter machte Prinzessin Margaret zwischendurch darauf aufmerksam, daß ich ja gar nichts zu essen bekäme. Von diesem Augenblick an schob die Prinzessin mir in jeder Übersetzungspause einen Keks in den Mund.

Auch bei der Krönung der jungen Königin Elisabeth II. am 2. Juni

1953 gehörte ich zur deutschen Delegation. Ich war nach Vizekanzler Franz Blücher deren Nummer zwei. Während Blücher im Parterre von Westminster Abbey seinen Platz hatte, saß ich oben auf der Empore. Als Ehrenbegleiter waren unserer Delegation Fred Warner, ein junger britischer Diplomat, und Tony McNulty, ein junger Rechtsanwalt, zugeordnet. Andere Gäste wurden – wie es den Gepflogenheiten entspricht – von Botschaftern, Generälen oder Admirälen im Ruhestand begleitet. Gerade die Jugend unserer beiden Begleiter erwies sich aber als Vorteil für uns, denn beide hatten in der englischen Gesellschaft viele und gute Kontakte. Ich kann heute nicht mehr sagen, auf wie viele Feste und Parties Warner und McNulty mich während dieses London-Aufenthalts mitgenommen haben. Ich lernte damals so viele Menschen kennen, daß ich mich später beim besten Willen nicht an alle erinnern konnte. Doch als ich Botschafter wurde, hörte ich von vielen, daß sie mir schon 1953 begegnet seien. Da bat ich Fred Warner, um mir Peinlichkeiten zu ersparen, mir eine Liste all derer zusammenzustellen, die ich zwei Jahre zuvor getroffen hatte.

Die Krönungszeremonie selbst war ungeheuer beeindruckend. Es war eine der glanzvollsten Krönungsfeierlichkeiten in der jahrhundertelangen englischen Königsgeschichte und zudem eines der ersten Ereignisse, das dank der neuen Technik des Fernsehens von Millionen Zuschauern in Großbritannien und auf dem Kontinent miterlebt wurde. Ich war den Tränen nahe. Was mag die junge Königin, die im Mittelpunkt dieser ergreifenden Feier stand und auf der alle Augen ruhten, gefühlt haben? Das britische Volk jedenfalls umjubelte seine Königin; es stand und steht noch heute mit überwältigender Mehrheit hinter der Monarchie und dem Königshaus. Während ich auf meinem Platz saß und dem farbenprächtigen Schauspiel folgte, gingen meine Gedanken zurück in die letzten Jahre des deutschen Kaiserreichs. Ich dachte an meine Familie, die über Jahrhunderte den Herzögen von Württemberg, den Kurfürsten von Bayern und den Königen von Preußen gedient hatte. Wie schon erwähnt, nahmen erstmals nach dem Krieg auch wieder deutsche Verwandte der Königin beziehungsweise Prinz Philips an den Feierlichkeiten teil.

Während des der Krönung folgenden Empfangs im Buckingham Palace sprach mich die Königin an, die sich zu meiner Überraschung an unser Gespräch beim Tode ihres Vaters erinnerte. Hatte sie mir damals gesagt, wie viele Beileidsbriefe sie aus Deutschland erhalten hätte, so drückte sie jetzt ihre große Freude über die zahlreichen Glückwunschschreiben aus, die Deutsche an sie gerichtet hätten. Alle Teilnehmer der Krönungsfeierlichkeiten erhielten eine Erinnerungsmedaille, und auf besondere Bitte Ihrer Majestät trugen wir Deutschen diese während des Empfangs. Dies war um so bemerkenswerter, als wir 1952 keine Orden tragen durften. Nun waren wir die einzigen, die auf dem Frack wie die königlichen Bediensteten nichts weiter trugen als die Medaille.

Ich hatte die Fahrt zur Krönung zusammen mit meiner Frau und meiner Tochter von Bonn aus mit einem alten DKW unternommen. In der Nähe von Maidstone in Kent hatten wir einen Vergaserbrand. Freundliche Engländer löschten nicht nur das Feuer, sondern nahmen uns bei sich auf und reparierten den Wagen in nur drei Stunden. Meine zehnjährige Tochter Alexandra hatte es erreicht, daß sie und meine Frau als geladene Gäste nach London mitkommen durften. Alexandra, die von dem bevorstehenden Ereignis wußte, war eines Tages im Garten der Villa Hammerschmidt, wo ich als stellvertretender Chef des Bundespräsidialamts ein Büro hatte, dem britischen Hochkommissar Kirkpatrick begegnet und hatte ihn ohne Umschweife gefragt, warum sie nicht auch zur Krönung eingeladen sei, sie sei doch auch ein Mädchen, wie die Königin. Kirkpatrick erfüllte ihren Wunsch.

Als unsere Delegation zu Fuß im Frack zu einem großen Empfang in der National Gallery ging, begrüßte uns die Bevölkerung außerordentlich herzlich. Selbst die ärmsten Engländer feierten die Krönung ihrer Königin mit. Ein Plakat in einem ärmeren Londoner Viertel drückte aus, was viele Briten empfanden: »Lousy but loyal«. Zu dem Empfang in der National Gallery waren viele Gäste in ihren Nationaltrachten gekommen, und man hatte den Eindruck, sie seien einfach den Rahmen der Gemälde entstiegen.

Während der Krönungsfeierlichkeiten wohnte ich in einem Hotel am Piccadilly. Meine Frau und Alexandra wurden von dem Ehepaar Con O'Neill beherbergt. Con, eine bemerkenswerte Persönlichkeit von scharfer Intelligenz, wurde 1938 an die britische Botschaft in Berlin versetzt. Schon Ende des Jahres, nach der Münchener Konferenz, schied er aus dem Auswärtigen Dienst aus, weil er mit der Appeasement-Politik Chamberlains nicht einverstanden war und in dem kurzen Jahr seines Aufenthaltes in Berlin das Hitler-Regime durchschaut hatte und zutiefst ablehnte. Von der eisernen Regel, daß ausgeschiedene Beamte des Foreign Office nicht wieder eingestellt werden, wurde in seinem Falle eine Ausnahme gemacht. 1947 kehrte er in den auswärtigen Dienst zurück. Von 1948 bis 1953 gehörte er zunächst der Kontrollkommission und dann der britischen Hohen Kommission in Bonn an. 1938 hatte ich Con, als ich von Moskau nach Berlin kam, kennengelernt. Meine Moskauer britischen Freunde hatten mir nahegelegt, mit ihm Kontakt aufzunehmen, wir würden uns gut verstehen. In Bonn trafen wir uns 1949 wieder und wurden gute Freunde. So sehr Con das nationalsozialistische Deutschland abgelehnt hatte, so sehr setzte er sich nun mit ganzer Kraft für den Wiederaufbau des neuen Deutschland ein. Er war wie manche seiner britischen Kollegen ein Gegner der Demontagen und sprach sich für deren möglichst baldige Einstellung aus. Im Hause O'Neills in Bonn trafen sich Persönlichkeiten, die dem deutschen Widerstand angehört hatten. 1957 begegneten wir uns in London wieder, als er Assistant Undersecretary im Foreign Office wurde.

Die politische Situation 1955

Die Instruktion, die man mir vom Auswärtigen Amt nach London mitgab, hob hervor, daß gute und vertrauensvolle Beziehungen zu Großbritannien für die Bundesrepublik von entscheidender Wichtigkeit seien. Großbritannien war damals neben den Vereinigten Staaten die führende Macht der westlichen Welt. Dort hatte man längst erkannt, daß die Mitwirkung Deutschlands für die Erhaltung und Verteidigung Europas und der freien Welt lebensnotwendig war. Die Voraussetzung hierfür war das klare Bekenntnis der Bundesregierung zur westlichen Gemeinschaft. Dies bildete die Grundlage meiner Aufgabe, ein zunehmend freundschaftliches Verhältnis zwischen Deutschland und Großbritannien zu fördern. Doch durfte ich dabei weder die großen psychologischen Schwierigkeiten, die dieses Ziel erschwerten, noch die Besonderheiten der englischen Mentalität vergessen. Die Politik der Bundesregierung hatte das Vertrauen der britischen Regierung gewonnen, doch von einem Vertrauensverhältnis der beiden Völker waren wir noch weit entfernt.

Ein weiterer grundsätzlicher Gesichtspunkt war zu beachten: Deutschland bildete für London nur einen außenpolitischen Fragenkomplex neben vielen anderen, die in britischer Sicht häufig den Vorrang hatten. Es ging dabei nicht nur um die Lebensinteressen Englands, sondern um diejenigen eines ganzen Weltreichs. Jeder Schritt in europäischen Angelegenheiten wurde in London hinsichtlich seiner Rückwirkungen auf das Commonwealth und die anderen weltweiten Verpflichtungen Großbritanniens genau geprüft. Dazu trat das wichtigste Anliegen der britischen Außenpolitik: die Aufrechterhaltung des engen Verhältnisses, der *special relationship*, zu der anderen angelsächsischen Macht, den Vereinigten Staaten von Amerika.

Lange glaubte man in England, daß Britannia noch eine Weltmacht sei wie in früheren Jahrhunderten. Erst zu meiner Zeit in London wurde den Briten bewußt, daß ihr Land nicht mehr zu den Großmächten gehörte. Diese Erkenntnis ist nur langsam und widerstrebend verarbeitet worden. Noch lange Zeit dachte man in Großbritannien, daß das Commonwealth sich mit der Sowjetunion und den Vereinigten Staaten messen könne. Die Briten hatten nach dem Kriege unter großen Opfern eine eigene Atombombe entwickelt, die dazu beitragen sollte, Großbritanniens Stellung als Weltmacht sichtbar zu machen. Erst allmählich kamen viele Briten zu der Einsicht, daß die Zukunft ihres Landes in Europa liegen würde und daß sie überkommene Vorstellungen von der eigenen Größe überwinden müßten. Selbstverständlich waren wir manchmal ungeduldig und fragten uns: Warum kann das nicht schneller gehen? Aber vielleicht hat Macmillan sein Volk doch besser gekannt als wir und gut daran getan, mit Geduld vorzugehen und zu warten, bis die Mehrheit der Briten aus eigenem Urteil zu dem Schluß gekommen war, daß ihr Land den Schritt nach Europa machen mußte. Es wurde häufig von deutscher Seite die Frage aufgeworfen, ob die Entscheidung Großbritanniens für Europa Anfang der sechziger Jahre, die dann bis zu ihrer Realisierung weiterer zehn Jahre bedurfte, das letzte Wort sein würde. Ich war damals überzeugt, daß die Briten, einmal der Europäischen Gemeinschaft beigetreten, auch gute Mitglieder sein würden. Denn die Engländer, so erklärte ich damals meinen Besuchern, seien die Erfinder des »Clubs«, und wenn sie einmal Mitglied seien, würden sie sich an die Regeln halten.

Die Bundesrepublik und Italien waren aufgrund der Londoner Akte von 1954 in den Brüsseler Pakt aufgenommen worden. 1955 erfolgte dessen Umwandlung in die Westeuropäische Union. Deren Generalsekretariat befand sich in London, wo auch der Ständige Rat tagte. Dieser setzte sich aus den Botschaftern der sieben Mitgliedsstaaten zusammen und traf sich jede Woche. Der Ständige Rüstungsausschuß und das Rüstungskontrollamt befanden sich in Paris, das letztere hatte vor allem die Aufgabe, die Einhaltung der Rüstungsbeschränkungen zu kontrollieren, die der Bundesrepublik auferlegt waren. Dies galt vor allem für die Überwachung der chemischen Industrie, um zu verhindern, daß chemische Kampfstoffe hergestellt wurden, aber es bestanden auch Beschränkungen für einzelne Waffengattungen, vor allem für den Schiffbau. Anträge auf Abänderungen mußten im Rat genehmigt werden. Der Rüstungsausschuß sollte die Produktion von Waffen und Gerät koordinieren und dafür sorgen, daß Rüstungskäufe nach Möglichkeit in den Mitgliedsländern getätigt würden. Er war dazu von Anfang an nicht in der Lage: Die Vereinigten Staaten als einer der Hauptwaffenlieferanten gehörten der WEU nicht an.

Im Ständigen Rat wurden auch allgemein-politische Probleme besprochen. Für die Arbeit im Rat war viel Zeit erforderlich. Oft mußten Weisungen aus Bonn eingeholt werden, die manchmal erst kurz vor oder während der Sitzungen eintrafen. WEU-Referent in der Botschaft war Legationsrat Ulrich Sahm, der bereits bei den Verhandlungen über die Montanunion Erfahrungen in der multinationalen Arbeit gemacht hatte. Ich konnte mich auf Sahms Fachkenntnis verlassen. Er war, um einen Vergleich aus dem englischen Rechtswesen zu benutzen, der *solicitor*, der aufgrund der Akten den einzelnen Fall vorbereitete. Ich als Barrister hatte dann im Ständigen Rat den Fall zu vertreten, also zu plädieren. Meine Kollegen verfuhren ähnlich. Nur das englische Ratsmitglied Viscount Samuel Hood, ein Nachfahre des Admirals Hood, war uns um eine Länge voraus, da er sich im Foreign Office hauptamtlich mit der WEU beschäftigte und sich selbst die Weisungen gab. Wir anderen Botschafter wandten uns oft während der Sitzungen an unsere »eminents collaborateurs«, um ihnen die sachverständige Antwort zu überlassen.

Eine unserer Hauptaufgaben in London in diesem Zusammenhang war die Beobachtung der britischen Haltung zur WEU sowie die

Berichterstattung über alle von der britischen Regierung und der britischen Öffentlichkeit im Zusammenhang mit der Union erörterten Fragen. England war damals fest entschlossen, seinen Rüstungsbedarf weiterhin in vollem Umfang im eigenen Land zu decken, wollte aber andererseits an den Rüstungslieferungen in die Bundesrepublik – schon zur Deckung der Kosten der hier stationierten britischen Verbände – teilhaben.

Die WEU stand von Anbeginn im Schatten der NATO. Alle Bemühungen, ihre Aufgabengebiete zu erweitern, blieben erfolglos. Der Versuch, sich in der Kulturpolitik zu betätigen, stieß auf den Widerstand des Europarates und später auch der EG. Die politische Konsultation beschränkte sich auf die Erarbeitung gemeinsamer Positionen für die Generalversammlung der Vereinten Nationen und für den Wirtschafts- und Sozialausschuß der UNO. Das WEU-Parlament tagte in Paris, es setzte sich aus den 89 Abgeordneten zusammen, mit denen die sieben Mitgliedsländer im Europarat vertreten waren. Die Rechte des WEU-Parlaments waren noch geringer als die des Europarates und beinhalteten kaum mehr als die Entgegennahme und Diskussion des Jahresberichts, der gewöhnlich von einem der Außenminister der Mitgliedsstaaten gegeben wurde. An den Sitzungen des Parlaments in Paris nahm ich als Vertreter im Ständigen Rat teil. Die Ausflüge nach Paris boten mir eine willkommene Gelegenheit, mit meinen drei deutschen Kollegen, den Botschaftern bei der Französischen Republik, der NATO und der OECD, Erfahrungen auszutauschen. Und überhaupt war Paris immer einen Besuch wert.

Als sich im Oktober 1955 die Bevölkerung des Saargebietes in einem Volksentscheid für die Vereinigung mit der Bundesrepublik ausgesprochen hatte, vereinbarten der französische Botschafter Chauvel und ich, eine gemeinsame Erklärung im WEU-Rat abzugeben. Mit einem so eindeutigen Votum für Deutschland hatten wir beide nicht gerechnet. Durch unsere gemeinsame Erklärung wollten wir den Mitgliedern des Rates anzeigen, daß die Saarfrage von Frankreich und der Bundesrepublik einvernehmlich gelöst worden wäre und aufgehört habe, einen Streitpunkt zwischen beiden Staaten zu bilden. In dem Abkommen über den Status des Saargebietes von 1954 zwischen unseren beiden Ländern war vorgesehen worden, im Falle einer Mehrheit für eine Autonomie des Gebietes den Sitz der

Montanunion nach Saarbrücken zu verlegen und es auf die Dauer zur Hauptstadt Europas zu machen.

Eine ganz wichtige Rolle spielte damals das Verhältnis der Bundesrepublik zur seinerzeit sogenannten »sowjetisch besetzten Zone«. Ich vertrat stets mit Nachdruck die Auffassung der Bundesregierung, daß eine Anerkennung der DDR – sei es de jure, sei es de facto – für die Bundesrepublik unter keinen Umständen in Frage kam. Allein die Bundesregierung als die einzige frei gewählte deutsche Regierung war berechtigt, als Vertreterin des gesamten deutschen Volkes in internationalen Angelegenheiten für Deutschland zu sprechen. Es war unter diesen Umständen für Bonn unmöglich, in Verhandlungen mit der Regierung der DDR einzutreten, wie dies verschiedene Kreise der Bundesrepublik forderten. Adenauer legte entschiedenen Wert darauf, daß auch die Londoner Regierung diesen Tatsachen durch ihre Haltung Rechnung trug.

Meine Aufgabe war es, dafür zu sorgen, daß die britische Regierung Versuchen der DDR, in Großbritannien diplomatische oder konsularische Missionen einzurichten, oder Bemühungen der Sowjetunion um die Anerkennung der DDR von vorneherein ablehnend begegnete. Mit allem Nachdruck hatte ich darauf hinzuweisen, daß schon die Kontaktaufnahme mit Vertretern dieser illegitimen Regierung einen unfreundlichen Akt gegenüber der Bundesregierung darstellen würde. Während meiner gesamten Zeit in London hatte ich über alle die DDR betreffenden Vorgänge besonders aufmerksam zu berichten.

Ohne das Auswärtige Amt vorher zu fragen, ließ ich am Eingang der Botschaft ein Schild DEUTSCHE BOTSCHAFT anbringen, auch auf meinen Visitenkarten stand »Deutscher Botschafter«. Ich glaube, ich war der einzige Missionschef, der so verfuhr. Ich wollte die Bezeichnung »Deutsche Botschaft« rechtzeitig ›besetzen‹ und damit verhindern, daß die Missionen der DDR diese Formulierung benutzten. Nach Anerkennung der DDR durch Großbritannien und nach Eröffnung ihrer Botschaft in London wurde das Schild durch ein anderes mit der Aufschrift »Botschaft der Bundesrepublik Deutschland« ersetzt. Heute könnte man das erste Schild wieder verwenden.

Ich hatte in dieser Zeit einen besonderen Freund in London, Professor Moritz Julius Bonn. Er war bis 1933 Rektor der Handelshochschule in Berlin gewesen, ein großer Gelehrter, der eine bedeutende Geschichte Irlands geschrieben hat. Er war schon dabeigewesen, als 1922 der Vertrag von Rapallo zwischen Deutschland und der Sowjetunion geschlossen wurde, sowie auch bei allen Verhandlungen, die nach dem Ersten Weltkrieg zwischen den Alliierten und uns stattfanden. In meiner Attachéausbildung hatte Professor Bonn häufig Vorträge gehalten, die mich sehr beeindruckten. Schon 1955 äußerte er mir gegenüber mit aller Offenheit, daß die Bundesrepublik die DDR über kurz oder lang werde anerkennen müssen. Sie sei zwar ein totalitärer Unrechtsstaat, schlimmer noch als andere Satelliten der Sowjetunion, dennoch sei ihre Existenz aufgrund der weltpolitischen Lage auf Dauer angelegt. Die Hallstein-Doktrin, Ausdruck des Alleinvertretungsanspruchs der Bundesrepublik, werde sich langfristig nicht durchhalten lassen. Ich entgegnete ihm, daß die Bevölkerung in der DDR, vor allem die Arbeiter, die sich am 17. Juni 1953 gegen das stalinistische Regime erhoben hatten, es nicht verstünden, wenn wir nur zwei Jahre nach diesem Ereignis die DDR anerkennen würden.

Die Last der Vergangenheit

Eines unserer Hauptprobleme in der Botschaft war die Bearbeitung von Wiedergutmachungsfällen. Es gab zu meiner Zeit etwa 50 000 deutsche Emigranten in Großbritannien. Ich sah es als eine der wichtigen Aufgaben der Botschaft an, die Ansprüche dieser Menschen, die zum Teil furchtbare Schicksale hinter sich hatten, so schnell wie möglich zu befriedigen. Dies bildete nach meiner Ansicht eine entscheidende Voraussetzung dafür, daß wir in England überhaupt politisch tätig werden konnten. Diese 50 000 ehemaligen Deutschen hatten zum Teil einflußreiche Positionen in England inne. Ihre menschliche Behandlung durch uns, nicht allein die materielle Wiedergutmachung, hatte weitgehende politische Wirkungen.

Es gab in England viele einflußreiche Familien – von der Königsfamilie einmal abgesehen –, die aus Deutschland stammten. Ich nenne nur einige, etwa die Bankhäuser Warburg, Schröder und Kleinworth. Gert Whitman war Teilhaber des Bankhauses Warburg. Wir kannten uns schon aus Berlin. Er war der Sohn des Staatssekretärs Weismann in der Regierung des preußischen Ministerpräsidenten Otto Braun und schon vor 1933 Privatsekretär bei Hjalmar Schacht. Nach dem Krieg war er enger Mitarbeiter des amerikanischen Hochkommissars John McCloy. Whitman hat uns besonders auf dem Gebiet der Wirtschafts- und Handelsbeziehungen große Hilfe geleistet. Auch mein alter Schulfreund, Rechtsanwalt Holland, hat uns als Vertrauensanwalt immer wieder unterstützt und sich ohne Ressentiment seines alten Vaterlandes erinnert. Einmal führte er einen Prozeß für die Hohenzollern, denen ein wertvoller Kunstgegenstand geraubt worden war. Er verteidigte ferner erfolgreich den in der englischen Presse schwer angegriffenen General Speidel.

Bei der Bewältigung der Vergangenheit haben die jungen Deutschen, die nach Großbritannien kamen, sehr geholfen. Sie trafen mit Engländern zusammen, redeten miteinander, lernten sich kennen und verstehen. Die Engländer konnten feststellen, daß die Jugend von Anne Frank wußte, von den Konzentrationslagern, und sich auch damit beschäftigte, wie das alles hatte geschehen können. Es war eine dankbare Aufgabe für jeden Deutschen, in Großbritannien das neue Deutschland zu erklären und dafür zu werben. Eines Tages kam der Vater von Anne Frank auf die Botschaft. Er wollte als alter Frankfurter einen früheren Bekannten, der an der Botschaft tätig war, besuchen. Er suchte auch mich auf. Ich hatte zufällig am gleichen Tag etwa neunzig junge Deutsche und die gleiche Zahl englischer Jugendlicher zu einem Empfang eingeladen und sagte zu Herrn Frank: »Wenn Sie wissen wollen, wie die deutsche Jugend denkt, wäre es gut, wenn Sie heute nachmittag auch kämen. Ich weiß aber nicht, was Sie erwartet und wie die Gespräche laufen werden.« Otto Frank stimmte zu. Der allergrößte Teil der jungen Deutschen war dankbar für die Gelegenheit, den Vater von Anne Frank kennenzulernen. Die meisten von ihnen hatten das Tagebuch gelesen, oder sie hatten den Film oder das Theaterstück gesehen. Dies machte einen starken Eindruck auf Frank und auch auf die britischen Gäste, weil sie den lebendigen Beweis hatten, daß die Jugend bei uns sich mit der Vergangenheit beschäftigte. Die Briten werteten auch positiv, daß im deutschen Fernsehen Dokumentarfilme über das Dritte Reich gezeigt wurden, die nichts beschönigten.

Bei meinem Besuch in der Wiener Library begrüßte mich deren Gründer Alfred Wiener besonders freundlich, da wir beide das Victoria-Gymnasium in Potsdam besucht hatten. Die Institution beherbergte eine von Wiener zusammengestellte Bibliothek über die Schreckenszeit des Nationalsozialismus. Alfred Wiener war wie viele Emigranten frei von Ressentiments. Die Bewältigung der Vergangenheit und die Perspektiven für die Zukunft, das Entstehen einer Demokratie in Deutschland und die Verbesserung der deutsch-britischen Beziehungen waren für ihn eine Herzensangelegenheit.

Ich veranlaßte, daß in der Botschaft eine Gedenktafel angebracht wurde für drei Mitglieder der deutschen Botschaft in London, die wegen ihres Widerstands gegen den Nationalsozialismus hingerichtet worden waren: Botschaftsrat Graf Bernstorff und die Legationsräte Eduard Brücklmeier und Mumm von Schwarzenstein. An der Feier nahmen die Schwester von Graf Bernstorff, die Witwe Brücklmeier und der Bruder von Mumm von Schwarzenstein teil. Die Bronzetafel wurde nach einem Entwurf meines Freundes Reissmüller gefertigt. Die Gedenkrede hielt der britische Diplomat und Publizist Sir Harold Nicolson, der den Mut und die Entschlußkraft der drei Männer würdigte, die bereit gewesen waren, »ihr Leben zu opfern, um die Ehre ihres Volkes zu wahren«.

Die Briten waren andererseits auch bereit, sich mit ihrer eigenen Vergangenheit kritisch auseinanderzusetzen. Nach meinem Abschied von London erschien im April 1963 David Irvings Buch »Der Untergang Dresdens«, das in der britischen Öffentlichkeit erregt diskutiert wurde. In langen Besprechungen und Leitartikeln wurde die Bombardierung von Dresden durch die englische Luftwaffe als ein unmenschlicher Akt verurteilt. Harold Nicolson veröffentlichte im »Observer«, der von David Astor, einem Freund des deutschen Widerständlers James Graf von Moltke, herausgegeben wurde, einen Artikel unter der Überschrift »Unworthy of our history« (Unwürdig unserer Geschichte). Er bezeichnete den Angriff auf Dresden am 13. Februar 1945 als brutal, sinnlos und grausam. Angesichts der Tatsache, daß in Dresden etwa doppelt so viele Menschen ums Leben gekommen sind wie in Hiroshima, hat sich die britische Öffentlichkeit leidenschaftlich in die Diskussion dieses weit zurückliegenden Ereignisses gestürzt. Daß Hitler mit der Bombardierung offener Städte, namentlich des englischen Coventry, begonnen hatte, wurde nicht als Entschuldigung ins Feld geführt.

1973 erschien »The Last Secret« (Das letzte Geheimnis) von Nicholas Bethell. In diesem Buch setzt sich der Autor kritisch mit der zwangsweisen Repatriierung sowjetischer Staatsangehöriger, die in der deutschen Armee gedient hatten, durch die Amerikaner und Engländer auseinander. Als erster hatte Alexander Solschenizyn in seinem Buch »Archipel Gulag« seine Begegnung mit den von den Westalliierten ausgelieferten früheren Wehrmachtsangehörigen sowjetischer Staatsangehörigkeit geschildert und davon gesprochen, daß das Geheimnis dieses besonderen Aktes von Verrat von der britischen und der amerikanischen Regierung ängstlich gehütet worden sei. Bethell wirft den verantwortlichen Engländern vor, gegen die Moral und das Völkerrecht verstoßen zu haben.

1977 erschien von Nikolai Tolstoy »The Victims of Yalta« (Die Opfer von Jalta). In diesem Buch wird vor allem die Tragödie des XV. deutschen Kosakenkorps unter General von Pannwitz geschildert, das von englischen Truppen in der Steiermark und Kärnten gewaltsam an die Sowjets ausgeliefert wurde. Auch Tolstoy erhebt schwere Vorwürfe gegen die verantwortlichen britischen Offiziere und Beamten. Die »Times« schrieb in einem Leitartikel im Juni 1979 von der Gefahr, elementare Regeln der Gerechtigkeit und Menschlichkeit im diplomatischen Verkehr in dem irrigen Glauben außer acht zu lassen, daß dies im internationalen Interesse liege. Edward Crankshaw nannte im »Observer« die Geschichte der Zwangsrepatriierung von Sowjetbürgern, die erschossen oder gefoltert wurden und in Lagern verhungerten, einen Schandfleck in der englischen Geschichte. Ein Komitee bekannter Persönlichkeiten sammelte Spenden für ein »Yalta Victims Memorial«, das in der Nähe des Victoria and Albert Museum aufgestellt und 1982 vom Bischof von London eingeweiht wurde. Bedenken, die gegen die Aufstellung dieses Mahnmals erhoben worden waren, wurden von Premierministerin Margaret Thatcher aus dem Wege geräumt.

Einige meiner guten englischen und amerikanischen Bekannten im Foreign Office und im State Department waren an dieser zwangsweisen Repatriierung beteiligt. Zu ihrer Entschuldigung muß gesagt werden, daß sie wohl aus Unkenntnis über das Terrorsystem der mit den Alliierten verbündeten Sowjets handelten und sich nicht vorstellen konnten, welches Schicksal die Heimkehrer erwartete. Sie konnten sich auf in Jalta eingegangene Verpflichtungen berufen. Sie sahen in den sowjetischen Staatsangehörigen, die auf deutscher Seite gekämpft und gearbeitet hatten, Kollaborateure und Vaterlandsverräter. Sie erkannten nicht, daß diese Menschen unter Stalins Terror gelitten hatten und in Wirklichkeit Widerstandskämpfer waren.

Deutsch-britische Wirtschaftsbeziehungen

Selbstverständlich spielten schon in den fünfziger Jahren Fragen der Wirtschaft eine entscheidende Rolle zwischen der Bundesrepublik und Großbritannien. Die wirtschaftlichen Grundbedingungen beider Länder waren damals ähnlich. Beide waren – abgesehen von der Kohle – rohstoffarm. Beide hatten eine fast gleich große Bevölkerungszahl. Beide waren hochindustrialisiert und auf Export angewiesen. Obwohl die Grundstrukturen beider Staaten sich so sehr ähnelten – oder gerade darum –, waren beide im 20. Jahrhundert füreinander hervorragende Kunden wie Lieferanten.

Nach den Rückschritten, die der Erste Weltkrieg für den deutsch-englischen Warenaustausch mit sich brachte, war das Volumen des gegenseitigen Handels vor dem Zweiten Weltkrieg wieder beträchtlich, und auch seit Beginn der fünfziger Jahre war wieder eine Belebung des deutsch-britischen Handels zu verzeichnen, die die Entwicklung des Handels mit den übrigen Ländern der Organisation für Europäische Wirtschaftliche Zusammenarbeit (OEEC) übertraf; von der Vorkriegsposition Deutschlands im britischen Außenhandel war die Bundesrepublik 1955 allerdings noch weit entfernt. Die tüchtige Wirtschaftsabteilung der Botschaft versuchte nach Kräften dazu beizutragen, daß sich der gegenseitige Warenaustausch bei zunehmender Befreiung des Handels von den noch bestehenden Beschränkungen erheblich ausweitete.

Die deutsche Schwerindustrie hatte, als wir noch nicht souverän waren, Auflagen bekommen, verschiedene Unternehmensteile, die der Rüstungsproduktion gedient hatten, zu verkaufen. Flick hat damals seine Stahlwerke an Daimler-Benz verkauft, was völlig widersinnig war, denn auch in den Daimler-Werken hätte man im Kriegsfalle Panzer herstellen können. Als Eigner von Daimler-Benz hätte Flick viel mehr und viel besseres Kriegsmaterial herstellen können als mit den Stahlbetrieben allein. Im Gegensatz zu Flick wollte Alfried Krupp das Stahlwerk Rheinhausen, Flaggschiff und modernster Betrieb Krupps, unter keinen Umständen verkaufen. Wieder und wieder habe ich damals mit den Engländern über Rheinhausen verhandelt, doch es half nichts, alle meine Bemühungen um eine Rücknahme der Verkaufsauflage waren vergeblich. So gab ich Krupp den Ratschlag, eine Stiftung zu gründen, denn das würde die Möglichkeit eröffnen, Rheinhausen behalten zu können. Genauso ist es später gekommen: Das Krupp-Imperium wurde in eine Stiftung umgewandelt. Der Vertreter von Krupp in Großbritannien war Klaus Graf Ahlefeldt, der über zahlreiche Kontakte verfügte und für das Unternehmen sehr hilfreich war. Ich war gut mit ihm befreundet und hatte ihn an Krupp empfohlen.

Die Frage des britischen Beitritts zur EWG war eine Schicksalsfrage für Großbritannien und Europa. Uns Deutschen fiel es nach dem verlorenen Krieg leichter als den Briten, auf Souveränitätsrechte zugunsten Europas zu verzichten, da wir unsere Zukunft ohnehin in einem vereinten Europa sahen. Die Briten, die den Krieg gewonnen hatten und stolz auf eine große nationale Vergangenheit zurücksahen, konnten sich an die Vorstellung eines Aufgehens in Europa ungleich schwerer gewöhnen. Zudem war Großbritannien das Mutterland des Commonwealth, und das Problem, wie sich die Beziehungen zu den Commonwealth-Staaten nach einem etwaigen Beitritt Großbritanniens zu den europäischen Gemeinschaften gestalten sollten, ließ sich nur schwer lösen.

So konnte es geschehen, daß trotz der Appelle von Churchill 1946 in Zürich und in Fulton der Ruf nach Europa ungehört verhallte. Erst in den fünfziger Jahren mußten die Briten erkennen, daß sie keine Weltmacht mehr waren. Sie sahen insbesondere nach Suez, 1956, daß sich ihre Politik an derjenigen der USA würde orientieren müssen. Erst da gewann das Bewußtsein, zu Europa zu gehören, an Boden. Vor allem Lordsiegelbewahrer Edward Heath brachte dies immer wieder deutlich zum Ausdruck. Auch ich wies wiederholt darauf hin, daß wir der Teilung Europas in Ost und West nicht noch eine weitere Teilung des freien Westens hinzufügen sollten. Ich habe schon erzählt, wie im Jahre 1951 Churchill Adenauer bei seinem ersten Besuch in London sagte, daß Großbritannien immer ein guter Nachbar des europäischen Kontinents sein werde, und wie der Bundeskanzler antwortete, dies reiche nicht aus, denn Großbritannien sei ein Teil Europas.

Wie das oft bei den Engländern ist, wird eine Idee, die man einmal als richtig erkannt hat, mit Energie und Beharrlichkeit verfolgt. Nach dem Scheitern der Brüsseler Verhandlungen über den Beitritt Großbritanniens hätte man befürchten können, daß die Briten resignieren würden – das Gegenteil war der Fall. Macmillan und Heath erklärten mit einer Schärfe, wie sie es nie vorher getan hatten, daß es keinen anderen Weg für Großbritannien gebe als den nach Europa. Großbritannien sei ein Teil Europas und müsse in Europa eingegliedert werden. Die Briten wurden unterstützt von den USA und immerhin von fünf der sechs Mitglieder der damaligen EWG.

Im Rahmen der Pariser Verträge von 1954 übernahm Großbritannien die Verpflichtung, Truppen in Westdeutschland zu stationieren. Die Frage der Stationierung der britischen Rheinarmee hat gerade in den fünfziger Jahren in den deutsch-englischen Beziehungen für erhebliche Probleme gesorgt. Wir hatten immer wieder Schwierigkeiten wegen der sogenannten Support costs, der Stationierungskosten. Dieses Problem bereitete über Jahre hinweg Sorgen, denn die Finanzierung ihrer Truppen auf deutschem Boden bedeutete für die Briten eine starke Belastung ihrer ohnehin angespannten Zahlungsbilanz. Die Ausgaben beliefen sich damals auf immerhin fast 70 Millionen Pfund im Jahr, und es war verständlich, daß London diese Kosten nicht alleine tragen wollte. Bis zum Jahre 1961 übernahm aus diesem Grunde die Bundesrepublik die Support costs und zahlte sie direkt an London. Danach versuchten wir, durch Waffenkäufe in England die britische Zahlungsbilanz auszugleichen. Aber das schlug nicht sehr stark zu Buche. Die Stationierungskosten waren jedenfalls in allen Jahren meiner Londoner Zeit immer wieder Gegenstand politischer Auseinandersetzungen und auch ein Thema der öffentlichen Debatte. Die Medien nahmen sich dieser Frage mit großem Eifer an.

Ungeachtet solcher aktuellen Probleme genossen wir Deutschen als Soldaten bei den britischen Streitkräften stets große Sympathie. Rommels Afrikakorps stand dort in hohem Ansehen, und Rommel selbst ist fast zu einem britischen Nationalhelden geworden. Ich konnte mich persönlich davon überzeugen, daß die deutschen Soldaten, die sich zu Kursen und Lehrgängen in England aufhielten, immer freundschaftlich und als Kameraden aufgenommen wurden. Im Zusammenhang mit Übungsaufenthalten deutscher Bataillone in Großbritannien gab es in der Presse eine Diskussion darüber, ob es richtig sei, deutsche Truppen auf die Insel zu bringen. Eigentlich war dies eine künstliche Debatte, inszeniert im wesentlichen von kommunistischen Kreisen und dem linken Flügel der Labour Party. Schon vor 1960 kamen zwei deutsche Marinefliegerstaffeln nach Schottland und Nordirland und wurden dort britischem Kommando unterstellt. Sie blieben sechs Monate zur Ausbildung. Es gab nicht nur keine Zwischenfälle, sondern es bildeten sich echte Freundschaften zwischen Marineangehörigen beider Länder, und auch die Aufnahme durch die Bevölkerung war überaus herzlich. Am Ende ihres Aufenthalts wurden die beiden Staffeln feierlich wieder deutschem Kommando unterstellt. Aus diesem Anlaß kam Admiral Ruge nach England, und gemeinsam schritten wir zum ersten Mal nach dem Krieg wieder eine Ehrenformation von Engländern und Deutschen ab. Anschließend machten wir einen kurzen Rundgang. Dabei deutete ein Engländer auf ein Flugzeug und meinte, ich sei nun wohl schon zu alt, um dieses noch zu besteigen. Ich nahm meinen Zylinder ab, machte einen Klimmzug, und schon saß ich im Cockpit. Dann beging ich einen Fehler, indem ich vor Stolz, daß ich es geschafft hatte, das Victory-Zeichen machte. Das Bild kam in die Zeitung, worauf mich Churchills Sohn anrief und sich darüber beschwerte, daß ich das von seinem Vater erfundene Siegeszeichen nachgemacht hätte.

Ein großer Schritt vorwärts war die Tatsache, daß schon Ende der fünfziger Jahre Generalstabsbesprechungen zwischen Deutschen und Briten eingeleitet wurden. Heute hört sich das selbstverständlich an. Wenn man aber an die Vergangenheit denkt, wird man sagen müssen, daß gerade diese Besprechungen einen entscheidenden Wendepunkt in den deutsch-britischen Beziehungen darstellten. Wer hätte im Jahre 1910 oder 1935 an gemeinsame Generalstabstreffen gedacht?

Besondere Erwähnung verdient der Besuch von General von Senger und Etterlin, der im Zweiten Weltkrieg Brigadekommandeur in der 1. Kavalleriedivision war, der ich angehörte. Von Senger hatte in Cambridge studiert. In Italien hatte er ein Armeekorps bei der Verteidigung von Montecassino befehligt. Die englischen Militärs und Militärkorrespondenten brachten ihm, dem einstigen Gegner, große Achtung entgegen und schätzten ihn als objektiven Zeitzeugen.

Eines Tages bat mich Feldmarschall Harding, für ein Turnier der Royal Horse Guards einen Preis zu stiften und diesen persönlich zu überreichen. Ich kam seiner Bitte mit großer Freude nach. Als ich später einmal mit meinen Eltern Schloß Windsor besucht hatte, kamen wir auf der Rückfahrt am Turnierplatz der Royal Horse Guards vorbei. Als alter Rittmeister der 3. Garde-Ulanen wollte mein Vater dem dort gerade stattfindenden Turnier gerne zuschauen. Ich hatte jedoch, da es sich um ein internes Turnier der Horse Guards handelte, gewisse Bedenken. Auf Drängen meines Vaters bat ich dann, den Leiter des Turniers, Colonel Sir Henry Abel-Smith, den Schwiegersohn des Earl of Athlone, sprechen zu dürfen. Er ging sofort auf den Wunsch meines Vaters ein. Als besondere Ehrung für ihn als deutschen Kavalleristen ließ er sogar eine Quadrille vorführen.

Eines Tages teilte mir das Verteidigungsministerium mit, daß sich im Kampfwagenmuseum in Devonshire zwei beim Afrikafeldzug erbeutete deutsche Panzer befänden – einen davon wolle man uns als Erinnerungsgeschenk zurückgeben. Zu meinem größten Erstaunen zeigte man sich auf unserer Seite an diesem Angebot nicht interessiert. Wer sollte die Kosten für den Transport übernehmen? Ich rief daraufhin Bundesverteidigungsminister Franz Josef Strauß an und schlug ihm vor, den fahrbereiten Panzer doch mit einem Kriegsschiff abholen zu lassen; ein so nobles Angebot müsse man ohne Rücksicht auf praktische Probleme annehmen. So wurde die feierliche Übergabe des Panzers in Gegenwart des britischen Heeresministers Profumo vereinbart. Einige Tage vor diesem Ereignis besuchte ein Reporter des »Daily Express« das Panzermuseum und bemerkte, daß der Panzer bis ins letzte wieder instandgesetzt war – sogar das taktische Zeichen des Afrikakorps, eine Palme, auf deren Stamm sich ein Hakenkreuz befand, war sorgfältig nachgemalt worden, das Blatt brachte eine entsprechende Glosse. Profumo bekam Angst, sagte seine Teilnahme ab und gab Weisung, die Übergabe nicht wie vorgesehen in großem Rahmen abzuhalten. Die Feier litt nicht unter Profumos Abwesenheit, im Gegenteil, die anwesenden britischen Offiziere gestalteten die Übergabe an den Botschafter, der selber einer Panzerdivision angehört hatte, besonders herzlich und eindrucksvoll.

Ministerpräsidentenkonferenz 1947 in München. Oben: Rede des nordrhein-westfälischen Ernährungsministers Heinrich Lübke, davor v. l. Wilhelm Hoegner, Hans Ehard und Anton Pfeiffer. Unten: Rede des bayerischen Ministerpräsidenten Hans Ehard, links von ihm Louise Schröder (Berlin) und Wilhelm Hoegner (Bayern). Hinter Hoegner: v. Herwarth.

Oben: »Es kann alles anders werden«. Deckblatt einer 1948 unter Mitwirkung v. Herwarths verfaßten Broschüre des Moral Re-armament. Unten: Theodor Heuss nach seiner Wahl zum Bundespräsidenten auf der Fahrt zum Bonner Rathaus, 12. September 1949.

Oben: US-Außenminister Dean Acheson (rechts) bei Bundespräsident Heuss; links der amerikanische Hohe Kommissar John McCloy, November 1949. Unten: Chef des Protokolls Hans von Herwarth und seine Stellvertreterin Erica Pappritz.

Konrad Adenauer vor dem »Sterbenden Gallier« im Kapitolinischen Museum in Rom Juni 1951.

)ben: Bundeskanzler Adenauer, Staatssekretär Hallstein (rechts) und v. Herwarth
›eim Europarat in Straßburg, Mai 1951. (Zwischen Adenauer und Hallstein: Ernst-
Günther Mohr.) Unten: v. Herwarth mit dem amerikanischen Protokollchef Bill Schott
n der Bad Godesberger Redoute, Mai 1952.

inke Seite: Unterzeichnung des Deutschlandvertrages am 26. Mai 1952 in Bonn.
ben: Ankunft des französischen Außenministers Robert Schuman (rechts der franzö-
sche Hohe Kommissar André François Poncet, links v. Herwarth). Unten v. l.: Bun-
espräsident Heuss, der britische Außenminister Anthony Eden, der britische Hohe
ommissar Sir Ivone Kirkpatrick, Bundeskanzler Adenauer.

echte Seite: Theodor Heuss (links) in Wilhelmshafen, Juni 1952. Mit dunkler Sonnen-
rille: Hans von Herwarth.

USA-Reise, April 1953.
Oben: Stürmische Überfahrt mit der »United States«. Rechts neben Adenauer Walter Hallstein und v. Herwarth. Unten: Im Flugzeug in den USA. Ganz links Botschafter Heinz Krekeler; 2. Reihe Alexander Böker (links), v. Herwarth.

Der Schah von Persien und Kaiserin Soraya auf Staatsbesuch in der Bundesrepublik, Februar/März 1955. Oben: Ankunft im Hamburger Rathaus. Unten: Felix von Eckhardt, der Chef des Presseamtes, Elisabeth und Hans von Herwarth beim Empfang im Hotel Petersberg.

Auf dem Weg in den Buckingham Palace zur Überreichung des Beglaubigungsschreibens als Botschafter der Bundesrepublik in Großbritannien, 26. Mai 1955.

Oben: Lance Pope (mit
Akkordeon) und John
Killick (ganz rechts) bei
einem »deutschen Lieder-
abend« in der Botschaft.
Zwischen ihnen: Alexandra
von Herwarth.
Unten: Premier-
minister Macmillan und
Bundeskanzler Adenauer
vor dem Admiralty House
in London, 1958 (rechts
v. Herwarth).

Staatsbesuch von Bundespräsident Heuss 1958 in Großbritannien. Oben: Mit Königin Elizabeth auf dem Weg zum Buckingham Palace. Unten: Besuch der Universität Oxford.

taatsbesuche in der Bundesrepublik. Oben: Der französische Staatspräsident Charles
e Gaulle wird stürmisch begrüßt, September 1962. Unten: US-Präsident John F.
ennedy in Bonn, Juni 1963 (rechts von ihm v. Herwarth und Bundesaußenminister
chröder).

.inks oben: Bundespräsident Heinrich Lübke mit dem Regierenden Bürgermeister Villy Brandt im Schloß Bellevue, Berlin, Januar 1963. Links unten: Heinrich Lübke nit Frau Wilhelmine auf Staatsbesuch in Indien, November/Dezember 1963.

.echte Seite: Überreichung des Beglaubigungsschreibens als deutscher Botschafter in talien an Staatspräsident Giuseppe Saragat, April 1965.

Mit Außenminister Willy Brandt bei der Übergabe des Zwischenberichts der Kommission für die Reform des Auswärtigen Dienstes, Bonn, 20. August 1969.

Die Botschaft in London

Die deutsche Botschaft befand sich 1939 gegenüber von Westminster, Carlton House Terrace. Natürlich wurden das Gebäude und seine Einrichtung während des Krieges von den Engländern beschlagnahmt. Nach 1945 bekamen wir die Botschaft nicht zurück, mit dem Argument, daß der Erbpachtvertrag über dieses Gebäude, den der preußische König Friedrich Wilhelm III. nach den Befreiungskriegen abgeschlossen hatte, schon nach wenigen Jahren ausgelaufen und von der britischen Regierung nicht mehr erneuert worden wäre. Die Bundesrepublik war also gezwungen, nach einer neuen Residenz Ausschau zu halten, und bereits unter Hans Schlange-Schöningen hatte sich der mit der Auswahl beauftragte Botschaftsrat Schlitter für das heutige Gebäude in ausgezeichneter Lage am Belgrave Square entschieden. Als ich eintraf, war das Haus noch im Umbau, und wir mußten zunächst eine Residenz in Hyde Park Gardens mieten. Als einziger Botschafter der Bundesrepublik erhielt ich das Recht, die Botschaft selbst einzurichten. Bedingung war lediglich, daß ich dabei den Vertreter der Bundesbaudirektion, Oberregierungsrat Oltmanns, der in Dublin studiert hatte und sich insofern mit angelsächsischen Gepflogenheiten auskannte, hinzuzog.

Ich ging dann jede Woche zusammen mit dem Antiquar Hermann Baer, einem deutschen Emigranten, auf alle Auktionen, vor allem von Sotheby's und Christie's, und ersteigerte die uns geeignet erscheinenden Einrichtungsgegenstände. Wir konnten dabei günstig einkaufen, weil damals deutsche Möbel bei in- und ausländischen Antiquitätenhändlern noch nicht so gefragt waren wie heute. Am Schluß fehlten mir nur leider etwa 50 000 Mark, um die Räume ganz einzurichten. Darüber hinaus stellte Bonn Einrichtungsgegenstände zur Verfügung, die der französische Hochkommissar und spätere Botschafter François-Poncet für seine Residenz Schloß Ernich bei Bonn von der Bundesregierung erhalten, aber nach 1955 zurückgegeben hatte. Dazu gehörte ein Eßzimmer mit einem großen ausziehbaren Tisch und 36 schönen Stühlen sowie ein Teppich, der wahrscheinlich aus der Reichskanzlei stammte. Daneben erhielt ich aus den Beständen des Auswärtigen Amtes die »Dame in Rot«, ein Portrait der Kaiserin Marie-Louise von Frankreich. Von der Fürstin Lichnowsky, der Frau des letzten kaiserlichen Botschafters in London, die mit meiner Frau verwandt war, erhielten wir den Schreibtisch Lichnowskys, der bis heute allen Botschaftern dient, sowie ein Ölgemälde ihrer direkten Vorfahrin, der Kaiserin Maria Theresia. Der österreichische Botschafter Schwarzenberg, dem ich dieses Bild anbot, überließ es mir, denn ich sei der deutsche Botschafter, und Maria Theresia sei deutsche Kaiserin gewesen. Etwas traurig fügte er hinzu, daß er gerne deutscher Botschafter wäre. Ich tröstete ihn: In Königgrätz habe die Geschichte eben einen anderen Lauf genommen.

Als ich die Londoner Botschaft 1955 übernahm, hatten wir nur wenige Beamte und Angestellte. Doch schnell vergrößerte sich die Zahl der Mitarbeiter erheblich. Nach einem Jahr waren es etwa hundertvierzig. Von diesen waren außer mir nur drei aus dem alten Auswärtigen Dienst. Die anderen waren nach 1951 eingetreten. Fast alle Akten waren vernichtet. Wir mußten in vielem von vorn anfangen, was zwar sehr reizvoll sein kann, aber auch seine Schwierigkeiten macht. In der Sprache des Pferdesports: Wir lagen am Ende des Feldes und mußten versuchen, uns nach vorn durchzuarbeiten. Mit Freude konnte ich bei der Übergabe des Postens meinem Nachfolger und guten Freund Hasso von Etzdorf 1961 mitteilen, daß die Botschaft nun schon an der Spitze des Feldes lag.

Ebenso wichtig wie der Botschafter selbst sind seine Mitarbeiter. Ohne gute Mitarbeiter kann man nicht viel ausrichten. In der Zeit des Aufbaus war es noch möglich, sich diese selbst auszusuchen und ihre Versetzung an die Botschaft in London zu beantragen. So erreichte ich die Verstärkung des Pressereferats durch Christian Hübner und Rüdiger von Pachelbel, die beide vorher im Informations- und Presseamt in Bonn gearbeitet hatten. Hübner war Kunsthistoriker, ein begabter Erzähler, ideenreich, und er formulierte gut. Leiter der Konsularabteilung wurde auf meinen Wunsch Ehrenfried von Holleben, der sich als Konsul in Glasgow bewährt hatte. Auch meine Sekretärin im Bonner Protokoll, Fräulein Larraß, nahm ich mit nach London, allerdings nicht in mein Vorzimmer, sondern als Sachbearbeiterin in die Konsularabteilung. Ebenso wie Adenauer legte auch ich stets Wert darauf, daß meine bewährten Sekretärinnen gefördert wurden. Die Trennung fiel mir manchmal schwer, und sie wurde auch nicht immer von meinen Sekretärinnen verstanden. So war Fräulein Reissner in London zunächst gekränkt, daß ich für ihre Versetzung nach Hongkong als Sachbearbeiterin sorgte. Später hat sie sich dankbar für diesen »Eingriff« gezeigt. Ich erreichte auch die Versetzung von Helmut Müller, der sich als Attaché in der Protokollabteilung bewährt hatte, nach London. Müller folgte mir später auch ins Bundespräsidialamt.

In der Botschaft herrschte von Anfang an ein guter Geist. Alle waren sich der Bedeutung unserer Aufgabe bewußt. Man half sich gegenseitig und arbeitete oft mehr als die vorgeschriebenen acht Stunden am Tage. Zum Ausdruck kam diese Kameradschaft zum Beispiel, als einer unserer Beamten lebensgefährlich an Meningitis erkrankte. Es dauerte monatelang, bis er wieder voll einsatzfähig war. Nach geltenden Bestimmungen hätte er bei einer so langdauernden Krankheit ins Inland zurückversetzt werden müssen. Eines Tages erschien Botschaftsrat von Braun bei mir: Alle Mitarbeiter seien bereit, die Aufgaben des Kollegen zusätzlich zu übernehmen. Dann werde es nicht notwendig, seine Krankheit nach Bonn zu melden. Ich folgte dem Vorschlag aus ganzem Herzen. Wir waren uns einig, daß eine Rückversetzung nach Deutschland den Heilungsprozeß verzögert, wenn nicht verhindert hätte.

Ich hatte das große Glück, daß mein Erster Vertreter der Gesandte Joachim Ritter war. Er hatte eine englische Mutter und deswegen viele Beziehungen im Lande. Während ich oft ungestüm war und vorwärtseilen wollte, handelte er bedächtig und bremste mich, wo es nötig war. Den Leiter der politischen Abteilung, Botschaftsrat Sigismund Freiherr von Braun, den Bruder Wernher von Brauns, nannte ich immer »meinen besten Jagdhund«, denn wenn es um das Einholen von Informationen ging, war er unschlagbar. Dann hatte ich als weiteren Botschaftsrat Fritz Caspari. Er hatte vor dem Krieg als Rhodes Scholar in Oxford studiert und war während des Krieges in Amerika gewesen. Ich hatte ihn während Adenauers Amerika-Reise für den Eintritt in den diplomatischen Dienst gewonnen. Er war Professor für Geschichte in Chicago gewesen – so waren seine Berichte besonders fundiert. Er war eng befreundet mit dem Ersten Sekretär der Königin, Sir Michael Adeane. Reinhard Henschel, der in Cambridge studiert hatte und nun der politischen Abteilung angehörte, gelang es, Lord Russell of Liverpool, den Ankläger von Nürnberg, der uns sehr ablehnend gegenüberstand, zu bewegen, mit der Botschaft Verbindung aufzunehmen, nach Deutschland zu reisen und sich davon zu überzeugen, daß in der Bundesrepublik tatsächlich eine Demokratie entstanden war. Rüdiger von Pachelbel hatte in Oxford und Harvard studiert. Susanne Simonis, die im Widerstand gewesen war, arbeitete in der Konsularabteilung und wurde später Konsulin in Edinburgh. Besondere Erwähnung verdient Brigitte Lohmeyer, die Leiterin der Kulturabteilung. Sie hatte nicht nur hervorragende Ideen, sondern auch sehr gute Beziehungen in England. Sie veranlaßte mich dazu, jedes Jahr die Edinburgher Festspiele zu besuchen; sie sorgte dafür, daß die deutsche Beteiligung dort immer ausgewählt gut war, sei es nun bei den Ausstellungen, sei es im Theater, sei es in der Oper, bei Konzerten oder Filmen. Andere Botschaften haben sich nicht in dem Maße beteiligt. Frau Lohmeyer verstand es glänzend, dort mit wenig Geld viel zu erreichen.

Die drei Militärattachés waren besonders sorgfältig ausgesucht worden. Sie hatten die Weisung, zurückhaltend aufzutreten, um die Engländer erst wieder an die Anwesenheit deutscher Offiziere zu gewöhnen. Sie sollten sich beliebt machen und nach Möglichkeit versuchen, vertrauensvolle Beziehungen zu den britischen Offizieren und den anderen Militärattachés zu knüpfen. Ihre eigentliche Aufgabe, über die Streitkräfte des Landes zu berichten, in dem sie akkreditiert waren, sollten sie zurückhaltend und vorsichtig ausfüllen. Da ich im Zweiten Weltkrieg als Rittmeister zeitweise zum Generalstab des Heeres und zu höheren Stäben gehört hatte, gestaltete sich die Zusammenarbeit mit den Militärattachés vertrauensvoll und kameradschaftlich. Es war ein Vorteil, daß nach dem Krieg jüngere Offiziere, die noch nicht am Ende ihrer Laufbahn standen, als Militärattachés Verwendung fanden. So kamen ihre Auslandserfahrungen der Bundeswehr zugute. Nach dem Ersten Weltkrieg war das nicht der Fall gewesen. Die Militärattachés, meistens im Generalsrang, waren seinerzeit nach der Auslandsverwendung in den Ruhestand getreten.

Der Heeresattaché, Oberst Karl-Eberhard Böhm, war mit einer Norwegerin verheiratet; dadurch öffneten sich ihm manche Türen, die bisher verschlossen waren. Böhm hatte nach dem Kriege in der Metallindustrie gearbeitet und war auch Mitglied der Gewerkschaft geworden. Als der IG-Metall-Vorsitzende Otto Brenner mit einer Delegation nach London kam, nahm ich Oberst Böhm in Uniform zu einer Besprechung mit. Brenner war zunächst verwundert, sein Erstaunen legte sich erst, als er hörte, daß der Oberst Mitglied seiner

Gewerkschaft gewesen war; ebenso überrascht war er zu hören, daß ich der Angestelltengewerkschaft angehört hatte. Oberst Hans von Ploetz, der Luftwaffenattaché, gewann durch seine ungezwungene, herzliche Art bald viele Sympathien. Der Marineattaché, Fregattenkapitän Armin Zimmermann, stammte ebenso wie seine Frau aus Brasilien. Beide waren weltoffen und vorurteilsfrei. Es war ein Vorteil, daß sie Deutschland auch von außen kannten. Aufgrund seiner außergewöhnlichen Tüchtigkeit stieg Zimmermann später zum Admiral und Generalinspekteur der Bundeswehr auf.

Ein weiterer Mitarbeiter war Legationssekretär Guttmann. Er war im Ersten Weltkrieg im Sächsischen Leibregiment gewesen und hatte den St.-Heinrichs-Orden bekommen, die höchste militärische Auszeichnung des Königreichs Sachsen. Guttmann war ein sogenannter Wiedergutmachungsfall. Er war in der Konsularabteilung eingesetzt und half uns insbesondere bei Verhandlungen mit Engländern jüdischer Abstammung, die aus Deutschland kamen. Jedes Jahr gab die Königin einen Empfang für das gesamte diplomatische Korps, zu dem aber von jeder Botschaft nur vier bis fünf Angehörige kommen durften. Guttmann als Legationssekretär war eigentlich noch nicht an der Reihe, doch einmal entschloß ich mich, gerade ihn mitzunehmen. Er war überglücklich, als ich ihn von der Einladung unterrichtete. Seine zweite Reaktion war, sofort einen Brief an den Schriftsteller Peter Bamm zu schreiben, der ebenfalls den St.-Heinrichs-Orden besaß, um ihn zu bitten, ihm seinen Orden für diesen Anlaß zu leihen, da er seinen verloren hatte. Er schrieb: »Es wird für Dich eine Befriedigung sein, wenn das Auge Ihrer Majestät auf dieser hohen Auszeichnung geruht hat.« Bamm willigte ein, Guttmann legte die Auszeichnung an, und ich stellte ihn bei Hofe vor. Prinz Philip, der sich für Orden interessierte, unterhielt sich lange mit ihm. Mehr als alles andere war dies eine echte Wiedergutmachung für Guttmann.

Als Botschaftskanzler und dessen Vertreter verrichteten Reinhold Keppler und Wilhelm Jörg ihre Aufgabe. Beide sorgten in vorbildlicher Weise für ein harmonisches Arbeitsklima. Wichtige Personen in der Botschaft waren auch die Telefonistin Mrs. Dunsbury und die Protokollsekretärin Fräulein Hanske. Mary Hanske war halb Engländerin, halb Deutsche und eine einmalige Protokollsekretärin, vor allem weil sie das englische Protokoll, das völlig anders ist als das deutsche, ganz genau kannte. Hilda Dunsbury war eine Deutsche, die einen Engländer geheiratet hatte. Sie war die vollendete Telefonistin, erkannte jeden sofort an der Stimme und begrüßte ihn freundlich. Genauso wichtig wie die Telefonistin oder die Protokollsekretärin sind auch die Fahrer und Amtsgehilfen der Botschaft. Ich hatte einen englischen Fahrer, Mr. Weeks, der eher wie ein englischer Lord aussah und sich auch so benahm. Sein Bruder war höherer Beamter in einem Ministerium, er jedoch wollte nur Auto fahren. Das tat er außerordentlich gut und rücksichtsvoll. Das erste, worum er mich bat, war, an seiner Mütze die deutsche Kokarde und an seinem blauen Anzug die goldenen Knöpfe mit dem Bundesadler tragen zu dürfen. Wenn wir nach Schottland fuhren, hatte er immer seine Golfschläger hinten im Wagen und spielte Golf, während ich auf die Jagd ging. Mr. Weeks war ein diskreter Mann, und wenn ihn jemand fragte, wohin der Botschafter heute fahre, lautete seine Antwort: Fragen Sie ihn lieber selbst. Er war außerordentlich verschwiegen, kein unnötiges Wort kam über seine Lippen.

Als Sozialattaché fand ich Peter Umland vor. Er bearbeitete nicht nur Sozialangelegenheiten und damit auch die Tätigkeit der Gewerkschaften, sondern war auch, wegen der engen Beziehungen zwischen Gewerkschaften und Labour Party, für die politische Berichterstattung über die damals in der Opposition stehende Partei zuständig. Auch erwies er sich als ein ausgezeichneter Verbindungsmann zur SPD und den deutschen Gewerkschaften.

Der Vertreter der deutschen Gewerkschaften in London war Herr Broh, ein Emigrant. Er spielte für mich eine große Rolle, denn durch ihn entwickelte ich gute Beziehungen zu den englischen und auch den deutschen Gewerkschaften. Eines Tages bereitete mir Broh eine Überraschung: Unser Sozialattaché Umland war versetzt worden, und der Vorschlag, den mir Broh zur Neubesetzung des Postens machte, war ausgerechnet Reinhard Henschel, ein Angehöriger der Industriellenfamilie Henschel. Erst nahm ich diesen Vorschlag nicht sehr ernst, doch Broh bestand darauf. Was ihn besonders von der Qualifikation Henschels überzeugte, war die Tatsache, daß dieser auch Gewerkschafter immer freundlich und korrekt behandelte – wie Mitglieder der englischen Hocharistokratie, wie Broh sich ausdrückte. Henschel wisse, wie man mit Menschen richtig umgehe. Ich habe damals auf diesen Ratschlag gehört: Henschel wurde Sozialattaché, später auch in Paris, und ich war nie von ihm enttäuscht.

Eine Botschaft gleicht einem Hotelbetrieb. Wir hatten in den gut sechs Jahren insgesamt etwa 60000 Besucher zu Cocktails, Mittag- und Abendessen sowie Empfängen und darüber hinaus das Haus laufend voller Gäste. Das Auswärtige Amt zeigte sich großzügig und zahlte mir jedes Jahr beträchtliche Summen als Aufwandsentschädigung. Meine Frau mußte allerdings genaue Abrechnungen vorlegen, eine mühsame Arbeit, die viel Zeit in Anspruch nahm. Die Frau des Botschafters hat die verantwortungsvolle Aufgabe, für eine gute Küche und gute Weine zu sorgen. Dabei kommt es darauf an, preiswert und dennoch gut einzukaufen. Sind die Weine zu teuer und die Menüs zu reichhaltig, können entsprechend weniger Menschen eingeladen werden. Wilhelm Jörg führte meine Frau in die Kunst der »Verwendungsnachweise« ein, ohne die ein großzügiges Gastgeben nicht möglich gewesen wäre. Außerdem war Jörg mit Oberregierungsrat Oltmann von der Baudirektion und meiner Frau gerade in der Anfangszeit mehrmals in der Woche am Belgrave Square, um für einen zweckmäßigen Ausbau unserer Wohnung zu sorgen. Wie oft mußten sie auf Leitern bis in den vierten Stock klettern! Meine Frau hatte großes Glück, daß sie schnell treue und hilfreiche Freunde fand, die ihr das Einleben in den englischen Alltag – sie hatte nie zuvor in England gelebt – erleichterten. So war Annemarie Law, eine deutsche Emigrantin, stets zur Stelle. Aus ihrer anfänglichen Bekanntschaft wurde bald eine enge Freundschaft.

Verbindungen und Freundschaften

Als ich in London ankam, hatte ich das Glück, daß ich sehr viele persönliche Beziehungen nach England und viele gute Freunde dort hatte. Dies spielt gerade in Großbritannien eine große Rolle. So kannte ich den beamteten Staatssekretär im britischen Foreign Office, Sir Ivone Kirkpatrick. Er war vor dem Zweiten Weltkrieg Botschaftsrat an der englischen Botschaft in Berlin gewesen, hatte an den Gesprächen Chamberlains mit Hitler in Bad Godesberg und Berchtesgaden teilgenommen und war nach dem Krieg, als Nachfolger von Sir Brian Robertson, Hochkommissar in Deutschland. Er sprach fließend Deutsch und hatte während seiner Tätigkeit in Bonn viele Kontakte aufgebaut. Als ich ihm meinen Antrittsbesuch machte, sagte er, jetzt seien die Deutschen Mitglied des Clubs, womit er NATO und WEU meinte. Wir würden nun nicht mehr mit Glacéhandschuhen angefaßt wie zu der Zeit, als Deutschland noch ein besetztes Land gewesen sei. Von nun an würden uns die Engländer sagen, was sie dächten. Man könne jetzt mit uns eine andere Sprache sprechen: »We shall call you a damned fool if you talk nonsense.«

Neben Kirkpatrick war Sir Fitzroy McLean ein guter Freund aus meiner Moskauer Zeit. Er war nun Unterhausmitglied, Parlamentarischer Staatssekretär im Heeresministerium und hatte gerade ein Buch mit dem Titel »Eastern Approaches« veröffentlicht, das ein Bestseller wurde. In diesem Buch waren einige freundliche Passagen über mich und meine Rolle in der Zeit des Dritten Reiches enthalten. Auch half mir am Anfang Bill Cavendish-Bentink, der spätere Duke of Portland, sehr. Er war nach einer Meinungsverschiedenheit mit Außenminister Ernest Bevin als Botschafter in Moskau aus dem Auswärtigen Dienst ausgetreten und gehörte nun unter anderem dem Aufsichtsrat des Chemiekonzerns Bayer Leverkusen an. So war er ein Bindeglied zwischen deutscher und englischer Industrie und für mich eine wichtige Informationsquelle über die britische Innenpolitik.

Im Winter ging ich regelmäßig auf Fasanen- und Entenjagd zu Lord Bessborough. Ich hatte mich, wie das in England üblich ist, finanziell an seiner Jagd beteiligt, nahm aber nur an jeder zweiten Jagd teil, da ich stets einen Freund aus dem Foreign Office mitnahm. Auch Macmillan gehörte zu dieser Jagdgesellschaft.

Referent für Deutschland im Foreign Office war zuerst Patrick Hancock und dann John Killick, der 1949 in Bonn der Vorbote des britischen Hohen Kommissars gewesen war und mit dem wir die Bundesrepublik protokollarisch gewissermaßen aus der Taufe gehoben hatten. Auch er sprach fließend Deutsch und war eine wichtige Unterstützung für mich, weil ich mich auf ihn verlassen konnte und weil er mir in jeder Beziehung half. Als zum Beispiel Bundesminister Heinrich Krone zu Besuch kam, hatte ich ihn während der ganzen Zeit zu begleiten. Das war nicht einfach. Die Engländer hatten, wenn Krone einen Minister aufsuchte, dessen Privatsekretär dabei, der Aufzeichnungen machte, die in kürzester Zeit allen interessierten englischen Stellen im In- und Ausland zugeleitet wurden. In dieser Art der internen Unterrichtung waren die Engländer vorbildlich. Auf deutscher Seite war ich alleine mit Krone, doch auch ich mußte hinterher einen Bericht schreiben. Killick bot mir an, mir alle Berichte, die die Briten ohnehin schrieben, zu überlassen. Wir sollten sie übernehmen und bloß die britische Bewertung Krones herauslassen. Ein Zeichen ganz besonderen Vertrauens.

Mit Killick verbindet mich aber auch noch eine andere Begebenheit, die sich ebenfalls zutrug, als Krone in England war. Der Staatsminister im Außenministerium, David Ormsby-Gore, ebenfalls ein guter Freund, gab ein Essen im Lancaster House, als plötzlich im Unterhaus eine Abstimmung notwendig wurde. Überall schrillten die Glocken, und alle Abgeordneten mußten ins Parlament zurück. Das Diner wurde abgebrochen, und wir gingen zu uns nach Hause. Ormsby-Gore mußte ins Parlament, doch Killick kam noch mit und auch Lance Pope, ein Botschaftsrat der britischen Botschaft in Bonn. Die beiden gingen, weil sie sich langweilten, direkt in meine Privatwohnung. Dort trafen sie meinen Freund Charles Thayer und einen alten österreichischen Bekannten, Mark Büchs. Ich war noch mit Krone beschäftigt. Als ich später nachkam, war in unserer Wohnung ein fröhliches Gelage im Gange. Lance Pope spielte die Ziehharmonika, und dazu sangen sie alle gemeinsam mit meiner Frau deutsche Lieder, die sie viel besser konnten als wir. Meine Mutter, die im allgemeinen um zehn Uhr zu Bett ging, war so fasziniert davon, daß zwei Engländer, ein Amerikaner und ein Österreicher deutsche Lieder sangen, daß sie bis drei Uhr aufblieb. Lance Pope hatte in Deutschland und Österreich studiert und war mit einer Österreicherin verheiratet. Als englischer Offizier geriet er in deutsche Gefangenschaft, brach sechsmal in deutscher Uniform aus, wurde aber bald wieder geschnappt. Er war einer der besten Beobachter Deutschlands in Bonn und von unschätzbarem Wert für London. Deswegen wurde er auch nie versetzt. Die Engländer haben die Angewohnheit, ein Mitglied der Botschaft möglichst lange an einem Ort zu halten, während die anderen alle vier bis fünf Jahre versetzt werden. Einer soll längerfristig die Entwicklung in dem jeweiligen Land beobachten und auch zu einzelnen Persönlichkeiten kontinuierliche Beziehungen aufbauen können. Wenn ich von London nach Bonn auf Urlaub oder Dienstreise kam, habe ich nie versäumt, Pope aufzusuchen, weil er oft besser informiert war als mancher Deutsche. Er hörte das Gras wachsen. John Killick wurde übrigens später

Botschafter in Moskau, dann bei der NATO und ging danach, weil er eine südafrikanische Frau hatte, nach Südafrika.

Der Nachfolger von Sir Ivone Kirkpatrick war Sir Frederick Hoyer-Millar, der auch schon Kirkpatricks Nachfolger als Hochkommissar in Deutschland gewesen war. Mit Hoyer-Millar war ich in Deutschland oft auf Jagd gegangen. Adenauer fragte mich einmal, wie ich mit einem so schweigsamen Menschen auskommen könne. Ich antwortete ihm: »Wir verstehen uns auch ohne Worte.« Wenn ich bei Hoyer-Millar eine Demarche machte oder ihn aus anderem Grund aufsuchte, dauerte das immer nur ganz kurze Zeit, weil wir uns so gut verstanden.

Als Botschafter soll man nicht immer nur den Außenminister oder den Staatssekretär aufsuchen, sondern ebenso die Direktoren und Länderreferenten. Manche Botschafter glauben, es sei unter ihrer Würde, mit Referenten zu sprechen, doch der Referent ist im allgemeinen im Detail besser informiert als der Minister oder der Staatssekretär. Hinzu kommt, daß das Foreign Office stark dezentralisiert ist. Eingehende Berichte gehen zunächst an den Referenten. Es wird von unten nach oben gearbeitet. Das erklärt den Informationsvorsprung der Referenten. Ein bewährtes Organisationsprinzip des diplomatischen Dienstes in England, das wir in der Bundesrepublik zum Teil übernommen haben, ist, daß der Außenminister in der Führung des Ministeriums durch zwei Staatsminister oder Staatssekretäre unterstützt wird, die ihm vor allem im Parlament und in der Öffentlichkeit zur Seite stehen. In England hat jeder Minister, jeder stellvertretende Minister und jeder Parlamentarische Staatssekretär jeweils einen Privatsekretär, der auch Abgeordneter ist, und einen zweiten, der aus dem Ministerium kommt; letzterer wird nicht nach parteipolitischen Grundsätzen ausgewählt und darf – wie alle britischen Beamten – keiner Partei angehören. Für diesen Posten wurden nur die besten Beamten abgestellt. Es hat bei uns Fälle gegeben, in denen die Minister beim Ressortwechsel ihre engsten Mitarbeiter in das neue Ministerium mitgenommen haben, eine Praxis, die sich im allgemeinen nicht bewährt hat, weil diese Mitarbeiter, die Angehörige und Arbeitsweise des neuen Hauses nicht kannten, lange Zeit zur Einarbeitung brauchten.

Nicht fehlen in der Liste der Besuchten darf Sir Brian Robertson, der Hochkommissar in Deutschland. Er war ein Sohn des Feldmarschalls Robertson, der im Mahdi-Krieg in Ägypten und im Sudan unter Lord Kitchener ebenso eine Rolle gespielt hatte wie später auch in Südafrika. Als ich nach England kam, war Robertson Chef der Transportkommission und hatte die in Staatsbesitz befindliche Eisenbahn unter sich. Adenauer hatte mir Grüße für ihn aufgetragen. Als ich mich verabschiedete, bestand er darauf, mich bis zum Auto zu begleiten. Auf meinen Widerspruch entgegnete er nur: »Doch, das ist notwendig. Die Leute müssen sehen: Als ich der Hohe Kommissar war, da haben Sie vor mir strammgestanden. Jetzt aber begleite ich Sie nach unten, jetzt sind Sie der Botschafter eines souveränen Landes und vertreten den Herrn Bundespräsidenten.«

In regelmäßigen Abständen traf ich mich mit General Sir Kenneth Strong, dem Chef des britischen Nachrichtendienstes. Vor dem Krieg war er Militärattaché in Berlin gewesen. Aufgrund seiner profunden Deutschland-Kenntnisse konnte Strong mehr als einmal Mißverständnisse und Schwierigkeiten aus dem Wege räumen. General Gehlen, der Chef des Bundesnachrichtendienstes, besuchte Strong jedesmal, wenn er in London weilte. Gehlen wohnte meist bei mir, da ich ihn aus dem Krieg als Chef von »Fremde Heere Ost« und aus der Zeit nach 1945 in München als Leiter der »Organisation Gehlen«, dem Vorläufer des BND, kannte. Auch mit Gehlen hatte ich einen regelmäßigen Informationsaustausch.

Großen Wert legten die Engländer darauf, daß keine politischen Kontakte an der Botschaft vorbeiliefen. Für sie war der Botschafter der Ansprechpartner und sonst niemand, wie wichtig er auch in Bonn sein mochte. Als ich etwa zwei Monate in London war, kam Herbert Blankenhorn, ein guter Freund von mir und enger Mitarbeiter von Adenauer, um mit den Engländern ein bestimmtes Problem zu besprechen. Ich begleitete ihn zu Kirkpatrick. Der nahm Blankenhorns Ausführungen zur Kenntnis, bezog jedoch mit keinem Wort Stellung und sagte nur, daß die Regierung darüber nachdenken müsse. Blankenhorn blieb drei, vier Tage, und es passierte gar nichts. Kaum war er abgereist, wurde ich ins Foreign Office bestellt, und Kirkpatrick legte mir die Meinung der Regierung zu den von Blankenhorn angesprochenen Fragen dar, nicht ohne dabei deutlich zum Ausdruck zu bringen, daß das Foreign Office Sonderbotschafter nicht sehr schätze, und seien sie noch so enge Mitarbeiter des Bundeskanzlers. Man wolle mit dem Botschafter verhandeln. Mir erleichterte dies die

Arbeit. Die Briten fragten, wenn sich ein Besucher aus Deutschland bei ihnen direkt ansagte, regelmäßig bei mir an, wer der Gast sei und ob sie ihn empfangen sollten.

Im Jahre 1959 fand in London eine große Zypern-Konferenz statt. Ich war dabei für meine Berichterstattung in einer bevorzugten Lage, weil Sir Ivone Kirkpatrick, der während des Ersten Weltkrieges als Offizier in Gallipoli verwundet worden war und die Türkei und Griechenland aus eigener Anschauung genau kannte, mich umfassend informierte. Er erklärte mir, daß wahrscheinlich die einzig mögliche Lösung des Konflikts eine Teilung der Insel in einen griechischen und einen türkischen Teil sein würde. Begünstigt war ich ferner insofern, als der Leiter der griechischen Delegation Außenminister Stephanopoulos war, den ich bei Adenauers Besuch in Athen und dem Gegenbesuch der Griechen in Bonn kennengelernt hatte. Auch den Leiter der türkischen Delegation, Nuri Birgi, kannte ich von Adenauers Reise in die Türkei und der türkischen Erwiderung dieses Besuches in der Bundesrepublik.

Ich wurde von den Briten immer mehr als korrekt behandelt: Eines Tages fand in London eine große Versammlung der NATO in der Westminster Hall statt, an der auch die Königin teilnahm. Ich erschien, fragte nach den Plätzen für die Botschafter, doch man bedeutete mir zu meinem Erstaunen, daß es keine reservierten Plätze gebe. So setzte ich mich in die 17. oder 18. Reihe und fand mich – nicht schlecht plaziert – neben dem früheren französischen Außenminister Robert Schuman wieder. Andere Botschafter waren mit der Sitzverteilung wohl nicht zufrieden und verließen Westminster Hall wieder. Am nächsten Morgen bekam ich einen sehr förmlichen Anruf von Ormsby-Gore aus dem Foreign Office. Er redete mich, obwohl wir sonst die Vornamen gebrauchten, mit Exzellenz an und bat darum, mich aufsuchen zu dürfen. Ich meinte, ich könne doch auch zu ihm kommen, doch er insistierte. Ich wußte nicht, was auf mich zukommen würde. Als er eintraf, entschuldigte er sich im Namen der Regierung Ihrer Majestät dafür, daß ich nicht entsprechend meinem Rang plaziert worden sei. Ich meinte, eine solche Entschuldigung sei nicht nötig, ich hätte mir meinen Platz selbst ausgesucht. Er antwortete, daß man sich bei mir entschuldige, gerade weil ich mich nicht beschwert hätte wie manche meiner Kollegen.

Doch nicht nur daran konnte man erkennen, daß die britische

Regierung gerade kurz nach 1955 auf gute Beziehungen zur Bundesrepublik und insbesondere zur Botschaft in London allergrößten Wert legte. Als 1955 Sir Ivone Kirkpatrick von seinem Posten als Staatssekretär im Foreign Office abtrat, ließ er mich wissen, es komme nicht von ungefähr, daß nun Sir Frederick Hoyer-Millar, der ehemalige Botschafter in Bonn, seinen Posten übernähme: Die britische Regierung sei der Auffassung, daß die Beziehungen zwischen Deutschland und Großbritannien entscheidend nicht nur für unsere beiden Länder seien, sondern für die gesamte freie Welt. Aus diesem Grunde habe man als Leiter der obersten Beamten des Foreign Office wiederum jemanden ernannt, der über Deutschland-Erfahrung verfüge.

Ich hatte in London das große Glück, zwei alte Freunde wiederzutreffen, die als Botschaftsräte an der amerikanischen Botschaft tätig waren: Norris Chipman, mit dem ich zusammen in Moskau gewesen war, und Brewster Morris, der nach dem Kriege in Berlin gearbeitet hatte. Brewster Morris und seine Frau führten mich beim Führer der Labour Party, Hugh Gaitskell, ein. Dies führte dazu, daß ich Gaitskell nicht nur offizielle Besuche abstattete, sondern freundschaftliche Beziehungen zu ihm entwickeln konnte. Das war um so wichtiger, weil Gaitskell Deutschland und den Deutschen eher kühl gegenüberstand. Durch Vermittlung von Chipman und Morris konnte ich ferner gute Beziehungen zu den amerikanischen Journalisten Drew Middleton von der »New York Times« und Don Cook von der »Herald Tribune« herstellen. Damit ergab sich die Möglichkeit, auch auf die Berichterstattung dieser beiden großen Zeitungen von London aus einzuwirken.

Es war immer von großem Vorteil für mich, daß ich auch außerhalb der Regierung viele Bekannte hatte. John Hind beispielsweise, ein bekannter Labour-Abgeordneter, war Staatsminister für Deutschland gewesen und hatte sich intensiv mit deutschen Fragen beschäftigt. Neujahr feierte ich regelmäßig im Kreise seiner Familie. Lord Pakenham aus dem Oberhaus kannte Deutschland ebenfalls gut, hing daran, ja identifizierte sich fast mit unserem Land.

Auf Anraten meiner englischen Freunde nahm ich auch oft an Sitzungen des Unterhauses teil, selbst dann, wenn es nicht um außenpolitische oder Deutschland betreffende Fragen ging. Die Abgeordneten beobachteten genau, wie oft und bei welchen Gelegenheiten die Botschafter in der Diplomatenloge Platz nahmen. Im House of Lords erschien ich nicht so oft.

Wichtig war für uns damals Sir Conrad Collier, den ich schon aus meiner Moskauer Zeit kannte, als er dort britischer Luftwaffenattaché gewesen war. Collier war später Direktor bei English Electric, einem Unternehmen, das aufgrund seiner Größe und seiner Marktposition für die deutsch-britischen Wirtschaftsbeziehungen von Bedeutung war. Ich erinnere mich vor allem an ein Gespräch, in dem wir uns über die Luftfahrtindustrie unterhielten. Ich legte ihm dar, daß es doch eigentlich völlig überflüssig sei, wenn die Deutschen wieder Flugzeuge zu bauen begännen. Das könnten Amerikaner und Briten viel besser. Collier widersprach mir heftig und betonte, daß gerade die Luftfahrtindustrie befruchtend für alle anderen Industrien wirke. Er erinnerte in diesem Zusammenhang an die Mikroelektronik und auch die Raumfahrtindustrie, beides Bereiche, in denen die Bundesrepublik heute eine große Rolle spielt, zum Teil auch zusammen mit Großbritannien im europäischen Rahmen und in multinationalen Konsortien. Ich habe in meiner gesamten Londoner Zeit die Ratschläge von Sir Conrad geschätzt.

Mit Premierminister Harold Macmillan traf ich gelegentlich auch außerhalb meiner eigentlichen diplomatischen Tätigkeit, beispielsweise beim Jagen, zusammen. Ich hatte ihn bei der Krönung Elisabeths II. kennengelernt. Wir waren damals zusammen mit dem ehemaligen amerikanischen Außenminister George Marshall zum Derby in Epsom gefahren. Macmillan schlug vor, zum Paddock zu gehen und sich die Pferde anzusehen. Ich kannte weder die Pferde noch die Züchter noch die Besitzer, sah aber sofort, daß drei Pferde weit besser waren als alle anderen, so riet ich Macmillan, der der englischen Wettleidenschaft frönte, auf diese drei Pferde zu setzen. Sie gewannen auch wirklich – Macmillan war beeindruckt.

Als Botschafter fuhr ich jedes Jahr zu den berühmten Rennen nach Ascot und Epsom. Das waren nicht nur Veranstaltungen der High Society, die sich dort – in grauem Cut mit grauem Zylinder und die Damen in eleganter Kleidung – versammelte, sondern es kamen auch Tausende von Engländern, die sich nicht nur die Rennen ansahen, sondern die auch Wert darauf legten, daß die Society sich dort zeigte. Auch die Königin kam, fuhr in einem offenen Wagen über die Rennbahn und wurde begeistert empfangen.

Außenminister Selwyn Lloyd verstand sich gut mit Staatssekretär Hallstein. Als Jurist schätzte er den scharfen Verstand und die glänzende Begabung Hallsteins, wenn es darum ging, schwierige Verhandlungen zu führen. Einmal hatten sich die beiden in einer bestimmten Frage vor dem Abendessen nicht einigen können. Nach einem guten Diner mit viel Wein und Whisky gingen die Verhandlungen weiter. Nach einiger Zeit erklärte Selwyn Lloyd: »Walter, Sie haben offensichtlich weniger Whisky getrunken als ich. Ihre Argumente sind stärker. Ich gebe nach.« Der Außenminister lud jedes Jahr die Missionschefs zu einem Diner ein und hielt bei dieser Gelegenheit eine Grundsatzrede. Einmal kam Lloyd auf seine vielen Auslandsreisen zu sprechen. In einem Jahr lege er weit mehr Kilometer zurück, als der Äquator messe. Die Arbeit der Botschafter werde aber durch solche Reisen der Minister nicht überflüssig, im Gegenteil: Die Vorbereitung aller Reisen und Verhandlungen liege in den Händen der Botschafter, vor allem aber die Fortführung der Ministergespräche, weil die Minister die Probleme meist nur anreißen und nicht vertiefen könnten.

Besser als Macmillan und Lloyd kannte ich den damaligen Lordsiegelbewahrer und Sonderminister Edward Heath. Heath, der noch heute auf der politischen Bühne Großbritanniens eine Rolle spielt, war damals als Staatsminister im Foreign Office für die Europapolitik zuständig. Er genoß das absolute Vertrauen von Macmillan und setzte sich immer für Berlin und Deutschland ein. Die Musik führte mich mit dem späteren Premierminister zusammen, der selber sehr musikalisch war, gut Klavier spielte und auch dirigieren konnte. Ich war kaum vierzehn Tage in London, als die Stuttgarter Oper zu einem Gastspiel herüberkam. Wir luden Heath zu allen Aufführungen ein, und dies stellte von Anfang an eine gute Beziehung zu ihm her. Heath war dann später Gast bei manchem Konzert, das in unserem Hause gegeben wurde. Hotter sang bei uns, Hoelscher spielte, und auch Klemperer, Kubelik, Orff und Hindemith besuchten uns. Beim Besuch eines Karajan-Konzerts im November 1958 nahmen wir dessen spätere Frau Eliette mit. Als wir den Dirigenten in der Pause aufsuchten, stellte meine Frau ihm Eliette vor. Es war ihre erste Begegnung mit dem großen Meister. Am Ende stand die Hochzeit der beiden.

Eine eher tragische Erscheinung war der Duke of Windsor. Er hielt sich selten in England auf. Als ich einmal zum Bahnhof ging, um einen Gast zu verabschieden, machte man mich darauf aufmerksam, daß im Schlafwagenabteil eines wartenden Zuges der Herzog von Windsor säße. Er würde sich gewiß freuen, wenn ich ihn aufsuchte. Ich führte dann, da wir beide Zeit hatten, ein Gespräch mit ihm, das sehr interessant war. Der frühere König Edward VIII. war ausgesprochen deutschfreundlich. Er war zu seiner Zeit das letzte Mitglied der königlichen Familie, das fließend Deutsch sprach. Heute spricht lediglich Prinz Philip Deutsch.

In Glyndebourne existierte schon zu meiner Zeit die berühmte Sommeroper von John Christie. Christie war ein reicher Großgrundbesitzer, der an der englischen Südküste einen großen Besitz hatte mit einem Schloß und einem wegen seiner Blumen und Sträucher berühmten Garten. John Christie war mit einer Sängerin verheiratet. Um ihr die Möglichkeit zu geben, zu Hause aufzutreten, baute er ihr in Glyndebourne die Sommeroper. Mit Rat und Tat standen ihm dabei zwei berühmte deutsche Emigranten zur Seite: der Regisseur Karl Ebert und der Musiker Fritz Busch. Diese hatten ihre Unterstützung jedoch nur zugesagt, wenn alle Entscheidungen mit Mehrheit getroffen würden. Damit hatten sie natürlich das Sagen. In Glyndebourne wurden oft deutsche Opern gegeben, und es blieb auch während des Krieges eine Stätte deutsch-britischer Kultur. Jedes Jahr lud ich zu drei oder vier Vorstellungen englische Bekannte ein, von denen ich annahm, daß sie sich sonst ein Billett nicht geleistet hätten. Diese Abende waren immer sehr stimmungsvoll. Man fuhr im Sonderzug hinaus. Gegen 16 Uhr begann die Vorstellung; in der Pause lagerte man in dem großen Park, um zu picknicken. Wir gingen mit unseren Gästen, zu denen beispielsweise auch Lady Dorothy Macmillan gehörte, jedoch wegen des sehr unzuverlässigen Wetters meist in das Restaurant der Oper.

Mit John Christie und dem Sohn Eberts, der ebenfalls Karl Ebert hieß und in Glyndebourne Regie führte, verstand ich mich sehr gut. In Anerkennung seiner Verdienste sollte Christie das Große Verdienstkreuz der Bundesrepublik Deutschland bekommen. Ich hatte mit ihm vereinbart, am 7. August 1959 vor der Aufführung zu ihm zum Tee zu kommen und ihm den Orden zu übergeben. Immer wieder wollte ich mit der Übergabe beginnen, doch es gelang mir nicht, und schon mußten wir zur Vorstellung aufbrechen. Christie schlug vor, daß ich ihm den Orden auf der Bühne aushändigen sollte, was ich zunächst strikt ablehnte, denn die Gäste seien ja nicht gekommen, um den deutschen Botschafter bei einer Ordensübergabe zu sehen. »Nein«, sagte Christie, »heute wird Falstaff gespielt. Im ersten Akt ist Falstaff etwas angeheitert, das paßt sehr gut. Wir werden nach der ersten Pause auf die Bühne gehen, dich vorstellen, und dann kannst du den Orden überreichen.« Ich hatte schwerste Bedenken, doch er bestand darauf, und schließlich ließ ich mich breitschlagen. Während des gesamten ersten Akts überlegte ich fieberhaft, was ich bloß sagen sollte. Doch dann führte Christie mich ein, ich hielt meine Rede und übergab ihm die Auszeichnung. Das Publikum war amüsiert und spendete Beifall.

Douglas Fairbanks, Jr., der Sohn des berühmten amerikanischen Schauspielers, residierte in London. Er suchte den Kontakt zur Botschaft, weil er aus tiefster Überzeugung die Meinung vertrat, daß Deutschland wieder in die Familie der freien Völker aufgenommen werden müsse. Er tat damals viel, um mir meine Tätigkeit in England zu erleichtern. Ich entsinne mich einer Einladung zu einer Coming-out-Party seiner Tochter auf dem berühmten Besitz der Lady Astor, Cliveden Hall an der Themse. Ich sollte mit Frack und Orden erscheinen, was eigentlich ungewöhnlich war. Doch Klaus Graf Ahlefeldt, der Vertreter von Krupp, der mich begleitete, informierte mich darüber, daß sich auch die Königin und Prinzessin Margaret angesagt hätten. Deswegen mußte ich auch mein Ordensband anders anlegen. Wir kamen etwas früher an, ich ging in den Park hinaus, begab mich hinter einen Busch, zog meinen Frack aus und richtete das Ordensband. Dabei verlor ich meinen Hausschlüssel. Später machte mich Fairbanks darauf aufmerksam, daß an diesem Abend auch Prinz Friedrich von Preußen anwesend sei, der nach England emigriert und Präsident des Y.M.C.A. London war. Er werde die Königin bitten, Prinz Friedrich zum Tanz aufzufordern, um auch in der englischen Gesellschaft ein Zeichen zu setzen. Die Königin kam Fairbanks' Wunsch nach. Wenige Tage später erhielt ich auch meinen verlorenen Schlüssel zurück. Ich mußte natürlich erklären, was ich hinter den Büschen des Parks gemacht hatte.

Raimund von Hofmannsthal, ein Sohn des großen Dichters, war in London Vertreter von »Time« und »Life«. Ich freundete mich bald mit ihm an. Gesellschaftlich spielte er in London eine große Rolle. Er war mit einer bildhübschen und klugen Aristokratin verheiratet. Zufällig an meinem Geburtstag lud er mich zu einem Diner im kleinsten Kreise ein, zu dem auch Anthony Eden mit seiner Frau gekommen war. Es war der 14. Juli, der französische Nationalfeiertag, und es gab zunächst französischen Champagner, der die Gesellschaft in aufgelockerte Stimmung versetzte. Die Unterhaltung war ausgesprochen politisch, interessant und tiefgehend. Beschwingt kam ich nach Hause und machte den Fehler, nicht gleich alles niederzuschreiben. Am nächsten Morgen konnte ich mich an vieles nicht mehr erinnern, und mein Bericht fiel entsprechend dünn aus.

Ein guter Bekannter von mir war Sir David Maxwell Fife, der spätere Lord Kilmuir, der Ankläger in Nürnberg gewesen war und sich sehr für den deutschen Widerstand interessierte. Wir unterhielten uns oft über dieses Thema und insbesondere über Ernst von Weizsäcker, meinen ehemaligen Chef als Staatssekretär des Auswärtigen Amtes. Ich unterstrich immer wieder, daß Weizsäcker zu Unrecht von den Amerikanern verurteilt worden sei, daß er alles getan habe, um den Krieg zu verhindern, und daß er das geistige Haupt der Widerstandsbewegung im Auswärtigen Amt gewesen sei.

Schon kurz nach meiner Ankunft in London wurde ich von Lord Waverley, dem Chairman der London Port Authority, eingeladen, auf seinem Motorboot das berühmte Ruderrennen zwischen den Universitäten Oxford und Cambridge zu beobachten. Nicht jedem Botschafter wurde diese Ehre zuteil. Als ich Waverleys Boot betrat, war ich zunächst etwas unsicher, da ich niemanden kannte. Diese Unsicherheit verflog aber, als mich die Tochter des früheren Außenministers Sir Austen Chamberlain, Diana, herzlich begrüßte. Ich hatte sie 1931 bei einem Besuch in Rom im Hause des deutschen Botschafters von Schubert, der mit Sir Austen am Zustandekommen der Locarno-Verträge mitgewirkt hatte, kennengelernt. Wir hatten damals gemeinsam Rom besichtigt. Inzwischen war sie mit Colonel Terence Maxwell verheiratet, einem bekannten Industriellen und Bankier. Damit war ich gut eingeführt.

Alljährlich fand in London unter Beteiligung vieler hochgestellter Persönlichkeiten die Eröffnung des Zirkus Mills statt. Es war eines *der* Ereignisse der Londoner *Season*. Für mich war es eine große Auszeichnung, daß ich jedes Jahr eingeladen wurde. Lord Burghley, der Hürdenläufer und Olympiasieger, hielt stets die Festrede, die ein typisches Beispiel war für die Kunst der Engländer, geistreiche Reden bei festlichen Anlässen zu halten. Wie kein anderer verstand er es, die Zuschauer ständig zum Lachen zu bringen. Eine witzige Pointe jagte die andere. Als er nach dem Tode seines Vaters Lord Exeter wurde, begann er seine Rede damit, daß die Zuhörer gewiß froh sein würden, wenn nun nach dem langweiligen Lord Burghley jemand anderes eine bessere Rede hielte.

Ein besonders guter Freund und Ratgeber war auch Henry Andrews, der Ehemann der Schriftstellerin Rebecca West. Beide hatten mich nach dem Kriege in München besucht. Wir besuchten Andrews von Zeit zu Zeit auf dem Lande, und bei seinen Besuchen in London hatte ich Gelegenheit, die mich bewegenden Probleme und Eindrücke mit ihm zu besprechen.

Unvergeßlich sind mir die Besuche in großen Häusern auf dem Lande. Einige davon mögen erwähnt sein. Eingeladen wurde ich vom Duke of Wellington, einem Nachkommen des berühmten Feldherrn der Befreiungskriege. Er war Architekt. Wiederholt besuchte ich auch den Duke of Northumberland im Syon House an der Peripherie Londons und in seinem Schloß bei Newcastle. Er war verheiratet mit einer Tochter des mir befreundeten Herzogs von Buccleuch. Der Reichtum an Kunstschätzen in den Schlössern des Hochadels ist unvorstellbar. Durch die Jahrhunderte wurden die Schätze aus fernen Ländern gesammelt und nicht zerstört. England wurde ja, abgesehen von den deutschen Luftangriffen, niemals von einem Krieg heimgesucht. Aus dem riesigen Kolonialreich flossen Ströme des Reichtums auf die Insel.

Ich möchte an dieser Stelle drei unterschiedliche Begebenheiten einfügen, die alle drei für die deutsch-britischen Beziehungen wesentlich waren. Anne Dreydel, die in Oxford das English Centre for European Students leitete, trug wesentlich dazu bei, die Verständigung zwischen Deutschland und Großbritannien zu fördern. Sie war bei einem Bombenangriff schwer verletzt worden und seitdem an den Rollstuhl gefesselt. In besonderem Maße nahm sie sich deutscher Studenten an. Trotz ihrer schweren Behinderung steuerte sie ihr eigenes Auto, in das ihr Rollstuhl verladen wurde. An vielen Veranstaltungen der Botschaft nahm sie teil. Stets bildete sie den Mittelpunkt der Gesellschaft. Sie war bildhübsch und strahlte Güte und Liebenswürdigkeit zugleich aus.

Im Mai 1958 beteiligte sich die Bundesrepublik Deutschland zum ersten Mal an der bekannten Chelsea Flower Show. Graf Lennart Bernadotte, Vorsitzender der Deutschen Gartenbaugesellschaft, kam zur Eröffnung nach London und wohnte bei uns. Ich hatte Graf Bernadotte, den Besitzer der Bodenseeinsel Mainau, die er von seiner Urgroßmutter, einer geborenen Prinzessin von Baden, geerbt hatte, bereits 1950 bei der Beerdigung des schwedischen Königs Gustav kennengelernt. Beim Eintreffen auf der Botschaft erklärte er mir, warum er nach England gekommen sei: Als Verwandter der Königin, die regelmäßig die Ausstellung eröffnete, werde er von ihr eigens begrüßt werden müssen. Dies gebe ihm die Gelegenheit, der Königin den deutschen Beitrag vorzustellen und damit die Aufmerksamkeit der britischen Öffentlichkeit auf Deutschland zu lenken. Bernadotte war bereits einige Tage vor Eröffnung der Ausstellung nach London gekommen, um persönlich den deutschen Stand nach neuesten Erkenntnissen, wie er sie auf der Insel Mainau selbst verwirklicht hatte, publikumswirksam aufzubauen. Tatsächlich fiel der deutsche Beitrag aus dem üblichen Rahmen und fand eine große Beachtung. Auch 1959 kam Graf Bernadotte wieder nach London. Die Bundesrepublik erhielt in diesem Jahr für ihren Beitrag zu der Ausstellung eine Goldmedaille.

Aber auch Begebenheiten ganz anderer Art vertieften die deutsch-englische Freundschaft: Nach einem Fußballspiel von Manchester United in München waren bei einem Flugzeugunglück auf dem Flughafen Riem viele Mitglieder der englischen Mannschaft schwer verletzt worden. Noch in der gleichen Nacht wurden viele Opfer von Professor Maurer im Münchener Krankenhaus rechts der Isar operiert. Diese Notoperationen wurden überall in Großbritannien dankbar anerkannt und gewürdigt. Königin Elisabeth überreichte Professor Maurer am 5. Mai 1958 das Kommandeurkreuz des British Empire. Maurer dankte bewegt und betonte, er habe nur seine Pflicht getan. Anschließend fuhr ich mit dem Ehepaar Maurer nach Manchester, wo wir einem Spiel von Manchester United beiwohnten. Das Stadion war bis auf den letzten Platz gefüllt. Als Professor Maurer seine Loge betrat, erhoben sich unter den Klängen der deutschen Nationalhymne sämtliche Zuschauer, um ihn zu ehren.

Auch im diplomatischen Korps traf ich alte Bekannte. Der norwegische Botschafter und Doyen des diplomatischen Korps, Prebensen, war zu meiner Zeit Gesandtschaftsrat an der norwegischen Gesandtschaft in Moskau gewesen. Auch der schwedische Botschafter Gunnar Hägglöf war in Moskau auf Posten gewesen. Der dänische Botschafter Steensen-Leth war vor und während des Krieges Gesandtschaftsrat in Berlin und hatte viele Freunde aus dem Widerstand. Den jugoslawischen Botschafter Velebit lernte ich durch Fitzroy McLean näher kennen. McLean kannte Velebit aus der Zeit, als er bei Tito die britische Regierung vertrat. Velebit und ich legten Wert darauf, uns regelmäßig für eine *tour d'horizon* zu sehen. Die Vertreter der Europäischen Gemeinschaft für Kohle und Stahl (EGKS), Kohnstam und Vredenburgh, hatte ich in Luxemburg kennengelernt. Kohnstam war einer der engsten Mitarbeiter von Jean Monnet, dem Präsidenten der Hohen Behörde der Montanunion, gewesen. Vredenburgh war ein guter Bekannter meines alten Freundes Albrecht von Kessel. Diese Kontakte waren deshalb besonders wertvoll, weil Großbritannien zunächst gezögert hatte, der EGKS beizutreten. EGKS-Vizepräsident Etzel, der spätere Bundesfinanzminister, kam häufig nach London, um in dieser Sache mit der britischen Regierung zu verhandeln. Am Ende seiner Gespräche kam er regelmäßig zu mir, um mich über die Verhandlungen zu informieren.

Bei der Größe des diplomatischen Korps in London entwickelten sich natürlich nur wenige engere Beziehungen. In erster Linie verbanden mich solche mit den Botschaftern aus den Ländern der WEU, zum Teil auch mit denen aus den NATO-Staaten. Außerhalb der WEU-Sitzungen sah ich aufgrund der besonderen Beziehungen zwischen Bonn und Paris den französischen Botschafter Chauvel häufiger als alle anderen. Vor meiner Abreise nach London hatte mich der französische Hochkommissar François-Poncet in Paris zusammen mit Chauvel und seinem Vorgänger Massigli zu einem Essen eingeladen. Ich hatte Chauvel im übrigen schon 1948 bei der Eröffnung der Ausstellung der Alten Pinakothek in Paris kennengelernt. Er war damals Generalsekretär des Quai d'Orsay. Claude Cheysson, der 1949 im Vorkommando der französischen Hohen Kommission mit mir eng bei den Vorbereitungen zur Gründung der Bundesrepublik zusammengearbeitet hatte und dann auch als enger Mitarbeiter von François-Poncet, erwies sich als Botschaftsrat in London ebenso hilfreich. Gontran de Juniac, ein früherer Kollege aus Moskau, trug ebenfalls dazu bei, die Verbindung zur französischen Botschaft eng zu gestalten.

Wenige Tage vor mir hatte der tschechoslowakische Botschafter Jiří Hájek sein Beglaubigungsschreiben überreicht. Deswegen saßen oder standen wir bei offiziellen Anlässen fast immer nebeneinander. Da damals keine diplomatischen Beziehungen zwischen der Bundesrepublik und der Tschechoslowakei bestanden, hatte ich Hájek keinen Besuch gemacht. Bei unserem zweiten Zusammentreffen fanden wir diese Sprachlosigkeit unmenschlich und sinnlos. So begrüßten wir uns freundlich und unterhielten uns miteinander. Nach einem offiziellen Empfang im Buckingham Palace fand ich eines Tages meinen Zylinder nicht mehr in der Garderobe. Wenige Stunden später rief mich Hájek an und teilte mir mit, daß er meinen Zylinder habe. Auf meine erstaunte Frage, woher er wisse, daß es meiner sei, antwortete er lachend, im Innenfutter stehe in goldenen Lettern: »Deutsche Intelligenz«. Hájek wurde während des Prager Frühlings für kurze Zeit Außenminister. Nach dem Umbruch in der Tschechoslowakei im Winter 1989 telefonierte ich mit ihm und bemerkte, daß wir nun auch in aller Öffentlichkeit freundschaftlich verkehren könnten.

Deutsch-Englische Gesellschaft und Wilton Park

Eine andere wesentliche Hilfe für meine Londoner Tätigkeit war die Anglo-German Society. Sie wurde stark von der britischen Industrie gestützt, vor allem von Unilever, Shell und Imperial Chemical. Diese gaben ihr viel Geld, weil sie überzeugt waren, daß Deutschland schon bald ein wichtiger Handelspartner werden würde, wahrscheinlich der wichtigste auf dem Kontinent. Wir hatten das große Glück, daß in meiner Zeit Feldmarschall Lord Alexander Präsident der Gesellschaft wurde, der berühmte Feldherr und nach Auffassung unserer Generäle der bedeutendste Stratege der Westmächte. Lord Alexander war besonders deutschfreundlich. Er war 1918 als Bataillonskommandeur im Baltikum eingesetzt gewesen und hatte dort gegen die Roten gekämpft, das heißt: gegen die sich bildende Sowjetmacht. Er kämpfte dort unter General Judenitsch Seite an Seite mit der Baltischen Landeswehr und auch mit einer deutschen Division, die dort noch nach 1918 eingesetzt war. Jedesmal zeigte er mir auf den Festen der Anglo-German Society das Baltenkreuz, das er immer, da er es nicht offen tragen konnte, in der Hosentasche hatte. Sekretär der Anglo-German Society war Julian Piggott, der nach dem Ersten Weltkrieg englischer Besatzungsoffizier in Köln gewesen war und sich in dieser Zeit mit dem damaligen Oberbürgermeister Konrad Adenauer angefreundet hatte. Bei seinem ersten Besuch in London 1951 war Piggott der erste, den Adenauer zu sich bat. Piggott, der in zwei Weltkriegen als Offizier gegen die Deutschen gekämpft hatte, setzte sich aus innerer Überzeugung dafür ein, daß sich zwischen den ehemaligen Gegnern Frieden und Freundschaft entwickelten.

Regelmäßig nahm ich an den Tagungen in Wilton Park teil, einem Tagungszentrum, das von Heinz Köppler, einem deutschen Emigranten, geleitet wurde. Ich hatte dort zuerst 1951 an einem Kursus teilgenommen. Inzwischen war Wilton Park an die englische Südküste umgezogen, und die Veranstaltungen fanden nicht mehr nur für Deutsche, sondern nunmehr für Teilnehmer aus allen NATO-Staaten statt. In acht- bis vierzehntägigen Kursen, geleitet von Tutoren, wurde uns das Funktionieren der britischen Demokratie, der britische *Way of life* nahegebracht. Führende Persönlichkeiten aus Politik, Wirtschaft und Wissenschaft hielten Vorträge und vermittelten den Teilnehmern ein lebendiges Bild ihres Landes. Mich beeindruckte besonders, daß über viele Jahre Persönlichkeiten der Führungselite sich die Zeit nahmen, vor Deutschen zu sprechen. Selbstverständlich sollte Wilton Park Verständnis für England wecken und damit auch werbend wirken. Heinz Köppler, der schon 1928 nach England ausgewandert war, und die von ihm geleitete Begegnungsstätte haben einen wesentlichen Beitrag dazu geleistet, Mißverständnisse und Vorurteile ab- und gegenseitiges Vertrauen aufzubauen. Wilton Park unterstand dem Foreign Office und war schon während des Krieges errichtet worden, um deutsche Kriegsgefangene auf Demokratie umzuschulen.

Viele Jahre nach meiner Abberufung aus London wurde ich 1969 zum Vorsitzenden der Deutsch-Englischen Gesellschaft in Düsseldorf gewählt. Frau Lilo Milchsack hatte mich, wie ich vermutete, den Mitgliedern für dieses Amt vorgeschlagen. Lilo und ich waren alte Bekannte und Freunde. Ich hatte sie 1951 in Wilton Park kennengelernt und war sogleich von ihrem Charme und ihrer Begeisterung für die deutsch-englische Verständigung beeindruckt. Sie erzählte mir mit der ihr eigenen Überzeugungskraft von der Gründung der Deutsch-Englischen Gesellschaft, die schon vor der Gründung der Bundesrepublik erfolgte, sowie von den Planungen für eine deutsch-englische Konferenz in Königswinter. Ihre Begeisterung und ihre Energie wirkten ansteckend auf mich. Zwischen 1951 und 1955 war ich in Königswinter mit dabei und lernte zahlreiche englische Persönlichkeiten kennen, die für meine spätere Tätigkeit in London von großem Wert sein sollten. So war die Teilnahme in Königswinter 1955 eine ausgezeichnete Ouvertür für meine Londoner Mission.

Die Deutsch-Englische Gesellschaft war von sieben Deutschen gegründet worden. Lilo Milchsack war das Herz und die Seele – oder der Motor – der zunächst kleinen Organisation. Die Gründungsmitglieder setzten sich aufgrund der bitteren Erfahrungen der beiden letzten Kriege das Ziel, Mißverständnisse und alte Vorurteile auszuräumen und gegenseitiges Vertrauen zu schaffen. Sie gingen davon aus, daß die jeweilige Kenntnis der politischen, wirtschaftlichen, sozialen und kulturellen Verhältnisse die Voraussetzung für zukünftige gute Beziehungen bilden müsse. In Robert Birley, damals Beauftragter für Erziehungsfragen der britischen Militärregierung, fand das Häuflein der Sieben einen verständnisvollen Gesprächspartner und Fürsprecher. Die Gesellschaft hat im Laufe der Jahre vierzehn Arbeitskreise bzw. Landesgruppen aufgebaut. Die Geschäftsstelle in Düsseldorf, später in Bonn, lud führende britische Persönlichkeiten ein, in diesen Arbeitskreisen Vorträge zu halten. Umgekehrt hatten die Engländer Gelegenheit, sich ein Bild von den deutschen Verhältnissen zu machen.

Das zweite Bein, auf dem die Deutsch-Englische Gesellschaft stand, war die sogenannte Königswinter-Konferenz, die zunächst im Adam-Stegerwald-Haus in Königswinter und später abwechselnd in Königswinter und in Oxford oder Cambridge tagte. In den vierzig Jahren ihres Bestehens hat diese Konferenz in einzigartiger Weise dazu beigetragen, Brücken zwischen Deutschland und England zu bauen. Persönlichkeiten der verschiedensten Berufszweige begegneten sich – Politiker, Journalisten, Vertreter der Wirtschaft und Wissenschaft. Mehr als fünfhundert Parlamentarier besuchten Königswinter. Nicht nur deutsch-englische Probleme wurden behandelt, sondern mit der Zeit immer mehr weltpolitische Fragen, etwa solche der Dritten Welt oder der Umweltpolitik. Königswinter wirkte wie eine Clearingstelle oder Versuchsbühne, auf der zukünftige Entwicklungen und Probleme diskutiert wurden, die die offizielle Politik beeinflußten und in sie eingingen. In den fünfziger Jahren, als die deutsche Außenpolitik in erster Linie auf die Vereinigten Staaten und auf die Versöhnung mit Frankreich ausgerichtet war, sorgte Königswinter dafür, daß diese Einseitigkeit gemildert und die Gewichte gerechter verteilt wurden. Die Königswinter-Konferenz hat als Modell für Begegnungen zwischen Deutschland und anderen Staaten gedient. Das Vorbild wurde allerdings nie erreicht.

Lilo Milchsack steuerte als stellvertretende Vorsitzende die Arbeit mit leichter Hand. Elke Berger und Joan Saliva unterstützten sie und sorgten für einen reibungslosen Ablauf der Vorträge in den Arbeitskreisen und vor allem der Konferenzen in Königswinter. So hatte ich nicht viel zu tun. Mir oblag es, die Gäste aus Großbritannien zu begrüßen und zu verabschieden. In England hatte ich gelernt, »After-Dinner-Speeches« zu halten. Nicht zu ernst sollten sie sein, angereichert durch Anekdoten, mit Humor und Selbstironie gewürzt. Robert Birleigh war für mich ein nie erreichtes Vorbild. Im Jahre 1977 legte ich den Vorsitz der Gesellschaft nieder, um den Platz freizumachen für Lilo Milchsack, die als deren Gründerin und wirkliche Leiterin einen Anspruch darauf hatte, an der Spitze »ihrer« Gesellschaft zu stehen.

Die Suez-Krise

Sehr interessant und aufschlußreich waren die Politik und das Verhalten Großbritanniens während der Suez-Krise von 1956. Die Engländer hatten Ägypten gerade vorher geräumt. Eine Erklärung für die harte Linie Edens lag darin, daß der Premierminister, der zwischen 1933 und 1939 ein Gegner der britischen Appeasement-Politik gewesen war, aus seinen historischen Erfahrungen den Schluß gezogen hatte, daß man einem Diktator, in diesem Falle Nasser, rechtzeitig entgegentreten müsse. Er glaubte, die schlechten Erfahrungen, die man mit Hitler oder auch mit Mussolini gemacht hatte, auf Nasser übertragen zu können. Ob das richtig war, ist eine andere Frage. Es zeigte aber, daß die Briten die Gefahr einer zu nachgiebigen Politik erkannt hatten.

Staatssekretär Ivone Kirkpatrick hatte mir schon im voraus mitgeteilt, daß Großbritannien zusammen mit Frankreich und Israel gegen Ägypten vorgehen werde, nachdem Nasser den Suezkanal verstaatlicht hatte. Als es soweit war und die ersten Meldungen über die militärischen Operationen erschienen, hörte ich die ganze Nacht die BBC, um den Verlauf der Kampfhandlungen zu verfolgen. Wohl in Erinnerung an deutsche militärische Unternehmen im Zweiten Weltkrieg nahm ich an, daß Engländer und Franzosen in kürzester Zeit ganz Ägypten besetzt haben würden. Doch schon bald mußte ich feststellen, daß diese Annahme falsch war. Premierminister Eden wurde im Unterhaus von der Labour Party scharf angegriffen. In Gesprächen mit führenden Vertretern von Labour wie Hugh Gaitskell oder Kenneth Younger warb ich um Verständnis für das Vorgehen der Regierung. Doch trotz allen Verständnisses für den Premier war ich mir nicht sicher, ob seine Reaktion nicht zu weit gegangen war.

Es war eine bittere Erfahrung für die Briten, daß sie nicht mehr allein die letzte Entscheidung über Krieg und Frieden treffen konnten, daß vielmehr die britische Außenpolitik sich nicht von der amerikanischen trennen ließ, ja nicht mehr trennen durfte. 1956 gingen das Vereinigte Königreich und Frankreich im Alleingang gegen Ägypten vor. Die USA leisteten keinerlei Unterstützung, sondern erzwangen den Abbruch der Operation, ja sie waren sich darin sogar mit Moskau einig. Diese Haltung der Vereinigten Staaten war um so erstaunlicher, als die Krise dadurch ausgelöst worden war, daß die Amerikaner plötzlich ihre Zusage zurückgezogen hatten, Nasser für den Bau des Assuan-Dammes eine große Anleihe zur Verfügung zu stellen. Auch Großbritannien, die Bundesrepublik und andere Staaten hatten sich ursprünglich an der Finanzierung dieses Großprojekts beteiligt. Als die amerikanische Anleihe scheiterte, reagierte Nasser unmittelbar mit der Verstaatlichung der privaten Suezkanal-Gesellschaft.

Die Suez-Krise führte letzten Endes zu einer Niederlage des gesamten Westens, deren Konsequenzen wir alle spürten. Großbritannien zog damals die Lehre daraus, sich künftig mit den Amerikanern abzustimmen. Die Probe aufs Exempel war meines Erachtens die Libanon-Krise 1958. Die Amerikaner rückten mit ihren Streitkräften im Libanon ein und forderten die Briten auf, dasselbe in Jordanien zu tun. Zweifellos war damals die Regierung in London nicht geneigt, dieser Aufforderung Folge zu leisten. Sie tat es schließlich doch, weil sie aus den Fehlern von Suez gelernt hatte. Macmillan brachte das in seiner nüchternen realpolitischen Art prägnant zum Ausdruck. Es sei besser, wenn Großbritannien und die Vereinigten Staaten eine gemeinsame Politik hätten, als daß jeder sich einbilde, allein die Patentlösung gefunden zu haben. Er fügte dann das bezeichnende Wort hinzu, daß er es vorziehe, gemeinsam eine falsche Politik zu betreiben, als auf getrennten Wegen zu marschieren. Andererseits waren die Briten natürlich keinesfalls gewillt, ihren Einfluß aufzugeben. Sie wußten und wissen genau, daß ihr Wort in Washington noch immer zählt und daß sie den Gang der Ereignisse durch ihre Ratschläge doch noch beeinflussen können. Sie haben gelernt, und sie haben sich den Gegebenheiten angepaßt.

»Erfolgreicher« als Anthony Eden 1956 in Suez war 1982 die Eiserne Lady Margaret Thatcher, als sie die Argentinier von den Falkland-Inseln verdrängte. Als die Krise um die Falklands heraufzog, unterhielt ich mich in der Schweiz mit guten Freunden über die voraussichtliche Entwicklung. Ein früherer britischer Offizier, der der Abwehr angehört hatte, und ich vertraten übereinstimmend die Auffassung, daß Mrs. Thatcher auf die Besetzung der Falklands durch die Truppen der argentinischen Militärdiktatur mit dem Einsatz der Flotte antworten werde, wie es dann auch kam. Für sie sei das eine eindeutige Lehre aus der Geschichte, eine Reaktion auf die Appeasement-Politik Großbritanniens gegenüber Hitler und das mißglückte Vorgehen Edens gegen Nasser.

Die britische Deutschland- und Berlin-Politik

Nach dem Scheitern des Genfer Gipfeltreffens und der Genfer Außenministerkonferenz 1955 war die amerikanische Regierung zu der Auffassung gelangt, daß die deutsche Frage im Augenblick nicht gelöst werden könnte. Staatssekretär Kirkpatrick vertrat aber die Meinung, daß man durch einen weiteren westlichen Vorschlag zur Wiedervereinigung die Sowjetunion vor aller Öffentlichkeit ins Unrecht setzen müsse. Er arbeitete deswegen vertraulich den sogenannten Kirkpatrick-Plan aus. Man solle Moskau etwa folgenden Vorschlag machen: Vorbedingung der Wiedervereinigung seien absolut freie Wahlen und die Freiheit des wiedervereinigten Deutschland, seine Innen- und Außenpolitik selbst zu bestimmen. Der Westen solle für den Fall, daß die Sowjetunion dieses Prinzip annehme, seine Bereitschaft erklären, jeden von der UdSSR ausgearbeiteten europäischen Sicherheitsvertrag zu unterschreiben. An eine Auflösung von NATO oder WEU sei dabei allerdings nicht zu denken. Er, Kirkpatrick, würde das Risiko eingehen, dem wiedervereinigten Deutschland jegliche außenpolitische Freiheit zu lassen, denn er sei davon überzeugt, daß sich auch ein gesamtdeutscher Staat für die Zugehörigkeit zum westlichen Bündnis entscheiden werde. Sollte sich die Regierung des wiedervereinigten Deutschland entgegen seiner Erwartung weigern, NATO und WEU beizutreten, so würde er vorschlagen, den unterzeichneten Sicherheitsvertrag zunächst nicht zu ratifizieren, mit der Begründung, daß durch die deutsche Entscheidung eine neue Situation entstanden sei.

Etwa zur gleichen Zeit äußerte NATO-Oberbefehlshaber Montgomery gegenüber dem britischen Journalisten und späteren Gründer des International Institute for Strategic Studies, Alastair Buchan, daß er die deutsche Wiedervereinigung für unabdingbar notwendig halte. Ohne sie könne es niemals Frieden in Europa geben. Da im nuklearen Zeitalter Bodentruppen und konventionelle Waffen ohnehin an Bedeutung verloren hätten, könne der Westen auch ohne einen deutschen Verteidigungsbeitrag innerhalb der NATO auskommen. Eine Lösung der Wiedervereinigungsfrage, durch die Deutschland außerhalb der NATO bleibe, sei daher militärisch durchaus vertretbar.

Nicht nur ich hatte erhebliche Bedenken gegen beide Konzepte. Ich suchte darum im Auftrag Adenauers, mit dem ich mich abgestimmt hatte, am 15. Dezember 1955 Ivone Kirkpatrick auf. Adenauer hatte sich dafür ausgesprochen, Kirkpatricks Plan abzulehnen. Aufgrund der innenpolitischen Situation in der Bundesrepublik würde dieser Vorschlag nur Verwirrung stiften und Wasser auf die Mühlen der Gegner seiner Politik der West-Integration der Bundesrepublik leiten. Sowohl die SPD als auch der freidemokratische Minister Dehler waren damals noch erklärte Gegner des gerade vollzogenen NATO-Beitritts. Dies setzte ich Kirkpatrick auseinander. Der Staatssekretär erwähnte später in seiner Aufzeichnung unserer Unterredung weder die Äußerungen Montgomerys noch seinen eigenen Plan, weil beide ja im Foreign Offie hinlänglich bekannt waren. Er schrieb nur nieder, daß ich ihm strikt vertraulich mitgeteilt hätte, daß Adenauer gegen seinen Plan sei. Damit sich Deutschland in Zukunft nicht wieder außenpolitisch zwischen alle Stühle setze, müsse erst die feste Einbindung in den Westen erfolgen, die Entscheidung für die Sache der Freiheit. Wie ich weiter vorne ausgeführt habe, konnte für Adenauer die Wiedervereinigung immer nur Ergebnis der Westbindung der Bundesrepublik sein, und er hat letztlich damit recht behalten. Kirkpatrick jedenfalls gab seinen etwas verkürzten Vermerk weiter, worauf im Foreign Office eine Weisung ausgearbeitet wurde, im Zusammenhang mit der deutschen Frage keine eigenen Initiativen zu entwickeln, sondern genau die Position der Bundesrepublik zu vertreten, was in der Folge dann auch geschah. Der Historiker Josef Foschepoth bewertete dies irrtümlicherweise als »Beweis« für Adenauers Aufgabe der Wiedervereinigung. Er hat sich leider im Rahmen seiner historischen Forschungen nie mit mir in Verbindung gesetzt oder mich nach meiner Sichtweise der Dinge befragt.

Im November 1955 besuchte uns Franz Breer, der soeben aus sowjetischer Kriegsgefangenschaft zurückgekehrt war. Er war 1940 als Legationssekretär an die Moskauer Botschaft versetzt worden. Im Kriege von den Sowjets als Leutnant gefangengenommen, war er zu 25 Jahren verurteilt worden. Die meiste Zeit verbrachte er zusammen mit sowjetischen Bürgern in Lagern und sprach deswegen fließend Russisch. Die Schilderung seiner Erlebnisse gab ein plastisches Bild von der Schreckensherrschaft in der Sowjetunion. Breer war etwa zwei Wochen bei uns, um sich von den schweren Jahren der Gefangenschaft zu erholen, um alte Freunde zu besuchen und das ihm traumhaft erscheinende Leben in einem Botschafterhaushalt zu genießen. Er war gerade in dem Augenblick in London eingetroffen, als ich bei Kirkpatrick meine Demarche machte. Breers Erzählungen und auch die noch wache Erinnerung an die Niederschlagung des Aufstands vom 17. Juni 1953 durch sowjetische Panzer waren in diesem Zusammenhang zweifellos von großem Einfluß auf mich. Meine Eindrücke wurden durch die Berichte von Johannes Ullrich bestätigt, der ebenfalls 1955 aus sowjetischer Kriegsgefangenschaft heimkehrte. Er war wie Breer zu 25 Jahren verurteilt worden und hatte ähnlich schreckliche Erlebnisse in sowjetischen Lagern gehabt. Seine Gesundheit hatte in der Haft erheblich gelitten. Ich war froh, den alten Schulkameraden aus Potsdam – sein Vater war unser gemeinsamer Lehrer – eine Weile bei uns verwöhnen zu können.

Die gemeinsame westliche Berlin-Politik bewährte sich auch in der Zeit der Berlin-Krise der Jahre 1958 bis 1961. Die Briten waren nicht nur bereit, für die Anwesenheit britischer Truppen in Berlin einzustehen, das hielten sie für selbstverständlich. Sie waren auch bereit, den freien und ungehinderten Zugang von Personen und Waren nach Berlin zu verteidigen. In gewisser Beziehung spielten Berlin und die Bundesrepublik für England die gleiche Rolle als Glacis wie einst Belgien: Wenn sie gefallen wären, dann wäre die sowjetische Pistole gegen die Brust Großbritanniens gerichtet gewesen.

Es gab aber in der Deutschland- und Berlin-Frage auch Mißverständnisse. Wenn deutsche Beamte mit britischen sprechen, muß man sich stets vor Augen halten, daß die Angehörigen des Foreign Office nicht Rechtswissenschaft studiert haben. Es gibt dort nur in der Rechtsabteilung Juristen. Im deutschen Auswärtigen Amt und in den deutschen Ministerien verhält man sich anders. Der größte Teil der Ministerialbürokratie hat Jura studiert, und ich mache da keine Ausnahme. Viele Briten finden, daß wir Deutschen zu legalistisch denken. Für die Briten war es zum Beispiel sehr schwer, mit Begriffen wie de-jure- oder de-facto-Anerkennung (der DDR) zu arbeiten. Gemäß der Hallstein-Doktrin brach die Bundesrepublik die Beziehungen zu einem Staat ab, der eine diplomatische oder konsularische Mission der DDR zuließ. Es war den Briten unverständlich, daß die deutsche Botschaft in Kairo verblieb, nachdem dort ein Konsulat der DDR eröffnet worden war, mit der Begründung, daß eine Anerkennung durch Ägypten nicht erfolgt sei, weil es der DDR-Vertretung kein Exequatur erteilt habe.

Was das Berlin-Problem für uns Deutsche bedeutete, verstanden viele Briten besser, nachdem die Mauer gebaut worden war. Die Mauer sprach für sich, sie war Ausdruck des unmenschlichen Systems, das im Osten Deutschlands bestand. Seit ihrer Errichtung wuchs das Verständnis der Briten auch für die deutsche Frage insgesamt. Wenn man auf die Geschichte Großbritanniens blickt, so sieht man, daß es seine internationalen Verpflichtungen immer eingelöst hat. Vor 1914 erschien der französische Botschafter in London, Cambon, jede Woche im Foreign Office und fragte nach, ob die Briten bereit seien, ihre Bündnisverpflichtungen zu erfüllen. Die Antwort in London war immer die gleiche: Die Briten betonten, daß ihre Entscheidung letzten Endes vom Willen des Parlaments abhänge. Frankreich könne sich aber darauf verlassen, daß Großbritannien zu seinem Wort stehen werde. Manchmal kam ich mir wie Botschafter Cambon vor, wenn ich mich auf Weisung meiner Regierung im Foreign Office einstellte und immer wieder fragte, ob die Briten wirklich zu uns stehen würden. Ich persönlich war immer überzeugt, daß sie es im Fall des Falles tun würden. Selwyn Lloyd, der langjährige Außenminister Macmillans, war wie auch sein Nachfolger Alexander Douglas-Home manchmal enerviert darüber, daß Adenauer ein gewisses Mißtrauen gegenüber den Engländern äußerte und es nicht als völlig gesichert ansah, daß Großbritannien die Freiheit Berlins wirklich verteidigen würde. Er war darüber eines Tages so irritiert, daß er sagte – ich habe diese Antwort noch ganz genau im Kopf –: »Herr Bundeskanzler, ich frage Sie: Sind Sie eigentlich bereit, Berlin zu verteidigen? Ich kann Ihnen versichern, daß wir Berlin bis zum letzten Blutstropfen verteidigen werden. Selbst wenn ganz England besetzt wird und wir mit Kindern und Kindeskindern nach Kanada gehen müssen, wir werden für Berlin kämpfen, darauf können Sie sich verlassen!« Eine ähnliche Erklärung hat später auch Lord Home noch einmal abgegeben: Das Ehrenwort Großbritanniens werde nicht auf dem Ladentisch feilgeboten.

Die Reise Macmillans nach Moskau im Frühjahr 1959 erregte zunächst großes Mißtrauen in Bonn. Man befürchtete – wie sich herausstellte, zu Unrecht –, daß Macmillan der Sowjetunion zu unseren Lasten Zugeständnisse machen würde. Staatssekretär van Scherpenberg war wenige Tage vor der Reise des Premiers zu einem Besuch in London gewesen. Von englischer Seite wurde bei seinen Gesprächen der geplante Besuch Macmillans in Moskau nicht erwähnt. Scherpenberg fühlte sich übergangen, doch hatten Macmillan und Lloyd mich rechtzeitig in Kenntnis gesetzt, und ich hatte Bonn informiert.

Niemals wären die Briten allerdings in den Krieg gezogen, um eine Verschiebung der Oder-Neiße-Linie zu erreichen. Und sie wären wohl auch nicht in den Krieg gezogen, um den Abschluß eines Separatfriedensvertrags mit der DDR zu verhindern, wie er 1959 im

Gespräch war. Sie wären damals bereit gewesen, mit der DDR wegen technischer Fragen in Kontakt zu treten. Man dachte dabei jedoch nicht daran, die DDR in irgendeiner Form anzuerkennen. Manche Engländer waren damals der Meinung, daß selbst die Bundesrepublik durch ihre technischen Kontakte die DDR längst de facto anerkannt habe. Die Liberalen und die Labour Party sprachen sich um 1960 für eine Anerkennung der DDR aus und auch für eine Anerkennung der Oder-Neiße-Linie, während die konservative Regierung immer wieder erklärte, daß die endgültige Festsetzung der Grenzen Deutschlands nur durch einen gesamtdeutschen Friedensvertrag erfolgen könne. Doch selbst in der Konservativen Partei wurde niemals die Auffassung vertreten, deutsche Gebietsansprüche östlich der Oder und Neiße zu unterstützen. Die Briten akzeptierten zwar unsere prinzipiellen und rechtlichen Erwägungen, konnten sich aber nie dazu entschließen, sich unseren damaligen Standpunkt zu eigen zu machen. Ein Grund schien mir darin zu liegen, daß sie 1939 ins Feld gezogen waren, um die Freiheit Polens zu verteidigen. Die Briten haben den Krieg zwar gewonnen, doch Polen wurde deswegen nicht frei. Wenn es etwas gibt wie ein kollektives schlechtes Gewissen, dann existierte es nach 1945 in Großbritannien gegenüber Polen. Churchill und Attlee betonten kurz nach dem Kriege im Unterhaus zwar wiederholt, daß die deutsche Ostgrenze nicht an der Oder-Neiße-Linie verlaufen könne, da den Polen ein zu großer Anteil deutschen Gebiets gegeben worden sei. Dennoch fühlten sich die Briten den Polen verpflichtet. Denn der Mann auf der Straße wußte, daß die Polen unendliches Leid in der Geschichte der letzten zweihundert Jahre zu ertragen hatten, und man war sich einig, etwas für sie zu tun. Dabei ist auch zu bedenken, daß die Reste der polnischen Heimatarmee unter General Anders, etwa 40 000 Mann, sich nach 1945 in England niedergelassen hatten und daß es bis heute viele polnische Immigranten in Großbritannien gibt, die eine starke propolnische Aktivität entfalten. General Anders habe ich übrigens einmal besucht. Er wollte mich wegen der Gräber polnischer Kriegsgefangener in Deutschland sprechen, doch ließ ich ihn nicht zu mir kommen, sondern hielt es für selbstverständlich, ihn aufzusuchen.

In den zahlreichen Vorträgen, die ich in England hielt, erwähnte ich die Problematik der Oder-Neiße-Linie nie von mir aus, sondern wartete, bis ich darauf angesprochen wurde. Regelmäßig fragte man mich nach den Gebieten »ostwärts von Oder und Neiße«. Darauf bedankte ich mich zunächst bei den Fragestellern, die damit Stettin, das ja westlich der Oder liegt, Deutschland zugesprochen hätten. Außerdem verwies ich auf den britischen Außenminister Lord Curzon, der nach dem Ersten Weltkrieg auch aufgrund ethnischer Gesichtspunkte die polnische Ostgrenze festgelegt habe. Diese stimme mit der Grenze von 1945 überein. Im übrigen hätten die Briten bis heute die Annexion der drei baltischen Staaten Estland, Lettland und Litauen nicht anerkannt. Sichtbares Zeichen hierfür sei die Existenz der Gesandtschaften dieser drei Staaten in London. Von einem deutschen Botschafter könne man nicht verlangen, daß er die Einverleibung von Nord-Ostpreußen mit Königsberg, die ein expansionistischer Akt der Sowjetunion gewesen sei, anerkenne. Ich fühlte mich dazu um so weniger in der Lage, weil ich im Kriege einer ostpreußischen Division angehört hatte.

Im Zusammenhang mit der Oder-Neiße-Linie erinnere ich mich an eine für die damalige Zeit schlimme Panne: Der Regierende Bürgermeister von Berlin, Willy Brandt, kam zu einem Besuch nach London. Die Botschaft hatte aus diesem Anlaß zum ersten Mal eine Pressemappe mit Bildern von Brandt und Informationen über Berlin und die Bundesrepublik zusammengestellt. Wir hatten eine Public-Relations-Agentur eingeschaltet. Ich hatte mir dummerweise die Mappe nicht vorher angesehen und überreichte sie Brandt mit großem Stolz. Der schlug die Mappe auf und sah zu unser beider Entsetzen eine Karte der Bundesrepublik Deutschland und der DDR, auf der die unter polnischer Verwaltung stehenden Gebiete bereits als endgültig zu Polen gehörig eingezeichnet waren. Ich wurde rot im Gesicht, bekam einen Schreck und entschuldigte mich. Ich hätte auch sagen können, daß der Presseattaché sich die Mappe vorher hätte ansehen müssen, aber es war schließlich meine Verantwortung. Brandt reagierte menschlich und meinte, so etwas könne passieren. Er bat mich nur, dafür zu sorgen, daß diese Mappe keine weitere Verbreitung fände. Wir hätten das, meinte er, hoffentlich nicht absichtlich gemacht, und außerdem sei es anerkennenswert, daß ich die volle Verantwortung übernommen hätte.

Zu meinen wichtigen Aufgaben gehörte die Vorbereitung und Betreuung von Besuchen führender deutscher Politiker in England. Jeder einzelne könnte mehrere Seiten dieses Buches füllen. Ich will mich aber auf einige Besuche beschränken, die mir besonders gut in Erinnerung geblieben sind. Daß sie nicht immer ganz einfach und problemlos verliefen, mag das folgende Beispiel zeigen: Im Vorfeld eines London-Aufenthaltes hatte Adenauer im kleinsten Kreise in Bonn einige unfreundliche Bemerkungen über Macmillan gemacht. Das war, wie üblich, sofort bekannt geworden, und auch die Engländer erfuhren davon. Die erste Sitzung in Downing Street verlief in gespannter und frostiger Atmosphäre. Auf der Rückfahrt zur Botschaft mokierte sich Adenauer über Macmillan, der während der Sitzung ständig in seinen Akten geblättert habe. Ich erklärte dem Kanzler, daß das Foreign Office und die anderen beteiligten Ministerien für alle Probleme, die zur Sprache kommen könnten, Aufzeichnungen angefertigt hätten, sogar Spickzettel für eventuelle zusätzliche Fragen von deutscher Seite. Dann machte ich ihn darauf aufmerksam, daß von uns auch für ihn eine entsprechende Mappe mit großer Sorgfalt vorbereitet worden sei. Leider habe er keinen Blick darauf geworfen.

Im Rahmen des Besuches war auch ein Diner für fünfzig Gäste in Downing Street vorgesehen, und schon vorher erhielten wir in der Botschaft die Tischrede Macmillans, die er an diesem Abend halten wollte. Nun beging ich einen kapitalen Fehler, als ich, ohne sie erst zu lesen, Adenauers Dolmetscher Weber gleich mit dem Text zu meiner Sekretärin schickte, damit er ihr die Übersetzung diktieren könne. Gegen 19 Uhr – um 20 Uhr sollte das Diner stattfinden – bekam ich die Rede. Sie war gepfeffert. Macmillan rechnete gewissermaßen mit Adenauer ab. Ich ging zum Kanzler und zeigte ihm den Text. Adenauer erklärte, daß er nicht bereit sei, sich diese Rede anzuhören. Er fand den Inhalt unangemessen scharf, und ich teilte diese Beurteilung. Daraufhin meinte der Bundeskanzler, daß er sich schlecht fühle und deshalb absagen werde, um sich die Peinlichkeit zu ersparen. Mich bat er, sein Fernbleiben bei Macmillan zu entschuldigen. Ich mußte ihn davon überzeugen, daß dies unmöglich sei, aber ich versprach ihm, ohne weiter nachzudenken, dafür zu sorgen, daß diese Rede nicht gehalten würde. Sodann machte ich mich auf den Weg nach Whitehall und bat den Kanzler, mit seiner Frau nachzukommen.

Doch wie nun den Premierminister von seinem Vorhaben abbringen? Das war leichter gesagt als getan. Ich kam in Downing Street an, und die Probleme gingen gleich weiter: Macmillan war verspätet. Ich sprach mit Selwyn Lloyd, der jedoch lakonisch sagte, daß ich lieber den Bundeskanzler hätte beeinflussen sollen, nicht diese unfreundlichen Bemerkungen über Macmillan zu machen. Ich könne jedenfalls jetzt nicht verlangen, daß die Rede nicht gehalten werde, und außerdem halte die Rede nicht er, Lloyd, sondern der Premierminister. Ich hätte also mit Macmillan zu sprechen. Zum Glück kannte ich Macmillans Privatsekretär Philip De Zulueta sehr gut. Ihm machte ich klar, daß es keinen Sinn habe, eine solche Rede zu halten, die ein schwerer Schlag für die deutsch-britischen Beziehungen wäre. De Zulueta leuchtete dies ein, doch könne nur der Premier selbst entscheiden. Ich bat ihn, wenigstens dafür zu sorgen, daß Macmillan nach seiner Ankunft nicht zuerst die Gäste begrüße, sondern ich vorher mit ihm sprechen könne. So geschah es dann auch. Ich sagte dem Premierminister, daß ich den Text gelesen hätte, und auch, daß ich seine Verärgerung über den Bundeskanzler verstünde. Ich betonte, daß ich die Rede für ausgesprochen schädlich für die deutsch-britischen Beziehungen hielte. Wenn er sie wie vorgesehen verlesen würde, werde es am nächsten Morgen keinen deutschen Botschafter in London mehr geben. Abschließend äußerte ich die Bitte, mir doch zu meinem heutigen Hochzeitstag eine Freude zu machen und auf diese Rede zu verzichten. Auch meine Frau, die bei dem Diner neben Macmillan saß, redete ihm noch gut zu, und in der Tat: Der Premier erfüllte unseren Wunsch und hielt eine sehr nette und höfliche Rede.

Doch Macmillan gab mir zu verstehen, daß er gedenke, Adenauer am kommenden Abend in Chequers, dem Landsitz des britischen Premierministers, im kleinen Kreise seine Meinung zu sagen und die unterlassene Rede nachzuholen. Am nächsten Abend – von deutscher Seite waren außer dem Kanzler Außenminister Brentano, Karl Carstens und ich dabei – wollte Adenauer sich nach dem Abendessen verabschieden. Aber Macmillan hielt ihn zurück und erklärte, daß er mit mir eine weitere Sitzung vereinbart habe. Nun wurden dem Kanzler mehr oder minder die Leviten gelesen. Adenauer versuchte, seine Äußerungen abzuschwächen und von ihnen abzurücken. Es sei doch alles nicht so gemeint gewesen. Eine peinliche Situation, doch sie ging vorbei. Chequers hat eine wunderbare riesige Halle, in der wir um den Kamin saßen. Auf der einen Seite ging dann Adenauer hinaus, auf der anderen Macmillan – wie zwei Gladiatoren nach dem Kampf. Wir anderen blieben vergnügt da und tranken Whisky, weil die Sache nun aus der Welt geschafft war. Als Adenauer am nächsten Morgen zum Frühstück kam, fragte ihn Macmillan, ob er gut geschlafen habe. Adenauer antwortete, daß er nach dem gestrigen Abend kein Auge zugetan habe – ob das nun stimmte oder nicht. Macmillan lachte. Die beiden hatten sich verstanden. Der Friede war wiederhergestellt.

Adenauers Beziehungen zu Macmillan waren nie besonders herzlich. Im Rahmen einer Botschafterkonferenz im August 1960 in Bonn bat der Kanzler einmal um einen möglichst baldigen Besuch Macmillans in der Bundesrepublik. Der deutsche Geschäftsträger solle diese Einladung überbringen, denn Adenauer wußte, daß ich im Begriff war, in Urlaub zu gehen. Ich antwortete ihm, daß ich wohl besser selbst zurück nach London führe. Es sei der 10. August. Am 12. August begänne in Schottland die Saison der Grouse-Jagd (eine Art Moorhuhn), und Macmillan sei ein leidenschaftlicher Jäger. Außerdem hätten die Parlamentsferien bereits begonnen, und Macmillan hätte eine schwierige Sitzungsperiode hinter sich. Nur der Botschafter selbst könne zu einem solchen Zeitpunkt eine Einladung überbringen. Ich bat Adenauer jedoch, sich auf eine Absage einzustellen. Also überbrachte ich Macmillan die Einladung und erklärte ihm, daß mir wohl bewußt sei, daß die Ferien und die Jagdsaison bereits begonnen hätten, daß ihn aber Adenauer dringend sprechen wolle. Für die deutsch-britischen Beziehungen und sein Verhältnis zu Adenauer sei es wichtig, daß er gerade jetzt nach Bonn komme. Macmillan war zunächst eher skeptisch und meinte, daß er die Angelegenheit erst mit dem neuen, noch nicht ernannten Außenminister besprechen müsse. Ich wußte zu dem Zeitpunkt schon, daß Douglas-Home Nachfolger Selwyn Lloyds werden würde. Am Ende des Gespräches jedoch gab sich der Premier entgegenkommend und bekundete seinen Willen, den Besuch möglich zu machen. Ich sah ihn dann bei einem Trauergottesdienst in Westminster Abbey wieder. Vorher hatte ich schon etwas leichtsinnig nach Bonn telegraphiert, daß Macmillan wahrscheinlich kommen werde. Als wir die Kathedrale verließen, gab mir der Premier jedoch einen abschlägigen Bescheid. Ich hatte keine Gelegenheit, in dem Gedränge noch weiter mit ihm zu sprechen. So rief ich meinen Freund, De Zulueta, der inzwischen Kabinettschef war, an und erklärte ihm, was Macmillans Absage für die beiderseitigen Beziehungen bedeute und wie wichtig es ferner sei, daß sich das Verhältnis zwischen Adenauer und Macmillan bessere. Außerdem sei das Ganze für mich äußerst unangenehm, da ich schon eine Zusage nach Bonn telegraphiert hätte. Ich bat De Zulueta, ein weiteres Vier-Augen-Gespräch mit Macmillan zu vereinbaren. Dies geschah dann auch. An einem schönen Sommertag ging ich durch einen Nebeneingang in den Garten von Downing Street Nr. 10. Macmillan saß im Garten. Ich versuchte nochmals, ihn zu überzeugen, was mir schließlich auch gelang. Anschließend ging ich zum neuen Außenminister Lord Home, den ich von früher flüchtig kannte, als er Kolonial- bzw. Commonwealth-Minister gewesen war, und berichtete ihm von Macmillans Zusage. Das werde ja nun sein erster Auslandsbesuch in seinem neuen Amt sein, ich könne ihm aber garantieren, daß mein Freund Felix von Eckardt, der Chef des Informations- und Presseamts, für einen vollen Erfolg sorgen werde. So kamen die beiden tatsächlich nach Bonn. Die Unterredungen dort waren richtungweisend für die weitere Entwicklung der Beziehungen zwischen beiden Ländern. De Zulueta und ich waren auch sonst immer bemüht, das Verhältnis zwischen Adenauer und Macmillan zu verbessern. So kamen wir auf den Gedanken, daß der britische Premier, dem Beispiel de Gaulles folgend, von Zeit zu Zeit persönliche Schreiben an den Bundeskanzler richten sollte. So geschah es auch.

Während dieses Besuches in Bonn Ende August 1960 hatte Macmillan in einer Morgensitzung eindringlich den Wunsch Großbritanniens vorgetragen, Mitglied in der Europäischen Gemeinschaft zu werden, und versucht, Adenauers Unterstützung für dieses Ziel zu gewinnen. Adenauer ging nicht weiter auf dieses britische Plädoyer für Europa ein. Als der Kanzler nach der Sitzung mit Felix von Eckardt, Karl Carstens, dem Leiter der Politischen Abteilung im Auswärtigen Amt, und mir auf der Terrasse des Palais Schaumburg den Verlauf dieses ersten Gesprächs erörterte, bemerkte ich, daß Macmillan sichtlich enttäuscht darüber gewesen sei, daß Adenauer überhaupt nicht auf den britischen Wunsch eingegangen sei. Der Premier habe dies, wie er mir beim Verlassen des Palais Schaumburg gesagt habe, erwartet. Da Macmillan auf ausdrücklichen Wunsch Adenauers seine Ferien unterbrochen hatte, um nach Bonn zu kommen, sei es meiner Meinung nach notwendig, spätestens in der Nachmittagssitzung auf dieses Thema einzugehen. Eckardt und Carstens stimmten mir zu. Adenauer beauftragte mich, sogleich zur britischen Botschaft zu fahren und Macmillan mitzuteilen, daß am Nachmittag das Thema Europäische Gemeinschaft besprochen würde. Ich benützte mein kurzes Gespräch, um Macmillan den Wunsch von Vizekanzler Ludwig Erhard zu übermitteln, ein Gespräch mit ihm zu führen. Erhard hatte mir beim Empfang Macmillans auf dem Flughafen sein Leid geklagt, daß er trotz mehrfachen Ersuchens bei Globke und Brentano nicht an den Gesprächen beteiligt worden sei. Er bat mich, ihm zu helfen. Ich sagte ihm meine Unterstützung zu, meinte aber auch, daß er seine Teilnahme doch durch die Drohung mit seinem Rücktritt hätte erzwingen können.

Dieser Besuch Macmillans in Bonn hatte mich viel Kraft gekostet. Ich erinnerte mich an meine Begrüßungsansprache vor den Botschaftsmitgliedern in London. Damals hatte ich gesagt, daß ich von keinem meiner Mitarbeiter mehr verlangen würde als von mir selbst. Das fanden sie zunächst ganz angenehm, bis sie merkten, daß ich wirklich sehr hart arbeitete. Allerdings wurde mir die Arbeit dadurch erleichtert, daß Residenz und Botschaft in demselben Gebäude untergebracht waren – ein großer Vorteil für einen Botschafter. Man verliert keine Zeit auf langen Wegen zwischen Wohnung und Büro. Später in Rom verbrachte ich drei unnütze Stunden am Tag im Auto, um morgens und nachmittags die sieben Kilometer von der Residenz zur Botschaft zurückzulegen.

Von Adenauers England-Besuchen ist mir noch ein zweiter in guter Erinnerung, der seinerzeit den Kanzler auf Einladung der Königin nach Schloß Windsor führte. Zur Delegation gehörten der Bundeskanzler, Vizekanzler Erhard und Außenminister Brentano. Ich erhielt die Weisung aus Bonn, dem englischen Hof zu sagen, daß die protokollarische Reihenfolge sei: Bundeskanzler, Bundesaußenminister und danach erst der Vizekanzler. Ich begab mich also zum Staatssekretär der Queen, zu »Ihrer Majestät Erstem Privatsekretär«, und brachte in vorsichtiger Form die Bonner Protokollwünsche an. Michael Adeane nahm sie zur Kenntnis, entgegnete aber, daß bei Hofe das britische Hofprotokoll gelte. Als erstes fragte er mich, ob ich als Vertreter des Bundespräsidenten bereit sei, meinen Platz an den Bundeskanzler zu zedieren. Dies war selbstverständlich. Auf meine Frage, wie das nun mit den anderen sei, antwortete er, das spiele keine so große Rolle mehr, denn den ersten Platz habe der Bundeskanzler, dann käme ich, und wo Brentano und Erhard säßen, sei ohne Bedeutung. Beim Diner in Windsor saß ich daher links und Adenauer rechts von der Königin. Die Tafel war mit besonderer Liebe gedeckt worden: Es war nur altes deutsches Porzellan aus dem 18. Jahrhundert auf dem Tisch, und neben jedem Gegenstand, ob Leuchter, Salzfaß oder Obstschale, stand geschrieben, ob es aus der Königlich Preußischen Porzellanmanufaktur, aus Meißen, Frankenthal oder Ludwigsburg stammte.

Als das Essen sich dem Ende näherte, wandte sich die Königin an den Bundeskanzler, um ihm eine Frage zu stellen. Adenauer müsse ihr aber versprechen, ehrlich zu antworten. Der Kanzler war etwas verlegen, meinte dann aber, wenn ihm Ihre Majestät dies befehle, werde er dem Befehl natürlich nachkommen. So fragte die Königin, was er denn von dem deutschen Wein halte, den Prinz Philip ausgesucht hatte. Adenauer erwiderte, da er verpflichtet sei, die Wahrheit zu sagen, müsse er bekennen, daß er noch besseren Wein getrunken habe. Daraufhin bat die Queen den Kanzler, ihr den Wein zu schikken, den er wirklich für den besten halte. Meine Frau bekam diesen Auftrag, und im Einverständnis mit Adenauer kauften wir Wein bei einem Vetter meiner Frau, Freiherr von Ritter zu von Groenesteyn aus Kiedrich-Rüdesheim, und schickten ihn der Königin sowie der Königinmutter.

Nach dem Essen in Windsor fuhren wir zu uns nach Hause in die Botschaft. Wir saßen noch lange zusammen. Adenauer schätzte es, sich nach einem langen, offiziellen Abend zu entspannen. Kaum war die Botschaftsresidenz im Frühjahr 1958 am Belgrave Square bezogen, wünschte sich Adenauer ausdrücklich, nicht im Hotel untergebracht zu werden. »Ich möchte bei de Herwarths wohnen, da is es so jemütlich.« Da unsere offiziellen Gastzimmer noch nicht eingerichtet waren, wohnte er in meinem Schlaf- und Ankleidezimmer. Zum Frühstück wünschte Adenauer keine Bedienung zu sehen. Er frühstückte mit meiner Frau allein im Studio. In der Unterhaltung kam er oft auf Erlebnisse der vergangenen Tage zu sprechen und machte dabei treffende Bemerkungen über die Personen, denen er begegnet war. Meine Frau staunte über seine scharfe Beobachtungsgabe und stellte fest, daß ihm nichts entging. Vor dem Frühstück schrieb er Postkarten an seine zahlreiche Familie. Beispielhaft war seine Ordnungsliebe, die bis ins kleinste ging. Ebenso wie Lindbergh, der in München unser Gast war, räumte Adenauer alles stets peinlich auf.

Meine Frau hatte eine besondere menschliche Beziehung zu Adenauer. Ihr Vetter ersten Grades, Erich Freiherr von Redwitz, war Chefarzt des Johannes-Spitals in Bonn, in dem beide Ehefrauen Adenauers starben. Er war Zeuge, mit welcher Hingebung Adenauer, der täglich ans Krankenbett kam, sich bemühte, ihnen Mut und Zuversicht einzuflößen, obwohl er wußte, daß es zu Ende ging. Er sprach von Erholungsreisen in die Schweiz und erzählte von den Kindern. Wenn er das Krankenzimmer verließ, war er völlig verändert, und wie gelähmt lehnte er sich an die Wand. Erich von Redwitz tröstete Adenauer, so gut er konnte. Die tragischen Tage und Stunden begründeten eine Freundschaft zwischen beiden Männern. Die Verbundenheit zwischen ihnen führte vom Anbeginn unserer Bonner Zeit zu einer nie ausgesprochenen, doch stets fühlbaren inneren Bindung zwischen Adenauer und meiner Frau.

Anläßlich eines Aufenthaltes von Adenauer in London demonstrierten vor der Botschaft junge Briten gegen eine deutsche Atombewaffnung. Es regnete in Strömen. Der Bundeskanzler bat zu meiner Überraschung die jungen Leute in die Botschaft und unterhielt sich mit ihnen. Sie seien an der falschen Adresse, denn die Bundesrepublik stelle weder Atomwaffen her, noch besitze sie solche. Dann lud er sie ein, sich mit Tee und Kuchen zu stärken.

Bei seinen London-Reisen besuchte Adenauer auch regelmäßig Sir Winston Churchill, auch als dieser schon sehr krank war. Sein letzter Besuch bei ihm ist mir unvergeßlich. Churchill war nachdenklich, bedankte sich bei Adenauer für den Besuch und sagte dann nur: »Well, Mr. Chancellor, I wait, I wait.« Er erwartete seinen Tod.

Adenauer sprach übrigens nie davon, daß die Engländer ihn 1945 als Oberbürgermeister von Köln abgesetzt hatten. Vergessen hat er dies aber gewiß nicht. Seine Absetzung war damals von General Barraclough verfügt worden. Die Amerikaner, die Köln vorher besetzt hatten, rieten den Briten, den halsstarrigen Bürgermeister abzusetzen. Sie seien nicht mehr dazu gekommen. Michael Thomas, aus Deutschland stammender politischer Berater des für die gesamte britische Zone verantwortlichen General Templer, versuchte alles, um den General zur Aufhebung der Absetzung zu bewegen. Templer wollte sich trotz des Drängens von Thomas nicht dazu entschließen. Er könne Barraclough nicht desavouieren. Während meiner Londoner Zeit äußerten Templer, mittlerweile Chef des Imperial General Staff, und Thomas mir gegenüber den Wunsch, ein Treffen mit Adenauer zu ermöglichen. Templer wollte bei dieser Gelegenheit das bedauerliche Ereignis bereinigen. So kam es zu einem Mittagessen auf der Botschaft und zur Aussöhnung mit Adenauer. Der Bundeskanzler schenkte Templer als Zeichen der Erinnerung an diese Begegnung sein Bild mit Unterschrift.

Lange Zeit hatte der englische Maler Sutherland den Wunsch geäußert, Adenauer zu porträtieren. Schließlich gelang es, den am Anfang ablehnenden und zögernden Kanzler zu veranlassen, diesem Wunsch nachzukommen. Da Adenauer keine Zeit hatte, während eines London-Besuches dem Maler stundenlang zu sitzen, fand ich folgende Lösung: Bei einem Mittagessen im kleinen Kreise bei uns in der Wohnung saß Sutherland rechts von Adenauer und hatte so Zeit, die erforderlichen Skizzen anzufertigen. Nach diesen Vorlagen entstanden mehrere Porträts des Bundeskanzlers, die ihm nach seinem Rücktritt in meiner Anwesenheit vom Künstler überreicht wurden. Der Bundesverband der Deutschen Industrie und sein Kulturkreis unter Generalsekretär Stein machten es möglich, daß diese hervorragenden Porträts angekauft wurden. Ein anderes, von Herkenrath gemaltes Bild Adenauers hatte mir der BDI geschenkt. Es hing in meinem Arbeitszimmer. Während ich es gut getroffen fand, meinte Adenauer, er sähe darauf so aus, als ob er binnen kurzem zur Hinrichtung geführt werden würde.

Im Jahre 1958 stattete Bundespräsident Theodor Heuss dem Vereinigten Königreich einen Staatsbesuch ab. Die Anregung zu diesem Besuch ging nicht von deutscher Seite aus, sondern die britische Regierung fand es an der Zeit, daß der Präsident der Bundesrepublik Deutschland nach England komme, um die freundschaftlichen Beziehungen zwischen beiden Ländern zu unterstreichen. Trotzdem war der Besuch umstritten, und auch ich wurde damals in der deutschen Presse hart angegriffen. Es hieß, die Einladung sei zu früh gekommen, sie hätte weder ergehen noch angenommen werden dürfen. Insbesondere verwiesen verschiedene deutsche Zeitungen im nachhinein auf Heuss' Besuch in Oxford, wo die Studenten angeblich demonstrativ ihre Hände in den Hosentaschen behalten hätten. Die Entrüstung war ungerechtfertigt. Es handelte sich nicht um eine politische Demonstration, sondern um eine angelsächsische Gewohnheit. Als einige Zeit später US-Vizepräsident Nixon nach Oxford kam, steckten die Hände der Studenten wieder in den Hosentaschen. Das war einfach ihre Art. Außerdem wurde behauptet, es habe nicht genug Begeisterung auf den Straßen gegeben. Heuss hielt all diese Urteile für kindisch. Denn es seien viele Menschen auf den Straßen gewesen. Diese aber hätten selbstverständlich mehr der Königin und den Gäulen zugejubelt als ihm. Was sollten die Engländer schon an einem Präsidenten interessant finden, der nur für eine Amtszeit von fünf oder zehn Jahren gewählt war. Wenn die Königin der Niederlande komme oder der König der Belgier, dann seien das in den Augen der Menschen bleibende Erscheinungen, die des Jubels viel eher wert seien als ein bürgerlicher Wahl-Präsident.

Als wir zu Beginn der Staatsvisite im Buckingham Palace ankamen, wurden dem Präsidenten zuerst die Kinder der Königin vorgestellt: Prinz Charles und Prinzessin Anne. Andrew und Edward waren damals noch nicht geboren. Die Königin betonte, daß sie sich selbst darum gekümmert habe, daß in Heuss' Suite im Buckingham Palace alles schön hergerichtet sei. Später erfuhr ich, daß die drei Waffenattachés der britischen Botschaft in Bonn eigens nach London geholt worden waren, um alles dafür zu tun, daß der Bundespräsident sich wohl fühle. Er bekam also seinen württembergischen Rotwein, die Zigarren, die er gern rauchte, und auch einen Fernseher, auf den er gar keinen großen Wert legte. Als jedoch die drei Attachés noch in das Schlafzimmer von Heuss gehen wollten, erklärte die Königin, sie werde selbst nachsehen, ob alles in Ordnung sei. Ein Zeichen, wie liebevoll der Besuch vorbereitet wurde. Als Heuss von Prinz Philip gefragt wurde, ob er einen besonderen Wunsch habe, antwortete er, daß er gerne die berühmten Holbein-Zeichnungen sehen würde. Prinz Philip meinte, das sei schwierig, bat mich aber, dies nicht zu übersetzen. Die Bilder hingen in Windsor, und ein Besuch dort war nicht vorgesehen. Nach dem Gala-Dinner im Buckingham Palace fragte mich Prinz Philip, ob es dem Bundespräsidenten Spaß machen würde, wenn ihm die Königin und er die berühmte Gemäldegalerie des Palastes zeigten. Ich bejahte sofort, zumal Heuss ohnehin nie früh zu Bett ging. So begaben sich die Königin, Prinz Philip und der Bundespräsident in die Galerie. Die Herzogin von Kent nahm mich am Arm und forderte mich auf, mit ihr den dreien zu folgen, sie wolle einmal bei einer Führung Prinz Philips zuhören. Dieser erklärte seinem Gast: dies sei ein Ruysdael, dies ein Tizian, dies wieder ein Tizian. Der Bundespräsident unterbrach: »Ich glaube, das letzte Bild war eher ein Tintoretto.« Prinz Philip lachte, gab ihm recht und meinte, man könne schließlich von einem Seeoffizier nicht verlangen, daß er in der Kunstgeschichte alles wisse.

Zum Abschiedsessen hatte die Königin tatsächlich die Holbein-Zeichnungen aus Windsor bringen lassen. Heuss freute sich sehr und empfand dies als einen Ausdruck der wirklich harmonischen und guten Atmosphäre, die den gesamten Besuch geprägt hatte. Aus Kostengründen hatte man die Zeichnungen mit einem Militär-LKW aus Windsor herangeschafft. Die Bilder lagen auf der Ladefläche, auf ihnen saß ein Unteroffizier, der offensichtlich nicht wußte, auf welch wertvoller Fracht er Platz genommen hatte.

Gut erinnere ich mich an die berühmte Rede der Königin, die sie bei dem Diner für Heuss hielt. Sie sprach davon, daß das englische Königshaus deutscher Abstammung sei. Diese Rede wirkte zweifellos in Großbritannien wie ein Paukenschlag. Selbstverständlich aber waren die Ausführungen der Königin vom Kabinett voll gebilligt und beabsichtigt. Damals hielt die Regierung Macmillan die Zeit für gekommen, vor der Öffentlichkeit festzustellen, wie sie sich die Entwicklung der deutsch-britischen Beziehungen vorstellte.

Heuss hatte während seines Besuches die Gelegenheit, Besucher im St. James's Palace zu empfangen, was als besondere Auszeichnung galt. Einer der eindrucksvollsten Besucher war der Provost of Coventry. Die Kathedrale von Coventry war während des Krieges durch deutschen Bombenangriff völlig zerstört worden. Der Provost hatte eine große Versöhnungsaktion zwischen Deutschen und Briten eingeleitet. So hatte beispielsweise die »Aktion Sühnezeichen« in Coventry an Wiederaufbauarbeiten teilgenommen. Der Provost überreichte dem Bundespräsidenten einen eisernen Nagel aus dem Dachstuhl der Kathedrale und erhielt von Heuss eine größere Summe für die Wiederherstellung des Gotteshauses.

In der Botschaft hatten wir vorher das Abendessen und den anschließenden Empfang genau durchgespielt. Außer der Königin und Prinz Philip waren noch die sieben weiteren Mitglieder der königlichen Familie an diesem Abend bei uns zu Gast – ein sichtbarer Beweis für die Wertschätzung, die Bundespräsident Heuss genoß. Wir gaben zunächst ein Diner für achtundvierzig Personen. Danach mußten die beiden Speisezimmer in großer Geschwindigkeit geräumt werden, denn nach dem Essen fand ein Empfang für etwa fünfhundert Personen statt. Während dieser halben Stunde des Umräumens zog sich die königliche Familie in die obere Etage zurück, in der wir unsere Fremdenzimmer hatten. Einige Töchter von Botschaftsangehörigen, mit schwarzem Kleid und weißen Schürzen als Hausmädchen verkleidet, betreuten unsere hohen Gäste.

In der oberen Etage der Botschaft lief eine Galerie um das ganze Treppenhaus, von der aus man den Einzug der Gäste gut beobachten konnte. Als alle Gäste eingetroffen und vom Bundespräsidenten sowie von meiner Frau und mir empfangen worden waren, meldete ich dies der Königin. Sie war bester Stimmung und berichtete, sie habe gerade von der Galerie aus den Einzug der Gäste ungesehen beobachtet. Das habe sie noch nie gekonnt! Bei ihrem Eintritt in den Saal passierte eine protokollarische Panne: Ein Diener hätte mit lauter Stimme ansagen müssen: »Ihre Majestät, die Königin!«, worauf im Raume Stille hätte herrschen müssen. Der Ausruf war vergessen worden. Ich entschuldigte mich, doch die Königin beruhigte mich. Nichts sei ihr unangenehmer als die Totenstille beim Betreten eines Raumes. Anschließend wurden die Gäste der Königin vorgestellt, darunter auch deutsche Abgeordnete. Einer von ihnen war so verwirrt, daß er eine Hand in der Hosentasche behielt, keineswegs aus Mißachtung, sondern einfach vor Aufregung. Am Rande des Empfangs unterhielt sich die Königin mit einem ihrer drei Ehrenbegleiter, unserem Luftwaffenattaché von Ploetz. Ploetz humpelte. Die Queen fragte ihn, ob er im Krieg verwundet worden sei. »Ja, Majestät«, antwortete Ploetz, »dies ist leider geschehen, als ich über England flog.« »Das tut mir leid«, sagte die Königin. »Majestät, mir tut es noch viel mehr leid«, gab von Ploetz zurück. Alles in allem war nicht nur dieser Abend, sondern der Heuss-Besuch insgesamt ein großer Erfolg.

Am 21. Juni 1961 wurde Altbundespräsident Heuss die Ehrendoktorwürde der Universität Oxford verliehen. Ich sah darin eine nachträgliche Rechtfertigung seines Staatsbesuches. Kanzler der Universität war damals Premierminister Macmillan. Dies verlieh der akademischen Feier zusätzliche Bedeutung.

Parteien- und Pressekontakte

Einer der ersten Ministerbesuche in meiner Zeit war der von Franz Josef Strauß als Atomminister im Dezember 1955. Auch als Verteidigungsminister kam Strauß später verschiedentlich nach England. Besonders gut in Erinnerung ist mir das Zusammentreffen mit Sir Edwin Plowden, dem Generalsekretär der Atomic Energy Authority, und die Führung durch das Kernkraftwerk Harwell durch den berühmten Atomphysiker Sir John Cockroft. Strauß beeindruckte seine Gastgeber durch Höflichkeit und seine schnelle Auffassungsgabe, durch sein Interesse und seine beeindruckenden Kenntnisse.

Sehr unterstützt wurde ich auch durch den damaligen Präsidenten des Bundesverbands der Deutschen Industrie (BDI), Fritz Berg. Meine Frau und ich hatten in meiner Zeit als Protokollchef in Bonn natürlich auch mit dem BDI zu tun gehabt. Fritz Berg und seine Frau Hilde hatten damals damit begonnen, eine alte Tradition des Reichsverbandes der Industrie wiederaufzunehmen: Sie gaben jedes Jahr im Kölner Hotel Excelsior ein großes Fest, zu dem sie alle maßgebenden Leute aus Politik und Wirtschaft einluden. Da sie gar keine protokollarische Erfahrung hatten, baten sie meine Frau und mich, sie dabei zu unterstützen. Wir assistierten deshalb von 1950 an jedes Jahr bei den sogenannten Berg-Festen, halfen bei den Placements und ähnlichen Dingen. Als ich nach England ging, versprach Berg, daß er schon bald mit einer großen Delegation des BDI kommen werde, um mir zu helfen. Dieser Besuch, der im Januar 1958 stattfand, war wirklich Gold wert, weil er mir Türen zur englischen Industrie öffnete und ich viele neue Beziehungen anknüpfen konnte.

Was die Kontakte zwischen deutschen und britischen Parteien betrifft, so waren die Beziehungen zwischen Labour Party und deutscher Sozialdemokratie von Anfang an gut. Beziehungen zwischen der CDU/CSU und den Konservativen, den Tories, gab es anfangs so gut wie keine. Das lag daran, daß die englischen Konservativen antiklerikal, anti-päpstlich waren aus alter englischer Tradition, die bis zu Heinrich VIII. und der Trennung der anglikanischen Kirche von Rom zurückreicht. Seitdem gibt es in England noch immer ein gewisses Vorurteil gegen Katholiken, und die Konservativen verstanden anfangs nicht so recht, daß man eine Partei weltanschaulich auf den christlichen Glauben ausrichten könne. Es dauerte längere Zeit, ehe engere Kontakte auch zwischen den Tories und der CDU/CSU hergestellt wurden, bis man begriff, daß die CDU/CSU nicht die Nachfolgerin der Zentrumspartei und der Bayerischen Volkspartei, sondern etwas Neues war. Einer der Vorreiter dieser Kontakte war der CDU-Bundestagsabgeordnete Kurt Birrenbach, ein Großindustrieller, der vor dem Kriege bei Thyssen tätig war, dann auswanderte und dadurch natürlich einen besonders guten Stand hatte. Er hatte mit dem Nationalsozialismus nichts zu tun gehabt. Als Birrenbach nach England kam, fragten die Konservativen sofort bei mir an, ob sie ihn empfangen sollten. Ich bestätigte dies. Birrenbach informierte mich grundsätzlich über alle Gespräche, die er führte. Er wollte nichts hinter meinem Rücken tun. Auch der CDU-Abgeordnete Erik Blumenfeld bewährte sich als »Eisbrecher«. Aber die Beziehungen zwischen den Sozialdemokraten und der Labour Party waren am Anfang, wie gesagt, intensiver. Das lag auch daran, daß viele führende Sozialdemokraten nach 1933 in England Zuflucht gefunden hatten: Erich Ollenhauer zum Beispiel oder Ludwig Rosenberg, damals Vorstandsmitglied des DGB.

Ich legte von Anfang an Wert darauf, mit der britischen Presse Kontakt aufzunehmen. Dies war deshalb so wichtig, weil 1955 in der Öffentlichkeit noch viele Vorbehalte gegenüber Deutschland bestanden und auch die Medien eher zurückhaltend waren. Die Presseabteilung der Botschaft war aus diesem Grunde nicht nur stark, sondern auch erstklassig besetzt. Dies erleichterte mir die Arbeit. Hans Scherer war ein erfahrener Journalist, Rüdiger von Pachelbel, Christian Hübner und Grete Stark hatten im Presse- und Informationsamt gearbeitet, bevor sie nach London versetzt wurden. Pachelbel hatte darüber hinaus in Oxford studiert und verfügte über glänzende Beziehungen nicht nur zur Politik und Wirtschaft, sondern auch zu den Offizieren der Garderegimenter. Unter anderem war er mit dem Sohn der Herzogin von Kent befreundet. Stern-Rubarth, der vor 1933 für das Wolffsche Telegraphenbüro (WTB) gearbeitet hatte, leistete der Botschaft wertvolle Dienste. 1959 wollte es ein glücklicher Zufall, daß John Russell, ein alter Freund aus Moskauer Tagen und Mitglied unseres bereits erwähnten »Lobe-Klubs«, zum Leiter der Informationsabteilung des Foreign Office ernannt wurde. Da er längere Zeit an der Botschaft in Wien gearbeitet hatte, beherrschte er die deutsche Sprache. Wenn es Spannungen und Irritationen in den Medien gab, wirkte er ausgleichend und glättete die Wogen.

Ich selbst besuchte die Redaktionen aller großen Zeitungen. Besonders eng gestalteten sich meine Beziehungen zur »Financial Times«, in der ein deutscher Emigrant, Peter Galliner, arbeitete. Durch ihn lernte ich den Herausgeber der »Financial Times«, Lord Drogheda, kennen. Seine Frau Joan war eine ausgezeichnete Pianistin. Er selbst gehörte dem Direktorium der Royal Opera Covent Garden an, und wir gehörten deshalb oft zu den Gästen seiner Loge. Gavin Astor vom »Observer« war mit Adam von Trott befreundet gewesen. Er kannte den deutschen Widerstand und wußte ihn zu würdigen. Auch zur »Times« gestalteten sich meine Beziehungen eng und vertrauensvoll. Deren Korrespondenten Rendel und MacDonald gehörten zu unseren ständigen Besuchern. Beim »Daily Mirror« dauerte es einige Zeit, bis das Eis gebrochen war. Cecil King war beim ersten Besuch noch voller Vorbehalte gegen uns. Wir kamen uns näher über Sir George Meyer, der, unterstützt von King und seiner Frau, ein großer Mäzen des berühmten englischen Jugendorchesters war. Mit Kings Sohn Michael und seiner Frau, die in Deutschland studiert hatte, freundete ich mich gut an. Auch zum »Economist« und zum »Daily Telegraph« ergaben sich gute persönliche Beziehungen. Dies gelang nicht mit dem »Daily Express« von Lord Beaverbrook. Mit Sefton Delmer, dem Chefredakteur des »Daily Express«, war ich während des Ersten Weltkriegs in Berlin zur Schule gegangen. Um an diese gemeinsamen Schulerinnerungen anzuknüpfen, lud ich ihn zum Lunch ein. Doch vergeblich.

Neujahr 1960 war ich bei dem Ehepaar Plesch in Beaulieu an der französischen Riviera eingeladen. Lord Beaverbrook hatte ganz in der Nähe eine Villa und lud eines Abends die Pleschs zum Dinner ein. Plesch schlug vor, Lord Beaverbrook zu fragen, ob ich nicht mitkommen könnte. Ich meinte zunächst, daß dieser wohl kaum Wert auf meine Gegenwart legen werde, Plesch ließ sich jedoch nicht abbringen. Er rief Beaverbrook an, der augenblicklich erklärte, daß er sich freuen würde, mich kennenzulernen. Als wir vor der Villa vorfuhren, stand Lord Beaverbrook vor der Tür, um nach englischem Zeremoniell den bei Ihrer Majestät der Königin beglaubigten Botschafter zu empfangen. Das Essen fand im kleinsten Kreise statt. Außer Beaverbrook selbst, den Pleschs und mir nahm nur noch eine kanadische Freundin des Verlegers teil. Es entwickelte sich eine angeregte Unterhaltung über Deutschland, und Beaverbrook zeigte sich besonders interessiert an der Politik und Persönlichkeit Adenauers. So hatte ich die Gelegenheit, in längeren Ausführungen ein positives Bild der Bundesrepublik zu zeichnen. Beaverbrook machte sich eifrig Notizen und entschuldigte sich nach dem Essen: Er müsse noch nach London telefonieren. Zwei Tage später erschien im »Daily Express« ein ungewöhnlich freundlicher Artikel über Adenauer. Lord Beaverbrook erzählte mir bei dieser Gelegenheit, daß er vor dem Ersten Weltkrieg in London eng mit dem damaligen deutschen Botschaftsrat Richard von Kühlmann befreundet gewesen sei. Sie hätten sich fast täglich gesehen. Ich bedauerte, daß nach dem Zweiten Weltkrieg eine so enge Verbindung zwischen ihm und der deutschen Botschaft nicht wieder zustande gekommen sei.

Als wir im Spätsommer 1955 in Hyde Park Gardens einzogen, kam ein Reporter zu meiner Frau, die gerade das Ausladen der Möbel beobachtete, und fragte sie, was denn an der Meldung des »Daily Herald« sei, daß sie eine deutsche Spionin gewesen wäre. Elisabeth wies diese Anschuldigung, die von kommunistischer Seite inszeniert worden war, als Unsinn zurück. Trotzdem hatte der Artikel eine recht unangenehme Wirkung und führte zum Beispiel dazu, daß der vormalige württemberg-badische Ministerpräsident Reinhold Maier sich kritisch äußerte. Einen Tag nachdem dieser Artikel erschienen war, erhielten meine Frau und ich eine Einladung von Premierminister Anthony Eden und seiner Frau. Außerdem waren auch Lord John Monckton mit Frau sowie Lord und Lady Kilmuir eingeladen. Lord Monckton war ein enger Vertrauter des früheren Königs Edward VIII. und hatte diesen in der Zeit seines Thronverzichts unterstützt. Lord Kilmuir wurde später Lord Chancellor. Entgegen der englischen Gewohnheit, den Kaffee nach dem Essen nach Geschlechtern getrennt einzunehmen, blieben wir alle bei Tisch sitzen und redeten über hochpolitische Fragen – in Gegenwart meiner Frau. Das war die britische Antwort auf diesen Schmähartikel. Aus

Deutschland bekam meine Frau viele verständnisvolle Briefe. Karl Carstens, damals Leiter der politischen Abteilung im Auswärtigen Amt, schrieb ihr: »Jeder von uns, der im öffentlichen Leben steht, muß ständig mit Befeindungen von irgendeiner Seite rechnen. Es hat keinen Zweck, sich weiter aufzuregen. Niemand, der Sie kennt, wird sich in seiner Wertschätzung für Sie durch solche Mitteilungen beeinflussen lassen.«

Die deutschen Journalisten – es waren damals etwa zwanzig in London, darunter viele Emigranten – sah ich regelmäßig alle zwei Monate. Einige Vertreter von großen Zeitungen und Rundfunkanstalten kamen häufig in die Botschaft, zur Presseabteilung oder zu mir direkt, um sich zu informieren oder uns über ihre Eindrücke zu berichten. Bei einer der Pressekonferenzen mit den deutschen Journalisten im Jahre 1956 wurde ich gefragt, warum die Botschaft nichts unternommen habe, um zu verhindern, daß sich lange Warteschlangen von Wiedergutmachungsberechtigten vor dem Konsulat bildeten. Ich erwiderte etwas verärgert, weil ich die Frage als Vorwurf auffaßte, daß zusätzliches Personal nur vom Auswärtigen Amt und nach ausdrücklicher Billigung des Haushaltsausschusses des Bundestags genehmigt werde. Einige Zeitungen verschärften meine Äußerung in dem Sinne, daß der Bundestag die Verantwortung für diesen Mißstand trage. Die Folge war eine heftige Reaktion des Haushaltsausschusses mit einer entsprechenden Rüge. Da ich zu dieser Zeit auf einer Dienstreise war, verstand es mein Vertreter, der Gesandte Ritter, die Vorwürfe geschickt abzuwehren und zu entschärfen. Nach meiner Rückkehr rief ich den Abgeordneten Martin Blank (FDP) an, ein Mitglied des Haushaltsausschusses, den ich gut kannte. Ich entschuldigte mich bei ihm. Es habe mir ferngelegen, den Bundestag anzugreifen. Damit war der Vorfall bereinigt, und nach einiger Zeit erhielt ich sogar das zusätzliche Personal.

Als Botschafter auf Reisen

Ich war in meiner Zeit als Botschafter natürlich in ganz Großbritannien unterwegs. Während der Edinburgher Festspiele wohnte ich immer bei Lord und Lady Rosebery auf Schloß Dallmenihouse bei Edinburgh. Der Vater von Lord Rosebery war britischer Premierminister gewesen. Als junger Mann in Oxford fragte man ihn einmal, was er werden wolle. Er wollte, so seine Antwort, erstens das Derby gewinnen, zweitens eine Rothschild heiraten und drittens Premierminister werden. Er hat seine drei Ziele erreicht. Die Edinburgher Festspiele wurden immer mit einem Festgottesdienst in der Kathedrale von St. Giles eröffnet. Die Predigt sollte diesmal Bischof Lilje halten. Zum Mittagessen war ich zuvor bei Roseberys gewesen. Lord Rosebery wollte unbedingt mit mir zusammen einen Wein, den Fürst Bismarck seinem Vater geschenkt hatte, probieren. Zwei Flaschen davon waren bereits zu Essig geworden, die dritte war jedoch noch in Ordnung und dementsprechend schwer. Wir tranken sie zu zweit und waren erst knapp vor dem Gottesdienst damit fertig. Lord Rosebery entschied sich, nicht zu gehen, mir gab er zur Begleitung seine Schwiegertochter Lady Primrose mit. Sie sei so schön, daß es keine Rolle spiele, wenn wir zu spät kämen, da alle Leute ohnehin nicht auf Bischof Lilje, sondern nur auf seine Schwiegertochter schauen würden. Ich traf in der Tat mit Lady Primrose erst nach Beginn des Gottesdienstes ein und nahm genau unter der Kanzel Platz. Der Wein hatte mich furchtbar müde gemacht. Ich nahm das Programmheft zur Hand und bat Lady Primrose, mich zu wecken, falls ich einschlafen sollte. Sie stieß mich nicht rechtzeitig an, das Programmheft fiel geräuschvoll zu Boden, und Bischof Lilje sah von der Kanzel mißbilligend auf mich herab. Beim Empfang nach dem Gottesdienst entschuldigte ich mich beim Bischof und schob alle Schuld auf Bismarck, was Lilje nicht sonderlich komisch fand. Erst als ich ihm die ganze Geschichte von dem Bismarckschen Wein erzählte, lachte er herzlich.

Lady Rosebery war sehr musikalisch. Ihr Urteil über eine Opern- oder Konzertaufführung der Festspiele war maßgebend. Immer wenn in Edinburgh eine deutsche musikalische Aufführung stattfand, begleitete sie mich. Es war, so kurze Zeit nach dem verheerenden Krieg, immer ein bewegender Augenblick, wenn wir, nebeneinander stehend, die englische und die deutsche Nationalhymne anhörten.

Als große Hilfe erwiesen sich der Herzog und die Herzogin von Buccleuch, die große Sympathien für Deutschland hatten. Sie luden mich regelmäßig zur Jagd auf ihr Schloß Drumlanrigh nach Schottland ein. Dort kam ich mit maßgeblichen Politikern zusammen und konnte im kleinsten Kreis Dinge besprechen, die sonst nicht leicht zu behandeln waren. Hier hatte ich bei der Jagd einmal großes Glück. Grouses, Moorhühner, sind schwer zu schießen. Bei meiner ersten Jagd flogen zwei wilde Moorhühner in großer Höhe vorüber, ich schoß auf beide und traf sie mit einem rechten und einem linken Lauf. Seither eilte mir der Ruf des guten Jägers voraus. Zwei Grouses mit zwei Schüssen! Ich schoß nie wieder so gut. Walter Buccleuch hatte ein weiteres Schloß in Schottland und einen wunderbaren Besitz in Mittelengland. Seine Besitztümer waren nach Ausstattung und Vielfalt der Kunstschätze reine Museen – ich erinnere mich an Gemälde von Holbein, Canaletto und van Dyck.

In Schottland waren meine Frau und ich im Mai 1959 von Lord Wemyss zur Synode der schottischen Kirche eingeladen. Lord Wemyss eröffnete sie als Stellvertreter der Königin. Wir wohnten im Königsschloß Holyrood in Edinburgh und nahmen als Ehrengäste an dem Empfang für die führenden Persönlichkeiten Schottlands teil. Es war, da alle Schotten in ihren Nationaltrachten und -farben kamen, ein außergewöhnlich farbenprächtiges und unvergeßliches Bild.

In besonderer Erinnerung habe ich meinen Besuch beim Gouverneur von Nordirland, Lord Wakehurst. Dessen Sohn heiratete die Tochter meines Kollegen Hess, der deutscher Botschafter in Australien war. Da der Vater selbst zur Hochzeit nicht kommen konnte, hatte ich die Ehre, seine reizende Tochter als Brautvater dem Sohn von Lord Wakehurst zuzuführen. Viele Angehörige der Familie Wakehurst nahmen an der Feier, die zwei Tage dauerte, teil. Die meisten waren einflußreiche Persönlichkeiten aus Politik und Wirtschaft. Diese Hochzeit bot mir eine schöne Gelegenheit, an einer Feier im Kreise einer politisch interessierten und aktiven, einflußreichen Großfamilie teilzunehmen.

Im Oktober 1959 machte ich einen offiziellen Besuch auf der Insel Malta, die damals noch britische Kronkolonie war. Ich folgte einer Einladung des Gouverneurs und wohnte in seinem in einem wunderschönen Garten gelegenen Haus. Mit seinem Adjutanten besuchte ich alle Sehenswürdigkeiten der Insel, die damals noch Flottenstützpunkt der Engländer im Mittelmeer und eine der letzten, eindrucksvollen Bastionen der britischen Weltmacht war.

Im Juli 1961 reiste ich in meiner Eigenschaft als Botschafter in die Kolonie Kenia. Der Besuch vermittelte mir einen Einblick in die kolonialen Leistungen des British Empire. Generalkonsul von Stackelberg und seine Frau bereisten mit mir dieses neben Südafrika schönste Land des schwarzen Kontinents. Unvergeßlich blieben mir vor allem die Besuche in den Tierreservaten. Am 14. Juli waren wir mitten in einem der Nationalparks in dem bekannten Treetop-Hotel untergebracht, das in vier riesige Bäume hineingebaut ist. Um zwei Uhr nachts weckte mich Stackelberg, dem die Botschaft in London meinen Geburtstag verraten hatte. Er meldete: »Vierzig Elefanten, Nashörner und viele andere Tiere zu Ihrem Geburtstag angetreten.« Gemeinsam besuchten wir später die herrliche Farm des Deutschen Dr. Veit am Fuße des Kilimandscharo. Der Sonnenaufgang über diesem Bergriesen war ein unvergeßliches Erlebnis. Der Besuch endete in Mombasa am Pazifischen Ozean.

1961, kurz vor meinem Abschied aus England, besuchte ich die Channel Islands. Auf der Insel Sark empfing mich besonders freundlich die Dame of Sark, die ihre kleine Insel unter britischer Oberhoheit regierte. Während des Zweiten Weltkriegs waren die Kanal-Inseln von deutschen Truppen besetzt gewesen. Die Besatzungsoffiziere hatten sich in das Gästebuch der Dame of Sark eingetragen. Ich fand unter anderem die Unterschrift des Kommandanten von Sark, Max Freiherr von Aufseß, eines entfernten fränkischen Verwandten meiner Frau. Ein Zeichen, daß die Besatzungstruppen hier keinen schlechten Eindruck hinterlassen hatten. Im Hause der Dame of Sark traf ich Brigadier Desmond Young, dessen Buch über Generalfeldmarschall Rommel »The Desert Fox« einen so nachhaltigen Eindruck auf Eisenhower gemacht hatte. Young forderte mich auf, das kleine Rommel-Museum auf der Insel zu besuchen, das er mit großer Liebe und voller Verehrung für diesen Offizier eingerichtet hatte. Dieser Besuch von uns beiden alten Soldaten, die im Kriege gegeneinander gekämpft hatten, war bewegend und versöhnend zugleich. In Guernsey besuchte ich zwei alte Gräfinnen Blücher, Nachkommen des Feldmarschalls Blücher. In ihrem Haus befanden sich wertvolle Ölgemälde und Erinnerungsstücke, die der alte Blücher aus Paris mitgebracht hatte. Auch Victor Hugo hatte im Exil ein Haus auf der Insel bewohnt, das ebenfalls voller Erinnerungsstücke war.

Eine meiner ersten Reisen von London aus ging zu Kurt Hahn, den ich schon durch Bundespräsident Heuss kennengelernt hatte, nach Gordonstoun. Kurt Hahn war früher Leiter der berühmten Internatsschule Salem gewesen und hatte nach seiner Emigration nach dem Vorbild von Salem eine Schule in Gordonstoun gegründet. Viele meiner jüngeren Freunde, die nach dem Ersten Weltkrieg in Salem zur Schule gegangen waren, bewunderten und verehrten ihren Direktor.

Schon in jungen Jahren hatte Hahn bemerkenswerten, fast prophetischen Weitblick bewiesen. Im Ersten Weltkrieg war er im Auswärtigen Amt tätig gewesen. 1917 verurteilte er die Erklärung des »uneingeschränkten U-Boot-Krieges«, weil er zu einer Katastrophe führen würde. Kurt Hahn stand in einem besonderen Vertrauensverhältnis zu Prinz Max von Baden. Dessen Ernennung zum Reichskanzler am 1. Oktober 1918 ging auf seine Anregung zurück. Er nahm an den Friedensverhandlungen in Versailles 1919/1920 teil und entwarf die berühmte Rede des Außenministers Graf Brockdorff-Rantzau, mit der die Alleinschuld Deutschlands am Kriegsausbruch zurückgewiesen wurde. In der Zeit der Weimarer Republik setzte er sich immer wieder für die Revision des Versailler Vertrages ein. Die Zersplitterung der Parteien hielt er für ein Unglück. 1932 forderte er die ehemaligen Salemer auf, sich entweder für Salem oder für Hitler zu entscheiden. Im Jahr darauf mußte Hahn Deutschland verlassen, nachdem er von den Nationalsozialisten eingesperrt und erst auf Ersuchen von Ramsey MacDonald, dem britischen Premierminister, freigelassen worden war. Hahn, der in Oxford studiert hatte, war ein Wanderer zwischen zwei Welten. Wie kein anderer kannte er Deutschland und England. So galt mein Besuch gleichermaßen dem bedeutenden Reformpädagogen und dem Politiker, dessen Erfahrungen für meine Aufgaben von großem Wert waren.

In Gordonstoun lernte ich die Erziehungsgrundsätze Hahns kennen. Aufgrund der Erfahrungen der beiden Weltkriege war er überzeugt, daß der Jugend für ihren Mut und ihre Tapferkeit, die sie in blutigen Schlachten bewiesen hatte, neue Wege gewiesen werden mußten: die Rettung und Bewahrung des Lebens anstatt seiner Vernichtung. Er selber führte mir den Rettungsdienst der Schüler an der nahe liegenden Küste vor, wo die Jungen in der Küstenwacht eingesetzt waren, um Schiffbrüchige aus Seenot zu retten, die Strände zu überwachen und Badende vor dem Ertrinken zu bewahren. Eine freiwillige Feuerwehr der Schüler stand zum Einsatz in den umliegenden Ortschaften bereit. Der Leitgedanke war, dem Nächsten in der Not zu helfen. »Ich will den jungen Menschen die Ehrfurcht vor dem Leben lehren, er soll fühlen: Wer den Menschen verachtet, der lästert Gott«, waren Hahns Worte. Sie erinnerten mich an eine fast gleichlautende Überzeugung meines Moskauer Botschafters, Graf von der Schulenburg.

Die Erziehung in Gordonstoun war spartanisch. Ich sah selbst, wie die Schüler morgens den Tag mit einer kalten Dusche im Freien begannen. Hahn erklärte mir die sieben Grundsätze seiner Schule. Erstens: sich selbst zu entdecken; zweitens: Erfolg und Niederlage ertragen; drittens: Hingabe an eine Gemeinschaftsaufgabe; viertens: Zeit zur Stille und zum Nachdenken; fünftens: Anregung der Phantasie; sechstens: Sport und Spiele, aber nicht übermäßig; siebtens: Chancengleichheit zwischen Kindern reicher und armer Eltern.

1960 lernte ich durch Kurt Hahn Air Marshal Sir Lawrence Darvall kennen, der Kommandant des Nato Defence College in Paris gewesen war. In Kenntnis der Erfahrungen, die Darvall an diesem College gemacht hatte, wo Offiziere und Beamte verschiedener Nationen gemeinsam lebten, studierten und Probleme lösten, kam Hahn der Gedanke, ein Atlantic College zu gründen, in welchem Schüler der NATO-Länder die letzten beiden Schuljahre gemeinsam absolvieren könnten. 1961 lud er mich ein, zusammen mit Sir Lawrence St. Donat's Castle in Wales zu besichtigen. Das Schloß war vom amerikanischen Zeitungskönig Hearst erworben und ausgebaut worden. Hahn und Darvall hielten das an der Küste gelegene Castle für besonders geeignet. Ihre Begeisterung steckte auch mich an. Das große Problem war die Finanzierung. Wir waren auf Spenden angewiesen. Ein Franzose, Antonin Besse, erwies sich als einer der freigebigsten Mäzene.

Nach meiner Rückkehr nach Bonn im Jahre 1961 suchte Kurt Hahn in Begleitung des Vorstandssprechers der Deutschen Bank, Hermann Josef Abs, und mir Bundeskanzler Adenauer auf und bat ihn um finanzielle Unterstützung seines Projektes. Die zwingende Kraft seiner Persönlichkeit und seiner Argumente beeindruckte

Adenauer. Hahn erhielt das Geld, das er benötigte, aus Bundesmitteln.

Als ich 1969 in Bonn die Reformkommission des Auswärtigen Dienstes übernahm, kam ich wieder in eine nähere Beziehung zum Atlantic College, das inzwischen zum United World College geworden war. Abs bat mich, den Vorsitz des deutschen Ausschusses der United World Colleges zu übernehmen, der im Jahre 1968 gegründet worden war und die Errichtung eines Colleges in der Bundesrepublik ermöglichen sollte. Mitglieder waren unter anderem Prinzessin Margrit von Hessen, Professor Hellmut Becker und der Hamburger Bankier Eric M. Warburg. 1969 erfolgte die Wahl von Studiendirektor Peter Lübben zum Generalsekretär. Die Aufgaben des Ausschusses bestanden in der Vorbereitung der Gründung einer deutschen Filiale sowie in der Auswahl der deutschen Schüler für die bereits bestehenden Anstalten in Wales und Kanada, und nicht zuletzt in der Beschaffung der nötigen Geldmittel für die Stipendien. Schließlich mußte sich der Ausschuß für die Anerkennung des Abschlußexamens, des Baccalaureats, das dem Abitur gleichwertig ist, durch die Kultusministerkonferenz einsetzen.

Die Gründung eines deutschen United World College ist schließlich trotz aller Bemühungen nicht gelungen. Peter Lübben hatte ein ausgezeichnetes pädagogisches Konzept mit den Schwerpunkten Sozialdienste, Wirtschaft und Industrie ausgearbeitet. Es war vorgesehen, die Schüler mit den Problemen einer modernen Industrienation theoretisch und praktisch bekannt zu machen. Schwierig war die Auswahl eines geeigneten Standortes, noch schwieriger, die Unterstützung eines Bundeslandes zu finden. Mehrere Standorte, wie zum Beispiel Cuxhaven, Coburg, Eckernförde, auch Berlin und Wolfenbüttel, wurden geprüft. Mit Rücksicht auf die Fülle der zu lösenden Probleme konnten sich die zuständigen Kultusministerien nicht für die Durchführung eines solchen Unternehmens entscheiden. Schließlich wurde Edenkoben in Rheinland-Pfalz ausgesucht. Das Kultusministerium in Mainz zeigte sich zunächst bereit, das Projekt zu fördern, aber auch dieser Versuch scheiterte.

Als eine schwierige Aufgabe stellte sich die Einrichtung des notwendigen Fonds für die Stipendien heraus. Vom Ausschuß wurden aus Privatmitteln von 1969 bis 1986 fast 600000 Mark aufgebracht. Abs und Warburg bewährten sich nicht nur beim Beschaffen der nötigen Gelder, sondern stifteten auch selbst erhebliche Summen. Ich war überzeugt, daß es auf Dauer nicht gelingen könnte, die Stipendien für etwa vierzig deutsche Schüler von privater Seite aufzubringen. Durch Verhandlungen mit dem Bundesministerium für Bildung und Wissenschaft erreichte ich, daß der Bund einen wesentlichen Anteil der Stipendien übernahm. Die Zuwendungen stiegen von 60 000 Mark im Jahre 1970 auf 400 000 Mark im Jahre 1978. 1986 erklärte das Bundesfinanzministerium plötzlich, daß Schüler nicht aus Bundesmitteln gefördert werden dürften, da dies Sache der Länder sei. Persönliche Vorstellungen von so bekannten Bankiers wie Abs und Warburg bei Bundesfinanzminister Stoltenberg blieben ebenso erfolglos wie meine Bemühungen bei den Staatssekretären. Die Begründung des Finanzministeriums war um so unverständlicher, als die deutschen Auslandsschulen weiterhin aus Bundesmitteln gefördert wurden.

Große Schwierigkeiten bereitete auch die Anerkennung des internationalen Baccalaureats und die Frage der Hochschulzulassung. Die deutschen Kultusbehörden lassen sich leider von dem Vorurteil leiten, das – von anderen Ländern anerkannte – internationale Baccalaureat sei nicht mit dem Abitur auf eine Stufe zu stellen. Ein Hauptärgernis war der Umrechnungsschlüssel der ausländischen Noten in deutsche. Peter Lübben führte jahrelang darüber Verhandlungen mit der Kultusministerkonferenz. Vor allem gelang es ihm, oft durch persönliche Vermittlung, für die Schüler der United World Colleges die Zulassung zu deutschen Hochschulen zu erreichen.

Was in der Bundesrepublik leider nicht gelang, wurde in Italien Wirklichkeit. In der Nähe von Triest, in Duino, wurde 1981 ein United World College gegründet. Dem italienischen Komitee unter Leitung von Botschafter Bartolomeo Migone, meinem alten Kollegen aus Moskau, gelang es, die Regionen Friuli und Venezia-Giulia, die italienische Regierung sowie Industrielle, vor allem die Familie Agnelli, für das Projekt zu gewinnen. Inzwischen gibt es sieben United World Colleges, in denen Schüler aus rund sechzig Nationen zusammen leben und lernen. In den zwei Jahren ihrer Ausbildung haben die Schüler die einmalige Chance, verschiedene Kulturen, Lebensweisen und Völker kennenzulernen. Dieses Kennenlernen bedeutet einen wichtigen Schritt auf dem Weg zum friedlichen Zusammenleben der Völker. Lester B. Pearson, der frühere kanadische

Ministerpräsident, nach welchem das College in Kanada benannt wurde, hat diesen Gedanken folgendermaßen formuliert: »Wie kann es Frieden geben, ohne daß die Menschen einander begegnen?« Es ist zu hoffen, daß die Saat des gemeinsamen Erlebnisses in der Zukunft Früchte tragen wird.

Kulturelle Beziehungen

Bundespräsident Heuss hatte seinem Landsmann, dem Intendanten der Stuttgarter Staatsoper, Schäfer, geraten, so bald wie möglich während meiner Zeit als Botschafter ein Gastspiel in London zu geben. So gastierte die Stuttgarter Staatsoper schon vierzehn Tage nach meiner Ankunft in der Royal Festival Hall. Da ich noch in einem Apartmenthaus wohnte und nicht zu mir nach Hause einladen konnte, lud ich viele musikinteressierte Menschen in die Oper ein und gab für sie in der großen Pause einen Empfang. Besonders die Fidelio-Aufführung, inszeniert von Wieland Wagner, machte einen tiefen Eindruck auf die Engländer. Für mich bedeutete dieser kulturelle Höhepunkt eine wunderbare Einführung.

Von den zahlreichen Ausstellungen deutscher Maler verdienen besonders erwähnt zu werden eine große Ausstellung »Fünfzig Jahre Blauer Reiter«, eine Präsentation des damals in England noch fast unbekannten deutschen Expressionismus und eine Einzelausstellung über Lovis Corinth. All dies trug dazu bei, den kulturfreudigen Engländern Deutschland nahezubringen. Während der Corinth-Ausstellung bekam ich plötzlich den Anruf eines mir bekannten jüdischen Emigranten, der mir mitteilte, daß eines der ausgestellten Bilder ihm gehöre. Es sei nach 1933 beschlagnahmt worden. Das Bild war Bundespräsident Heuss einmal zu seinem Geburtstag geschenkt worden. Ich rief Heuss sofort an und informierte ihn. Er antwortete ohne zu zögern, daß das Bild selbstverständlich zurückgegeben werde. Es blieb in der Ausstellung unter der alten, falschen Bezeichnung »Aus Heuss'schem Besitz«, wurde danach aber sofort dem ursprünglichen Eigentümer übergeben. Solche unangenehmen Überraschungen hinsichtlich von Kunstgegenständen, die aus dem »Collecting Point« stammten, ereigneten sich gelegentlich.

Ich drängte immer wieder darauf, daß die Kulturpolitik keine

»Einbahnstraße« sein dürfe, sondern daß es wesentlich sei, auch die Engländer in die Lage zu versetzen, Ausstellungen in Deutschland durchzuführen. So fand beispielsweise eine große Turner-Ausstellung in der Bundesrepublik statt. Auch Henry Moore wurde vielfach gezeigt, und deutsche Museen und Sammler kauften seine Werke. Für den Garten des Bundeskanzleramtes erwarb Helmut Schmidt später eine Großskulptur von Moore.

Brigitte Lohmeyer, Kulturattaché, vermittelte der Botschaft hervorragende Kontakte zu maßgeblichen Persönlichkeiten aus allen Bereichen des kulturellen Lebens. Auch zu den englischen Galeristen pflegte ich dank ihrer gute Beziehungen. Die Marlborough Gallery, deren Besitzer Fischer und Lloyd aus Österreich bzw. Deutschland stammten, gab mir einen Abschiedsempfang, bei dem auch Henry Moore anwesend war. Meine Frau und ich hatten Moore zuweilen auf seinem Landsitz besucht. Viele seiner Kunstwerke hatte er dort in einem Park ausgestellt, wo sie unter freiem Himmel wunderbare Wirkung entfalten konnten. Im Namen von Henry Moore, der nicht selber sprechen wollte, hielt Moores Freund, der Dean of Chichester, die Abschiedsrede. Anschließend überreichte mir der Bildhauer eine kleine Plastik, die noch heute bei mir zu Hause steht.

England ist keineswegs das »Land ohne Musik«, wie es Anfang des Jahrhunderts behauptet wurde. Die Briten haben großes Musikverständnis. Alle deutschen Dirigenten lobten das englische Publikum. Es sei in dem Moment, in dem sie den Taktstock erheben würden, mäuschenstill. In anderen Ländern werde gehustet oder mit Papier geraschelt. Wirkliche Stille gebe es nur in England.

Doch auch im kulturellen Bereich machte sich die politische Situation der Nachkriegszeit bemerkbar. Als Mozarts 200. Geburtstag gefeiert wurde, bekamen wir von Bonn die Weisung, keinerlei Feiern abzuhalten und den Österreichern den Vortritt zu lassen. Ich war darüber traurig, denn die Familie Mozart stammte genauso wie die Familie Herwarth aus Augsburg. Aber ich mußte Verständnis haben für diese politische Entscheidung. Mein Freund, der österreichische Botschafter Prinz Schwarzenberg, lud mich zur Mozart-Feier in der österreichischen Botschaft ein. Außerdem gab es ein großes Mozart-Konzert in der Royal Festival Hall. Paul Hindemith dirigierte. In der sogenannten Königsloge saß natürlich der österreichische Botschafter, ich aber hatte, da mir dafür etwas Geld zur Verfügung stand, fünfzig oder sechzig Karten gekauft, Freunde eingeladen und nach dem Konzert Hindemith, der amerikanischer Staatsbürger geworden war, zu einem Empfang gebeten, zu dem auch der österreichische Botschafter kam. In England war es üblich, daß bei jeder musikalischen Aufführung zunächst die englische Nationalhymne gespielt wurde. Danach erwarteten wir die österreichische Hymne. Ich fiel fast vom Stuhl, als Hindemith statt dessen das Deutschlandlied spielte. Für den österreichischen Botschafter war das sehr unangenehm. Ich fragte Hindemith später, warum er unsere Hymne gespielt habe. Er antwortete, daß Mozart ein halber Deutscher gewesen und er selbst ja auch in Deutschland geboren sei. Hätte er vielleicht die amerikanische Nationalhymne spielen sollen?

Der österreichische Botschafter, Prinz Schwarzenberg, war einer meiner besten Freunde in London. Ich kannte ihn flüchtig von früher, denn in der Zeit vor 1933 war es die Regel, daß zwischen den deutschen und österreichischen Diplomaten im Ausland besonders enge und herzliche Beziehungen bestanden. Das kam darin zum Ausdruck, daß man, bevor man das Beglaubigungsschreiben an das jeweilige Staatsoberhaupt überreichte, also bevor man offiziell akkreditiert war, schon den österreichischen Botschafter besuchte. Zu den anderen Botschaftern konnte man erst gehen, wenn man sein Beglaubigungsschreiben überreicht hatte. Ich besuchte also Schwarzenberg vor meiner Akkreditierung. Der Botschafter war ein Nachfahre des berühmten Fürsten Schwarzenberg, der österreichischer Kanzler, aber auch österreichischer Botschafter in London gewesen war. Auch sein Nachkomme war in England hoch angesehen. Nur zwei oder drei Tage, nachdem ich mein Beglaubigungsschreiben überreicht hatte, lud er mich zu einem Essen ein, an dem viele maßgebliche Persönlichkeiten teilnahmen. Zu den Gästen zählte auch der blonde und blauäugige italienische Botschafter, der erst vor wenigen Wochen eingetroffen war. Da ich brünett bin, sprach man mich dauernd auf die Schönheiten Italiens, Botschafter Zoppi aber auf die Leistungen Deutschlands an. Für mich war die Einladung Schwarzenbergs eine hilfreiche Einführung. Wir blieben, zumal wir Nachbarn waren, in einem regen Meinungsaustausch. Schwarzenberg, der sehr gute Beziehungen hatte, informierte mich über alles, was er in Erfahrung bringen konnte. Später hatte auch ich ihm manches zu erzählen.

Als ich 1961 nach Bonn zurückging, wurde ich vom englischen Protokollchef, dem Marshall of the Diplomatic Corps, Sir Guy Salisbury-Jones, an den Flugplatz gebracht. Wie es üblich ist, verabschiedete er sich in der Lounge. Das ist der letzte offizielle Händedruck. Ich ging zu Fuß auf die Lufthansa-Maschine zu und hörte plötzlich hinter mir Schritte. Eine Hand legte sich auf meine Schulter. Es war Schwarzenberg. Wir umarmten uns wortlos. Dann bestieg ich das Flugzeug.

Abschied von Großbritannien

Von meiner neuen Verwendung als Staatssekretär im Bundespräsidialamt erfuhr ich im Winter 1960/61 während eines Skiurlaubs in Italien durch einen Brief von Adenauers Staatssekretär Globke. Zurück in London, gab ich meine Versetzung erst möglichst spät bekannt, um nicht auf Dutzenden von Einladungen immer wieder hören zu müssen, was für ein fabelhafter Mensch ich sei, und verabschiedete mich nur von meinen besten Freunden. Es war ein tiefer Einschnitt, diese wichtige und schöne Botschaft, die ich aufgebaut hatte, zu verlassen. Aber es mußte sein. Sehr beeindruckend war mein Abschied von der Königin. Ich wurde mit meiner Frau von der Queen und Prinz Philip am 3. August 1961 in einer langen Privataudienz empfangen. Kurz vor meiner Abreise besuchte ich noch einmal mein geliebtes Schottland und die alten Freunde. Es ging zu den Buccleuchs in Drumlanrigh, zu den Roseberys, zu Gavin Astor, Lord Perth und Lord Lothian. Besonders schwer fiel mir der Abschied von Fitzroy McLean in Strachur und von den Hoyer-Millars. Den Abschluß bildete ein Jagdurlaub bei Außenminister Douglas-Home, ein schöner und ehrenvoller Ausklang meiner Zeit in Großbritannien.

Kurz bevor ich London verließ, suchte mich der Kunsthistoriker Nikolaus Pevsner auf, der vor 1933 stellvertretender Direktor der Dresdener Gemäldegalerie und später Professor für Kunstgeschichte in Göttingen war. Nach Großbritannien ausgewandert, wurde er dort zu einem Gelehrten von Weltruf. Er bat mich, dafür zu sorgen, daß das Schloß Rosenau bei Coburg in Oberfranken, der Geburtsort von Prinz Albert, dem Prinzgemahl der Queen Victoria, restauriert werde. Das Schlößchen sei nicht nur von architektonischem und baulichem Wert, sondern es sei auch ein historisches Denkmal für die guten Beziehungen zwischen Großbritannien und Deutschland. Mein erster Gedanke war, das Schloß und die anliegenden Gebäude für ein Goethe-Institut zu nutzen. Später besichtigte ich das Bauwerk, das einige Zeit als Altersheim gedient hatte und sich in keinem guten Zustand befand. Über Jahre bemühte ich mich, die Coburger Landesstiftung, den Präsidenten der Staatlichen Verwaltung der Bayerischen Schlösser und Seen, meinen alten Freund Gumppenberg, und auch die Bayerische Staatsregierung sowie den Regierungspräsidenten von Oberfranken für eine Restaurierung und entsprechende Neuverwendung der Rosenau zu gewinnen. Nach langem Warten entschloß sich die bayerische Regierung schließlich, das Schloß zu restaurieren und auch die Inneneinrichtung möglichst stilgerecht wiederherzustellen. Der Prince of Wales und Prinzessin Diana besuchten 1989 die Rosenau und überzeugten sich vom guten Fortgang der Restaurationsarbeiten. Nach mehrjähriger Bautätigkeit soll Schloß Rosenau im Oktober 1990 als Museum in Gegenwart von Mitgliedern des englischen Königshauses eröffnet werden. Damit geht, nach fast dreißig Jahren, die Anregung von Nikolaus Pevsner in Erfüllung.

STAATSSEKRETÄR UNTER BUNDES-PRÄSIDENT LÜBKE 1961 BIS 1965

Der Verlegenheitskandidat

Während ich noch mein Amt als Botschafter in London versah, gab es in Bonn einige Aufregung darüber, wer Nachfolger von Theodor Heuss als Bundespräsident werden sollte. Seine zweite Amtsperiode lief 1959 aus. Da er als ein Idealfall in der Rolle des Staatsoberhauptes empfunden wurde, dachte man zuerst sogar daran, ihm eine dritte Amtszeit zu ermöglichen. Doch Heuss selbst lehnte ab, da dies eine Änderung des Grundgesetzes erforderlich gemacht hätte. Für die Öffentlichkeit überraschend kündigte Konrad Adenauer im Mai 1959 an, er werde sich um das Amt des Bundespräsidenten bewerben, und erklärte, dessen Rechte seien viel weitergehend, als man gemeinhin annehme. Die Kandidatur war ihm von der CDU/CSU angetragen worden.

Der Bundeskanzler zog seine Kandidatur jedoch Anfang Juni wieder zurück, als er erkannte, daß in der CDU/CSU und in der Öffentlichkeit Ludwig Erhard als sein Nachfolger im Bundeskanzleramt favorisiert wurde. Adenauers Problem bestand darin, daß er im Grunde nie selbst für einen Nachfolger gesorgt hatte, daß er keinen Vertrauten für diese Rolle »aufgebaut« hatte, wie man heute sagen würde. Seine Dominanz war so stark, daß unter seiner Regierung auch gar keine gleichrangige politische Persönlichkeit nachwachsen konnte. Auf keinen Fall wollte Adenauer, daß Erhard der nächste Bundeskanzler würde. Er hatte nie einen Zweifel daran gelassen, daß er ihn als erfolgreichen Wirtschaftsminister schätzte, als Regierungschef aber für ungeeignet hielt. Als ihm klar wurde, daß Erhard sich als der populärste Kandidat für die Nachfolge erwies, schwenkte Adenauer um und wollte nun lieber selbst weiterhin Bundeskanzler bleiben. Das lief nicht mit der notwendigen Würde und dem gebotenen Anstand vor der Person Erhards ab – dieser hielt sich gerade zu Besprechungen in Washington auf – und führte zu einer nachhaltigen

Verstimmung in Bonn und zu einem Zerwürfnis zwischen dem Bundeskanzler und dem Wirtschaftsminister.

Die Krise blieb mir auch in London nicht verborgen. Finanzminister Etzel und Kai-Uwe von Hassel, Ministerpräsident von Schleswig-Holstein, hielten sich zu dieser Zeit in London auf und setzten mich ins Bild. Außerdem besuchten in diesen Tagen führende Persönlichkeiten des Bundesverbandes der Deutschen Industrie die britische Hauptstadt. Am 7. Juni waren sie zu einem Empfang auf der Botschaft geladen. BDI-Präsident Berg bat mich, mit Erhard in Washington eine telefonische Verbindung herzustellen. Er müsse ihn warnen, vor der amerikanischen Öffentlichkeit weitere Erklärungen zur Nachfolge abzugeben. Am 9. Juni traf Erhard auf der Rückreise von den Vereinigten Staaten auf dem Flughafen Heathrow ein. Sein persönlicher Referent Hohmann war ihm aus Bonn entgegengekommen. Eine Reihe von Journalisten wartete auf Erhard. Ich beschwor ihn, keinerlei Stellung zu nehmen. Er folgte meinem Rat und äußerte sich in London nicht.

Heuss war aufgebracht über die Art und Weise, wie mit der Verfassung und der Kandidatur um das höchste Amt der Bundesrepublik gespielt wurde. Seine Beziehungen zu Adenauer trübten sich aufgrund dieser Kontroverse für längere Zeit. Die Krise zwischen Erhard und Adenauer wurde dann durch Vermittlung des Fraktionsvorsitzenden der Union, Heinrich Krone, beigelegt. Papa Krone, wie er liebevoll genannt wurde, war für eine solche Aufgabe der richtige Mann. Er genoß Vertrauen und strahlte Vertrauenswürdigkeit aus, seine Stärke lag im Ausgleich.

Die CDU nominierte nun Heinrich Lübke als Nachfolger von Heuss. Am 1. Juli 1959 wurde er von der Bundesversammlung, die in Berlin zusammengetreten war, gewählt. Lübke war also eigentlich eine Verlegenheitslösung. Er selbst wäre lieber Landwirtschaftsminister geblieben, wovon er am meisten verstand, und hatte Bedenken, die Kandidatur anzunehmen. Schließlich erklärte er sich bereit, weil er es für seine Pflicht hielt und um der CDU zu helfen, aus ihrer mißlichen Lage herauszukommen.

Von meiner neuen Verwendung erfuhr ich, wie erwähnt, zuerst während eines Skiurlaubs, den ich im März 1961 in Cervinia, auf der italienischen Seite des Matterhorns, verbrachte. Dort erreichte mich ein Brief von Adenauers Staatssekretär Globke: Theodor Heuss habe Bundespräsident Lübke vorgeschlagen, mich zum neuen Staatssekretär im Bundespräsidialamt zu ernennen. Mein Vorgänger Bleek hatte aus Gesundheitsgründen – er hatte im Kriege ein Bein verloren – seinen Rücktritt angekündigt. Ich fiel aus allen Wolken, als ich die Nachricht erhielt. Wohl war ich mir im klaren, daß ich nach sechs Jahren in London mit einer Versetzung rechnen mußte. Dabei hatte ich aber an Madrid oder Washington gedacht. Als erstes telefonierte ich mit meiner Frau, um zu erfahren, was sie davon hielte. Ohne zu zögern kam die Antwort: »Wenn das Schicksal es so will, wird es auch richtig sein. Du solltest dich nicht dagegenstellen.« Ich rief als nächstes Globke an, um ihn zu fragen, ob ich meinen Urlaub noch zu Ende verbringen könne. Er bejahte. In Bonn informierte er mich dann, daß Adenauer meine Ernennung zum Chef des Präsidialamtes befürworte. Man traue mir zu, gewisse Spannungen zwischen Lübke und Adenauer auszugleichen. Auch Bischof Kunst, der evangelische Militärseelsorger, habe mich Lübke vorgeschlagen. Außenminister von Brentano, den ich ebenfalls aufsuchte, war der gleichen Meinung. Damit war die Entscheidung gefallen, schließlich konnte ich die Ernennung, die im übrigen eine Beförderung bedeutete, nicht ablehnen.

Einige Monate nach Antritt meines Postens, der am 1. September 1961 erfolgt war, erwog der neue Bundesaußenminister Schröder meine Entsendung als Botschafter nach Washington. Aber wir waren uns beide einig, daß ein solcher Wechsel nach nur wenigen Monaten nicht durchführbar war und sicherlich am Widerspruch des Bundespräsidenten scheitern würde. Der Posten in den Vereinigten Staaten wäre für mich besonders reizvoll gewesen, weil zu dieser Zeit zwei alte Freunde, David Ormsby-Gore und Hervé Alphand, England und Frankreich als Botschafter in Washington vertraten. Wir hätten gewiß gut zusammenarbeiten können.

Bei der Begrüßung meinte Lübke lächelnd: »Wir sind ja früher schon einmal in nähere Berührung gekommen.« Ich dachte, er spiele darauf an, daß wir uns begegnet waren, als er Kaiser Haile Selassie und dem Schah von Persien bei deren Staatsbesuchen landwirtschaftliche Einrichtungen gezeigt hatte. Bei solchen Besichtigungen war ich als Chef des Protokolls dabeigewesen und hatte Lübke kennengelernt. Zum ersten Male war ich ihm schon 1947 auf der Münchener Konferenz der Ministerpräsidenten begegnet, wo er als Berichterstatter für Ernährungsfragen sprach. Doch das meinte er nicht. Lübke bezog sich auf eine Fahrt von Bonn nach Düsseldorf zur Teilnahme an der Parade, die dort alljährlich am Geburtstag der Königin von England stattfand. In seiner Eigenschaft als Bundesminister nahm er daran teil. Mein Auto folgte dem seinen, mein Fahrer war übermüdet und fuhr auf Lübkes Wagen auf. Dessen Fahrer regte sich auf, während Lübke ganz ruhig blieb. Ich entschuldigte mich und bat um Verständnis für meinen Chauffeur. Dasselbe passierte noch ein zweites Mal. Ich dachte: Jetzt wird er aber Krach machen! Doch auch bei diesem erneuten Zusammenstoß behielt Lübke seine Ruhe. Er war ein umgänglicher und bescheidener Mann, der keine besonderen Rechte beanspruchte und nicht den Minister herauskehrte. Ich habe in Bonn auch andere Verhaltensweisen erlebt.

Es gab einige Schwierigkeiten, in Bonn eine Wohnung zu finden. Eigentlich hätte ich die Räume beziehen sollen, die in einem Altbau der Villa Hammerschmidt für den Staatssekretär im Bundespräsidialamt vorgesehen waren. Dort hatte Manfred Klaiber gewohnt. Lübke plante aber eine Erweiterung des Präsidentensitzes. Solange darüber nicht entschieden war, wohnte ich eine Zeitlang beim amerikanischen Gesandten Brewster Morris und seiner Frau Ellen in Bad Godesberg, die mich in ihrem schönen Haus gastfreundlich aufnahmen. Wie in den Monaten, die ich 1951 im Hause der Ancrums wohnte, bot der Aufenthalt im Hause Morris wiederum gute Gelegenheiten, nicht nur Regierungsmitglieder, sondern auch Vertreter der Opposition zu treffen.

Schließlich bezogen wir eine Wohnung im Souterrain der Villa Hammerschmidt, die zu Heuss' Zeiten ein Bediensteter bewohnt hatte. Lübke war zunächst nicht einverstanden, weil er meinte, das entspreche nicht der Würde des Staatssekretärs. Ich entgegnete, daß ich es für einen Vorteil hielte, auf dem Gelände der Villa Hammerschmidt zu wohnen, um jederzeit erreichbar zu sein, denn der Bundespräsident war nur tagsüber in seinem Amtssitz anwesend. Abends fuhr Lübke zurück in sein Privathaus auf dem Venusberg. Im übrigen gefiel uns die Wohnung ausgezeichnet, es gab eine geräumige Küche, ein großes Bad und drei schöne Zimmer. Aus den Fenstern sahen wir morgens und abends, wenn es ruhig im Park war, die Kaninchen auf dem Rasen. Wenn Lübke und seine anderen Mitarbeiter gegangen waren, gehörte der Park uns. Oft aßen wir im Freien zu Abend und genossen die Stille. Als weiteren Vorteil empfand ich es, daß ich mich für einige Augenblicke zurückziehen konnte, wenn ich einmal zu müde wurde, und doch sofort wieder präsent war, wenn man mich brauchte. Zeitraubende Fahrten zur Arbeitsstelle entfielen, ich konnte die gewonnene Zeit für den Dienst nutzen.

Lübkes Verbundenheit mit Berlin

Heinrich Lübke ist als Bundespräsident oft kritisiert worden, er wurde als einfältig hingestellt und lächerlich gemacht. Zu Unrecht, wie ich aus eigener Erfahrung sagen kann. Man darf nicht den Fehler begehen, seine Persönlichkeit und seine Amtsführung von den letzten Jahren her zu beurteilen. Da war er schon zu hinfällig, um die zweite Amtsperiode bewältigen zu können – ich komme darauf noch ausführlich zurück. In den Jahren bis 1964 war Lübke ohne Zweifel ein aktiver Bundespräsident, der die Bedeutung seines Amtes ebenso gemehrt hat wie Theodor Heuss. Er setzte sich dafür ein, die Bewegungsfreiheit des Bundespräsidenten so weit auszubauen, wie es der ihm im Grundgesetz gesteckte enge Rahmen eben zuläßt. Er war ohne Frage ein rechtschaffener und anständiger Mann, der die Dinge ernst nahm und sein Amt mit äußerster Gewissenhaftigkeit ausübte.

Dafür läßt sich ein Ereignis anführen, das sich gleich nach meinem Beginn bei Lübke abspielte. Es wurden in diesen Wochen die Verhandlungen um die Regierungsbildung für das vierte Kabinett Adenauer geführt. Die FDP wollte Außenminister Heinrich von Brentano nicht mehr unterstützen. Brentano hatte ein besonders enges Verhältnis zu Adenauer gehabt, manche sagten sogar, er wäre nur das ausführende Organ des Kanzlers, was sicher nicht richtig ist. Man braucht nur den Schriftwechsel zwischen Brentano und Adenauer zu lesen, der unter dem Titel »Sehr verehrter Herr Bundeskanzler« erschienen ist. Darin hat er oft seine abweichende Meinung zum Ausdruck gebracht, aber er akzeptierte natürlich, daß der Bundeskanzler die Richtlinien der Politik festlegt, und handelte loyal zu Adenauer. Im Oktober 1961 erfuhr Brentano im letzten Augenblick, daß der Bundeskanzler Gerhard Schröder als neuen Außenminister ins Spiel gebracht hatte. Er trat daraufhin selbst zurück, mit einer sehr würdigen Erklärung, die ihm viele Sympathien einbrachte.

Lübke hatte Bedenken, Schröder zum Außenminister zu ernennen, denn der Berliner Abgeordnete Gradl hatte ihm von einer Begebenheit berichtet, die den Bundespräsidenten mißtrauisch gemacht hatte. Gradl hatte von einem vertraulichen Gespräch erfahren, das Schröder und Franz Josef Strauß, damals Verteidigungsminister, mit Journalisten geführt hatten. Dabei war die schwierige Lage Berlins zur Sprache gekommen, und Schröder hatte darüber nachgedacht, ob es 1945 nicht vielleicht besser gewesen wäre, wenn die Amerikaner Sachsen und Thüringen behalten hätten und dafür Berlin ganz an die sowjetische Zone gefallen wäre. Dahinter stand möglicherweise die Überlegung, daß die Ostzone bzw. DDR ohne das traditionsreiche Thüringen und Sachsen, vor allem ohne die sächsische Industrie, nicht nur viel kleiner, sondern auch wesentlich weniger leistungsfähig gewesen wäre. Hätten sich die Amerikaner nicht an die Abkommen mit der Sowjetunion gehalten und Thüringen und Sachsen nicht geräumt, hätte der Westen es mit einer geographisch stark reduzierten und schwachen Ostzone zu tun gehabt. Die Realpolitik nach Kriegsende lief bekanntlich anders. Die Äußerungen von Schröder waren nur Gedankenspiele, die er zudem »off the record« geäußert hatte, im vertraulichen Kreis.

Doch Lübke war so entsetzt, daß er Schröders Ernennungsurkunde nicht unterzeichnen wollte. Er berief sich auf seinen Eid und sagte: »Ich habe geschworen, vom deutschen Volke Schaden abzuwenden, und es wäre ein Unheil, wenn ein Außenminister ernannt wird, der in seiner Haltung gegenüber Berlin nicht felsenfest ist.« Ich entgegnete ihm mit dem Hinweis darauf, daß die Richtlinien der Politik vom Bundeskanzler, nicht vom Bundespräsidenten bestimmt werden und daß er seine Unterschrift nur verweigern könne, wenn der vorgeschlagene Minister sich ehrenrührig verhalten und etwas getan hätte, was ihn persönlich disqualifiziere, oder wenn der Verdacht einer Straftat gegen ihn vorliege. Lübke wollte nicht nachgeben, er konnte auch stur sein. Da tat ich etwas, was ich nicht hätte tun dürfen. Ich rief den Präsidenten des Bundesverfassungsgerichtes in Karlsruhe, Gebhard Müller, abends um zehn Uhr in seiner Wohnung an. Ich kannte Müller von seiner Zeit als Ministerpräsident des »Südweststaates« Baden-Württemberg her und konnte ihm deshalb privat die Frage stellen, wie die verfassungsmäßige Lage im Falle Schröder zu sehen sei. Offiziell hätte ich das nicht fragen können, denn aus gutem Grunde durfte der Staatssekretär des Bundespräsidenten nicht die Rechtsauffassung des Bundesverfassungsgerichtes einholen, bevor der Bundespräsident eine Entscheidung getroffen hat. Erst nachträglich ist das Verfassungsgericht zuständig, und Entscheidungen des Staatsoberhauptes können angefochten werden. Heuss hatte anfänglich mehrmals vor Unterzeichnung eines Gesetzes den damaligen Präsidenten des Verfassungsgerichts Höpker-Aschoff, einem Parteifreund, um Rat gefragt. Das war dann untersagt worden. Gebhard Müller bestätigte mir am Telefon, daß Lübke seine Unterschrift in diesem Falle nicht verweigern könne. Ich hatte dann die Mühe, den Bundespräsidenten davon zu überzeugen, daß er keine andere Wahl habe, als Gerhard Schröder zähneknirschend zum Außenminister zu ernennen. Es gab auch später ein paar Fälle, in denen Lübke sich weigerte, ein Gesetz zu unterzeichnen oder etwa einen Beamten zu ernennen, der ihm zu »braun« erschien.

Die Verbundenheit Heinrich Lübkes mit Berlin kam in zahlreichen Besuchen des Westteils der Stadt zum Ausdruck. Ich begleitete ihn dabei und habe den Ablauf noch gut in Erinnerung. Der Regierende Bürgermeister Willy Brandt begrüßte ihn auf dem Flughafen Tempelhof und begleitete ihn zum Schloß Bellevue. Schon während der Fahrt begann er Lübke zu berichten, was in Berlin vor sich ging – es war die Zeit nach dem Bau der Mauer. Brandt genoß aufgrund seiner entschlossenen Haltung große Popularität. Wenn wir Fabriken oder andere Einrichtungen besichtigten, schlugen ihm die »Willy-Willy«-Sprechchöre entgegen, über die sich auch Lübke freute.

Nach dem 13. August 1961 kehrte General Clay, der ehemalige amerikanische Militärgouverneur, nach Berlin zurück. Präsident Kennedy entsandte ihn als Sonderbeauftragten in die Stadt, weil Clay wie kein anderer Amerikaner für die Präsenz der Vereinigten Staaten in Berlin bürgte. Er war bei den Berlinern äußerst populär und genoß uneingeschränktes Vertrauen. Die Abwehr der sowjetischen Bedrohung der Stadt während der Blockade 1948 war unvergessen. Ebensowenig hatten die Berliner den Tag vergessen, an dem »ihr« General, wie Ernst Reuter zu sagen pflegte, die Freiheitsglocke überbrachte, für die er in den USA Spenden gesammelt hatte. Am 24. Oktober 1950 war die Glocke – eine Nachbildung der Freiheitsglocke aus dem State House von Philadelphia – im Turm des Rathauses Schöneberg eingeweiht worden. Ich hatte Bundeskanzler

Adenauer nach Berlin begleitet; wir waren wie üblich mit einer amerikanischen Militärmaschine geflogen. Der Regierende Bürgermeister Reuter, General Clay und Hochkommissar John McCloy hielten die Ansprachen. Alle drei Redner beschworen den Tag, an dem die Glocke der Freiheit für alle Völker des Ostens läuten werde. Clay überbrachte zugleich eine von Millionen Amerikanern unterschriebene Freiheitserklärung. Hunderttausende nahmen an der Kundgebung vor dem Schöneberger Rathaus teil und säumten anschließend die Straßen, durch die »ihr« General fuhr. Die gesamte Bevölkerung Berlins war unterwegs. Clay bekam einen Empfang, wie ihn kein anderer ausländischer Besucher je in Berlin bekommen hat, nicht de Gaulle, nicht Königin Elisabeth, und auch nicht John F. Kennedy. Clay war tief bewegt von den Ovationen, und seine Stimme zitterte, als er seine Dankesworte sprach. Es gab also keinen Geeigneteren als ihn, um in der kritischen Situation nach dem Mauerbau das amerikanische Engagement für Berlin zu repräsentieren. Ich erinnere mich an ein Mittagessen, das Lübke für General Clay im Schloß Bellevue gab. Umgekehrt waren wir bei ihm zu einem Essen im Gästehaus der Amerikaner am Wannsee geladen.

In Berlin traf Lübke regelmäßig mit dem Verleger Axel Springer zusammen, dessen Eintreten für die Lebensfähigkeit der Stadt und dessen Bemühen um Aussöhnung mit Israel er zu schätzen wußte. In ihren Unterhaltungen waren beide manchmal den Tränen nahe, wenn es um das Schicksal Berlins ging, weil sie beide der Meinung waren, daß Adenauer nicht genug für die Stadt täte. Bei einem dieser Gespräche sagte Lübke anerkennend zu Springer: »Es ist wirklich phantastisch, was Sie für Berlin tun, ich bewundere Ihren Einsatz sehr.« Worauf Springer in aller Offenheit erwiderte: »Herr Bundespräsident, Sie haben recht, ich bin mit dem Herzen mit dieser Stadt verbunden, aber bedenken Sie auch: Indem ich meinen Verlag und meine Druckerei in Berlin aufbaue, komme ich zugleich in den Genuß der Vorteile, die für Industrieansiedlungen in Berlin gewährt werden. So viel Anerkennung für mein Engagement verdiene ich also auch wieder nicht.« Ich fand diese Antwort sehr anständig.

Axel Springer verdanke ich eine Geburtstagsfeier im historischen preußischen Rahmen. Es war mein sechzigster Geburtstag. Lübke hatte mir angeboten, aus diesem Anlaß einen Empfang in der Villa Hammerschmidt zu geben. Ich war gerührt, lehnte aber mit Dank ab, denn diese Jahreszahl schien mir für einen aktiven Beamten kein besonderer Anlaß, um groß zu feiern. Ich beging den Tag dann allein mit meiner Tochter Alexandra in Berlin, wo mir Axel Springer für eine Woche sein Haus zur Verfügung stellte. Die gesamte Einrichtung – Möbel, Bilder, Porzellan, Silber – stammte aus der Zeit Friedrichs des Großen. Es wurde ein schöner Abend bei Kerzenlicht; das wunderbare Interieur versetzte uns in gehobene Stimmung.

In Berlin traf sich Lübke auch mehrmals mit Herbert Wehner. Bei diesen Gesprächen war ich ausnahmsweise nicht dabei, während ich den Bundespräsidenten ansonsten immer begleitete. Ich hatte das Gefühl, daß Wehner meine Anwesenheit vielleicht als unangenehm empfunden hätte, weil wir beide zur selben Zeit in Moskau gewesen waren, ich an der Deutschen Botschaft, er dagegen im Hotel Lux, dem Aufenthaltsort der ausländischen Kommunisten. Ich empfand große Hochachtung für Wehner, der den Mut gehabt hatte, seine Meinung so grundsätzlich zu ändern. Nachdem er sich von seiner früheren Ideologie losgesagt hatte, fühlte er sich in hohem Grade verantwortlich für den demokratischen Staat und identifizierte sich mit dem Aufbau der Bundesrepublik.

Ich möchte noch eine Begebenheit erwähnen, die sich an der Zonengrenze während einer Informationsfahrt des Bundespräsidenten abspielte. Das war im Jahre 1964. Lübke unternahm eine Fahrt entlang der Demarkationslinie, und zwar in ihrer vollen Länge, von Lübeck bis Hof. Wir waren teils im Auto, teils mit Hubschraubern und Jeeps des Bundesgrenzschutzes unterwegs. Lübke wollte sich persönlich ein Bild von der Situation an der innerdeutschen Grenze machen, wo zu dieser Zeit die Befestigungen auf östlicher Seite immer perfider ausgebaut wurden. Oft gingen wir zu Fuß direkt bis zur Grenzlinie vor. An einer Stelle, wo der Verlauf eines Flusses die Grenze bildete, standen auf der anderen Seite gut getarnt Soldaten der DDR-Grenztruppen. Einer von Lübkes Begleitern erregte sich über diese Diener eines unmenschlichen Regimes und schimpfte: »Diese Hunde! Diese Schweine!« Der Bundespräsident wies ihn zurecht: »Sie waren doch im Kriege deutscher Offizier. Sie hätten es sich bestimmt verbeten, wenn man Sie deswegen als Nazi-Verbrecher bezeichnet hätte.« Dann trat er ans Ufer, zog seinen Hut und grüßte die Grenzwächter. Zu unserer Überraschung traten diese aus ihrer Tarnung hervor, nahmen Haltung an und salutierten.

Ich habe, wenn ich nach meinem Urteil über die Person Heinrich Lübkes gefragt wurde, immer geantwortet: Er hat den gesunden Menschenverstand eines alten Schäfers, und manchmal ist *common sense* wichtiger als höchste staatspolitische Klugheit. Seinen Menschenverstand hatte Lübke vielleicht tatsächlich von seiner Herkunft aus dem Sauerland, über die so viele geschmacklose Witze gemacht worden sind. Man sollte vielmehr Achtung empfinden, daß er aus eigener Kraft den Weg aus einfachen Verhältnissen auf das Gymnasium und die Universität schaffte. Lübke studierte Landwirtschaft und Vermessungstechnik und bestand das Examen als Ingenieur für Geodäsie. Die Landwirtschaft und das ländliche Siedlungswesen waren schon in der Weimarer Republik sein Spezialgebiet. Bis 1933 leitete er die »Deutsche Bauernschaft«, einen Zusammenschluß von Kleinbauern- und Kleinpächterverbänden, der auf seine Initiative zurückging. In diesen Jahren hatte er auch ein Abgeordnetenmandat im Preußischen Landtag, als Vertreter der Zentrumspartei. Nach dem Ende des Krieges trat er in die CDU ein und wurde 1947 Landwirtschaftsminister in Nordrhein-Westfalen. In dieser Eigenschaft war er übrigens vom Moral Re-armament nach Caux eingeladen worden; allerdings zu einem anderen Zeitpunkt als ich, so daß ich dort nicht mit ihm zusammengetroffen bin.

Als Bundeslandwirtschaftsminister im Kabinett Adenauer hatte sich Lübke für die Schaffung des gemeinsamen Agrarmarktes der Europäischen Gemeinschaft eingesetzt, später aber wurde er immer stärker zum Kritiker der verfehlten Agrarpolitik der EWG und zu einem Gegner des EG-Kommissars Sicco Mansholt. Ich erinnere mich an eine große Auseinandersetzung, die er mit dem französischen Landwirtschaftsminister Pisani führte. Lübke kritisierte die hohen Subventionen und warnte davor, die Agrarproduktion zu stark anzuregen. Das Problem der Überkapazitäten war ihm bereits damals bewußt. Auch in seiner Zeit als Bundespräsident nahm er weiterhin Anteil an der Entwicklung in Brüssel und ließ sich durch seinen Vertrauten, den Europa-Abgeordneten Lücker, regelmäßig Bericht erstatten.

Lübke liebte die Natur und war tief betroffen über die Zerstörungen, die durch die industrielle Entwicklung angerichtet wurden. Er hielt nicht alles für Fortschritt, was in den Jahren des Wirtschaftswunders dafür gehalten wurde. Er fühlte mit der Natur und sprach ihr sogar ein eigenes Fühlen zu. Bei einem Empfang in der Villa Hammerschmidt schmerzte es ihn, mit ansehen zu müssen, wie die hochhackigen Schuhe der Damen tiefe Spuren im Rasen hinterließen. »Sehen Sie nur«, sagte er zu meiner Frau, die immer flache Absätze trug, »niemand achtet das Leben der Pflanzen. Man muß die Pflanzen lieben, und die merken es auch, ob man sie liebt. Sie wachsen und gedeihen nur, wenn die Menschen sie lieben.«

Mit Lübke auf Auslandsreisen

Seine tiefgehende Kenntnis der Landwirtschaft war auch einer der Gründe dafür, daß Heinrich Lübke auf seinen Staatsbesuchen im Ausland, vor allem in Ländern der Dritten Welt, hohes Ansehen gewann. Im Unterschied zur Zeit von Heuss, als die Dritte Welt noch kaum ins Blickfeld geraten war, unternahm Lübke zahlreiche Reisen nach Südamerika, Asien und Afrika und setzte sich für die Entwicklungshilfe ein. Ich hatte das Glück, auf diese Weise viel von der Welt zu sehen und an Ort und Stelle mit außereuropäischen Kulturen in Berührung zu kommen. In den Ländern der Dritten Welt hatte Lübke stets die Entwicklung bzw. Wiederbelebung des Agrarsektors im Auge, weil er – völlig zu Recht – eine gesunde Landwirtschaft, die die einheimische Bevölkerung ernähren kann, als die Grundlage jedes weiteren Aufschwungs eines Staates ansah. Dieses Verständnis für Entwicklungsprobleme sowie auch sein bescheidenes Auftreten und seine würdige Erscheinung – ein weißhaariger, gütiger Herr – gewannen ihm auf seinen Reisen zahlreiche Freunde und verschafften ihm große Sympathie. Es herrschte damals allgemein die Meinung vor, daß er auf seiner Südamerika-Reise im April/Mai 1965, die uns nach Peru, Chile, Argentinien und Brasilien führte, einen besseren Eindruck gemacht hatte als der französische Staatspräsident, der im Herbst des Vorjahres zehn Staaten Südamerikas bereist hatte. De Gaulle war natürlich der größere Staatsmann und der bessere Redner, aber doch eher patriarchalisch und ein wenig von oben herab zu den Politikern, mit denen er zusammentraf. Ebenso gewann Lübke auf seiner Reise nach Afrika die Anerkennung der maßgeblichen politischen Persönlichkeiten und der Bevölkerung in Guinea, Senegal und Liberia. Er verstand sich gut mit Präsident Senghor, dessen Konzept der Négritude seiner eigenen Auffassung von einem selbständigen Weg der Entwicklungsländer entsprach, und er kam auch mit Sékou Touré, dem Staatschef Guineas, gut zurecht, der als schwieriger Gesprächspartner galt.

Das Interesse Lübkes an den Problemen der Länder, die er besuchte, war echt, und seine Gesprächspartner dankten es ihm. Lübke hat die Bundesrepublik im Ausland hervorragend repräsentiert, das war während seiner ersten Amtszeit unstrittig. Ich möchte daran erinnern, daß er im Juli 1964 nicht nur die Unterstützung der CDU/CSU für seine Wiederwahl hatte, sondern auch die Stimmen der SPD erhielt. Man sollte, weil sein späterer Kräfteabfall das Bild verdunkelt hat, nicht vergessen, daß seine Leistungen zuvor allgemeine Anerkennung fanden.

Lübke ging stets ausgezeichnet vorbereitet auf Reisen. Er ließ sich vorher vom Auswärtigen Amt über die politischen und wirtschaftlichen Verhältnisse aufs genaueste unterrichten. Es kamen Referenten der jeweiligen Länderabteilungen zu ihm ins Bundespräsidialamt, um ihn über die Lage zu orientieren. Dennoch hatte er manchmal das Gefühl, vom Auswärtigen Amt nicht ausreichend informiert zu werden, und ließ sich deshalb gerne vom Bundesnachrichtendienst, der ehemaligen »Organisation Gehlen«, berichten. Nicht nur Mitarbeiter des Dienstes, sondern auch ihr Chef selbst, Generalmajor Reinhard Gehlen, kamen zu Lübke, um ihn mit ihren Kenntnissen auf seine Staatsbesuche vorzubereiten. Der berühmte Geheimdienstchef war mir bereits aus meinen Jahren in der Bayerischen Staatskanzlei bekannt, als wir mit ihm engen Kontakt gehalten hatten. Als ehemaliger Leiter der Abteilung »Fremde Heere Ost« im Generalstab des Heeres war er ein erfahrener Ostexperte. Sein geheimdienstliches Material hatte er über das Kriegsende gerettet und in Pullach bei München eine neue Organisation aufgebaut.

In diesem Zusammenhang ist erwähnenswert, daß Außenminister Schröder, im Unterschied zu seinem Vorgänger Brentano, den Bundespräsidenten weniger häufig aufsuchte. Möglicherweise wirkte da noch die Geschichte mit dem »Verrat an Berlin« nach. Gleichzeitig war Schröder empfindlich gegenüber allem, was er als Einmischung in die Außenpolitik ansah – wozu Lübke in der Tat manchmal neigte.

Ich versuchte Schröder davon zu überzeugen, daß es deshalb um so notwendiger sei und in seinem eigenen Interesse liege, Lübke regelmäßig und umfassend zu informieren. Anderenfalls ließe sich der Bundespräsident ausländische Botschafter oder Experten aus dem Inland kommen. Also müsse Schröder von sich aus die Berichterstattung an Lübke in die Hand nehmen. Obwohl Schröder, zu Recht, auf der Führung der Außenpolitik bestand, hielt er sich auf Auslandsreisen erstaunlich zurück und überließ Lübke oft weitgehend die Gesprächsführung. Vielleicht war er wie ich der Meinung, daß der Bundespräsident durchaus vernünftige Standpunkte einnahm und brauchbare Ratschläge zu geben wußte.

Auf den Besuch in Indonesien hatte sich Lübke besonders gut vorbereitet. Er bereiste die indonesischen Inseln im Rahmen seiner Asientour im Oktober/November 1963, die ihn über Iran nach Indonesien und von dort weiter nach Hongkong, Japan und den Philippinen führte. Seine Besprechungen mit Staatspräsident Sukarno waren ein überzeugender Beweis dafür, daß er in Fragen der Entwicklungspolitik nur seiner eigenen Meinung folgte und niemandem nach dem Munde redete. Lübke nahm sogar in Kauf, sich mit seinen Ratschlägen unbeliebt zu machen, aber er vertrat seine Auffassung unbeirrt und stieß damit auch auf Verständnis. Sukarno hatte unbedingt ein Stahlwerk kaufen wollen. Die Großindustrie war verständlicherweise an dem Auftrag stark interessiert, die Lieferung und der Aufbau eines Stahlwerkes in Indonesien wäre für eine Reihe von Firmen ein lukratives Geschäft gewesen. Lübke hatte sich aber vorher von einem leitenden Herrn der Firma Unilever, bei der ich nach meiner Pensionierung Aufsichtsratsvorsitzender wurde, über die Verhältnisse in Indonesien unterrichten lassen. Herr Möck hatte lange Zeit dort verbracht und hielt es für entscheidend, daß die Indonesier ihre Investitionen in die Landwirtschaft lenkten. Sie müßten ihre Teeplantagen in Ordnung bringen, ihre Ölpalmen- und Kokosnußkulturen verbessern und Brunnen bauen. Diese Position, die seiner eigenen Auffassung entsprach, vertrat Lübke dann gegenüber Sukarno. Der wollte anfangs nichts davon wissen, doch begriff er im Laufe des Gesprächs, daß der Bundespräsident es ehrlich meinte und ihn nicht zum Kauf von Installationen überreden wollte, die Indonesien gar nicht brauchen konnte. Das war eine Seltenheit, Sukarno war eher gewohnt, daß ausländische Gäste ihm Vorschläge machten, die mehr ihren eigenen Exportwünschen entsprangen als dem Interesse für die gesunde Entwicklung seines Landes. So machte Lübke auf Sukarno einen nachhaltigen Eindruck.

Dasselbe galt, in politischer Hinsicht, für den Besuch bei Indiens Ministerpräsident Nehru. Zu dieser Zeit war der Konflikt zwischen Pakistan und Indien über Kaschmir ausgebrochen, und die westliche Welt war besorgt, weil die Sowjetunion die Inder unterstützte und die Volksrepublik China die Pakistani. Die Auseinandersetzung bedeutete letztlich eine Schwächung des Westens. Lübke sah das vollkommen richtig und sprach Nehru mit Engelszungen davon, er müsse diesen Konflikt beenden und versuchen, mit Pakistan zu einem Kompromiß zu gelangen. Eine Einigung über Kaschmir müsse doch möglich sein. Ich war bei der Unterredung zugegen. Nehru war sehr von sich eingenommen, und es berührte ihn unangenehm, auf diese offene Weise von Lübke angesprochen zu werden. Aber er nahm Lübkes Empfehlungen zur Kenntnis, weil er das Gefühl hatte: Dieser Mann schlägt das nicht vor im Interesse Deutschlands, sondern er spricht als guter Freund Indiens. Zur selben Zeit hielten sich übrigens Commonwealth-Minister Duncan Sandys und Sonderbotschafter Averell Harriman in Indien auf, um ebenfalls im Kaschmir-Konflikt zu vermitteln. Beide nahmen an dem Bankett teil, das der indische Staatspräsident für Lübke im ehemaligen Palast der Vizekönige von Indien gab.

In Pakistan verlief die Sache etwas weniger glücklich, als Lübke gegenüber Staatschef Ayub Khan seinen Appell zum Kompromiß im Streit um Kaschmir wiederholte. Bei dieser Unterredung war ich nicht anwesend, denn Außenminister Schröder hatte abreisen müssen, und ich hatte an seiner Stelle eine deutsche Industrieausstellung zu eröffnen. Als ich zurückkam, erfuhr ich schon von einem Mitglied der deutschen Delegation, Franz Krapf, daß das Gespräch unglücklich verlaufen war. Als Lübke vorgebracht hatte, daß der Krieg zwischen den Nachbarn Indien und Pakistan nur Wasser auf die Mühlen der Sowjets und der Chinesen sei und daß Pakistan seine Ansprüche auf Kaschmir zurücknehmen solle, war Ayub Khan in Zorn geraten und hatte gefragt: »Was würden Sie sagen, wenn ich mich dafür einsetzte, daß ganz Berlin zur DDR geschlagen wird?« Lübke ließ mich zu sich kommen: »Die Unterhaltung ist nicht sehr gut gegangen. Können Sie nicht sehen, ob Sie das in Ordnung bringen können? Sie dürfen ruhig sagen, daß ich nur meine persönliche Meinung vertreten habe.« Ich ließ mich bei Außenminister Bhutto anmelden und versuchte die Verstimmung auszuräumen. Das war eine unangenehme Aufgabe, denn ich mußte argumentieren, daß der Bundespräsident nicht im Namen der Regierung gesprochen habe und daß die Richtlinien der Politik vom Kanzler festgelegt werden. Ich ersuchte aber um Verständnis, daß er seinen Rat nur zum Besten Pakistans gegeben hatte. Es gelang mir auch, noch kurz mit Ayub Khan zu sprechen. Es erwies sich als hilfreich, daß ich ihn von den Commonwealth-Konferenzen in London her kannte. Durch diese Bekanntschaft fiel es mir leichter, seine Verärgerung zu beruhigen und die Affäre aus der Welt zu schaffen.

Es ist wahr, daß Lübke kein gutes Englisch sprach. Darüber kursierten die verschiedensten Witze. Es ist aber ebenso wahr, daß nicht er solchen Unsinn gesagt hat wie zum Beispiel: »Today we are all heavy on the wire.« Das haben andere erfunden und in Umlauf gesetzt. So schlimm war sein Englisch nun auch wieder nicht. Lübke verschaffte sich mit dem Versuch, seine Ansprachen im Ausland auf Englisch zu halten, mehr Respekt, als zu Hause wahrgenommen wurde. In den Ländern, die er besuchte, fand er damit Anerkennung. Dort sagten die Menschen: »Es ist doch großartig, daß dieser Herr von siebzig Jahren sich die Mühe gibt, uns in der Sprache anzureden, die wir verstehen, ohne Dolmetscher. Da macht es nichts aus, wenn ihm dabei Fehler unterlaufen.« Während er in der Bundesrepublik verlacht wurde, gehörten im Ausland Lübkes Reden auf Englisch zu den positiven Eindrücken, die er bei seinen Gastgebern hinterließ. Mit einer Ausnahme: Bei dem erwähnten Empfang im Palast der Vizekönige von Indien hätte er lieber Deutsch sprechen sollen. Denn er wich vom Redemanuskript ab und improvisierte, wobei er sich furchtbar verhedderte. Das war ein ziemlich mißlungener Auftritt.

Die Fernreisen mit Bundespräsident Lübke waren trotz aller Anstrengungen für die Begleiter unvergeßliche Erlebnisse. Zu Lübkes Begleitung gehörten als innerer Kern der persönliche Referent Herrmann Sehrbrock, der Vertreter des Auswärtigen Amtes im Bundespräsidialamt, Helmut Müller, und der Protokollchef mit seiner Ehefrau. Das war zuerst Sigismund Freiherr von Braun und nach ihm Ehrenfried von Holleben. Sie und Helmut Müller hatten sich bereits als gute Mitarbeiter in London bewährt und kannten meine Arbeitsweise. Wir waren eng befreundet und bildeten eine gute Seilschaft. Lübkes Reise nach Afrika kam mir vor wie ein Familienausflug. Mein Vetter, Heinrich von Tiedemann, fuhr als Leiter eines Fernsehteams des NDR mit. Karl Günther von Hase – mit mir über drei Ecken verwandt – war als Leiter der Politischen Abteilung des Auswärtigen Amtes mit von der Partie. Als Attaché hatte er bei mir im Protokoll gearbeitet, und als Sprecher des Auswärtigen Amtes hatte er sich bei deutsch-englischen Begegnungen bewährt.

Zur Zeit der Präsidentschaft Lübkes flogen wir mit der Lufthansa, die stets die gleiche, besonders ausgesuchte Besatzung einsetzte. Der Chefpilot Werner Utter sorgte dafür, daß wir uns an Bord wohl fühlten. Laufend unterrichtete er uns über den Flug und ließ uns auch die Aussicht aus dem Cockpit genießen. Wir fühlten uns auch bei schweren Wetterverhältnissen in seiner Obhut wohlgeborgen. Auf der Ostasienreise flog er einen großen Umweg, um einer vor uns auftauchenden grau-weißen Wolkenbank auszuweichen. Er erklärte mir, daß unser Flugzeug infolge der Turbulenzen in diesem Wolkengebirge abstürzen würde. Beim Anflug auf Beirut landeten wir bei schwerem Gewitter. Ich saß in der Kanzel und konnte beobachten, mit welch äußerster Konzentration und Anstrengung Utter uns sicher auf die Erde brachte. Er atmete tief auf, als die Motoren zum Stillstand kamen.

Nicht nur außerhalb Europas erwarb sich der Bundespräsident auf seinen Reisen hohe Anerkennung. Bei den Trauerfeierlichkeiten in Griechenland für den im März 1964 verstorbenen König Paul begegnete man ihm mit außergewöhnlicher Achtung. König Paul war mit einer Enkelin Kaiser Wilhelms II. verheiratet, Friederike, Tochter des Herzogs von Braunschweig. Wir trafen verspätet in Athen ein, weil Lübke noch an einer Rede gearbeitet hatte, die er nach seiner Rückkehr von dem Begräbnis in Hamburg halten sollte. Aufgrund der Verspätung konnte der junge König Konstantin Lübke nicht am Flughafen in Empfang nehmen; an seiner Stelle war seine Schwester Sophia, spätere Königin von Spanien, erschienen. Es war schon dunkel, als wir das Flugzeug verließen. Im Licht von Scheinwerfern schritten der Bundespräsident und Prinzessin Sophia die Front einer Ehrenformation der Evzonen ab. Es war ein wunderbarer Anblick: die Soldaten in ihren malerischen traditionellen Uniformen, die bezaubernde junge Prinzessin und neben ihr der weißhaarige Bundespräsident. Als wir im königlichen Schloß in Athen eintrafen, waren die anderen Trauergäste bereits versammelt. Nur die Verwandten aus den europäischen Fürstenhäusern waren geladen. Lübke wurde schon am Eingang von Prinz Konstantin empfangen und trotz seiner Verspätung von den anderen Trauergästen herzlich begrüßt. Prinz Philip, der Graf von Paris, die Brüder der Königin Friederike kamen auf ihn zu und unterhielten sich mit ihm. So wurde Lübke zum Mittelpunkt der Gesellschaft, die Achtung, die ihm erwiesen wurde, galt nicht nur dem Bundespräsidenten, sondern auch seiner Person.

Nach dem Trauergottesdienst wurde der Sarg von einem Trauerzug bis zur Stadtgrenze begleitet. Dort blieben die anderen Trauergäste zurück, und an der Beisetzung nahmen nur die engsten Angehörigen der Familie teil, außerdem die Frau des amerikanischen Präsidenten Johnson sowie der Bundespräsident und ich. Es war eine besondere Auszeichnung, daß neben der königlichen Familie nur amerikanische und deutsche Vertreter geladen waren. Mit der Teilnahme von Mrs. Johnson sollte der Dank Griechenlands an die Vereinigten Staaten, die dem Land nach dem Kriege wirtschaftlich wieder aufgeholfen hatten, zum Ausdruck kommen. Die Anwesenheit Lübkes sollte die Verbindung der griechischen Königsfamilie mit Deutschland unterstreichen. Friederikes Mutter, Viktoria Luise, war die Tochter Wilhelms II., der Vater des Verstorbenen, König Konstantin, hatte eine Schwester des Kaisers geheiratet, und König Paul hatte in der kaiserlichen Marine gedient. Die Ehre, die uns mit der Teilnahme des Bundespräsidenten erwiesen wurde, ist um so höher zu schätzen, als deutsche Truppen im Zweiten Weltkrieg Griechenland besetzt hatten. Es fiel mir auf, daß kein Vertreter der griechischen Regierung anwesend war, und auch nicht Erzbischof Makarios, der Präsident des damals noch ungeteilten Zypern. Nach der Beisetzung fand in der Sommerresidenz der griechischen Könige, Tatoi, ein Empfang statt. Zu diesem Leichenschmaus erschienen dann auch Ministerpräsident Georgios Papandreou und Makarios.

Bei der Thronbesteigung König Konstantins vertrat ich die Bundesrepublik allein. Der deutsche Botschafter in Athen, Melchers, machte bei Gesprächen im griechischen Außenministerium deutlich, daß meine Entsendung eine angemessene Wahl wäre, nachdem ich dem Königshaus nicht nur seit der Beerdigung König Pauls bekannt sei, sondern schon seit dem Besuch Konrad Adenauers in Griechenland im Jahre 1954. Auch den Gegenbesuch des griechischen Ministerpräsidenten Papagos hatte ich in Bonn protokollarisch vorbereitet. Das Glück war mir günstig: Die Regierung in Athen ließ die Bundesregierung wissen, daß sie meine Entsendung begrüßen würde. So hatte ich die Gelegenheit, den prächtigen Feierlichkeiten der Inthronisation König Konstantins beizuwohnen, dessen Herrschaft allerdings nur wenige Jahre dauerte, bis er von der Diktatur der Obristen vertrieben wurde.

Ebenso vertrat ich in meiner Zeit als Staatssekretär bei Heinrich Lübke die Bundesrepublik bei den Trauerfeierlichkeiten für Papst Johannes XXIII. 1963 in Rom. Ich hatte erwartet, daß ein Bundesminister entsandt werden würde. Doch fiel die Wahl auf mich, wohl auch deshalb, weil ich 1951 Adenauer bei dessen Audienz bei Pius XII. begleitet hatte und im Vatikan kein Unbekannter war. Von der tiefen Menschlichkeit Johannes' XXIII. hatte ich schon Ende der vierziger Jahre erfahren, als er sich als Nuntius in Paris der deutschen Kriegsgefangenen in bewundernswerter Weise angenommen hatte. Kurze Zeit nach dem Begräbnis flog ich erneut nach Rom, als Papst Paul VI. inthronisiert wurde. Als Staatssekretär Montini hatte ich ihn bei der erwähnten Audienz des Bundeskanzlers bei Pius XII. kennengelernt.

Ein großer persönlicher Erfolg für Lübke wurde auch sein Staatsbesuch in Österreich Ende März 1962. Die Beziehungen zwischen beiden Ländern waren in jener Zeit nicht ungetrübt, die Schatten der Vergangenheit, des »Anschlusses« der österreichischen Republik an das nationalsozialistische Deutschland, waren noch nicht gewichen. Die österreichische Seite hatte ein besonders liebevolles Programm vorbereitet, Bundespräsident Schärf gab Lübke persönlich in einem Exkurs einen Überblick über die österreichische Geschichte. Bundeskanzler Gorbach gab ein Essen im historischen Bundeskanzleramt, wo Metternich residiert und der Wiener Kongreß getagt hatte. Die Regie des Programms wurde mit leichter Hand geführt, es herrschte eine beschwingte Stimmung wie bei einem Walzer von Johann Strauß. Die Bühnenbilder stammten aus den Zeiten der k. u. k. Monarchie. Im Hotel Imperial, wo Lübke wohnte, waren seine Zimmer mit weißen, goldgefaßten Möbeln aus staatlichem Besitz ausgestattet. Lübke trug mit seiner herzlichen Art wesentlich zu einer Verbesserung der Beziehungen zwischen beiden Ländern bei. Seine Persönlichkeit wirkte dabei ebenso stark wie die Worte, die er für die Österreicher fand. Die Wiener Sängerknaben gaben ihm ein besonderes Programm, Lübke war von ihrer Darbietung so gerührt, daß ihm die Tränen in die Augen traten. Gerade dies machte auf die Bevölkerung einen großen Eindruck: Er hatte sein Herz gezeigt und fand durch seine natürliche Regung die Sympathie der Österreicher. Er verstand es überhaupt, in seinen Reden und Pressekonferenzen die österreichische Seele anzusprechen. Der Abschluß des Besuches fand in Dürnstein in der Wachau statt, wo der Landeshauptmann von Niederösterreich, Leopold Figl, im Winzerverein ein Abschiedsfest für Lübke gab. Auch hier trug der Bundespräsident mit seiner geselligen und humorvollen Art wesentlich zum Gelingen des Festes bei. Beim Verlassen Dürnsteins spielte die Trachtenkapelle: »Muß i denn, muß i denn zum Städtele hinaus...«

Der Besuch de Gaulles in Bonn

Meiner Stellung im Bundespräsidialamt verdanke ich eine höchst interessante Begegnung mit de Gaulle. Der französische Staatspräsident kam im September 1962 nach Deutschland. Es war der Gegenbesuch zu Adenauers Reise nach Frankreich, die im Juli stattgefunden hatte und als Akt der Versöhnung zwischen beiden Völkern gestaltet worden war. Die deutsche Seite hatte eine Ehrenbegleitung für de Gaulle während seines Aufenthaltes abgestellt. Als Leiter dieser Begleitung war Dieter Sattler, mein alter Freund aus dem Bayerischen Kultusministerium, vorgesehen. Er war jetzt Leiter der Kulturabteilung des Auswärtigen Amtes. Als guter Gesellschafter und ausgezeichneter Kenner des Französischen war er die ideale Persönlichkeit für die Aufgabe, de Gaulle zu den geplanten Veranstaltungen zu begleiten. Aber wenige Stunden vor de Gaulles Ankunft wurde Sattler krank. Das schuf eine arge Verlegenheit. Der Chef des Protokolls, Sigismund Freiherr von Braun, rief mich an: »Was sollen wir machen? De Gaulle ist doch so empfindlich. Ich bin auf die Idee gekommen: Kannst du das nicht machen?« Eigentlich war es eine unmögliche Lösung, denn es widersprach der »Kleiderordnung« und war unvereinbar mit der Stellung eines Chefs des Bundespräsidialamtes, der ja der ranghöchste Staatssekretär ist.

Aber ich willigte ein, weil schnell gehandelt werden mußte. Wir wußten, daß de Gaulle bei seiner Begegnung mit Eisenhower während des Krieges Anstoß an dem vorgesehenen Dolmetscher genommen hatte. Die Amerikaner hatten einen Hauptmann vorgesehen, Constantine FitzGibbon, der ein bedeutendes Buch über den deutschen Widerstand gegen Hitler, »The Shirt of Nessus«, verfaßt hat. De Gaulle lehnte ihn ab, weil ihm das ein zu niedriger Rang war. Große Männer haben manchmal eben auch merkwürdige Vorstellungen. Es wurde also ein Oberst hinzugezogen, der lange nicht so gut Französisch sprach wie der Hauptmann. Ich fragte den Bundespräsidenten, ob er einverstanden sei. »Wenn Sie es für richtig halten, so tun Sie es«, erwiderte Lübke. Ich habe es nicht bereut. Während ich de Gaulle auf seiner Reise durch die Bundesrepublik begleitete, hatte ich gute Gelegenheit, ihn kennenzulernen und seine politischen Auffassungen noch besser zu verstehen.

De Gaulle war bekanntlich gegen einen Beitritt Großbritanniens in die Europäische Gemeinschaft. Er vertrat die Meinung, daß die Engländer im Grunde keine richtigen Europäer seien und daß England als maritime Macht mehr mit den Vereinigten Staaten verbunden sei als mit Europa. »England geht immer mit den Amerikanern zusammen«, pflegte er zu sagen. Daran war im Kern etwas Richtiges, es gab in der Tat diese Sonderbeziehungen zwischen Großbritannien und Amerika, die auch später noch galten, als in den achtziger Jahren Margaret Thatcher mit Ronald Reagan eine besonders enge Verbindung in Fragen der Weltpolitik, besonders der Abrüstung, suchte. Adenauer setzte sich damals, unter dem Einfluß de Gaulles, nicht für einen Beitritt Großbritanniens ein. Maßgeblichen deutschen Politikern und Wirtschaftsführern ging es demgegenüber darum, England in die europäische Einigung einzubeziehen und den freien Teil Europas nicht seinerseits in zwei Hälften zu teilen. Deshalb waren alle Gesprächspartner, mit denen de Gaulle zusammentreffen würde, darauf eingeschworen, mit ihm über die Notwendigkeit des englischen Beitritts zu sprechen. Das war sozusagen ein kleines Komplott hinter dem Rücken des Bundeskanzlers.

De Gaulle beeindruckte mich schon bei seiner Ankunft, als wir ihn auf dem Flughafen begrüßten. Er hatte verlangt, eine genaue Aufstellung der Personen zu erhalten, die ihm vorgestellt werden würden. Diese mußten auch in der Reihenfolge stehen, wie sie auf der

Liste aufgeführt waren. Das hatte seinen Grund darin, daß de Gaulle fast erblindet war. Er mußte die Namen der Persönlichkeiten, die er kennenlernte, auswendig lernen. Auch seine Reden mußte er auswendig lernen, weil er sie nicht ablesen konnte. Bei der Begrüßung kam er auch zu dem Stadtdirektor von Bad Godesberg, Brüse, der im Kriege beide Hände verloren hatte; die Ärzte hatten ihm zwei mechanische Zangen angesetzt. Als de Gaulle sie berührte, legte er Bruhse die Hand auf die Schulter und sagte: »Mon brave.« Eine schnelle Reaktion und eine noble Geste!

Typisch für de Gaulle war, daß er die Unterredungen mit Adenauer und Lübke alleine führen wollte, ohne Berater dabeizuhaben und ohne Teilnehmer von deutscher Seite. Das widersprach der Tradition, denn beim Bundespräsidenten ist immer sein Staatssekretär anwesend. Aber ich sagte zu Lübke: »In diesem Fall hat es keinen Sinn, daß wir darauf bestehen, es gibt bloß Ärger.« »Das spielt auch keine Rolle«, war Lübkes Antwort, »ich erzähle Ihnen hinterher sowieso genau, was ich ihm gesagt habe. Im übrigen weiß ich ja: Ich muß ihm vor allem erklären, daß die Engländer in die EWG eintreten müssen.«

Hinterher begleitete ich de Gaulle im Auto nach Köln. Während der Fahrt gab er mir, ohne daß ich ihn gefragt hätte, eine genaue Inhaltsangabe seiner Unterredung mit Lübke – ich fragte mich, warum ich eigentlich nicht hatte dabeisein dürfen. Er wollte wissen, warum der Herr Bundespräsident so auf dem Beitritt Englands insistiert habe. Ich versuchte es ihm in militärischen Begriffen zu erklären und sagte: »Herr Präsident, darf ich zu Ihnen sprechen als Rittmeister zum General? Wir wissen, wie gut die französische Armee ist, aber die Bundeswehr und Ihre Armee zusammen sind dennoch ohne amerikanische und auch englische Unterstützung nicht in der Lage, einem Druck aus dem Osten standzuhalten.« Da sagte er: »Ja, wenn das die Meinung aller Deutschen ist, dann muß ich ja meine Politik ändern.« Dazu kam es aber nicht, weil Adenauer ihn nicht zu einem Kurswechsel drängte.

De Gaulle suchte während seines Aufenthaltes ganz bewußt seine Popularität bei der deutschen Bevölkerung zu erhöhen, und er galt auch als populär. Er hatte einen Sinn für Publicity und wußte, was er seinem Publikum schuldete. Er kämpfte sozusagen um die Seele der Deutschen. Ich sagte damals: Wenn morgen der Kaiser von Europa gekürt werden würde, dann würde de Gaulle von der Mehrheit der Deutschen gewählt werden. Die Bevölkerung war begeistert, daß er auf die Menschen zuging. In Köln durchbrach er sämtliche Sicherheitsvorkehrungen und unterhielt sich mit den Leuten mit dem wenigen Deutsch, das er konnte. Auch die Arbeiter des Thyssen-Stahlwerkes konnte er für sich gewinnen. Er hatte darum gebeten, ein großes Stahlwerk zu besichtigen. Wir hatten anfangs Bedenken: Was können die Arbeiter denn mit de Gaulle anfangen? Doch es wurde ein großer Erfolg, seine Persönlichkeit wirkte außerordentlich. Als wir eine Fahrt mit dem Rheindampfer nach Düsseldorf unternahmen, säumten Hunderttausende die Ufer, und wenn andere Schiffe passierten, dippten sie die Flagge, und die Passagiere jubelten ihm zu. De Gaulle ließ sein Essen unberührt. »Ich kann jetzt nicht essen, ich muß die Leute wiedergrüßen.« Die ganze Zeit stand er an Bord und winkte zurück.

Für Autofahrten hatte de Gaulle einen offenen Wagen verlangt, denn er wollte auch durch die Straßen stehend fahren, um sich den Menschen zu zeigen. Als wir in Düsseldorf ankamen, goß es in Strömen, das Verdeck seines Cabriolets war geschlossen worden. Wir mußten von der Anlegestelle zum Sitz des Ministerpräsidenten von Nordrhein-Westfalen fahren. Viele Leute standen zur Begrüßung da, mit Regenschirmen und Mänteln. De Gaulle sah seinen geschlossenen Wagen: »Öffnen Sie bitte das Verdeck! Die Leute stehen im Regen, dann steht der General de Gaulle auch im Regen.« Dann fuhr er im Zwanzig-Kilometer-Tempo zu Ministerpräsident Franz Meyers, kam dort an wie eine gebadete Katze und bat: »Herr Ministerpräsident, darf ich mich umziehen, so bin ich kein schöner Anblick.«

In Bayern beeindruckte de Gaulle die Bevölkerung, indem er in München am Ehrenmal für die Gefallenen einen Kranz niederlegte und sich mit Kriegsversehrten unterhielt, die in ihren Rollstühlen gekommen waren, um den französischen General zu sehen. Er wohnte während seines Münchener Aufenthaltes in der wiederaufgebauten Residenz. Ministerpräsident Ehard, der von 1960 bis Ende 1962 noch einmal an der Spitze der bayerischen Regierung stand, gab ein Abendessen zu Ehren de Gaulles, bei dem der Kardinal von München und Herzog Albrecht von Bayern, der Chef des Hauses Wittelsbach, anwesend waren. De Gaulle begann seine Rede mit den

Worten: »Monseigneur, Éminence, Herr Ministerpräsident!« Herzog Albrecht, der »Monseigneur«, war für de Gaulle der erste in der Rangfolge. Auch den Kardinal, der protokollarisch als »prince du sang royal« gilt, sprach er vor dem Ministerpräsidenten an. Das entsprach dem Denken des französischen Staatspräsidenten.

Im selben Jahr 1962 verlangte de Gaulle die Ablösung Hans Speidels vom Posten des Oberbefehlshabers der NATO-Landstreitkräfte in Mitteleuropa. Der Grund für diese Forderung war der Titel, den General Speidel seinem Buch gegeben hatte: »Die Invasion«. Für de Gaulle stellte das eine Beleidigung dar, denn für ihn war der deutsche Frankreichfeldzug 1940 die Invasion, die Landung der Alliierten in der Normandie 1944 dagegen der Auftakt zur Befreiung seines Vaterlandes. Er lud Speidel, dessen Hauptquartier in Fontainebleau in der Nähe von Paris lag, nicht mehr zu offiziellen Veranstaltungen ein und schnitt ihn bei Begegnungen in der Öffentlichkeit. Bundespräsident Lübke und ich waren uns einig, daß ein deutscher General nicht auf Verlangen eines ausländischen Staates abgelöst werden dürfe. In diesem Falle um so weniger, als General Speidel, Rommels Stabschef in Frankreich, eine bedeutende Rolle im militärischen Widerstand gespielt hatte und nach dem 20. Juli 1944 verhaftet worden war. Ich fuhr zweimal nach Paris, um mich mit ihm zu treffen. Bei der einen Gelegenheit gab Speidel einen großen Empfang, bei dem ich durch meine Anwesenheit als Chef des Bundespräsidialamtes allen Gästen zu verstehen gab, daß Lübke Speidel nicht abberufen werde. Er blieb noch ein halbes Jahr in Frankreich und erhielt dann, obwohl er die Altersgrenze erreicht hatte, noch eine Aufgabe im Rahmen der Bundeswehr.

Wilhelmine Lübke

Lübkes Frau Wilhelmine hatte ebensoviel Herz wie ihr Mann und einen wunderbaren Humor – genau die richtige Lehrerin für Schulausflüge, um Streiche auszuhecken, sagte meine Frau immer. Sie übernahm, wie vor ihr Elly Heuss-Knapp, eine Fülle karitativer Aufgaben. Unter anderem rief sie zur »Aktion Gemeinsinn« auf, mit der die Personalknappheit in Krankenhäusern und Pflegeheimen durch freiwillige Mitarbeit gelindert werden sollte. Sie setzte sich für das Müttergenesungswerk ein, das Elly Heuss begründet hatte, und rief zusammen mit ihrem Mann die »Deutsche Altershilfe« ins Leben. Solche gemeinnützigen Tätigkeiten waren für sie keine auferlegte Pflicht, die sie nur erfüllte, weil ihre Vorgängerin als First Lady diese Tradition begründet hatte, sie entsprachen vielmehr ihrem hilfsbereiten Wesen und ihrem Interesse für soziale Fragen.

Wilhelmine Lübke zeigte sich an allem, was in ihrer Zeit vorging, außerordentlich interessiert. Sie hatte als Lehrerin unterrichtet und zeigte selber große Lernbereitschaft. Obwohl sie fast zehn Jahre älter war, begleitete sie ihren Mann auf allen seinen Auslandsreisen und lernte dafür noch mehrere Sprachen, neben Englisch und Französisch auch Italienisch und Spanisch. Nur die moderne Literatur lag ihr nicht. Ich besinne mich auf eine Unterhaltung mit ihr über Günter Grass, den sie ablehnte und »für die Jugend ungeeignet« hielt, während ich dagegen argumentierte, daß Grass ohne Zweifel ein sprachgewaltiger Schriftsteller sei, der aus der modernen Literaturlandschaft nicht wegzudenken sei. In diesen Fragen war sie ein bißchen altmodisch.

Für das sozialpolitische Engagement des Ehepaars Lübke spricht die folgende Begebenheit. Der Bundespräsident hat das Recht, Persönlichkeiten für die Verleihung des Friedensnobelpreises vorzuschlagen. Lübke machte von diesem Recht Gebrauch, indem er Hermann Gmeiner, den Begründer der SOS-Kinderdörfer, empfahl. Er fand damit jedoch nicht genügend Anklang. Der Vorschlag hatte eine Vorgeschichte, die auf ein Erlebnis meiner Frau zurückgeht. Im April 1953 besuchte meine Frau das erste SOS-Kinderdorf in Imst/Tirol und lernte dort auch Gmeiner kennen. Er erzählte ihr, wie er zu dieser Gründung gekommen war. Im Krieg war er in russische Gefangenschaft geraten und sollte zusammen mit einer Reihe von Kameraden erschossen werden. Mehrere Gefangene waren bereits unter den Kugeln des Erschießungskommandos gefallen, als unverhofft von irgendwoher Kinder auftauchten und dazwischensprangen. Die Russen brachten es nicht über sich, die Exekution fortzusetzen. Hermann Gmeiner konnte entfliehen und überlebte den Krieg. In seinen Heimatort Imst zurückgekehrt, beschloß er, sein weiteres Leben den Kindern zu widmen, und begann mit dem Bau des Kinderdorfes. Meine Frau war tief beeindruckt und veranlaßte einen holländischen Journalisten, über Gmeiners Projekt in der Bundesrepublik zu berichten. Das geschah in der Illustrierten »Quick« in einer Ausgabe, die große Verbreitung fand. Seither wurde die Idee der SOS-Kinderdörfer auch in unserem Land aufgenommen, das erste deutsche Dorf konnte in Dießen am Ammersee eröffnet werden. Während des erwähnten Staatsbesuchs in Österreich besuchte Wilhelmine Lübke zusammen mit meiner Frau das Kinderdorf in Hinterbrühl bei Wien. Frau Lübke überzeugte sich davon, wie segensreich sich Hermann Gmeiners Tätigkeit auswirkte, und hielt seine Verdienste für so hervorragend, daß sie mit dem Friedensnobelpreis gewürdigt werden sollten. Als Botschafter in Italien besuchte ich einige Jahre danach das SOS-Kinderdorf in Ossuni, wo sich zufällig Hermann Gmeiner gerade aufhielt, und konnte mich mit eigenen Augen überzeugen, daß Lübkes Vorschlag für den Nobelpreis seine volle Berechtigung hatte.

Der Bundespräsident legte großen Wert darauf, nicht den Eindruck entstehen zu lassen, er könnte in seinen Handlungen und Meinungen von seiner Frau beeinflußt worden sein. Als ich ihm einmal Vortrag hielt, unterbrach er mich mit den Worten: »Das hat Ihnen wohl meine Frau gesagt?« Ich erwiderte: »Nein, Herr Bundespräsident, das ist nicht der Fall, es ist meine eigene Idee.« Auf Ratschläge reagierte er allgemein etwas empfindlich. Das hatte zur Folge, daß ich ihm nicht in dem Maße bei seiner Amtsführung helfen konnte wie früheren Vorgesetzten. Ich versuchte zum Beispiel, ihn davon abzubringen, bei zu vielen Gelegenheiten Reden zu halten. Er wollte aber bei der Eröffnung von Kongressen und Tagungen nicht nur anwesend sein, sondern selbst sprechen. Die Reden, die ihm geschrieben wurden, waren in Ordnung. Kritisch wurde es nur, wenn Lübke während des Vortrags von seinem Manuskript abwich. Dann geriet er in Schwierigkeiten oder sagte Banalitäten. Bei einem Liebesmahl des Ostasiatischen Vereins in Hamburg war für ihn eine gute Rede vorbereitet worden. Doch bei der Fahrt vom Bahnhof zum Hotel Atlantic hatte ihn der Präsident des Vereins, Dr. Hans Wuttke, gebeten, er möge von seinen beiden Reisen nach Fernost berichten. Im Konzept war nur von einer Reise die Rede. Lübke wich vom Text ab und kam improvisierend zu solchen Gemeinplätzen wie: »Indonesien besteht aus vielen Inseln, die alle vom Meer umspült werden.« Ich saß zusammen mit einigen Abgeordneten, die mich dann ironisch beglückwünschten: »Es ist doch gut, Herr Staatssekretär, daß Sie immer so sorgfältig an den Reden des Herrn Bundespräsidenten mitarbeiten.« Dieses Festmahl – es fand am 13. März 1964 statt – war der erste Anlaß, der mir das Gefühl gab, daß Lübkes Kräfte nachließen und eine zweite Amtsperiode nicht gut für ihn wäre.

Lübkes zweite Amtsperiode – Mein Abschied als Staatssekretär

Als ich im Herbst 1961 meinen Dienst bei ihm antrat und wir über meine Tätigkeit sprachen, hatte mich Lübke ausdrücklich gebeten: »Sie müssen mich darauf aufmerksam machen, wenn der Fall eintreten sollte, daß ich nicht mehr in der Lage bin, mein Amt ordnungsgemäß zu führen. Man selber merkt ja oft leider nicht, wenn es soweit ist. Ich bin also auf Ihren guten Rat angewiesen, Sie sind mein erster Mitarbeiter, der es mir sagen muß.« Zur Zeit, als die Frage anstand, ob Heinrich Lübke für eine zweite Amtszeit kandidieren solle, war nach meiner Beobachtung die vom Bundespräsidenten selbst angesprochene Situation tatsächlich eingetreten. Seine körperlichen und geistigen Kräfte nahmen ab, und ich war der Auffassung, eine Wiederwahl sei weder für die Bundesrepublik noch für ihn persönlich von Vorteil. Seine Konstitution würde aller Wahrscheinlichkeit nach so schwach werden, daß er vorzeitig zurücktreten müßte. Auch würde sein Ruf leiden, wenn er seinen Verpflichtungen nicht mehr mit der geistigen Frische nachkommen könnte, die das Amt des Bundespräsidenten erfordert.

Ich sprach meine Bedenken in einem kleinen Kreis von Personen aus, die es anging, ließ aber ansonsten natürlich meine Meinung nirgendwo verlauten. Dann machte ich einen Fehler. Lübke ging im Sommer 1964 zur Kur nach Kissingen. Er fuhr allein, nur mit seinem Fahrer und seinem Polizeioffizier. Ich versäumte es, ihm einen Beamten des Präsidialamtes mitzugeben, so daß wir in Bonn nicht wußten, was Lübke in Kissingen unternahm. Ein Bundespräsident muß eigentlich immer eine Begleitung dabeihaben, auch im Urlaub, die ihm zu Hilfe kommen oder ihn von unerbetenen Besuchern abschirmen kann. Hinterher stellte sich heraus, daß Lübke in Kissingen mit Herbert Wehner zusammengetroffen war. Entweder hatte er ihn zu sich gebeten, oder Wehner war aus eigenem Antrieb gekommen, daß weiß ich nicht. Ebenso hatte Erich Mende, der Vorsitzende der FDP, Lübke aufgesucht. Mit beiden hatte der Bundespräsident über seine Wiederwahl gesprochen.

Es gab mehrere Gründe dafür, daß Lübke eine zweite Amtsperiode anstrebte. Zum einen wollte er aus eigener Kraft zum Staatsoberhaupt gewählt werden, nachdem er 1961 nur der Verlegenheitskandidat in der von Adenauer herbeigeführten Krise um die Nachfolge von Heuss gewesen war. Damals hatte Lübke der Pflicht gehorcht, jetzt wollte er selbst seine Wiederwahl betreiben. Zum anderen hing er seit längerem dem Gedanken einer Großen Koalition oder sogar einer Allparteienregierung an, weil er glaubte, daß die schwierigen Probleme der Bundesrepublik, zum Beispiel die Notstandsgesetze und die Deutschlandpolitik, nur von einer Regierung gelöst werden könnten, die über einen möglichst breiten Rückhalt verfügte. Wehner vertrat eine ähnliche Auffassung, er hatte nach der »Spiegel-Affäre« erstmals mit Abgeordneten der CDU/CSU über eine Große Koalition gesprochen und den Gedanken daran seither nicht aufgegeben. Folglich war es Wehner lieber, weiterhin Heinrich Lübke im Amt des Bundespräsidenten zu sehen als den CDU-Abgeordneten Heinrich Krone, dessen Kandidatur im Gespräch war.

Lübke hatte also seine erneute Nominierung mit Wehner und Mende abgesprochen, bevor er mit seiner eigenen Partei, der CDU, in dieser Frage Kontakt aufgenommen hatte. Er hat die CDU sozusagen überfahren, und es blieb ihr dann nichts anderes übrig, als sich für Lübke auszusprechen. Vielleicht hatte die CDU zu diesem Zeitpunkt keine Bedenken gegen Lübke, die Initiative aber ging von Wehner aus, der unter parteipolitischen Gesichtspunkten für die Wiederwahl Lübkes gesorgt hat. Er konnte aber sicherlich damals nicht wissen, daß dieser die zweiten fünf Jahre nur noch mit Mühe durchstehen würde.

Da ich mich vertraulich gegen Lübkes Wiederwahl ausgesprochen hatte, bat mich der Staatssekretär des Auswärtigen Amtes, Karl Carstens, zu sich und sprach mich darauf an, daß meine Haltung, so wie die Dinge nun lagen, nicht mehr zu billigen sei. Ich dankte ihm für die Warnung, die ich für einen Beweis wirklicher Freundschaft hielt, denn im allgemeinen sagen einem die Freunde nur Dinge, die man gerne hört, weisen aber nicht auf Probleme hin, die einem unangenehm sein könnten. Später – da amtierte Carstens schon als Staatssekretär im Bundeskanzleramt, nachdem die Große Koalition geschlossen war – gab er mir gegenüber zu: »Sie hatten damals recht.« Es hatte sich gezeigt, daß Lübke es nicht mehr schaffte. Die letzte Phase seiner Amtszeit war leider wirklich ein Trauerspiel.

Daß ich mich gegen seine Wiederwahl ausgesprochen hatte, wußte natürlich auch Lübke selbst. Er hatte zwei besondere Vertraute, mit denen er sich vorzugsweise beriet, das waren die Minister Lücke und Krone. Mit denen kam er zu dem Schluß, daß es wohl geraten sei, sich von seinem Staatssekretär zu trennen. Krone und Lücke hatten mich – diesen Eindruck gewann ich hinterher – wohl der Untreue gegenüber meinem Dienstherrn geziehen, der Felonie, wie man im Mittelalter die Verletzung der Treue des Lehnsmannes gegenüber dem Lehnsherrn nannte. Damals zog solche Untreue den Verlust des Lehens nach sich, für mich bedeutete es den Verlust meiner Stellung als Chef des Bundespräsidialamtes. Lübke verhielt sich in der Unterredung mit mir höchst anständig und bot mir an, mir einen Posten als Botschafter in einem Land auszusuchen, in dem ich gerne leben würde. Er wollte mich sofort gehen lassen, damit ich Zeit hätte, mich auf die neue Tätigkeit vorzubereiten. Ich dankte ihm, machte aber einen Gegenvorschlag: »Ich halte es für besser, wenn sie mich noch einige Monate ertragen, bis zu dem Augenblick, an dem ich einen Auslandsposten antrete. Würde ich sofort Ihre Dienste verlassen, ohne zugleich ins Ausland versetzt zu werden, dann würde in der Presse unvermeidlich die Frage gestellt werden: Was war los im Bundespräsidialamt? Hat es ein Zerwürfnis gegeben? Sie können versichert sein, daß ich kein Sterbenswörtchen sagen werde, aber dann würden Vermutungen angestellt. Daher wäre es nicht nur in meinem, sondern auch in Ihrem Interesse, Herr Bundespräsident, wenn ich noch bleibe, solange es nötig ist, um kein Aufsehen zu erregen.« Lübke ging auf meine Empfehlung ein; auch von seiner Seite wurde in der Folge nie ein Wort über die Angelegenheit verloren. Mein Nachfolger als Chef des Bundespräsidialamtes wurde dann Hans Berger.

Daß wir uns einvernehmlich trennten, geht auch daraus hervor, daß mich Lübke aus Rom zurückrufen ließ, als Königin Elisabeth und Prinz Philip im Mai 1965 die Bundesrepublik besuchten. Er wollte mich dabeihaben, da auf dem Botschafterposten in London gerade ein Wechsel vollzogen worden war. Hasso von Etzdorf trat im März 1965 in den Ruhestand, sein Nachfolger wurde Herbert Blankenhorn, den ich in Rom ablöste. Er konnte erst zwei Wochen vor dem Besuch sein Beglaubigungsschreiben überreichen. Um der Königin eine Begleitung von deutscher Seite zu geben, mit der sie vertraut war, schlug Lübke dem Auswärtigen Amt vor, mich nach Deutschland zurückkommen zu lassen. Er wies in seiner Begründung zusätzlich darauf hin, daß ich sowohl an den Trauerfeierlichkeiten für ihren Vater George VI. als auch bei ihrer Krönung 1953 als deutscher Vertreter teilgenommen hatte. Das Auswärtige Amt stimmte Lübkes Vorschlag zu. Botschafter von Etzdorf wurde mit seiner Frau der Königin und Prinz Philip als Ehrenbegleitung beigeordnet; ich selbst traf am 17. Mai in Bonn ein, um bei der Begrüßung anwesend zu sein. Da auch der neue Botschafter Blankenhorn entsprechend den damaligen deutschen Gepflogenheiten den königlichen Besuch begleitete, waren Elisabeth und der Herzog von Edinburgh von allen drei Botschaftern umgeben, die die Bundesrepublik in Großbritannien repräsentiert hatten. Im Hotel Petersburg überreichte mir die Königin ein silbernes Zigarettenetui mit ihren Initialien und brachte die Rede darauf, daß ich an entscheidenden Abschnitten ihres Lebens, dem Tod ihres Vaters und ihrer eigenen Thronbesteigung, zugegen gewesen sei. Beim Empfang des Bundespräsidenten auf Schloß Brühl fiel mir die Aufgabe zu, die deutschen Gäste vorzustellen, die besondere Beziehungen zu England hatten. Das ausgedehnte Besuchsprogramm führte durch acht Bundesländer einschließlich Berlins.

Zwischendurch mußte ich für einige Tage nach Rom zurück, wo ich erst am 1. April meinen Posten angetreten hatte. Am 27. Mai war ich erneut in Bonn und hatte mir meinen Spitznamen »Hin- und Herwarth« wieder einmal verdient. Ich kam gerade rechtzeitig, um mit Lübke im Sonderzug nach Hamburg zu fahren, wo die Königin und Prinz Philip verabschiedet werden sollten. Im Hafen von Hamburg lag die königliche Yacht »Britannia«, auf der die englischen Gäste am 28. abends die Heimreise antraten. Für mich war es eine besondere Ehre und Freude, auf der »Britannia« zum Abendessen geladen zu sein. Es ist eine seltene und nur wenigen vergönnte Gelegenheit, die königliche Yacht zu betreten. Nach der Verabschiedung beobachteten wir mit dem Bundespräsidenten das Auslaufen der »Britannia«, die von zwei Zerstörern der Bundesmarine eskortiert wurde – ein Anblick und ein Erlebnis, das mir unvergeßlich ist.

Ich sah Lübke auch später noch verschiedentlich, wenn ich aus Rom zur Berichterstattung nach Bonn kam. Bei einer dieser Gelegenheiten sagte er zu mir – und wenn er sehr ernst wurde, redete er einen mit dem Titel an –: »Herr Botschafter, ich habe noch oft daran gedacht, als Sie mir abrieten, eine zweite Amtszeit anzustreben. Sie haben recht gehabt, ich schaffe es nicht mehr.« Ein anderes Mal mußte ich miterleben, wie er vor Jugendlichen in der Villa Hammerschmidt sprach. Er hielt plötzlich mitten in der Rede inne, ließ das Manuskript sinken und meinte: »Jetzt kann ich nicht einmal mehr ablesen.« Es war wirklich eine Tragödie.

Zu Lübkes körperlichem und geistigem Verfall trug sicherlich bei, daß schon zu meiner Zeit gegen ihn Angriffe wegen seiner Tätigkeit während des Zweiten Weltkrieges gerichtet wurden. Es wurde behauptet, er habe als Mitarbeiter des Ingenieurbüros Schlempp, das für Rüstungsminister Speer dienstverpflichtet war, in der Heeresversuchsanstalt Peenemünde Baracken errichtet, in denen Zwangsarbeiter und KZ-Häftlinge untergebracht wurden. Das waren infame Anschuldigungen, die zuerst aus der DDR kamen, aber später auch in der Bundesrepublik aufgegriffen wurden. Man wollte ihn als »KZ-Baumeister« diffamieren. Lübke, der 1933 aus allen Ämtern entlassen worden war, zwanzig Monate lang in Plötzensee in Untersuchungshaft verbracht hatte und danach keine Arbeit fand, litt furchtbar unter diesen Anschuldigungen. Ich empfahl ihm, selbst keinerlei Stellung dazu zu nehmen, denn seine Weste war rein, und übernahm es, an seiner Statt die Vorwürfe zurückzuweisen. In meiner Eigenschaft als Staatssekretär konnte ich dies mit größerem Nachdruck und mehr Schärfe tun, als es ihm möglich gewesen wäre. Nach meinem Weggang machte Lübke dann den Fehler, selbst Erklärungen abzugeben, die zum Teil ungeschickt waren. Er wurde die Sache nicht mehr richtig los, die Verleumdungen verfolgten ihn bis zum Ende.

Lübke war sich dessen schon früh bewußt. Er sagte mir nicht nur einmal: »Wissen Sie, ich werde genauso zu Tode gehetzt wie seinerzeit Reichspräsident Ebert.« Ebert war vorgeworfen worden, er habe am Ende des Ersten Weltkrieges die Kampfkraft des deutschen Heeres untergraben, indem er zum Streik der Munitionsarbeiter in Berlin aufgerufen habe. Das war eine Kampagne der Rechtsradikalen gegen den Präsidenten des »Systems« von Weimar, das diesen Kreisen verhaßt war. In Wirklichkeit hatte sich Ebert erst nach längerem Zögern bereit erklärt, in die Streikleitung einzutreten, weil nur er in der Lage war, den Ausstand so rasch wie möglich zu beenden. Ebert strengte einen Prozeß wegen Beleidigung gegen die Verleumder an, der Ende 1924 in Magdeburg verhandelt wurde. In der Urteilsbegründung wurde argumentiert, daß er trotz seiner patriotischen Beweggründe vom strafrechtlichen Standpunkt aus durch die Beteiligung am Munitionsarbeiterstreik Landesverrat geübt habe. Dieser Spruch des Magdeburger Gerichts verletzte den Reichspräsidenten tief und war mit Sicherheit eine der Ursachen seiner Krankheit und seines frühen Todes im Jahre 1925. Lübke sah sich in einer ähnlichen Situation und zog immer wieder den Vergleich zum ersten Staatspräsidenten der deutschen Demokratie. Es scheint mir außer Zweifel zu stehen, daß die Kampagne gegen Lübke seine abnehmenden Kräfte zusätzlich schwächte.

BOTSCHAFTER IN ROM
1965 BIS 1969

Villa Wolkonsky und Villa Almone

Als ich 1965 nach Rom versetzt wurde, ging ein Traum meiner Jugend in Erfüllung. Ich hatte Jura studiert, meine Neigungen lagen aber auf dem Gebiet der Kunstgeschichte und Archäologie. Meine Mutter hatte mich von Jugend auf in Museen geführt, mich dabei nicht übermüdet und auf diese Weise klug mein Interesse geweckt. Die Liebe zu Italien habe ich wohl auch von meinem Vater geerbt. Er war am Ende des vorigen Jahrhunderts als Oberleutnant für einige Jahre zur Dienstleistung an die deutsche Botschaft am Quirinal beurlaubt worden, weil er mit dem Gedanken spielte, in den diplomatischen Dienst überzuwechseln. Dies geschah damals nicht selten. So war der spätere Botschafter in Madrid und Paris Graf Welczeck zunächst Garde-Kürassier.

Mein Vater erzählte oft und fesselnd von seiner römischen Zeit, die ein Höhepunkt seines Berufslebens gewesen war. Sein Botschafter war der spätere Reichskanzler von Bülow. Die Botschaft, der Palazzo Caffarelli, lag auf der Südhälfte des Kapitols. In der Nähe befanden sich das Deutsche Archäologische Institut, eine Gründung König Ludwigs I. von Bayern, die Deutsche Schule, das Deutsche Evangelische Krankenhaus und zeitweilig auch das Historische Institut – aus heutiger Sicht eine kaum zu fassende Ansammlung deutscher Institutionen im Herzen Roms in beherrschender Lage. Es war verständlich, daß die italienische Regierung nach dem Ersten Weltkrieg den deutschen Besitz auf dem historischen Boden des Kapitols erwerben wollte und auch ankaufte.

Der Palazzo Caffarelli wurde zum Teil abgerissen, zum Teil in das Konservatoren-Museum eingefügt. Bei Besuchen im Museum versäumte ich nicht, Freunde in einem bestimmten Saal darauf hinzuweisen, daß dies das Arbeitszimmer meines Vaters gewesen sei, wobei es sich aber um eine Vermutung handelte. Auch die frühere

Botschaftskapelle dient heute als Museumsraum. Eine kleine Tafel erinnert an die frühere Verwendung. Von einer Terrasse des Museums hat man noch heute einen einmaligen Blick auf das Forum und den Palatin. Auch der Garten mit seinen alten Bäumen, Terrassen und Brunnen ist noch erhalten. Oft werden auf der großen Terrasse bei gutem Wetter Empfänge gegeben. Im Licht der untergehenden Sonne erstrahlen Bäume und Mauerwerk in rötlichem Schimmer.

Während ich mich im Auto mühsam durch verstopfte und von Abgasen verpestete Straßen quälen mußte, fuhr mein Vater in seinem eigenen Pferdewagen über den Corso. Zu Pferde besuchte er die Via Appia Antica und die Reste der alten römischen Aquädukte. Am Wochenende spielte er nicht Golf, sondern nahm an Reitjagden teil. Als er in Rom eintraf und sich zum Dienstantritt meldete, riet ihm Botschafter Graf Bülow, einige Wochen lang durch Italien zu reisen. Dabei werde er Land und Leute kennenlernen und sich die notwendigen Sprachkenntnisse aneignen. Dann solle er sich wieder auf der Botschaft melden. Erst nach fast hundert Jahren folgt das Auswärtige Amt wieder diesem guten Beispiel und gibt seinen Beamten nach Möglichkeit ein bis zwei Monate Zeit, um die Sprache des Landes zu erlernen, in das sie entsandt werden.

In meiner diplomatischen Laufbahn war ich nur am Rande mit Italien in Berührung gekommen. Vor meiner Versetzung nach Moskau hatte ich mich vier Wochen bei meinem Kollegen Albrecht von Kessel aufgehalten, der Legationssekretär an der Vatikanbotschaft war. Von seiner an der Piazza del Popolo liegenden Wohnung aus durchstreifte ich Rom zu Fuß und mit der Straßenbahn. Die Botschaft am Quirinal war seit 1923 in der Villa Wolkonsky, einem Bau aus dem 19. Jahrhundert, untergebracht. Sie lag inmitten eines großen Parks mit bedeutenden Resten eines neronischen Aquäduktes. Im Gegensatz zu den klassischen römischen Gärten lag der Reiz des Parks in seiner Ursprünglichkeit. Botschafter war Karl von Schubert, der bis vor kurzem Staatssekretär des Auswärtigen Amtes gewesen war. Seine Frau war eine angeheiratete Tante Albrecht von Kessels. Der Vatikanbotschafter war mit der Schwester meines zukünftigen Botschafters in Moskau, Herbert von Dirksen, verheiratet. Ich wurde bemitleidet, weil ich demnächst in die »Verbannung« in das rätselhafte Moskau gehen mußte, und wurde dementsprechend verwöhnt. So wurde ich häufiger, als es einem kleinen Attaché zukam, in beide Botschaften eingeladen. Zu einem Diner, das Herr und Frau von Schubert für den britischen Außenminister Sir Austen Chamberlain und seine Frau und Tochter gaben, hatten sie mich, den diplomatischen Lehrling, eingeladen. Ich fühlte mich hoch geehrt. Es war ein unvergeßliches Erlebnis, einen der drei Väter des Locarno-Vertrages kennenzulernen, der mit Stresemann und Briand eng zusammengearbeitet hatte. Am nächsten Tage unternahmen Chamberlains reizende Tochter und ich einen Streifzug durch die Altstadt Roms.

Professor Ludwig Curtius, der berühmte Leiter des Archäologischen Instituts, wohnte auf dem Corso. Seine Wohnung diente als Treffpunkt für Gelehrte, Künstler und interessierte Rom-Besucher. Ein- bis zweimal im Monat empfing er bei sich zu Hause, ohne daß es einer besonderen Einladung bedurfte. Zu einem Abendessen bei ihm und seiner Frau gebeten zu sein galt als besondere Auszeichnung. Auch viele Jugendliche waren unter seinen Gästen.

Im Frühjahr 1938 erfolgte die zweite vierwöchige Bildungsreise nach Italien. Meine Frau und ich fuhren mit einem alten Zweitakter von München nach Sizilien und zurück. Elisabeth, die vor unserer Heirat oft Italien besucht hatte, sprach fließend Italienisch und war mir eine gute Fremdenführerin.

Als ich am 1. April 1965 als Botschafter in Rom eintraf, bildeten die Reisen von 1931 und 1938 eine gute Grundlage für meine Arbeit. Da ich bis zum 31. März Chef des Bundespräsidialamtes gewesen war, hatte ich wenig Zeit gehabt, mich auf meine neue Tätigkeit vorzubereiten. Aus zwei Besuchen von Adenauer in Rom und den Besuchen der italienischen Ministerpräsidenten de Gaspari und Moro in Deutschland hatten sich wichtige Kontakte mit maßgebenden italienischen Persönlichkeiten ergeben. Auch aus meiner früheren Tätigkeit als Protokollchef war ich den Italienern kein Unbekannter.

Noch am Vorabend des 31. März war ich bis Mitternacht Gast des britischen Botschafters in Bonn, Frank Roberts. Am 1. April vormittags traf ich in Rom ein, gewissermaßen als Aprilscherz, wie die Italiener bemerkten. Ich erwiderte lachend, der 1. April sei immerhin der Geburtstag des Reichskanzlers Fürst Bismarck, des Begründers des Deutschen Reiches, der für Deutschland die gleiche Bedeutung habe wie der piemontesische Ministerpräsident Graf Cavour für die Einigung Italiens.

Anders als bei meinem Amtsantritt in London erhielt ich vom Auswärtigen Amt keine vorherigen schriftlichen Instruktionen, obwohl ich darum gebeten hatte. Eine Instruktion wurde zwar entworfen, fand aber nicht die Billigung des damaligen Staatssekretärs Karl Carstens. Als ich mich von ihm verabschiedete, beruhigte er mich mit den Worten, eine Instruktion sei für mich nicht nötig, da mir aus meiner bisherigen Stellung alle außenpolitischen Probleme bestens bekannt seien. Zudem werde ich mich über Italien am besten selber informieren. Die einzige »Weisung« erhielt ich von Bundeskanzler Adenauer. Er bat mich, Außenminister Fanfani bei meinem Antrittsbesuch herzliche Grüße zu übermitteln und zu fragen, wann er ein Restaurant aufmachen würde. Adenauer war kein großer Freund Fanfanis und seiner Politik einer »Öffnung nach links«. Am liebsten hätte er es gesehen, wenn Fanfani, der wirklich ein ausgezeichneter Koch war, möglichst bald als Außenminister zurückgetreten wäre. Ich habe diese für Adenauer typische ironische Weisung natürlich nicht ausgeführt.

Zunächst haben wir entsetzlich gefroren. Der Winter war besonders hart gewesen. Noch der Februar hatte schwere Schneefälle gebracht, die an den Bäumen im Garten der Villa Almone, unserer Residenz, große Schäden angerichtet hatten. Man vergißt immer wieder, wie oft Italien, dieses sonnige Land des Südens, von schweren Unwettern und Naturkatastrophen heimgesucht wird.

Die Villa Almone liegt unmittelbar außerhalb der aurelianischen Mauer an der Porta Ardeatina in einem großen Garten, von dem aus man einen wunderbaren Blick auf die Via Appia Antica und die Albaner Berge hat. Reste der Appia Antica, die über das Grundstück verlief, sind heute noch sichtbar. Hinter dem Garten befindet sich seit Caesars Zeiten eine – noch heute genutzte – Müllhalde, auf der es, durch Selbstentzündung und durch das Verbrennen von Autoreifen, immer wieder zu Bränden kam. Wir fürchteten, daß das Feuer bei starkem Wind auf den Garten der Villa Almone überspringen würde. Meine Frau suchte bei einem Beamten des italienischen Landwirtschaftsministeriums, Cararomoda, Rat. Dieser ließ zunächst einen tiefen Graben ziehen, um das Überspringen eines Feuers zu verhindern. Dann schenkte er uns etwa 150 Bäume, die hinter dem Graben auf einem versteppten Teil des Gartens angepflanzt wurden. Bundesminister Höcherl stiftete 12 000 DM für die Neuanpflanzungen. Auf Bitten meiner Frau ließ unser Freund vom Landwirtschaftsministerium außerhalb des Botschaftsgeländes Platanen pflanzen. So wurde ein schattiger Parkplatz gewonnen.

Ein Wasserbecken im Garten der Residenz wäre sehr willkommen gewesen, nicht nur aus Gründen des Feuerschutzes, sondern auch, um die wochenlange, oft schwüle Hitze des Sommers besser zu überstehen. Es war jedoch in jenen Jahren fast unmöglich, für Rom die Mittel zum Bau eines Schwimmbeckens zu erhalten. Der Schweizer Kollege wußte Rat – aufgrund eigener Erfahrungen: »Beantragen Sie einen Feuerlöschteich«, riet er mir, »in dem Sie dann auch baden.« Nach zehn Jahren – ich war längst nicht mehr in Rom – wurde das Becken gebaut!

Leider ist es weder mir noch bisher meinen Nachfolgern gelungen, ein geeignetes Gebäude oder Grundstück für eine neue Botschaftskanzlei, eventuell auch Kanzlei und Residenz, zu finden. Das bisherige Kanzleigebäude, ein in den fünfziger Jahren erworbenes, nicht sehr schönes ehemaliges Mehrfamilienwohnhaus, an einer verkehrsreichen, lauten Straßenkreuzung im modernen Rom gelegen, ist seit langem zu klein geworden. Die Rechts- und Konsularabteilung mußte in einem gesonderten, zwanzig Gehminuten entfernt liegenden Gebäude untergebracht werden, was den Botschaftsbetrieb keineswegs erleichtert. Außerdem ist das Kanzleigebäude sechs Kilometer von der Residenz entfernt. Dies bedeutet bei dem chaotischen römischen Straßenverkehr für den Behördenchef eine große Belastung. Bei meinen vier Fahrten zwischen Kanzlei und Residenz – die Botschaft hatte damals, entsprechend den römischen Arbeitszeiten, noch eine zweieinhalbstündige Mittagspause – habe ich täglich zwischen eineinhalb und zwei Stunden im Auto verloren. Ich erinnerte mich wehmütig an meine Zeit als Botschafter in London, wo Residenz und Kanzlei im selben Gebäude untergebracht waren. Die Mittagspause war im Grunde keine Erleichterung, sie führte nur zu einem endlosen Arbeitstag. Sie war für viele der außerhalb wohnenden Botschaftsangehörigen zu kurz, um durch den dichten Stadtverkehr (und in den heißesten Stunden des Tages) nach Hause zu fahren. Sie war zu lang, um sie lediglich mit einem Essen in der Nähe der Botschaft auszufüllen. Auch zu Einkäufen konnte man die zweieinhalb Stunden nicht nutzen, weil alle römischen Geschäfte zwischen ein Uhr und vier Uhr nachmittags geschlossen sind. So bedeutete es für alle Mitarbeiter eine große Erleichterung, als die Botschaft, ebenso wie viele italienische Behörden, Banken und Ministerien, die durchgehende Arbeitszeit mit kurzer Mittagspause einführte.

Für mich galt es in Rom zunächst einmal, meine recht mangelhaften Sprachkenntnisse zu verbessern. Jeden Morgen hörte ich zweimal die Nachrichten des italienischen Rundfunks. Da die Meldungen der verschiedenen Rundfunkstationen sich inhaltlich mehr oder weniger deckten, verstand ich beim zweiten Durchlauf schon besser. Beim Frühstück auf der Terrasse gab mir meine Frau die erste Italienisch-Stunde. Im Büro erfolgte sogleich die zweite Sprachstunde bei der Übersetzerin der Botschaft, Frau Simonelli. Ich legte Wert darauf, meine offiziellen Gespräche im Außenministerium und mit anderen Gesprächspartnern auf Italienisch zu führen. So übte ich mit Frau Simonelli die Unterhaltung über das Thema, das ich bei meinem Besuch ansprechen wollte, so lange, bis ich mich einigermaßen sicher fühlte. Allerdings gab es, gerade auch im italienischen Außenministerium, Gesprächspartner, die die deutsche Sprache fließend beherrschten.

Bei meinem ersten Besuch in der Provinz, bei dem Präfekten von Bari, verdankte ich der Anwesenheit von Frau Simonelli eine interessante Erfahrung hinsichtlich der Stellung und Behandlung der Frau in Italien. Als Botschafter und Vorgesetzter betrat ich, entsprechend der deutschen Etikette, als erster das Zimmer des Präfekten, gefolgt von der Übersetzerin. Bei der Verabschiedung begleitete uns der Präfekt zur Tür und ließ Frau Simonelli ganz selbstverständlich voran- und als erste zur Tür hinausgehen. Im Beruf waren damals die Frauen in Italien noch in keiner Weise gleichgestellt, aber im gesellschaftlichen Bereich hatte eine Frau unter allen Umständen und ohne hierarchische Rücksichten den Vortritt.

Alte Freunde aus Moskau, Bonn und London

Eine gute Starthilfe in Rom waren die vielen Bekannten und Freunde aus früheren Jahren in Moskau, Bonn und London. Der Klub für gegenseitige Bewunderung, die »Society for mutual admiration«, wie wir unsere Freundschaften mit den jungen Kollegen anderer Botschaften in Moskau scherzhaft genannt hatten, bewährte sich auch in Rom und öffnete uns manche Türen. Meine italienischen Freunde aus der Moskauer Zeit, 1931 bis 1939, Bartolomeo Migone und Guido Relli, waren die ersten im Rom, die kamen, um uns zu begrüßen und uns ihre Hilfe anzubieten. Mit beiden hatte ich in Moskau enge Verbindung gehabt. Das diplomatische Korps in Moskau bestand ja damals nur aus 26 Missionen, die lange nicht so stark besetzt waren wie heute. Wir lebten wie auf einer Insel, auf den Kontakt untereinander angewiesen, da der Verkehr mit sowjetischen Staatsangehörigen sehr eingeschränkt war. So wurden in dieser Atmosphäre Freundschaften fürs Leben geschlossen. Im Sommer 1939 hatte ich die beiden italienischen Freunde laufend über die Verhandlungen zwischen Deutschland und der Sowjetunion, die schließlich zum Abschluß des sogenannten Hitler-Stalin-Paktes führten, unterrichtet. Während der Trauerfeierlichkeiten anläßlich des Todes des schwedischen Königs Gustav V. hatte ich bei Botschafter Migone in der italienischen Botschaft in Schweden gewohnt.

Baron Francesco Malfatti, der diplomatische Berater des Staatspräsidenten Saragat, war 1946 als italienischer Konsul nach München gekommen. Er hatte eine österreichische Mutter und sprach fließend Deutsch. Im italienischen Untergrund hatte er mit Nenni, dem Führer der Sozialistischen Partei, zusammengearbeitet. In München erklärte er mir bei seinem Antrittsbesuch in der Bayerischen Staatskanzlei, er habe den Auftrag, uns beim Wiederaufbau nach Kräften zu unterstützen. Seine Einflußmöglichkeiten seien nicht sehr groß, wir könnten aber auf ihn rechnen. Er werde uns auch aus innerer Überzeugung und aufgrund seiner Sympathie für Bayern und Deutschland jede nur mögliche Hilfe leisten. Als ich 1965 mein Beglaubigungsschreiben in Quirinal überreichte, sagte er mir erneut seine Unterstützung zu und bemerkte lächelnd, jetzt verfüge er über mehr Einfluß als damals in München. Wenn etwas Besonderes vorläge, werde er mich telefonisch unterrichten oder mich bitten, ihn aufzusuchen. Das waren keine leeren Versprechungen. Während der vier Jahre in Rom sahen wir uns regelmäßig.

Eine weitere wichtige Informationsquelle war für mich der Präsident der RAI, des italienischen Fernsehens, Botschafter Quaroni. Er war kurz vor mir als Legationssekretär in Moskau gewesen und hatte eine Russin geheiratet. Später war er Botschafter in Bonn und London. Alle Diplomaten, die in Moskau postiert gewesen waren, hielten zusammen, auch wenn sie nicht zur gleichen Zeit in der Sowjetunion gelebt hatten. Das nie erlöschende Interesse für die Entwicklung in der Sowjetunion wirkte als ein starkes Bindeglied und führte zu einer Art von Klub der Sachverständigen. Ich suchte Quaroni etwa zweimal im Monat in seinem Büro auf und machte mit ihm eine tour d'horizon. Als Präsident der RAI war er natürlich über alle Vorgänge der Innen- und Außenpolitik aus erster Quelle informiert. Was ich von Malfatti nicht erfuhr, erzählte mir Quaroni. Mit dessen alten Freunden war ich, was Informationen anlangte, gut plaziert und konnte mich als diplomatischer Hans im Glück fühlen.

Auch zu Ministerpräsident Aldo Moro hatte ich einen ausgezeichneten Draht. Luigi Cottafavi war sein stellvertretender Kabinettschef. In London war Cottafavi die rechte Hand des italienischen Botschafters Zoppi bei den Sitzungen des ständigen Rats der Westeuropäischen Union gewesen, in dem auch ich vertreten war. Cottafavi gehörte zu den jüngeren Diplomaten, mit denen ich mich gerne unterhielt und von denen ich mich oft auch beraten ließ. Seine Frau war geborene Österreicherin, eine Prinzessin Rohan. Cottafavi war begeisterter Bergsteiger und Skifahrer. Außerdienstlich trafen wir uns beim Skilaufen in Cervinia am Fuße des Matterhorns. Er besaß ein Gut in der Po-Ebene, wo ein ausgezeichneter Lambrusco gedieh.

Durch Cottafavis Vermittlung entwickelte sich bald ein ebenso freundschaftliches Verhältnis zu Moros Kabinettschef, Gian Franco Pompei, einem hochgebildeten Mann; er war Chef der Kulturabteilung gewesen. Während des Besuchs von Ministerpräsident Moro in Deutschland im Jahre 1964 zählten beide zu seiner Begleitung. Diese Reise diente zu einer weiteren Vertiefung unserer freundschaftlichen Beziehungen. Cottafavi beendete seine Karriere als stellvertretender Generalsekretär der UNO in Genf. Pompeis letzter Posten war die Botschaft beim Heiligen Stuhl. Nach seinem Ausscheiden war er Präsident der Dante-Alighieri-Gesellschaft. Ich hatte auch gute Verbindung zum Präsidenten der Banca d'Italia, Carli. Vor meiner Abreise nach Rom traf ich Bundesbankpräsident Karl Blessing. Ich hatte ihn in den dreißiger Jahren während meiner Moskauer Zeit als Direktor der Reichsbank und später als Generalreferenten im Vier-Jahres-Plan gelegentlich eines Besuches in Moskau kennengelernt. Blessing riet mir, möglichst bald nach meinem Eintreffen seinen Freund Carli aufzusuchen. Die Unterhaltung mit ihm lohne sich, er sei einer der einflußreichsten Männer Italiens. Er habe durch seine gute Geldpolitik das italienische Wirtschaftswunder ermöglicht. Blessing gab mir ein Empfehlungsschreiben mit. Als ich Carli aufsuchte, war er zunächst erstaunt, weil Botschafter ihn im allgemeinen nicht besuchten. Hinter seinem Schreibtisch hing ein altes Gemälde mit der Darstellung des heiligen Sebastian. Ich fragte ihn, warum er gerade dieses Gemälde mit einer Darstellung der Leidensgeschichte des Heiligen ausgewählt habe. Sebastian, Hauptmann unter Kaiser Diokletian, hatte sich geweigert, seinem christlichen Glauben abzuschwören. Er wurde an einen Baum gebunden, und Bogenschützen durchbohrten seinen Körper mit Pfeilen. Carli sagte, er habe ein ähnliches Schicksal wie der Heilige. Die Gegner seiner Geldpolitik versuchten immer wieder, ihn von seinem harten Kurs abzubringen und zu bewegen, seinen Grundsätzen einer gesunden Währungspolitik abzuschwören. Wenn er ihrem Drängen nicht nachgäbe, versuchten sie ihn mit allen Mitteln abzuschießen.

Auch im diplomatischen Korps traf ich gute alte Bekannte wieder. Die Botschafter Englands und Frankreichs, Ward und Bérard, waren beide in Bonn auf Posten gewesen. Armand Bérard hatte als Stellvertretender Hochkommissar unter François-Poncet die Jahre des Aufbaus in Bonn miterlebt und gefördert. Er hatte Germanistik studiert und war neben seinen vorzüglichen deutschen Sprachkenntnissen ein hervorragender Kenner Deutschlands. Groß von Wuchs, aufrecht in seiner Haltung, als ob er einen Ladestock verschluckt hätte, machte er zunächst den Eindruck eines etwas pedantischen deutschen Professors oder Beamten. Dieser erste Eindruck täuschte. Bei näherer Bekanntschaft entpuppte er sich ebenso wie seine Frau Isabelle, eine schöne Bretonin, als ein warmherziger Mensch, der regen Anteil an den Sorgen und Freuden seiner deutschen Freunde nahm. Wie für viele alliierte Offiziere und Beamte war Deutschland für ihn zu einer Art von zweitem Vaterland geworden. Auch nach ihrem Fortgang verfolgten sie die Entwicklung in Deutschland mit Aufmerksamkeit und Sympathie.

Sir John Ward erinnerte sich ebenfalls gern an die Bonner Tage. Als älterer Kollege gab er mir manch guten Rat. Einen seiner Ratschläge habe ich besonders gern befolgt: möglichst oft Rom zu verlassen und in die Provinz zu fahren. Rom sei viel weniger als London und vor allem Paris ein Querschnitt des Landes. Erst in der Provinz würde ich die Italiener wirklich kennenlernen. Mein Vorgänger Blankenhorn hatte mir schon den gleichen Rat gegeben. Bedingt durch die Geschichte, seien die Unterschiede zwischen Süd- und Norditalien, ja schon zwischen einzelnen Städten, die auf eine glorreiche Geschichte zurückblickten, weit größer und tiefer als in anderen europäischen Staaten.

Ward residierte in der Villa Wolkonsky, die bis 1945 deutsche Botschaft gewesen war. Als ich ihm meinen Antrittsbesuch machte, konnte ich ein wehmütiges Gefühl nicht unterdrücken. Erinnerungen an meinen ersten Besuch in Rom 1931 wurden wach. Ward erriet wohl meine Gefühle und versuchte mich unter Hinweis auf die vielen Nachteile der alten und unwirtschaftlichen Gebäude zu trösten. Nach drei Jahren bot die britische Regierung uns die Villa Wolkonsky zum Kauf an. Der Nachfolger Wards, Sir Evelyn Shuckburgh, riet mir freundschaftlich ab, auf das Angebot einzugehen. Die Bewirtschaftung der Villa erfordere außerordentlich viel Personal. Infolge des stetig steigenden Verkehrs in Rom sei das Gebäude nur schwer erreichbar. Shuckburgh war in den fünfziger Jahren Privatsekretär des britischen Außenministers Eden gewesen. Bei Begegnungen zwischen Adenauer und Eden hatten wir als Gehilfen der hohen Herren zusammengearbeitet und uns angefreundet. Unsere gute Zusammenarbeit setzte sich in Rom fort. 1968/69 bemühte sich die Bundesrepublik, die Italiener zur Annahme des PAL-Systems für das Farbfernsehen zu gewinnen, während die Franzosen mit allen Mitteln versuchten, ihr SECAM-System zu verkaufen. Shuckburgh und ich fanden, daß die Franzosen unter dem Motto »Der Zweck heiligt die Mittel« zu weit gingen. So bildeten wir eine gemeinsame Abwehrfront, die auch zum Erfolg führte.

Der Botschafter der Vereinigten Staaten im Rom, Frederick Reinhardt, war nach meinem Weggang aus Moskau an die dortige amerikanische Botschaft versetzt worden. Als ich einmal als Offizier in Moskau auf Urlaub war, hatte ich ihn durch meine alten amerikanischen Freunde kennengelernt. Nach Kriegsende war er in Heidelberg beim Oberkommando der US-Armee, zur gleichen Zeit, als ich in Wiesbaden bei einer amerikanischen historischen Kommission arbeitete. Reinhardt kam damals öfters nach Wiesbaden. Wir hatten uns viel zu erzählen. Er hatte den Kriegsausbruch in Moskau erlebt und war mit der Botschaft nach Kuibyschew (Samara) evakuiert worden, als ich mit meinem Regiment in zügigem Vorgehen auf Moskau war. Während wir in Wiesbaden über unsere Erfahrungen in Moskau sprachen, meinte auch Reinhardt wie die anderen alten Moskauer Freunde: »Es läßt uns nicht los, wir werden uns immer mit der Entwicklung in der Sowjetunion beschäftigen.« Dies geschah dann auch später in Rom. Reinhardt war aber zugleich ein ausgezeichneter Mentor und Gesprächspartner, was Italien anbelangte. Die amerikanische Botschaft spielte seit Ende des Krieges in Italien die erste Geige. Bis zum Ausbruch des Zweiten Weltkrieges war die italienische Politik schon allein wegen der geographischen Lage Italiens mit seinen langen Mittelmeerküsten auf Großbritannien ausgerichtet gewesen. Nach dem Zweiten Weltkrieg haben die Vereinigten Staaten England von dieser Stelle verdrängt.

Leider wurde Reinhardt nach dem Besuch von Präsident Johnson in Rom im Jahre 1968 von einem Tag auf den anderen abberufen. Johnson war mit der Absicht nach Rom gekommen, nur den Papst zu besuchen. Reinhardt bestand mit Recht darauf, daß der Präsident auch dem italienischen Staatspräsidenten und der italienischen Regierung seine Aufwartung machen müßte. Nach einer heftigen Diskussion gab Johnson schließlich nach. Aus Verärgerung über die Unnachgiebigkeit seines Botschafters entließ er ihn jedoch. Dies bedeutete das Ende von Reinhardts diplomatischer Karriere. Die Regierung in Rom, bei der Reinhardt in hohem Ansehen stand, war verstimmt, denn die dramatische Auseinandersetzung zwischen dem Präsidenten und seinem Botschafter war auch ihr zu Ohren gekommen. Die Freunde Reinhardts – und ihre Zahl war groß – waren empört über Johnson und hatten kein Verständnis für sein Verhalten.

Im Außenministerium traf ich als Generalsekretär Botschafter Cattani. Er war einer der Architekten der Europäischen Gemeinschaft, der eng mit Staatssekretär Hallstein, dem späteren Präsidenten der EWG, zusammengearbeitet hatte. Hallstein hatte mir ein Empfehlungsschreiben an ihn mitgegeben. Leider schied er bald aus dem diplomatischen Dienst aus, um eine leitende Stellung bei dem großen italienischen Konzern Olivetti zu übernehmen.

Wie immer waren die Beziehungen zur österreichischen Botschaft besonders eng und herzlich. Der österreichische Botschafter Baron Löwenthal war mit der Tochter des deutschen Gesandten in Argentinien, Freiherr von dem Bussche, verheiratet. Löwenthal war ein begeisterter Wanderer. Wenn er nur irgend konnte, durchstreifte er die Umgebung Roms zu Fuß. Mein Nachfolger Rolf Lahr teilte seine Leidenschaft und schloß sich ihm auf seinen Wanderungen an. Ich war in meiner Gymnasialzeit Altwandervogel gewesen, zog es aber in Rom vor, mit den jüngeren Mitgliedern der Botschaft die weitere Umgebung Roms im Auto zu erforschen.

Der österreichische Botschaftsrat Baron Fröhlichstal war ebenso wie sein Chef eine gute Informationsquelle für die zwischen Italien und Österreich schwebenden jahrelangen Verhandlungen über Südtirol. In der zweiten Hälfte der fünfziger Jahre ereignete sich eine Kette von Sprengstoffattentaten, verübt von radikalen Südtiroler Gewalttätern, denen öfters auch Carabinieri zum Opfer fielen. In dieser Zeit hielt ich es für weise, Südtirol zu meiden. Dies fiel mir schwer, weil ich schon von Jugend auf die Landschaft und die Menschen in Südtirol liebte. Vor dem Ersten Weltkrieg, als Südtirol noch zur Doppelmonarchie gehörte, war ich, noch ein Kind, mit meinem Großvater in Meran gewesen. Ich erinnere mich noch deutlich, wie mein Großvater auf der Promenade plötzlich zur Seite trat, seinen Hut zog und sich vor dem alten Kaiser Franz Joseph verbeugte. Der Kaiser sprach meinen Großvater an, in dem er zu Recht einen alten Offizier vermutete. An die Worte, die gewechselt wurden, kann ich mich nicht erinnern. Unvergeßlich ist mir aber, daß der alte Kaiser auch mir die Hand gab.

Von allen Gebietsabtretungen nach dem Ersten Weltkrieg empfand ich den Verlust des urdeutschen Südtirol am schmerzlichsten. Wann immer ich zwischen den Weltkriegen nach Südtirol kam, war ich ärgerlich, daß in den Behörden nur italienisch gesprochen wurde und daß die deutschen Ortsnamen beseitigt und durch italienische ersetzt worden waren. Nur einmal bin ich als Botschafter in Rom aus meiner Zurückhaltung in Sachen Südtirol herausgetreten, als nämlich die Lancia-Automobilwerke in Bozen zum Verkauf standen. Ich versuchte, die großen deutschen Automobilhersteller an einer Übernahme zu interessieren, weil die Lancia-Werke in deutscher Hand sicherlich zu einer Stärkung der deutschsprachigen Volksgruppe geführt hätten. Doch ich stellte mit Bedauern fest, daß die deutsche Industrie nicht bereit war, sich zu engagieren.

Die italienische Polizei beobachtete mit besonderer Aufmerksamkeit die Besuche deutscher Politiker in Südtirol. Bei meinen Vorsprachen im Außenministerium wurde ich laufend über diese Besuche unterrichtet, ohne daß dagegen protestiert wurde. Ein regelmäßiger Besucher war der Bundesminister für Justiz, Ewald Bucher (FDP). Die Italiener hatten seine Gespräche abgehört und seine sämtlichen Südtiroler Gesprächspartner aktenkundig gemacht. Auch die regelmäßigen Ausflüge der CSU wurden genau registriert.

Mit der Berichterstattung über Südtirol war das Generalkonsulat in Mailand beauftragt. Die Botschaft sollte sich aus der Südtirol-Frage heraushalten, die nur Österreich direkt betraf.

Prinz Johannes Schwarzenberg, mein Kollege und naher Freund in London, wurde auf eigenen Wunsch österreichischer Botschafter am Heiligen Stuhl. Er hatte guten Grund, den sicherlich wichtigeren Posten in London mit der Vatikanbotschaft zu vertauschen. Er hatte sich ein Gut in der Toskana gekauft, um seinen Lebensabend dort zu verbringen. Nach seiner Pensionierung wurde er Botschafter des Souveränen Malteser Ordens bei der italienischen Regierung – ein kluger Abschluß seiner Laufbahn, der es ihm ermöglichte, zwischen Rom und seinem Landsitz zu pendeln und den schwierigen Übergang vom aktiven Leben in den Ruhestand allmählich zu vollziehen. Vor London war Schwarzenberg schon einmal in Rom als Botschafter bei der italienischen Regierung gewesen. Wie nur wenige kannte er die Italiener und die oft nicht leicht zu verstehenden, verschlungenen Wege der italienischen Politik. Die Unterhaltung mit diesem geistreichen, historisch hochgebildeten Freund war stets anregend und lehrreich zugleich.

Während ich in London die Vertreter der Ostblockstaaten nur bei offiziellen Veranstaltungen getroffen hatte, war die Situation in Rom ganz anders, da sich das Ende der Hallstein-Doktrin schon abzeichnete. Meine Beziehungen zu einigen Ostbotschaftern waren dementsprechend gelockert und begannen sich zu normalisieren. So suchte ich den polnischen Botschafter Willman auf und bat ihn, für einen meiner Bekannten die Ausreisegenehmigung aus Polen zu erwirken.

In meinem Gespräch erwähnte ich auch die erfolgreichen Bemühungen meines Botschafters in Moskau, Graf von der Schulenburg, nach 1939 vielen seiner polnischen Freunde sowohl aus den von Deutschland als auch den von der Sowjetunion besetzten polnischen Gebieten die Ausreise zu ermöglichen. Willman erklärte sich sogleich bereit, meine Bitte befürwortend nach Warschau weiterzuleiten. Als er mir nach wenigen Wochen mitteilte, daß mein Bekannter ausreisen könne, war ich ihm von Herzen dankbar, um so mehr, als er während der deutschen Besetzung Polens schwere Zeiten erlebt hatte.

Der rumänische Botschafter Burtica nahm Verbindung mit mir auf, um die Möglichkeit der Aufnahme diplomatischer Beziehungen zwischen unser beider Ländern zu sondieren. Wir trafen uns alle zwei, drei Monate in einem Restaurant. Er erläuterte mir die Verhältnisse in Rumänien und die Auffassung seiner Regierung zu außenpolitischen Fragen. Ich tat das gleiche. Keiner versuchte, den anderen zu überzeugen. Wir beschränkten uns auf die gegenseitige Unterrichtung.

In London hatten sich meine Beziehungen zum sowjetischen Botschafter auf den Austausch der üblichen Antritts- und Gegenbesuche sowie die Teilnahme am Nationalfeiertag beschränkt. Bei diesen Gelegenheiten kam es zu keinen vertieften Gesprächen. Der sowjetische Botschafter in Rom, Ryjow, wurde dagegen ein echter Gesprächspartner. Er war ein Freund des damaligen Ministerpräsidenten Kossygin und hatte wie dieser seine Karriere in der Wissenschaft gemacht. Seiner Ansicht nach würde sich das deutsch-sowjetische Verhältnis nur allmählich verbessern. Man müsse mit viel Geduld vorgehen. Es sei zweckmäßig, zunächst mit einem Ausbau der wirtschaftlichen Beziehungen zu beginnen. Der wirtschaftlichen Annäherung werde dann die politische folgen.

Auch in Italien habe ich an meiner in England bewährten Gewohnheit festgehalten, meine Gespräche im Außenministerium in erster Linie mit den zuständigen Beamten zu führen und nur in Ausnahmefällen den Minister selbst und seinen parlamentarischen Vertreter aufzusuchen. Dies war schon deshalb zweckmäßig und stellte die Kontinuität der Kontakte sicher, weil ich es in meinen vier Jahren in Rom mit mehreren Außenministern zu tun hatte, zunächst mit Fanfani, dann mit Medici und Nenni.

Meine Hauptgesprächspartner waren der Generalsekretär des Außenministeriums Ortona und der Leiter der politischen Abteilung Roberto Gaja. Beide sprachen gut Deutsch und waren mit den deutsch-italienischen Beziehungen aus früheren Tätigkeiten vertraut. Ortona hatte sich, als er in Washington auf Posten war, mit meinem Freund Albrecht von Kessel angefreundet, der ihn mir wärmstens empfahl. Leider blieb Ortona nicht lange in Rom, sondern kehrte als Botschafter nach Washington zurück. Gaja suchte ich regelmäßig, fast jede Woche, auf und machte mit ihm eine *tour d'horizon*. Anfangs verhielt er sich distanziert und überkorrekt mir gegenüber. Er redete mich mit Exzellenz oder mit Herr Botschafter an. Ich war verwundert und konnte mir seine Einstellung nicht erklären. Malfatti klärte mich dann auf. Ich sei inzwischen seit London zehn Jahre älter geworden. Gaja erwarte daher mit Recht von dem älteren Botschafter und früheren Staatssekretär, daß ich ihn mit Vornamen anreden und auch duzen würde. Ich folgte diesem Rat und konnte feststellen, daß unsere Unterhaltungen in Form und Inhalt lockerer wurden. Eine Barriere war gefallen.

Die Arbeit mit dem italienischen Außenministerium gestaltete sich ebenso eng und freundschaftlich wie in England mit dem Foreign Office. Die bilateralen Beziehungen waren problemlos. In der Europa- und Weltpolitik galt es, sich abzustimmen und die gegenseitigen Standpunkte kennenzulernen. Schon aufgrund der geographischen Lage galt das besondere Interesse dem Mittelmeerraum. Außenministerium, Universitäten und Institute beschäftigten sich von jeher intensiv mit den Problemen des Vorderen Orients. Es lohnte sich daher, aus diesen besonderen Kenntnissen der Italiener Nutzen zu ziehen.

Harold Nicolson hat in seinem berühmten Buch über die Diplomatie den italienischen Diplomaten keine guten Noten erteilt. Ich kann diesem Urteil nicht beipflichten. Der italienische Dienst ist sorgfältig ausgesucht und gut ausgebildet. Er steht in einer alten Tradition. Die Wiege der Diplomatie steht in Venedig, das als erste Republik Gesandte in die Welt hinausschickte. Auch andere Städte und Kleinstaaten entwickelten schon im Mittelalter eine diplomatische Tradition. Im italienischen auswärtigen Dienst finden sich heute Angehörige aus allen Landesteilen, nicht mehr wie früher hauptsächlich Piemontesen. So ergibt sich eine glückliche Mischung vielseitiger Charaktere und Fähigkeiten. Es lohnt sich immer, die Auffassung und die Beurteilung der italienischen Kollegen einzuholen. Sie haben Phantasie, eine hervorragende Fähigkeit zur Improvisation und eine ganz besondere Begabung, zukünftige Entwicklungen vorauszusehen. Diese Begabung erinnert an klug vorausschauende Bankiers, die rechtzeitig Aktien verkaufen, wenn bei der betreffenden Gesellschaft Krisenzeichen auftreten, und Aktien kaufen, wenn sich eine günstige Entwicklung abzeichnet. Es gehört Mut dazu, solche Entscheidungen im richtigen Augenblick zu treffen.

Als Beispiel aus der Gegenwart möchte ich das Projekt der MLF (Multinationale Atomstreitmacht) anführen. Die Amerikaner hatten 1960 den Vorschlag gemacht, NATO-Atomstreitkräfte als vierte Atommacht neben der amerikanischen, englischen und französischen zu schaffen. Diese NATO-Streitmacht sollte aus fünf amerikanischen U-Booten und aus Überwasserschiffen, jeweils mit Polaris-Raketen bewaffnet, bestehen. Die Besatzungen der Kriegsschiffe sollten sich aus Offizieren und Matrosen der verschiedenen NATO-Staaten zusammensetzen. Diese gemischt bemannte, multinationale Atomstreitmacht sollte unter den Oberbefehl des Obersten Alliierten Befehlshabers der NATO in Europa gestellt werden. Die politische und finanzielle Kontrolle sollte durch einen besonderen Rat im Rahmen der NATO erfolgen.

Da ich als Staatssekretär und Chef des Bundespräsidialamtes an den Sitzungen des Verteidigungsrates unter Bundesminister Krone teilnahm, war mir dieses Projekt wohlbekannt. Mein alter Kollege und Freund aus Moskauer Zeiten, Gesandter Elbridge Durbrow, lud mich im Auftrage des amerikanischen NATO-Botschafters Thomas Finletter nach Paris ein, um mich von den Vorteilen der MLF für die Bundesrepublik zu überzeugen. Von verschiedenen Sachverständigen wurde mir in einem Privatissimum das Gesamtkonzept in allen Einzelheiten dargestellt. Ich war beeindruckt und kam zu der Überzeugung, daß wir das MLF-Projekt unterstützen sollten. In diesem Sinne habe ich auch den zuständigen Stellen in Bonn berichtet. Das Projekt scheiterte schließlich 1964/65 am Widerstand Großbritanniens, Frankreichs und der Sowjetunion und daran, daß die amerikanische Regierung am Ende den Plan nur halbherzig unterstützte.

Die Bundesrepublik, die den größten konventionellen Verteidigungsbeitrag leistete, hätte bei einer Verwirklichung der MFL eine, wenn auch beschränkte, Mitwirkung erhalten. Der Verzicht auf nationale deutsche Kernwaffen wäre durch die Beteiligung an einer gemeinschaftlichen NATO-Atomstreitmacht ausgeglichen worden. Während wir Deutschen bis zum letzten Augenblick an der MLF festhielten, hatten die Italiener schon frühzeitig erkannt, daß sich dieser Plan aus verschiedenen Gründen nicht durchführen ließ, weil er letzten Endes auf dem Reißbrett künstlich konstruiert war, ohne die politischen Gegebenheiten in Rechnung zu stellen.

Die Mitarbeiter der Botschaft

Der Erfolg eines Botschafters hängt nicht nur von seiner eigenen Tüchtigkeit, sondern im hohen Maße auch von der seiner Mitarbeiter ab. Im allgemeinen kann sich der Botschafter sein Personal nicht aussuchen; er findet es vor. Mit Rücksicht auf die notwendige zentrale Personalplanung kann seinen Wünschen nur in seltenen Fällen Rechnung getragen werden. Ich hatte das Glück, in Rom ebenso wie in London Mitarbeiter zu haben, die hoch qualifiziert waren und ein ausgezeichnetes Team bildeten. In den Erinnerungen der Diplomaten aller Nationen kommen die Verdienste der »Zugeteilten« oft zu kurz. Ich will meinen treuen Mitarbeitern für ihre Unterstützung danken, indem ich einige ausführlicher vorstelle.

Als ich junger Legationssekretär war, galt noch die Regel: »Legationssekretäre sind ebenso wie Generalstabsoffiziere namenlos.« Alle wichtigen Berichte – ganz gleich, wer sie geschrieben hat – wurden und werden auch heute noch vom Botschafter unterzeichnet, weil er letzten Endes die Verantwortung trägt. In Moskau wurde ich zuweilen gefragt, ob ich nicht der Verfasser eines Berichtes oder Briefes gewesen sei. Selbstverständlich verneinte ich dies. Es hätte gegen den Stil – die Spielregeln – verstoßen, sich selbst der Autorenschaft zu rühmen. Nach dem Zweiten Weltkrieg wurde es üblich, einen kurzen schriftlichen Hinweis ans Auswärtige Amt zu leiten, in dem der Verfasser eines besonders interessanten und guten Berichtes genannt wurde. Heute tritt der Verfasser aus der Anonymität heraus. Im Kopf des Berichtes wird sein Name vermerkt. Ich halte diese Regelung für gut, da sie anspornend wirkt und es auch für die Empfänger im Amt nicht uninteressant ist, zu wissen, wer der Verfasser einer guten Analyse ist.

Gesandter Edgar Weinhold war eine ideale Ergänzung für mich, eher eine beschauliche Natur, der meine Ungeduld und Neigung zu schnellen Entschlüssen zu zügeln wußte. Er war, wie das in unserem Dienst üblich ist, für die reibungslose Arbeit der Botschaft verantwortlich, eine Tätigkeit, die viel Zeit in Anspruch nimmt. Im englischen Dienst wird diese Aufgabe von einem Beamten des höheren Dienstes, mittleren Ranges, ausgeübt, für mein Gefühl eine gute Lösung. So gewinnt der Gesandte mehr Zeit, den Botschafter, auf den im Laufe der letzten Jahre immer mehr Pflichten gefallen sind, zu entlasten. Für eine große Botschaft wären eigentlich zwei Botschafter notwendig, um alle Verpflichtungen wahrnehmen zu können. Weinhold, der auch in Paris auf Posten gewesen war, erwies sich als guter Kenner der romanischen Mentalität. Sein abgewogenes, scharfes Urteil paarte sich mit gütigem Humor. So leistete er wertvolle Beiträge zu den Berichten der Botschaft, die er verbesserte oder zum Teil selber verfaßte. Weinhold war zwei Jahre älter als ich und hätte auch Botschafter sein können. Der Gesandte spielt in gewissem Sinne die erste Geige im Botschaftsorchester. Er muß sich auf den Dirigenten, den Botschafter, einstellen. Das erfordert Takt und ein großes Maß an Zurückhaltung.

Als persönlichen Referenten fand ich Legationsrat York von Wartenburg vor. Als ich am 2. April 1965 zum ersten Male die Botschaft betrat und York mitteilte, daß ich um halb neun im Büro eintreffen werde, entgegnete er mit todernstem Gesicht, er könne erst gegen neun Uhr erscheinen. Weshalb es nicht früher möglich sei, fragte ich erstaunt. Abends besuche er regelmäßig die Nachtlokale, gab York zur Antwort, er sei dort bestens bekannt und erfahre auf seiner nächtlichen Runde viel Interessantes, was für die Botschaft wertvoll sei. In einigen Lokalen trete er auch ersatzweise im Orchester auf: Er blase Trompete, ohne eine Trompete zu benutzen. Im übrigen fahre er nicht Auto, sondern gehe zu Fuß, benütze öffentliche Verkehrsmittel oder nehme ein Taxi. Dabei könne er dem Volk aufs Maul schauen. In diesem Augenblick erinnerte ich mich an seine Mutter, die mir als jungem Attaché in Berlin gesagt hatte: »Johnny, Sie sind aber ein freches Kind!«

Wenn sich »Ali« York etwas in den Kopf gesetzt hatte, ließ er nicht locker, bis er mich von der Richtigkeit des Gedankens überzeugt und zum entsprechenden Handeln bewegt hatte. Als Beispiel für seine

Beharrlichkeit möchte ich folgenden Fall erwähnen. Bei einer italienischen Bank gab es ein kleines Vermögen, das aus dem Verkauf des ehemaligen deutschen Krankenhauses in San Remo stammte. Das Krankenhaus war zur Zeit Kaiser Friedrichs III., der oft in San Remo geweilt hatte, gegründet worden. York bestand darauf, daß die Botschaft die Verwaltung des Vermögens in die eigene Hand nehmen solle, um es gut anzulegen und höhere Erträge zu erwirtschaften, die karitativen Einrichtungen Roms zugute kommen sollten. Ich hatte Bedenken, mich und die Botschaft mit der Verantwortung zu belasten. York setzte sich aber durch. Leider wurde er schon nach kurzer Zeit als persönlicher Referent von Staatssekretär Lahr nach Bonn versetzt. Seine aufrechte Haltung gegenüber Vorgesetzten hatte er wohl von seinem Vater geerbt, wie ich selbst miterlebte, als ich zu Besuch bei Botschafter Blankenhorn in Paris war. Vater York, Generalkonsul in Lyon, rief eines Abends bei Blankenhorn an. Es entspann sich eine erregte Unterhaltung. Blankenhorn hatte einen offiziellen Besuch in Lyon wegen eines plötzlich eingetretenen Eisenbahnerstreiks abgesagt. Graf York bestand darauf, daß Blankenhorn noch in der Nacht im Auto nach Lyon fahren solle. Blankenhorn drückte mir den Hörer in die Hand und flüsterte: »Hör dir mal an, wie der Generalkonsul seinen Botschafter anfährt und ihm Weisungen erteilt.« Blankenhorn fuhr noch in derselben Nacht nach Lyon. Sohn Alexander York machte eine blendende Karriere. Als Gesandter der bundesdeutschen Vertretung bei der UNO war er für Wirtschaftsfragen zuständig. Schon nach wenigen Wochen hatte er sich in die schwierige Materie eingearbeitet, wie ich bei einem Besuch in New York feststellen konnte. Jetzt ist er Botschafter in Portugal. Seine Nachfolgerin in Rom war Legationsrätin Sabine Vollmar.

Als mir Personalchef Raab telefonisch die Versetzung von Fräulein Vollmar ankündigte, machte ich Bedenken geltend, unter Hinweis darauf, daß es in Italien kaum eine Gleichberechtigung und nur wenige Frauen in verantwortlichen Stellen gäbe. Im italienischen auswärtigen Dienst sei nur eine Dame im höheren Dienst beschäftigt. Weibliche Diplomaten könnten daher in Italien nur begrenzt eingesetzt werden. Raab gab nicht nach. Er empfahl Fräulein Vollmar in höchsten Tönen. Ich erklärte mich einverstanden, unter der Bedingung, daß sie nur auf Probe abgeordnet würde. Sie ahnte glücklicherweise nicht, daß sie in Rom unwillkommen war. Sie wurde anfangs in der Konsularabteilung eingesetzt. Schon nach kurzer Zeit sprach sich der Leiter der Abteilung, Botschaftsrat von Hackwitz, lobend über seine Mitarbeiterin aus, und die endgültige Übersiedlungsgenehmigung nach Rom wurde ihr erteilt. Als York plötzlich nach Bonn versetzt wurde, hatte ich keine andere Wahl, als das unerwünschte Fräulein Vollmar als meine persönliche Referentin zu bestellen. Schon bald konnte ich feststellen, daß Raab nicht übertrieben hatte. Im Gegensatz zu York führte sie mich mit sanfter Hand. Ich lehrte sie aufgrund meiner Erfahrung die Technik der Diplomatie und lernte von ihren unbefangenen, noch nicht professionell verformten Beobachtungen. Bald fiel mir auf, daß sie bei ihren Vorsprachen im Außenministerium mit reicher Beute zurückkehrte und das Ergebnis ihrer Gespräche gut zu Papier brachte. Sie hatte ein ausgesprochenes schriftstellerisches Talent und schrieb auch gerne Berichte. Ich war verwundert, daß gerade eine Frau soviel Informationen bekam, und fragte nach einiger Zeit, wie sie das bewerkstellige. Sie meinte lachend, die Italiener seien eben galant und nett. Wenn sie eine Frau sähen, dächten sie vielleicht: Die Arme hat es sicher nicht leicht unter all den männlichen Kollegen an ihrer Botschaft, und dann wollten sie ihr eben helfen. Und sicher wollten sie auch selbst einen guten Eindruck machen.

Als der Referent für Innenpolitik auf Urlaub war, schien Fräulein Vollmar dem Gesandten Weinhold und mir die richtige Person zu sein, um einen Bericht über den voraussichtlichen Ausgang der bevorstehenden Parlamentswahlen zu verfassen. Diesmal war sie von diesem Auftrag nicht eben begeistert, da ihr die nötige Sachkenntnis fehle. Weinhold und ich fanden ihren Entwurf an sich gut, fühlten uns aber verpflichtet, einige Verbesserungen vorzunehmen. Als wir nach der Wahl in der Morgenbesprechung den Ausgang erörterten, bemerkte Fräulein Vollmar schmunzelnd: »Wenn Sie und Herr Weinhold meinen Bericht nicht verbessert hätten, wäre unsere Prognose hundert Prozent richtig gewesen.« Die Wahl hatte einige Überraschungen gebracht. Die Partei Saragats, die Sozialdemokraten, hatten schlechter abgeschnitten als erwartet. Saragat verfolgte die Wahl am Fernsehschirm. Verärgert über das schlechte Abschneiden seiner Partei soll er das Whiskyglas auf den Boden geworfen haben. Mit der Zeit veränderte sich die Anekdote und es hieß, er habe sein Glas vor Wut in den Fernseher geworfen. Recht unwahrscheinlich, da das

Gerät explodiert wäre. Aber wie die Italiener sagen: »Se non è vero, è ben trovato« – wenn es nicht wahr ist, ist es gut erfunden.

Sabine Vollmar war auf Dienstfahrten meine treue Begleiterin. Sie war für die Vorbereitung und den reibungslosen Ablauf des Programms verantwortlich. Da die Abende oft lang wurden, waren dies anstrengende Reisen. Ich erinnere mich an eine Opernvorstellung im Theater La Fenice in Venedig; nach dem ersten Akt war sie todmüde und bat, ins Hotel gehen zu dürfen. Der deutsche Wahlkonsul Gavagnin begleitete sie; auf dem Rückweg in die Oper ging er noch in eine Bar und trank einen Espresso, um sich für den zweiten Teil der Wagner-Oper zu stärken. Am nächsten Morgen berichtete er Fräulein Vollmar lachend: »Als ich die Loge wieder betrat, schlief der Botschafter immer noch.« – Frau Vollmar, inzwischen mit einem Kollegen verheiratet, ist derzeit wieder in Rom tätig als Gesandtin.

Der außenpolitische Referent, Franz Pfeffer, leistete hervorragende Arbeit. Ich ließ ihn völlig selbständig arbeiten und unterschrieb die von ihm verfaßten Berichte in Reinschrift. Seine Frau war für ihn eine große Hilfe und trug wesentlich dazu bei, daß das Ehepaar Pfeffer einen großen Kreis von Freunden gewann. Trotz ihrer zwei kleinen Kinder erfüllte sie mit großer Passion ihre Pflichten als Gastgeberin. Heute sind die Frauen nicht mehr immer bereit, diesen so notwendigen unbezahlten Dienst zu leisten und Opfer zu bringen. Herr Pfeffer begleitete Außenminister Brandt auf einer längeren Reise nach Süditalien. Er gefiel Brandt so gut, daß er ihn in seinen außenpolitischen Stab im Bundeskanzleramt berief. Die Note »Sehr gut«, die ich Pfeffer in meiner Beurteilung gab, erwies sich als zutreffend. Gesandter bei der NATO, Direktor der politischen Abteilung im Auswärtigen Amt, Botschafter in Warschau und seit 1987 Botschafter in Paris sind die Stationen seines steilen Aufstieges. So kann ich mich, wie auch bei der Beurteilung anderer Mitarbeiter, mit einem gewissen Stolz bestätigt fühlen.

Den Presseattaché Dieter Heumann hatte ich schon bei den Besuchen von Bundeskanzler Adenauer in Rom kennen- und schätzengelernt. Er war am Ende des Zweiten Weltkrieges als Soldat in Italien und entging der Kriegsgefangenschaft, weil er bei einer italienischen Familie aufgenommen wurde. Die Tochter wurde seine Frau. Das Ehepaar Heumann war bei den Journalisten außerordentlich beliebt. Regelmäßig luden sie deutsche und italienische Pressevertreter und

Mitglieder der Botschaft zum Abendessen zu sich nach Hause ein. Sie waren vollendete Gastgeber. Wie ich mich selbst von Zeit zu Zeit überzeugen konnte, waren die Abende bei Heumanns eine erfolgreiche Art der Öffentlichkeitsarbeit. Die Journalisten schätzten die Art von Information am Weißen Tisch, und wir hatten eine gute Presse. Leider erkrankte Dieter Heumann an Leukämie. Meine Frau, die aus einer Arztfamilie stammt, bemühte sich aufgrund ihrer Verbindungen, die neuesten Behandlungsmethoden ausfindig zu machen und festzustellen, welche Professoren auf diesem Fachgebiete Hervorragendes leisteten. Leider blieben alle Versuche, sein Leben zu retten, erfolglos. In Detmold, seiner Heimatstadt, trugen wir ihn zu Grabe.

Der Personalchef Federer schlug mir Rüdiger von Pachelbel als besonders geeigneten Nachfolger vor, da er in Rom zur Schule gegangen sei. Ich war begeistert von diesem Vorschlag, da Pachelbel schon in London gute Arbeit geleistet hatte. Als er eintraf und ich ihn als alten Römer begrüßte, gestand er mir, daß er nur einen Monat auf die Deutsche Schule gegangen sei, als seine Eltern Rom besuchten. Sein Italienisch sei dementsprechend rudimentär. Er machte sich aber – sprachbegabt wie er ist – vom ersten Tage an auf italienisch verständlich. Die Verben gebrauchte er allerdings, der Einfachheit halber nur im Infinitiv. Auch er hatte eine glückliche Hand mit der Presse.

Pachelbel hatte sich in den Kopf gesetzt, an der Piazza Navona, einem der schönsten Plätze Roms, eine Wohnung zu finden. Nach einem Jahr, in dem er zunächst in einer romantischen Wohnung der alten Tiber-Vorstadt gewohnt hatte, fand er das ersehnte Quartier in dem gleichen Haus, in dem sich das berühmte Café Tre Scalini befindet. Der Blick auf die Piazza und den berühmten Brunnen Berninis war einmalig. Als ich nach meiner Pensionierung zweimal bei ihm wohnte, habe ich es besonders genossen, im Zentrum des alten Rom zu leben. Pachelbel war ein großer Kunstkenner und Sammler, der aufgrund seines angeborenen Gespürs wertvolle Antiquitäten fand. Schon in London und in Kairo hatte er erstaunliche Funde gemacht. Seine Wohnung war ein kleines, aber sehr gemütliches Museum. Eine Einladung bei ihm wurde als etwas Besonderes angesehen. So äußerte Außenminister Scheel zum Abschluß eines offiziellen Besuches in Rom den Wunsch, den Abend vor seinem

Abflug bei Pachelbel zu verbringen. Es wurde ein langer Abend, da Scheel in den frühen Morgenstunden nach Guatemala abflog, um an der Beerdigung des von Terroristen ermordeten deutschen Botschafters Graf Spreti teilzunehmen. Scheel war so beeindruckt von Pachelbels Wohnung und von seiner Persönlichkeit, daß er ihn zum Sprecher des Auswärtigen Amts berief. Da Pachelbel Junggeselle war, wurde er als Botschafter nach Beirut und nach Äthiopien versetzt, wo er in besonders schweren Zeiten auszuharren hatte. Als Ausgleich und zur Belohnung wurde er dann Botschafter in Athen und ab 1988 in Kopenhagen. Aus Liebe zu Italien erstand er einen alten Turm in der Toskana, den er sich als Alterssitz ausbaut.

Zweiter Mann in der Presseabteilung war eine Zeitlang Erhard Holtermann, mit einer Engländerin verheiratet. Beide sind begabte Musiker, deren Können sich mit dem von Berufsmusikern vergleichen läßt. Er spielt Geige und sie Klavier. Wo immer sie auf Posten sind, erfreuen sich ihre Hauskonzerte und auch öffentlichen Auftritte großer Beliebtheit. Sie tragen zur Belebung des diplomatischen Alltags bei und wirken werbend nicht nur für sich, sondern auch für Deutschland – ein gutes Beispiel für den Ausspruch von Talleyrand: »Faites aimer la France«. Erhard und Mary Holtermann wurden in Rom zu Spezialisten etruskischer Keramik, später in Bangkok sammelten sie thailändische Bronzen. Ihre Wohnung bildet so einen schönen Rahmen für ihre musikalischen Darbietungen.

Seit 1988 ist Holtermann Protokollchef, nachdem er schon vorher als stellvertretender Leiter im Protokoll tätig war. Seine Ruhe, Freundlichkeit und Güte helfen ihm, den wachsenden Anforderungen – immer mehr Besuche, Reisen und Veranstaltungen – gerecht zu werden und sie gesundheitlich durchzustehen. Kurz nach seiner Versetzung von Rom nach Bonn 1968 schrieb er an seine Kameraden an der Botschaft Rom: »Im übrigen empfehle ich, den Dienst unauffällig zugunsten des Privatlebens zu vernachlässigen – man bereut es sonst nachher.« Ein wirklich guter Rat, den er allerdings im Protokoll nicht verwirklichen konnte. Dafür blieb er dienstlich mit der Botschaft Rom in Verbindung. Im Frühjahr 1969 hatte ich Rom verlassen – das Agrément für den Nachfolger, Rolf Lahr, war erteilt, und die Botschaft sollte den Termin für die Übergabe des Beglaubigungsschreibens vorbereiten. Holtermann schickte der Botschaft mit Kurier den Text des Beglaubigungsschreibens. Das Schreiben von Bundespräsident Lübke an Staatspräsident Saragat begann mit folgender Anrede: »Herr Präsident, großer und guter Freund...« Die jüngeren Mitarbeiter der Botschaft waren verblüfft. Das klang ja wie ein Schreiben Winnetous an einen anderen Indianerhäuptling. Ihnen kam der Verdacht, daß Freund Holtermann sich einen Scherz mit seinen alten römischen Mitstreitern erlauben wollte, und sie waren drauf und dran, ein Fernschreiben an das Protokoll, zu Händen Legationsrat I. Kl. Holtermann, zu schicken, das etwa folgenden Wortlaut gehabt hätte: »Der große Häuptling Saragat begrüßt seinen großen und guten Freund Lübke und teilt mit, daß er bereit ist, mit dem neuen Botschafter Rolf Lahr am soundsovielten die Friedenspfeife im Quirinalspalast zu rauchen. Ich habe gesprochen. Hugh.« Leider gab es einen erfahrenen Beamten in Rom, der wußte, daß Beglaubigungsschreiben wirklich mit den Worten »Herr Präsident, großer und guter Freund« eingeleitet werden, und das schöne Antworttelegramm ging nicht ab.

In einem traurigen Augenblick meines Lebens erwiesen sich die Holtermanns als treue, mitfühlende Freunde. Die Nachricht vom Tode meiner Mutter am 12. Juli 1972 erreichte mich, als ich als Präsident des Goethe-Instituts Hongkong besuchte. Der Tod meiner Mutter kam völlig unerwartet. Ich hatte gehofft, an meinem Geburtstag am 14. Juli abends mit ihr zu feiern. Auf dem Rückflug hatte ich einen längeren Aufenthalt in Bangkok, wo Holtermann Botschaftsrat war. Er holte mich am Flugzeug ab und nahm mich für vier Stunden in seine Wohnung. Erhard und Mary suchten meine trüben Gedanken zu zerstreuen und trösteten mich. Beide hatten meine Mutter im Rom kennengelernt. Wir sprachen von alten glücklichen Tagen in Rom, und so verging die Zeit.

Das Wirtschaftsreferat war hochkarätig besetzt. Der Leiter, Johannes Graf Lerchenfeld, ein Sohn des bayerischen Ministerpräsidenten und späteren Gesandten in Berlin, war vor dem Zweiten Weltkrieg in Griechenland als Vertreter der Tabakfirma Reemtsma tätig. Nach 1945 arbeitete er zunächst an der Deutschen Botschaft Tokio und wurde dann nach Rom versetzt. Seine Stieftochter war mit dem italienischen Diplomaten Graf Magistrati verheiratet. In der Morgenbesprechung hatte ich manchmal den Eindruck, daß Lerchenfeld mit seinen Gedanken ganz woanders war oder vielleicht auch schlief, aber wenn ich dann eine Bemerkung über ihn machte, war er sogleich hellwach und reagierte schlagfertig. Er war fleißig; oft erschien er auch sonntags auf der Botschaft. Er war befreundet mit einem der leitenden Herren der Banca d'Italia, der ihn stets rechtzeitig über die Geldpolitik der Staatsbank unterrichtete.

Lerchenfelds Stellvertreter Renato Ramdor hatte eine sizilianische Mutter, war zweisprachig und schon an der alten Botschaft als Übersetzer und wissenschaftlicher Hilfsarbeiter tätig gewesen. Er hatte gute Beziehungen zu italienischen Wirtschaftskreisen. So war er für die Botschaft als eine Art von lebendem Lexikon besonders nützlich. Es zeigte sich, wie wertvoll es ist, wenn einige Mitarbeiter längere Zeit, als allgemein üblich ist, auf ihrem Posten bleiben; damit wird die Kontinuität der Beobachtungen sichergestellt. Ramdor war natürlich auch in der Lage, den Werdegang der Politiker und Wirtschaftsführer zu schildern. Als der Posten des deutschen Konsuls in Palermo frei wurde, gelang es mir, die Personalabteilung zu überzeugen, daß sie keinen besseren finden könne als Ramdor. Bei meinem Besuch in Sizilien erwies er sich als sachkundiger Führer, der mir gute Einblicke in die so ganz andere Welt der Insel vermittelte.

Der Leiter der Rechtsabteilung, Günther von Hackwitz, war mit einer Italienerin verheiratet und seit vielen Jahren in Rom. Er lehnte eine Einberufung ins Auswärtige Amt trotz der damit verbundenen Beförderung ab, weil er in seinem geliebten Italien bleiben wollte. Auch er war jemand, bei dem man stets Rat holen konnte, wenn gewisse Vorgänge schwer verständlich waren und uns die notwendigen Vorkenntnisse zu ihrer Beurteilung fehlten. Aufgrund seiner guten Kenntnisse des italienischen Rechts und seiner persönlichen Beziehungen zu einheimischen Juristen konnte er vor allem in der Anfangszeit den zahlreichen Kulturinstituten bei der Klärung ihres Rechtsstatus behilflich sein. Viel Geduld erforderten auch die vielen deutschen Touristen, die sich besonders am Wochenende mit der Bitte um Hilfe an die Botschaft wandten, weil ihnen Pässe, Radioapparate oder Autos gestohlen worden oder sie verunglückt oder erkrankt waren. Auch bei der Betreuung der großen deutschen Kolonie, die sehr heterogen zusammengesetzt war, bewährte sich Hackwitz' Takt und Menschenkenntnis. Hackwitz wurde tatkräftig unterstützt von der zupackenden, unsentimentalen Legationsrätin Wolff, die mit ihrem praktischen Sinn und ausgewogenen Urteil den zur Nachgiebigkeit neigenden Referatsleiter gut ergänzte.

Unterschiedlich waren die Erfahrungen, die wir mit den zur Ausbildung für einige Monate zugeteilten Attachés machten. Meine älteren Mitarbeiter und ich bemühten uns, ihre Lehrzeit möglichst fruchtbar zu gestalten und sie nach dem Grundsatz anzuleiten: »Erziehung ist Beispiel«. Als ich in den Auswärtigen Dienst eingetreten war, hatte auch ich nur vage und skurrile Vorstellungen über Tätigkeiten und Auftreten der Diplomaten. Daran erinnerte ich mich, als sich der Attaché Volker Haack bei mir zum Dienstantritt meldete. Er war vor seinem Eintritt in den Auswärtigen Dienst am Max-Planck-Institut für Völkerrecht gewesen. Eine seiner ersten Fragen lautete: »Wann werde ich dem Außenminister Fanfani vorgestellt?« Ich war verblüfft und antwortete: »Fanfani wartet nicht auf Sie. In der nächsten Woche wird der Außenminister zu einem Abendessen auf die Botschaft kommen. Sie werden am Essen teilnehmen, Fanfani begrüßen, wenn er aus dem Auto aussteigt, ihm die Sitzordnung zeigen und ihm auf Wunsch einzelne Gäste erklären. Nach dem Essen erkundigen Sie sich, ob Sie ihm behilflich sein können, aber fangen Sie um Gottes willen kein politisches Gespräch an.« Als ich Fanfani einige Tage später aufsuchte, sprach er mich auf den jungen Mitarbeiter an, der sich so reizend um ihn gekümmert und mit dem er sich so gut unterhalten habe. Er könne mir nur zu diesem vielversprechenden Diplomaten gratulieren. In die Botschaft zurückgekehrt, erzählte ich Haack von dem schmeichelhaften Urteil über ihn. Er habe sich wohl nicht an meine Weisung gehalten? Haack versicherte mir, daß er sich genauso verhalten habe, wie ich es ihm angeraten hatte. Er habe sich aufs Zuhören beschränkt, es sei ein einseitiges Gespräch gewesen.

Attaché Georg Mertens benutzte jeden freien Abend, um ins Theater oder Kino zu gehen. Auf diese Weise lernte er nicht nur vorzüglich Italienisch, sondern entwickelte sich zu einem hervorragenden Kenner der italienischen Filmkunst. Günter Diehl erwähnte in der Festschrift zu meinem siebzigsten Geburtstag einen lustigen Vorgang mit einem jungen Attaché: »Als es bei einer großen Konferenz hoch herging, bat Johnny Herwarth einen Attaché in Ausbildung, ein Aktenstück schleunigst zu jemand in den Sitzungssaal zu tragen. Der junge Herr mit zwei Staatsexamen sagte etwas pikiert, er werde es dem Amtsboten geben, worauf Herwarth erwiderte: Bring es selbst hin, du Armleuchter.«

Kulturreferent war Heinz Holldack, Historiker von Beruf, der im

Dritten Reich keine Professur erhielt. Nach dem Kriege war er bei der »Süddeutschen Zeitung« tätig. Nach einer kurzen Zeit als Konsul in Neapel übernahm er das Kulturreferat. Eine gute Wahl, da er als Wissenschaftler der rechte Mann für die Betreuung der Institute war. Kurz nach seiner Pensionierung wurde er schwer krank. Als ich dies erfuhr, bat ich eine Sekretärin telefonisch, ihm Blumen zu schicken. Sie teilte mir mit, daß Holldack bewußtlos sei und im Sterben liege. Die Blumen würden zu spät kommen. Ich konnte oder wollte mir nicht vorstellen, daß es Holldack so schlecht ging. So bestand ich darauf, ihm die Blumen zu schicken. Holldack wurde noch einmal gesund und war dankbar, daß sein alter Botschafter als einziger an ihn gedacht hatte.

Seine Mitarbeiterin war Fräulein von Fransecki, die Stieftochter von Professor Curtius, dem langjährigen Leiter des Archäologischen Instituts in Rom. Sie war nach Hackwitz und Ramdor die dritte Säule der Botschaft, die die letzten dreißig Jahre aus eigener Erfahrung kannte. Die »Franzi« war für die Welt der Gelehrten und Künstler ein Begriff und ein Markenzeichen für die Botschaft.

Wie schon früher hatte ich auch in Rom das Glück, eine ausgezeichnete Sekretärin zu haben. Stefanie Luther stammte aus Dorpat und war vor ihrer Versetzung nach Rom bei meinem Freund, Botschafter Schwarzmann, gewesen und mir von ihm wärmstens empfohlen worden. Sie ertrug mich wie ihre Vorgängerinnen mit Geduld, Nachsicht und Humor. Zu meiner größten Freude heiratete sie meinen guten Freund, den Gesandten Weinhold, nach seiner Pensionierung.

Frau Gerta Hanig, die Protokollsekretärin, hatte gute Personenkenntnis und trug wesentlich dazu bei, daß wir die Gäste für unsere Essen richtig zusammenstellten. Das Erstaunliche war, daß sie viele unserer Gäste nur vom Telefon her kannte. Sie hatte einen schulpflichtigen Sohn, den sie erst abends sah, und konnte an den Abendveranstaltungen nicht selbst teilnehmen. Aber sie hatte ein sicheres Gespür für Menschen und konnte anhand eines Telefongesprächs beurteilen, wie jemand geartet war. Und sie schloß, in ihrer freundlichen Art, für die Botschaft viele Freundschaften am Telefon.

Mit den jüngeren, unverheirateten Mitarbeitern der Botschaft unternahm ich oft Ausflüge am Wochenende. Bei diesen Gelegenheiten lernte man sich gut kennen. Ich besprach mit ihnen Probleme, die mich gerade beschäftigten, und sie berichteten von ihren Erfahrungen. Zu diesen Ausflügen, die selbst im Auswärtigen Amt als die »Römischen Wochenendausflüge« berühmt wurden, war es auf folgende Weise gekommen: Die Jugend hatte einen Ausflug nach Paestum zu den berühmten griechischen Tempeln geplant. Man wollte am Sonnabend früh starten. Ein junger Wissenschaftler und Freund vom Archäologischen Institut war schon vor Ort und wollte die Führung der Gruppe übernehmen. Aber die Abreise verzögerte sich. Es war viel zu tun, und ich hatte Dienst für den Sonnabendmorgen angeordnet. Alle ärgerten sich über den Chef. Als die Fahrt um zwei Uhr mittags schließlich angetreten werden konnte, hatte Fräulein Vollmar die richtige Einsicht: »Wir waren dumm, wir hätten rechtzeitig wegkommen können. Wir hätten den Botschafter einfach einladen sollen, mitzukommen, vielleicht hätte es ihm Spaß gemacht.« Von nun an planten sie mich in ihre Ausflüge ein. Oft besuchten wir auch gemeinsam den Trödelmarkt an der Porta Portese auf Jagd nach Antiquitäten. Anschließend gab es in der Villa Almone einen einfachen Imbiß, da der Koch am Sonntag frei hatte. Unser Koch Angelo stammte, wie die meisten römischen Köche, aus den Abruzzen. Er hat wesentlich dazu beigetragen, daß unsere Gäste sich bei uns wohl fühlten.

Besondere Erwähnung verdient mein Fahrer Preuß, ein geborener Berliner, der in Italien in Kriegsgefangenschaft geriet und eine Italienerin heiratete. Er war ein glänzender Fahrer und fröhlicher Reisebegleiter. Wenn ich ihn fragte, ob er nicht müde sei und ich ihn nicht am Steuer ablösen sollte, antwortete er: »Een Ooge fährt, det andere schläft.« Er war ein Original. Als er einmal den Prinzen Löwenstein am Bahnhof abholte und dieser ihm sein Gepäck übergeben wollte, sagte er: »Herr Prinz, ich habe einen Kopfschuß und kann nicht tragen. Wie wäre es, wenn Sie sich einen Gepäckträger nehmen?« Prinz Löwenstein, der Sinn für Originale hatte, erzählte mir höchst amüsiert diese Geschichte. Etwas später berichtete mir Preuß den Vorfall und meinte vorwurfsvoll, ich hätte ihm nicht gesagt, wie er den Herrn Prinzen anreden solle. Als wir einmal in die Umgebung von Rom fuhren, um eine Sommerresidenz für Bundeskanzler Kiesinger ausfindig zu machen, drehte er sich gegen zwei Uhr mittags um, sah vorwurfsvoll in den Fond des Wagens und fragte: »Hunga hat hier wohl keener?« Ich bat ihn stets, mich beim Besuch von Kirchen und Museen zu begleiten. Von solchen Dienstfahrten zurückgekehrt, berichtete er in der Botschaft in seiner drolligen Art über seine Erlebnisse. Ein Beispiel: »Det jing so: der Botschafta vornewech und ick imma hintaher. Da kam so'n Bild, nur Striche. Der Botschafta zu mir: ›Preuß, wie gefällt Ihnen das?‹ Und ick, der ick doch nischt davon vastehe, wat sollt ick sagen . . .?«

Bei offiziellen Veranstaltungen warteten die Fahrer oft lange Zeit gemeinsam und plauderten dann über ihre Chefs. So leisteten sie in ihrer Art einen Beitrag zu dem öffentlichen Bild ihrer Chefs, ganz im Gegensatz zu den englischen Fahrern, die ihre Erlebnisse mit ihren Vorgesetzten als streng zu hütendes Geheimnis ansahen.

Zwischen den beiden Botschaftern beim Quirinal und beim Heiligen Stuhl gab es gelegentlich Meinungsverschiedenheiten. Der Vatikan übt noch immer großen Einfluß auf die Außenpolitik vieler Länder aus. Unter dem Pontifikat von Johannes XXIII. wurde dies deutlich. Sein Wirken wurde von den Botschaftern Klaiber (Quirinal) und van Scherpenberg (Vatikan) unterschiedlich beurteilt. Klaiber hielt den Einfluß des Papstes auf die italienische Politik für eher negativ, weil sie seiner Meinung nach die Öffnung nach links förderte. Scherpenberg bewunderte die große Menschlichkeit und Güte Johannes' XXIII. sowie seine innerkirchliche Reformpolitik. Bundeskanzler Adenauer war gegenüber dem Papst kritisch und hielt ihn für zu reformfreudig.

Dieter Sattler, der zu meiner Zeit Botschafter am Vatikan war, kannte ich schon gut aus meiner Münchner Zeit in der Bayerischen Staatskanzlei. So war es selbstverständlich, daß wir unsere freundschaftlichen Beziehungen fortsetzten und uns auch in Rom oft sahen, häufiger, als dies zwischen den beiden deutschen Botschaftern üblich war. Besucher, die uns aufsuchten, waren überrascht (und vielleicht sogar enttäuscht), daß Sattler und ich so übereinstimmende Einsichten hatten und daß es keine Rivalitäten zwischen uns gab. Sattlers Liebe zu Italien und sein Verständnis für dieses Land waren gleich groß. Schon in seiner Jugend war er oft in Italien gewesen, da sein Großvater, der bekannte Bildhauer Adolf von Hildebrand, in Florenz eine Villa besaß. Nach seiner Tätigkeit als Staatssekretär im Bayerischen Kultusministerium ging er Anfang der fünfziger Jahre als Kulturattaché in die Quirinalbotschaft. Ich besuchte ihn damals, als ich Adenauer auf einem offiziellen Besuch in Rom begleitete.

Sattler wohnte am Rande Roms, in einem alten idyllischen Bauernhaus mit Blick auf die Stadt. Er war noch neu im diplomatischen Geschäft und holte sich Rat bei mir.

Als Leiter der Kulturabteilung im Auswärtigen Amt hatte Sattler die Entwicklung der kulturellen Beziehungen zwischen Deutschland und Italien außerordentlich gefördert. Ihm war es zu verdanken, daß in Italien sieben Goethe-Institute eröffnet wurden. Als Botschafter im Vatikan zeigte er sich natürlich weiterhin interessiert am kulturellen Leben und vor allem an den deutschen kulturellen Einrichtungen. So traten wir oft gemeinsam auf. Einmal besuchten wir in Spoleto während der Festspiele das Stuttgarter Ballett. Nach der Vorstellung ging ich mit Sattler hinter die Bühne, um den Darstellern für eine wunderbare Aufführung zu danken. Kurz nachdem ich meine Lobrede begonnen hatte, flüsterte er mir zu: »Nur die Bühnenarbeiter verstehen dich und lachen freundlich.« Ich unterbrach meine Rede und fragte die Darsteller, in welcher Sprache ich zu ihnen sprechen solle. Die Mehrheit war für Englisch. In dem Stuttgarter Ballett waren alle möglichen Nationalitäten vertreten, aber kaum Deutsche.

Sattler war schon aufgrund seiner Familientradition eine ausgesprochen musische Natur und das Gegenteil von einem Bürokraten. Er war voller Einfälle, offen für alle Schönheit der Welt und auch Speis und Trank nicht abgeneigt. Er hatte vielseitige Talente. Als Architekt war er ein begehrter Führer durch Rom; er hatte eine schöne Baritonstimme und war ein guter Schauspieler. Zu vorgerückter Stunde unterhielt er seine Gäste durch Gesang, oder er ahmte seinen Lieblingsschauspieler Max Pallenberg nach. Seine Frau Maria versuchte zuweilen, ihn von seinen künstlerischen Auftritten zurückzuhalten, aber stets vergeblich.

Die Gesellschaften im Hause Sattler trugen so ihren eigenen Stempel. Auf dem Dach des Hauses, das im übrigen Marschall Badoglio gehört hatte, befand sich ein Schwimmbecken. An besonders heißen Tagen lud er seine Gäste zum Baden ein. Sattler starb viel zu früh in Rom. Sein Tod kam völlig unerwartet. Es wäre wohl zu retten gewesen, wenn die Ärzte seine Krankheit rechtzeitig erkannt hätten. Ich besuchte ihn zwei Tage vor seinem Tode im Krankenhaus. Er war guter Dinge und hoffte, in den nächsten Tagen entlassen zu werden. Keiner von uns ahnte, daß wir ihn zum letzten Mal gesehen hatten. Auch sein Nachfolger Jansen starb früh in Rom.

Ein wichtiger Gesprächspartner war Johannes Schauff. Er war vor 1933 der jüngste Zentrumsabgeordnete gewesen. Nach der Machtergreifung durch die Nationalsozialisten wanderte er nach Brasilien aus und gründete dort mit gleichgesinnten Deutschen die Kolonie Rolandia. Als Landwirt hatte er Erfolg und erwarb sich ein beträchtliches Vermögen. Auch als Familienvater war er erfolgreich. Er hatte mehr als vierzig Enkel. Nach dem Zweiten Weltkrieg verlegte er seinen Hauptwohnsitz nach Europa und fuhr nur gelegentlich nach Brasilien. Die Leitung seiner Farm übernahm einer seiner Söhne. Schauff nahm sich Wohnungen in München, Bozen und Rom und entfaltete von dort eine rege politische Tätigkeit. Er war ein guter Freund und Ratgeber von Bundespräsident Lübke, den er oft aufsuchte. Bei einer solchen Gelegenheit lernte ich ihn kennen. Lübkes Bruder, der Ministerpräsident von Schleswig-Holstein, war mit Schauff nach Brasilien ausgewandert. Auch Heinrich Lübke hatte zeitweilig die Absicht gehabt, seinem Bruder und Schauff zu folgen.

Schauff trat selten in das Rampenlicht der Politik. Er zog es vor, hinter den Kulissen der Macht zu wirken. Von sich aus sprach er nur selten über seine politischen Aktivitäten, aber wenn man ihn fragte, mit welchen Problemen er sich zur Zeit beschäftigte, erzählte er bereitwillig über seine Erfahrungen. Er hatte ausgezeichnete Beziehungen zur Democrazia Cristiana und auch zu der internationalen Bewegung der christdemokratischen Parteien. Begreiflicherweise war er an der demokratischen Entwicklung in Südamerika und vor allem in Brasilien interessiert. Durch seine Vermittlung nahm ich an einer Tagung der christdemokratischen Parteien in Taormina teil, wo ich den Führer der chilenischen Christdemokraten, Eduardo Frei, kennenlernte.

Schauff hatte auch gute Beziehungen zum Vatikan. So leitete er den Besuch von Bundesminister Georg Leber beim Papst ein; bei dieser Gelegenheit wurde auch über die Besetzung der Bischofssitze in den ehemals deutschen Gebieten Polens gesprochen. Schauff schaltete allerdings den deutschen Botschafter beim Vatikan nicht ein. Dieser erfuhr erst kurz vor dem Eintreffen Lebers von dem Besuch. Botschafter Berger hatte meinen Rat nicht befolgt, mit Schauff engen Kontakt zu halten. Während des Zweiten Vatikanischen Konzils fanden in der Wohnung Schauffs in der Via Gregoriana unterhalb des Quirinals wichtige Besprechungen zwischen Teilnehmern und Beobachtern des Konzils statt. Schauff nahm mit polnischen Bischöfen Fühlung auf und wirkte im geheimen für eine Verständigung zwischen Deutschland und Polen. Er war ein Wegbereiter des deutsch-polnischen Ausgleichs zu einer Zeit, als andere noch zögerten.

Südtirol lag Schauff besonders am Herzen. Gemeinsam mit dem Südtiroler Rudolf von Unterreiter nahm er sich der Notlage vieler Südtiroler an und setzte sich, ohne in Erscheinung zu treten, für einen gerechten Ausgleich zwischen den Italienern und der deutschen Volksgruppe ein. Schließlich hat Schauff, wie er mir in Rom erzählte, gemeinsam mit dem Vetter meiner Frau, Staatssekretär Karl-Theodor von Guttenberg, und meinem Freund Klaus Dohrn am Zustandekommen der Großen Koalition unter Bundeskanzler Kiesinger mitgewirkt. Zusammen mit Herbert Wehner war er als Geburtshelfer der Großen Koalition tätig gewesen.

Die Vergabe der Olympischen Spiele an München

Im April 1966 fand in Rom die Tagung des Internationalen Olympischen Komitees (IOK) statt, auf der die Entscheidung fiel, an welchen der vier Bewerber – Detroit, Madrid, Montreal, München – die Olympischen Spiele vergeben werden würden. Oberbürgermeister Hans-Jochen Vogel und Willi Daume, der Präsident des Nationalen Olympischen Komitees (NOK), gingen mit einem Mitarbeiterstab für München an den Start. Vogel war ich bei offiziellen Gelegenheiten wie dem Besuch von de Gaulle öfters begegnet und hatte ihn in guter Erinnerung. Er war weit über seine eigene Partei hinaus in München beliebt. Jung, voller Energie und neuer Ideen hatte er sich die Herzen der Münchner und Münchnerinnen und auch das meine erobert. Sein bescheidenes, weltmännisches Auftreten hatte mich beeindruckt. Willi Daume hatte ich noch nicht kennengelernt, er war mir aber auf den ersten Blick sympathisch. Sein Idealismus und seine große Begeisterungsfähigkeit waren ansteckend.

Die Aussichten für München waren aus politischen Gründen nicht besonders günstig. Erinnerungen an die Spiele von 1936 in Berlin waren im Ausland noch lebendig. Münchens Ruf als »Hauptstadt der Bewegung« war nicht vergessen. Ein Stein des Anstoßes war vor allem die Hallstein-Doktrin, die 1966 noch gültig war. Sie beinhaltete unter anderem die Nichtanerkennung der DDR als Staat und ihrer Symbole, der Flagge und der Hymne, und das bedeutete, daß die DDR in München weder ihre Nationalhymne spielen noch ihre Flagge zeigen durfte. Man mußte damit rechnen, daß die Ostblockstaaten nicht für München stimmen und sich seiner Wahl widersetzen würden.

Die Bundesregierung hatte die Bewerbung Münchens gebilligt. Im Laufe der Vorbereitung bekam ich den Eindruck, daß die Unterstützung nur halbherzig war. Bundesminister Westrick, die rechte Hand von Bundeskanzler Erhard, hatte mich wissen lassen, es sei kein Unglück, wenn München nicht den Zuschlag erhalte. Ich sollte mich nicht zu eifrig ins Zeug legen. Für diese Haltung hatte ich keinerlei Verständnis. Bei einem Wettbewerb gilt es, mit allen Mitteln für den Sieg zu kämpfen. Ich tat dies mit um so mehr Begeisterung, als Vogel und Daume mir als die geeigneten Persönlichkeiten erschienen, den Kampf zu gewinnen. Mein Entschluß stand daher fest: Wenn München ins Rennen geht, dann muß sich die Botschaft mit allen Mitteln für den Sieg einsetzen. Der langjährige, tüchtige Presseattaché, Dieter Heumann, ließ seine guten Beziehungen zur in- und ausländischen Presse spielen – so berichtete der Redakteur der »Gazzetta dello Sport«, ein deutscher Emigrant, wohlwollend über die Bewerbung Münchens. Ich traf mich mehrmals mit dem Präsidenten des italienischen NOK Onesti und auch mit Exkönig Konstantin von Griechenland, Mitglied des IOK, den ich gut kannte. Bei allen rührte ich die Werbetrommel für München.

Vogel und Daume entfalteten in Rom eine außerordentlich geschickte diplomatische Tätigkeit und gewannen Sympathien für München. Dr. Schöbel, der Präsident des NOK der DDR, bewarb sich um die Mitgliedschaft im IOK. Der sowjetische Vertreter Andrianow strebte den Posten des Vizepräsidenten des IOK an. In vorsichtigen Kontakten ergab sich ein stillschweigendes »Gentlemen's Agreement«: Wenn ihr für München stimmt, so steigen die Aussichten für eure Kandidatur.

Am 23. April vormittags wurde die Ausstellung der vier Bewerber im Foro Italico eröffnet. Der Münchner Stand, mit Liebe und Sachverstand aufgebaut, anschaulich, übersichtlich und überzeugend hergerichtet, war der beste. Gartendirektor Augustin hatte einen Kastanienbaum und drei Birken aus München herangeschafft und auf dem kleinen Raum von vierzig Quadratmetern wirkungsvoll eingepflanzt. Ein englischer Garten in Miniatur. Nach Beendigung der Ausstellung wurden die Bäume in den Garten der Villa Almone verpflanzt. Sie erinnern noch heute an den Sieg Münchens im Jahre 1966. Liebenswürdige, fesch gekleidete Hostessen gaben in den verschiedensten Sprachen sachkundige Auskünfte. Die Ausstellung Münchens, originell und einfallsreich, unterschied sich vorteilhaft von denen der anderen Bewerber, die eher konventionell waren.

Im letzten Augenblick kam es zu einer dramatischen Krise. Der Präsident des IOK, Averell Brundage, verlangte eine schriftliche Erklärung der Bundesregierung, daß die DDR nicht diskriminiert werden würde. Er befürchtete wohl, daß die DDR in Anwendung der Hallstein-Doktrin daran gehindert werden könnte, ihre Flagge zu zeigen und ihre Hymne zu spielen. Die Antwort aus Bonn war unbefriedigend, weil sie auf dem Alleinvertretungsanspruch der Bundesrepublik beharrte. Versuche, eine Abänderung zu erreichen, blieben ohne Erfolg. Daume, Vogel und ich waren bestürzt. Brundage würde diese Antwort sicherlich als ungenügend ansehen. Dies hätte das Ende für München bedeutet. Vogel und Daume fanden einen genialen, rettenden Ausweg. Sie legten Brundage eine frühere Erklärung des Bundesministers des Inneren Lücke in englischer Übersetzung vor, ließen aber vorsichtshalber das weiter zurückliegende Datum weg. Uns fiel ein Stein vom Herzen, als sich Brundage mit dieser Erklärung zufriedengab. Ich hatte keine Bedenken, die Weisung des Bundeskanzlers »großzügig« auszulegen bzw. sie nicht zu beachten. Ich hielt die Hallstein-Doktrin für überholt und nicht mehr anwendbar. Die Tatsache, daß der bayerische Ministerpräsident Alfons Goppel voll und ganz hinter München stand, stärkte mir den Rücken. Der spätere Verlauf rechtfertigte mein Verhalten. 1968 wurde die Hallstein-Doktrin aufgegeben. Die Frage der DDR-Hymne und -Flagge spielte keine Rolle mehr.

Am 24. April fand in der Villa Almone ein Empfang für 120 Personen statt. Vogel hielt eine humorvolle, launige Rede. Es sei verwunderlich, daß ein Diplomat aus Bonn sich so rückhaltlos mit allen seinen Mitarbeitern für München einsetze. Ich erwiderte: Als Münchner Bürger und früherer Regierungsdirektor in der Bayerischen Staatskanzlei sei es meine selbstverständliche Pflicht, als getreuer Lehnsmann auf der Seite des Oberbürgermeisters der Hauptstadt München zu fechten. Auch sei mein sportlicher Ehrgeiz im Spiel. In meiner Jugendzeit hätte ich Leichtathletik getrieben. Diesen Ehrgeiz teilte meine Frau, eine Münchnerin, die Mitglied des Turnvereins Turnerschaft München und Riegenführerin gewesen sei.

Am 25. April stellten sich die vier Städte mit einem Kurzfilm und erläuternden Reden vor. Die drei anderen Städte verhalfen ihrer Konkurrentin München unfreiwillig zum Erfolg. Ihre Reden ermüdeten die Zuhörer. Vogel und Daume waren nach dem Alphabet als letzte an der Reihe. Sie hatten den guten Einfall, sich kurz zu fassen. Vogel sprach sechs Minuten auf Englisch in freier Rede, was bisher noch niemand getan hatte, dann Daume etwa drei Minuten auf Französisch. Der Film war hervorragend und traf ebenfalls ins Schwarze. Es folgten 24 Stunden bangen Wartens. Am 26. April fiel die Entscheidung. Brundage verkündete: »Die Spiele sind München zugesprochen.« Oberbürgermeister Vogel bezeichnete diesen Tag Jahre später im Fernsehen als den schönsten seines Lebens. Am 27. April feierten wir mittags in der Villa Almone den harterkämpften, verdienten Sieg. Am Nachmittag des gleichen Tages gaben München und Sapporo, das die Winterspiele gewonnen hatte, einen Empfang im Hotel Excelsior zu Ehren des IOK. Der Vertreter der DDR, Schöbel, war inzwischen in das IOK gewählt worden. Ich ging auf ihn zu und gratulierte ihm zu seiner Wahl. Nach allem, was vorgefallen war, hielt ich diese Geste für angebracht, wenn sie auch den Richtlinien der Bundesrepublik nicht entsprach. Die Vergabe der Spiele an München markierte einen – wenn auch kleinen – Schritt zur Entspannung zwischen Ost und West.

Wohl als Dank für unsere Zusammenarbeit in Rom fragten mich Vogel und Daume, ob ich bereit sei, bei der Vorbereitung der Olympischen Spiele in leitender Stellung mitzuarbeiten. Ich lehnte dankend ab, da ich meinen Botschafterposten nach erst einjähriger Tätigkeit nicht aufgeben wollte. 1969 berief mich Vogel in das Organisationskomitee der Spiele und zum Leiter des Protokollausschusses. So konnte ich 1972 an allen Veranstaltungen teilnehmen und außerdem einen Gehilfen und einen Gast mitnehmen. Mein ständiger Adjutant war der Sohn des Denkmalspflegers von Venedig, meines alten Freundes Valcanover. Verwandten und Freunden konnte ich durch die Mitnahme zu Veranstaltungen große Freude bereiten.

Das Attentat auf die israelische Mannschaft warf einen schweren Schatten auf die Spiele und traf die Verantwortlichen völlig unerwartet. Auf deutscher Seite gab es berechtigte Z·veifel, ob die Spiele fortgesetzt werden sollten oder ob es nicht richtiger sei, sie abzubrechen. Brundage nahm uns die Entscheidung ab und verkündete am nächsten Tage im Stadion: »Die Spiele gehen weiter.« Auch der israelische Botschafter erklärte sich in einer Ansprache für die Fortführung der Wettkämpfe.

Am Ende meiner Zeit als Botschafter in Rom hatte ich mich noch einmal mit der Hallstein-Doktrin zu beschäftigen. Bis 1968 hatten die Botschaft und das Generalkonsulat Mailand durch Vorstellungen beim italienischen Außenministerium und der Messeleitung in Mailand erreicht, daß der ostdeutsche Stand nicht als Ausstellung der DDR kenntlich gemacht und auch die Flagge nicht gezeigt werden durfte. 1968 hielt sich die DDR nicht mehr an diese Auflage. Das Generalkonsulat protestierte vergeblich bei der Messeleitung, die sich außerstande erklärte, für die Entfernung der Fahne zu sorgen. Gerade als das Auswärtige Amt insistierte und dem Generalkonsul Seibt empfahl, schärfer vorzugehen, traf ich in Mailand ein, um wie alljährlich an der Eröffnung der Messe teilzunehmen. Da ich einen weiteren Kampf gegen die Embleme der DDR für sinn- und zwecklos hielt, setzte ich mich sofort telefonisch mit dem Auswärtigen Amt in Verbindung. Als Bonn weiterhin auf der Entfernung bestand, erklärte ich wütend: Ich würde nun eigenhändig dafür sorgen, daß das Schild der DDR und die Flagge verschwänden. Das Auswärtige Amt gab daraufhin nach.

Auszeichnungen und Orden

Ich habe als Botschafter oft die Freude gehabt, an italienische Lebensretter deutsche Auszeichnungen zu überreichen. Leider ist die Praxis in der Bundesrepublik Deutschland uneinheitlich, einige Bundesländer verleihen Lebensrettungsmedaillen, andere dagegen nur Ehrenurkunden und eine sehr kleine Geldsumme (damals waren es hundert oder hundertfünfzig Mark). Ich hätte es besser gefunden, wenn die Bundesrepublik selbst eine Lebensrettungsmedaille vergeben hätte – die preußische Lebensrettungsmedaille war seinerzeit die angesehenste Auszeichnung, die ein Mensch überhaupt erhalten konnte.

Einmal mußte ich eine Urkunde und hundertfünfzig Mark einem Italiener überreichen, der als Gastarbeiter in Deutschland gearbeitet hatte und in sein Heimatdorf in den Abruzzen zurückgekehrt war. Wir hatten Mühe, das Dorf ausfindig zu machen. Meine damalige Persönliche Referentin, die Legationsrätin Vollmar, die gerade in Rom angekommen war und noch nicht sehr gut Italienisch konnte, wollte den Bürgermeister des kleinen Ortes anrufen und einen Termin für die Übergabe der Medaille verabreden. Das Telefongespräch kam nur mühsam nach Stunden zustande. Fräulein Vollmar hatte sich den Text, den sie durchsprechen wollte, genau auf Italienisch einstudiert. Die Sekretärin verband sie mit dem Sindaco, und sie erklärte ihm in schönsten Worten, daß Sua Eccelenza, der deutsche Botschafter, auf einer Reise nach Neapel in das Dorf kommen und dort Herrn X eine Ehrenurkunde überreichen wolle. Auf der anderen Seite der Leitung zunächst Stille, dann die betroffene Stimme der Sekretärin: »Verzeihen Sie, mein Fräulein, der Herr Sindaco spricht nicht Englisch!« Daraufhin wiederholte Fräulein Vollmar den gleichen Text mit Stentorstimme, und siehe da, die Verständigung klappte! Die Feier in den Abruzzen war rührend. Der Lebensretter, ein ganz armer Mann, freute sich riesig über das Geld (ich hatte noch etwas zugelegt) und die Ehrung. Um ihm zu verdeutlichen, welch hohe Auszeichnung er erhalten hatte, sagte ich ihm, daß Fürst Bismarck diese Medaille auch besessen und sie immer an erster Stelle an seinem Ordensband getragen hätte. Um zu erklären, wer Bismarck war, fügte ich hinzu: Das ist dasselbe, was für euch der Graf Cavour war, der Mann, der die italienische Einigung herbeigeführt hat. Der Mann strahlte. Es folgte ein wunderbares Volksfest. Der ganze Ort feierte mit.

Ein weiterer Lebensretter verdient erwähnt zu werden: Luigi Monghese, der im April 1963 im Landkreis Darmstadt zwei Kinder und einen Mann aus einem vier Meter tiefen Baggerteich gerettet hat. Die Kinder waren beim Spielen in den Teich gefallen. Ein deutscher Arbeiter sprang ihnen nach, konnte aber nicht schwimmen. Er hatte wohl nicht mit der Tiefe des Wassers gerechnet. Monghese, der zufällig vorbeikam, sprang den dreien nach und konnte sie unter äußerster Kraftanstrengung retten. Wie sich herausstellte, stammte der 29jährige Lebensretter aus Formio. Gesandter Weinhold begab sich dorthin und überreichte ihm eine Urkunde des hessischen Ministerpräsidenten mitsamt einer kleinen Geldsumme. Bei der Feier im Rathaus würdigte Herr Weinhold den Beweis von Nächstenliebe und bewundernswertem Mut in Gegenwart zahlreicher Einwohner der Stadt. Monghese wurde 1965 als Amtsgehilfe in die Quirinal-Botschaft eingestellt und hat dank seines freundlichen Wesens und seiner Hilfsbereitschaft die Botschaft gut repräsentiert. Beide Beispiele zeigen, daß es sich lohnt, derartige Medaillen oder Urkunden am Heimatort des Auszuzeichnenden zu überreichen. Die Feier findet unter Anteilnahme der Bevölkerung, der Verwandten und Freunde statt, und die Bundesrepublik präsentiert sich in lebendiger Form und erweckt Sympathien.

Eine dankbare Aufgabe ist natürlich auch die Überreichung des deutschen Verdienstordens, ein Vorrecht, das dem Botschafter zusteht. Bei einem Essen oder einem Empfang in der Residenz bietet sich die Gelegenheit, Freunde und Bekannte des zu ehrenden Ordensträgers einzuladen. Von den vielen Feiern möchte ich eine besonders bewegende festhalten: die Übergabe des großen Verdienstkreuzes an den Augenarzt Professor Stampelli. Er hatte ein damals noch einzigartiges Verfahren zum Ersatz einer gestörten Linse entwickelt. Sein Ruf war auch in die Bundesrepublik gedrungen, und viele Deutsche hatten sich von ihm operieren lassen. Einigen jungen, vollständig erblindeten Menschen hatte er das Augenlicht wiedergegeben, ohne einen Pfennig zu nehmen, wenn die Patienten arm waren. Nur die Reise mußten sie selbst bezahlen. Frau Stampelli sprach Deutsch und assistierte, wenn ein Deutscher operiert wurde.

Nur bei einer Ordensübergabe entstand eine schwierige Situation. Dr. Luitpold Frommel, damals Assistent der Bibliotheca Hertziana, hatte angeregt, den Kunsthistoriker Gerhart Hess für die Verleihung des Verdienstordens vorzuschlagen. Frommel hatte vorsichtshalber bei Hess, einem jüdischen Emigranten, angefragt, ob er einen deutschen Orden annehmen würde. Hess hatte sich erfreut und vorbehaltlos einverstanden erklärt. Er hatte erst im Alter von vierzig Jahren in München das Studium der Kunstgeschichte begonnen. 1933 flüchtete er zunächst nach Italien und 1938 nach England. 1948 kehrte er nach Rom zurück. Mit Stipendien der Vatikanischen Bibliothek und der Deutschen Forschungsgemeinschaft entfaltete er eine rege Forschungstätigkeit. Seit geraumer Zeit arbeitete er an der Herausgabe und Kommentierung einer Künstlerbiographie des Malers und Kunstschriftstellers Giovanni Baglione, die sich zeitlich an die berühmte Biographie von Giorgio Vasari anschließt. Der unverheiratete Hess war ein Sonderling. Viele Studenten und Gelehrte aus aller Herren Ländern besuchten ihn. Oftmals waren sie erstaunt über sein altmodisches Italienisch, das mit Wörtern aus dem Seicento durchsetzt war, die völlig aus dem Gebrauch gekommen waren. Professor Lotz, der Direktor der Bibliotheca Hertziana, förderte die Arbeit von Hess, weil die Vita des Baglione eine unschätzbare zeitgenössische Quelle darstellt. Der Orden war somit auch als Ansporn gedacht.

An einem warmen Sommertag stiegen Lotz, Frommel und ich zu der im siebten Stock gelegenen Wohnung hinauf. Etwas atemlos erreichten wir unser Ziel. Hess, der wenig ausging und etwas menschenscheu war, hatte gebeten, die Übergabe nicht in der Botschafter-Residenz, sondern in seiner Wohnung vorzunehmen. Zu unserer Überraschung stellte er uns sogleich nach Betreten seiner Wohnung den Scriptor apostolicus der Vatikanischen Bibliothek, den Schweizer Küngle, vor, den er als Zeugen gebeten habe. Hess begann mit einer allgemeinen Unterhaltung und bewirtete uns mit Spumante und Erfrischungen. Als ich, schon etwas ungeduldig, die Unterhaltung mit dem Hinweis unterbrach, ich wolle ihm nun den Orden überreichen, erklärte er unvermutet, er sehe sich außerstande, den Orden anzunehmen. Lotz und Frommel starrten mich entsetzt an, sie befürchteten wohl, ich würde mich angesichts dieses Affronts entfernen. Im ersten Augenblick hätte ich auch beinahe so reagiert, besann mich aber dann eines Besseren. Ich erinnerte mich an London, als ich 1955 meine Mitarbeiter bat, bei der Behandlung von Wiedergutmachungsfällen viel Geduld zu zeigen und nicht die Nerven zu verlieren. So fragte ich Hess, was ihn trotz seines vorherigen Einverständnisses veranlaßt habe, plötzlich die Annahme des Ordens zu verweigern. Hess begründete seine Haltung damit, daß ihm durch den Bayerischen Staat eine zu geringe Wiedergutmachung zuerkannt worden sei. Er sei nicht als Hochschulprofessor eingestuft worden und verlange eine erneute Prüfung. Als Jude habe er sich nicht habilitieren können. Das sei nicht seine Schuld. Außerdem müsse sich die Bibliotheca Hertziana verpflichten, die Druckkosten für die Vita zu übernehmen. Mit Rücksicht auf sein hohes Alter – achtzig – bäte er, einen jüngeren Gelehrten mit der Fertigstellung der Arbeit zu beauftragen. Professor Lotz und ich versprachen ihm, uns für seine gerechtfertigt erscheinenden Forderungen einzusetzen. Beim Hinuntergehen der sieben Treppen bedankten sich Lotz und Frommel, daß ich so ruhig reagiert hätte.

Aufgrund meiner früheren Tätigkeit in der Bayerischen Staatskanzlei konnte ich binnen kurzer Zeit eine Höhereinstufung für Hess erreichen. Der Beirat der Bibliotheca Hertziana unter Vorsitz von Professor Butenandt ging unter Würdigung der großen wissenschaftlichen Bedeutung der Arbeit ebenfalls auf die Bitte von Hess ein. So wurde der Weg für ein erneutes Erklimmen der sieben Stockwerke frei.

Schließlich möchte ich von einem Ereignis berichten, bei dem die bekannte Filmschauspielerin Sophia Loren die Hauptrolle spielte. Sie wurde in München von einem kleinen Mädchen angesprochen: »Sie sind Italienerin. Mein Vater ist im Krieg gefallen. Sein Grab liegt auf dem Soldatenfriedhof in Pomezia bei Montecassino. Meine Mutter und ich haben nicht genug Geld, um dorthin zu fahren. Würden Sie so freundlich sein, für zehn Mark Blumen zu kaufen und sie auf das Grab meines Vaters zu legen, wenn sie nach Rom zurückgekehrt sind?« Als das Mädchen dem großen Star das Geld geben wollte, winkte sie ab und versprach, den Wunsch des Mädchens zu erfüllen. Nach Rom zurückgekehrt, hat Frau Loren sich nicht an die Botschaft gewandt. Sie hat den Friedhofsverwalter in Pomezia angerufen und ihn gebeten, die Lage des Grabes festzustellen. Als sie auf dem Friedhof erschien, bat sie den Verwalter, ihren Besuch niemandem gegenüber zu erwähnen. Sie wolle unbemerkt und in aller Stille Blumen auf das Grab legen. Anläßlich einer der alljährlichen Gedenkfeiern am Totensonntag erzählte mir der Friedhofsverwalter diese rührende Geschichte unter dem Siegel der Verschwiegenheit. Nachdem inzwischen viele Jahre vergangen sind, wird es mir Sophia Loren nachsehen, wenn ich nunmehr von dieser von großer Menschlichkeit zeugenden Begebenheit berichte.

Die offiziellen Besuche aus Deutschland hielten sich damals noch in Grenzen. Ich habe ebenso wie in London wichtige Besucher selbst am Flugplatz abgeholt und sie auch wieder dorthin begleitet. Selbstverständlich habe ich an allen Gesprächen, die der Besucher in Rom führte, teilgenommen, was heute leider oft nicht mehr die Regel ist. Die Teilnahme des Botschafters oder seines Vertreters ist schon deshalb zweckmäßig, weil die Besuche von der Botschaft vorbereitet werden und die Botschaft im Anschluß an den Besuch die Verhandlungen weiterführen oder die Ergebnisse der Gespräche direkt umsetzen muß. Die Besuche ergaben für mich die Möglichkeit, Persönlichkeiten der italienischen Politik näher kennenzulernen, mit denen ich bisher noch nicht direkt zu tun hatte. So war zum Beispiel der Besuch des Bundesratspräsidenten Lemke in Begleitung des Direktors des Bundesrates Albert Pfitzer eine gute Gelegenheit, den Senatspräsidenten Merzagora kennenzulernen und einen Einblick in die Arbeit des Senats zu gewinnen.

Am Besichtigungsprogramm der Gäste nahm ich nur in Ausnahmefällen teil. Ich schloß mich an, wenn beispielsweise archäologische Objekte gezeigt wurden, die sonst nicht zugänglich waren, oder wenn alte Freunde als Gäste kamen. Bundesratspräsident Lemke hatte uns schon in London besucht und war während meiner Bonner Zeit als Minister und später als Ministerpräsident von Schleswig-Holstein viele Jahre lang mein Gastgeber bei der Kieler Woche gewesen. Mit Pfitzer hatte ich enge Fühlung in Bonn gehalten, um Bundespräsident Lübke über die Arbeit des Bundesrates unterrichten zu können. Als beide mich in Rom besuchten, bat ich den Direktor der Vatikanischen Museen, den Brasilianer Regis de Campos, für meine Freunde ein besonders schönes Besichtigungsprogramm vorzubereiten. Zu unserer Freude führte er uns in die Sixtinische Kapelle zu einer Zeit, als sie für den Publikumsverkehr geschlossen war, und anschließend in die Privatkapelle und einige der Privaträume des Papstes. Regis de Campos war gleichzeitig brasilianischer Kulturattaché, da er als Direktor der Vatikanischen Museen ein sehr geringes Gehalt bezog. Die Unterhaltung der gewaltigen vatikanischen Kunstsammlungen erforderte so große Mittel, daß der Vatikan schon an den Verkauf eines Teils der Sammlungen gedacht haben soll. Das relativ hohe

Eintrittsgeld in die Vatikanischen Museen, das über dem für die staatlichen italienischen Museen liegt, ist nur ein Tropfen auf den heißen Stein.

Oft führten wir unsere Gäste auch nach Frascati in die Albaner Berge. Fürst und Fürstin Aldobrandini führten in ihrer Villa – bei uns würde man sagen: Schloß – ein offenes Haus, auch unsere Gäste waren stets willkommen. Die prachtvolle, den Ort beherrschende Villa wurde von dem berühmten Renaissance-Baumeister Giacomo della Porta erbaut. Fürstin Luisa ist die Tochter des deutschen Botschafters Graf Welczeck, der bis 1939 in Paris und später in Madrid auf Posten war. Meine Eltern waren mit den Welczecks befreundet. Luisas Bruder, ein guter Freund und Kollege von mir, starb als Botschafter in Venezuela. Der Aufenthalt in der kühlen sauberen Bergluft Frascatis war für alle, die aus der stickigen Großstadtluft Roms kamen, sehr erholsam.

Der Besuch von Bundeskanzler Kiesinger in Begleitung von Außenminister Brandt in Rom im Jahre 1967 wird mir aus den verschiedensten Gründen unvergeßlich bleiben. Kiesinger und der italienische Ministerpräsident Moro hatten sich bei dem Besuch Moros in Deutschland im Jahre 1964 kennengelernt. Auf ausdrücklichen Wunsch von Moro war ein Besuch in Stuttgart vorgesehen worden, weil in Baden-Württemberg viele italienische Gastarbeiter lebten. Höhepunkt der Reise waren die Begegnung Moros mit seinen Landsleuten in einer Fabrik von Bosch und der feierliche Abschluß im Stuttgarter Schloß. Kiesinger war ein ausgezeichneter Redner. Er war geschichtlich und kulturell gut bewandert, dazu voller Einfälle. Auch konnte er gut improvisieren. Er hielt eine begeisternde Rede. Zunächst lobte er die italienischen Gastarbeiter, die einen wesentlichen Beitrag zur deutschen Wirtschaft leisteten. Sodann entwarf er ein lebendiges, farbenreiches Bild der deutsch-italienischen Beziehungen in der Stauferzeit. Das Geschlecht der Hohenstaufen, der Waiblinger, stamme aus Schwaben. Kaiser Friedrich II., dessen Mutter Konstanze die Tochter König Rogers II. von Sizilien war, sei in Italien geboren und in Palermo begraben. Friedrich II. gehöre Italienern und Deutschen zugleich. Kiesinger schloß mit einem Loblied auf die italienische Küche. Den Spaghetti würde Moro in Schwaben in der verkleinerten Form von Spätzle begegnen. Moro war begeistert. Der Besuch in Stuttgart war ein voller Erfolg.

Für jeden Staatsbesuch wird bekanntlich ein »Minutenprogramm« – man kann es auch Drehbuch nennen – ausgearbeitet. Kiesinger legte Wert darauf, im voraus die kleinsten protokollarischen Einzelheiten zu kennen. So wurde ein »Sekundenprogramm« erstellt! Leider hielt sich Kiesinger nicht immer daran. Oft wollte er plötzlich vom Programm abweichen. Pünktlichkeit war auch nicht seine Tugend. So traf er schon erheblich verspätet in Rom ein, weil er zu spät von Bonn abgeflogen war. Nun mußte er längere Zeit über dem Flugplatz kreisen, da de Gaulle gerade von Rom abflog. Auf der Fahrt zum Palazzo Chigi, dem Amtssitz des italienischen Ministerpräsidenten, fragte mich Kiesinger, welcher General an der Begrüßungszeremonie teilnehmen werde. Ich antwortete ihm, daß ließe sich nicht vorhersagen. Es könne der Chef des Generalstabs, der Stadtkommandant von Rom oder der Korpskommandant sein. Ich kannte alle drei und würde ihm rechtzeitig sagen, wer erschienen sei.

Eine Kranzniederlegung am Grabmal des Unbekannten Soldaten war vorgesehen. Kiesinger, der alles immer besonders gut machen wollte, hatte den Militärattaché der Botschaft um eine ganz genaue Beschreibung der Zeremonie gebeten, die ich ihm nach seiner Meinung nicht detailliert genug geschildert hatte. Vor allem wollte er wissen, wie lange er nach Niederlegung des Kranzes in ehrerbietiger Haltung verharren müsse. Die Italiener erfüllten den Wunsch Kiesingers nach Perfektion. Die beiden einfachen Angehörigen der Streitkräfte, die für gewöhnlich zu beiden Seiten des Ehrenmals standen, wurden durch zwei Carabinieri-Offiziere ersetzt, die in Matrosenuniform gesteckt wurden. Die Botschaft nahm, nach Anweisung des Militärattachés, folgende Ergänzung in das Minutenprogramm auf: Die italienische Nationalhymne habe verschiedene längere Pausen. Es bestehe die Gefahr, daß der Kanzler eine der Pausen für das Ende der Hymne halten und sich zu früh umdrehen könne. Darum werde der rechts von ihm stehende, als Matrose verkleidete Offizier ihm das Ende der Hymne durch ein Scharren mit der rechten Fußspitze anzeigen. Als ich diese Ergänzung las, war ich überzeugt, daß das so nicht funktionieren würde. Und genau so kam es: Der Carabiniere scharrte zu früh. Kiesinger bemerkte das Scharren nicht und blieb regungslos stehen, auch als die Hymne längst zu Ende war. Ich näherte mich ihm und gab ihm ein Zeichen.

Am letzten Abend seines Aufenthaltes war Kiesinger vom früheren Direktor des Goethe-Instituts, Raffalt, der als freier Schriftsteller in einem der schönsten Paläste in der Nähe des Trajanforums wohnte, eingeladen. In dem Palast hatte der italienische Münchhausen, der Marchese del Grillo, gelebt. Die mit alten Möbeln eingerichtete Wohnung, das hervorragende Essen – Kiesinger war bekannt als Gourmet – und Gesang von venezianischen Sängern sorgten für Stimmung. Kiesinger gefiel es so gut, daß er weit über die vorgesehene Zeit blieb, obwohl er im Hotel an einer Pressekonferenz des Außenministers teilnehmen sollte. Staatssekretär Diehl und ich mahnten ihn mehrmals vergeblich zum Aufbruch. Als wir im Hotel eintrafen, war die Pressekonferenz von Außenminister Brandt bereits in vollem Gang. Der parlamentarische Staatssekretär im Bundeskanzleramt Freiherr von Guttenberg bemerkte spöttisch: »Der Außenminister hält in Ihrer Abwesenheit eine Pressekonferenz ab.« Diehl, bekannt für seinen »Mut vor Fürstenthronen«, bemerkte schneidend: »Gott sei Dank ist der Außenminister pünktlich erschienen. Der Botschafter und ich gehen jetzt schleunigst zur Konferenz.« Wir ließen Kiesinger stehen, weil wir zu spät kamen und wütend waren. Kaum war die Pressekonferenz beendet, ließ uns Kiesinger durch einen Mitarbeiter bitten, zu einem Abschiedstrunk auf sein Zimmer zu kommen. Das hatten wir nicht erwartet und folgten dieser versöhnlichen Geste.

Am Schluß bat ich Kiesinger, einige Dankesschreiben zu zeichnen und seine Photographien, die für seine Gastgeber bestimmt waren, mit entsprechender Widmung zu versehen. Am nächsten Morgen mußte ich feststellen, daß er aus Bequemlichkeit die Photos nicht mit einer Widmung, sondern nur mit seinem Namen versehen hatte. Ich schickte sie ohne Silberrahmen zurück mit dem Bemerken, es sei üblich, auf die Photos die Namen der Empfänger mit einigen freundlichen Worten des Dankes zu setzen. Nur Könige und Staatsoberhäupter könnten von dieser Regel abweichen. Trotz dieser kleinen Pannen war der Besuch ein voller Erfolg. Dazu hatten Kiesingers Liebenswürdigkeit, sein Charme, seine immer wieder gezeigte echte Zuneigung zu Italien und sein würdevolles Auftreten beigetragen. Er hatte *bella figura* gemacht.

Der Besuch des Bundesverkehrsministers Georg Leber zur Teilnahme an der Messe in Mailand 1968 begann gleich mit einer Panne. Ich war nach Mailand gefahren, um ihn zu empfangen. Als ich den

Flughafen erreichte, war die Bundeswehrmaschine schon gelandet. Ich fand den Minister und seine Begleiter im Restaurant bei einer Tasse Espresso. Da ich auf Vorwürfe gefaßt war, entschuldigte ich mich vorbeugend in höchst feierlicher Form. Leber winkte freundlich ab und lud mich zu einem Kaffee ein. Nach Jahren trafen wir uns auf Sardinien wieder, in der Villa von Christine Gräfin Podewils, der Witwe von Max Podewils, der Botschafter in Kanada und Österreich gewesen war. In Kanada hatte sich Leber mit der Familie Podewils angefreundet. Als Leber seine Frau verloren hatte, fand er in der Villa Christina Trost und Zuspruch von alten und neuen Freunden, denen er dort begegnete. Meist saßen wir bis in die frühen Morgenstunden beieinander, weil er die Nacht und die traurigen Gedanken fürchtete. Wir erzählten uns aus unseren so verschiedenen Lebensläufen, entdeckten manche Gemeinsamkeiten und kamen uns nahe. Die vielen Jugendlichen im Hause hörten Leber gebannt zu, wenn er von seinen Erfahrungen bei der Sicherung des äußeren und inneren Friedens sprach. Auf ihre oft bohrenden Fragen ging er mit großer Geduld ein. Sein ausgewogenes Urteil überzeugte die jungen Skeptiker.

Leber entpuppte sich als begabter Landschaftszeichner, als einige von uns in einer Art Wettbewerb die Schönheit der Landschaft mit einem Zeichenstift oder mit Farben einzufangen versuchten. Seine Zeichnungen schmücken noch heute die Wände der Villa, während die anderen im Papierkorb endeten. Zur Erinnerung an unseren gemeinsamen Aufenthalt fertigte er eine Urkunde an, mit der er mich, den Rittmeister der Reserve a. D., zum General der Kavallerie beförderte. Gerne sprach er von seiner Zeit als Bundesminister der Verteidigung. Er hatte wie kein anderer seiner Vorgänger oder Nachfolger das Vertrauen und die Zuneigung seiner Soldaten gewonnen. Darauf war er mit Recht stolz.

Sein Rücktritt war nicht ohne Tragik. Auf Vorschlag des Militärischen Abschirmdienstes hatte er angeordnet, Telefongespräche einer verdächtigen Person abzuhören, in der Annahme, daß dies zulässig sei. Als sich herausstellte, daß es ungesetzlich war, übernahm er die volle Verantwortung und trat zurück – in Deutschland, im Gegensatz zu England, ein ungewöhnlicher Vorgang, der Hochachtung verdient und zur Nachahmung empfohlen werden kann. Viele seiner Freunde wie auch ich bedauerten, daß seine politische Karriere früh endete. Wir waren überzeugt, daß er nach Charakter und Fähigkeiten eine der seltenen Persönlichkeiten ist, die große Aufgaben meistern können. So hätten ihn viele gerne als Bundespräsidenten gesehen. Sein Rat ist immer gefragt, sei es als Schlichter bei Tarifstreitigkeiten oder als »Old wise man« in Verteidigungsfragen.

Der Besuch von Rainer Barzel, dem damaligen Fraktionsvorsitzenden der CDU, im Jahre 1967 verlief in mancher Hinsicht nicht wie vorgesehen. Barzel war für mich kein Unbekannter. Zuerst war ich ihm begegnet, als er persönlicher Referent des Ministerpräsidenten von Nordrhein-Westfalen war. Karl Arnold war sicherlich ein guter Lehrmeister für einen jungen Politiker. 1962/63 traf ich ihn wieder, als seine steile Karriere begann. Ich konnte beobachten, wie der Neuling bemüht war, sich vor allem bei den Sitzungen des Bundeskabinetts in das rechte Licht zu setzen. Er war zunächst noch etwas unsicher und bat mich, den älteren, gelegentlich, ihm offen zu sagen, wie mir seine Auftritte gefallen hätten. Er war für Kritik empfänglich. Er formulierte gut und reagierte schnell auf Einwände. Seine Intelligenz, Freundlichkeit und sein bescheidenes, natürliches Auftreten wurden allgemein geschätzt.

Barzel war nach Rom gekommen, um mit führenden Persönlichkeiten der Christdemokratischen Partei zu sprechen. Ich holte ihn am Flughafen ab. Beim Mittagessen in der Villa Almone besprachen wir sein Programm, und ich hatte Gelegenheit, ihm zur Einstimmung meine Lagebeurteilung vorzutragen. Er bat mich, ihn bei seinen Besuchen zu begleiten. Die Bitte war ungewöhnlich, da Botschafter an Besprechungen, die auf Parteiebene stattfinden, im allgemeinen nicht teilnehmen. Ich erfüllte ihm seinen Wunsch, da ich darin einen Ausdruck seines Vertrauens sah und sich mir die Gelegenheit bot, einen Einblick in die Parteiarbeit zu gewinnen. Eine wichtige Begegnung fand beim Generalsekretär der DC, Mariano Rumor, statt. Auf meine Frage, wo der Dolmetscher bleibe, antwortete Rumor, er sei aufgrund eines Mißverständnisses nicht gekommen. Er bat mich, diese Aufgabe zu übernehmen.

Alle Begegnungen verliefen in angenehmer Atmosphäre. Die liebenswürdige, aufgeschlossene Art des Gastes gefiel den Italienern. Am Ende seines Aufenthaltes faßte Barzel seine Eindrücke in einer Aufzeichnung zusammen. In einigen Punkten schienen mir seine Schlußfolgerungen nicht ganz zutreffend. Da ich als Nothilfe-Übersetzer den gesamten Verlauf der Gespräche nicht so gut verfolgen konnte, benutzte ich die nächste Gelegenheit, um den Verlauf der Unterredung noch einmal mit den Italienern durchzusprechen. Dabei stellte ich fest, daß Barzel seine Gesprächspartner teilweise mißverstanden hatte. Der italienischen Seite war dies natürlich nicht aufgefallen; sie war zufrieden und voll des Lobes über Herrn Barzel. Somit erschien sein Besuch als Erfolg. Die Folgen solcher Mißverständnisse können schwerwiegend sein.

In London hatte ich in den fünfziger Jahren schon einmal eine ähnliche Erfahrung gemacht. Barzel hatte mich gebeten, eine Begegnung mit dem bekannten spanischen Exilpolitiker Salvadore Madariaga, inzwischen Professor in Oxford, zu vermitteln. Er wollte Madariaga für eine antikommunistische Bewegung »Aktion Freiheit« gewinnen. Zum Mittagessen trafen sich die beiden bei mir. Barzel entwickelte seine Ideen. Madariaga beschränkte sich aufs Zuhören und verhielt sich zurückhaltend. Sein Kommentar am Ende des Gespräches waren die Worte: »It is very interesting.« Barzel war der Meinung, daß er Madariaga für sein Vorhaben gewonnen habe, während ich überzeugt war, daß er ablehnen werde. Nach einiger Zeit teilte mir Madariaga in höflicher Form mit, daß er sich nicht beteiligen werde. Ich fragte mich, ob die Fehleinschätzung Barzels auf zu starkes Wunschdenken oder auf mangelnde Kenntnis der Reaktionsweisen anderer Völker zurückzuführen war.

Bundesminister Hermann Höcherl war ein gerngesehener Gast in Italien. Mit seiner ungezwungenen, menschlichen Art gewann er die Herzen der Italiener. Er war ein bayerisches Original, eine barocke Persönlichkeit in Sprache und Gehabe. Ich hatte ihn bereits Anfang der fünfziger Jahre kennengelernt. Wir gehörten beide dem Beirat der Bayerischen Vereinsbank an. Ihr Vorstandssprecher, Baron Christoph Tucher, hatte mich auf den jungen, vielversprechenden Rechtsanwalt und Bundestagsabgeordneten aufmerksam gemacht. Er werde es sicher zu etwas bringen. Als ich von 1961 bis 1965 Chef des Bundespräsidialamtes war, traf ich Höcherl, der inzwischen Bundesminister des Inneren geworden war, regelmäßig in den Sitzungen des Kabinetts und bei seinen Besuchen bei Bundespräsident Lübke. Wir wurden bald gute Freunde. Im Kabinettssaal saß ich ihm gegenüber. So konnte ich beobachten, wie er stets gegen elf Uhr seine Brotzeit aus der Aktentasche hervorholte, langsam auspackte und genüßlich verspeiste. Adenauer war zunächst verwundert, ließ ihn aber gewähren. Wenn weniger interessante Themen behandelt wurden, schlief ich gelegentlich fast ein. Höcherl, der ein guter Beobachter war, schaute mich dann wie ein Hypnotiseur durchdringend an und machte eine vorwurfsvolle Bewegung mit seinem rechten Zeigefinger, bis ich aus meinem Halbschlaf erwachte. Seine Ausführungen im Kabinett zeichneten sich durch Klarheit aus und wurden mit bayerischem Akzent vorgetragen und durch witzige Bemerkungen belebt. Zuweilen erinnerte er auch in der Gestalt an den großen Komiker Hans Moser.

Höcherl trat mutig für seine Überzeugungen ein und scheute sich nicht, Adenauer zu widersprechen. Dies geschah stets in vollendet höflicher Form mit manchmal leisem, ironischem Unterton. Trotz seines Temperaments wurde er nie ausfallend. So hatte er über die eigene Partei hinaus viele Freunde. Er mochte die Menschen, und die Menschen mochten ihn. Außerordentliche Gaben des Verstandes und des Herzens hätten ihn sicher befähigt, noch höhere Aufgaben zu erfüllen. Hierzu fehlte ihm der Wille zur Macht. Er war auch nicht bereit, auf ein gewisses Maß an Privatleben zu verzichten und sich ganz der Politik zu verschreiben. Einen fröhlichen Abend im Freundeskreis bis tief in die Nacht beim Wein genoß er in vollen Zügen.

Höcherl hatte die den Deutschen oft fehlende Gabe, sich in die Mentalität anderer Völker und Menschen hineinzuversetzen. Als die Verhandlungen mit dem italienischen Landwirtschaftsminister Restivo festgefahren waren, hatte er mit seinem italienischen Kollegen in der Botschaft eine Aussprache. »Wir sind beide Südländer. Sie sind Sizilianer, ich Bayer. Ich bin ein bayerisches, Sie sind ein sizilianisches Schlitzohr. Wir werden doch handelseinig werden, Sie haben gewisse Forderungen, da kann ich Ihnen entgegenkommen. Ich habe gewisse Wünsche, die Sie mir erfüllen können.« Man einigte sich. Ich hatte Schwierigkeiten, den richtigen italienischen Ausdruck für »Schlitzohr« zu finden. Am Abend kam Höcherl mit seinem Staatssekretär Hüttebräuker in die Residenz. Außer mir war noch der Leiter der Wirtschaftsabteilung, Graf Lerchenfeld, anwesend. Nach erfolgreichem Abschluß der bayerisch-sizilianischen Verhandlungen wurde es ein langer Abend, die Stimmung immer heiterer, Wein und Whisky lockerten die Zungen. Plötzlich erklärte Höcherl mir: »Sie sind doch eine Exzellenz Saukopf.« Hüttebreuker, ein korrekter preußischer Beamter, war entsetzt: »Wie können Sie den Herrn Botschafter so anreden?« Worauf Höcherl nur erwiderte: »Er ist aber ein Saukopf.« Um drei Uhr morgens verließ er die Botschaft in beschwingter Stimmung. Graf Lerchenfeld begleitete ihn zum Hotel Quirinal. Als sie dort ankamen, erklärte Höcherl, er wohne nicht hier, und war nicht zu bewegen, auszusteigen. Er bestand darauf, noch eine Rundfahrt durch das nächtliche Rom zu machen.

Am nächsten Vormittag sollte Höcherl in Privataudienz in Begleitung des Botschafters beim Vatikan vom Papst empfangen werden. Ich fürchtete, daß er nach der durchwachten Nacht nicht rechtzeitig aus dem Bett kommen würde, und fuhr um neun Uhr zu seinem Hotel. Da saß Höcherl wider Erwarten frisch und munter im Frack mit Orden am Frühstückstisch. Befriedigt kehrte ich um, da mein Kollege beim Vatikan ihn in einer halben Stunde abholen würde.

Der Präsident des Bundesverbandes der deutschen Industrie, Fritz Berg, hatte mir versprochen, mit einer Delegation des Verbandes nach Rom zu kommen, um eine gemeinsame Sitzung mit der Confindustria, der italienischen Industriellenvereinigung, abzuhalten und in einen Meinungsaustausch einzutreten. Bei dieser Gelegenheit wolle er mich bei seinen italienischen Kollegen einführen und mich damit am Beginn meiner Arbeit tatkräftig unterstützen, ebenso wie es der Bundesverband bei meinem Dienstantritt als Botschafter in London getan habe. Dies solle auch ein sichtbares Zeichen des Dankes für die gute Zusammenarbeit sein, die zwischen uns bestanden hatte, als ich Protokollchef und später Staatssekretär und Chef des Bundespräsidialamtes in Bonn war. Diese Initiative des BDI war eine einmalige und für mich besonders wertvolle Geste, weil sie mir die Türen zur italienischen Wirtschaft weit öffnete.

Die Parteien

Die Vielzahl der Parteien in Italien ist eine Folge des Wahlrechts, das dem der Weimarer Republik ähnelt. Versuche, es zu ändern, sind bisher immer am Widerstand der kleineren Parteien gescheitert, die mit Recht um ihren Bestand fürchten. Die Parteienzersplitterung hat zur Folge, daß sich die Regierungsbildung oft schwierig gestaltet und daß die Regierungen nur kurze Zeit im Amt verbleiben. Seit 1945 hat

Italien über 45 Regierungen erlebt. Die Italiener sind Individualisten – das kommt auch in dem Verhalten der Wähler und Gewählten zum Ausdruck. Es grenzt unter diesen Umständen an ein Wunder, daß es trotzdem eine Kontinuität in der Regierungsarbeit gibt. Dies ist nicht nur der Bürokratie zu verdanken, sondern auch dem Umstand, daß letztlich immer wieder dieselben Politiker, in unterschiedlicher Funktion, in den Kabinetten vertreten sind – an den 45 Regierungen seit Kriegsende waren nicht mehr als 150 Personen beteiligt.

Die stärkste Partei ist seit dem Krieg die Democrazia Cristiana, wenn sie auch im Laufe der Zeit Stimmen verloren und sich abgenützt hat. Die Christdemokraten hatten unter de Gasperi einen Rechtskurs gesteuert. Fanfani verkündete die *apertura a sinistra*, die Öffnung nach links, allerdings ohne durchschlagenden Erfolg. Aldo Moro leitete die Politik des *centro-sinistra* ein. Die DC setzt sich aus verschiedenen *correnti* (Flügeln) zusammen, oder besser gesagt, sie zerfällt in Strömungen, deren Führer untereinander rivalisieren. So kam es immer wieder vor, daß Christdemokraten, aber auch Abgeordnete anderer Regierungsparteien, gegen die Regierung stimmten. Inzwischen sind geheime Abstimmungen, die diese *franco tiratori* – die Heckenschützen – begünstigen, eingeschränkt worden.

Seit 1945 hat die DC mit Ausnahme der Kabinette Spadolini und Craxi die Ministerpräsidenten gestellt. Da die Regierungen im Durchschnitt nur ein Jahr im Amt blieben, wechselten die Ministerpräsidenten ständig. Mit Ausnahme des »Außenseiters« Goria kamen sie aber sämtlich aus der Gruppe der führenden christdemokratischen Politiker. Manche von ihnen hatten den Posten des Regierungschefs mehrmals inne, Rekordhalter ist Andreotti, der siebenmal Ministerpräsident war.

Ein Vergleich zwischen deutschen und italienischen Parteien kann leicht zu falschen Schlüssen führen. Das Programm der SPD hat vieles gemeinsam mit dem der italienischen Sozialdemokraten, der Sozialisten, ja sogar mit dem der Republikaner. In Italien gibt es zwei liberaldemokratische Parteien, die Republikaner und die Liberalen, die ungefähr der Staatspartei und der Deutschen Volkspartei im Reichstag der Weimarer Republik entsprechen. Ich machte die Beobachtung, daß sich die italienischen Abgeordneten ganz anders verhalten als die englischen, obgleich die Italiener die Engländer bewundern und ein wenig nach London schielen, um zu wissen, was dort vor sich geht. In England bin ich oft ins Parlament gegangen, auch bei nichtpolitischen Debatten; meine Anwesenheit wurde stets von den Abgeordneten dankbar bemerkt. Wenn ich in Italien in die Kammer oder in den Senat ging, beachteten mich die Senatoren und Abgeordneten überhaupt nicht. Sie waren viel zu sehr mit sich selbst beschäftigt, um auf die Diplomatenloge zu schauen oder Wert darauf zu legen, daß ausländische Vertreter ihren Debatten beiwohnten. Ihr Verhalten änderte sich, wenn sie sich in ihren Wahlkreisen aufhielten. Auf Reisen in der Provinz machte ich die Erfahrung, daß die Abgeordneten und Senatoren über meinen Besuch stets außerordentlich erfreut waren, weil es ihr Ansehen bei ihren Wählern erhöhte. So sorgten sie fast immer dafür, daß die örtlichen Zeitungen über meinen Besuch berichteten. In den ersten Jahren lud ich wie in London oft Parlamentarier zu mir nach Hause ein. Meine Protokollsekretärin war verzweifelt, denn Zu- oder Absagen kamen oft erst im allerletzten Augenblick. Auch telefonische Anfragen seitens der Botschaft blieben erfolglos. Sie konnten oder wollten sich einfach nicht festlegen, erwarteten vielleicht auch wichtige Debatten. Da hatte der Pressereferent Rüdiger von Pachelbel einen ausgezeichneten Einfall. Er schlug vor, die neugewählten Abgeordneten sofort nach ihrer Wahl einzuladen. Ihnen seien die schlechten Angewohnheiten der alten Kollegen noch nicht bekannt, sie seien noch »unverdorben« und würden sich durch eine Einladung des Botschafters geehrt fühlen. Das Experiment gelang: Die »jungen« Abgeordneten kamen!

Infolge des italienischen Wahlrechts, das keine Fünfprozentklausel kennt, gab es vier linke Parteien: die Kommunisten, eine kommunistische Splitterpartei, die Sozialdemokraten unter Saragat und die Sozialisten unter Nenni. Diese Zersplitterung und damit das Fehlen einer großen, staatstragenden sozialistischen Partei hatte nachteilige Folgen für die Entwicklung der italienischen Politik nach dem Zweiten Weltkrieg. Es gab keine Möglichkeit der Regierungsbildung ohne die Christdemokraten, da die Kommunisten, die zweitgrößte Partei, nach Auffassung aller anderen Parteien für eine Koalition nicht in Betracht kamen. In Italien kam mir erst recht zum Bewußtsein, wie dankbar wir Deutschen sein konnten, daß es seit 1945 im Gegensatz zur Weimarer Republik auf der Linken nur die Sozialdemokratische Partei gab. So sagte ich einmal CDU-Abgeordneten, sonntags ginge ich immer in die Kirche, allerdings immer in verschiedene, und dankte dem Herrgott, daß er uns Deutschen die SPD beschert habe. Zunächst waren sie verdutzt, begriffen aber, was ich meinte.

Versuche, die Sozialdemokraten und die Sozialisten auf Dauer zu vereinen und damit ein Gegengewicht gegen Kommunisten und Christdemokraten zu bilden, sind bis heute erfolglos geblieben. Die deutsche Sozialdemokratische Partei hat versucht, diesen Zusammenschluß zu fördern. Willy Brandt gab mir als Außenminister die Weisung, in diesem Sinne tätig zu werden. Zu meiner Zeit lehnten die Sozialisten ein Zusammengehen mit den Kommunisten nicht grundsätzlich ab. Der Sozialdemokrat Saragat war dagegen ein entschiedener Gegner der Kommunisten. In den Jahren 1965 bis 1969 unterhielt die Botschaft keine offiziellen Beziehungen zu den Kommunisten. Es bestand aber ein inoffizieller Draht. Unser Pressereferent von Pachelbel stellte einen Kontakt zu dem Mitglied des Zentralkomitees der KPI, Segre, her, der mit einer Deutschen verheiratet war. Einmal erhielt ich zu Weihnachten eine Quarzuhr mit der Inschrift »omaggio dell'Unità« (gewidmet von der Unità, der kommunistischen Zeitung) geschenkt. Diskreterweise war mein Name nicht eingraviert.

Der Sozialdemokrat Leo Bauer, ein früherer Kommunist, kam öfter in Begleitung Willy Brandts oder auch allein nach Italien. Die Unterhaltungen mit ihm über die KPI waren stets lohnend und anregend. Bauer war schon sehr früh der Auffassung, daß die italienischen Kommunisten zu Moskau auf Distanz gingen, und sah den Eurokommunismus voraus. Lachend meinte er, Segre habe eigentlich einen deutschen Orden verdient. Die SPD hatte Herrn Cohen-Brandenburg beauftragt, in regelmäßigen Abständen nach Rom zu fahren und als Sonderabgesandter zu den sozialistischen Parteien tätig zu werden. Am Anfang und Ende seiner Besuche suchte er stets mich auf und hielt mich dankenswerterweise auf dem laufenden.

1968 mißbilligten die italienischen Kommunisten den sowjetischen Einmarsch in die Tschechoslowakei. 1973 verkündete Berlinguer, der übrigens aus einer sardischen Adelsfamilie stammte, die Strategie des *compromesso storico* (die Einbeziehung der Kommunisten in die Regierungsverantwortung, die kurz nach dem Kriege bestanden hatte). Bisher hat eine Beteiligung der Kommunisten an der Regierung noch nicht stattgefunden.

Immer wieder wurde mir die Frage vorgelegt, ob Italien kommunistisch werde oder zumindest unter starken kommunistischen Einfluß geraten würde. Ich habe dies damals immer verneint und darauf hingewiesen, daß den Italienern die starre marxistisch-leninistische Lehre nicht liege. Viele Italiener wählen aus Protest gegen die Verfilzung der Parteien, vor allem aus Protest gegen die Democristiani, kommunistisch. Wäre ich Italiener, hätte ich Verständnis für meine Landsleute, die kommunistisch wählen, um den Regierenden Feuer unter dem Frack zu machen.

Als führende deutsche Sozialdemokraten sich Ende der sechziger Jahre in Mailand heimlich mit italienischen Kommunisten trafen, kam es zu einem Eklat. Der italienischen Polizei blieb dieses Treffen natürlich nicht verborgen. Der christdemokratische Innenminister Taviani hatte eine diebische Freude, Präsident Saragat die Begegnung in allen Einzelheiten zu melden. Saragat war wütend und fühlte sich von seinem Freund Brandt hintergangen. Ich wurde in den Quirinal gebeten. Saragat verlangte ein umgehendes Dementi. Ich versuchte zunächst vergeblich, Herbert Wehner zu erreichen. Dann telefonierte ich mit Staatssekretär Duckwitz im Auswärtigen Amt, einem guten Freund, der Mitglied der SPD war. Innerhalb von wenigen Stunden gab Duckwitz ein Dementi durch, das meiner Meinung nach in den Augen von Saragat nicht ausreichend sein würde. Ich machte einen Gegenvorschlag, der auch von Duckwitz gebilligt wurde. Auf diese Weise wurde der peinliche Zwischenfall beigelegt, ohne daß die Öffentlichkeit etwas davon erfahren hatte.

Deutsch-italienische Wirtschaftsbeziehungen

Die deutsch-italienischen Wirtschaftsbeziehungen haben sich im Rahmen der Europäischen Gemeinschaft sprunghaft entwickelt. Von unseren Handelspartnern steht Italien an dritter Stelle mit Ein- und Ausfuhr – wir für Italien an erster Stelle. Auch die deutschen landwirtschaftlichen Produkte – nicht nur Milch – finden im großen Umfang Absatz in Italien. Viele deutsche Unternehmen haben vor allem im Raum Mailand Niederlassungen und Fabriken wiedereröffnet oder neu gegründet. In Mailand befindet sich auch die Deutsch-Italienische Handelskammer, an deren Sitzungen ich stets teilnahm.

Beispielhaft für die Erfolge deutscher Unternehmer ist das Wirken von Gerhard Gumpert und der von ihm gegründeten Autogerma. Die Geschichte beginnt bereits in den schwierigen Zeiten des Zweiten Weltkrieges. Gumpert war damals Legationssekretär an der Deutschen Botschaft am Quirinal. Im Herbst 1943 setzte er sich mit Mut und Entschlossenheit für die Juden in Rom ein. Durch meinen Freund Albrecht von Kessel, der als Legationssekretär an der Vatikanbotschaft arbeitete, erfuhr er, daß eine Verhaftungswelle gegen Juden begonnen hatte. Kessel hatte ihn im Auftrag seines Botschafters Freiherr von Weizsäcker aufgesucht. Beide waren entsetzt und überlegten, wie dieser Aktion Einhalt geboten werden könnte. Gumpert hatte eine rettende Idee. Der Vatikan mußte eingeschaltet werden. Er entwarf ein Schreiben für Bischof Hudal, den Rektor der deutsch-katholischen Kirche in Rom und Verbindungsmann des Vatikans zum deutschen Stadtkommandanten General Stahel. Hudal übernahm den ihm von Kessel überbrachten Entwurf, ließ ihn auf einen Briefbogen des vatikanischen Staatssekretariats schreiben und übergab ihn noch am gleichen Tage General Stahel. Gumpert, der von Hudal über den Zeitpunkt des Besuches bei Stahel unterrichtet worden war, schlug dem General vor, ihm das Schreiben zur weiteren Behandlung zu überlassen. Er telegraphierte den Wortlaut sofort an das Auswärtige Amt in Berlin.: »Eben berichtet mir eine hohe vatikanische Stelle aus der unmittelbaren Umgebung des Heiligen Vaters, daß heute morgen die Verhaftungen der Juden italienischer Staatsangehörigkeit begonnen haben. Im Interesse des guten bisherigen Einvernehmens zwischen Vatikan und dem hohen deutschen Militärkommando, das in erster Linie dem politischen Weitblick und der Großherzigkeit Eurer Exzellenz zu verdanken ist und in die Geschichte eingehen wird, bitte ich vielmals, eine Order zu geben, daß in Rom und Umgebung diese Verhaftungen sofort eingestellt werden; ich fürchte, daß der Papst sonst öffentlich dagegen Stellung nehmen wird, was der deutschfeindlichen Propaganda als Waffe gegen uns Deutsche dienen muß.«

Am 17. Oktober 1943 telegraphierte Botschafter von Weizsäcker ebenfalls an das Auswärtige Amt und unterstrich die von Bischof Hudal vorausgesagte Reaktion des Vatikans. »Die Kurie ist besonders betroffen, da sich der Vorgang sozusagen unter den Fenstern des Papstes abgespielt hat.« Die gemeinsamen Bemühungen Ernst von

Weizsäckers, Kessels und Gumperts hatten einen gewissen Erfolg. Die Verhaftungen der Juden und ihr Abtransport aus Rom wurden eingestellt.

Nachdem die italienische Regierung unter Marschall Badoglio am 8. September 1943 Waffenstillstand mit den Alliierten geschlossen hatte, wurden die italienischen Streitkräfte entwaffnet und als Kriegsgefangene nach Deutschland und Polen abtransportiert. Als Gumpert erfuhr, daß die Lebensmittelpakete aus Italien nicht an die italienischen Kriegsgefangenen ausgeliefert, sondern an deutsche Flüchtlinge und Evakuierte verteilt wurden, griff er, unbeeindruckt von der wütenden Haßkampagne gegen den Verrat Italiens, ein. Mit Hilfe des Italienischen und des Internationalen Roten Kreuzes gelang es ihm, dreihundert Eisenbahnwaggons mit Lebensmitteln und Medikamenten zu beladen, die die Gefangenen erreichten. Die italienische Regierung dankte ihm für dieses menschenfreundliche Verhalten. Das Italienische Rote Kreuz verlieh ihm die Goldmedaille mit Palmen.

Auch die Republik San Marino ist Gumpert zu Dank verpflichtet. Er sorgte für die Lieferung von Kohlen und Medikamenten und erreichte durch direkte Verhandlungen mit den deutschen militärischen Stellen und durch indirekte Fühlungnahme mit den Alliierten, daß das Gebiet von San Marino von Kampfhandlungen verschont blieb. Die Regierung von San Marino verlieh ihm eine hohe Auszeichnung und erteilte ihm nach dem Krieg die Erlaubnis, ein Haus in San Marino zu erwerben, was Ausländern sonst nicht gestattet wird.

Gumperts Verhalten im Kriege erwies sich als gute Empfehlung, als er kurz nach dem Kriege begann, sich wirtschaftlich in Italien zu betätigen. Durch Zufall begegnete er dem Generaldirektor des Volkswagenwerkes, Heinrich Nordhoff. Dies war seine Sternstunde. Nordhoff schlug ihm vor, seine kleinen Importgeschäfte aufzugeben und dafür ein viel einträglicheres Geschäft zu unternehmen, nämlich Volkswagen in Italien zu verkaufen. Damit beginnt Gumperts eigentliche Erfolgsgeschichte. Innerhalb von dreißig Jahren verstand er es, die von ihm gegründete Autogerma in Italien zu einem bedeutenden Unternehmen aufzubauen, das vom Umsatz her die 34. Stelle und vom Reingewinn die 9. Stelle aller Unternehmen in Italien einnimmt. Es bedeutete eine einmalige Ausnahme, daß das Volkswagenwerk einer einzelnen Person die Generalvertretung für ein ganzes Land übertrug. In dreißig Jahren verkaufte die Autogerma über eineinhalb Millionen Volkswagen und Audi. Gumpert erkannte von Anfang an, daß es nicht ausreichen würde, Autos zu verkaufen. Er baute ein Netz von Vertretungen und Reparaturwerkstätten auf, deren Zahl von 27 im Jahre 1965 auf 923 im Jahre 1987 stieg. Gumpert war ein Meister der Werbung; er brauchte keine Werbefirma, sondern war sein eigener einfallsreicher Werbekaufmann. Einen Volkswagen machte er schwimmfähig und ließ ihn mit eigener Kraft die Straße von Messina überqueren. Auf Plakaten, deren Text er selber entwarf, warb er erfolgreich mit Slogans wie: »Treu wie ein Bernhardiner«; »Der Doktor sagt, der Volkswagen ist von gesunder und robuster Konstitution«; und – in Anspielung auf die bewährte Form des Maikäfers, wie der Wagen in Italien hieß: »Niemand hat jemals daran gedacht, die Form des Eis zu ändern.«

Als Präsident Saragat den Automobilsalon in Turin besuchte und ich ihm den Stand von Volkswagen zeigte, hatte sich Gumpert eine Überraschung ausgedacht: einen VW-Bus als Geschenk für die Stiftung Giuseppe Saragat, die als Hilfswerk für bedürftige Kinder gegründet worden war. In dem Bus saßen vier Nonnen, die ihren Schutzherrn Saragat begrüßten. Zur Eröffnung des Automobilsalons war ich aus Ersparnisgründen mit meinem Volkswagen gekommen. Als der Kommandeur der Leibkürassiere von Saragat mich sah, sagte er: »Sie müssen mit dem Käfer hinter dem Präsidentenauto her fahren.« Gumpert ließ schnell die Standarte am Kotflügel anbringen. Der »Spiegel« veröffentlichte dieses Bild, »Käfer hinter Präsidentenwagen«, mit einem freundlichen Kommentar.

Gumpert gehörte, wie er selbst einmal sagte, zu meinen freiwilligen und unbesoldeten Mitarbeitern. Er trieb auch für mich in seiner erfolgreichen Art Werbung. Als ich ihn in Bologna besuchte, um mit ihm noch am gleichen Tage in sein Haus in San Marino zu fahren, eröffnete er mir, wir könnten erst am nächsten Tag fahren. Heute am Sonnabend finde nämlich ein Fußballspiel zwischen dem italienischen Meister Bologna und Juventus Turin statt. In der Mannschaft von Bologna spiele Helmut Haller, der als »Botschafter des deutschen Fußballs« in ganz Italien bekannt sei. Er habe bereits eine blaurote Krawatte des Fußballclubs Bologna besorgt, wir würden in der Ehrenloge am Spiel teilnehmen, anschließend würde ich dem »Botschafter des deutschen Sports« vorgestellt. Bologna gewann. Die Photographie von meiner Begegnung mit Haller wurde mit der Unterschrift »Zwei deutsche Botschafter« in vielen Zeitungen veröffentlicht und trug, wie es Gumpert geplant hatte, zu meinem Bekanntwerden in Italien wesentlich bei. Nach dem Spiel kehrten wir zu meinem Volkswagen zurück, den Gumperts Fahrer nicht ganz zufällig neben einen großen Mercedes mit Augsburger Nummer geparkt hatte, der Haller gehörte. Haller stammte wie meine Familie aus Augsburg.

Als das große Ersatzteillager von Volkswagen in Verona eröffnet wurde, erklärte ich in meiner Ansprache: »Die deutsche Industrie leistet mehr für deutsch-italienische Zusammenarbeit, für das Überwinden alten Leides und damit für ein besseres Verstehen, als wir Beamte es tun können. Wenn der neue, so schöne Sitz einer Automobilmarke in Italien der Öffentlichkeit vorgestellt wird, ist es meine Pflicht, nicht nur dabeizusein, sondern die politische Bedeutung eines solchen Ereignisses hervorzuheben.«

Die deutsche Hilfe bei der Flutkatastrophe in Florenz und Venedig

Am 1. Februar 1953 richtete eine Sturmflut in Holland schwere Schäden an. Am darauffolgenden Tage beriet das Bundeskabinett über eine Hilfe für die die Opfer im Nachbarland. Die karitativen Organisationen hatten bereits zu Spenden aufgerufen. Da die Deutschen noch unter den Folgen des verlorenen Krieges litten, befürchtete die Bundesregierung, daß Spenden nur spärlich eingehen würden. Adenauer schlug vor, aus Bundesmitteln einen namhaften Betrag anonym dem Roten Kreuz zu überweisen und hierdurch die Summe der Privatspenden zu erhöhen. Wenig später teilte mir der holländische Botschafter Lamping mit bewegter Stimme mit, daß Tausende von Deutschen mit verschiedensten Gaben zur holländischen Grenze strömten. Auch die reichlich fließenden Gelder widerlegten die Skepsis der Bundesregierung.

Im November 1966 kam es zu einem weiteren Beweis deutscher Nachbarschaftshilfe. Anfang November brach über Norditalien, Venedig, die Po-Ebene, Florenz und die Toskana eine Katastrophe ungeahnten Ausmaßes herein. Tagelange schwere Wolkenbrüche und eine Sturmflut führten zu seit Jahrhunderten nicht mehr erlebten Überschwemmungen. In Florenz war der Arno über die Ufer getreten, hatte die Stadt überschwemmt und mit meterhohem Schlamm bedeckt. Auf der Rückreise von Norditalien kam ich, durch falsche Verkehrszeichen fehlgeleitet, zufällig mitten in das überflutete Florenz.

Als ich der Botschaft über meine Eindrücke berichtete, beschlossen wir, unsere laufenden Arbeiten auf das Notwendigste zu beschränken und die Botschaft in eine Leit- und Koordinationsstelle für Hilfsmaßnahmen zu verwandeln. Die rasche Unterstützung des Auswärtigen Amtes ermöglichte uns, die Rettungsaktion schnell und großzügig anlaufen zu lassen. Aus den Katastrophengebieten kamen Anforderungen; aus Deutschland wurde angefragt, wo und wie geholfen werden konnte. Für die Angehörigen der Botschaft war es eine ungewöhnliche Gelegenheit, die Liebe zu ihrem Gastland durch Taten zu beweisen und sich in den friedlichen Wettstreit der zu Hilfe Eilenden einzugliedern.

Ein glücklicher Zufall fügte es, daß der Major i. G. Kurt Graf von Schweinitz nach Abschluß eines Lehrganges für italienische Generalstabsoffiziere in Civitavecchia am 4. November mit seinen Kameraden zur Feier des italienischen Nationalfeiertages und des Tages der Streitkräfte für drei Tage in Florenz eintraf. Auf unseren Antrag wurde Graf Schweinitz der Botschaft zugeteilt. Er war für die Tätigkeit besonders qualifiziert, da er bei der Flutkatastrophe in Hamburg eingesetzt war und Erfahrungen gesammelt hatte. Er leitete in Florenz die Verteilung der mit Flugzeugen der Bundeswehr und mit Lastkraftwagen des Roten Kreuzes eintreffenden Hilfsgüter.

Entscheidend war der Wille der Florentiner zur Selbsthilfe. Vor allem die italienische Großfamilie bewährte sich. Ein leuchtendes Vorbild war der Bürgermeister Bargellini, ein Mann von unerhörter Tatkraft und Energie. Ungeachtet der schweren Schäden an seinem eigenen Haus eilte er von einer Katastrophenstelle zur anderen und leitete umsichtig die Rettungsarbeiten. Bald wurde er liebevoll der »Sindaco dell'alluvione« (der Bürgermeister der Überschwemmung) genannt.

In Florenz zeichneten sich die Frauen, vor allem die der Handwerker und Ladenbesitzer, bei den Instandsetzungsarbeiten aus, ähnlich wie unsere »Trümmerfrauen« nach 1945. Jugendliche, Schüler, Studenten, auch die sogenannten Gammler waren als erste zur Stelle, um soziale Not zu lindern und Kulturgüter zu retten. Sie arbeiteten rund um die Uhr, knietief im Schlamm stehend, unermüdlich zupakkend, erweckten Anerkennung und Freundschaft. Die Florentiner nannten sie liebevoll »angeli del fango« (Engel des Schlamms). Ihre Namen blieben unbekannt. Es zeigte sich, daß junge Menschen mit ihren Aufgaben wachsen, wenn sie gefordert werden.

Der Bayerische Rundfunk unterrichtete unter dem Kennwort »Italienhilfe« über die dramatische Lage in Florenz und Venedig. Die lebendigen Schilderungen Wolf Mittlers lösten eine Flut von Sach- und Geldspenden an das Bayerische Rote Kreuz aus. Der Einsatz des Roten Kreuzes war beispielhaft. Die Helfer mit ihren Fahrzeugen und Hilfsgütern im Wert von 1,7 Millionen DM wurden mit Flugzeugen der Bundeswehr nach Pisa geflogen. Die Bundeswehr flog aus eigenen Beständen Medikamente, Decken und Gummistiefel im Wert von 630 000 DM ein. Ein Angebot, Spezialeinheiten der Bundeswehr einzusetzen, wurde von der italienischen Regierung höflich abgelehnt. Die Zeit war hierfür noch nicht reif. Erst Jahre später, bei den Erdbeben in Nord- und Süditalien, wurden deutsche Pioniereinheiten von der italienischen Bevölkerung begeistert empfangen.

Sehr hilfreich war die Trinkwasseraufbereitungsanlage des Bayerischen Roten Kreuzes, die aus völlig verschlammten und verschmutztem Wasser reines Trinkwasser zauberte. Die Florentiner waren zunächst mißtrauisch. Erst als Rotkreuz-Helfer das Wasser vor ihren Augen tranken, waren sie überzeugt. Sie brachten den Helfern, die Stunde um Stunde im Schlamm und in der Kälte arbeiteten, Kaffee und warme Speisen. Ein fast unlösbares Problem war die Verstopfung der Kanalisation. Spezialfahrzeuge aus Oberbayern und die Feuerwehr aus Kassel, der Partnerstadt von Florenz, wurden bewundert, als sie in kurzer Zeit Abhilfe schafften. Besonderen Eindruck auf die Bevölkerung machten die Hilfstrupps des Technischen Hilfswerks Stuttgart, die bis Ende Dezember 1966 in zwei Schichten Großartiges leisteten. Ihr persönlicher Mut bei den oft gefährlichen Arbeiten war in aller Munde. Dagmar von Erffa vom Kunsthistorischen Institut in Florenz organisierte die Hilfe für die florentinischen Handwerker, deren Maschinen, Werkzeuge und Materialien durch Wasser und Schlamm größtenteils vernichtet worden waren.

Gleichzeitig mit den Hilfsmaßnahmen für die Bevölkerung begann die Rettung der Kunst- und Kulturgüter, die sich über Jahre hinweg erstreckte, Millionen verschlang und den Einsatz hochqualifizierter Experten erforderte. Der Stifterverband für die Deutsche Wissenschaft, die Stiftung Volkswagenwerk, die Fritz-Thyssen-Stiftung, Museen, Denkmalspflege, Gesellschaften, Vereine und viele deutsche Firmen gaben Geld, Apparate und entsandten Restauratoren. Das Kunsthistorische Institut in Florenz wurde ein wichtiger Stützpunkt. Direktor Middeldorf und seine Mitarbeiter stellten die Schäden fest. Der Verein zur Erhaltung des Kunsthistorischen Instituts Florenz in München sorgte für Geld- und Sachspenden und vermittelte Restauratoren. Auf Initiative von Geheimrat Kreuter, dem Schatzmeister des Vereins, wurden Maschinen zur Raum- und Freskentrockenlegung eingesetzt. In etwa zwanzig Kirchen, Klöstern und Kapellen wurden innerhalb von Monaten auf diese Weise wertvolle Fresken gerettet.

Der Wert der deutschen Hilfe belief sich insgesamt auf etwa 17 Millionen DM. Wir lagen mit den USA in diesem friedlichen Wettstreit an der Spitze der Nationen. Die deutsche Hilfsaktion hat gewiß viel dazu beigetragen, noch bestehende Vorurteile der Italiener überwinden zu helfen. Die Achtung der Italiener vor der etwas unheimlichen »deutschen Tüchtigkeit« verwandelte sich in dankbare Zuneigung. Naturkatastrophen enthüllen nicht nur die Kleinheit des Menschen gegenüber der Gewalt der Elemente, sie zeigen ihn auch in seiner Größe, Brüderlichkeit und Aufopferungsfähigkeit!

Die Italiener zeigten sich in vielfacher Weise dankbar für die geleistete Hilfe. Am 2. Februar 1967 gab Staatspräsident Saragat im Quirinale einen festlichen Empfang für die Missionschefs, deren Länder Florenz Hilfe geleistet hatten, und dankte ihnen im Namen aller Florentiner und des italienischen Volkes. Am 26. April 1967 verlieh mir das Italienische Rote Kreuz in Rom die Goldmedaille mit kunstvoll geschriebener Urkunde als Anerkennung der deutschen Spenden für Florenz und Venedig. Am 24. Juni 1967 fand im Palazzo Vecchio, dem Rathaus von Florenz, die »Giornata della Riconoscenza«, der Tag des Dankes, statt. Bürgermeister Bargellini überreichte den Botschaftern der Staaten, die bei der Beseitigung der Schäden der Flutkatastrophe geholfen hatten, eine Medaille. Mir übergab er sie liebevoll schmunzelnd mit den Worten: »Ma Lei, Ambasciatore, a fatto niente.« (»Sie, Herr Botschafter, haben aber gar nichts getan.«) Dr. Sante Davide, Lehrbeauftragter an der Universität Florenz und Berichterstatter der »Frankfurter Allgemeinen Zeitung«, nahm dies für bare Münze, war empört und beklagte sich in einem Artikel über diese Undankbarkeit. Er hatte nicht verstanden, daß Bargellini darauf anspielte, daß manche andere Staaten leider wirklich fast nichts gegeben hatten. Daß die Florentiner ihren Lebensmut nicht verloren hatten, zeigte das burleske Volksfest, das am Nachmittag des gleichen Tages stattfand. Auf der Piazza della Signoria führte Florenz seinen historischen Fußballkampf, den »Calcio«, durch.

Mit meinem Versuch, dem verdienten Bürgermeister Bargellini zu einer deutschen Auszeichnung zu verhelfen, hatte ich leider keinen Erfolg. Das Kapitel des Ordens Pour le Mérite für Künste und Wissenschaften beabsichtigte damals gerade, einen bekannten italienischen Gelehrten als ausländisches Mitglied in den Orden aufzunehmen. Ich wurde um eine Stellungnahme gebeten. Da der Vorgeschlagene aktives Mitglied der Kommunistischen Partei war, riet ich ab. Präsident Saragat und die italienische Regierung hatten uns wiederholt unmißverständlich zu verstehen gegeben, daß wir Kontakte zu den Kommunisten vermeiden sollten. Ich schlug nun Bürgermeister Bargellini vor. Die wissenschaftliche Qualifikation war meiner Meinung nach auch gegeben, denn Bargellini war ein bekannter Historiker, dessen Arbeiten sich allerdings an ein breiteres Publikum wandten. Der Ordenskanzler ließ mich jedoch wissen, daß allein herausragende wissenschaftliche oder künstlerische Leistungen die Aufnahme in den Orden rechtfertigten. Die Wahl fiel dann auf den berühmten Bildhauer Marino Marini. Da er nicht nach Deutschland reisen konnte, hatte ich die Ehre und Freude, ihm in Forte dei Marmi, einem eleganten Badeort in der Nähe von Florenz, die Insignien und die Urkunde des Ordens zu überreichen. In meiner Ansprache erwähnte ich, wie sehr ich ihn, den genialen Darsteller des Pferdes, verehre und bewundere, da ich von Jugend auf mit Pferden aufgewachsen sei. Marini stiftete aus Liebe zu Deutschland und aus Dankbarkeit den Bayerischen Staatsgemäldesammlungen einige seiner Skulpturen und Zeichnungen. Sie sind im Haus der Kunst in München in einem besonderen Raum ausgestellt.

Es wird oft vergessen, daß die Flutkatastrophe vom November 1966 nicht nur Florenz, sondern auch Venedig, das Po-Delta und

Friaul auf das schwerste heimgesucht hatte. Auch hier koordinierte die Botschaft die umfangreichen Hilfsmaßnahmen. Es ist das Verdienst vor allem von amerikanischen Gelehrten, die Weltöffentlichkeit auf die Schäden in Venedig aufmerksam gemacht zu haben. Ich erinnere mich an ein Mittagessen in Florenz mit dem Direktor des Deutschen Kunsthistorischen Instituts, Dr. Ulrich Middeldorf, und dem amerikanischen Professor Schultz von der CRIA (Italienisch-Amerikanisches Hilfskomitee). Beide bestanden darauf, daß ich mich sofort in Venedig vergewissern müsse, was dort zu tun sei. Ich suchte den Bürgermeister von Venedig, Fisca, auf und fragte ihn, was Deutschland zur Rettung der Kunstwerke beitragen könne. Er bat mich, einige beschädigte Marmorstatuen der Kirche Santa Maria della Salute mit deutschen Geldern restaurieren zu lassen. Ich bat Kardinal Döpfner um Unterstützung, doch er lehnte kühl ab und meinte, der Patriarch von Venedig solle für die Reparaturen sorgen. Als ich Middeldorf hiervon berichtete, bemerkte er ungehalten, ich hätte mich in beiden Fällen an die falsche Adresse gewandt. Er riet mir, gleich wieder nach Venedig zu fahren; Professor Valcanover, Denkmalspfleger des Veneto, werde mich am Flugplatz in Empfang nehmen und mir erklären, was wir Deutschen in der Lagunenstadt tun könnten. Ich folgte seinem Rat.

Valcanover führte mich vom Flughafen direkt in die Basilika San Marco und demonstrierte mir, wie der Marmor vom schmutzigen Wasser angegriffen war. Er glitt mit den Fingernägeln über eine Marmorplatte, und sogleich rieselte Staub herab. Anschließend gingen wir in die Abbazia San Giorgio, wo er eine Reparaturwerkstatt mit Laboratorium eingerichtet hatte. Dort sah ich Dutzende von schwerbeschädigten Bildern. Auf seine Bitte ließ ich sofort Leuchtstrahler aus Deutschland kommen, zunächst auf eigene Kosten. Dies war der Anfang einer zweiten Phase von Rettungsaktionen, die nicht mehr Menschen, sondern den Kunstwerken galt.

Francesco Valcanover ist eine bemerkenswerte Persönlichkeit voller Tatkraft und Umsicht. Er versteht es wie kein anderer, in der ganzen Welt für Venedig zu werben, die richtigen Spender zu finden und die gesammelten Mittel optimal einzusetzen. So wurde und ist er bis heute unser Vertrauensmann in Venedig. Auf seinen Vorschlag wurden Bilder mit deutschen Mitteln restauriert, unter anderen diejenigen der Kirche San Bartolomeo, die wie kein anderes Gotteshaus

Venedigs durch ihre Geschichte mit Deutschland verbunden ist. San Bartolomeo, in unmittelbarer Nähe der Rialto-Brücke am ehemaligen »Fondaco dei Tedeschi«, dem Handelshof der Deutschen, gelegen, war über mehrere Jahrhunderte hin die Kirche der deutschen Kaufleute in Venedig. Viele deutsche Handelsherren liegen dort begraben, darunter ein Kaufmann aus dem Hause Fugger. Für diese Kirche malte Dürer 1506 sein berühmtes »Rosenkranzfest«. Um 1600 erwarb Kaiser Rudolf II. das Bild, das sich heute in der Nationalgalerie von Prag befindet. Einer der von Sebastiano del Piombo dargestellten Heiligen, Sinibaldus, ist der Stadtpatron von Nürnberg, Sankt Sebald. Sein Bild wurde von den Nürnberger Kaufleuten um die gleiche Zeit in Auftrag gegeben, als die Nürnberger Kaufmannschaft in der Sebaldus-Kirche in Nürnberg das berühmte Grabmal von Peter Fischer dem Älteren errichten ließ.

Die Anregung zur Restaurierung der Kirche San Bartolomeo kam von Frau Dr. Doris Schmidt, Kunsthistorikerin der »Süddeutschen Zeitung«, die selbst einen namhaften Beitrag bei bayerischen Industriellen sammelte. Mit Hilfe einer Spende von Axel Springer, der ungenannt blieb, wurde die deutsche Synagoge im Ghetto von Venedig wiederhergestellt.

Von Francesco Valcanover ging auch die Anregung aus, die Instandsetzung der Kirche Santa Maria dei Miracoli in Angriff zu nehmen, der nicht nur die Flutkatastrophe allein, sondern die allgemeinen Umweltveränderungen schwere Schäden zugefügt hatten. Die Finanzierung der Restaurationsarbeiten wurde durch Spenden von befreundeten deutschen Industriellen ermöglicht, an die ich mit einem Aufruf herangetreten war. Die Arbeiten, insbesondere die Trockenlegung der Außenwände, in denen die Feuchtigkeit des Kanals hochgestiegen war, erwiesen sich als außerordentlich schwierig und hatten zum Teil nur vorübergehend Erfolg. So habe ich es sehr begrüßt, daß sich 1987 der amerikanische Fonds »Save Venice«, der über sehr große Geldmittel verfügt, bereit erklärt hat, die Sanierung der Miracoli-Kirche zu Ende zu führen.

Als ich im Frühjahr 1969 Rom verließ, galt es, in Deutschland eine Institution zu finden, die in der Lage war, die in Venedig begonnenen Arbeiten fortzusetzen. Das Präsidium der deutschen UNESCO-Kommission war hierzu bereit. Der Arbeitskreis Venedig der deutschen UNESCO-Kommission, der sich inzwischen in eine Projektgruppe umgewandelt hat, wurde geschaffen. Um der historischen Wahrheit willen sei hinzugefügt, daß Deutschland Venedig 1966 nicht zum ersten Mal geholfen hat. Am 4. Juli 1902 war der Campanile auf dem Markusplatz eingestürzt. Als Kaiser Wilhelm II. auf der Fahrt nach Palästina mit seiner Yacht »Hohenzollern« vor dem Markusplatz ankerte und die Trümmer des Campanile sah, spendete er eine bedeutende Summe für den Wiederaufbau – eine noble Geste, heute in Deutschland wie in Italien vergessen.

Für die Rettung Venedigs

Wie alle, die Venedig lieben und sich nach 1966 für die Beseitigung der Hochwasserschäden eingesetzt haben, stellten auch wir uns oft die Frage: Hat diese einzigartige Stadt überhaupt eine Überlebenschance? Die Probleme, die vordringlich gelöst werden müssen, sind gewaltig. Die Lagune muß gegen Sturmfluten abgesichert werden. Jede Maßnahme, die dazu beitragen könnte, wie etwa der Bau von Schleusen, bedeutet einen Eingriff in das sensible Ökosystem der Lagune und muß in allen seinen Auswirkungen auf das sorgfältigste geprüft werden. Die Bevölkerung Venedigs ist in den letzten Jahren drastisch zurückgegangen. Die Abwanderung der Menschen auf das Festland muß gebremst werden, wenn Venedig nicht zu einer toten Museumsstadt werden soll. Dies wird nur gelingen, wenn die Lebensumstände in der Stadt attraktiv bleiben. Erforderlich ist eine umfassende Instandsetzung der Wohnungen der »kleinen Leute«, die vor allem mit sanitären Anlagen ausgestattet werden müssen. Die Handwerksbetriebe müssen erhalten und unterstützt, die Verschmutzung der Lagune muß vermindert werden. Dazu ist erforderlich, daß nicht nur Venedig, sondern alle Gemeinden an Gewässern, die in die Lagune münden, an ein Kanalisationssystem angeschlossen werden. Ein immer drängenderes, kaum lösbares Problem ist schließlich die ständig wachsende Überschwemmung Venedigs vor allem mit Tagestouristen. Schwere Schäden an der Bausubstanz verursachen nicht zuletzt auch die Tauben. Ihr Kot zersetzt den Stein von Gebäuden und Denkmälern. Alle Versuche, ihre Zahl drastisch zu verringern, scheiterten bisher am Widerstand der Naturschützer. Auch das Touristengewerbe ist an der Erhaltung der Tauben interessiert.

Alle diese Probleme beschäftigen die Experten des italienischen Staates, der Region Venetien und der Stadt Venedig. Gelegentlich hat man den Eindruck, daß schneller und energischer gehandelt werden könnte. Dennoch ist in den letzten zwanzig Jahren viel geschehen. Zunächst hat man die artesischen Brunnen stillgelegt, aus denen Venedig seit Jahrhunderten sein Wasser erhalten hatte, und eine Wasserleitung gebaut, die das nötige Wasser aus den Bergen heranführt. Damit wurde das Absinken des Bodens aufgehalten, das durch die ständige Entnahme von Grundwasser hervorgerufen worden war. Der Erdboden senkt sich nun nur noch um Millimeter pro Jahr. Da die immer schwereren Sturmfluten der letzten Jahre zunehmend die Heizungstanks beschädigt und zu schlimmen Verschmutzungen der Lagune geführt hatten, wurden die Ölheizungen durch Erdgas-Heizungen ersetzt. Der Industrie in Mestre und Marghera auf dem »Festland«, der gegenüber von Venedig gelegenen »terra ferma«, wurden strikte Auflagen gemacht, die die Verschmutzung von Wasser und Luft verhindern sollen. Die Industrieabgase, die mit den vorherrschenden Westwinden fast beständig nach Venedig herübergeweht werden, zersetzen Marmor und andere Steine und verursachen schwere Schäden an den Bauten. Dies alles sind keine spezifischen Probleme Venedigs, sie bestehen mehr oder minder in allen Industriestaaten. Die Steine des Kölner Doms verwittern nicht weniger als diejenigen von San Marco. Die in Venedig auf nationaler und internationaler Ebene durchgeführten Forschungen über Umweltschutzmaßnahmen sind daher von allgemeiner Bedeutung und verdienen als Pilotprojekte weltweite Unterstützung.

Venedig, Mestre und Marghera sind in einer Stadtgemeinde zusammengeschlossen. Die Interessen der beiden Stadtteile auf dem Festland und diejenigen der Lagunenstadt sind oft entgegengesetzt. Ein Ausbau von Hafen und Industrieanlagen, der Mestre und Marghera nutzen kann, schadet Venedig. So wohnen in der Brust des Bürgermeisters zwei Seelen. Die Industrie in Mestre und Marghera wurde nach dem Ersten Weltkrieg von den Grafen Volpi und Cini aufgebaut, um die Lebensfähigkeit Venedigs sicherzustellen und Arbeitsplätze zu schaffen. Die negativen Folgen, wie Umweltverschmutzung und Abwanderung der Bevölkerung von Venedig in die Vororte, sahen sie natürlich nicht voraus. Doch Graf Cini lebte lange genug, um die Fehlentwicklungen noch zu erkennen, und wurde zu einem Vorkämpfer der Sanierung Venedigs. Der Tod seines einzigen Sohnes und Erben bei einem Flugzeugabsturz über der Stadt veranlaßte ihn, große Stiftungen zu machen, darunter die berühmte Fondazione Cini auf der Insel San Giorgio, wo Kongresse und politische Gipfeltreffen stattfinden, etwa der Weltwirtschaftsgipfel 1987.

Auf Vorschlag des Generaldirektors der UNESCO, Maheu, hat die italienische Regierung ein Internationales Beratendes Komitee zur Rettung Venedigs berufen, das aus sechzehn Mitgliedern – acht Italienern und acht Ausländern – besteht. Als erster Deutscher gehörte Professor Leussink dem Komitee an. Als er 1970 zum Forschungsminister ernannt wurde, schlug er mich als Nachfolger vor. 1978 teilte ich dem Präsidenten, dem französischen Professor René Huyghe, Mitglied der Académie Française, mit, daß ich nicht mehr als Mitglied kandidieren wolle. Er äußerte Verständnis für diesen Wunsch und bat mich, noch einmal zum Abschied zu erscheinen. Zu meiner größten Überraschung eröffnete er mir dann, er werde zurücktreten und mich als seinen Nachfolger benennen, da ich nicht mehr bereit sei, dem Komitee als einfaches Mitglied anzugehören, wie er lächelnd bemerkte. So wurde ich 1978 zu seinem Nachfolger gewählt. Jährlich findet eine Versammlung der 35 italienischen und ausländischen Privatkomitees statt, die Restaurierungsmaßnahmen in Venedig durchführen. Das Internationale Komitee und die Privatkomitees geben den italienischen Behörden Ratschläge und Empfehlungen zum Schutz der Umwelt und der Kunstwerke. Die beiden Komitees vertraten schon »grüne« Forderungen, bevor die Grünen als Partei existierten.

Umstritten ist die Schließung der drei Öffnungen der Lagune zum Meer. Vor Jahren war schon der Auftrag zum Einbau von beweglichen Schleusen erteilt worden. Feste Schleusen kommen nicht in Frage, weil dadurch der Wasseraustausch zwischen Meer und Lagune unterbrochen und die Lagune sich in eine stinkende Kloake verwandeln würde. Zur Zeit wird das ökologische System der Lagune von Grund auf untersucht, was bisher nicht geschehen ist. Die Folgen früherer Eingriffe der Menschen in den Wasserhaushalt der Natur, die Begradigung von Flüssen, Austrocknung von Mooren usw., dienen als Warnung. Manche Empfehlungen stießen auf taube Ohren. Immer wieder wurde gefordert, den Erdölhafen bei Marghera stillzulegen und den künstlichen Kanal, der für die Tanker von der Mündung der Lagune bis Marghera führt, zu beseitigen. Bei Sturmfluten dringt das Wasser beschleunigt und in größeren Massen durch den Kanal in die Lagune und erhöht die Wirkungen der Flut erheblich. Die Hafenverwaltung sträubt sich jedoch mit aller Kraft dagegen, die Kapazität von Hafen und Kanal zu verringern.

Gleichzeitig wurde angeregt, den Hafen von Venedig zu modernisieren und als Containerhafen auszubauen. Venedig ist neben Triest der nächste natürliche Seehafen für Österreich, Bayern und die Schweiz. Erforderlich hierfür ist eine Modernisierung der 1867 erbauten Brenner-Eisenbahn und der Bau eines Tunnels von Innsbruck bis Sterzing. Eine leistungsfähige Brenner-Eisenbahn würde auch den Verkehr von der Straße auf die Schiene verlagern und sich umweltfreundlich auswirken. Die Diskussion über die Länge des Tunnels und die Aufteilung der hohen Kosten auf die verschiedenen Länder haben bisher eine Einigung verhindert.

Nach dem Zweiten Weltkrieg wurde das Industriegebiet Venedigs durch Aufschüttung und Trockenlegung künstlich vergrößert und damit der Auslauf für Sturmfluten verkleinert. Die Kommission hat ebenso wie die Privatkomitees gefordert, diese Gelände wieder aufzugeben, hat aber nur teilweise Erfolg damit gehabt.

Die Seehafenbefestigungen, Steinmauern auf den vorgelagerten Inseln von Venedig, wurden verstärkt. Seit Venetien 1866 von Österreich an Italien abgetreten wurde, hat der italienische Staat nicht genügend für die Instandhaltung gesorgt. In der Zeit der Republik Venedig war der Schutz gegen das Hochwasser vorbildlich. Auch die österreichische Verwaltung sorgte für die Unterhaltung der schützenden Mauern. In der Lombardei und in Venetien wird noch heute anerkannt, daß die Österreicher das Land gut verwaltet haben, wenn sie auch die Freiheitsbewegungen hart unterdrückten. In Venedig ist auch nicht vergessen, daß die Österreicher die von Napoleon geraubten Pferde von San Marco nach Venedig zurückgeholt haben.

Die Errichtung des Deutschen Studienzentrums in Venedig, von deutscher Seite auch als Maßnahme zur Unterstützung Venedigs geplant, wurde von den Italienern als besonders gelungen und verdienstvoll angesehen. Sie hat eine längere Vorgeschichte. Der Präsident der Max-Planck-Gesellschaft, Professor Adolf Butenandt, der Generaldirektor der staatlichen Bayerischen Gemäldesammlungen, Professor Erich Steingräber, und der bekannte Münchner Architekt

Sepp Ruf hatten als erste den Gedanken, in Venedig ein deutsches Kulturzentrum zu schaffen. Sie hielten die Abbazia della Misericordia für ein geeignetes Objekt. Der alte Bau konnte mit geringen Veränderungen die Verwaltung und die Vortragsräume aufnehmen. Auf dem großen Gartengrundstück sollten Wohnungen für Gastprofessoren und Stipendiaten errichtet werden.

Durch Zufall erfuhr ich von diesem Plan, den ich begeistert unterstützte. Geheimrat Kreuter, der Schatzmeister des Florentiner Kunsthistorischen Instituts, lehnte jedoch das Projekt entschieden ab. Zwei Institute, in Florenz und Venedig, seien zuviel. Erst als wir ihm klarmachten, daß in Venedig kein zweites Kunsthistorisches Institut errichtet werden sollte, gab er seinen Widerstand auf. Da wir Schwierigkeiten hatten, die erheblichen Mittel für Ankauf und Ausbau der Abbazia aufzutreiben, kam ich auf den Gedanken, Geheimrat Kreuter, der ein einmaliges Talent hatte, Spender zu finden, zum Bundesgenossen zu gewinnen. Ich überzeugte ihn, daß nur er und kein anderer ein Institut in Venedig gründen könne. Aus einem Saulus wurde so ein Paulus. Die Thyssen-Stiftung fand sich bereit, ihm das notwendige Geld zur Verfügung zu stellen. Kreuter hielt die Abbazia della Misericordia zu unserem Bedauern für ungeeignet. Er hatte seinen eigenen Kopf. Er erwarb zwei Stockwerke des Palazzo Barbarigo della Terrazza in einmaliger Lage am Canal Grande. Dort entstand nach seinen Plänen ein Studienzentrum für deutsche Stipendiaten verschiedener Wissenschaftsgebiete. Dr. Wolfgang Wolters, als erster Leiter des Studienzentrums eine glückliche Wahl, war beliebt und geschätzt von den Venezianern. Sie sind voll des Lobes über das Studienzentrum und hoffen, daß andere Staaten diesem Beispiel folgen werden.

Die deutsche Hilfe für Venedig wurde ebenso wie die für Florenz von italienischer Seite des öfteren in feierlicher Form anerkannt. Diese Ehrungen und den Dank nahm ich stellvertretend entgegen. Im Herbst 1978 erhielt ich den Premio torta, eine Goldmedaille und eine Million Lire, die ich für die Restaurierung von San Bartolomeo bestimmte. Der deutsche Botschafter am Quirinale, Hans Arnold, war von Rom angereist. Vortragende Legitionsrätin Sabine Vollmar, meine Legationssekretärin, als ich Botschafter in Rom war, war zu meiner großen Freude auch anwesend. Sie war die Koordinatorin der Hilfsaktionen gewesen. So konnte ich den Dank an sie weitergeben.

In meiner Dankesrede kam ich auch auf meine persönlichen und familiären Beziehungen zur Serenissima zu sprechen. Schon als jungen Studenten hatte es mich in diese Stadt gezogen. Per Fahrrad war ich mit Freunden über den Brenner nach Verona und Venedig und wieder zurück gefahren. Ehrlich gestanden, hatten wir unsere Räder von Innsbruck bis Sterzing auf den Zug verladen. Von Mestre setzten wir mit dem Boot nach Venedig über. Die einzige Verbindung mit dem Festland war damals der von den Österreichern erbaute Eisenbahndamm. Ich wanderte auf den Spuren meiner Vorfahren, die Kaufleute und Bankiers in Augsburg waren und im Mittelalter Niederlassungen in Venedig und Treviso unterhielten. Zwei meiner Vorfahren, Hans Pandulf und Hans Paul von Herwarth, waren im 15. und 16. Jahrhundert Rechtshelfer und Konsuln der deutschen Kaufmannschaft in Venedig. Im Fondaco dei Tedeschi, dem früheren Handelshaus der deutschen Kaufleute, heute Haupttelegraphenamt, erinnert ein eingeritztes Mühlespiel mit dem Firmenzeichen der Herwarths an meine Familie. Hubert Freiherr von Welser entdeckte dieses Mühlespiel in einem Fensterrahmen des inneren Laubenganges und meinte spöttisch, die Herwarths hätten wohl zu sehr dem Spiel gehuldigt und deshalb bankrott gemacht.

Am 18. März 1985 wurde ich im Rathaus von Venedig, einem prunkvollen alten Palast mit erlesenen Werken venezianischer Künstler und Handwerker, zum »Ritter von San Marco« geschlagen. In Gegenwart von Vertretern des Staates und der Gemeinde sowie fünfzig Mitgliedern der privaten Komitees würdigte Bürgermeister Righi den deutschen Beitrag zur Rettung Venedigs in einer Rede, die ihm mein Freund Valcanover verfaßt hatte. Er übergab mir einen großen goldglänzenden Schlüssel und die einem alten Original nachgebildete Urkunde. Der Schlüssel sei allerdings nur vergoldet, schränkte er ein, und berechtige auch nicht zum freien Eintritt in den Dogenpalast und die Kirche San Marco!

Mein Nachfolger in Rom, Botschafter Lahr, der großen Wert darauf legte, meine Arbeit fortzuführen, interessierte sich leider nicht so sehr für Venedig. Seine Liebe galt der Kirche des heiligen Franziskus in Assisi. Auf Vorschlag des deutschen Franziskanerpaters Ruff wurde das Innere der Kirche mit einer Lichtanlage ausgestattet, die die einmaligen Fresken von Cimabue und Giotto erst richtig zur Geltung bringt. So führt jeder Botschafterwechsel zwangsläufig zu einer Verschiebung der Akzente, wenn auch die von Bonn bestimmte Richtung der Politik unverändert bleibt.

Deutsche Kulturinstitutionen in Italien

Zu meiner Zeit gab es in Italien acht Goethe-Institute, eine Reihe von deutsch-italienischen Gesellschaften, außerdem das Historische Institut, das Archäologische Institut, die Bibliotheca Hertziana, ein Kunsthistorisches Institut, die Villa Massimo in Rom und die Villa Romana in Florenz, wo sich deutsche Künstler für ein Jahr aufhalten konnten, und schließlich noch das Christliche Archäologische Institut, das im Campo Santo Teutonico angesiedelt war. Leiter der Bibliotheca Hertziana war Professor Lotz, den ich schon während der Präsidentschaft von Theodor Heuss kennengelernt hatte. Das Historische Institut wurde von einem hervorragenden Historiker, Professor Tellenbach aus Freiburg, und das Archäologische Institut von Professor Krauss geleitet.

Es gab nicht so viele Ausstellungen wie in London, aber doch einige recht interessante. Das Goethe-Institut, das in Rom unter Leitung von Freiherr Marschall von Bieberstein sehr aktiv war, organisierte eine Ausstellung über Kafka und eine mit Bildern von Max Beckmann. Im Museum für Moderne Kunst wurde eine Dada-Ausstellung gezeigt, zu der noch Hans Richter selbst erschien und mir eines seiner Blätter schenkte. Dann gab es eine sehr eindrucksvolle Feier in Capua bei Neapel anläßlich des 150. Geburtstags von Theodor Mommsen. Der große Historiker war ein hervorragender Kenner römischer Inschriften gewesen. Im Museum in Capua befindet sich eine außerordentlich interessante Sammlung römischer Grabsteine und Inschriften, die heute noch wesentliche Beiträge zur Entzifferung der römischen Geschichte liefert.

In keinem anderen Lande gibt es so viele deutsche kulturelle Einrichtungen wie in Italien; diese Vielzahl erklärt sich daraus, daß Italien neben Griechenland die Wiege der abendländischen Kultur ist und daß die Deutschen sich seit dem Mittelalter und der Epoche des Humanismus mit italienischer Kultur und Geschichte besonders intensiv beschäftigen. Die Verbindung zu den Instituten und ihre Betreuung ist eine reizvolle Aufgabe für die Botschaft. Vor dem zweiten

Weltkrieg unterstanden alle deutschen Institute im Ausland dem Auswärtigen Amt. Die Nationalsozialisten unterstellten sie dem Reichskulturministerium. Nach dem Kriege ging die Zuständigkeit zunächst auf das Bundesministerium des Innern über, später dann teilweise auf das Bundesministerium für Bildung und Wissenschaft. Die Goethe-Institute im Ausland und vor einigen Jahren auch die Archäologischen Institute wurden wieder dem Auswärtigem Amt zugeordnet. Ich finde es bedauerlich, daß das Auswärtige Amt nicht mehr die Zuständigkeit für alle kulturellen Einrichtungen im Ausland besitzt. Der Grund liegt darin, daß es später entstand als das Bundesministerium des Inneren. Die Betreuung durch verschiedene Ministerien hat jedoch nach Ansicht der Institute auch gewisse Vorteile: Sie werden von den Ministerien wie verwöhnte Kinder behandelt und gepflegt.

Von 1946 bis 1953 hatte ich zunächst in München in der Bayerischen Staatskanzlei und dann im Bundeskanzleramt in Bonn die Rückgabe der unter internationaler Verwaltung stehenden Institute betrieben und freute mich nun, sie wieder in voller Blüte anzutreffen. Die Bibliotheca Hertziana, das kunstgeschichtliche Institut, lag mir besonders am Herzen. Persönliche Beziehungen zu den beiden ersten Direktoren Franz Graf Wolff-Metternich und Wolfgang Lotz bestanden schon seit fünfzehn bzw. zwanzig Jahren. Lotz war nach 1945 am Zentralinstitut für Kunstgeschichte in München tätig gewesen. Er gehörte zu einem Kreis von Kunsthistorikern, in dem auch ich verkehrte. Seine Eltern waren mit Bundespräsident Theodor Heuss befreundet. Graf Wolff-Metternich war als Provinzkonservator der Rheinprovinz und später von Nordrhein-Westfalen maßgeblich an der Restaurierung von Schloß Brühl bei Bonn beteiligt, das dem Bundespräsidenten vom Land Nordrhein-Westfalen für repräsentative Zwecke zur Verfügung gestellt wurde. Wolff-Metternich sorgte auch mit Leihgaben alter Möbel und Bilder für eine würdige Ausstattung der Villa Hammerschmidt und des Palais Schaumburg. Ich hatte die große Freude, meinen alten Freund in einer Feier in der Bibliotheca Hertziana das große Verdienstkreuz mit Stern zu überreichen. Ich würdigte außer seiner wissenschaftlichen Leistung die besonderen Verdienste, die er sich im Krieg als Kunstschutzoffizier in Frankreich erworben hatte. Mit großem persönlichem Mut hatte er erfolgreich schwere Auseinandersetzungen mit nationalsozialistischen Funktionären bestanden und den Abtransport wertvoller Kunstwerke nach Deutschland verhindert. Er gewann sich nicht nur die Sympathie seiner französischen Fachkollegen. Die Regierung in Paris zeichnete ihn mit der Legion d'Honneur aus; eine ungewöhnliche und außerordentliche Ehrung für einen Angehörigen der Besatzungsmacht.

Als Botschafter in London erfuhr ich näheres über die romantische Geschichte der Entstehung der Bibliotheca Hertziana. Sie beginnt mit der Freundschaft zweier junger Mädchen, Töchter wohlhabender jüdischer Familien in Köln – Henriette Hertz und Frida Löwenthal. Frida Löwenthal heiratete den Chemiker Ludwig Mond, der 1862 nach England ausgewandert war. Henriette Hertz, die ihrer Freundin nach England gefolgt war und bei den Monds wohnte, stellte Ludwig Mond ein nicht unbeträchtliches Kapital für den Aufbau seiner Fabrik zur Verfügung. 1904 kaufte Henriette Hertz, die sich im Winter meist in Italien aufhielt, den Palazzo Zuccari. Diesmal finanzierte Ludwig Mond den Ankauf. 1912 vermachte Henriette Hertz den Palazzo mit einem Stiftungskapital der Kaiser-Wilhelm-Gesellschaft als Sitz der Bibliotheca Hertziana. Ein Jahr später starb sie. Aus einer Sonderstiftung von Frida Mond wurde nach dem Ersten Weltkrieg jährlich ein Stipendiat finanziert.

Der Sohn von Ludwig und Frida Mond, seit 1910 Sir Alfred Moritz und seit 1928 Lord Melchett of Longford, gründetet 1926 die Imperial Chemical Industries. Sein Enkel und meine Freunde in dieser Firma, die die Deutsch-Englische Gesellschaft nach dem Kriege finanziell unterstützten, erzählten mir von dieser Geschichte jüdischen Mäzenatentums der Henriette Hertz und der Familie Mond, das sich würdig an die Seite der ebenfalls jüdischen Stiftung Arnhold stellt. Unter den Nationalsozialisten wurde die Bibliotheca Hertziana in »Kaiser-Wilhelm-Institut für Kunst und Naturwissenschaften« umbenannt, um die Erinnerung an die jüdische Stifterin auszulöschen.

Während des Direktorats von Professor Wolfgang Lotz wurde der Palazzo Zuccari, den der Maler Federico Zuccari Ende des 16. Jahrhunderts erbaut hatte, in den Jahren 1962 bis 1967 restauriert und durch einen modernen Bibliotheksflügel, der zwei Geschosse tief in die Erde reicht, erweitert. Bei den Ausschachtungsarbeiten stieß man auf Baureste der Pincio-Villa des Lucullus und fand auch, neben Mosaikresten, ein Terrakotta-Köpfchen der Göttin Minerva, der

Schutzgöttin der Max-Planck-Gesellschaft. Restaurierung, Neubau und Grabung wurden von der Volkswagen-Stiftung finanziert. Gleichzeitig konnte der angrenzende Palazzo Stroganoff angekauft werden. 1981 glückte der Erwerb des auf der Gegenseite der Straße gelegenen Villino Stroganoff. Damit wurden ideale Bedingungen geschaffen. Die Bibliotheca Hertziana, oberhalb der Spanischen Treppe gelegen, mit Blick auf das alte Rom, untergebracht in einem historischen Palazzo, ist die Königin der deutschen Institute.

Die beiden deutschen Botschafter beim Quirinal und Vatikan gehören dem Beirat der Bibliotheca Hertziana ex officio an. Der Präsident der Max-Planck-Gesellschaft, Professor Butenandt, hatte mich wissen lassen, meine Aufgabe als Mitglied des Beirats bestehe darin, diesem Gremium ein Abendessen im Smoking zu geben. Als ich 1969 in den Ruhestand ging, verlängerte Butenandt mein Mandat, als Ausdruck des Dankes für meine Bemühungen um die Rückgabe der Bibliothek und als Anerkennung meiner Hilfe beim Erwerb des Palazzo Stroganoff.

Kurz nach meiner Ankunft in Rom teilte mir Kulturattaché Holldack mit, daß der Verein zur Erhaltung des Kunsthistorischen Instituts in Florenz beabsichtige, den Vertrag des Direktors Ulrich Middeldorf nicht zu verlängern. Ich hatte Florenz noch nicht besucht und konnte mir mangels eigener Anschauung kein Urteil bilden. Holldack bestand darauf, daß ich eingreifen müsse: Middeldorf sei 1953 bei der Wiedereröffnung des Instituts als Leiter eingesetzt worden. In der Zeit des Nationalsozialismus habe er als Professor an der Universität Chicago gelehrt. Er sei nicht nur in Deutschland, sondern vor allem in den Vereinigten Staaten und in Italien hoch angesehen. In Florenz habe er mit dem berühmten amerikanischen Kunstkenner Berenson eng zusammengearbeitet. Seine Ablösung würde auf keinerlei Verständnis stoßen, böses Blut machen und sich damit auch ungünstig auf die Bundesrepublik auswirken. Sofortiges Handeln sei erforderlich. Ich schrieb an den Verein zur Erhaltung des Kunsthistorischen Instituts Florenz in München und an das zuständige Ministerium in Bonn und bat nachdrücklich um eine Verlängerung. Wir hatten Erfolg: Middeldorf blieb bis 1969 im Amt. Ich hatte die große Freude, ihm im Kreise seiner Mitarbeiter und Freunde das große Verdienstkreuz mit Stern zu übereichen.

Dank der großzügigen Unterstützung der Thyssen-Stiftung konnte der Palazzo Capponi und 1962 mit Hilfe der Volkswagen-Stiftung der angrenzende Palazzo Rosselli für das Institut angekauft werden. Der Trägerverein war schon lange nicht mehr in der Lage, die finanziellen Mittel für das Institut aufzubringen. Die Bundesregierung trug zu achtzig Prozent zu dem Haushalt bei. Es war daher nur folgerichtig, daß das Institut 1970 in eine unselbständige Bundesanstalt umgewandelt wurde. Der Trägerverein blieb weiterhin bestehen – eine gute Form der Kooperation von öffentlicher Hand und Privatinitiative.

In Florenz befindet sich noch eine weitere kulturelle Einrichtung, die Villa Romana. Vier Maler und Bildhauer können zehn Monate lang in der Villa wohnen und im Atelier arbeiten. Die Villa Romana wurde 1905 von Max Klinger erworben. Zunächst unterstand sie dem deutschen Künstlerbund, dann wurde ein eigener Verein Villa Romana gegründet. Im Ersten Weltkrieg wie alle Kulturinstitute beschlagnahmt, wurde sie 1926 wiedereröffnet, gleichzeitig wurde der Verein durch so berühmte Persönlichkeiten wie Max Liebermann, Graf Kalckreuth und Graf Kessler neu gegründet. 1935 wurde der Maler Hans Purrmann Direktor. Unter den Stipendiaten waren berühmte Bildhauer wie Kurt Blumenthal, Toni Stadler und Emy Roeder. Die Villa Romana wurde zum Treffpunkt freiheitlich gesinnter Persönlichkeiten, die den Nationalsozialismus ablehnten. Zu den Besuchern gehörte auch Theodor Heuss, der sich 1954 auf Bitten von Purrmann für die Rückgabe der beschlagnahmten Villa einsetzte. Der Förderverein wurde zum dritten Mal neu gegründet; als Mäzene unterstützten, unter Führung der Deutschen Bank, Industrieunternehmen und Banken die Villa Romana finanziell. Die Jury bestand ausschließlich aus Künstlern, unter ihnen Karl Hartung, Gerhard Marcks, Georg Meistermann, Herbert Hajek, Heinz Tröker und Hans Wimmer. Diese hochqualifizierte Jury sorgte natürlich für eine gute Auswahl der Stipendiaten. Zu meiner Zeit war Professor Harro Siegel Direktor der Villa, selbst ein genialer, weltbekannter Künstler, der Marionetten fertigte und Marionettentheater spielte. Er und seine Frau verstanden es, eine anheimelnde Atmosphäre zu schaffen, in der die Künstler wie in einer großen Familie zusammenlebten.

Das Goethe-Institut in Rom hatte unter seinem ersten Leiter, Raffalt, neben dem Sprachunterricht das Schwergewicht auf Konzerte gelegt. Sie fanden abwechselnd in alten Palästen statt und wurden mit Recht als etwas Einmaliges gerühmt. Die Konzerte richteten sich an ein ausgewähltes Publikum. Nach dem Zweiten Weltkrieg war es sicherlich richtig, mit einem konservativen Programm zu beginnen und an alte, gute deutsche Traditionen anzuknüpfen. Der Nachfolger Michael Marschall von Bieberstein beschritt neue Bahnen und stellte den Italienern ein Bild des neuen Deutschland mit seinen Licht- und Schattenseiten vor. Er setzte damit auch für andere Goethe-Institute neue Maßstäbe. Für die Spracharbeit zeigte er weniger Interesse. Eine Zeitlang unterrichteten linksgerichtete italienische Lehrkräfte Deutsch vor allem anhand marxistisch-leninistischer Texte. Auf Drängen der Botschaft änderte sich dies schließlich.

Eine bedeutende Rolle spielen die Deutschen Schulen in Rom und Mailand – in Mailand gab es sogar zwei, deren eine von Nonnen betrieben wurde: Es sind Begegnungsschulen, die nicht nur von deutschsprachigen, sondern auch von italienischen Schülern besucht werden. In Mailand fand in den sechziger Jahren vor der Deutschen Schule – als einmaliger Zwischenfall – eine kommunistische Demonstration statt, an der sich auch der Verleger Feltrinelli beteiligte.

Die Bundesbaudirektion erwarb zu meiner Zeit vor allem dank der Bemühungen ihres örtlichen Vertreters Carlo Deutsch zwei nebeneinanderliegende Grundstücke an der Via Aurelia Antiqua, hinter dem Monte Mario. In den neu erbauten Gebäuden wurden die Deutsche Schule und das Historische Institut untergebracht. Die Nachteile der Lage an der Peripherie Roms werden dadurch ausgeglichen, daß die neuen Gebäude schön und auf die Bedürfnisse des Instituts und der Schule zugeschnitten sind. Die alten Schulgebäude wurden nach gründlichem Umbau vom Goethe-Institut bezogen.

Villa Massimo

Im März 1965 hatte mich der Direktor der Villa Massimo, der deutschen Kunst-Akademie in Rom, Professor Herbert Gericke, im Bundespräsidialamt aufgesucht, um mit mir die Zukunft der Villa Massimo zu besprechen. Dieser Besuch hatte die folgende Vorgeschichte. Gericke und ich kannten uns seit fast vierzig Jahren. Er war nach dem Ersten Weltkrieg im Preußischen Kultusministerium unter Minister Professor Carl Heinrich Becker in der Hochschulabteilung tätig gewesen. Becker, Professor der Orientalistik, hielt vor den

Attachés des Auswärtigen Amtes Vorlesungen über den Vorderen Orient und den Islam. Die Vorlesungen fanden in seinem Ministerium Unter den Linden bei Tee und Kuchen in gemütlicher Atmosphäre statt. Ich fiel Becker auf, da ich mich lebhaft an der Diskussion beteiligte. So wurde ich einer seiner Lieblingsschüler. Zuweilen enttäuschte ich ihn allerdings, weil er meine Kenntnisse überschätzte und mir Fragen stellte, die ich nicht zufriedenstellend beantworten konnte. Heute, wo der Vordere Orient eine so bedeutende Rolle spielt, denke ich oft dankbar an meinen Mentor, der mir wichtige Grundkenntnisse über die Geschichte und Probleme des Nahen Ostens und des Islam vermittelte. Bei diesen Teestunden lernte ich Herbert Gericke kennen. Er hatte im Jahre 1924 Erika Kunheim, die Enkeltochter des Stifters der Villa Massimo, Eduard Arnhold, geheiratet. Mit ihren beiden Brüdern Hugo und Arno Kunheim war ich befreundet.

Eduard Arnhold, ein jüdischer Unternehmer, war nicht nur ein kunstsinniger Sammler, er war auch ein großherziger Mäzen. 1910 erwarb er in Rom vom Fürsten Massimo einen großen Zypressenpark mit einzigartigen Schätzen von römischen Architekturresten, Statuen, Sarkophagen, Barockfiguren und Brunnen, die sich über Wiesen verteilen und von alten Bäumen umrahmt sind. Ein Freilichtmuseum und Biotop zugleich, in dem Arnhold ein Hauptgebäude im Stile der Neo-Renaissance und zehn Ateliers errichten ließ. Die herrliche Anlage schenkte er dem Preußischen Staat, zusammen mit einem beachtlichen Vermögen für den Unterhalt und für Stipendien. Die Stipendiaten, bildende Künstler und Architekten, sollten nach dem Willen des Stifters ein Jahr in Gemeinschaft leben, die italienische Kunst studieren und sich von ihr beeinflussen lassen. Arnhold setzte damit die Tradition des bayerischen Kronprinzen und späteren Königs Ludwig I. fort, der in Rom die Villa Malta erworben und dort deutschen Malern und Bildhauern Ateliers zur Verfügung gestellt hatte. Die Betreuung der Villa Massimo, die den Namen Deutsche Akademie erhielt, wurde der Preußischen Akademie der Schönen Künste in Berlin übertragen; die ersten Stipendiaten trafen 1913 ein. Nach dem Kriegseintritt Italiens 1915 wurde die Villa Massimo geschlossen, beschlagnahmt und als Lazarett verwendet. 1924, ein Jahr vor dem Tod des Stifters, erfolgte die Rückgabe durch die italienische Regierung. Herbert Gericke wurde als Direktor berufen und damit die Familientradition gewahrt. Mit großer Energie und Umsicht betrieb Gericke die Instandsetzung der durch die Nutzung als Lazarett stark mitgenommenen Gebäude. 1930 besuchte ich das Ehepaar Gericke und lernte auch einige der Künstler kennen. Ich erinnere mich vor allem noch an Schmidt-Rottluff.

Als Hitler 1938 Italien besuchte, war für die Nationalsozialisten der Augenblick gekommen, die Erinnerung an den jüdischen Mäzen auszulöschen. Gericke wurde aus politischen Gründen, sprich wegen seiner demokratischen Gesinnung, entlassen. Die Plakette, die im Haupthaus an den jüdischen Stifter erinnerte, wurde entfernt. Als ich als Offizier mit General Köstring 1944 in Italien Dienst tat, traf ich Gericke als Major im Stabe des Bevollmächtigten Generals der Deutschen Wehrmacht in Italien in einer Villa nahe Verona. Er hatte ebenso wie ich vor den Nationalsozialisten in der Wehrmacht Zuflucht gesucht. Wir freuten uns über das unverhoffte Wiedersehen in dieser anmutigen Gegend, die vom Kriege noch nicht berührt war. Eine frohe Stimmung wollte freilich nicht aufkommen. Wir hatten beide keine Zweifel hinsichtlich der bevorstehenden Katastrophe. Beim Abschied sagte ich Gericke: »Wenn wir den Krieg überleben, hoffe ich, Sie als Direktor der Villa Massimo zu besuchen.«

1942 war die Villa Massimo bereits geschlossen. Das Haupthaus wurde von der deutschen Luftwaffe als Kasino benutzt. Später diente die Anlage als Asyl für Flüchtlinge. Am Ende des Krieges wurde die Villa zum zweiten Male, wie 1915, vom italienischen Staat beschlagnahmt. Italienische Künstler nahmen von den Ateliers Besitz. Einer von ihnen war Renato Guttuso. Die Künstler betrachteten die Okkupation als patriotische Tat und weigerten sich nach dem Kriege zunächst, die Ateliers freizugeben. Während die Deutschen Institute in Rom bereits 1953 zurückgegeben wurden, verzögerte sich die Freigabe der Villa Massimo bis 1956. Ihre Betreuung übernahm dann das Bundesinnenministerium in Bonn. Herbert Gericke wurde wieder als Direktor eingesetzt und sorgte mit der gleichen Tatkraft wie schon nach dem Ersten Weltkrieg für die Instandsetzung. In den Kreis der Stipendiaten wurden nun auch Komponisten und Schriftsteller sowie Musiker aufgenommen.

1965 wollte Gericke aus Altersgründen sein Amt in jüngere Hände geben. Um die Frage seiner Nachfolge zu besprechen, kam er im März 1965 nach Bonn. Im Hinblick auf unsere alte Bekanntschaft und meine Verbindung zur Familie Arnhold-Kunheim suchte er, wie eingangs gesagt, zunächst mich im Bundespräsidialamt auf, um sich mit mir zu beraten. Er hatte die Absicht, seine Tochter Elisabeth Wolken als Nachfolgerin vorzuschlagen. Sie sei zwar erst 29 Jahre alt, er sei aber überzeugt, daß sie die erforderlichen Qualitäten für diesen Posten besitze. Er bat mich, ihm in aller Offenheit zu sagen, was ich von diesem Plan hielte. Meine endgültige Meinung sollte ich mir erst bilden, wenn ich seine Tochter und ihren Mann gesehen hätte. Mir schien der Vorschlag aus verschiedenen Gründen eine ausgezeichnete Lösung, die sicherlich auch dem Willen des Stifters entsprach. Ich setzte mich mit dem zuständigen Bundesminister des Innern, Hermann Höcherl, und seinen Referenten, Ministerialrat Gussone, in Verbindung, um Gerickes Vorschlag zu unterstützen. Eine Woche später stellten sich Frau Wolken und ihr Mann bei Höcherl und bei mir vor. Die Unterhaltung bestätigte das gute Urteil Gerickes. Wir hielten Elisabeth Wolken trotz ihrer Jugend für geeignet, die Nachfolge ihres Vaters anzutreten. Für sie sprach, neben ihren Fachkenntnissen, daß sie in Italien aufgewachsen war, Land und Leute kannte und fließend Italienisch sprach. Höcherl bemerkte lachend: »Ihr junges Alter wird schon von Jahr zu Jahr besser werden.« Auch aus außenpolitischen Gründen hielt Höcherl es für gut, daß die Leitung der Villa Massimo in der Familie des Stifters verbleibe – für den Fall, daß die DDR als Rechtsnachfolgerin der Preußischen Akademie der schönen Künste Anspruch auf die Villa erheben sollte.

Am 27. Oktober 1965 fand die Einführung von Frau Wolken in das Amt des Direktors der Akademie statt. Gleichzeitig wurde die Gedenktafel an Eduard Arnhold wieder angebracht. Am 30. Oktober gaben Herr und Frau Gericke ein Mittagessen für Ministerialrat Gussone und mich, als Dank und Anerkennung für unsere Mitwirkung. Der Generationswechsel in der Leitung war zur rechten Zeit erfolgt. 1968 brachen die Studentenunruhen aus, die auch auf die Gäste der Villa Massimo übergriffen. Herbert Gericke hätte wahrscheinlich Schwierigkeiten gehabt, mit den aufsässigen, schwierigen Stipendiaten fertig zu werden. Er war eine hochgebildete, sensible Persönlichkeit mit einer untadeligen demokratischen Vergangenheit. Sein Führungsstil war im guten Sinne preußisch, vielleicht mit leicht autoritären Zügen. Auf die Künstler hatte sein Monokel, das er stets trug, schon in ruhigeren Zeiten irritierend gewirkt.

1968 befanden sich die Stipendiaten in einer Art von Aufruhr. In der Konfrontation zwischen Frau Wolken und den Künstlern gaben die Botschaft und ich der Leiterin jede nur mögliche Rückendekkung. Die Auseinandersetzungen waren äußerst scharf und unangenehm, hatten dabei aber oft geringfügige oder schwer greifbare Anlässe. Die Künstler kritisierten teilweise Situationen, die nur sie selber hätten ändern können. So beklagten sie sich bei der Botschaft über mangelnde Kontakte zu den Italienern. Ich hielt ihnen entgegen, daß die Römer nicht auf sie gewartet hätten und daß man sich um Kontakte selbst bemühen müsse. Voraussetzung sei vor allem, sich Grundkenntnisse in der italienischen Sprache anzueignen und die Begegnung mit einheimischen Künstlern und Fachkollegen nicht zu scheuen.

Insgesamt war die Zahl der Bewerber um ein Stipendium in der Villa Massimo in jenen Jahren zurückgegangen. Die Liebe zu Italien, die Sehnsucht und Neugierde der früheren Generationen waren nicht mehr in gleichem Maße vorhanden. So fehlte es manchem Stipendiaten an der Motivation, sich mit dem Gastland, seiner Kunst und seinen Menschen überhaupt vertraut zu machen. Viele der Künstler scheuten auch einfach eine längere Abwesenheit von ihren Heimatorten, weil sie fürchteten, den Kontakt zu ihren Kunden zu verlieren. Der jetzigen Generation von Stipendiaten sind die Probleme ihrer Vorgänger aus den sechziger Jahren offenbar weitgehend fremd. Sie hat weniger Schwierigkeiten, sich in das Leben in Italien einzufügen und Kontakte zu gewinnen.

Ein besonders reizvolles Ereignis war die im Sommer stattfindende Verleihung des Premio Marzotto in Valdagno nördlich von Vicenza. Gestiftet wurde der Preis vom Grafen Marzotto, dem Begründer des gleichnamigen Textilkonzerns. Ich wohnte wie schon mein Vorgänger Klaiber beim Grafen in seiner großen Villa, die Anfang dieses Jahrhunderts erbaut wurde. Der alte Marzotto hatte nur wenig Verständnis für die moderne Malerei. Er hatte die italienischen Maler der Jahrhundertwende gesammelt. Die Gestaltung des Premio lag in den Händen seines Sohnes Paolo und dessen Frau Florence, einer Französin. Ihr Haus war ein kleines Museum avantgardistischer Malerei und vermittelte eine gute Übersicht über die Entwicklung der letzten Jahre. Zur Jury gehörten bekannte internationale Kunstkritiker, unter denen auch stets ein Deutscher war. Zwischen Künstlern,

Mitgliedern der Jury und kunstinteressierten Gästen ergaben sich lebendige Kontakte und Diskussionen. Höhepunkt der zweitägigen Veranstaltung war der große Empfang im Garten von Paolo und Florence Marzotto. Als Ende der sechziger Jahre Unruhen in Valdagno ausbrachen, gaben die Marzottos ihren Wohnsitz auf. Dies bedeutete auch das Ende des Premio.

Eine angenehme Pflicht war es für mich, die Biennale der Maler und Bildhauer in Venedig zu besuchen. Das Gelände der Biennale befindet sich auf einer Halbinsel und wird nur für diesen Anlaß benutzt. In den Hauptgebäuden sind die italienischen Künstler untergebracht. Sie sind in großer Zahl vertreten, so daß man, ähnlich wie bei der Documenta in Kassel, einen guten Überblick über die neuesten Entwicklungen gewinnt. In kleinen Pavillons werden die Künstler der anderen großen Malernationen ausgestellt. Jedes Land wählt zwei bis vier Künstler aus. Die Bundesrepublik Deutschland ernennt für jede Biennale einen Kommissar – einen Museumsdirektor oder Kunsthistoriker –, der mit der Auswahl, dem Aufbau der Ausstellung und der Betreuung der Künstler beauftragt ist. 1968 war Professor Alfred Hentzen, Direktor der Hamburger Kunsthalle, als Kommissar beauftragt. Wir waren durch unsere Großmütter Hardt entfernt verwandt. Wir besuchten die Ausstellung schon einen Tag vor der offiziellen Eröffnung. So hatten wir Gelegenheit, die Bilder verhältnismäßig ungestört und in Ruhe zu besichtigen, während die letzten Vorbereitungen noch getroffen wurden. Die Preise für die einzelnen Kunstwerke sind auf der Biennale wohl aus Werbungsgründen niedrig angesetzt. Ich benutze die Gelegenheit, unter Assistenz von Professor Hentzen ein rumänisches abstraktes Bild und einen großen griechischen Holzschnitt zu erwerben, Hentzen hatte von den gleichen Künstlern ebenfalls Werke für die Kunsthalle angekauft.

Die beiden deutschen Künstler waren Horst Janssen und Richard Oelze. Hentzen warnte mich: »Janssen hat noch nie einen richtigen Botschafter gesehen, er ist sehr aufgeregt, weil er nicht weiß, wie er Sie begrüßen soll. Um sich zu beruhigen, wird er ein Bier nach dem anderen trinken. Sie müssen also auf Überraschungen gefaßt sein.« Als ich den deutschen Pavillon betrat, stürzte sich mir Janssen, sehr fein angezogen, entgegen, schweißgebadet vom Genuß des Bieres, umarmte und küßte mich, so daß auch ich schweißgebadet war. Nach dieser herzlichen Begrüßung zeigte und erklärte er uns seine Zeichnungen von dämonischer, skurriler Hintergründigkeit. Besonders beeindruckten mich seine Selbstportraits und die Portraits seiner Frau.

Wir waren gewarnt worden, daß Demonstrationen gegen die Bundesrepublik geplant seien und wir darauf gefaßt sein müßten, daß der Empfang, den Hentzen und ich gemeinsam im Hotel Gritti gaben, gestört werden könnte. Wir verständigten vorsorglich die Carabinieri. Hentzen beruhigte mich mit dem Hinweis auf seine Größe von über 1,90 Meter. Er werde am Eingang des Saales stehen, und die Ruhestörer würden es nicht wagen, sich mit ihm anzulegen. Ich wurde für einen Augenblick nervös, als einige wild aussehende Gestalten den Saal betraten, aber alles verlief friedlich, in guter Stimmung und in beängstigendem Gedränge.

Von meinen Vorgängern Klaiber und Blankenhorn hatte ich die Tradition übernommen, Messen zu besuchen. Die Teilnahme an der Messe in Mailand und am Autosalon in Turin war eine alljährliche Pflichtübung, weil beide meist von dem Präsidenten der Republik eröffnet wurden. Die deutschen Aussteller legten Wert darauf, daß der Botschafter dem Präsidenten ihre Stände bei seinem Rundgang vorstellte. Fast ebenso wichtig war die landwirtschaftliche Messe in Verona. Mein alter Freund, Senator dal Falco, war jedesmal erfreut über meinen Besuch und würdigte ihn auch dementsprechend. Die deutsche Beteiligung auf der Messe in Verona zeugte von der Vielfalt der deutschen landwirtschaftlichen Ausfuhr nach Italien, ergänzt durch eine erstaunliche Palette landwirtschaftlicher Maschinen und Geräte. Ich wohnte stets im Hotel Due Torri im Zentrum der Altstadt, das stilvoll mit alten Möbeln eingerichtet ist.

Ich habe mich immer dafür eingesetzt, daß Deutschland sich auch an den kleineren Messen in Triest und Bari beteiligt. Triest, das durch den Friedensvertrag von Saint-Germain 1919 von seinem Hinterland abgeschnitten ist, war dankbar für jede deutsche Beteiligung, auch wenn sie nur klein war. Bari ist die Messe des Mezzogiorno, des Sorgengebietes Italiens. Die Italiener freuten sich, wenn wir auf beiden Messen Flagge zeigten. Es war nicht immer leicht für mich, die deutschen Stellen für eine Beteiligung zu gewinnen. Der Besuch in Bari gab mir außerdem die willkommene Gelegenheit, die herrlichen romanischen Kathedralen Apuliens und das Castel del Monte zu besuchen und auf den Spuren des großen Staufers zu wandeln.

Ein tief verwurzeltes deutsches Vorurteil hält die Italiener für keine guten Soldaten. Mir fiel jedoch in Italien auf, daß in vielen Museen und in der Literatur die Ruhmestaten der italienischen Streitkräfte gefeiert werden. Die Italiener unterscheiden sich in keiner Weise von anderen Nationen, die stolz auf ihre Soldaten sind. Das negative Vorurteil der Deutschen über die militärischen Qualitäten der Italiener hat verschiedene Ursachen. In Deutschland hatten in der Vergangenheit die militärischen Tugenden einen zu hohen Stellenwert. Im Winter 1942/43 wurden die in der Sowjetunion eingesetzten italienischen Verbände überrannt. Die Italiener waren schlecht bewaffnet, sie hatten vor allem keine panzerbrechenden Waffen. Begreiflicherweise fehlte ihnen jede Motivation im Kampf gegen die Sowjetunion. Die von Göring aus überzähligem Bodenpersonal aufgestellten Luftwaffenfelddivisionen wurden ebenfalls überrannt. Auch der Krieg in Albanien und Griechenland war beim italienischen Soldaten nicht populär. Der Italiener ist im Gegensatz zum Deutschen nicht obrigkeitshörig, er kämpft auch auf Befehl nicht gern für eine schlechte Sache. Schon im Ersten Weltkrieg war die Zahl der Italiener, die sich dem Militärdienst entzogen, unverhältnismäßig groß. Das schließt persönliche Tapferkeit nicht aus. Viele Italiener haben die goldene Tapferkeitsmedaille wegen hervorragender Einzelleistungen erhalten. Auch die Partisanen zeigten sich wagemutig und erfolgreich in ihren Unternehmungen. Sie kämpften gleichzeitig gegen die faschistische Regierung in Norditalien und die deutschen Truppen.

Viele italienische Offiziere und Soldaten erhielten das Eiserne Kreuz. Bei einer Hochzeit in Bologna, zu der ich eingeladen war, trugen die anwesenden Offiziere zu meinen Ehren diese Auszeichnung, was an sich verboten ist. Ich habe eine Reihe von militärischen Einrichtungen besucht und war jedesmal beeindruckt von der harten Ausbildung und den hohen Anforderungen, die an die Soldaten gestellt wurden. Dies wurde mir von deutschen Lehrgangsteilnehmern an der Offiziersschule in Cesena bestätigt. Den gleichen Eindruck hatten auch der Generalinspekteur der Bundeswehr, General de Maizière, und der Inspekteur der Flieger, General Steinhoff, gewonnen. Ihre Besuche wirkten sich im übrigen positiv aus, weil ihr

Auftreten sich angenehm von dem oft überheblichen Verhalten der Deutschen im Kriege unterschied.

Während ich in Großbritannien häufig auf den deutschen Widerstand angesprochen worden war, geschah in Italien nichts dergleichen. Zu meiner Zeit in Rom interessierten sich die Italiener nicht für dieses Thema. Dies lag zum einen daran, daß damals noch kaum Veröffentlichungen darüber erschienen waren, vor allem aber daran, daß man in Italien noch der Meinung war, die deutschen Widerstandskreise, besonders in der Wehrmacht, hätten sich erst unter dem Eindruck von Stalingrad entschlossen, Hitler zu beseitigen. Das Vorgehen der deutschen Generäle wurde mit dem Ausscheiden Italiens aus der »Achse« 1943 unter Marschall Badoglio verglichen. Badoglios Schritt wurde in der italienischen Öffentlichkeit und in der Geschichtsschreibung kritisiert, weil er zu spät erfolgte.

Der Vorwurf des Verrats durch die Italiener 1915 und 1943 ist unberechtigt und stellt eine gefährliche Geschichtsfälschung dar. Dem Eintritt Italiens in den Krieg gegen Österreich-Ungarn und Deutschland 1915 waren erhebliche Auseinandersetzungen zwischen Neutralisten und Interventionisten vorausgegangen. Ich habe selbst noch im Kreise italienischer Freunde Diskussionen darüber erlebt, ob es moralisch vertretbar und politisch richtig war, auf der Seite der Alliierten in den Krieg einzutreten. Ich erinnere mich an meinen Vater, der 1915 die Kriegserklärung Italiens gegen uns erwartet hatte und voller Verständnis dafür war, daß die Italiener sich nicht an den Dreibund (Deutschland, Österreich-Ungarn, Italien) gebunden fühlten, weil Österreich nicht bereit war, die von Italienern bewohnten Gebiete an Italien abzutreten. Man könne von den Italienern nicht erwarten, daß sie gegen ihre nationalen Interessen handelten. Der Entschluß, im September 1943 aus dem Krieg an der Seite Deutschlands auszuscheiden, war berechtigt und ist den Italienern nicht leichtgefallen. Sie hatten den Mut, einen verlorenen und verbrecherischen Krieg zu beenden. Die überwältigende Mehrzahl der Italiener hatte den Glauben an den Faschismus und Mussolini verloren und war bereit, daraus die Konsequenzen zu ziehen, während die Deutschen bis zum bitteren Ende weiterkämpften.

Als die Alliierten 1943 in Sizilien landeten, erklärten sich die Italiener außerstande, aus eigener Kraft die Insel zu verteidigen, und baten um Entsendung starker deutscher Verbände und um Kriegsmaterial. Die von deutscher Seite gegebenen Versprechungen konnten nicht eingehalten werden. Die Italiener wurden von uns im Stich gelassen. So spricht Erich Kuby von »Verrat auf Deutsch«, und auch Friedrich-Karl von Plehwe, 1943 Generalstabsoffizier beim General für Italien, nimmt die Italiener gegen den infamen Vorwurf des Verrats in Schutz.

Ein trauriges Kapitel ist die Entwaffnung und der Abtransport der italienischen Soldaten nach dem 8. September 1943, der von langer Hand vorbereitet war und schlagartig durchgeführt wurde. Ich hatte damals erwartet, daß es zu schweren Kämpfen mit den italienischen Verbänden kommen würde. Wider Erwarten ergaben sich die Italiener kampflos. In der Umgebung von Rom standen zwei deutsche Divisionen sechs italienischen gegenüber. Ich habe dieses Verhalten darauf zurückgeführt, daß die Italiener aus Anstand nicht auf ihre Waffenbrüder von gestern schießen wollten und wohl auch annahmen, daß sie nach der Entwaffnung entlassen würden. In Griechenland kam es zu blutigen Auseinandersetzungen. Die Wehrmacht ging brutal gegen die »Verräter« vor. In den Lagern, vor allem in Polen, wurden die Italiener – es waren ungefähr 600 000 – ebenso schlecht behandelt wie die sowjetischen Kriegsgefangenen. Hitler ließ seiner Wut und seinem Haß freien Lauf. Die Propaganda gegen die italienischen »Verräter« lief auf Hochtouren. Viele Deutsche erlagen ihr und erkannten nicht, daß die Italiener moralisch im Recht waren.

Die bilateralen Beziehungen zwischen Deutschland und Italien sind heute zwar problemlos, waren aber doch lange Zeit von der Vergangenheit überschattet. In allen Städten und Dörfern Italiens finden sich Gedenktafeln an die zahlreichen im Kampf gegen Faschismus und deutsche Besatzung gefallenen Partisanen. Besonders eindrucksvoll sind die jährlichen Erinnerungsfeiern für die an den Fosse Ardeatine ermordeten 335 Geiseln. Sie wurden als Repressalie für 33 Tiroler Landesschützen, die einem Bombenattentat zum Opfer gefallen waren, erschossen. Bundespräsident Heuss, der in einer berühmten Rede von der Kollektivscham der Deutschen sprach, hat einen Kranz an der Gedenkstätte niedergelegt, eine Geste, die bei den Italienern einen tiefen Eindruck hinterließ, ähnlich wie der Kniefall von Bundeskanzler Brandt in Warschau. Ich habe alljährlich an diesen Feierlichkeiten, zu denen Hunderte von Menschen kamen, teilgenommen und wurde stets freundlich begrüßt.

Ein beliebtes Vorurteil der Nordeuropäer ist die Annahme, die Italiener seien nicht tierlieb. Deutsche, vor allem Vogelschützer, haben sich mir gegenüber oft darüber beschwert, daß die Italiener Singvögel töten, um sie zu essen. Ich habe ihnen entgegengehalten, daß wir Deutsche große Vögel wie Wachteln, Schnepfen, Rebhühner und Fasane schießen. Die Fasane werden zu diesem Zweck sogar künstlich aufgezogen. Die Italiener seien eben ärmer und äßen kleinere Vögel, wir seien reich und äßen die größeren. Im übrigen ist der Vogelreichtum in Italien, allen Nachstellungen zum Trotz, größer als in Deutschland. Ich bin dort Vögeln, etwa Nachtigallen, in großer Zahl begegnet, die in Deutschland selten geworden oder ausgestorben sind.

Was gefällt mir an den Italienern? Sie sind ein hübsches Volk, eine gelungene Mischung von Römern, Germanen, Griechen und Normannen. Ihre Bewegungen sind ungezwungen und harmonisch, und sie legen Wert auf gute, geschmackvolle Kleidung und ein gepflegtes Äußeres. Kurze Hosen werden von Touristen getragen, fast nie von Italienern. Die Großfamilie spielt noch immer eine bedeutende Rolle. Die Großmutter regiert zu Hause. Alte Menschen und Pflegebedürftige bleiben in der Familie. So gibt es in Italien kaum Alters- und Seniorenheime. In den letzten Jahren sind viele Nervenheilanstalten geschlossen und die leichteren Fälle in ihre Familien entlassen worden. Mein Vater pflegte zu sagen, solange es die italienischen Frauen und die Carabinieri gibt, wird es Italien gutgehen. Die Carabinieri mit ihren schmucken Uniformen, im Winter schwarz mit Dreispitz, im Sommer im kleidsamen Khaki, sind der wandelnde Beweis für den Schönheitssinn der Italiener und ihre Begabung als Modeschöpfer. Die Carabinieri sind die am besten gekleideten Polizisten der Welt.

Die Italiener sind liebenswürdig, hilfsbereit und vor allem kinderlieb. Das Kind ist in Italien ebenso wie in Rußland König. Kinder werden in der Öffentlichkeit selten getadelt oder belehrt und fast nie gestraft. Sie begegnen überall einem Lächeln, einer Freundlichkeit und entwickeln so von früh auf Selbstbewußtsein und Unbefangenheit. Das »ungezogene« Kind ist in Italien eine Seltenheit. Duldsamkeit und Liebe der Eltern machen aus den Italienern anpassungsfähige Menschen, die bereit sind, auf andere einzugehen. Die Menschlichkeit der Italiener wird gerade von in Not geratenen Deutschen immer wieder gerühmt. Die Duldsamkeit der Italiener zeigt sich im übrigen auch gegenüber dem Fremden, der sich in ihrer Sprache ausdrückt. Ganz im Gegensatz zu den Franzosen, die Fehler bei der Anwendung ihrer Sprache nicht lieben, sind die Italiener nachsichtig und freuen sich, wenn man Italienisch spricht, wenn auch fehlerhaft.

Ein anderes Detail, das die Italiener charakterisiert: In England hatte ich gelernt, in meine Reden Anekdoten und Selbstironie einzuflechten. In Italien wurde dies nicht geschätzt. Irgendwie widerspricht Ironie und Selbstironie dem ausgeprägten Sinn der Italiener für persönliche Würde, der eigenen wie der fremden.

Zwei Eigenschaften zeichnen den Italiener unter den Europäern aus: Phantasie und Kreativität. Die Rolle Italiens in der Mode wie auch im industriellen Design ist nur ein Beispiel dafür. Hand in Hand damit geht die Fähigkeit zur Improvisation. Probleme werden oft in letzter Minute hervorragend gelöst. »Si arrangia – das regelt sich« – ein oft erlösender Ausruf.

Die Italiener sind mit Recht stolz auf ihre Vergangenheit. Sie fühlen sich als Nachkommen der alten Römer. Italien ist ein einziges Museum. Jede Stadt, viele Dörfer beherbergen großartige Architektur der Gotik, der Renaissance und des Barock. Diese Schätze werden liebevoll gepflegt und erhalten. Sie bleiben lebendig, weil sie genutzt werden. Ich habe immer bewundert, wie viele herrliche alte Paläste, wunderbar eingerichtet, für Repräsentationszwecke genutzt werden und den Veranstaltungen Glanz und Würde verleihen. Doch bei allem berechtigten Stolz auf ihre Vergangenheit ist die Haltung der Italiener oft kritisch und skeptisch, besonders was die eigene Gegenwart und Zukunft betrifft. Die Schwankungen zwischen Minderwertigkeitskomplexen und Überlegenheitsgefühlen sind bei ihnen jedoch nicht so ausgeprägt wie bei uns Deutschen. Die Italiener sind ausgewogener. Sie halten Maß in allem, sogar in ihren Eß- und Trinkgewohnheiten. Nur selten sieht man auf den Straßen Betrunkene, nur selten übergewichtige Menschen.

Nach dem Vorbild der deutsch-englischen Königswinter-Konferenz entstand 1967 der deutsch-italienische Freundeskreis. Wie jene sollte er dazu beitragen, Vorurteile zwischen beiden Völkern abzubauen und das gegenseitige Verständnis zu fördern. Auf italienischer Seite waren Botschafter Quaroni, der Präsident der Rundfunkgesellschaft RAI und der Vorsitzende der staatlichen Industrie-Holding

IRI, Petrilli, die Initiatoren, auf deutscher Seite Wolff von Amerongen, der Präsident des Deutschen Industrie- und Handelstages. Der Name Freundeskreis war gut gewählt, man traf sich unter gleichgesinnten Menschen, die Freunde waren oder wurden. Ich habe an drei Begegnungen mit großem Nutzen teilgenommen. Leider ist dieser Freundeskreis später eingeschlafen. Im jüngster Zeit ist er jedoch in Gestalt eines deutsch-italienischen Gesprächsforums zu neuem Leben erweckt worden.

DIE REFORMKOMMISSION DES AUSWÄRTIGEN DIENSTES 1969 BIS 1971

Im Sommer 1968 hielt ich mich zur Berichterstattung bei Willy Brandt, dem Bundesminister des Auswärtigen, in Bonn auf. Gleich nach der Begrüßung erklärte er mir lächelnd, er werde mich zum Lord machen. Ich erwiderte, ich glaubte nicht, daß er mir meinen Wunsch, den Grafentitel meiner Familie zu erneuern, erfüllen könne. Schmunzelnd meinte er, ich sei schwer von Begriff. Ich solle der deutsche Lord Plowden und Vorsitzender einer Kommission für die Reform des Auswärtigen Dienstes werden. In früheren Gesprächen mit Brandt hatte ich darauf hingewiesen, daß der Dienst alle dreißig bis vierzig Jahre auf seine Funktionsfähigkeit hin überprüft werden müsse. Dabei hatte ich auf den Bericht von Lord Plowden Bezug genommen, der 1962 ausgezeichnete und nachahmenswerte Vorschläge zur Reform des britischen Auswärtigen Dienstes unterbreitet hatte. Mit Lord Plowden war ich während meiner Botschafterzeit in London des öfteren zusammengekommen, um mich von ihm über die Vorschläge seiner Kommission informieren zu lassen. Der Bericht war damals gerade in Arbeit.

Die Berufung zum Vorsitzenden der Reformkommission bedeutete für mich, vor Erreichen der Altersgrenze aus dem aktiven Dienst auszuscheiden und sechs Monate früher von meinem geliebten Rom Abschied zu nehmen. Die Sache schien mir dieses Opfer wert. Brandt wollte einen weisungsunabhängigen Vorsitzenden im Rang eines Staatssekretärs. So wurde ich im Februar 1969 aus Rom abberufen und zum Staatssekretär im Auswärtigen Amt ernannt, allerdings nach vierzehn Tagen in den Ruhestand versetzt. Damit stellte ich einen Rekord auf, was die Kürze der Ausübung dieser Position anbelangt.

Zwischen Willy Brandt und dem Auswärtigen Amt bestand ein gegenseitiges Vertrauensverhältnis. Brandt kümmerte sich sehr um sein Amt und gewann mit seiner unkomplizierten, menschlich hervorragenden Art die Zuneigung seiner Mitarbeiter. Seine große Wirkung im Ausland und seine für die Bundesrepublik werbende Persönlichkeit waren unbestritten. Auch die Angehörigen des Auswärtigen Amtes hielten die Ostpolitik für notwendig, und es bestand also ein Gleichklang in der politischen Auffassung zwischen Brandt und seinem Ministerium, der eine fruchtbaren Arbeit nur förderlich sein konnte.

Im Auswärtigem Amt war bereits im Herbst 1967 eine Arbeitsgruppe eingesetzt worden, der neben anderen Helmut Türk und Werner Schattmann angehörten. Sie hatten gute Vorarbeit geleistet. Die erste Sitzung der Kommission fand am 20. September 1968 in Bonn statt. Das Gremium bestand aus zwölf Mitgliedern und zehn Vertretern. Es war so von Brandt ausgewählt worden, daß alle interessierten Gruppen zu Wort kommen konnten. Finanz-, Innen- und Wirtschaftsministerium waren vertreten, weil ohne ihre Zustimmung Reformen nicht durchzuführen waren. Dies hatte sich schon gezeigt, als Brandt die Einsetzung der Kommission durch die Bundesregierung vorgeschlagen hatte. Einige Bundesminister, unter ihnen Finanzminister Franz Josef Strauß, äußerten Bedenken gegen eine Einsetzung durch die Regierung. Bundeskanzler Kiesinger, der gern Konflikte vermied, fand wie üblich einen Kompromiß: Willy Brandt wurde anheimgestellt, die Kommission selbst einzusetzen.

Alle Mitglieder der Kommission waren bekannte Persönlichkeiten des öffentlichen Lebens mit Sachverstand und den notwendigen Erfahrungen. Mein alter Freund Günter Diehl, Staatssekretär und Chef des Informations- und Presseamtes, wirkte bis 1969 als stellvertretender Vorsitzender mit. Weiter nahmen teil die Vorsitzenden des Auswärtigen und des Innenausschusses des Bundestages, Hermann Kopf und Hermann Schmitt-Vockenhausen, Ludwig Rosenberg, der Vorsitzende des Deutschen Gewerkschaftsbundes, Professor Julius Speer, Präsident der Deutschen Forschungsgemeinschaft, ein alter Freund aus Kriegs- und Widerstandszeit, der Politologe Professor Dr. Eschenburg, Dr. Ernst Schneider, Präsident des Deutschen Industrie- und Handelstages, für das Wirtschaftsministerium Staatssekretär von Dohnanyi, Ministerialdirektor Theodor Brockmann aus dem Innenministerium und Ministerialdirektor Hans Clausen Korff aus dem Finanzministerium. Bis Herbst 1969 gehörte auch Walter

Scheel der Kommission an. In der dritten Sitzung 1968, die in Rom stattfand, warf er die Frage auf, ob das Auswärtige Amt nicht überhaupt aufgelöst werden könnte, da die einzelnen Bundesministerien unmittelbar mit ihren ausländischen Partnern verhandeln könnten. Er ahnte wohl noch nicht, daß er 1969 selbst Außenminister werden würde.

Entscheidend für die harmonische, gezielte Arbeit einer Kommission ist das Sekretariat. Seine Leiter waren Ministerialdirigent Horst Röding und später Vortragender Legationsrat Franz Bertele, die mit fester Hand und in liebenswürdiger Weise die Mitglieder der Kommission an die wesentlichen Probleme heranführten, die Sitzungen gut vorbereiten und die Ergebnisse klar zusammenfaßten. Durch Reisen zu repräsentativen Auslandsvertretungen in den verschiedenen Kontinenten verschaffte sich die Kommission Einblick in die Organisation und Arbeitsweise von Botschaften und Konsulaten.

Der Auftrag an die Kommission lautete, zu prüfen, »wie die dem Auswärtigen Dienst heute gestellten Aufgaben in der wirksamsten, den Interessen unseres Landes am besten dienenden Weise erfüllt werden können und welche Voraussetzungen – insbesondere organisatorischer, dienstrechtlicher und personeller Art – dafür zu schaffen sind. Dabei wird sie auch zu untersuchen haben, ob und welche gesetzgeberischen Maßnahmen notwendig sind, um das gesteckte Ziel zu erreichen.«

Seit Entstehung des Auswärtigen Amtes nach dem Zweiten Weltkrieg waren bahnbrechende Veränderungen eingetreten, die neue Anforderungen an den 1950 unter ganz anderen Voraussetzungen aufgebauten Auswärtigen Dienst stellten. In Afrika und Asien waren zahlreiche neue Staaten entstanden, in denen die Bundesrepublik präsent sein mußte. Die Zahl der Botschaften in Bonn hatte sich seit Mitte der fünfziger Jahre verdreifacht. In den ersten Jahren nach Gründung der Bundesrepublik, während der Kanzlerschaft Adenauers, war die deutsche Außenpolitik vornehmlich auf die Vereinigten Staaten, Frankreich, Großbritannien und die westeuropäischen Nachbarländer ausgerichtet. Die Dritte Welt spielte zunächst keine Rolle. Die Probleme, die sich aus dem Nord-Süd-Gefälle ergeben, gewannen erst in den siebziger Jahren Bedeutung für die deutsche Außenpolitik. Die internationale bilaterale Zusammenarbeit wurde immer enger. Hinzu kam die neu entstehende Zusammenarbeit im multilateralen Rahmen. Das Netz der Konsultationen in der NATO und vor allem in der Europäischen Gemeinschaft verdichtete sich. Anfangs trafen sich nur die Außenminister. Heute finden regelmäßige monatliche Konsultationen, etwa auf der Ebene der Direktoren und Referatsleiter, im Rahmen der europäischen politischen Zusammenarbeit statt. Die enge Kooperation in den internationalen Organisationen muß häufig durch bilaterale Verhandlungen der Botschaften vorbereitet und unterstützt werden.

Die Bereiche der internationalen Zusammenarbeit haben sich seit den fünfziger Jahren enorm erweitert. Neben die drei Pfeiler Politik, Wirtschaft und Kultur sind Wissenschaft, Technologie und Umweltfragen getreten. Die Adressaten der Arbeit der Auslandsmissionen haben sich vervielfacht. Die Missionen müssen die Kontakte zu allen gesellschaftlichen Gruppen pflegen. Für die Rechts- und Konsularabteilungen der Botschaften und die Konsulate bedeutet die lawinenartige Entwicklung des Massentourismus, in vielen Ländern auch die Asylanten- und Aussiedlerproblematik eine schwere, zusätzliche Arbeit. Ich muß mich darauf beschränken, aus den vielen Überlegungen und Vorschlägen der Kommission, mit denen der Auswärtige Dienst für seine neuen Aufgaben besser ausgerüstet werden sollte, nur einige wichtige zu nennen.

Ein Teil der Empfehlungen bezog sich auf die Erfordernisse der Koordinierung: Fast alle Bundesressorts stehen heute vor Problemen, deren Lösung die Zusammenarbeit mit anderen Staaten erfordert. Zahlreiche nichtamtliche, überwiegend aus öffentlichen Mitteln geförderte Institutionen wie zum Beispiel das Goethe-Institut und die vier politischen Stiftungen sind ebenfalls im Ausland tätig. Dies gilt auch für die großen Wirtschaftsverbände und für die Gewerkschaften. Auch die Regierungen der Bundesländer und der Gemeinden betätigen sich zunehmend in fremden Staaten. Zu meiner Zeit reisten die Länderregierungschefs noch nicht so viel ins Ausland, auch gab es noch keine direkte Entwicklungshilfe von seiten der Länder in Staaten der Dritten Welt. Im Rahmen des Grundgesetzes, das die Pflege der auswärtigen Beziehungen dem Bund vorbehält, sind solche Tätigkeiten der Länder nicht unproblematisch. Einerseits stellen sie eine wertvolle Ergänzung der Aktivitäten des Auswärtigen Dienstes dar. Sie müssen aber durch diesen koordiniert und inhaltlich abgestimmt werden, sonst besteht die Gefahr von Widersprüchen und Überschneidungen. Die deutsche Außenpolitik muß aus einem Guß sein, sonst entstehen im Ausland Verwirrung und Zweifel an ihrer Geradlinigkeit. Um die Koordinierung sicherzustellen, hat die Kommission folgende Vorschläge unterbreitet:

– Vor Auslandsreisen sollten sich die Bundesminister und die leitenden Beamten der Bundesregierung durch das Auswärtige Amt über alle außenpolitisch bedeutsamen Fakten unterrichten lassen. Dies gilt auch für die Ministerpräsidenten der Länder.

– Zu Unterredungen im Gastland mit führenden politischen Persönlichkeiten sollte der Botschafter regelmäßig hinzugezogen werden. Gegen diesen eigentlich selbstverständlichen Grundsatz wird leider in neuerer Zeit oft verstoßen. So war bei den Gesprächen Egon Bahrs mit der Moskauer Führung in Vorbereitung des Moskauer Vertrages der Botschafter nicht anwesend. Auch Helmut Kohl zieht es vor, ohne die Botschafter mit den Regierungschefs zu verhandeln. Er folgt damit dem Beispiel von de Gaulle. Als ich Missionschef in London und Rom war, haben mich Bundeskanzler Adenauer und Außenminister Brandt selbstverständlich zu allen Gesprächen zugezogen. Heute wird der Botschafter über den Inhalt wichtiger Gespräche, die Mitglieder seiner Regierung im Gastland geführt haben, oftmals auch hinterher nicht oder erst auf sein Drängen fragmentarisch und verspätet unterrichtet. Damit wird die Stellung des Botschafters im Gastland abgewertet. Er muß sich damit behelfen, den hohen Gast auf dem Weg vom Flugplatz über die Verhältnisse im Gastland zu unterrichten und ihm bei der Abreise über den Inhalt seiner Gespräche zu befragen.

– Ein Botschafter muß – eine weitere Selbstverständlichkeit – über alles, was das Land, in dem er beglaubigt ist, betrifft, unterrichtet werden. Das gilt für Informationen, Gespräche, Demarchen, wo auch immer sie angefallen sind, ob in der Heimat, in einem dritten Land oder bei einer internationalen Organisation. Im englischen auswärtigen Dienst ist dieser Informationsfluß nachahmenswert gut organisiert.

– Mitteilungen der Bundesregierung an eine ausländische Regierung sollten über den deutschen Botschafter im Gastland erfolgen, nicht über die ausländischen Missionen in Bonn. Es ist leider üblich geworden, daß mit dem amerikanischen und noch mehr mit dem sowjetischen Botschafter Fragen besprochen werden, die, diplomatischer Gepflogenheit entsprechend, von dem deutschen Botschafter in Washington oder Moskau mit dem dortigen Außenminister erörtert werden müßten. Während der sowjetische Botschafter in Bonn auf seinen Wunsch häufig sofort vom Bundesminister des Auswärtigen empfangen wird, hatte unser Botschafter in Moskau jedenfalls bis vor kurzem sehr viel größere Schwierigkeiten, an den sowjetischen Außenminister heranzukommen.

Der andere große Bereich der Empfehlungen unserer Kommission betraf die Personalprobleme und dabei vorrangig die Notwendigkeit einer Personalreserve, sowie die Frage, ob das Auswärtige Amt nicht stärker auf Spezialisten zurückgreifen müßte, statt sich – wie traditionell der Fall – auf den »Allround-Beamten« zu stützen. Wir sprachen uns für eine pragmatische Lösung aus und warnten vor zu engen Regeln, mit denen das Amt nur seine Bewegungsfreiheit einengen würde. Die Zahl der Spezialisten hat sich nach dem Zweiten Weltkrieg erhöht. Neben die Militärattachés sind die Wissenschafts-, Landwirtschafts- und Sozialattachés getreten. Sie sollten ebenso wie jene auf Zeit übernommen werden. Die Spezialisten haben den Nachteil, daß sie die anderen Botschaftsangehörigen nicht vertreten können. Das Amt braucht aber vor allem Allround-Beamte. Es gibt etwa hundert kleinere Vertretungen mit ein bis zwei höheren Beamten, die alle Bereiche, in denen eine Botschaft tätig wird, abdecken müssen. Wollte man solche Vertretungen mit Spezialisten besetzen, müßte man die Zahl der Beamten mindestens verdreifachen. Ein Botschafter dieser Vertretungen muß sich natürlich mit der politischen Lage seines Gastlandes befassen. Vor allem muß er sich mit Fragen der Entwicklungs-, Wirtschafts- und Bildungshilfe sowie der Öffentlichkeitsarbeit beschäftigen. Aber auch die Leiter der großen Missionen müssen Allround-Beamte sein. Zwar müssen sie nicht alles selbst erledigen, aber sie brauchen einen breiten Wissens- und Erfahrungshintergrund, um die Arbeit ihrer Vertretungen koordinieren und selbst in den verschiedenen Bereichen initiativ werden zu können. In der Praxis tritt bei den Angehörigen des Auswärtigen Dienstes ohnehin eine gewisse Spezialisierung entsprechend ihren Neigungen, Begabungen und Interessen ein.

Der Erkenntnis »Eine Planstelle lernt nicht« folgend, plädierte die von mir geleitete Kommission für den Aufbau einer Personalreserve im Auswärtigen Dienst. Niemand kann auf einer Planstelle zwei Funktionen (z. B. Arbeit als politischer Referent an der Botschaft Washington *und* Vorbereitung auf die neue Verwendung als Kulturreferent an der Botschaft Moskau) ausüben. Üblicherweise wird der Beamte von einem Posten auf den anderen versetzt, ohne daß ihm Zeit gegeben werden kann, sich auf die neue Verwendung vorzubereiten. Während er in Washington ist, läßt ihm seine Arbeit keinen Spielraum, um Russisch zu lernen und sich mit dem neuen Aufgabengebiet zu beschäftigen. Am neuen Dienstort wird er sofort voll eingesetzt und hat erst recht nicht genügend Zeit, die Sprache zu erlernen. Besonders erschwerend wirkt es sich für ihn aus, daß sein Vorgänger, der ja nicht gleichzeitig mit ihm dieselbe Planstelle besetzen kann, sich bereits auf einem anderen Posten an einem anderen Ort befindet. Damit ist eine ordnungsgemäße Übergabe der Geschäfte nicht möglich, insbesondere werden die Kontakte nicht weitervermittelt, die der Vorgänger aufgebaut hat. Einmal abgerissene Beziehungen müssen mit großem Zeitaufwand wiederhergestellt werden. Der deutsche Diplomat kann nur mit Neid auf seine amerikanischen, britischen oder sowjetischen Kollegen blicken, die nach mehrmonatiger sprachlicher und landeskundlicher Vorbereitung an ihrem neuen Dienstort eintreffen. Einer Personalreserve bedarf es auch, um die längeren Heimaturlaube aus Übersee und von schwierigen Posten und vor allem auch von Kleinstvertretungen mit nur einem oder zwei Beamten zu überbrücken und um kurzfristig personelle Schwerpunkte in Ländern einzurichten, in denen Krisen entstanden sind.

Unsere Kommission hatte nicht zuletzt die menschliche und familiäre Seite des Einsatzes von Beamten im Ausland zu berücksichtigen. Die Dauer des Verbleibens auf einem Posten ist schwer zufriedenstellend zu lösen. Besonders von seiten der Wirtschaft wurde oft gefragt, warum die Diplomaten so bald wieder abgelöst würden. Ein Einsatz über die Dauer von vier oder fünf Jahren hinaus, der sicherlich der Pflege langfristiger Kontakte zum Gastland zugute käme, schien uns allerdings aus einer Reihe von Gründen nicht empfehlenswert. Fast die Hälfte der Auslandsposten liegt in klimatisch schwierigen Ländern. Der Dienst in den Tropen hinterläßt seine Spuren und greift die Gesundheit an. Eine Rotation zwischen klimatisch günstigen und ungünstigen Ländern ist schon aus Gründen der Personalfürsorge, auch für die Familienangehörigen, geboten.

Die Ehefrauen werden durch das Leben an der Seite eines Diplomaten vor besondere Probleme gestellt, die früher in dieser Form nicht existierten. Viele Diplomatenfrauen haben heute selbst eine akademische Ausbildung. Sie können ihren Beruf nur in den seltensten Fällen im Ausland ausüben. Eine Wiedereingliederung in den Beruf nach der Rückkehr nach Deutschland ist häufig nicht oder nur sehr schwer möglich. Als ich meine Frau 1935 heiratete, gab sie ihre Stelle als Sekretärin auf, ohne darüber besonders unglücklich zu sein. Für sie war die Tätigkeit als Ehefrau eines Diplomaten in Moskau eine interessante und dankbare Aufgabe. Von den Ehefrauen im Auswärtigen Dienst werden erhebliche unentgeltliche Dienstleistungen erwartet. Die wirtschaftliche Führung einer großen Botschaft bedeutet für die Ehefrau heute praktisch die Leitung eines Hotelbetriebes. Bei allen Missionen ist die Mitarbeit der Ehefrau bei gesellschaftlichen Anlässen und im sozialen Bereich für den Ehemann und den Dienst unabdingbar. Die Kommission sprach sich dafür aus, diesen Einsatz angemessen zu honorieren. Vor dem Ersten Weltkrieg erhielt der Verheiratete eine Zulage von einem Drittel für die Mitarbeit der Ehefrau, die im Zuge der Sparmaßnahmen unter Reichskanzler Brüning dann auf 25 Prozent reduziert wurde und zu meiner Zeit nur noch etwa sechs bis acht Prozent betrug.

Die Kommission betonte, daß auf die charakterliche Eignung der Bewerber für den Auswärtigen Dienst besonderer Wert zu legen sei. Zu den vornehmsten Aufgaben des höheren Dienstes gehört die Menschenführung unter oft sehr schwierigen Umständen, wobei Einfühlungsvermögen, sicheres und bescheidenes Auftreten verlangt werden. Die hervorgehobene Stellung im Ausland ist, wie sich die Diplomaten stets vor Augen halten müssen, nur eine geliehene Pracht auf Zeit, die kein Grund zur Überheblichkeit sein darf. »Mehr sein als scheinen« hat schon Feldmarschall von Moltke gefordert. Wenn das Arbeitsklima unter den Angehörigen einer diplomatischen Vertretung schlecht ist, sind negative Auswirkungen auf die Leistungsfähigkeit unvermeidlich. Das gilt insbesondere für die kleinen Vertretungen in den schwierigen Zonen der Erde. Hier wird die Fähigkeit, Spannungen auszugleichen, zu einem entscheidenden Qualifikationsmerkmal für den Missionschef. Bis zu einem gewissen Grade kommt ihm die Rolle eines Pater familias zu. In meiner Ansprache anläßlich der Übergabe des Berichts unserer Reformkommission an Außenminister Scheel im März 1971 sagte ich zu diesem Thema: »Ziel der Arbeit des Diplomaten ist die Wahrnehmung der deutschen Interessen. Sein Werkstoff aber ist der lebendige Mensch, der Mensch mit seinen Empfindlichkeiten und Schwächen. Die Kunst der Menschenbehandlung sollte die eigentliche Kunst des Diplomaten sein und bleiben.«

Der Bericht der Kommission trug, da er einstimmig angenommen worden war, auch die Unterschriften der Vertreter des Innen- und des Finanzministeriums sowie des Vorsitzenden des Innenausschusses des Bundestages, Schmitt-Vockenhausen. Damit waren günstige Voraussetzungen dafür geschaffen, ein Gesetz für den Auswärtigen Dienst, wie es beispielsweise in der Schweiz, Italien und den USA besteht, einzubringen und zu verabschieden. Einige der Empfehlungen, die wir unterbreiteten, sind in der Folgezeit verwirklicht worden. Es hat aber bis heute gedauert, ehe eine gesetzliche Sonderregelung für den Auswärtigen Dienst erreicht werden konnte. Das Innenministerium, zuständig für Fragen der Besoldung und Stellung der Beamten, vertritt den Grundsatz der Einheitlichkeit des öffentlichen Dienstes und wehrt sich gegen Sonderregelungen. Im Finanzministerium gab es aus Gründen der Sparsamkeit Widerstand gegen ein Gesetz, das eine Erhöhung der Ausgaben nach sich ziehen mußte.

Im Auswärtigen Ausschuß des Bundestages wurde auch Kritik an Minister Genscher laut. Als in diesem Gremium 1985 die Reform des Auswärtigen Dienstes mit großer Offenheit und Sympathie behandelt wurde, gab der Abgeordnete Gansel dem Außenminister zu verstehen, daß mehr Fürsorge für seine Behörde vonnöten sei. Genscher sei umgeben von tüchtigen Mitarbeitern im engsten Kreis, die ihm bei der Ausführung seiner Politik behilflich seien. »Nur, das hat vielleicht den Blick für Probleme der Masse Ihrer Mitarbeiter verstellt. Sie sind aber, Herr Minister Genscher, für den ganzen Dienst verantwortlich. Es ist nicht Ihr Dienst, es ist unser Dienst.« Diese Kritik schmälert nicht im mindesten die Leistungen Hans-Dietrich Genschers als Außenminister. Sein Gewicht in diesem Amt und seine Bedeutung auf der internationalen diplomatischen Bühne sind immer mehr gewachsen; als dem Hauptarchitekten der deutschen Einheit neben Kanzler Kohl gebührt ihm ungeteilte Anerkennung. Doch das Auswärtige Amt ist ein klassisches Ressort der deutschen Politik, mit Vorzügen, die aus langer Geschichte und Erfahrung erwachsen sind, mit einem *human capital*, das einen nicht zu unterschätzenden Faktor für die Qualität unserer Außenpolitik und ihre Vermittlung gegenüber der Welt bedeutet. Diese Vorzüge sollten nicht aufs Spiel gesetzt werden, indem die Angehörigen des Amtes aufgrund der Personalknappheit an der Grenze ihrer Belastbarkeit arbeiten und die Attraktivität des Dienstes im Vergleich mit anderen Berufszweigen, vor allem mit den Möglichkeiten in der freien Wirtschaft, sinkt. Als jemand, der fast sein ganzes Leben im Auswärtigen Dienst verbracht hat und dessen Herz der Diplomatie gehört, erfüllt es mich mit tiefer Befriedigung, daß nun doch, trotz aller Hindernisse, im Juni 1990 ein Gesetz über den Auswärtigen Dienst verabschiedet werden konnte, das am 1. Januar 1991 in Kraft treten wird.

PRÄSIDENT DES GOETHE-INSTITUTS 1971 BIS 1977

Am 18. März 1971 wurde ich zum Präsidenten des Goethe-Instituts gewählt, als Nachfolger von Peter Pfeiffer, mit dem mich eine vierzigjährige Bekanntschaft verband. Pfeiffer war in den dreißiger Jahren Leiter der Konsularabteilung der Moskauer Botschaft gewesen und als solcher mein Vorgesetzter in meinen ersten Moskauer Jahren. In der Bundesrepublik leitete er die Ausbildungsstätte für den höheren auswärtigen Dienst in Speyer. Anschließend wurde er Personalchef und Inspektor des Auswärtigen Amtes. Er war der Bruder Anton Pfeiffers, mit dem ich in der Bayerischen Staatskanzelei zusammengearbeitet hatte. Peter hatte mich als seinen Nachfolger vorgeschlagen, das Auswärtige Amt hatte zugestimmt, und das Präsidium wählte mich an die Spitze des »Goethe-Institus zur Pflege deutscher Sprache und Kultur im Ausland«, wie die vollständige Bezeichnung damals lautete. Dies geschah zu einem Zeitpunkt, als ich noch Vorsitzender der Kommission für die Reform des Auswärtigen Dienstes war. Die Kommission hatte sich in ihrer Tätigkeit auch mit der Kulturpolitik beschäftigt und deren Bedeutung als dritte Säule der Außenpolitik unterstrichen. Außerdem war eine Enquete-Kommission unter Professor Peiser eingesetzt worden, die ein Gutachten über auswärtige Kulturpolitik ausarbeitete.

Schon im Frühjahr 1969 war ich in den Verwaltungsrat, die spätere Mitgliederversammlung, des Goethe-Instituts berufen worden. In diesem Gremium hatte ich einen Vortrag über die Arbeit der Reformkommission gehalten und dabei besonders die auswärtige Kulturpolitik und ihre Organisationen behandelt. Dieser Vortrag und meine Zugehörigkeit zu Inter Nationes wiesen mich wohl vor den Mitgliedern des Gremiums als sachverständig und damit »papabel« aus.

Als ich meine neue Aufgabe am 1. Juli 1971 übernahm, begann für das Goethe-Institut als Folge der genannten Empfehlungen und Gutachten eine Zeit der Reformen. Mir lag die verantwortliche Beteiligung der Mitarbeiter an der Leitung des Instituts am Herzen. Als Vorsitzender des Aufsichtsrates der Unilever Deutschland hatte ich Erfahrungen in der Zusammenarbeit mit den Arbeitnehmervertretern gesammelt, die ich als durchweg positiv empfand. Ich erreichte, daß drei Mitarbeiter des Goethe-Instituts in das Präsidium aufgenommen wurden, und zwar ein Vertreter der Zentrale in München sowie ein Sprecher für die Inlands- und einer für die Auslandsinstitute. Dieser letztere sollte aus einem Institut im europäischen Ausland kommen, so daß die Verbindung leichter möglich war und eine wirkliche Zusammenarbeit gewährleistet wurde. Diese Demokratisierung hat sich nach meiner Einschätzung in der Folge gut bewährt. Die andere Reform bezog sich auf die juristische Verantwortlichkeit. Bis dahin war der juristisch verantwortliche Vorstand der Präsident des Goethe-Instituts. In meiner Amtszeit wurde die Struktur so umgeändert, daß das Präsidium die Aufsichtsratsfunktion erhielt und der Generalsekretär und sein Stellvertreter die Funktion des Vorstandes übernahmen. Diese Neuordnung war auch ein Schritt zur Verteilung der Aufgaben angesichts der Tatsache, daß die Zahl der Institute und ihre jeweilige Größe stark gewachsen waren. Schließlich hatte ich zunächst daran gedacht, auch Bundestagsabgeordnete in das Präsidium aufzunehmen, nach Möglichkeit Mitglieder des Haushaltsausschusses, der die Finanzmittel für die Mittlerorganisationen, also auch für das Goethe-Institut, bewilligte. Bei anderen kulturellen Organisationen wie Inter Nationes und dem Institut für Auslandsbeziehungen war dies der Fall. In der neuen Satzung wurde dann aber festgelegt, daß die im Bundestag vertretenen Parteien je einen Abgeordneten in die Mitgliederversammlung entsenden.

Das Interesse für Kunst und Kultur hatte mich mein bisheriges Leben lang immer begleitet. Mein alter Freund Dieter Sattler hatte mich während meiner Zeit als Botschafter in London eingeladen, vor dem Beirat der Kulturabteilung des Auswärtigen Amtes zu sprechen. Der Beirat hörte mich an, um zu erfahren, wie die Kulturpolitik im Ausland in der Praxis aussieht. Mein Vortrag hatte zur Folge, daß Professor Emil Preetorius, der Präsident der Bayerischen Akademie der Schönen Künste, ebenfalls ein Bekannter aus den Nachkriegsjahren in München, wo ich ihm in Dieter Sattlers Gesprächskreis begegnet war, mich bat, an der Akademie über das Thema Kulturpolitik aus der Sicht eines Botschafters zu referieren. Auch vor dem Kulturkreis Ausland in Mannheim hielt ich einen entsprechenden Vortrag. Es war also in der Öffentlichkeit bekannt, daß ich mich mit Kulturpolitik befaßte, und das dürfte einer der Gründe dafür gewesen sein, daß ich als Präsident des Goethe-Instituts vorgeschlagen wurde.

Das Schicksal spielte auf tragische Weise mit hinein. Der berufene Mann für diese Position wäre Dieter Sattler gewesen, der über unvergleichliche Erfahrungen und Kenntnisse auf diesem Gebiet verfügte. Schon als Staatssekretär für die Schönen Künste in München, dann als Kulturreferent bei der Deutschen Botschaft in Rom hatte er sich als ideenreicher und außergewöhnlich effektiver Kulturpolitiker erwiesen. Als Leiter der Kulturabteilung des Auswärtigen Amtes war Sattler sehr erfolgreich, wenn es darum ging, die Haushaltsmittel für diesen Bereich aufzustocken, um die Goethe-Institute ausbauen zu können und überhaupt die finanziellen Voraussetzungen zu schaffen, um deutsche Kultur und Wissenschaft im Ausland zu vermitteln. Er bewährte sich als hartnäckiger Vertreter der Interessen des Goethe-Instituts und brachte es sogar fertig, bei einer Anhörung vor dem Haushaltsausschuß des Bundestages selbst nach Beendigung seiner Anhörung nochmals zu Wort zu kommen und auf der Erhöhung des Etats zu insistieren. Sattler starb aber im Alter von nur 62 Jahren 1968 in Rom, es waren ihm nur noch zweieinhalb Jahre als Botschafter der Bundesrepublik beim Heiligen Stuhl vergönnt gewesen. Nach seinem unglücklichen, viel zu frühen Tod hielt man mich für geeignet, seinen Platz einzunehmen. Übrigens freute sich meine Mutter, die sich immer stark für meine Tätigkeiten interessiert hatte – ich war der einzige Sohn –, über diese Ernennung am meisten. Daß ich am Ende meines Berufsweges eine kulturpolitische Aufgabe übernehmen konnte, erfüllte sie mit besonderer Befriedigung.

Nicht wenige Mitarbeiter und Mitglieder des Goethe-Instituts hegten gewisse Bedenken gegen das Auswärtige Amt, den Geldgeber des Instituts, da sie befürchteten, die Vergabe der finanziellen Mittel könne von diesem als Rechtfertigung dafür benutzt werden, sich in die Geschäftsführung und die Arbeit der Goethe-Institute einzumischen. Um die Unabhängigkeit zu bewahren, hätten sie es lieber gesehen, wenn ein neuer Präsident ernannt worden wäre, der nicht dem Auswärtigen Dienst angehört hätte. Ich stehe umgekehrt auf dem Standpunkt, daß es für die Arbeit des Instituts am vorteilhaftesten ist, wenn an seiner Spitze eine Person steht, die im Ausland, am besten als Botschafter, genügend Erfahrungen gesammelt hat, möglichst viele Länder kennengelernt und sich auch mit kulturpolitischen Fragen befaßt hat. Es gibt immer Botschafter, deren Neigungen auf diesem Gebiet liegen. Eine solche Zugehörigkeit zum Auswärtigen Dienst eröffnet einen viel günstigeren Zugang zum Auswärtigen Amt und gibt seiner Stimme größeres Gewicht. Es ist leichter, etwas für das Goethe-Institut zu erreichen, wenn es mit der Autorität langjähriger Erfahrung vorgetragen wird. Meinem Vorgänger Peter Pfeiffer kam in dieser Hinsicht seine Tätigkeit als Leiter der Personalabteilung des Auswärtigen Amtes und als Inspekteur für den diplomatischen Dienst zugute. Mit anderen Worten, gerade durch den Einfluß, den ein bekannter Botschafter gegenüber dem Auswärtigen Amt geltend machen kann, läßt sich die Unabhängigkeit des Goethe-Instituts besser wahren und lassen sich dessen Wünsche weitergehend in die Tat umsetzen, als wenn die Leitung in den Händen einer Persönlichkeit liegt, die mit der Arbeitsweise des Auswärtigen Dienstes nicht vertraut ist.

Daß die Verhandlungen mit dem Auswärtigen Amt über einen neuen Vertrag mit dem Goethe-Institut erfolgreich verliefen, mag auch dadurch begünstigt worden sein, daß zu dieser Zeit ein alter Diplomat wie ich die Leitung des Instituts innehatte. Die Verhandlungen wurden vom Vizepräsidenten des Goethe-Instituts, Theodor Eschenburg, und dem Generalsekretär Harnischfeger geführt. Der Vertrag legte fest, daß das Goethe-Institut seine Aufgaben in eigener Verantwortung durchführt. Die Auslandsinstitute sind gehalten, ihr Programm mit dem jeweiligen Botschafter abzustimmen, der als Missionschef auch für die Kulturpolitik verantwortlich ist. Der Botschafter ist unter Umständen berechtigt, einzugreifen. Falls der Leiter des Instituts widersprach, mußte der Fall zwischen Auswärtigem Amt und der Münchener Zentrale des Goethe-Instituts geschlichtet werden. Zu meiner Zeit gab es mit wenigen Ausnahmen in dieser Hinsicht keine Zwistigkeiten.

Zu Beschwerden des Auswärtigen Amts kam es nur zweimal. In London fand im Rahmen eines deutschen Monats eine Ausstellung deutscher Graphik statt, die von einer englischen Kulturgesellschaft, übrigens einer Gründung konservativer Abgeordneter, ausgesucht worden war. Die Karikaturen von Klaus Staeck, die Bundesminister Strauß als Metzgermeister und den Fraktionsvorsitzenden der CDU Carstens rittlings auf einer Kuh darstellten – mit dem Titel »Reitet für Deutschland« –, wurden mit Recht von deutschen Abgeordneten kritisiert. Das Goethe-Institut in London hatte zwar mit der Auswahl nichts zu tun gehabt, aber den Druck des Katalogs mit einer erheblichen Geldzuwendung unterstützt. Der Fehler bestand darin, daß weder der Leiter des Londoner Instituts noch die Zentrale sich vorher den Katalog angesehen hatten. Bei einer Tagung der Friedrich-Naumann-Stiftung in Gummersbach begegnete ich Staeck. Als ich auf die Ausstellung in London zu sprechen kam, erklärte er mir, wenn man ihn gebeten hätte, die beiden Karikaturen zurückzuziehen, hätte er dies bestimmt getan. Er stimmte meinem Argument zu, daß derartige Karikaturen nicht geeignet seien, im Ausland gezeigt zu werden. Die zweite Beschwerde richtete sich gegen die beabsichtigte Aufführung des Kabaretts »Rote Rübe«, »Chile – Terror nach dem Putsch«, das im Rahmen eines Theaterfestivals in Nancy auftreten sollte. Das Goethe-Institut in Nancy hatte einen Zuschuß beantragt, der vom Auswärtigen Amt mit der Begründung abgelehnt wurde, daß kritische Äußerungen über die Bundesrepublik im Ausland zwar zulässig seien, nicht aber Kritik an den Verhältnissen des Landes, in dem das Goethe-Institut zu Gast war, und auch nicht Kritik an Drittländern. Das Präsidium des Goethe-Institutes schloß sich dieser Auffassung an.

Das Goethe-Institut wurde 1951 neu begründet, nachdem es schon vor dem Krieg bestanden hatte. Der Aufbau der Institute im Inland wurde vor allem von Frau Dr. Dora Schulz betrieben, die auch die ersten Sprachunterrichtsbücher ausarbeitete. Da die meisten Großstädte zerstört waren, ging der Neuaufbau vorwiegend in kleineren Städten und Ortschaften auf dem Lande vor sich, in Bayern wurden etwa in Kochel, Murnau oder Seebruck am Chiemsee Institute eröffnet. Erst zu meiner Zeit begann man damit, auch wieder in den Großstädten Einrichtungen zu begründen. Zum anderen hatte ich mich darum zu kümmern, daß die Verwaltung reorganisiert wurde, die bis dahin von Philologen getragen wurde, die von Administrationsdingen nicht immer genug verstanden. Dieter Sattler hatte zum Geschäftsführer den früheren Direktor der Deutschen Schule in Rom, Werner Ross, ernannt. Ross war ein ausgezeichneter Philologe und Schriftsteller, der im Dritten Reich nicht Professor werden durfte. Mit der Herausgabe eines berühmten Deutsch-Italienischen Wörterbuchs und zahlreichen Veröffentlichungen, unter anderem über Nietzsche, hatte er sich einen guten Ruf verschafft. Er gab aber selbst zu, kein rechtes Verhältnis zur Verwaltung zu haben. Ich wollte zunächst eine Unternehmensberatungsfirma mit einem Gutachten über eine angemessene Neuorganisation beauftragen. Das Auswärtige Amt lehnte es jedoch ab, die Kosten dafür zu übernehmen. Ich bat dann den Präsidenten des Bundesrechnungshofes, einen Beamten abzustellen, der uns mit fachkundigen Empfehlungen unterstützen könnte. Meine Bitte hatte Erfolg, wir erhielten die Hilfe des Ministerialrats Nahler aus dem Rechnungshof. Eine Schwierigkeit dabei war, daß die Auslandsinstitute vom Auswärtigen Amt finanziert wurden, die inländischen Institute dagegen von der Zentrale des Goethe-Instituts in München. Im Ausland waren wir also eine quasi-staatliche Einrichtung, in der Bundesrepublik sozusagen eine private Institution. Aus der Tatsache, daß die Mitarbeiter hin und her versetzt wurden, ergab sich eine zusätzliche Problematik. Dieter Sattler hatte 1960 dem Goethe-Institut die Leitung der Auslandsinstitute übertragen, sie blieben aber finanziell vom Bundeshaushalt getragen. Bei dieser Gelegenheit hätte die Zentrale in München darauf dringen sollen, daß auch die Inlandsinstitute finanziell vom Bund getragen werden. Aber das Präsidium stellte keinen Antrag in diesem Sinne, weil es um deren Unabhängigkeit besorgt war.

Die inländischen Goethe-Institute, die sich also weiterhin selbst finanzieren mußten, waren gegenüber konjunkturellen Schwankungen empfindlich. Wenn zum Beispiel der Wert des Dollars fiel, kamen weniger Amerikaner, die Sprachkurse waren schlechter belegt, und die Institute hatten Einnahmeausfälle. Zudem hatten die alten Verwaltungskräfte die Kapazitäten zu sehr auf die Zeiten des stärksten Andrangs ausgerichtet, nämlich auf die Sommersaison, was dazu führte, daß die Einrichtungen außerhalb des Sommers unterbelegt blieben. Da überdies die einzelnen Institute die Zimmer für ihre Schüler selbst mieteten, entstanden zusätzliche Kosten, indem die Unterkünfte weiterbezahlt werden mußten, obwohl sie nicht voll genutzt waren. Die Konsequenz konnte nur sein, daß sich die Studenten hinfort ihre Unterkunft selbst besorgen mußten, um die Institute von beträchtlichen Fehlausgaben zu entlasten.

Mein Ziel, die Inlandsinstitute aus dem staatlichen Haushalt finanzieren zu lassen, konnte ich nicht erreichen. Immerhin konnten wir eine Erleichterung dadurch verspüren, daß eine erfreulich hohe Zahl von Stipendien zur Verfügung gestellt wurde. Während meiner Leitung belief sich der Anteil der Stipendiaten auf etwa 20 bis 25 Prozent, sie wurden vom Akademischen Austauschdienst oder von anderen Stiftungen geschickt. Außerdem machte ich mir meine Erfahrungen als Spendensammler für die Rettung Venedigs zunutze und trat an große Industriefirmen und Banken heran mit der Bitte, eine bestimmte Summe für Stipendiaten zur Verfügung zu stellen. Sie konnten die damit finanzierten Plätze natürlich selbst in Anspruch nehmen, wenn sie ausländische Beschäftigte ihres eigenen Betriebs in der deutschen Sprache ausbilden lassen wollten. Es kamen auf diese Weise erhebliche Beträge aus privaten Spenden zusammen.

Wie viele andere Einrichtungen, die nach 1945 begründet oder neu ins Leben gerufen wurden, war auch der Wiederaufbau der Goethe-Institute eher zufällig und ungeplant vor sich gegangen, und ihre Verbreitung war höchst unregelmäßig. In Italien, wo Sattler Kulturattaché gewesen war – ein Land, dem seine Liebe schon immer gegolten hatte –, gab es ein ausgebautes Netz von Instituten. Auch Frankreich war ein Schwerpunkt der Verbreitung; dagegen gab es in Großbritannien schon wesentlich weniger Institute, und die Vereinigten Staaten waren fast völlig außer acht gelassen worden. Es war das Verdienst des Generalsekretärs Hans Kahle, der aus dem Auswärtigen Amt gekommen war, Amerika für das Goethe-Institut zu entdecken. Wir errichteten dort zunächst ein Netz von pädagogischen Verbindungsstellen, deren Aufgabe darin bestand, die amerikanischen Deutschlehrer zu betreuen, denen wir in ihrer Rolle als Multiplikatoren eine große Bedeutung beimaßen. Mit Menschen zusammenzuarbeiten, die in ihren jeweiligen Heimatländern deutsche Sprache und Kultur weitervermitteln können, ist in jedem Falle unentbehrlich; was die Vereinigten Staaten betrifft, kam dem noch eine besondere Bedeutung zu, als das Erlernen von Fremdsprachen den Studenten der Colleges und Universitäten nicht honoriert wurde. In den Lehrplänen wurden keine »Punkte« dafür vergeben. Es galt, die deutsche Sprache in den USA vor dem Verschwinden zu bewahren und für die Ausbildung von Lektoren zu sorgen, die Deutsch und deutsche Geschichte und Kultur weitervermitteln konnten.

Die Bemühungen um eine gleichmäßigere und geplante Verbreitung von Goethe-Instituten – nicht nur in Europa, sondern auch in Asien, Afrika und Lateinamerika – bedeutete nicht, daß das deutsche Kulturangebot nach einem einheitlichen Plan gestaltet wurde. Es mußten vielmehr die Gegebenheiten der einzelnen Länder berücksichtigt werden. Den öfter an mich herangetragenen Vorwurf, wir hätten keinen Generalplan, hielt ich für nicht angemessen. Die Kulturpolitik, die neben dem Sprachunterricht immer größere Bedeutung annahm, war schon im Bericht der Reformkommission für den Auswärtigen Dienst als Darstellung der »ganzen Breite der Lebenswirklichkeit« definiert worden, von Literatur, Musik und bildender Kunst bis zur Gesellschaftspolitik und zum Umweltschutz. Dieter Sattler hatte zudem immer darauf gedrungen, daß Kulturpolitik keine Einbahnstraße sein dürfe. Das Ziel muß der Kulturaustausch sein, das heißt die Darstellung eigener kultureller Leistungen im Ausland und die Aufnahme des kulturellen Erbes und des Gegenwartsschaffens anderer Völker im Inland. Nur auf diese Weise kann ein gegenseitiges Verständnis der Nationen und ihrer Kulturen heranwachsen. Wie bei einer Seilbahn, sagten wir immer, um ein anschauliches Bild zu geben: Die eine Gondel fährt zur Bergstation, die zweite kommt ihr entgegen. Es wurde schon damals darauf hingewiesen, daß es für die entwickelten Staaten eine Bereicherung ihres Bildungs- und Kulturverständnisses bedeutet, aus den Traditionen der Länder der Dritten Welt zu lernen. Daher war es folgerichtig, daß die Goethe-Institute Ausstellungen von Künstlern des Gastlandes anregten und einzelne Künstler förderten, gerade auch jüngere, noch unbekannte, um die kulturpolitisch wirksamen Kräfte von morgen einzubeziehen. Ich erinnere mich an einen Besuch in Nigeria, wo der damalige Leiter des Instituts, Reinhard Klatt, einheimische junge Maler auf vielfältige Weise unterstützte, die später Berühmtheit erlangten. Er machte auch Straßentheater mit Nigerianern und gab mit seiner Arbeit ein gutes Beispiel für die gegenseitige Befruchtung zweier Kulturen. Was den schwarzen Kontinent betraf, so ging es nicht zuletzt darum, Überheblichkeit auf unserer Seite abzubauen. Ich machte bei Reisen in Afrika immer wieder die Erfahrung, daß »das Herz« bei den Menschen dort eine größere Rolle spielt als der Verstand. Die Natürlichkeit ihres Gefühlsausdrucks beeindruckte mich, ihr Sinn für das Nichtmaterielle und das Spirituelle war noch nicht von der westlichen Rationalität verdrängt worden. Alte Volksweisheiten und -traditionen galten hier noch etwas. Ich war immer der Meinung, daß wir in dieser Beziehung vieles von den Afrikanern lernen können.

Die wachsende Rolle, die der Vermittlung eines Kulturprogramms zukam, fand ihren Ausdruck auch in einer Änderung der Namensgebung für das Goethe-Institut. Es hieß nunmehr »Goethe-Institut zur Pflege der deutschen Sprache im Ausland und zur Förderung der internationalen kulturellen Zusammenarbeit«. Auch die Auffassung, was von der deutschen Kultur zu vermitteln sei, hatte sich gegenüber den Anfängen nach dem Zweiten Weltkrieg stark gewandelt. Damals war es die Aufgabe der Institute gewesen, das Ausland wieder mit einem positiven Bild deutscher Kultur bekannt zu machen und die Lücke, die zwischen 1933 und 1945 entstanden war, zu schließen. Es sollte um neues Vertrauen für Deutschland geworben werden, und zu diesem Zweck griff man auf die Klassik zurück. Die allgemein anerkannten Leistungen deutscher Kultur der Vergangenheit schienen am besten geeignet zu sein, um wieder im Ausland aufzutreten. Die Musik, die auf den Tourneen bekannter Orchester und Solisten geboten wurde, spielte dabei eine hervorragende Rolle.

Mit der Zeit trat dieses klassische Programm zugunsten stärkerer Gegenwartsbezüge in den Hintergrund. Die Anforderungen der Gastländer änderten sich, man wollte dort wissen, was die aktuellen Probleme der Bundesrepublik waren. Wir mußten uns darauf einstellen, nicht nur das zu präsentieren, was wir für schön und anbietenswert hielten, sondern das, was die Gastländer an der modernen deutschen Kultur interessierte. Das hatte zur Folge, daß nicht mehr ein positives zeitlos-gültiges Bild vermittelt wurde, sondern die Kultur der Bundesrepublik in allen ihren Aspekten, mit ihrer Widersprüchlichkeit und auch ihren Schattenseiten. Politische Tagesfragen waren allerdings ausgeschlossen, denn die politische Öffentlichkeitsarbeit im engeren Sinne ist nicht Aufgabe des Goethe-Instituts – ihm obliegt ein Ideentransfer und Gedankenaustausch mit langfristigen Wirkungen. Aber die neuen Probleme des Umweltschutzes, des Städtebaus, der sanften Modernisierung sowie die Fragen der modernen Kunst wurden erörtert. Wir gingen dazu über, nicht nur Vorträge von bekannten Wissenschaftlern, Künstlern oder Städteplanern im Ausland halten zu lassen, sondern im Anschluß daran einen Workshop oder ein Seminar zu veranstalten. Das entsprach besser dem Gedanken von der Zweibahnstraße des kulturellen Austauschs. Da konnte dann tiefergehend, unter Beteiligung einheimischer Künstler oder Fachleute, diskutiert werden, wie man einen Film macht, wie ein Stück inszeniert wird, wie eine Stadt neu angelegt oder modernisiert werden kann.

Kontroversen zu Hause über die Arbeit des Goethe-Instituts blieben dabei nicht aus. Es kam des öfteren der Vorwurf, vor allem von seiten der CDU/CSU, der Kurs des Instituts sei zu links, zu avantgardistisch, zu wenig positiv. Es werde zu sehr die Auffassung von kritischen Minderheiten dargestellt. Ich pflegte darauf mit leichter Ironie zu antworten, daß ich leider nicht selbst in der Lage sei, Bücher zu schreiben und Filme zu machen, dann würde das Bild natürlich ganz anders aussehen. Aber es gehe nicht um persönlichen Geschmack, sondern um die Präsentation einer Vielfalt des kulturellen Schaffens, einschließlich seiner experimentellen und kritisch-engagierten Vertreter. Bei einem Besuch des Goethe-Instituts in Oslo wurde ich im Mai 1972 vom dortigen Botschafter Gerhard Ritzel zur Rede gestellt. Ritzel, übrigens ein Sozialdemokrat, war empört darüber, daß der Schriftsteller Günter Wallraff vor Studenten der Universität Oslo gesprochen hatte. Er wollte einen Bericht nach Bonn schicken. Ich nahm die Leiterin, Karin Hildebrand, der ich schon in Glasgow begegnet war, in Schutz, denn es stellte sich heraus, daß die Universität von Oslo von sich aus Wallraff zu einem Vortrag eingeladen hatte. Man wollte von ihm erfahren, wie die Lebensverhältnisse der Industriearbeiterschaft in der Bundesrepublik beschaffen waren. Ich überzeugte Ritzel, daß es vollkommen falsch gewesen wäre, diese Bitte der Universität abzuschlagen. Dann hätte es geheißen: Das Goethe-Institut übt eine Zensur aus. Allerdings gab es Fälle, in denen wir reagieren mußten, wenn nämlich ein Vortragender nicht über deutsche Probleme referierte, sondern sich in die Innenpolitik des Gastlandes einmischte. Das passierte zum Beispiel in Brasilien, als Jo Leinen vom Bundesverband Umweltschutz sich zur Ökologiepolitik Brasiliens äußerte, worauf sich die brasilianische Regierung beschwerte.

Die Unabhängigkeit der Goethe-Institute erwies sich noch in einer anderen Hinsicht als vorteilhaft. In Staaten, in denen eine Diktatur herrschte, konnte die Deutsche Botschaft nicht mit denjenigen politischen Kräften, die in Opposition zu ihrer Regierung standen, in offiziellen Kontakt treten. Ein Botschafter, der dies getan hätte, lief Gefahr, nach einer Beschwerde des Staates, bei dem er akkreditiert war, abberufen zu werden. Das Goethe-Institut hingegen konnte als unabhängige Einrichtung die Verbindung mit den oppositionellen Kräften pflegen. Dies geschah auf vorbildliche Weise in Portugal, wo Curt Meyer-Clason das Institut leitete, und in Spanien, wo Hans-Peter Hebel in Barcelona und Eckart Plinke in Madrid die Leitung innehatten. Als dann der Übergang zur Demokratie erfolgte, hatte das Goethe-Institut bereits Verbindungen zu den neuen führenden Persönlichkeiten.

Als 1977 mein Mandat ablief – ich war 73 Jahre alt –, stellte ich mir die Frage, ob ich für eine weitere Amtszeit kandidieren sollte. Die Arbeit machte mir viel Freude und hatte mir interessante Begegnungen und Erlebnisse beschert. Deshalb war ich unschlüssig. Meine engste Mitarbeiterin, die Chefsekretärin Inge Pfeiffer-Belli, riet mir ab: Die Reformen im Institut seien abgeschlossen, es komme ein neuer Abschnitt der Arbeit des Goethe-Instituts, und es sei geraten, dafür auch einen neuen Präsidenten zu haben. Sie hatte recht. Im November 1976 war das fünfundzwanzigjährige Bestehen des Goethe-Instituts in München groß gefeiert worden. Bei einer Festveranstaltung im Cuvilliés-Theater hatte ich nicht nur einen Überblick über die Geschichte des Instituts gegeben, sondern auch Bilanz über die Zeit meiner Präsidentschaft gezogen. Es war gewissermaßen der Schlußakkord, der in der Öffentlichkeit große Beachtung fand. Ich folgte also der Empfehlung von Frau Pfeiffer-Belli, obwohl es ein schwerer Entschluß war. Doch ich erinnerte mich daran, was ich selbst Heinrich Lübke zwölf Jahre zuvor geraten hatte. Es ist besser, aus eigenem Entschluß eine Aufgabe zu beenden, als von anderen darauf hingewiesen zu werden, daß es an der Zeit sei, den Platz für Jüngere zu räumen.

Unilever

1977 schied ich auch aus dem Aufsichtsrat der Firma Unilever Deutschland aus. Die Verbindung mit diesem Unternehmen war auf folgende Weise zustande gekommen. Ich hatte gerade meine Tätigkeit für die Reformkommission des Auswärtigen Dienstes in Bonn aufgenommen, als mich völlig unerwartet Dr. Johan M. Goudswaard, Mitglied des Verwaltungsrates von Unilever Rotterdam, besuchte und mich fragte, ob ich bereit sei, für Unilever Deutschland tätig zu werden. Da ich annahm, daß es sich um die Vertretung der Interessen der Firma in Bonn handele, lehnte ich höflich ab. Goudswaard winkte ab, es gehe darum, ob ich Aufsichtsratsvorsitzender werden wolle. Meinen Einwand, daß ich bereits Präsident des Goethe-Instituts sei und wohl für ein bis zwei Jahre mit der Reformkommission zu tun haben werde, ließ er nicht gelten, dies sei kein Hinderungsgrund.

Als ich fragte, wie sie auf mich verfallen seien, erwiderte er, ich sei für Unilever kein Unbekannter. Bereits in London hätten mich die leitenden Herren von Unilever Großbritannien kennengelernt. Das Unternehmen hatte damals die Anglo-German Society mit einer beträchtlichen Geldzuwendung unterstützt. Mir fiel wieder ein, daß ich als Dank für diese Spende die Unternehmensleitung regelmäßig, vielleicht einmal im Jahr, aufgesucht hatte, um ihnen, wie man so sagt, aus dem Nähkästchen zu erzählen. Goudswaard nickte zustimmend und füge hinzu, Sir Frank Roberts, zuletzt Botschafter in Bonn, habe mich gleichfalls vorgeschlagen. Ich hegte gewisse Bedenken, da mir das Arbeitsgebiet von Unilever und ihrer Tochterfirma Margarine Union nicht vertraut war. Goudswaard zerstreute meine Vorbehalte, indem er mir erklärte, daß die Vorstände und die Aufsichtsräte meine Berufung begrüßten und mir bei der Einarbeitung helfen würden. Im übrigen sei Unilever Deutschland eine GmbH, und der einzige Gesellschafter sei Unilever Rotterdam. Im Aufsichtsrat seien daher die Vertreter der Kapitalseite überwiegend frühere Manager der einzelnen Zweiggesellschaften, also keine Vertreter von Aktionären. Ich hätte als Aufsichtsratsvorsitzender nicht vor einer Aktionärsversammlung Rede und Antwort zu stehen, sondern sei lediglich der Zentrale in Rotterdam verantwortlich.

Die Produktion von Lebensmitteln, Waschmitteln, Margarine und Tiefkühlkost war für mich etwas völlig Neues. Nach dem Abitur hatte ich meine kaufmännische Lehre bei der Deutschen Erdöl AG in Berlin gemacht, damals waren die Erzeugnisse Braunkohle und Erdöl, nun sollte es Speiseöl sein. Ich besuchte die einzelnen Werke, um die Produktionszweige des Unternehmens kennenzulernen, und nahm auch an den Sitzungen der Geschäftsleitungen teil. Die Tätigkeit in den Aufsichtsräten erwies sich für mich auch insofern als interessant und lehrreich, weil dort nicht nur die Probleme der Firma, sondern auch die allgemeine wirtschaftliche Lage behandelt wurde.

Die Zusammenarbeit mit der Geschäftsleitung und den Aufsichtsräten entwickelte sich entgegen anfänglichen Befürchtungen harmonisch und erfolgreich. Die Vertreter der Kapitalseite wie die der Arbeitnehmer waren stets bestrebt, einvernehmliche Lösungen zu finden. So wurden fast alle Entscheidungen von beiden Seiten getragen. Carl-Arend Weingardt, Kurt Möck und Erwin Rohr zeigten sich immer aufgeschlossen für die Interessen der Belegschaft. Diese Einstellung wurde von den Arbeitnehmervertretern honoriert. In besonders guter Erinnerung habe ich die Unterstützung, die mir von Rolf Hopf, dem Vorsitzenden des Gesamtbetriebsrates, und von Heinz Hiltl, dem Betriebsratsvorsitzenden der Margarine Union, zuteil wurde. Vor allem mit Hopf entwickelte sich ein hervorragendes Zusammenspiel, das auf gegenseitiger Wertschätzung beruhte. Wir stehen noch heute in freundschaftlicher Verbindung. Im Einverständnis mit Weingardt wurde Rolf Hopf bereits 1972 zum stellvertretenden Vorsitzenden des Aufsichtsrates, neben dem Holländer Cees Heyning, berufen. Dies war eine Vorwegnahme der Bestimmungen des neuen Betriebsverfassungsgesetzes und Ausdruck der Anerkennung für die verantwortungsvolle Tätigkeit der Arbeitnehmervertreter im Aufsichtsrat. Unilever traf übrigens eine beispielhafte Vorsorge für ihre Beschäftigten mit einer eigenen Pensionskasse, die erhebliche Beiträge zusätzlich zur staatlichen Rente auszahlte.

Eigentlich ist das Ausscheiden aus dem Aufsichtsrat mit dem Erreichen des siebzigsten Lebensjahres vorgesehen. Daß ich länger blieb, verdankte ich der Tatsache, daß das neue Betriebsverfassungsgesetz 1977 in Kraft trat. Wie bei meinen früheren Aufgaben hat mir auch die Tätigkeit für dieses internationale Unternehmen vielfältige Einblicke eröffnet und interessante Begegnungen vermittelt. Es war mir eine Freude, Unilever bei der Max-Planck-Gesellschaft, beim Kulturkreis im Bundesverband der Deutschen Industrie und bei der Deutschen Gesellschaft für Auswärtige Politik zu vertreten.

AUSKLANG

Zum siebzigsten Geburtstag wurde mir eine Festschrift überreicht. Albert Pfitzer, der Direktor des Bundesrates, und Sabine Vollmar hatten sich an einen Kreis guter Freunde gewandt und sie um Beiträge gebeten. Gedruckt und verlegt wurde die Festschrift von meinem Freund Wilhelm Reissmüller in Ingolstadt – ein wahrhaft großherziges Geschenk. Sie wurde mir am 12. Juli 1974 bei einem Abendessen im Bayerischen Hof, im Kreise der Münchener Freunde, die Beiträge geliefert hatten, von Reissmüller überreicht. Am 14. Juli gab Karl-Günther von Hase einen Sektempfang in der Parlamentarischen Gesellschaft in Bonn, zu dem die Freunde aus dem Bonner Raum eingeladen waren. Anschließend flog ich in die Vereinigten Staaten, um an einer Tagung des Aspen Institute for Humanistic Studies teilzunehmen. Joe Slater, ein alter Bekannter, der von 1949 bis 1955 Generalsekretär der Alliierten Hohen Kommission gewesen war, hatte mich in meiner Eigenschaft als Präsident des Goethe-Instituts zur 25-Jahr-Feier des Aspen-Instituts am 28. August 1974 eingeladen. Es war 1949 im Rahmen der Feiern zum 200. Geburtstag Goethes gegründet worden. Während meines Aufenthalts in Aspen nahm ich an einem Seminar für Führungskräfte und an einem weiteren über die Welternährungslage teil. Die Tage in Aspen leiteten einen neuen Abschnitt meines Lebens ein: Ich lernte Professor Fred Starr kennen, der dafür sorgte, daß ich im nächsten Jahr wiederum eine Einladung nach Aspen erhielt. 1977 und 1979 war ich sein Gast an dem von ihm geleiteten George F. Kennan Institute for Advanced Russian Studies und hatte die Gelegenheit, dort jeweils für vier Wochen zu arbeiten. Aus unseren langen Gesprächen über die Sowjetunion ging dann der Gedanke hervor, meine Erlebnisse zu einem Buch zu verarbeiten. Ich wohnte in Washington beim deutschen Botschafter Bernd von Staden und seiner Frau Wendelgard. Fred

Starr holte mich morgens ab, wir arbeiteten den ganzen Vormittag im Institut. Nach einem Lunch, den wir oft im nicht weit entfernten Museum of Modern Art einnahmen, und einer kurzen Ruhepause ging es weiter, bis mich Fred gegen 17 Uhr wieder an der Botschaft ablieferte. In meiner freien Zeit konnte ich an dem Leben des Botschafterehepaares teilhaben und seine Arbeit aus nächster Nähe beobachten.

Eine bewegende Begegnung war der Besuch eines ehemaligen KZ-Häftlings aus Polen, der inzwischen amerikanischer Staatsbürger geworden war. Frau von Staden hatte soeben ein Buch über ihre Jugend veröffentlicht, unter dem Titel »Nacht über dem Tal«. Auf dem Gut ihrer Eltern arbeiteten damals Insassen eines nahe gelegenen Konzentrationslagers. Ihre Mutter sorgte mit der Tochter dafür, daß die Häftlinge bei der Arbeit menschlich behandelt wurden, gaben den halb Verhungerten zu essen und nahmen sich ihrer in jeder möglichen Weise an. Frau von Staden bat mich, an der Unterredung teilzunehmen, weil sie unsicher war, was geschehen würde. Der polnische Emigrant hatte ihr Buch gelesen und kam, um sich für ihre Haltung zu bedanken. Daß er und andere damals überlebt hätten, verdanke er ihrer Hilfe. Bei der Lektüre seien die schrecklichen Jahre in ihm wieder aufgelebt, aber auch die Erinnerung daran, daß es Menschen gab, die ihre natürlichen Gefühle für die Opfer und die Leidenden bewahrt hatten.

Mein Buch »Against two Evils« erschien dann 1981 in London und New York, im Jahr danach auf deutsch unter dem Titel »Zwischen Hitler und Stalin«. Nach Erscheinen dieses ersten Teils meiner Erinnerungen hielt ich über hundert Vorträge in der Bundesrepublik, Österreich, England, den Vereinigten Staaten und Kanada. Anfänglich behandelte ich in meinen Ausführungen nur meine Erlebnisse in der Zeit von 1931 bis 1945. In den letzten Jahren erweiterte ich das Thema und schlug eine gedankliche Brücke bis in die Zeit der Perestroika. Ich rief mir die Gespräche ins Gedächtnis, die ich in Moskau mit den Kollegen der anderen diplomatischen Vertretungen geführt hatte, besonders mit meinem englischen Freund Fitzroy McLean. Unser Lieblingsthema war die Sowjetunion und die Weltpolitik. Wie Generalstabsoffiziere spielten wir in Gedanken alle möglichen, selbst im Augenblick unwahrscheinlich anmutenden Entwicklungen durch. Vor allem erörterten wir den ehrgeizigen Wahlspruch der sowjetischen Führer: »Einholen und Überholen«. Manche Kenner des Landes glaubten, daß es der Sowjetunion tatsächlich gelingen würde, diese Losung wahr zu machen. Fitzroy und ich waren überzeugt, daß die UdSSR immer mehrere Pferdelängen hinter dem Westen zurückliegen werde. Für uns stand fest, daß das kommunistische System der menschlichen Natur und der wirtschaftlichen Vernunft widersprach. Ohne einschneidende Veränderungen könne die Sowjetunion keine hundert Jahre lang bestehen, behaupteten wir gegenüber den Optimisten. In meinen Vorträgen knüpfte ich an diese Voraussage an. Schon unter Generalsekretär Andropow glaubte ich die ersten Zeichen von Veränderungen wahrzunehmen, aber erst mit der Machtübernahme Gorbatschows kam der Prozeß der Umgestaltung in Bewegung.

Die Überwindung der Teilung unseres Landes und der Trennlinie, die quer durch Europa verlief, sah ich in Abhängigkeit von der Entwicklung in der Sowjetunion. Ich ließ mich nicht in meiner Überzeugung irremachen, daß diese unnatürliche Teilung eines Tages in der Zukunft aufgehoben werden würde – *dies certus an incertus quando*. Aber ich hatte nicht geglaubt, die deutsche Einheit und die Auflösung des Ostblocks noch selbst zu erleben. 1949 hatte ich in einer Diskussion den Standpunkt vertreten, es sei denkbar, daß eines Tages die Völker den Staatsmännern das Heft aus der Hand nehmen würden, und zitierte Theodor Körner: »Das Volk steht auf, der Sturm bricht los.« Mehrere dieser Stürme gingen durch Osteuropa, in Ostdeutschland, Polen, Ungarn, der Tschechoslowakei erhob sich die Bevölkerung, doch vorerst endeten die Bewegungen für Freiheit und Demokratie in blutigen Niederlagen. Die Führer im Kreml wollten keinerlei Wandel im System.

1989 geschah dann das, was uns allen wie ein Wunder erschien. Ich konnte, da mein Wohnsitz Küps direkt an der Grenze zwischen Franken und Thüringen liegt, mit eigenen Augen ansehen, wie sich die Deutschen beider Seiten wieder begegneten und wie die beiden Teile Deutschlands zusammenwachsen. Den Grundstein zu dieser Wendung legte Konrad Adenauer mit seiner festen Eingliederung der Bundesrepublik in den freien Westen. Willy Brandt schuf die weitere Voraussetzung durch seine Ostpolitik und den Abschluß der Verträge mit Warschau und Moskau. Erhard Eppler hatte recht, als er 1989 in der Feierstunde des Bundestages zum Gedenken an den 17.

Juni 1953 ausführte: »Weder hat Adenauer die deutsche Einheit noch Brandt die deutschen Ostgebiete verraten. Beide taten – bei allem Risiko des Irrtums –, was sie für nötig hielten, um Schaden von unserem Volke abzuwenden.« Michail Gorbatschow schließlich hat durch seine Politik der Perestroika das Tor zur Freiheit der osteuropäischen Staaten und zur deutschen Einheit geöffnet. Allein aus diesem Grunde verdient er, daß ihm ein Denkmal gesetzt wird, unabhängig davon, ob er in seiner Heimat Erfolg haben wird.

Jetzt wird Wirklichkeit, was vor kurzem nur erhofft und geträumt werden konnte. Ich freue mich, daß dieses Buch in einem Augenblick erscheint, in dem die Nachkriegszeit zu Ende geht und die Vereinigung Deutschlands Gestalt annimmt. Um es mit den Worten des preußischen Königs und späteren deutschen Kaisers Wilhelm I. zu sagen: »Welch eine Wendung durch Gottes Führung!«

PERSONENREGISTER

Abegg, Lilly 54
Abel-Smith, Sir Henry 192
Abs, Hermann Josef 110, 124, 246 ff.
Acheson, Dean 113
Adeane, Sir Michael 195, 231
Adenauer, Auguste, geb. Zinßer 154, 227
Adenauer, Charlotte 140 ff., 153
Adenauer, Konrad 36 f., 42, 61 f., 74, 76 ff., 81–84, 87 f., 95, 97, 101, 104–107, 109–112, 114–165, 167, 176, 189, 194 f., 202 ff., 215, 220 f., 223, 226–233, 240, 246 f., 252, 254 ff., 258, 261, 263, 270–274, 280, 287 f., 294, 305, 313, 332, 341, 374, 376, 397 f.
Adenauer, Max 159
Ahlefeldt, Klaus Graf 189, 209
Akihito, Kronprinz von Japan 169
Akpinar, Saziver 11
Albert von Sachsen-Coburg-Gotha 252
Albrecht von Bayern 275 f.
Aldobrandini, Fürst Clemente 326
Aldobrandini, Fürstin Luisa 326
Alexander (of Tunis), Harold, Lord 213
Alphand, Hervé 256
Alsop, Joseph W. 133
Ancrum, Calhoun 91 f., 257
Ancrum, Xenia 91, 257
Anders, Wladyslaw 224
Andreotti, Giulio 334
Andrew, engl. Prinz 234
Andrews, Henry 43, 211
Andropow, Jurij W. 397
Angelo 312
Anne, engl. Prinzessin 234
Arnhold, Eduard 356, 360, 362
Arnold, Hans 352
Arnold, Karl 61, 64, 81, 330
Astor, David 186
Astor, Gavin 239, 252
Astor, Lady Nancy Witcher 209
Athlone, Earl of 192
Attlee, Clement Richard 224
Auchinleck, Sir Claude 115
Aufseß, Max Frhr. von 244
Ayub Khan, Mohammed 267 f.
Baden, Margarete von 169
Baden, Markgraf von 168 f.
Baden, Markgräfin von 168
Badoglio, Pietro 314, 339, 367
Baer, Hermann 193
Baglione, Giovanni 323
Bahr, Egon 376
Bamm, Peter 197
Bargellini, Pietro 342, 344 f.
Barlach, Ernst 98, 119
Barraclough, John 232 f.
Barth, Helmut 11
Barzel, Rainer 330 f.
Baudouin I., König von Belgien 234
Bauer, Leo 336
Baumeister, Willi 106 f.
Baumgartner, Joseph 41
Beaverbrook, Sir Maxwell Aitken 239 f.
Bebel, August 79
Bech, Joseph 127, 138
Becker, Carl Heinrich 359 f.
Becker, Hellmut 247
Beckmann, Max 354
Bérard, Armand 114, 293
Bérard, Isabelle 293
Berenson, Bernhard 357
Berg, Fritz 124, 237, 255, 333
Berg, Hilde 237
Berger, Elke 217
Berger, Hans 281, 315
Berlinguer, Enrico 326
Bernadotte, Graf Lennart 212
Bernini, Gian Lorenzo 306
Bernstorff, Graf Albrecht von 112, 186
Bertele, Franz 374
Berthold, Fritz 26, 32
Bessborough, Lord 200
Besse, Antonin 246
Bethell, Nicholas 186 f.
Bethmann Hollweg, Theobald von 27
Bevin, Ernest 200
Bhutto, Zulfikar Ali 268
Bieberstein, Michael Frhr. Marschall von 354, 359

Birgi, Nuri 118, 204
Birley, Robert 216f.
Birrenbach, Kurt 238
Bishop, Alec 91
Bismarck, Otto von 41, 74, 89, 126, 242, 287, 321
Bitter, Margarete 11, 52f., 55, 57
Blank, Martin 241
Blank, Theodor 114
Blankenhorn, Herbert 82, 84, 108f., 135, 138, 141, 154, 160, 164, 203, 281f., 294, 303, 365
Bleek, Karl-Theodor 256
Blessing, Karl 292f.
Blum, Léon 62
Blumenfeld, Erik 238
Blumenthal, Kurt 358
Bock (Min.-Dir. im Bayr. Kultusmin.) 26
Blücher, Franz 114, 177
Blücher von Wahlstatt, Gebhard Lebe-recht 244
Böckler, Hans 62, 124
Boden, Wilhelm 51
Bohlen, Charles 14, 25f., 39, 71, 131, 137
Böhm, Karl-Eberhard 196
Böker, Alexander 43f., 154
Bonn, Moritz Julius 183f.
Bosurgi, Marchesa 64
Bott, Hans 104
Brand, Philipp Frhr. von 30, 35
Brandel, Franz 96
Brandt, Willy 21, 49, 225, 260, 305, 326, 328, 336f., 368, 372f., 376, 397f.
Braun, Otto 184
Braun, Sigismund Frhr. von 195, 268, 272
Braun, Wernher von 195
Breer, Franz 221
Briand, Aristide 287
Brenner, Otto 196
Brentano, Heinrich von 160, 164, 227, 230f., 256, 258, 265
Brockdorff-Rantzau, Ulrich Graf von 245
Brockmann, Theodor 373
Brosio, Manlio 146
Brück, Max von 27
Brücklmeier, Eduard 112, 186
Brundage, Averell 318ff.
Brüning, Heinrich 44, 112, 379
Brüse, Fritz 274
Buccleuch, Walter, Duke of 211, 242f., 252
Buccleuch, Mary, Duchess of 241, 252
Buchan, Alastair 220
Bucher, Ewald 297
Buchman, Frank N. D. 59f., 62f., 72
Büchs, Mark 201
Bülow, Bernhard von (Staatssekretär) 112
Bülow, Bernhard von (Reichskanzler) 285f.
Burghley, David George Lord 210f.
Burtica (rumän. Botsch.) 298
Busch, Fritz 208
Bussche, Frhr. vom dem (Dt. Gesandter in Argentinien) 296
Butenandt, Adolf 324, 351, 357
Byrnes, James F. 25

Cambon, Pierre Paul 223
Canaletto 243
Carli, Guido 292f.
Carmer, Erich Graf 80
Carstens, Karl 227, 229f., 240, 280, 288, 386
Caspari, Fritz 156, 195
Cattani (it. Botsch., Gen.-Sekr.) 295
Cavendish-Bentink, William 200
Cavour, Camillo Benso Graf 287, 321
Chamberlain, Sir Joseph Austen 210, 287
Chamberlain, Arthur Neville 178, 199
Charles, Prince of Wales 234, 253
Charles, Noël 66
Charlotte von Nassau-Weilburg, Großherzogin von Luxemburg 20
Chauvel, Jean 39, 182, 213
Cheysson, Claude 79, 114, 213
Chigi-Albani, Fürst 143
Chipman, Norris 205
Christie, John 208f.
Chruschtschow, Nikita S. 134
Churchill, Randolph S. 191
Churchill, Sir Winston 121, 144ff., 148, 176, 189, 224, 232
Cini, Vittorio Graf 349f.
Cini, Graf (Sohn v. Vittorio) 350
Clay, Lucius D. 23f., 48, 60, 65, 260f.
Cockroft, Sir John 237
Cohen-Brandenburg (Abgesandter der SPD) 336
Collier, Sir Conrad 206
Conant, James B. 152
Conze, Eckart 10
Cook, Don 205
Corinth, Lovis 249
Cottafavi, Luigi 292
Cottafavi, Lili 292
Courvoisier (frz. Rotes Kreuz) 54
Couve de Murville, Maurice 40
Crankshaw, Edward 187
Craxi, Bettino 334
Curtius, Ludwig 310
Curzon, George Nathaniel, Marquess 225

Dale, Sir Henry Hallet 97
Darvall, Sir Lawrence 246
Daume, Willi 316–319
Davies, Joseph 14
Deferre, Gaston 62
Dehler, Thomas 41, 220
Delbos, Yvon 39

Delmer, Sefton 239
Denneke, Makonnen 119
Deutsch, Carlo 359
Deutsch, Ernst 27
Deutz, Josef 157
De Zulueta, Philip 227, 229
Diana, Princess of Wales 253
Dibelius, Friedrich Karl Otto, Bischof 78
Diekmann, Bruno 99
Diehl, Günter 310, 328, 373
Diokletian, Gaius Aurelius Valerius, röm. Kaiser 293
Dirksen, Herbert von 14, 27, 286
Dix, Otto 98
Dohnanyi, Klaus von 373
Dohrn, Anton 32
Dohrn, Klaus 69, 316
Dönitz, Karl 24 f.
Döpfner, Julius Kardinal 275 f., 346
Douglas-Home, Sir Alexander 223, 228 f., 252
Dreydel, Anne 211
Drogheda, Garret Lord 239
Drogheda, Lady Joan 239
Duckwitz, Georg Ferdinand 337
Dulles, John Foster 121, 131, 154, 160
Dumaine, Jacques 114
Dunsbury, Hilda 197
Durbrow, Elbridge 300
Dürer, Albrecht 347
Dyck, Anthonis van 243

Eberhard, Fritz 44
Ebert, Friedrich 101, 283 f.
Ebert, Karl 208
Eckardt, Felix von 154, 162 ff., 229 f.
Eden, Sir Anthony 121, 145 f., 166, 210, 217 ff., 240, 294
Eden, Clarissa Anne 210, 240
Edward, engl. Prinz 234
Edward VII., engl. König 172
Edward VIII., engl. König (s. a. Windsor, Edward, Duke of) 208, 240
Ehard, Hans 20, 38, 41 f., 45–48, 50 f., 64, 73 ff., 275
Ehlers, Hermann 87, 160
Eisenhower, Dwight D. 20, 114 f., 121, 152, 154 f., 160, 244, 273
Elisabeth, Duchess of York 176, 231
Elisabeth II., engl. Königin 168–171, 176 ff., 204, 206, 209, 212, 230 f., 234 ff., 240, 243, 252, 257, 261, 281 f.
Elmenau, Johannes von 18
Emmet, Christopher 69
Eppler, Erhard 397
Erffa, Dagmar von 342
Erler, Fritz 91
Erhard, Ludwig 42 f., 230 f., 254 f., 317
Ernst August, Herzog von Braunschweig 158, 269
Eschenburg, Theodor 132, 373, 385
Esfandiari (persisch. Botsch., Vater Sorayas) 120
Etzdorf, Hasso von 76, 148, 194, 281 f.
Etzel, Franz 213, 255
Eulenburg, Adelheid Gräfin 36
Exeter, Lord (Vater v. Lord Burghley) 211

Fairbanks, Jr., Douglas 209
Falco, dal (ital. Senator) 365
Fanfani, Amintore 288, 298, 310, 334
Feather, Victor 168
Federer, Georg 306
Feltrinelli, Giangiacomo 359
Figl, Leopold 272
Finletter, Thomas 300
Fisca (Bürgermeister v. Venedig) 346
Fischer, Kurt 51
Fischer d. Ä., Peter 347
FitzGibbon, Constantine 273
Flick, Friedrich 188
Foschepoth, Josef 221
François-Poncet, André 81 ff., 89, 136, 193, 213, 293
Frank, Anne 185
Frank, Otto 185
Fransecki, Alix von 311
Franz Joseph I., österr. Kaiser 296
Franziskus von Assisi, hl. 144
Frei, Eduardo 315
Frey, Emil 33
Friedberg, Heinrich von 111 f.
Friedensburg, Ferdinand 51
Friederike, griech. Königin 158, 269
Friedmann, Werner 63
Friedrich von Preußen 209
Friedrich II., röm. Kaiser, König von Deutschland, Sizilien und Jerusalem 326
Friedrich II. der Große, preuß. König 96, 262
Friedrich III., preuß. König und dt. Kaiser 303
Friedrich Wilhelm III., preuß. König 33, 193
Friedrich Wilhelm IV., preuß. König 96
Friedrichs (Min.-Präs. Sachsen) 48, 51
Frings, Joseph Kardinal 127, 142
Fröhlichstal, Friedrich Baron 296
Frommel, Luitpold 322
Fugger von Glött, Josef Ernst 78
Furtwängler, Wilhelm 97

Gaertringen, Friedrich Frhr. von Hiller 158
Gaitskell, Hugh Todd 205, 218
Gaja, Roberto 299
Galliner, Peter 239
Gansel, Norbert 380
Gasperi, Alcide de 115 ff., 139 f., 143, 287, 334

Gaulle, Charles de 146ff., 229, 261, 264, 272–276, 316, 327, 376
Gavagnin, Lino 305
Gehlen, Reinhard 203, 265
Genscher, Hans-Dietrich 380
Georg, Prinz von Hannover 171
George V., engl. König 169
George VI., engl. König 176
Gericke, Erika, geb. Kunheim 360f.
Gericke, Herbert 359–362
Gerlach, Walther 27
Gerstenmaier, Eugen 66f., 87, 160, 167
Gilchrist, Andrew 65f.
Giotto (di Bondone) 353
Globke, Hans Josef Maria 111, 160, 252, 255f.
Gmeiner, Hermann 277f.
Goldmann, Nahum 157
Gollancz, Victor 44, 99
Gollwitzer, Helmut 78
Gooch, George Peabody 97
Goppel, Alfons 318
Gorbach, Alfons 271
Gorbatschow, Michail 128, 132, 397f.
Goria, Giovanni 334
Göring, Hermann 101, 366
Goudswaard, Johan M. 393
Gradl, Johann Baptist 259
Grass, Günter 277
Grillo, Marchese del 328
Groenesteyn, Heinrich Frhr. von Ritter zu 231
Grote, Ludwig 98
Gruber, Karl 32, 117
Gruenther, Alfred M. 71, 131
Guardini, Romano 27
Guffler, Bernhard 92
Guiringaud, Louis de 114
Gumpert, Gerhard 338–341
Gumppenberg, Karl-Hildebrand von 75
Gumppenberg, Levin von 18, 75, 253
Gussone, Carl 362
Gustav V., schwed. König 122f., 212, 291
Gustav VI., schwed. König 122
Guttenberg, Elisabeth von und zu 58
Guttenberg, Karl-Ludwig von und zu 58
Guttenberg, Karl-Theodor von und zu 316, 328
Guttmann, Walter 197
Guttoso, Renato 361

Haack, Volker 310
Haas, Wilhelm 109, 112, 117f., 159
Hackwitz, Günther von 304, 309, 311
Hägglöf, Gunnar 213
Hahn, Kurt-Martin 168, 245ff.
Haile Selassie, Kaiser von Äthiopien 117, 119, 256
Hallstein, Walter 109, 135, 137f., 153f., 156, 159f., 162, 164, 207, 295
Hajek, Otto Herbert 358
Hájek, Jiří 214
Haller, Helmut 340f.
Halter, Christian 157
Hammarskjöld, Dag 160
Hancock, Patrick 200
Hanfstaengl, Eberhard 98
Hanig, Gerta 311
Hanske, Mary 197
Harding, Allan Francis Lord 191
Hardt, Dora von 364
Harnden, Peter 15f., 21
Harnischfeger, Horst 385
Harriman, Averell 267
Hartmann, Klaus 26, 50
Hartung, Karl 358
Hase, Karl Günther von 269, 395
Hassel, Kai-Uwe von 255
Hassel, Ulrich von 112
Hathaway, Sibyl, Dame of Sark 244
Hausenstein, Wilhelm 106f., 136, 164
Hayes, George 92
Hayter, William 66
Hearst, William Randolph 246
Heath, Edward 189f., 207
Hebel, Peter 392
Heinemann, Gustav 61, 64, 66, 68, 161f.
Heinrich VIII., engl. König 238
Hencke, Andor 14
Henderson, Loy 70
Henschel, Reinhard 195, 198
Hentzen, Alfred 98, 364f.
Herbst, Axel 149
Hergt, Raimund 53
Herking, Ursula 33
Hertz, Henriette 356
Herwarth von Bittenfeld, Alexandra 16, 119, 178, 262
H. v. B., Anton 150
H. v. B., Bogeslaw 296
H. v. B., Elisabeth 11, 13, 41, 44f., 75, 81, 91, 98, 106, 119f., 130, 163ff., 167, 178, 193, 199, 201, 227, 231f., 236f., 240f., 244, 250, 252, 256, 264, 276ff., 287, 306, 319
H. v. B., Hans Christoph 64
H. v. B., Hans Pandulf 353
H. v. B., Hans Paul 353
H. v. B., Hans-Richard 103, 150, 192, 285f.
H. v. B., Ilse 83, 201, 285, 308, 384
Hess, Gerhart 322ff.
Hess, Rutger 243
Heumann, Dieter 305f., 317
Heusinger, Adolf 114
Heuss, Theodor 24, 36f., 55, 78f., 81–88, 92–108, 122, 165, 170f., 233–237, 245, 249, 254f., 257f., 260, 264, 280, 354f., 358, 368

Heuss-Knapp, Elly 78, 84ff., 276f.
Heyning, Cees 394
Hildebrand, Adolf von 27, 313
Hiltl, Heinz 394
Himmler, Heinrich 123
Hind, John 205
Hindemith, Paul 207, 250f.
Hindenburg, Paul von 101, 142
Hitler, Adolf 9, 24, 38, 69, 71, 133, 151, 156, 167, 173, 175, 179, 186, 199, 217, 219, 245, 273, 361, 367f.
Höcherl, Hermann 288, 331ff., 362
Höcker, Wilhelm 47, 50f.
Hoegner, Wilhelm 15ff., 20, 29, 31, 36ff., 41f., 57, 61
Hoelscher, Ludwig 207
Hoffmann, Johannes 150f.
Hoffmann, Paul 70
Hofmannsthal, Hugo von 209
Hofmannsthal, Raimund von 209f.
Hohenlohe-Langenburg, Friedel Fürst 168
Hohenlohe-Langenburg, Margarita Fürstin 168
Hohmann, Karl 255
Holbein d. J., Hans 234f., 243
Holland, Gerrard 185
Holldack, Heinz 26, 310f., 357
Holleben, Ehrenfried von 194, 268
Holtermann, Erhard 307f.
Holtermann, Mary 307f.
Holzapfel, Friedrich Wilhelm 107
Hood, Samuel, Viscount 181
Hood (of Whitley), Samuel, 1st Viscount 181
Hoover, Herbert C. 99, 117, 154
Hopf, Rolf 394
Höpker-Aschoff, Hermann 260
Horlacher, Michael 61, 66, 68
Hotter, Hans 207
Hoyer-Millar, Sir Frederick 167, 202, 205, 252
Hoyer-Millar, Elizabeth 252
Hübener, Erhard 51f.
Hübner, Christian 194, 238
Hudal, Bischof (Rektor d. dt.-kath. Kirche in Rom) 338
Hugo, Victor 244
Humphrey, Hubert 154
Hundhammer, Alois 37f., 40f., 80, 137
Hüttebräuker, Rudolf 332
Huyghe, René 350

Ingrim, Robert (eigtl. Franz Klein) 130, 175
Irving, David 186
Ivekovič, Mladen 100

Jackson, Robert H. 56
Jaenicke, Wolfgang 50, 57f.
Jansen, Josef 314
Janssen, Horst 364
Johannes XXIII., Papst 54, 271
Jörg, Wilhelm 197, 199
Johnson, Lyndon B. 270, 295
Johnson, Claudia Alta („Lady Bird“) 270
Jousset (frz. Gesandter in Bayern) 39
Judenitsch, Nikolaj N. 214
Jugoslawien, Prinzessin Olga von 33
Juliana, Königin der Niederlande 234
Juniac, Gontran Baron de 39

Kaas, Ludwig 142
Kafka, Franz 354
Kahle, Hans 388
Kaisen, Wilhelm 46, 50f.
Kalckreuth, Leopold Graf von 358
Karajan, Eliette von 207
Karajan, Herbert von 207
Kaufmann, Erich 55, 97, 143
Keipert, Maria 11
Kempner, Robert 37, 111
Kennan, George F. 14, 71, 97, 131, 395
Kennedy, John F. 260f.
Kent, Marina Duchess of 235
Kent, Edward Duke of 238
Keppler, Reinhold 197
Kern, Harry 43
Kessel, Albrecht von 213, 286, 299, 338f.
Kessler, Harry Graf 358
Kindt Kiefer, J. J. 54
Kiem, Pauli 26
Kiep, Hanna 53
Kiep, Otto 53
Kiesinger, Kurt Georg 160f., 312, 316, 326ff., 373
Kilb, Hans (Adenauers pers. Ref.) 153
Killick, John 79, 200f.
Kilmuir, David Maxwell Fife, Lord 210, 240
King, Cecil 239
King, Libby 239
King, Michael 239
King, Ruth 239
Kirkpatrick, Sir Ivone 167, 170f., 178, 199–205, 218–221
Kitchener, Horatio Herbert, 1st Earl 203
Klaiber, Manfred 82f., 85, 94, 96, 102, 104f., 165, 257, 313, 363
Klaiber, Ruth 165
Klatt, Reinhard 389
Klauser, Theodor 32
Klemperer, Otto 207
Klinger, Max 358
Knapp, Georg 85
Koenig, Pierre 30
Kohl, Helmut 376, 380
Kolb, Walter 77
Kollwitz, Käthe 98
Konnersreuth, Therese von 40, 58
Konstantin I., griech. König 270

Konstantin II., griech. König 269 ff., 317
Konstanze, röm.-dt. Kaiserin 326
Kopf, Hermann 373
Kopf, Hinrich Wilhelm 101
Kopp (Lindau; ehem. Konsulatssekr. Moskau) 30
Köppler, Heinz 215
Kordt, Erich 54 f., 66, 76, 133
Kordt, Lore 11
Kordt, Theo 76, 117 f.
Korff, Hans Clausen 373
Körner, Theodor 397
Kossygin, Aleksej N. 298
Köstring, Ernst 43, 361
Krapf, Franz 267
Krauss (Archäolog. Inst. Rom) 354
Krautwig, Karl 109
Krekeler, Heinz L. 152 f.
Kreuter, Geheimrat 344, 352
Krone, Heinrich 200 f., 255, 280 f., 300
Krupp, Alfried 188 f.
Kubelik, Rafael 207
Kuby, Erich 368
Kuhl, General von
Kühlmann, Richard von 240
Kunheim, Arno 360
Kunheim, Hugo 360
Kunst, Bischof Herrmann 256

Lahr, Rolf 296, 303, 308, 353
Lamping, A. Ch. 341
Lancaster, David 61
Lang, Ernst Maria 63
Larraß, Ruth 152 f., 194
Lattre de Tassigny, Jean de 32
Laure, Irène 62
Law, Annemarie 199
Leahy, William D. 70
Leber, Georg 315, 328 f.
Lehmbruck, Wilhelm 98
Leiber S. J., Pater Robert 142
Leinen, Jo 391
Lemke, Helmut 325
Lerchenfeld, Johannes Graf 308 f., 332 f.
Lerchenfeld (bayr. Min.-Präs.) 308
Leusser, Claus 18
Leussink, Hans 350
Lichnowsky, Karl Max 193 f.
Lichnowsky, Mechtilde 193 f.
Liebermann, Max 358
Liebig, Justus von 85
Lilje, Bischof Hanns 242
Lindbergh, Charles 44 f., 232
Lippmann, Walter 70
Lissauer (dt. Dichter jüd. Glaubens) 172
Littmann, Enno 97
Lloyd, John Selwyn 207, 223, 227 f.
Lochner, Jr. (am. Journalist) 81
Loder, Christopher 243
Loder, Ingeborg 243
Lohmeyer, Brigitte 196, 250
Loren, Sophia 324
Lothian, Lord 252
Lotz, Wolfgang 33, 323 f., 354 ff.
Löwenstein, Hubertus Prinz zu 312
Löwenthal, Baron (österr. Botsch.) 296
Lübben, Peter 11, 247 f.
Lübke, Friedrich Wilhelm 315
Lübke, Heinrich 10, 50, 61, 104 f., 108, 110, 165, 254–284, 308, 315, 325, 331, 392
Lübke, Wilhelmine 276 ff.
Lücke, Paul 281, 318
Lücker, Hans August 263
Lucullus, Lucius Licinius 356
Lüdemann, Hermann 51
Ludwig, Prinz von Hessen 169
Ludwig I., König von Bayern 285, 360
Ludwig II., König von Bayern 118
Lukaschek, Hans 61
Luther, Stefanie 311
Lütkens, Gerhard 111

MacDonald, Ivereagh 239
MacDonald, Ramsey 245
Macmillan, Lady Dorothy 208, 226–230
Macmillan, Sir Harold 148, 180, 190, 200, 206 f., 219, 223, 235, 237
Madariaga, Salvadore 331
Magistrati, Massimo Graf 308
Maheu (Gen.-Dir. UNESCO) 350
Maier, Reinhold 50, 61, 240
Maizière, Ulrich de 366
Makarios III., Erzbischof 270
Malfatti, Francesco Baron 291 f., 299
Maltzan, Vollrath von 108, 162, 164 f.
Mansholt, Sicco 263
Marcks, Gerhard 98, 358
Margaret Rose, engl. Prinzessin 176, 209
Margrit, Prinzessin von Hessen 169, 247
Maria II. Stuart, Königin v. England, Schottland und Irland 147
Maria Theresia, röm.-dt. Kaiserin 194
Marie Louise, Kaiserin von Frankreich 193
Marina, Herzogin von Kent 33, 169
Marini, Marino 97, 345
Marshall, George C. 70, 206
Martin, Jr., Joseph William 70, 155
Martin, Kurt 98
Martin, Morris 59
Martini, Herbert 109
Marzotto, Florence 363 f.
Marzotto, Gaetano 363
Marzotto, Paolo 363 f.
Massigli, René 213
Massimo, Fürst 360
Mataré, Ewald 98 f.

Maxwell, Diana, geb. Chamberlain 210
Maxwell, Terence 210
Max von Baden, Prinz 27, 245
McCloy, John Jay 36, 80 f., 91 f., 114, 152, 154, 185, 261
McCloy, Ellen, geb. Zinßer 154
McLean, Sir Fitzroy 200, 213, 252, 396 f.
McNulty, Tony 177
Medici, Giuseppe 298
Meistermann, Georg 358
Melchers, Wilhelm 270
Melchet of Longford, Alfred Moritz, Lord 356
Mende, Erich 279
Menderes, Adnan 117 f.
Mertens, Georg 310
Merzagora, Cesare 325
Metternich, Klemens Wenzel Fürst von 271
Metternich, Paul Fürst von 120
Meyer, Sir George 239
Meyer-Clason, Curt 392
Middeldorf, Ulrich 344, 357
Middleton, Drew 205
Migone, Bartolomeo 122 f., 248, 291
Milchsack, Lilo 215 ff.
Minerva, röm. Göttin 356
Mittler, Wolf 343
Möck, Kurt 266
Mohammed Resa Schah Pahlewi, iran. Kaiser 119 f., 256
Mohr, Ernst-Günther 35, 76, 84, 164 f.
Mohr, Grita 164 f.
Moissi, Alexander 27
Molden, Fritz 32
Moltke, James Graf von 186, 379
Mommsen, Theodor 354
Monckton, John, Lord 240
Monckton, Mary, Lady 240
Mond, Frida 356
Mond, Ludwig 356
Monghese, Luigi 321 f.
Monnet, Jean 213
Montgelas, Maximilian Graf von 29
Montgomery (of Alamein), Bernard Law, 1st Viscount 220 f.
Moore, Henry 250
Moro, Aldo 287, 292, 326, 334
Morris, Brewster 153, 205, 257
Morris, Ellen 205
Moser, Hans 332
Mountbatten (of Burma), Lord Louis 168
Mozart, Wolfgang Amadeus 250 f.
Mühlenfeld, Hans 108
Müller, Gebhard 259 f.
Müller, Helmut 195, 268
Müller, Josef 37 f.
Muller, Walter J. 22, 48
Mumm von Schwarzenstein, Herbert 112, 186
Mumm von Schwarzenstein, Bernd 186
Murphy, Robert 20
Mussolini, Benito 63, 117, 173, 217, 367

Nabokov, Nicolaus 70
Nahler, Hubertus 387
Nansen, Odal 99
Nasser, Gamal Abdel 217 ff.
Naumann, Friedrich 83
Nehru, Jawaharlal Pandit 267
Nenni, Pietro 291, 298, 335
Neumann, Franz 21
Nicolson, Sir Harold 186, 299
Niklas, Wilhelm 26, 50
Nixon, Richard M. 154 f., 234
Nolde, Emil 98
Nordhoff, Heinrich 339
Norstad, Lauris 71, 131
Northumberland, Hugh, Duke of 211
Northumberland, Elizabeth, Duchess of 211

Oelze, Richard 364
Ollenhauer, Erich 168, 238
Oltmanns, Horst-Peter 193
O'Neill, Sir Con Douglas Walter 178 f.
Onesti, Giulio 317
Orff, Karl 207
d'Orléans, Henri, Graf von Paris 270
Ormsby-Gore, David 201, 204, 256
Ortona, Egidio 299
Otto I., griech. König 118

Pacelli, Eugenio s. Pius XII., Papst
Pachelbel, Rüdiger von 144, 157, 194, 196, 238, 306 f., 335 f.
Pakenham, Francis Aungier, Lord 205
Pallavicini, Fürstin 143
Pallenberg, Max 27, 314
Pannwitz, Hellmuth von 187
Papagos, Alexandros 117 f., 271
Papandreou, Georgios 270
Pappritz, Erica 49, 75, 84
Paul I., König der Hellenen 158, 270
Paul VI., Papst 141, 271, 295, 332
Paul, Rudolf 23, 46 f., 50
Paul Karadjordjević, Prinz von Jugoslawien 33
Pauls, Rolf 76
Pearson, Lester B. 248
Pechel, Rudolf 63
Pechstein, Max 98
Peiser, Hannsgert 382
Perth, John David, Lord 252
Petrilli, Giuseppe 371
Pevsner, Nikolaus 252 f.
Peyrefitte, Alain 114
Pfeffer, Franz 305
Pfeiffer, Anton 13, 15, 29, 32, 41, 77, 108, 382

Pfeiffer, Peter 13, 44, 54, 88, 382, 385
Pfeiffer-Belli, Erich 22
Pfeiffer-Belli, Inge 392
Pferdmenges, Robert 124
Pfister, Kurt 18
Pfitzer, Albert 325, 395
Philip (Mountbatten), Prinz, Duke of Edinburgh 168 f., 177, 197, 208, 231, 234 ff., 252, 281 f.
Pieck, Wilhelm 95
Piggot, Julian 215
Pisani, Edgard 263
Pius XII., Papst 139, 141 f., 271
Plehwe, Friedrich Karl von 368
Plesch, Arpad 239 f.
Plinke, Eckart 392
Ploetz, Hans von 197, 236
Plowden, Sir Edwin 237, 372
Podewils, Christina Gräfin 329
Podewils, Max Graf 329
Pompei, Gian Franco 292
Pope, Lance 201
Poppinga, Anneliese 11
Porta, Giacomo della 326
Prebensen, Per Preben 212 f.
Preetorius, Emil 27, 383
Preuß, Herbert 312 f.
Primrose, Archibald Philip Rosebery, 5th Earl of 241 f.
Primrose, Lady (geb. Rothschild) 242
Primrose, Albert Harry Rosebery, 6th Earl of 241 f., 252
Primrose, Ann Rosebery, Lady 241 f., 252
Primrose, Mary Rosebery, Lady 242
Prittwitz und Gaffron, Friedrich von 27
Profumo, John Dennis 192
Pünder, Hermann 102, 108, 110
Purrmann, Hans 98, 358

Quaroni, Pietro 291 f., 370

Raab, Julius 303 f.
Raffael (eigtl. Raffaelo Santi) 142
Raffalt, Reinhard 328, 358
Ramdor, Renato 309, 311
Reagan, Ronald 273
Redwitz, Erich Frhr. von 232
Regis de Campos (Dir. d. Vatikan. Museen) 325
Rehrl, Josef 31 f.
Reidemeister, Leopold 98
Reinhardt, Frederick 294 f.
Reissmüller, Elin 165
Reissmüller, Wilhelm 16, 35, 165, 186, 395
Reissner, Renate 194
Relli, Guido 291
Renger, Annemarie 82
Renner, Karl 24
Restivo, Franco 332
Reuter, Ernst 94 f., 260 f.
Reuter, Hermann 97
Richter, Hans 354
Riddleberger, James 81
Riesser, Hans 153
Ritter, Joachim 195, 241
Ritzel, Gerhard 391
Roberts, Sir Frank 287, 393
Robertson, Sir Brian 80, 199, 202 f.
Robertson, Sir William Robert 202 f.
Röding, Horst 374
Roeder, Emy 358
Roethel, Hans Konrad 33
Roger von Sizilien 326
Rohr, Erwin 394
Rolleston, Grace 65
Rom, Horst von 26
Rommel, Erwin 115, 190, 276
Roosevelt, Franklin D. 71
Roots, John McCook 59
Rosenberg, Ludwig 168, 238, 373
Rosshaupter, Albert 15
Rossmann, Erich 61
Rudolf II., röm. Kaiser, König von Deutschland, Ungarn und Böhmen 347
Ruf, Sepp 352
Ruge, Otto 191
Rumor, Mariano 330
Rupprecht, Kronprinz von Bayern 37, 169
Russel, John 239
Russel of Liverpool, Edward, Lord 195
Rust, Josef 130, 163 f.
Ruysdael, Salomon van 235
Ryjow, Nikita 298

Sahm, Ulrich 11, 181
Saint-Hardouin, Tarbé de 30
Saint-Laurent, Louis Stephen 117, 151, 157
Salisbury-Jones, Sir Guy 252
Saliva, Joan 217
Sandys, Duncan 267
Saragat, Giuseppe 291, 304, 335 ff., 340, 344 f.
Sattler, Dieter 27, 66, 69, 272, 313 f., 383 f., 386, 389
Sattler, Maria 314
Scammacca del Murgo, Baron Michele 116, 140
Schacht, Hjalmar 185
Schäfer, Walter Erich 249
Schäffer, Fritz 20, 35
Scharett, Mosche 149
Schärf, Adolf 271
Scharnagl, Karl 18, 64
Scharoun, Hans 21
Schattmann, Werner 373
Schauff, Johannes 315 f.

Scheel, Walter 306 f., 373 f., 380
Scherer, Hans 238
Scherpenberg, Albert Hilger van 223, 313
Schetter, Rudolf 111
Schiefer, Gustav 61
Schlange-Schöningen, Hans 166 f., 193
Schlitter, Oskar 193
Schmid, Carlo 49, 51, 88
Schmidhuber, Wilhelm 26
Schmidt, Doris 347
Schmidt, Helmut 250
Schmidt-Rottluff, Karl 98, 361
Schmitt, Heinrich 34
Schmitt-Vockenhausen, Hermann 373, 380
Schneider, Ernst 373
Schneider, Hans 63
Schniewind, Otto 108 f.
Schöbel, Heinz 317, 319
Schöner, Josef 90
Schöningh, Franz Josef 27, 63
Schott, Bill 90
Schöttle, Erwin 102
Schröder, Gerhard 256, 258 ff., 265 ff.
Schröder, Hans 52
Schröder, Rudolf Alexander 97
Schubert, Karl von 210, 286 f.
Schubert, Renata von 286 f.
Schulenburg, Friedrich Werner Graf von der 9, 66, 89, 112, 167, 246, 298
Schulz, Dora 386
Schumacher, Karl von 54
Schumacher, Kurt 37, 44, 47, 51, 77, 81 f., 91, 110, 127
Schuman, Robert 39, 62, 113 f., 124 f., 127, 137 f., 204
Schwarz, Werner 112
Schwarzenberg, Felix Fürst zu 251
Schwarzenberg, Prinz Johannes 90, 250 ff., 297
Schwarzmann, Hans 75, 78, 311
Schweinitz, Kurt Graf von 342
Schweitzer, Albert 78
Scola-Camerini, Baron Giovanni 141
Sebald(us), Sinibaldus, hl. 347
Sebastian, hl. 293
Sebastiano del Piombo (eigtl. S. Luciani) 347
Seelos, Gebhard 45 f., 108
Segre, Sergio 336
Sehrbrock, Herrmann 268
Seibt (Gen.-Konsul) 320
Seidel, Hanns 110
Senger und Etterlin, Ferdinand Maria von 191
Senghor, Léopold Sédar 265
Semler, Johannes 33, 43
Sforza, Carlo Graf 138 f.
Shuckburgh, Sir Evelyn 294
Shinnar, Felix 90
Siegel, Harro 358
Simonis, Susanne 196
Simson, Ernst von 9, 151, 156
Slater, Joe 92, 395
Solms, Alexander Prinz zu 35
Solschenizyn, Alexander 187
Sophia, griech. Prinzessin u. span. Königin 269
Sophie, griech. Königin 270
Sophie von Hannover 168
Soraya Esfendiari, iran. Kaiserin 118 f.
Sorbac, Paul 39
Sossides, G. 118
Spaak, Paul-Henri 127
Spadolini, Giovanni 334
Speer, Albert 283
Speer, Julius 373
Speidel, Hans 114 f., 185, 276
Spellman, Francis Joseph Kardinal 157
Spreti, Karl von 307
Springer, Axel Cäsar 261 f., 347
Stackelberg, Herbert Frhr. von 244
Staden, Bernd von 395
Staden, Wendelgard von 395 f.
Stadler, Toni 358
Staeck, Klaus 386
Stahel, General (Stadtkommandant v. Rom) 338
Stalin, Josef W. 40, 127–134, 145, 151, 188
Stark, Grete 238
Starlinger, Wilhelm 130
Starr, Fred 92, 395 f.
Stauffenberg, Claus Schenk von 35, 71
Stein, Erwin 63
Steingräber, Erich 352
Steinhoff, Johannes 366
Steinhoff, Karl 47
Stephanopoulos, S. (Griech. Außenmin.) 118, 204
Stern-Rubarth, Edgar 238
Stikker, Dirk 138, 146 f.
Storch, Hillel 123
Strauß, Franz Josef 41, 192, 237, 259, 373, 386
Strauß, Johann 271
Stresemann, Gustav 287
Strong, Sir Kenneth 203
Stülpnagel, Karl-Heinrich von 34
Sukarno 266 f.
Sulzberger, Arthur Ochs 157
Sutherland, Graham 233

Taft, Robert A. 54
Talleyrand, Charles Maurice de 307
Taviani, Paolo Emilio 337
Tellenbach, Gerd 354
Templer, Sir Gerald 233
Teuber, Eugene von 59
Teuchert, Friedrich von 34

Thatcher, Margaret 187, 219, 273
Thayer, Charles 13 f., 70, 79, 115, 133, 201
Thomas, Michael 233
Thompson, Dorothy 43
Tiedemann, Heinrich von 269
Tiedemann, Helmut von 27
Tintoretto (eigtl. Iacopo Robusti) 235
Tito, Josip Bros 213
Tizian (eigtl. Tiziano Vecelli) 235
Tolstoy, Nikolai 187
Tončić-Sorinj, Lujo 31
Törring, Gräfin (griech. Prinzessin) 33, 169
Touré, Ahmed Sékou 265
Tröker, Heinz 358
Trott zu Solz, Adam von 62, 112, 239
Trott zu Solz, Clarita von 62
Truman, Harry S. 70, 72 f.
Tucher, Christoph Baron 331
Tulpanow, Sergej 38
Türk, Helmut 373
Turner, Joseph Mallord William 250
Twitchell, Ken 59

Ulbricht, Walter 48, 50, 95
Ullrich, Johannes 221
Umland, Peter 198
Unterreiter, Rudolf von 316
Utter, Werner 269

Valcanover, Francesco 346 f., 353
Vandenberg, Arthur 72
Vasari, Giorgio 323
Velebit, Vladimir 13
Victoria, engl. Königin u. Kaiserin von Indien 252
Viktoria von Baden, Prinzessin 122
Viktoria Luise, Prinzessin 270
Villiers, Georges 62
Vogel, Hans-Jochen 316–319
Vollmar-Libal, Sabine 11, 303 ff., 312, 321, 352, 395
Vollmeier, Berta 42
Volpi, Giuseppe Graf 349
Vredenburch, H. F. L. K. van 213

Wagner, Richard 100
Wagner, Wieland 249
Wakehurst, John, Lord 243
Wallenberg, Hans 20, 34
Wallraff, Günter 391
Walther, Gebhardt von 76
Walz, Tino 19
Wandersleb, Hermann 51 f., 77
Warburg, Eric M. 247 f.
Ward, Sir John 293 f.
Warner, Fred 177
Washington, George 155
Wassermann, Anni von 69 f.
Wassermann, Georg von 39
Wassermann, Marie-Thérèse von 39, 70
Wassiltschikow, Marie 16, 21
Watzdorf, Hans-Gottfried von 53
Waverley, John, Lord 210
Weber, Heinz 226
Wedemeyer, Albert C. 70 f.
Wehner, Herbert 262, 279 f., 316, 337
Weinhold, Edgar 302, 304, 311, 322
Weismann (preuß. Staatssekr.) 92, 184
Weiss, Ferdl 26
Weizsäcker, Marianne Freifrau von 36
Weizsäcker, Ernst Frhr. von 9, 36, 55, 92, 210, 338 f.
Weizsäcker, Richard Frhr. von 9, 105
Welczeck, Hanno Graf 285, 326
Welczeck, Hans Graf 326
Wellington, Duke of 211
Welser, Hubert Frhr. von 353
Wemyss, Francis David, Lord 243
West, Rebecca 43, 211
Westrick, Ludger 317
Whitman, Gert 36, 91 f., 184 f.
Wiener, Alfred 185 f.
Wilhelm I., dt. Kaiser 122, 398
Wilhelm II., dt. Kaiser 146, 156, 158, 269 f., 348
Wilhelm III. v. Oranien 147
Willmann (poln. Botsch.) 297 f.
Wimmer, Hans 358
Windsor, Edward Duke of 207 f.
Wittek, Bernhard 11
Wolf, Lore 34
Wolff, Anna-Elisabeth 309
Wolff von Amerongen, Otto 371
Wolff-Metternich, Franz Graf 355
Wolken, Elisabeth, geb. Gericke 362 f.
Wolters, Wolfgang 352
Woods, Sam 54 f.
Wuttke, Hans 278

York von Wartenburg, Alexander Graf 302 ff.
York von Wartenburg, Paul Graf 303
Yoshida, Shigeru 117
Young, Desmond 115, 244
Younger, Kenneth 218

Zeeland, Paul van 127, 138
Zimmermann, Armin 197
Zinßer, Auguste s. Adenauer, Auguste
Zinßer, Ellen s. McCloy, Ellen
Zoppi, Vittorio Graf 251, 292
Zorn, Rudolf 42
Zuccari, Federico 356
Zwiesler, Anton 30